JN172692

2022年版

ユーキャンの

旅行業務取扱管理者

速習レッスン

国内総合

おことわり

本書は執筆時点 2022 年 1 月 31 日現在において施行されている法令・制度および 2022 年 4 月 1 日までに施行されることが判明している法令･制度に基づいて編集されたものです。なお、新型コロナウイルス（COVID-19）感染症の影響により、日本および諸外国において運送機関の運休・減便、観光関連施設の休館・閉鎖などのほか、国内外における出入国手続きにも各種規制が設けられています。これらの措置は、いずれも一時的かつ流動的です。試験で詳細が出題されることは考えにくいため、COVID-19 に関連した特別措置について学習する必要はありません（本書の記載内容に沿って学習をおすすめください）。本書の掲載内容について、執筆時点以降の法改正・制度改正情報などにより変更が生じ、2022 年度試験の対象になるものについては、下記「ユーキャンの本」ウェブサイト内「追補（法改正・正誤）」にてお知らせいたします。
https://www.u-can.co.jp/book/information

はしがき

旅行業務取扱管理者は、法律により「営業所ごとに、必ず1人以上の旅行業務取扱管理者を選任すること」が義務づけられています。旅行業を営むに当たり、なくてはならない、いわゆる「法定資格」ですから、努力して合格を目指すだけの価値ある資格だといえます。受験に当たり、年齢、学歴などの制限がなく、また、合格者の人数制限もありませんので、誰もが合格を狙える国家試験です。

過去10年間の合格率は、総合管理者試験が6.2～18.5%、国内管理者試験が27.2～40.9%で推移しています（いずれも全科目受験の場合）。決して高い合格率とはいえませんが、これは多くの受験生が効率良く学習を進められず、準備不足のまま受験に臨んでいることが大きな要因です。そこで本書は、ユーキャンの通信教育「旅行業務取扱管理者講座」で培ったノウハウを活かし、受験経験のまったくない方でも“出題分野に応じた正しいアプローチ方法”で“効率良く”また“楽しく”学習を進められるよう、図解、イラストなどを多用し、わかりやすさと丁寧さにこだわって制作しました。また、国内と総合の2種類の試験に対応していますので、いずれかの試験に臨む方だけでなく、両試験のW受験を目指す方にもぴったりの基本書です。

本書がこの試験の合格を目指す方のパスポートとなり、1人でも多くの方が合格の栄冠を勝ち取られることを願っております。

ユーキャン 旅行業務取扱管理者試験研究会

西川 美保

本書の使い方

STEP1 まずは学習範囲を確認

各レッスン冒頭には国・総の表示がついています。国内試験を受験される方は国が濃く表示されている部分を、総合試験を受験される方は総が濃く表示されている部分を学習しましょう。また、偶数ページにあるインデックスにも、どちらの試験に対応した学習内容かを表示しています。

STEP2 レッスン概要を把握

A
B
C

各レッスンの冒頭でこれから学ぶ「学習項目」とその「学習ポイント」を確認しましょう。学習の指針として、3段階の重要度表示も参考にするとよいでしょう。

重要度 A

JR運賃の特例と割引

学習項目

- ◎特定都区市内発着の特例
- ◎東京山手線内発着の特例
- ◎東京付近の特定区間通過
- ◎区間外乗車
- ◎学生割引・往復割引

学習ポイント

- ●各事例をもとに、これまで学習した「原則」と、ここで学習する「特例」の違いを正しく理解する。
- ●各特例の適用条件を覚える。
- ●特例や割引を適用した場合のJR券面表示の特徴を確認する。
- ●個人旅客に対する割引運賃（学生割引・往復割引）の適用条件と計算手順を確認する。

これらの特例は、旅客の利便性の向上や乗車券類の取扱いを簡単にするために定められているものがほとんどです。試験でも頻繁に取り上げられている項目なのでしっかり学習しましょう。

1 運賃計算の特例

Lesson1とLesson2では、主に運賃計算の原則的な考え方を学習しましたが、このLessonでは「原則を適用しない場合（特例）」を学習します。

1. 特定区間

図表1に掲げた区間（特定区間）に乗車する場合は、あらかじめ経路が指定されているため、2つの経路のうち、どちらの経路に乗車しても**短いほうの経路（◎の経路）のキロ数を用いて**運賃を求めます。

プラスアルファ

特定区間を完璧に覚えていないと解けない問題が過去の試験で出題されたことはないので、該当する具体的な区間を暗記する必要はない。
後述のさまざまな特例も同様である（具体的な区間や駅名の暗記は不要）。

■ 図表1　経路を特定される区間（特定区間）

会社	区間	経路
北海道	大沼―森	函館本線 ◎大沼公園経由　営22.5キロ 東森経由　営35.3キロ
東日本	赤羽―大宮	東北本線 ◎川口・浦和経由　営17.1キロ 戸田公園・与野本町経由　営18.0キロ
	日暮里―赤羽	東北本線 ◎王子経由　営7.4キロ 尾久経由　営7.6キロ
	品川―鶴見	東海道本線 ◎大井町経由　営14.9キロ 西大井経由　営17.8キロ
	東京―蘇我	◎総武本線・外房線　営43.0キロ 京葉線　営43.0キロ

STEP3 本文をしっかり学習

わかりやすい文章と豊富な表、図解で学習を進めましょう。重要な点については以下のコーナーを設けてさらに効率的な学習を助けます。

Key Point：本文の中でポイントとなる重要箇所をギュッと凝縮したコーナーです。

CASE 1：事例、旅程の運賃計算や料金計算、ケーススタディなど、本文の内容を具体的に理解するためのモデルケースです。

会社	区間	経路
西日本	山科―近江塩津	◎湖西線　営74.1キロ 東海道本線・北陸本線　営93.6キロ
	大阪―天王寺	大阪環状線 ◎天満経由　営10.7キロ 福島経由　営11.0キロ
	三原―海田市	◎山陽本線　営65.0キロ 呉線　営87.0キロ
	岩国―櫛ケ浜	◎岩徳線（地方交通線）　営43.7キロ／換48.1キロ 山陽本線　営65.4キロ

CASE 1　新山口―岡山間を山陽本線経由で乗車する場合

※岩国―櫛ケ浜間（特定区間）を経由

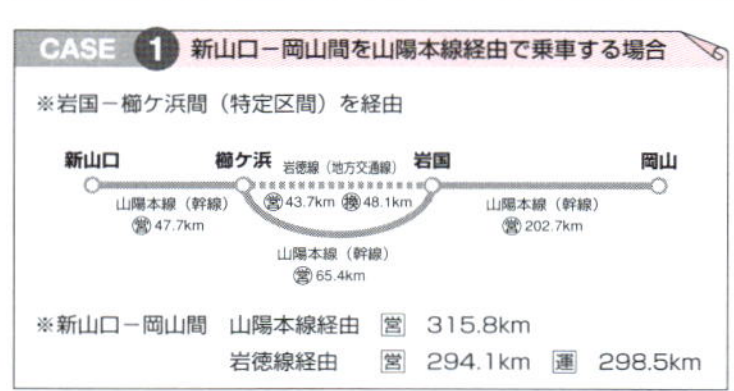

※新山口―岡山間　山陽本線経由　営　315.8km
　　　　　　　　　岩徳線経由　営　294.1km　運　298.5km

新山口から岡山まで山陽本線を経由して乗車する場合、実際の乗車経路に基づく距離は営315.8kmだが、計算上は短いほうの経路である岩徳線（地方交通線）経由の距離（運賃計算キロ：298.5km）を使って運賃を算出する（旅客はどちらの経路でも乗車できる）。

2．特定都区市内発着の特例

JRが定めた11か所の「特定都区市内の駅」と、その都区市内の「中心駅からの片道の営業キロが200キロを超える駅」との間の運賃は、中心駅から（まで）の距離を用いて計算します。

CASE 2　赤羽から東京を経由して浜松まで乗車する場合（全て幹線）

※赤羽駅は東京23区内の駅（中心駅は東京）

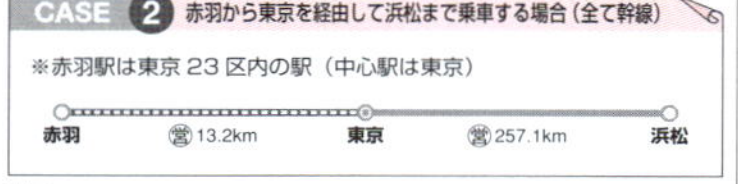

原則　実際の乗車経路に従って計算すると次のとおり
13.2＋257.1＝270.3 → 271km　A表より4,840円

プラスアルファ
特定区間の［…］当する場合は、［…］の計算も同じように短いほうの経路の距離を用いて算出する。

要点はココ！
特例の適用条件である距離（例：200キロを超える）は、営業キロで確認します。例えば、行程に地方交通線が含まれている場合、「特例を適用するかどうかの判断」は営業キロで行い、実際に計算するときには営業キロ以外の距離も使い分けるのがポイントです。

理解を深める欄外解説

本文の学習とあわせて紙面左右の欄外の補足解説もしっかり読み込むと得点アップにつながります。

要点はココ！：試験で狙われやすいポイントを詳しく解説。覚えるコツや出題傾向、押さえておくべきポイントなど、試験合格のための的確なアドバイス。

プラスアルファ：気になる関連事項やわかりにくい箇所のフォローなど一歩進んだ補足解説です。

用語：出題のポイントになる用語や、専門用語などでわかりにくい用語を解説します。

▶▶：関連する内容への参照ページを示しています。

※掲載しているページは、「本書の使い方」を説明するための見本です。

長年の指導が生きたコラム解説

通信講座で蓄積されたノウハウを生かした、試験に直結する知識が身につくコラムも充実しています。

合格エッセンス：レッスンをまたがる横断的事項など、合格に必須な重要事項、確実に覚えておくべき事項、得点アップに結びつく事項をまとめました。直前期の見直しにも役立ちます。

よくある質問：通信講座に頻繁に寄せられる「よくある質問」をセレクト。学習の過程で多くの方が疑問に思うポイントを詳しく丁寧に解説しています。

用語

保管替え
旅行業者の主たる営業所が移転したときの営業保証金の移動に関する手続き。
金銭のみで供託している場合は手数料を支払って移転後の最寄りの供託所に営業保証金を移動させる手続き（保管替え）ができるが、有価証券のみ（または金銭と有価証券の組み合わせ）で供託している場合は、この手続きはできない（一時的に２か所の供託所に営業保証金を供託することになる）。

プラスアルファ

第１種旅行業者で、前事業年度における「**海外の募集型企画旅行**に関する旅行者との取引の額」が**８億円以上**の場合は、その額に応じて営業保証金の額が別途**加算される**（加算される具体的な額は暗記不要）。

合格エッセンス　並べて比較!!　営業保証金と基準資産額

試験では、営業保証金と基準資産額の額を入れ替えた「ひっかけ問題」がよく出題される。

また、旅行業者代理業者や旅行サービス手配業者には、営業保証金供託の義務もなく、また基準資産額も求められていない。これらの点を注意して覚えておこう!!

事業の種別	営業保証金（取引額400万円未満の場合）	基準資産額
第１種旅行業者	7,000万円	3,000万円以上
第２種旅行業者	1,100万円	700万円以上
第３種旅行業者	300万円	300万円以上
地域限定旅行業者	15万円	100万円以上
旅行業者代理業者	なし	なし
旅行サービス手配業者	なし	なし

Q 地域限定旅行業の業務範囲はかなり限定的ですよね？具体的にはどのような旅行を取り扱うのですか？

A 着地型旅行の取扱いが中心です。
旅行の目的地の情報に詳しいのは、やはり地元の人ですよね。旅行者を受け入れる側（着地）に営業所を構える旅行業者が、地元ならではの独自性の高い、魅力的な着地型旅行を企画・実施し、積極的に旅行者を誘致することを想定した業務形態が地域限定旅行業です。地域の観光資源を有効活用し、かつ多様化した旅行者のニーズに対応するために観光庁も着地型旅行の推進に力を入れています。

国内・海外観光資源について

出題される範囲が膨大なことから、他のレッスン体裁によらず、試験で出題実績のある重要項目に絞って掲載しています。本書の記述内容だけでなく、姉妹品の問題集、また各種旅行パンフレットなどで学習をより深められることをお勧めします。記号等の凡例については、各レッスンの扉をご覧ください。

■地名表記について
本書で用いる地名表記は実際の試験にならい、原則として「都道府県等の公式ホームページ」、「各国・地域の観光局等の公式ホームページ」および「百科事典」等を参考にしています。なお、海外観光資源における国（地域）、首都（主要都市）、通貨等は外務省のホームページ「各国・地域情勢」に基づいています。

STEP4 レッスン内容確認テストにチャレンジ

学習した内容の復習、また理解度を確認するため、過去問題と予想問題に挑戦しましょう。

過去問題：実際の試験から該当レッスンに関する重要な問題、典型的な問題を厳選して掲載しています。法改正・制度の変更等により一部改変している問題もありますが、原則的に本試験に準拠しています。

【凡例】 総 令3改 → 総合試験 令和３年度 改題

予想問題：このテーマで問われそうな箇所、押さえておきたい事項についての問題です。計算問題等、一部の予想問題については、学習内容の確認という意味での設問となっており、本試験の形式に必ずしも沿っていないものがあります。

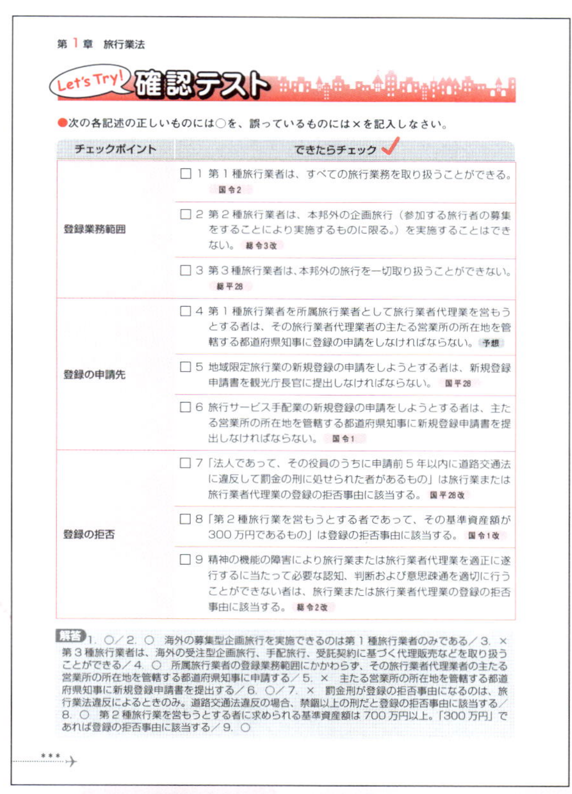

第 1 章 旅行業法

Let's Try! 確認テスト

●次の各記述の正しいものには○を、誤っているものには×を記入しなさい。

チェックポイント	できたらチェック ✓
登録業務範囲	□ 1 第 1 種旅行業者は、すべての旅行業務を取り扱うことができる。 国 令2
	□ 2 第 2 種旅行業者は、本邦外の企画旅行（参加する旅行者の募集をすることにより実施するものに限る。）を実施することはできない。 総 令3改
	□ 3 第 3 種旅行業者は、本邦外の旅行を一切取り扱うことができない。 総 平28
登録の申請先	□ 4 第 1 種旅行業者を所属旅行業者として旅行業者代理業を営もうとする者は、その旅行業者代理業者の主たる営業所の所在地を管轄する都道府県知事に登録の申請をしなければならない。 予想
	□ 5 地域限定旅行業の新規登録の申請をしようとする者は、新規登録申請書を観光庁長官に提出しなければならない。 国 平28
	□ 6 旅行サービス手配業の新規登録の申請をしようとする者は、主たる営業所の所在地を管轄する都道府県知事に新規登録申請書を提出しなければならない。 国 令1
登録の拒否	□ 7「法人であって、その役員のうちに申請前 5 年以内に道路交通法に違反して罰金の刑に処せられた者があるもの」は旅行業または旅行業者代理業の登録の拒否事由に該当する。 国 平28改
	□ 8「第 2 種旅行業を営もうとする者であって、その基準資産額が 300 万円であるもの」は登録の拒否事由に該当する。 国 令1改
	□ 9 精神の機能の障害により旅行業または旅行業者代理業を適正に遂行するに当たって必要な認知、判断および意思疎通を適切に行うことができない者は、旅行業または旅行業者代理業の登録の拒否事由に該当する。 総 令2改

解答 1. ○／2. ○ 海外の募集型企画旅行を実施できるのは第 1 種旅行業者のみである／3. × 第 3 種旅行業者は、海外の受注型企画旅行、手配旅行、受託契約に基づく代理販売などを取り扱うことができる／4. ○ 所属旅行業者の登録業務範囲にかかわらず、その旅行業者代理業者の主たる営業所の所在地を管轄する都道府県知事に申請する／5. × 主たる営業所の所在地を管轄する都道府県知事に新規登録申請書を提出する／6. ○／7. × 罰金刑が登録の拒否事由になるのは、旅行業法違反によるときのみ。道路交通法違反の場合、禁錮以上の刑だと登録の拒否事由に該当する／8. ○ 第 2 種旅行業を営もうとする者に求められる基準資産額は 700 万円以上。「300 万円」であれば登録の拒否事由に該当する／9. ○

Contents

Lesson ★ …総合・国内　Lesson ★ …総合

第2章　国内航空運賃・料金、宿泊料金、貸切バス・フェリーの運賃・料金

第3章　国内の観光資源

第4編　海外旅行実務

第1章　旅行実務

第2章　国際航空運賃

第3章　出入国関係法令・実務

第4章　海外の観光資源

資格について

1 旅行業務取扱管理者とは

旅行業を営む場合に、原則として営業所ごとに１人以上置かなければならないと法律（旅行業法）で定められているのが、旅行に関する業務全般を取り扱う責任者（管理者）である「旅行業務取扱管理者」です。

旅行業務を取り扱う営業所において、旅行者との取引にかかわる旅行サービスの確実性、取引条件の明確性、その他取引の公正を確保するために、以下の各事項についての管理・監督に関する事務等を行います。

① 旅行に関する計画の作成に関する事項
② 旅行業務の取扱い料金の掲示に関する事項
③ 旅行業約款の掲示および備え置きに関する事項
④ 取引条件の説明に関する事項
⑤ 契約書面の交付に関する事項
⑥ 広告に関する事項
⑦ 企画旅行の円滑な実施のための措置に関する事項
⑧ 旅行に関する苦情の処理に関する事項
⑨ 契約締結の年月日、契約の相手方その他の旅行者または旅行に関するサービスを提供する者と締結した契約の内容に係る重要な事項についての明確な記録または関係書類の保管に関する事項
⑩ 前述①～⑨に掲げるもののほか、取引の公正、旅行の安全および旅行者の利便を確保するため必要な事項として観光庁長官が定める事項

旅行業務取扱管理者は、取り扱える業務の範囲により次の３種類があります。

◆**総合**旅行業務取扱管理者：**国内・海外**の旅行業務を取り扱える

◆**国内**旅行業務取扱管理者：**国内**の旅行業務のみを取り扱える

◆**地域限定**旅行業務取扱管理者：**拠点区域内**の旅行業務のみを取り扱える

※拠点区域内…営業所のある市町村（および隣接する市町村）の区域内

これら３つの資格を認定するため、「総合旅行業務取扱管理者試験（以下、総合試験）」「国内旅行業務取扱管理者試験（以下、国内試験）」「地域限定旅行業務取扱管理者試験（以下、地域限定試験）」が実施されます。

❷ 国内試験・総合試験の概要

受験資格

国内試験・総合試験ともに年齢、性別、学歴、国籍等に関係なく、どなたでも受験できます。また、同じ年に国内試験と総合試験の両方を受験することもできます。

※ただし、「過去一定期間内に実施された旅行業務取扱管理者試験で不正行為を行った者」は受験資格はありません。

試験スケジュール

国内試験・総合試験ともに年１回実施されます。試験によりスケジュールが異なりますので、間違えないよう注意が必要です。

	国内試験	総合試験
願書受付期間	６月上旬～７月上旬	７月上旬～８月上旬
試験日	９月上旬の日曜日	10月下旬の日曜日
合格発表日	10月下旬	12月中旬

※上記スケジュールは 2021 年度の試験日程をもとに作成しています。2022 年度の試験の実施概要については変更になる可能性がありますのでご注意ください。

受験案内・受験願書入手方法

国内試験、総合試験ともに下記の３つの方法のいずれかで入手することができます。

① 郵送で取り寄せる（国内試験、総合試験それぞれの試験実施団体の本部に請求）。

② 各試験実施団体の本部または支部で直接受け取る。

③ 各試験実施団体のホームページでダウンロードする。

※詳しくは、各試験実施団体のホームページ等でご確認ください。

受験手数料

① 国内試験…5,800 円

② 総合試験…6,500 円

試験地

それぞれ以下の都道府県で実施されます（2021 年度実績に基づく）。

※試験会場が複数ある試験地では、受験者が試験会場を選択することはできません。受験票に記載された試験会場で受験することになります。

① 国内試験…北海道、宮城、埼玉、東京、愛知、大阪、広島、福岡、沖縄

② 総合試験…北海道、宮城、東京、愛知、大阪、広島、福岡、沖縄

試験科目・出題数・試験時間

下の表のとおり、国内試験は 3 科目、総合試験は 4 科目で実施されます。

① 国内試験

試験科目	配点・問題数	試験時間
旅行業法及びこれに基づく命令	100 点（25 問）	120 分
旅行業約款、運送約款及び宿泊約款	100 点（25 問）	
国内旅行実務	100 点（38 問）	

※ 2021 年度試験実績です。

② 総合試験

試験科目	配点・問題数	試験時間
旅行業法及びこれに基づく命令	100 点（25 問）	80 分（午前）
旅行業約款、運送約款及び宿泊約款	100 点（30 問）	
国内旅行実務	100 点（32 問）	120 分（午後）
海外旅行実務	200 点（52 問）	

※ 2021 年度試験実績です。

出題形式

解答はすべてマークシート方式です。

① 国内試験：四肢択一問題と与えられた語群の中から正解を選ぶ問題

② 総合試験：四肢択一問題と設問文（選択肢）の正誤を判断する問題

受験科目の免除について

① 科目免除制度

国内旅行業務取扱管理者（旧主任者を含む）資格をお持ちの方は、合格の次年度以降に総合試験を受験する場合、「旅行業法」「国内旅行実務」の２科目が免除となります。

② 科目合格制度

国内・総合各試験において、「国内旅行実務」または「海外旅行実務」が合格基準点に達した場合、その科目を一部合格とし、翌年の試験においてのみ当該科目の受験が免除されるという科目合格制度があります。ただし、国内試験、総合試験の相互間の免除は認められていません。詳しくは、試験実施団体のホームページ等でご確認ください。

合格ライン

合格ラインは、国内試験・総合試験ともに、各科目それぞれで満点の６割〜６割５分以上の得点と推測されます。なお、過去３年間の合格ラインは、各科目それぞれで６割以上でした。

過去３年間の試験実施状況

年度	国内試験			総合試験		
	受験者数	合格者数	合格率	受験者数	合格者数	合格率
2019 年度	13,103	5,122	39.1%	1,825	237	13.0%
2020 年度	11,424	4,091	35.8%	4,086	756	18.5%
2021 年度	9,910	4,055	40.9%	2,819	175	6.2%

※国内試験は「３科目受験」、総合試験は「４科目受験」のデータです
※ 2019 年度の総合試験は、10 月の試験が中止された会場の数字は含みません。

３ 試験実施団体

国内試験実施団体

一般社団法人 全国旅行業協会
〒 107-0052　東京都港区赤坂４－２－19
赤坂シャスタイーストビル３階
TEL：03-6277-6805（試験係）
HP：https://www.anta.or.jp/

総合試験実施団体

一般社団法人 日本旅行業協会
〒 100-0013　東京都千代田区霞が関
３－３－３全日通霞が関ビル３階
TEL：03-3592-1277（試験係）
HP：https://www.jata-net.or.jp/

学習方法

ユーキャン式!!　試験合格へのアプローチ

1. 試験の全体像を確認しよう!!（受験科目と出題分野）

試験対策の入り口は「**試験の全体像を知る**」ところから始まります。旅行業務取扱管理者試験は、下に示すとおり、「旅行業法（科目1)」「約款（科目2)」からなる**法規科目**と、「国内旅行実務（科目３)」と「海外旅行実務（科目4)」からなる**実務科目**とに大きく分類することができます。

各科目は具体的に次のような様々な**テーマ**によって構成されています。

	科目およびテーマ	本書該当範囲
法規	**科目１**　旅行業法（旅行業法及びこれに基づく命令）	**第１編**
	科目２　約款（標準旅行業約款、運送約款及び宿泊約款）	**第２編**
	２－①　標準旅行業約款	第１章
	２－②　運送・宿泊約款	第２章
実務	**科目３**　国内旅行実務	**第３編**
	３－①　国内運賃・料金・実務	第１章、第２章
	３－②　国内観光資源	第３章
	科目４　海外旅行実務	**第４編**
	４－①　海外時刻表等（資料）の読取り	第１章
	４－②　国際航空運賃	第２章
	４－③　語学（英語）	第１章
	４－④　出入国に関する法令・実務	第３章
	４－⑤　海外観光資源	第４章

※国内試験は科目１～３、総合試験は科目１～４が、それぞれ受験科目です。
※科目・テーマの具体的な内容・詳細は各編の冒頭ページをご参照ください。

2. テキストの使い方

受験科目と各科目のテーマを確認したところで、本書（以降「テキスト」とする）を使って具体的に学習を始めます。できれば、**問題集**を準備しておくと学習効率が高まりますので、良質なもの（最低でも、**年度ごとの改正点が反映**されているもの）を一冊でよいので、ぜひ準備しておきましょう。

(1) テキスト→問題→テキスト→問題…の繰り返し

学習の基本は原則として「**テキストを読み、問題を解く**」の繰り返しです。一度読んだくらいではすっきり理解できない項目も多いはずですから、正しく理解し、知識が身につくまでは、この流れを繰り返す必要があります。「これ!!」と決めて、このテキストを選んだのですから、**合格まで強い意志**で読み込みましょう。

(2) テキストを読む「目的」は…

漫然とテキストを読んでいるだけでは、なかなか効率良く学習を進めることはできません。次のように**目的**をはっきりさせることが大切です。

1回目 ざっと読む（全体像を把握する）

本文をざっと読んで、全体のイメージを把握。ここでの目的は全体像の把握なので、確認テストには手をつけず、わからないところがあってもOK。最後まで一気に読み進めるのがポイント。

⇩

2回目 丁寧に読む（正しく理解する）

今度は1回目よりも丁寧に、欄外の補足事項などにも目を通しながら理解するために読む（確認テストにも挑戦!!）。わからない箇所はチェックしておくなど、今回の目的は「正しい理解」。

⇩

3回目 記憶するために読む（知識を定着させる）

3回目以降は、理解した内容を記憶するために繰り返しテキストを読み込むこと。難しいと感じた項目、間違った確認テストなどに重点を置いて、納得できるまで読むことが大切！

受験科目は「法規」と「実務」とがあり、出題傾向は大きく異なりますので、これらを一気に学習するのは困難です。原則として科目ごと（テキストでいうと「編」ごと）に、1回目、2回目…とテキストを熟読し、1科目目の理解が済んでから、2科目目、3科目目と進めていく方法が最も負担が少ないでしょう。

3. テーマ別攻略法

この試験は実に様々なテーマで構成されていますから、戦略も一つではありません。そこで、ユーキャンでは、科目ごとの分類だけでなく、**すべてのテーマ**を大きく**3つに分類**し、それぞれに適した学習方法をおすすめしています。

(1) 問題重視型（早めに問題に取り組もう!!）

該当テーマ　旅行業法 科目1、標準旅行業約款 科目2－①、
運送・宿泊約款 科目2－②、出入国に関する法令・実務 科目4－④

これらはいずれも「例年、**類似した問題が繰り返し出題**される」という点で共通しています。したがって、早い段階での過去問題・予想問題への取組みを重視した次のような学習方法が適しているといえるでしょう。

テキスト1回目 → 問題を見る → テキスト2回目 → 問題を解く

問題を見ることで、「どんなレベルの、どのような内容の問題が出題されるか」を確認しましょう。これを行うことによって、「どんな知識が必要で、どこまで覚えればよいのか」の判断がつき、以降の学習の効率化を図ることができます。

(2) 論理先行型（まずテキストをしっかり学習しよう !!）

該当テーマ　国内運賃・料金・実務 科目３－①、海外時刻表等（資料）の読取り 科目４－①、国際航空運賃 科目４－②

これらはいずれも、「**計算手順の理解、資料の見方**」が重要で、なおかつ、該当する箇所の学習を一通り済ませていないと実際の試験問題を解くことができない点で共通しています。また、攻略に当たり**相応の時間を要する**のが特徴です。したがって、まずはテキストに記載されている各事例を使って一つずつ手順を確認し、知識を定着させることを優先しましょう。

テキスト１回目 → テキスト２回目 → 問題を見る（解く）

(3) 日常的学習型（日常の細切れ時間を活用して少しずつ知識を増やそう !!）

該当テーマ　国内観光資源 科目３－②、語学（英語）科目４－③、海外観光資源 科目４－⑤

これらの共通点として、「**出題範囲が膨大**」「**出題予測がしにくい**」ことがあげられます。したがって、（1）や（2）の学習と**並行**し、早い段階から着実に知識を増やしていくことが大切です。観光資源の学習については、「費やした時間」と「得点」はおおむね比例しますが、語学（英語）については一朝一夕で対応できるものではありません。満点を取る必要はないのですから、英語が苦手な場合はあまり深追いせず、他のテーマで確実に得点できるような対策を立てましょう。

4. 科目免除・科目合格制度を有効活用しよう !!（W受験のすすめ）

総合試験を受験する方には、同じ年度の国内試験受験をおすすめします。前述のとおり、総合試験と国内試験の受験科目は大半が共通しています。最初から「総合試験合格」に照準を合わせている場合でも、「試験慣れ」という意味でも効果があり、また、万一、総合試験の受験準備が整わず、国内試験のみの合格となった場合でも、翌年以降の総合試験受験時に科目免除の適用を受けることができます。

また、「資格について」に記載したとおり、一定の基準のもと、合格基準の緩和措置として科目合格の制度も導入されています（P13参照）。

これらの科目免除・科目合格制度を有効活用し、合格をぐっと引き寄せましょう。

第1編

旅行業法及び これに基づく命令

Contents

出題分析と試験対策

出題分析表（問題数）

分野名	2017年度		2018年度		2019年度		2020年度		2021年度	
	国内	総合	国内	総合	国内	総合	国内	総合	国内	総合
目的・定義	2	1	2	1	1	1	2	2	2	2
登録制度	4	4	3	4	5	4	4	2	3	3
営業保証金	1	1	1	1	1	1	1	1	1	1
旅行業務取扱管理者	2	2	2	2	2 1/2	2	2 1/2	2	2 1/2	2
外務員	1	1	1	1	1/2	1	1/2	1	1/2	1
旅行業務の取扱いの料金	1	1	1	1	–	1	1	1	1	1
旅行業約款	1	1	1	1	1	1	1	1	1	1
標識（登録票）	–	1	1	–	1	–	1	–	–	–
取引条件の説明	2	2	1	1	1	1	1	1	1	2
書面の交付	1	1	1	1	1	1	1	1	1	1
企画旅行の広告	1	2	1	1	1	1	1	1	1	1
誇大広告の禁止	1	1	–	–	1	1	–	1	1	1
旅程管理	1	1	2	2	2	1	2	1	2	1
受託契約	1	1	1	1	–	1	1	1	1	1
旅行業者代理業者	1	–	1	–	1	–	1	1	1	–
禁止行為	1	1	1	1	1	1	1	1	1	1
業務改善命令	1	1	–	1	1	1	–	1	1	1
登録の取消し等	1	1	1	1	1	1	1	1	1	1
旅行サービス手配業	–	–	1	1	1	1	1	1	1	1
旅行業協会・弁済業務保証金など	2	2	2	3	2	3	2	3	2	3
その他（罰則、都道府県が処理する事務など）	–	–	1	1	–	1	–	1	–	–
合計	25問	25問	25問	25問	25問	25問	25問	25問	25問	25問

※「2つのテーマで1問を構成している問題」には問題数に“1/2”と表示している。

配点　25問×4点＝100点（国内・総合とも同じ）

試験対策

出題分析表からもわかるとおり、例年、同じ項目から繰り返し出題されています。類似した問題が多く、過去問題、予想問題への取り組みが大変重要だといえるでしょう。出題形式は主に四肢択一ですが、「正しいもの（誤っているもの）のみをすべて選びなさい」などといった問題も出題されています。この形式は、用意された選択肢のすべての記述について正誤の判断が要求されるため、曖昧な理解、中途半端な記憶では正答にたどりつけません。選択肢一つひとつについて、自信を持って「正しい」「誤り」と判断できるようにしておくことが大切です。

「法令」という響きと条文の表現から、「とっつきにくい」と感じる方も多いため、本書ではあえて条文の掲載を必要最低限にし、条文の趣旨に沿って平易な表現を織り交ぜて解説しています。問題に繰り返し当たることで、比較的容易に合格基準点に達することが可能です。

※条文の全文を参照したい場合は「日本旅行業協会」のホームページなどで入手が可能です。

第1章　旅行業法

ここでは「旅行業を営むための条件」や「旅行者と取引をするときの約束事」を定めた旅行業法について学習します。試験では「旅行業法及びこれに基づく命令」として１つの科目になっているため、ここを攻略せずに合格はあり得ません。例年、類似した問題が出題されますので、本章で基本を押さえ、「繰り返し問題を解くこと」が攻略への近道といえます。

第1章

Lesson 1

重要度 A

旅行業法の基礎知識

学習項目

◎旅行業法の基礎知識
◎旅行業法の目的
◎用語の定義

学習ポイント

- 旅行業法を正しく理解するための基本知識を身につける。
- 旅行業法の**目的**（法第１条）に定められている**6つ**の項目を覚える。
- どのような**行為**を行う場合に**登録**が必要になるのかを理解する。

1 旅行業法の基礎知識

旅行業法は旅行業者などの「旅行にかかわる事業者を規制する法律」です。事業を開始するために必要な条件や、実際に取引（契約）をするときの数々の約束事（取引準則）は、すべてこの旅行業法によって定められています。また、第２編で学習する「標準旅行業約款（やっかん）」も、同法の規定が土台になっていますので、試験対策としても、旅行業法を正しく理解することが大変重要です。旅行業法を学習するに当たり、まずは、旅行業法でいうところの「旅行」の種類や、基本的な用語を確認しましょう。

1. 旅行の種類

「旅行」は、その実施形態によって企画旅行と手配旅行の２種類に分類されています。詳しい内容は第２編・第１章「標準旅行業約款」で学習しますので、ここでは概要を確認しておきましょう。

（1）企画旅行

旅行業者が**旅行計画（目的地、日程、サービスの内容、旅行代金など）を定めて実施**する旅行を企画旅行といいます。企画旅行は、さらに次の２種類に分けることができます。

① 参加する旅行者の募集をすることにより実施する企画旅行

旅行業者が旅行計画を定め、**参加する旅行者の募集をして実**

施する旅行を**募集型企画旅行**といいます。一般にパッケージツアーと呼ばれています。

② 旅行者からの依頼に基づき実施する企画旅行

旅行者からの依頼に基づき旅行業者が旅行計画を定めて実施する旅行を**受注型企画旅行**といいます。旅行業者が旅行計画を定める点では上記①と同じですが、こちらは旅行者の要望に基づいて旅行業者が計画を定める、いわばオーダーメイド型の旅行といえるでしょう。修学旅行や職場旅行などで比較的よく用いられる旅行形態です。

募集型企画旅行、受注型企画旅行、どちらの場合も、仕入れ値に利益を上乗せする形で旅行代金を設定するため、旅行者に対し旅行代金の内訳を明示せず、「旅行代金の総額は××万円」など包括的に表示されるのが特徴です。

実際の条文では「募集型企画旅行」という簡潔な表現ではなく、「**企画旅行（参加する旅行者の募集をすることにより実施するものに限る）**」など、少々回りくどい表現になっています。試験では、おおむね条文に沿った表現が用いられますので上記太字部分の言い回しは覚えておくとよいでしょう。

(2) 手配旅行

航空機やJRなどの運送機関、ホテルなどの宿泊機関など、それぞれを個別に手配し、実施する旅行を**手配旅行**といいます。航空券1枚の手配や、航空券と宿泊手配の組み合わせなど、ひと口に手配旅行といっても、さまざまな形態があります。「旅行者自らが旅行の計画を立てる」「運送機関や宿泊機関が設定した価格のまま旅行者に販売する（旅行代金の内訳が明示される）」などの点で、企画旅行とは大きく異なる旅行形態です。

■ 図表1　旅行の種類

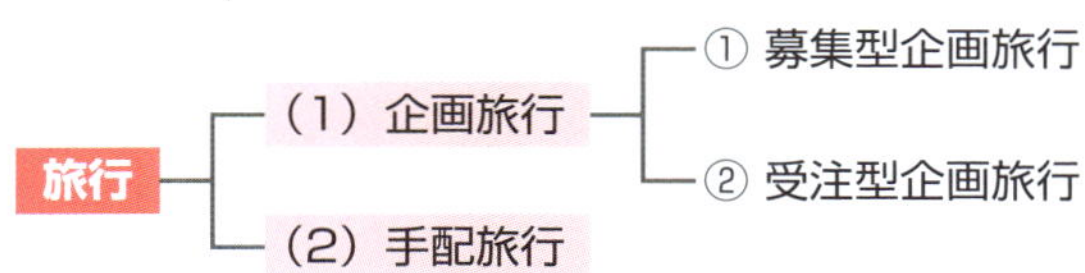

2. 旅行者と事業者

(1) 旅行者

旅行業法では、旅行業者等と取引をするすべての消費者を指して旅行者と呼びます。実際に旅行中の旅行者だけでなく、これから旅行に行こうとしている消費者も旅行者に含まれます。

(2) 事業者

旅行業法によって規制されている事業の種類（業態）は、**旅行業等**（旅行業および旅行業者代理業）と**旅行サービス手配業**に大きく分類されます。これらの事業を営む者を、それぞれ**旅行業者等**（旅行業者および旅行業者代理業者）と**旅行サービス手配業者**といいます。

用語

旅行業等
旅行業および旅行業者代理業の総称。

旅行業者等
旅行業者および旅行業者代理業者の総称。

■ 図表2　旅行業法における事業者の種類

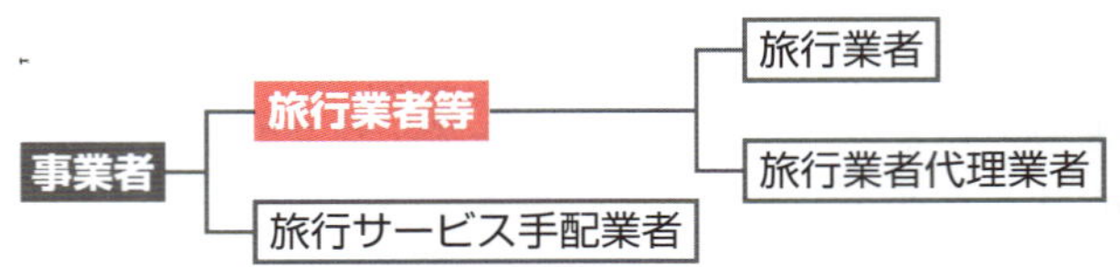

一般に「旅行代理店」などと呼ばれているのが旅行業者です。例えば、旅行者のためにホテルや乗車船券の手配をする（図表3－②）、旅行者に対して募集型企画旅行を販売するなど、主に**旅行者と直接に取引（契約）をする役割を担っているのが旅行業者**であるといえます（図表3－①）。

これに対し、旅行サービス手配業者の業務は**旅行業者からの依頼**に基づく「**旅行サービスの手配代行**」です。**取引の相手方は事業者**（旅行業者や旅行サービス提供者）であり（図表3－③④）、**旅行者と直接に取引をする関係にない**のが特徴です。

プラスアルファ

旅行業者代理業者は、旅行業者の代理人といった役割を担う事業者である。旅行業者と業務委託契約を結び、旅行業者の代わりに旅行者との契約の締結に関する実務手続きを請け負うことで販売手数料を得る業態である。

旅行業者代理業
▶▶P27

■ 図表3　旅行者と事業者（取引形態の例）

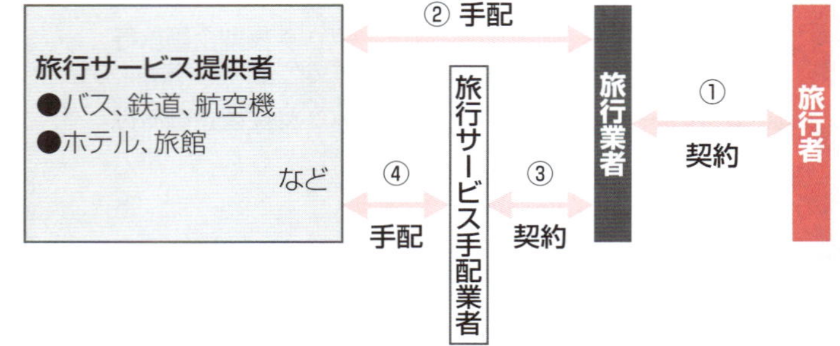

旅行業（および旅行業者代理業）、旅行サービス手配業に関する詳細は、このLessonの3「用語の定義」とLesson2で解説しています。また、旅行サービス手配業に特有の規定はLesson11

に詳細をまとめました。まずは図表3に示した関係性をイメージしながら学習を進めていきましょう。

2 旅行業法の目的

旅行業法第1条には、この法律の目的が次のように定められています。

法第1条　目的

この法律は、旅行業等を営む者について**登録制度を実施**し、あわせて**旅行業等を営む者の業務の適正な運営を確保**するとともに、その**組織する団体の適正な活動を促進**することにより、旅行業務に関する**取引の公正の維持**、**旅行の安全の確保**及び**旅行者の利便の増進**を図ることを目的とする。

第1条（目的）のポイントを整理すると次のようになります。

Key Point ●第1条（目的）

① **登録制度**の実施
② **旅行業等を営む者**の**業務**の**適正な運営の確保**
③ **旅行業等を営む者**の**組織する団体**の**適正な活動の促進**
④ 旅行業務に関する**取引**の**公正の維持**
⑤ **旅行**の**安全の確保**
⑥ **旅行者**の**利便の増進**

「旅行」は典型的な無形の商品です。また、形がないにもかかわらず、契約内容によっては旅行代金が高額なものも多いため契約後にトラブルが生じることも少なくありません。そこで、旅行業法では「旅行業等を営むには行政庁の登録を受けること」とし、不適切な者の登録を排除するとともに、「契約をするときには内容について十分に説明をすること」「旅程をしっかりと管理すること」などの規定を定め、これらを遵守(じゅんしゅ)させることにより旅行者の保護を図っているのです。

「法第1条（目的）に定められているもの（いないもの）はどれか」といった、ある程度条文を暗記しておくことで解ける簡単な問題が主流なので、第1条にはしっかりと目を通しておきましょう。

用語

旅行業等を営む者の組織する団体
具体的には、この試験の実施団体でもある「旅行業協会」のこと。

旅行業協会
▶▶P100

3 用語の定義

旅行業法を正しく理解するために、同法のなかに出てくる用語の定義を確認しましょう。

1. 旅行業

(1) 旅行業とは

旅行業とは、報酬(ほうしゅう)を得て、**一定の行為**を行う事業をいいます。

「一定の行為（つまり旅行業に該当する行為）」は、旅行業法第2条第1項（第1号～第9号）に詳しく定められていますが、次のように分けて考えると理解しやすいでしょう。

① 企画旅行の実施に関する行為

次に定める行為はいずれも企画旅行に関する行為です。

第1号　旅行の**目的地**及び**日程**、旅行者が提供を受けることができる**運送又は宿泊のサービス**（以下「**運送等サービス**」という。）の**内容**並びに旅行者が支払うべき**対価**に関する事項を定めた**旅行に関する計画**を、**旅行者の募集のためにあらかじめ**、又は**旅行者からの依頼**により**作成**するとともに、当該計画に定める運送等サービスを旅行者に確実に提供するために必要と見込まれる運送等サービスの提供に係る契約を、**自己の計算**において、運送等サービスを提供する者との間で締結する行為

第2号　**前号に掲げる行為に付随**して、**運送及び宿泊のサービス以外**の旅行に関する**サービス**（以下「**運送等関連サービス**」という。）を旅行者に確実に提供するために必要と見込まれる運送等関連サービスの提供に係る契約を、**自己の計算**において、運送等関連サービスを提供する者との間で締結する行為

条文から抜粋したとおりに掲載していますので、少々理解しにくいかもしれませんね。もう少し簡単な表現にすると「**旅行に関する計画を、旅行者の募集のためにあらかじめ（募集型企画旅行）、または旅行者からの依頼により（受注型企画旅行）作成し、この計画に必要な運送等サービスや、これに付随(ふずい)する運送等関連サービスを各サービス提供者から仕入れ、手配する行為**」ということになります。

② 手配旅行に関する行為

次に定める行為はいずれも手配旅行に関する行為です。

用語

報酬
例えば、旅行者から収受する各種手数料や、運送・宿泊機関などから収受する送客手数料、旅行代金に含まれる利益分などが報酬に当たる。

事業
一定の行為を反復・継続する意思をもって行うことを事業という。例えば、観光地のタクシー乗務員が乗客の依頼によって旅館を紹介する場合、1回だけでは「継続性」がないため事業に該当しないが、たびたび積極的に紹介している場合は事業性があるとみなされる。

運送等サービス
運送または宿泊サービスのこと。

運送等関連サービス
運送および宿泊サービス以外の旅行サービスのこと。例えば、食事場所の手配や、観光施設の入場券、観劇チケットの手配などがこれに当たる。

プラスアルファ

「サービスの提供に係る契約を、自己の計算において…締結する」とは、「自らがサービス提供機関からサービスを仕入れ、仕入れ値に利益を上乗せし、消費者へ販売する価格を設定できる」ということ。

第３号　旅行者のため、運送等サービスの提供を受けることについて、代理して契約を締結し、媒介をし、又は取次ぎをする行為
第４号　運送等サービスを提供する者のため、旅行者に対する運送等サービスの提供について、代理して契約を締結し、又は媒介をする行為
第５号　他人の経営する運送機関又は宿泊施設を利用して、旅行者に対して運送等サービスを提供する行為
第６号　前３号に掲げる行為に付随して、旅行者のため、運送等関連サービスの提供を受けることについて、代理して契約を締結し、媒介をし、又は取次ぎをする行為
第７号　第３号から第５号までに掲げる行為に付随して、運送等関連サービスを提供する者のため、旅行者に対する運送等関連サービスの提供について、代理して契約を締結し、又は媒介をする行為

第３号と第４号は、いずれも「**旅行者と旅行サービス提供者の間に入り、代理・媒介(ばいかい)・取次ぎなどの法律行為を通じて、運送等サービスの手配を行う行為**」のことです。また第６号と第７号も、同様の立場で「**運送等サービスの手配に付随して、運送等関連サービスを手配する行為**」と解釈すればよいでしょう。

③ その他の付随的行為

前述の①や②に付随した次の行為も旅行業に該当します。

第８号　第１号及び第３号から第５号までに掲げる行為に付随して、旅行者の案内、旅券の受給のための行政庁等に対する手続きの代行その他旅行者の便宜となるサービスを提供する行為

第８号は「**企画旅行や手配旅行のための運送等サービスの手配行為に付随して、旅行者のために案内（ガイド、通訳、添乗(てんじょう)など）をする行為や、旅券・査証(さしょう)取得手続代行などの各種サービスを提供する行為**」と解釈できます。

④ 旅行相談に関する行為

旅行に関する相談業務も「一定の行為」に該当します。したがって、報酬を得て、事業として旅行相談に応じるのであれば、その行為は「旅行業」になります。

第９号　旅行に関する相談に応ずる行為

以上、①～④に掲げる行為が「旅行業に該当する行為」になります。したがって、これらの行為を、報酬を得て、事業として行う場合には、原則として旅行業の登録を受けなければなりません。旅行業として登録を受けた者のことを旅行業者と呼びます。

プラスアルファ
手配旅行の場合は、原則として各サービス提供者が設定した価格で旅行者に販売することになり、利益などを上乗せすることはできない。

「代理」「媒介」「取次ぎ」「利用」は、いずれも民法、商法で定められている法律行為の一種です。過去の試験でこれらの違いが問われたことはないので詳細は省略します。
また、これらの行為のうち、第５号に定める「利用」行為は、旅行の取引においては実態として存在しないので詳細は省略します。

プラスアルファ
旅行商品を構成するうえで最も重要とされるのが運送等サービス（「運送」と「宿泊」のサービス）である。旅行業者が運送等サービスの予約・手配をすることを一般に「**基本的旅行業務**」と呼ぶ。これに対し、運送等関連サービスの手配や旅行者の案内、旅券等の取得手続代行業務などを「**付随的旅行業務**」と呼ぶ。

(2) 旅行業の登録が不要な行為

ここでは、**旅行業**の**登録が不要な行為**として代表的な事例（①～④）を確認しましょう（いずれも**事例にある行為のみ**を行い、他の旅行業務は行わないものとします）。

Key Point ●旅行業の登録が不要な行為

① **付随的旅行業務**（運送等関連サービスの手配、旅行者の案内、旅券・査証取得手続き代行など）を**単独**で行う場合

ケース1	旅行者に観光施設の入場券や観劇チケットを販売する
ケース2	旅行者のために食事場所（レストランなど）の手配を行う
ケース3	旅行者のために諸外国に入国するときに必要な査証取得代行を行う
ケース4	旅行者の案内（ガイド、通訳、添乗など）を専門に行う

＊運送・宿泊サービスの手配に付随せず、単独でこれらを行うときは旅行業の登録は不要

② **人材派遣業者、手配代行業者の行為**

ケース5	旅行業者の依頼に基づき添乗員、ガイドなどを派遣する
ケース6	旅行業者の依頼に基づきバスやホテルの手配を行う

＊いずれも旅行者と直接の取引を行う関係にはないので旅行業の登録は不要

③ **もっぱら運送機関の代理**を行う場合

ケース7	バス停近くの商店がバスの回数券の販売を行う
ケース8	宿泊業者が航空会社を代理して航空券の発券を行う

＊「運送機関の手配」に該当するため、本来ならば旅行業に該当する行為だが、「運送機関の代理人」として航空券や乗車船券の代理販売のみを専門に行うときは例外的に旅行業の登録は不要

④ **運送事業者、宿泊事業者**が**自らの事業範囲内**のサービスを提供するとき

ケース9	バス会社が自社のバスを利用し、他人の経営するイチゴ園と提携して「日帰りイチゴ狩りツアー」を実施する
ケース10	宿泊業者が自らの宿泊施設を利用し、他人の経営するゴルフ場と提携して「ゴルフ付宿泊パック」を販売する
ケース11	船舶会社が自社の客船を利用し、ワンナイトクルーズを販売する

＊運送等サービスを自らが提供し、これに運送等関連サービス（運送・宿泊サービス以外のサービス）の手配を付加して販売する場合は旅行業の登録は不要

旅券・査証
▶▶P197

用語

人材派遣業者
派遣先からの依頼を受けて、労働者（添乗員、ガイド、通訳案内士などを含む）を派遣する事業者（労働者派遣事業者）のこと。

手配代行業者
旅行業者の依頼に基づき、運送機関や宿泊機関、ガイド、レストランなどの旅行サービスの手配を専門に行う者のこと。実務上「ツアーオペレーター（ランドオペレーター）」ともいう。
本文のケース6にあるとおり、手配代行の行為のみを行う場合には、旅行業の登録は不要だが、代行する手配の内容によっては旅行サービス手配業の登録が必要になる（詳細は後述）。

旅行サービス手配業
▶▶P28

ケース9、ケース10、ケース11はいずれも「他人の経営する運送・宿泊サービス」の手配はしていないので、旅行業の登録は必要ありません。

2. 旅行業者代理業

(1) 旅行業者代理業とは

旅行業者代理業とは、報酬を得て、**旅行業者のために、旅行業者の行う一定の行為**（前述の第9号の「**旅行に関する相談に応ずる行為**」を**除く**）**について、代理して契約を締結する行為を行う事業**をいいます。この旅行業者代理業を営むために登録を受けた者を**旅行業者代理業者**といい、この旅行業者代理業者と業務委託契約を結んだ旅行業者を**所属旅行業者**と呼びます。

■ 図表4　旅行業者代理業者と所属旅行業者の関係図

旅行業者（所属旅行業者）

業務委託契約（代理契約）

契約上の権利・義務

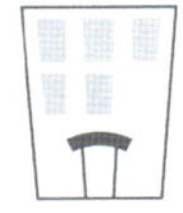

契約の成立

（旅行業者代理業者＝所属旅行業者を代理して契約を締結）

旅行業者代理業者

旅行者

図表4に示すとおり、旅行業者代理業者の行う業務は、そのすべてが所属旅行業者の代理人として行っているにすぎませんので、契約上の権利・義務は所属旅行業者に帰属します。つまり、図表4でいうと、契約の成立に立ち会っているのは旅行業者代理業者ですが、法律上は旅行者と所属旅行業者が契約を締結したことになるのです。したがって、旅行者に対し、旅行サービスを提供する手配義務を負うのも、旅行者から旅行代金を収受する権利を得るのも所属旅行業者です。

(2) 旅行業者代理業者の旅行業務等

一般の旅行者が旅行業者と旅行業者代理業者の法律上の違いを認識するのは難しく、また旅行業者代理業者の側も、営業のうえで利益になると判断し、本来ならば行ってはならない業務までも引き受けてしまう危険性もあります。このような事態を未然に防ぎ、旅行者に深刻な損害を与えることのないよう、旅

旅行業者代理業者は報酬を得て、事業として旅行相談業務を行うことはできません（無料で相談に応じることについて制限はない）。

プラスアルファ

旅行業者代理業を営もうとする者は、その前提として旅行業者（1社のみ）を特定し、その旅行業者との間で「旅行業者を代理することについての業務委託契約」を結ばなければならず、この契約がなければ「旅行業者代理業」の登録を受けることはできない。

旅行業者の代理人として、契約・販売の実務手続きを請け負うことによって販売手数料を得るのが「旅行業者代理業者」であると理解すればよいのですね。

Lesson2以降でも、「旅行業者」と「旅行業者代理業者」との違いを随時解説しますが、この「違い」がまさに出題のポイントです。比較・整理しながら覚えましょう。

旅行業法　国・総

行業法では旅行業者代理業の制度に対し次のような制約を設けています。

Key Point　●旅行業者代理業者の旅行業務等

① 旅行業者代理業者は原則として**所属旅行業者以外の旅行業者のために旅行業務を取り扱ってはならない**（ただし、例外として「受託旅行業者代理業者」として企画旅行契約（募集型）を締結する場合を除く）。

② 旅行業者代理業者は、旅行業務に関し取引をしようとするときは、**所属旅行業者の氏名または名称**および**旅行業者代理業者である旨**を取引の相手方に**明示**しなければならない。

③ 旅行業者代理業者は、その行う営業が**旅行業であると誤認**させ、または**所属旅行業者を誤認**させるような**表示、広告その他の行為**をしてはならない。

④ **行政庁**は、旅行業者代理業者に対し、その行う営業が**旅行業であると誤認させ**、または**所属旅行業者を誤認させないようにするための措置をとるべきこと**を命ずることができる。

⑤ **所属旅行業者**は、旅行業者代理業者が旅行業務につき旅行者に加えた**損害を賠償**する責めに任ずる。ただし、当該所属旅行業者がその旅行業者代理業者への委託につき**相当の注意**をし、かつ、その旅行業者代理業者の行う旅行業務につき旅行者に加えた**損害の発生の防止**に努めたときは**この限りでない**。

受託旅行業者代理業者
▶▶P83

行政庁
▶▶P34

⑤について、委託につき相当の注意をし(a)、かつ損害発生の防止に努めたとき（b）は、所属旅行業者は損害賠償責任を免れるということです(a＋b＝免責)。aだけ（またはbだけ）を行ったとしても損害賠償責任を免れることはできません。

プラスアルファ

旅行業の登録を受けている者は、旅行サービス手配業の登録を受けなくても旅行サービス手配業に相当する行為を行うことができる。

3. 旅行サービス手配業

手配代行業者のうち、国内の**運送・宿泊サービスなどの手配代行**を行う者は、**旅行サービス手配業の登録**を受けなければなりません。従来、手配代行業者に対する法的な規制は一切ありませんでした。しかし、訪日外国人旅行者の増加にともない、一部の事業者による悪質行為（**無資格ガイド**による免税店の連れ回し、高額商品の購入勧誘など）が頻発したことを受け、旅

旅行サービスの手配の代理
▶▶P96

行業法の枠組みのなかで、これらを実質的に取り締まる目的で創設されたのが旅行サービス手配業の登録制度です。

(1) 旅行サービス手配業とは

旅行サービス手配業とは、報酬を得て、旅行業者（外国の法令に準拠する**外国の旅行業者を含む**）のために、旅行者に対する運送等サービスまたは運送等関連サービスの提供について、**旅行業者とサービス提供者との間に入り**、代理・媒介・取次ぎなどの法律行為を通じて各サービスの**手配**を行う事業をいいます。この旅行サービス手配業を営むために登録を受けた者を旅行サービス手配業者といいます。

(2) 旅行サービス手配業に該当する（登録が必要な）行為

旅行業者の依頼に基づき、次の①～③のいずれかの行為（旅行サービス手配業務）を行うときは、**旅行サービス手配業**の登録が必要です（①～③のいずれも日本国内において提供されるサービスの手配に限る）。

Key Point ●旅行サービス手配業に該当する（登録が必要な）行為

※①～③のいずれも旅行業者の依頼に基づき行うものとする。

① 運送等サービス（運送・宿泊サービス）の手配

ケース1	国内の鉄道、バス、航空機などの手配を行う
ケース2	国内のホテル、旅館などの手配を行う

② 通訳案内士以外の者による有償の通訳案内サービスの手配

ケース3	訪日外国人旅行者の旅行に同行して通訳案内をする者（無資格ガイドなど）の手配を行う

＊通訳案内士の資格を有する者の手配代行のみを行う場合（またはボランティアガイドなど、無償での案内を行う者の手配代行のみを行う場合）は、旅行サービス手配業の登録は不要

③ 輸出物品販売場における物品の譲渡販売の手配

ケース4	訪日外国人旅行者が立ち寄る免税店の手配を行う

このように、旅行サービス手配業に該当する行為は、旅行業者からの依頼に基づいて行う日本国内の一定の旅行サービスの手配に限定されています。したがって、海外の各種サービスの

プラスアルファ

本文に“外国の法令に準拠する外国の旅行業者を含む”とあるので、例えば、上海（中国）で旅行業を営む中国の旅行業者Aからの依頼に基づき、日本の手配代行業者Bが、訪日中国人旅行者の京都(日本国内）滞在中の運送・宿泊サービスなどの手配を代行する行為は、旅行サービス手配業に該当する（Bは旅行者と直接取引をしていないので旅行業の登録は不要だが、旅行サービス手配業の登録が必要となる）。

用語

通訳案内士
通訳案内士法に規定する一定の資格を有し、**全国通訳案内士**（または**地域通訳案内士**）として登録を受けている者のこと。通訳案内士は名称独占資格であり、資格取得者以外の者は通訳案内士の名称（または類似する名称）を用いることはできない。

輸出物品販売場
いわゆる『消費税免税店』のこと。外国人旅行者などの非居住者に対して通常生活の用に供する物品を一定の条件に基づき販売する場合に、消費税を免除して販売できる店舗をいう。

プラスアルファ
ケース3、ケース4からもわかるとおり、旅行サービス手配業の制度創設の背景にあるのは「**訪日国内旅行**における旅行者の安全確保」である。これを受け、海外旅行の現地手配のみを専門に行う手配代行業者は旅行業における規制を一切受けず、旅行サービス手配業の登録は不要（旅行業の登録も不要）である。

手配のみを行う場合、または国内の前述①～③**以外**のサービス（例えば、国内の各種施設の入場券・チケット類、食事場所など）の手配のみを行う場合には、旅行サービス手配業の登録は不要です。

4 受託契約

「1旅行業法の基礎知識」で解説したとおり、募集型企画旅行は、「参加する旅行者の募集をすることにより実施する企画旅行」です。この募集型企画旅行に参加する旅行者を効率よく募集するために受託契約という制度が設けられています。

例えば、旅行業者Aの営業所には、Aが実施する募集型企画旅行のパンフレットと一緒に、BやCといった別の旅行業者が実施する募集型企画旅行のパンフレットが並べられている場合があります。この場合、BやCの募集型企画旅行について、旅行者はAの営業所で参加の申込み・契約の締結をすることができます。このように「**他の旅行業者が実施する企画旅行（参加する旅行者の募集をすることにより実施するものに限る）について、実施する旅行業者を代理して企画旅行契約を締結するために行う契約**」のことを受託契約といいます。前の例に置き換えると、「Bが実施する募集型企画旅行をAで代理販売するために締結するA・B間の契約」ということになります。

この場合のAを受託旅行業者（代理して販売する旅行業者）、Bを委託旅行業者（実際に旅行を実施し、販売を依頼する旅行業者）と呼びます（図表5参照）。

受託契約についてはLesson9で詳しく解説していますが、このLesson以降、随所に受託契約にかかわる記述があるため、ここでも概略を解説しました。

■ 図表5　受託契約

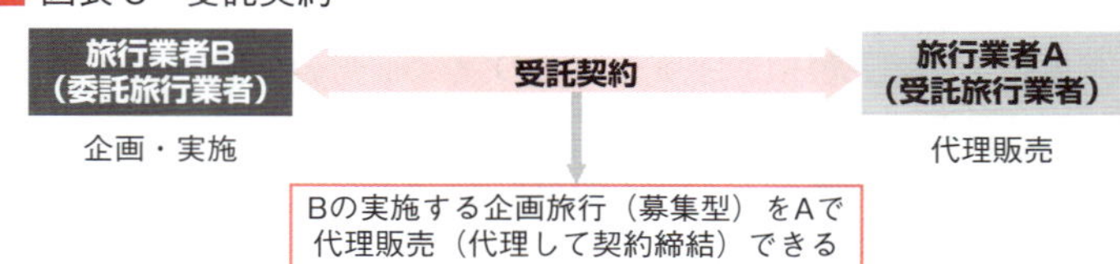

Let's Try! 確認テスト

●次の各記述の正しいものには○を、誤っているものには×を記入しなさい。

チェックポイント	できたらチェック✓
旅行業法の目的	□ 1「旅行業等を営む者の利便の増進」は旅行業法第１条に旅行業法の目的として定められる事項のひとつである。予想
登録の要・不要	□ 2 報酬を得て、旅行者のために旅行に関する相談に応ずる行為を行う事業は、旅行業に該当するため登録が必要である。国 令2改
	□ 3 バス会社が、自らの行う運送と他人が経営する宿泊施設を利用した１泊２日の旅行を旅行者に販売する行為を、報酬を得て事業として行う場合は旅行業の登録が必要である。国 平29改
	□ 4 船舶会社が、自社のクルーズ客船を利用し、ワンナイトクルーズを販売する行為を、報酬を得て事業として行う場合は旅行業の登録は不要である。総 令1改
	□ 5 航空運送事業者を代理して、旅行者に対し、航空券の発券業務のみを行う行為を、報酬を得て事業として行う場合は旅行業の登録が必要である。国 平30改
	□ 6 旅行業を営む者（外国の法令に準拠して外国において旅行業を営む者を含む。）のため、旅行者に対する本邦外における運送等サービスまたは運送等関連サービスの提供について、これらのサービスを提供する者との間で、代理して契約を締結し、媒介をし、または取次ぎをする行為のみを行う場合であっても、旅行サービス手配業の登録を受けなければならない。総 平30
旅行業者代理業	□ 7 所属旅行業者は、旅行業者代理業者が旅行業務につき旅行者に加えた損害をいかなる場合も賠償する責めに任ずる。国 令1
	□ 8 旅行業者代理業者は、旅行業務に関し取引をしようとするときは、所属旅行業者の氏名または名称および旅行業者代理業者である旨を取引の相手方に明示しなければならない。総 令2

解答 1. ×　「旅行業等を営む者の利便の増進」は旅行業法の目的ではない／2. ○　「旅行に関する相談に応ずる行為」は、これを単独で行うときでも旅行業に該当する（旅行業の登録が必要）／3. ○　他人が経営する宿泊サービスの手配をしているので旅行業に該当する（旅行業の登録が必要）／4. ○　運送サービスを自らが提供している（他人の経営する運送・宿泊サービスの手配はしていない）ので旅行業の登録は不要／5. ×　運送機関の代理人として航空券の代理販売のみを専門に行うときは例外的に旅行業の登録は不要／6. ×　海外の旅行サービスの手配のみを行う場合は旅行サービス手配業に該当しない（旅行サービス手配業の登録は不要）／7. ×　所属旅行業者が旅行業者代理業者への委託につき相当の注意をし、かつ損害の発生の防止に努めたときは損害賠償責任を免れる／8. ○

第1章

Lesson 2

重要度 A

登録制度①

学習項目

◎旅行業の登録業務範囲
◎登録の申請先
◎登録の拒否事由

学習ポイント

- 旅行業の登録業務範囲（4種類）と、それぞれの取り扱える業務の内容を理解する。
- 登録の申請先は、第1種が観光庁長官、それ以外は主たる営業所の所在地を管轄する都道府県知事。
- 登録の拒否事由（11項目）を理解する。
- 旅行業に求められる基準資産額を暗記する。

1 登録の申請・登録の拒否

行政庁
▶▶P34

用語

登録
旅行業法でいうところの登録とは、「旅行業等または旅行サービス手配業を営もうとする者が一定の資格要件を備えている」という事実を行政庁が登録簿に記載する一連の手続きを指す。

旅行業等または**旅行サービス手配業を営もうとする者**は行政庁の行う**登録**を受けなければなりません。

1. 旅行業の登録業務範囲

旅行業を営もうとする者は、登録の申請に当たり、取り扱う業務の範囲を明確にしなければなりません。登録の申請時に定めた業務の範囲のことを**登録業務範囲**といいます。

旅行業の登録業務範囲は次の(1)～(4)で述べる**4種類**です。**募集型企画旅行の実施範囲**によって「**第1種**旅行業務」「**第2種**旅行業務」「**第3種**旅行業務」に区分され、さらに、取り扱える業務範囲が限定的な「**地域限定**旅行業務」があります。

これらの区分に従って登録を受けた旅行業者を、それぞれ**第1種旅行業者、第2種旅行業者、第3種旅行業者、地域限定旅行業者**と呼びます。

本邦内＝国内
本邦外＝海外
旅行業法では、本邦内（外）という表現が用いられています。試験でも同様なので、この言葉は覚えておきましょう。

(1) 第1種旅行業務（第1種旅行業者の業務範囲）

募集型企画旅行、受注型企画旅行、手配旅行、旅行相談、受託契約に基づく代理販売（受託販売）など、**すべての国内（本邦(ほんぽう)内）・海外（本邦外）の旅行業務**を取り扱うことができます。

(2) 第2種旅行業務（第2種旅行業者の業務範囲）

海外の募集型企画旅行を自らが実施することはできませんが、

これ以外の国内・海外の旅行業務を取り扱うことができます。

(3) 第3種旅行業務（第3種旅行業者の業務範囲）

海外の募集型企画旅行を自らが実施することはできません。

国内の募集型企画旅行は、「**拠点区域内**（自らの営業所のある市町村および隣接する市町村などの地域内）**で実施するもの**」に限り実施できます。受注型企画旅行、手配旅行、旅行相談、受託契約に基づく代理販売などは、第1種や第2種旅行業と同様に、国内・海外のいずれも取り扱うことができます。

(4) 地域限定旅行業務（地域限定旅行業者の業務範囲）

募集型企画旅行、受注型企画旅行ともに「**拠点区域内で実施するもの**」に限り実施できます。また、手配旅行も**拠点区域内における**運送・宿泊・食事・観光施設などの各種サービスの**手配**に限り取り扱うことができます。 海外の企画旅行・手配旅行や、拠点区域以外の地域が含まれている国内の企画旅行・手配旅行は一切取り扱うことができません。

旅行相談や受託契約に基づく代理販売は、国内・海外のいずれも取り扱うことができます。

用語

拠点区域
具体的には次の①～③の範囲をいう（概要を理解しておけばよい）。
① 自らの営業所の存する市町村（特別区＝東京23区を含む）
② 上記①に隣接する市町村（特別区を含む）
③ 上記①②以外で観光庁長官の定める区域（離島など）

以上をもとに、第1種、第2種、第3種旅行業および地域限定旅行業の業務範囲（取扱いが可能な業務の範囲）を比較・整理すると次のようになります。

Key Point ●旅行業の業務範囲（比較）

旅行業の種別		取り扱える業務範囲（○＝できる　×＝できない　△＝拠点区域内に限りできる）									
		企画旅行の企画・実施				手配旅行		旅行相談		受託販売	
		募集型		受注型							
		海外	国内	海外	国内	海外	国内	海外	国内	海外	国内
旅行業	第1種	○	○	○	○	○	○	○	○	○	○
旅行業	第2種	×	○	○	○	○	○	○	○	○	○
旅行業	第3種	×	△	○	○	○	○	○	○	○	○
旅行業	地域限定	×	△	×	△	×	△	○	○	○	○

＊**海外旅行**（海外の募集型・受注型企画旅行、手配旅行および海外の募集型企画旅行の受託販売）を取り扱う旅行業者は、これに付随して「**旅券の受給のための行政庁等に対する手続き（渡航手続き）の代行**」などの業務も取り扱うことができる。

なお、旅行業法では**旅行業者代理業の業務範囲を定めていません**。というのも、旅行業者代理業者は、所属旅行業者から「この業務は扱ってもよい」と許された範囲（業務委託契約における委任範囲）に限り、所属旅行業者を代理して旅行者と契約を締結できるに過ぎず、この委託内容により取り扱える業務範囲に違いが生じるからです（当然ながら、募集型・受注型企画旅行を旅行業者代理業者自らが企画・実施することはできません）。

2. 登録の申請先

旅行業等または**旅行サービス手配業を営もうとする者**は、事業の種類ごと、旅行業の場合は登録業務範囲の別に応じ、所定の**行政庁**に対して**登録の申請**をしなければなりません。登録の申請は、所定の事項を記載した**新規登録申請書を提出**することにより行います。

Key Point ●登録の申請先

		登録の申請先
旅行業	第 1 種旅行業	観光庁長官
	第 2 種旅行業	旅行業等または旅行サービス手配業を営もうとする者の主たる営業所の所在地を管轄する都道府県知事
	第 3 種旅行業	
	地域限定旅行業	
旅行業者代理業		
旅行サービス手配業		

用語

主たる営業所
旅行業等（または旅行サービス手配業）を行う本拠となるところを指す。例えば、会社（法人）でいえば本店に当たるような営業所のこと。営業所が 1 つしかなければ、その営業所が「主たる営業所」になる。

試験でも「登録行政庁」という表現がたびたび使われています。「登録行政庁＝観光庁長官または都道府県知事」と理解しておけば OK!!

3. 登録の実施・登録の拒否

(1) 登録の実施

旅行業等または旅行サービス手配業を営もうとする者から登録の申請を受けた場合、その行政庁（観光庁長官または都道府県知事。以降本書では「**登録行政庁**」とする）は、申請内容を審査し、その結果、次に述べる登録の拒否事由（じゆう）に該当していなければその申請を受理します。登録をした場合、登録行政庁は遅滞なくその旨を申請者に通知しなければなりません。

(2) 登録の拒否

登録の申請者が次の①～⑪にあげる事項に 1 つでも該当している場合には、登録行政庁はその登録を拒否しなければなりません（⑩は旅行業のみ、⑪は旅行業者代理業のみに適用される事由です。①～⑨は旅行業、旅行業者代理業、旅行サービス手配業のいずれにも共通して適用されます）。登録を拒否されるということは、その登録を申請した者は旅行業者等または旅行サービス手配業者にはなれないということです。

Key Point ●登録の拒否事由

① **旅行業等または旅行サービス手配業の登録を取り消され**、その取消しの日から**5年**を経過していない者（登録を取り消された者が法人である場合、取消しの当時その法人の役員であった者も含む）

② **禁錮以上の刑**または**旅行業法違反による罰金刑**に処せられ、その執行を終わり、または執行を受けることがなくなった日から**5年**を経過していない者

＊**罰金刑**に処せられたことが登録の拒否事由につながるのは、その原因が**旅行業法違反**による場合のみ。

③ **暴力団員等**

④ 申請前**5年**以内に**旅行業務または旅行サービス手配業務に関し不正な行為**をした者

⑤ 営業に関し**成年者と同一の行為能力を有しない未成年者**で、その**法定代理人**が上記①～④または下記⑦の**いずれかに該当**するもの

＊登録の申請者が未成年者であっても、これを理由に登録を拒否されることはないが、その未成年者の法定代理人が上記①～④または下記⑦のいずれかに該当するときは拒否事由となる。

⑥ 次の**a**または**b**のいずれかに該当するもの

a．**心身の故障**により旅行業等または旅行サービス手配業を**適正に遂行することができない者**として**国土交通省令で定めるもの**

b．**破産手続開始の決定**を受けて**復権を得ない者**

＊上記aは、国土交通省令により「**精神の機能の障害**により旅行業または旅行業者代理業（旅行業等の場合）、旅行サービス手配業（旅行サービス手配業の場合）を適正に遂行するに当たって必要な**認知、判断および意思疎通を適切に行うことができない者**」と規定されている。

用語

禁錮以上の刑
「死刑」「懲役刑」「禁錮刑」のこと。試験対策としては懲役と禁錮を覚えておけばよい。

執行を受けることがなくなった
刑の時効が完成したとき、恩赦（国家的な祝事などの際に刑の言い渡しの免除や減刑などの措置を行うこと）によって刑の執行を免除された場合などを指す。

暴力団員等
「暴力団員による不当な行為の防止等に関する法律」に規定する暴力団員をいう（同法に規定する暴力団員でなくなった日から5年を経過しない者を含む）。

法定代理人
法律の規定により「本人の意思にかかわらず代理人となる者」を法定代理人という。未成年者の場合は親権者（父母など）がこれに当たる。

復権
破産手続きが開始されると、例えば一定の職業に就けないなど、その者の権利の一部が制限される。この制限を消滅させ、もとの法的地位を回復することを「復権」という。

⑦ **法人**であって、その**役員**のうちに上記①～④または⑥の**いずれかに該当**する者があるもの

⑧ **暴力団員等**がその**事業活動を支配する者**

⑨ 営業所ごとに**旅行業務取扱管理者**（旅行業等の場合）または**旅行サービス手配業務取扱管理者**（旅行サービス手配業の場合）を**確実に選任すると認められない者**

⑩ **旅行業を営もうとする者**であって旅行業を遂行するために必要と認められる**財産的基礎**（次表の基準資産額）を有しないもの

旅行業の種別	基準資産額（※）
第1種旅行業	3,000万円以上
第2種旅行業	700万円以上
第3種旅行業	300万円以上
地域限定旅行業	100万円以上

※基準資産額はおおむね次の公式によって求めた額をいう。

総資産－（負債の額＋営業保証金または弁済業務保証金分担金の額）

つまり、総資産から借金と営業保証金（または弁済業務保証金分担金）を差し引いたうえで上記の額以上が財産的基礎として求められる。

⑪ **旅行業者代理業を営もうとする者**であって、その**代理する旅行業者が2以上**であるもの

＊所属旅行業者は**1社のみ**に限られる（旅行業者は複数の旅行業者代理業者と業務委託契約を締結することができる）。

● 旅行業者代理業者は所属旅行業者を1社に定めなければならない（1社専属制）

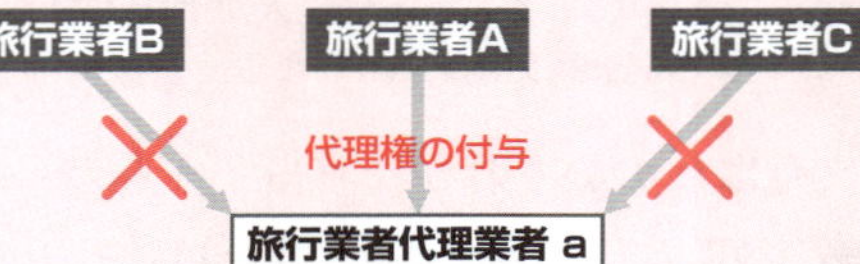

● 旅行業者は、複数の旅行業者代理業者と業務委託契約を締結することができる

旅行サービス手配業務取扱管理者
▶▶P93

旅行業者代理業者および旅行サービス手配業者に対しては財産的基礎は求められていません。旅行業者に求められている金額とともに、この点も覚えておきましょう。

営業保証金
▶▶P46
弁済業務保証金分担金
▶▶P102

「登録の拒否事由に該当する（しない）ものはどれか」というのが出題の定番です。①～⑪のいずれからも偏りなく出題されていますので、それぞれの項目をしっかりと確認しておきましょう。

行政庁が登録を拒否した場合には、その**行政庁**は**遅滞なく**、理由を付してその旨を申請者に通知しなければなりません。

よくある質問

地域限定旅行業の業務範囲はかなり限定的ですよね？具体的にはどのような旅行を取り扱うのですか？

着地型旅行の取扱いが中心です。
旅行の目的地の情報に詳しいのは、やはり地元の人ですよね。旅行者を受け入れる側（着地）に営業所を構える旅行業者が、地元ならではの独自性の高い、魅力的な着地型旅行を企画・実施し、積極的に旅行者を誘致することを想定した業務形態が地域限定旅行業です。地域の観光資源を有効活用し、かつ多様化した旅行者のニーズに対応するために観光庁も着地型旅行の推進に力を入れています。

都道府県が処理する事務

このLESSONで学習したとおり、登録の申請先（登録行政庁）は、「観光庁長官（第1種旅行業の場合）」と「主たる営業所の所在地を管轄する都道府県知事（第1種旅行業以外の場合）」の2種類があります。しかし、旅行業法の条文を見てみると、「旅行業等を営もうとする者は**観光庁長官**の行う登録を受けなければならない（法第3条）」などと規定され、不思議なことに、条文のなかに“都道府県知事”はまったく登場しません。これには、旅行業法（および旅行業法施行令）のなかの「都道府県が処理する事務」という条文が関係しています。

「**都道府県が処理する事務**」では、「旅行業法に規定する観光庁長官の権限に属する事務のうち、**第2種、第3種、地域限定の各旅行業、旅行業者代理業や旅行サービス手配業**に関する事務については、（観光庁長官ではなく）その**旅行業者等または旅行サービス手配業者の主たる営業所の所在地を管轄する**都道府県知事が行うこととする」と定めています。

つまり、第1種旅行業以外についての事務（これまでに解説した登録の申請・拒否などのほか、これから学習する認可、命令などの事務手続き全般）は、観光庁長官の代わりに都道府県知事が行うよう、この条文でまとめて規定しているのです。

試験対策としては「登録行政庁＝観光庁長官または都道府県知事（登録の種類により異なる）」と理解しておくことでおおよその問題に対応できますが、上記のような法律の概要（体系）もあわせて理解しておきましょう。

Let's Try! 確認テスト

●次の各記述の正しいものには○を、誤っているものには×を記入しなさい。

チェックポイント	できたらチェック✓
登録業務範囲	□ 1 第 1 種旅行業者は、すべての旅行業務を取り扱うことができる。 国 令2
	□ 2 第 2 種旅行業者は、本邦外の企画旅行（参加する旅行者の募集をすることにより実施するものに限る。）を実施することはできない。 総 令3改
	□ 3 第 3 種旅行業者は、本邦外の旅行を一切取り扱うことができない。 総 平28
登録の申請先	□ 4 第 1 種旅行業者を所属旅行業者として旅行業者代理業を営もうとする者は、その旅行業者代理業者の主たる営業所の所在地を管轄する都道府県知事に登録の申請をしなければならない。 予想
	□ 5 地域限定旅行業の新規登録の申請をしようとする者は、新規登録申請書を観光庁長官に提出しなければならない。 国 平28
	□ 6 旅行サービス手配業の新規登録の申請をしようとする者は、主たる営業所の所在地を管轄する都道府県知事に新規登録申請書を提出しなければならない。 国 令1
登録の拒否	□ 7「法人であって、その役員のうちに申請前 5 年以内に道路交通法に違反して罰金の刑に処せられた者があるもの」は旅行業または旅行業者代理業の登録の拒否事由に該当する。 国 平28改
	□ 8「第 2 種旅行業を営もうとする者であって、その基準資産額が 300 万円であるもの」は登録の拒否事由に該当する。 国 令1改
	□ 9 精神の機能の障害により旅行業または旅行業者代理業を適正に遂行するに当たって必要な認知、判断および意思疎通を適切に行うことができない者は、旅行業または旅行業者代理業の登録の拒否事由に該当する。 総 令2改

解答 1. ○／2. ○　海外の募集型企画旅行を実施できるのは第 1 種旅行業者のみである／3. ×　第 3 種旅行業者は、海外の受注型企画旅行、手配旅行、受託契約に基づく代理販売などを取り扱うことができる／4. ○　所属旅行業者の登録業務範囲にかかわらず、その旅行業者代理業者の主たる営業所の所在地を管轄する都道府県知事に申請する／5. ×　主たる営業所の所在地を管轄する都道府県知事に新規登録申請書を提出する／6. ○／7. ×　罰金刑が登録の拒否事由になるのは、旅行業法違反によるときのみ。道路交通法違反の場合、禁錮以上の刑だと登録の拒否事由に該当する／8. ○　第 2 種旅行業を営もうとする者に求められる基準資産額は 700 万円以上。「300 万円」であれば登録の拒否事由に該当する／9. ○

登録制度②

重要度 A

学習項目

◎登録の有効期間
◎有効期間の更新の登録
◎旅行業者代理業の登録の失効
◎登録事項の変更
◎登録の取消し等

学習ポイント

- 登録の**有効期間**があるのは**旅行業のみ**。
- **旅行業者代理業**の登録の**失効事由**を覚える。
- 登録事項に変更が生じたときの申請・届出の内容を理解する。
- **業務の停止**は 6 か月以内の期間。
- 登録行政庁が業務の停止、登録の取消しをすることができる事由を理解する。

1 登録の有効期間

登録の**有効期間**が定められているのは**旅行業の登録のみ**です（旅行業者代理業、旅行サービス手配業の登録には有効期間の定めがなく、期間の経過によって登録が失効することはありません）。また、旅行業者代理業の登録には別途「失効事由」が規定されています。

1．旅行業の登録

(1) 有効期間

旅行業の登録の有効期間は、**登録の日から起算**して5年です。登録の日から数えるので、5年後の同一日の前日（24時）をもって有効期間が満了することになります。

プラスアルファ
「登録の日から起算して」と起算日が明記されているので、この日を含めて数えて5年になる。

(2) 有効期間の更新の登録

旅行業の登録の有効期間が満了した後も引き続き旅行業を営もうとする場合は、有効期間の更新の登録を申請しなければなりません。有効期間の更新の登録は、**有効期間満了日**の2か月前までに登録行政庁に対して申請書を提出することによって行います。

旅行業者代理業、旅行サービス手配業の登録には**有効期間の定めがない**ので、もちろん**更新する必要もありません**。この点が旅行業の登録とは大きく違いますので注意しましょう。

プラスアルファ
更新登録の通知を待っている間に有効期間が満了し、登録が無効になってしまうと、旅行業者は無登録営業をしていることになる。また、営業ができなくなると旅行者に不測の損害を及ぼすことにもなりかねない。だからこそ、「登録の可否の通知があるまでの期間は従前の登録を有効とする」という措置はある意味当然のことといえる。

(3) 更新登録の通知が遅れたら

更新登録の申請書を提出したにもかかわらず、行政庁の手続きの遅れなどにより、有効期間満了日までに登録の通知が届かない場合があります。このようなときは、通知が届くまでの間に有効期間が満了となっても**更新登録の可否の通知が届くまでの期間**は便宜的に**従前**（じゅうぜん）**の**（これまでの）**登録の効力を有効**とし、引き続き営業を行うことができます。

(4) 更新された登録の有効期間

更新された登録の有効期間は、**従前の登録の有効期間満了日の翌日から起算**します（更新登録の通知の日付にかかわらず同じです）。

これまでの流れをケース1で確認してみましょう。

CASE 1　2022年4月15日が新規登録日の場合

最初の登録日	2022年4月15日
更新登録申請の期限	2027年2月14日（有効期間満了日の2か月前）
有効期間満了日	2027年4月14日
更新登録の有効期間	2027年4月15日～2032年4月14日

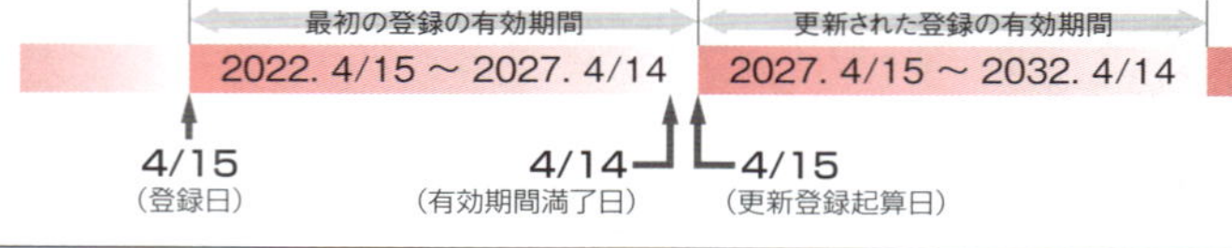

決められた期限までに更新の手続きをすれば、更新登録を何度繰り返しても（更新登録の通知の日が遅れても）、有効期間の起算の日、満了する日は変わらないということですね。

そのとおり!! ケース1でいうと、5年ごとに更新を繰り返しても、有効期間の最初の日（起算日）は、ずっと4月15日になるわけです。

2. 旅行業者代理業の登録の失効

旅行業者代理業の登録は次の①または②に該当する場合に**失効**します（①か②に該当しない限り、期間の経過とともに登録が失効することはありません）。

Key Point ●旅行業者代理業の登録の失効事由

① **所属旅行業者との契約**（旅行業者代理業者が所属旅行業者のために旅行業務を取り扱うことを内容とする業務委託契約）が**効力を失った**とき。

② **所属旅行業者**が、旅行業の**登録を抹消**されたとき（登録の有効期間満了、事業の廃止、登録の取消しなどにより）。

①または②に該当し、それでもなお旅行業者代理業者が業務を行うことを希望する場合は、別の旅行業者と新たな業務委託契約を締結したうえで、**新規に登録**を受けなければなりません。

2 登録事項・登録事項の変更

1. 登録事項

登録事項（旅行業等または旅行サービス手配業を営もうとする者が登録の申請をする場合に申請書に記載する事項）は次のように定められています。

Key Point ●登録事項（○があるもの）

※代理業＝旅行業者代理業　手配業＝旅行サービス手配業

登録事項	旅行業	代理業	手配業
① **氏名**または**商号**もしくは**名称**および**住所**ならびに**法人にあっては**、その**代表者の氏名**	○	○	○
② **主たる営業所**および**その他の営業所**の名称および所在地	○	○	○
③ 旅行業を営もうとする者にあっては、業務範囲（第１種、第２種、第３種、地域限定の各業務範囲）の別	○	—	—
④ 旅行業を営もうとする者にあっては、**旅行業者代理業を営む者に旅行業務を取り扱わせるとき**は、その者の氏名または名称および住所ならびに当該旅行業務を取り扱う営業所の名称および所在地	○	—	—
⑤ 旅行業者代理業を営もうとする者にあっては、その**代理する旅行業を営む者**（所属旅行業者）**の氏名または名称および住所**	—	○	—

用語

商号
商売をするうえでの会社や店の名称のこと。

「主たる営業所の名称・所在地」に加え、「**その他の営業所**の名称・所在地」も登録事項の１つになっています。この点は間違えやすいので覚えておきましょう。

プラスアルファ

申請時には、登録事項を記載した登録申請書や事業計画のほか、法人登録の場合は定款（ていかん）、登記事項証明書などを、個人登録の場合は住民票の写しなどの書類を別に添付して提出する。

2. 登録事項に変更が生じたら

登録事項に変更が生じた（またはこれから生じる）場合の手続きは、その変更内容によって次の（1）～（3）のように異なります。

■ 図表１　登録事項の変更

登録事項
- 旅行業者の登録業務範囲の変更 → (1)
- 旅行業者代理業者の所属旅行業者の変更 → (2)
- 上記以外の変更（名称、営業所の所在地など）→ (3)

(1) 旅行業者が登録業務範囲を変更する場合（変更登録）

旅行業者が**登録業務範囲の変更**をしようとするときは**変更登録**を受けなければなりません。例えば、第２種旅行業の登録を受けている旅行業者が、新たに海外の募集型企画旅行を実施しようと考えた場合、第１種旅行業への変更登録を申請することになります（図表２参照）。

プラスアルファ
変更登録は、旅行業者間（第１種、第２種、第３種、地域限定旅行業者の相互間）で登録業務範囲を変更することをいう。したがって、**「旅行業⇔旅行業者代理業」**や**「旅行業等⇔旅行サービス手配業」**の変更の場合は変更登録ではなく**新規に登録**をし直すことになる。

■ 図表２　変更登録の流れ

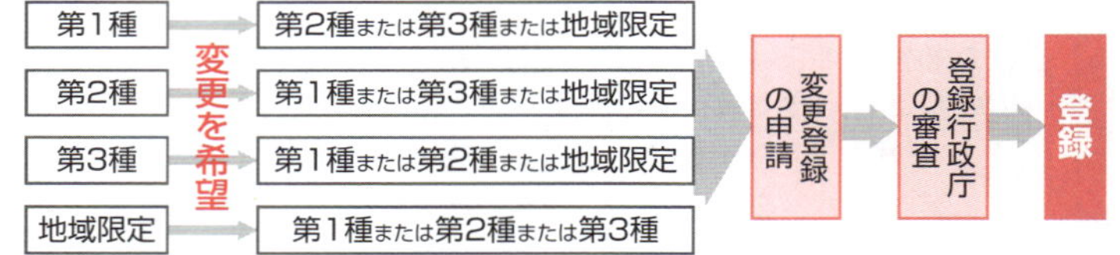

変更登録の申請は、**変更後の業務範囲（新たな業務範囲）**に応じて、次に記載される登録行政庁に対して**変更登録申請書**を提出することにより行います。

Key Point ●変更登録の申請先

新たな（変更後の）登録業務範囲	変更登録の申請先（行政庁）
第１種旅行業への変更	観光庁長官
第２種旅行業への変更 第３種旅行業への変更 地域限定旅行業への変更	**主たる営業所の所在地**を管轄する都道府県知事

プラスアルファ
変更登録の申請ののち、登録の可否の通知があるまでの間は、変更後の業務範囲にかかわる業務（第１種旅行業への変更の場合は海外募集型企画旅行の実施）を行うことはできない。

(2) 旅行業者代理業者が所属旅行業者を変更する場合

旅行業者代理業者が所属旅行業者を変更する場合は、新たな旅行業者を所属旅行業者とする**新規登録の申請**をしなければなりません。これは前にも述べたとおり、旅行業者代理業者と所属旅行業者との間の業務委託契約が効力を失うことによって、その旅行業者代理業者のこれまでの登録が失効するからです。

(3) その他の登録事項に変更が生じた場合

登録事項のうち、前述（1）と（2）に該当しない事項（1. 登録事項の表中①②④）に変更が生じた場合は、**変更が生じた日から30日以内**に登録行政庁に対して**登録事項変更届出書**を提出することにより、**登録事項の変更の届出**をしなければなりません。つまり、商号や法人の代表者の氏名、営業所の所在地等の事務的な変更については、変更後に届出をすればよいということです。

なお、**第2種、第3種、地域限定の各旅行業者、旅行業者代理業者**または**旅行サービス手配業者**が、**「主たる営業所の所在地」**をこれまでとは**別の都道府県**へと**変更**した場合は、**変更後**の主たる営業所の所在地を管轄する都道府県知事に届出をします。

CASE 2　主たる営業所の移転（都道府県が異なるとき）

第3種旅行業者が、主たる営業所を兵庫県から大阪府へと移転した。

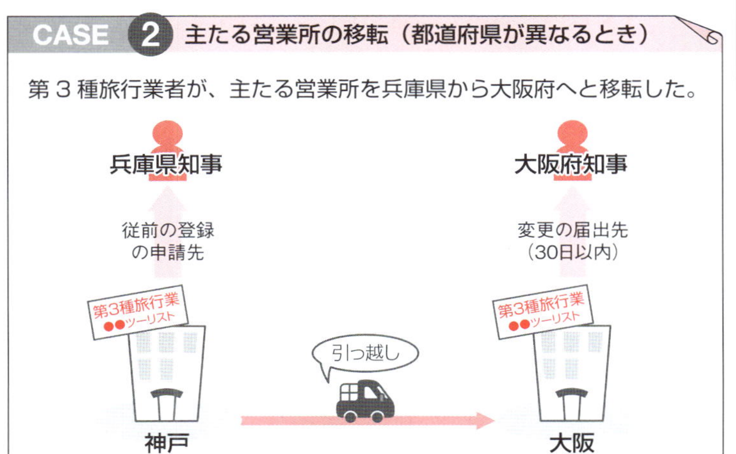

旅行業者代理業の登録の失効
▶▶P40

変更の内容によって手続きの方法が異なる点がポイント。
旅行業者の業務範囲の変更は「変更登録の申請」、旅行業者代理業者が所属旅行業者を変えるときは「新規登録の申請」、その他の変更は「登録事項の変更の届出」となることを整理しておきましょう。

3 登録の取消し等

登録行政庁は、**旅行業者等**または**旅行サービス手配業者**が次に該当するときは、**6 か月以内の期間を定めて業務**（業務の**全部**もしくは**一部**）**の停止**を命じ、または**登録の取消し**をすることができます。

Key Point ●業務の停止・登録の取消し

(1) 業務の停止または登録の取消しをすることができる事由

① **旅行業法もしくは旅行業法に基づく命令またはこれらに基づく処分に違反**したとき

② **登録の拒否事由の②、③、⑤～⑧のいずれか 1 つにでも該当することとなった**とき（または**登録当時に登録の拒否事由の①～⑪に該当していたことが判明**したとき）

③ **不正の手段により登録**（新規登録のほか、旅行業者の場合は更新登録、変更登録を含む）**を受けた**とき

(2) 登録の取消しができる事由

旅行業者等または旅行サービス手配業者が**登録を受けてから 1 年以内に事業を開始せず**、または**引き続き 1 年以上事業を行っていないと認める**とき

登録の拒否事由
▶▶P35

プラスアルファ
(2) は、事業そのものを行っていないため、「業務の停止」を命じられることはありえない。

前述の（1）または（2）に基づき、登録行政庁が旅行業者等または旅行サービス手配業者に対し、業務の停止を命じ、または登録を取り消す場合は、**登録行政庁**は、**遅滞なく**、**理由**を付して、その旨を旅行業者等または旅行サービス手配業者に**通知**しなければなりません。

Let's Try! 確認テスト

●次の各記述の正しいものには○を、誤っているものには×を記入しなさい。

チェックポイント	できたらチェック✓
登録の有効期間	□ 1 旅行業の有効期間の更新の登録がなされたときは、その登録の有効期間は、従前の登録の有効期間の満了の日から起算する。 国 令1改
	□ 2 旅行サービス手配業の登録の有効期間は、登録の日から起算して5年である。 総 令3
登録事項の変更・変更登録	□ 3 第1種旅行業者がその登録業務範囲を第3種旅行業に変更しようとするときは、観光庁長官に変更登録申請書を提出しなければならない。 国 令2
	□ 4 旅行業者代理業者が、登録業務範囲を第3種旅行業務に変更しようとするときは、主たる営業所の所在地を管轄する都道府県知事に変更登録の申請をしなければならない。 総 平30
	□ 5 第1種旅行業者は、代表者に変更があったときは、観光庁長官に変更登録の申請をしなければならない。 総 平29
	□ 6 第3種旅行業者が主たる営業所の所在地を都道府県の区域を異なる所在地に変更したときは、その日から30日以内に、変更後の主たる営業所の所在地を管轄する都道府県知事に登録事項変更届出書を提出しなければならない。 国 令3
登録の取消し・業務の停止	□ 7 登録行政庁は、旅行業者等が、不正の手段により新規登録を受けたときは、登録を取り消すことができる。 総 令2改
	□ 8 登録行政庁は、旅行サービス手配業の登録を受けてから6か月以内に事業を開始せず、または引き続き6か月以上事業を行っていないと認めるときは、当該旅行サービス手配業者の登録を取り消すことができる。 予想
	□ 9 登録行政庁は、旅行業者等の役員が、登録の申請の6年前に旅行業務に関し不正な行為をした者に該当していたことが判明したときは、登録を取り消すことができる。 総 令1改

解答 1. ×　従前の登録の有効期間満了日の翌日から起算する／2. ×　旅行サービス手配業の登録に有効期間の定めはない／3. ×　第3種旅行業への変更登録の申請先は、主たる営業所の所在地を管轄する都道府県知事／4. ×　旅行業者代理業⇔旅行業の変更は変更登録ではなく新規登録の申請が必要／5. ×　登録事項の変更の届出が必要(変更登録の申請ではない)／6. ○／7. ○／8. ×　6か月（×）→1年（○）／9. ×　"登録の申請の6年前"とあるので（申請前5年以内ではないので)、登録の拒否事由に該当せず、登録を取り消すことはできない

営業保証金

学習項目

◎営業保証金とは
◎営業保証金の供託
◎営業保証金の額
◎営業保証金の追加の供託
◎営業保証金の取戻し

学習ポイント

- 営業保証金の供託義務があるのは**旅行業者のみ**。
- 営業保証金の供託先は**主たる営業所の最寄りの供託所**。
- 営業保証金は前事業年度における**旅行業務に関する旅行者との取引の額**によって算定される。
- 供託の**届出**をしなければ事業を開始できない。
- 営業保証金の追加供託と取戻しの事由を理解する。

1 営業保証金制度

1. 営業保証金とは

旅行業法では、旅行業者と旅行に関する取引をした旅行者の保護を図るために、あらかじめ旅行業者の財産のうちの一定額を国（供託所（きょうたくしょ））に預け、その管理を国にまかせるよう義務づけています。この場合の国に預けておく財産を**営業保証金**、預けることを**供託**といいます。

例えば、旅行者が旅行業者に旅行代金を支払ったにもかかわらず、旅行業者が倒産したために旅行が実施されないようなとき（債務不履行（さいむふりこう））には、国が管理していた営業保証金から旅行者への支払い（弁済（べんさい））にあてようというわけです。

プラスアルファ
営業保証金制度の目的は「旅行業務に関して取引をした旅行者の保護」である。旅行サービス手配業者は旅行者と直接取引をする関係にないので同制度は適用されない（営業保証金供託の義務はない）。

用語
供託所
実際には国家機関である法務局（もしくは地方法務局、その支局や出張所）をさす。

2. 営業保証金の供託

（1）営業保証金の供託と事業の開始

新規に旅行業の登録を受けた**旅行業者**は、その**旅行業者の主たる営業所の最寄りの供託所**に営業保証金を供託しなければなりません。

また、営業保証金を供託したときは、供託物受入れの記載のある供託書の写しを添付して、**登録の通知を受けた日から14日以内**に**登録行政庁に供託した旨を届け出**なければならず、この**届出をした後**でなければ**事業を開始**することはできません。

プラスアルファ
所定の期限までに供託の旨の届出をしない場合、登録行政庁は**7日以上**の期間を定めて旅行業者に届出をするよう**催告**しなければならず、それでも届出がないときは旅行業者の登録を取り消すことができる。

■ 図表1　営業保証金の供託・届出の流れ

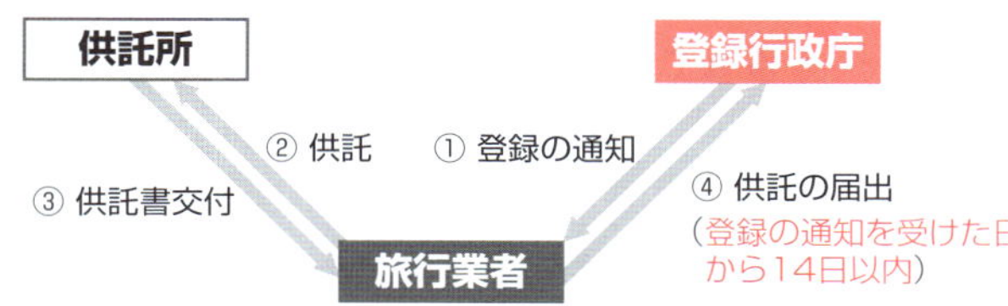

＊④の手続きが済むまでは事業を開始できない。

(2) 旅行業者代理業者の事業の開始

旅行業者代理業者は**自ら**が**営業保証金を供託する義務**は**ありません**が、**所属旅行業者**が営業保証金を供託し、その旨の**届出**をした後でなければ事業を開始することはできません。

旅行業者代理業者の業務は、すべて所属旅行業者の代理人としして行っているにすぎません。旅行業者代理業者と取引をした旅行者に営業保証金から弁済すべき損害が生じたとしても、その損害は所属旅行業者が負うことになるので、旅行業者代理業者は営業保証金を供託する必要はないのです。

3. 営業保証金の額

(1) 営業保証金の額

営業保証金の額は、旅行業者の**前事業年度における旅行業務に関する旅行者との取引の額**に応じて、登録業務範囲（第1種、第2種、第3種、地域限定）の別ごとに、国土交通省令により定められています。ここでいう「旅行業務に関する旅行者との取引の額」には、次の①と②も含まれます。

① 自社に所属する**旅行業者代理業者の取引額**

② 自社の実施する募集型企画旅行の**受託契約に基づく他社の販売額**

Key Point ●営業保証金の額（最低額）

登録業務範囲	営業保証金の額（取引額400万円未満の場合）
第1種旅行業	7,000万円
第2種旅行業	1,100万円
第3種旅行業	300万円
地域限定旅行業	15万円

プラスアルファ
第1種旅行業者で、前事業年度における「**海外の募集型企画旅行**に関する旅行者との取引の額」が**8億円以上**の場合は、その額に応じて営業保証金の額が別途**加算される**（加算される具体的な額は暗記不要）。

新規に登録を受けた旅行業者の場合、前年度の取引実績がありませんので、この場合は登録の申請時に添付した書類（事業計画など）に記載した「**年間取引見込額**」で算定されます。

(2) 営業保証金の供託方法

営業保証金の供託は**金銭のみ**に限らず、国債証券、地方債証券などの**国土交通省令で定める有価証券**によって供託することもできます（金銭と有価証券の組み合わせでも可能です）。

(3) 取引額の報告

旅行業者は、**毎事業年度終了後 100日以内**に、その事業年度における旅行者との**取引の額**を**登録行政庁に報告**しなければなりません（取引額の多少によらず、**事業年度ごと毎回報告**する）。

4. 営業保証金の還付

ここでいう営業保証金の還付（かんぷ）とは、**営業保証金**から**弁済（支払い）を受けること**をいいます。

旅行業者（またはその**旅行業者を所属旅行業者とする旅行業者代理業者**）と**旅行業務**に関し取引をした旅行者は、その取引によって生じた債権（さいけん）に関し、旅行業者が供託している営業保証金から弁済を受けることができます。この権利を実行しようとする旅行者は、**登録行政庁**に**申立て**をし、証明書の交付を受けてから供託所に還付請求を行います（図表２参照）。

■ 図表２　営業保証金の還付

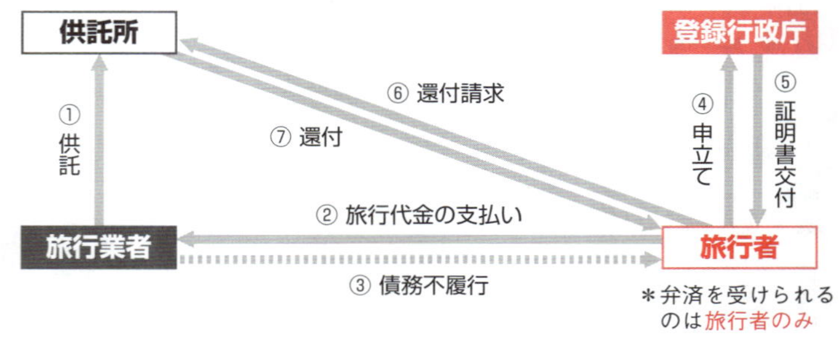

用語

有価証券
株券、債券、手形など「財産権を表す紙片（証券）」のこと。営業保証金に充てることができるのは、国が発行する**国債証券**、地方公共団体が発行する**地方債証券**のほか、一部の**社債など**に限定されている。国債証券、地方債証券（または政府がその債務につき保証契約をした有価証券）で供託する場合は、その券面に記載された価額（**額面金額**）をそのまま営業保証金に充てることができる。

用語

債権
人に対して一定の行為を請求する権利のこと。ここでは、「旅行者が旅行業者に対して支払い（返金）を請求する権利」と理解すればよい。

弁済を受ける権利を有するのは旅行業務に関して取引をした**旅行者のみ**です。例えば、次のような者には還付請求権はありません。
① 旅行サービス提供機関（運送・宿泊機関など）
② 旅行サービス手配業者
③ 営業所の店舗を賃貸している不動産業者

2 営業保証金の追加の供託と取戻し

1. 営業保証金の追加の供託

新規で営業保証金を供託した後、登録業務範囲を変更したり、旅行者との取引額が増加したりなど、営業保証金を追加で供託しなければならない場合があります。次の表中に記載した事項に該当するときは、営業保証金の追加の供託をし、所定の期限までに登録行政庁にその旨の届出を行わなければなりません。

Key Point ●営業保証金の追加の供託（届出の期限）

追加供託の事由	届出の期限
① 国土交通省令の改正により営業保証金の額が引き上げられたとき	省令施行の日から３か月以内
② 事業年度終了後において取引額の増加により供託している営業保証金の額が国土交通省令で定める額に不足するとき	事業年度終了後（終了の日の翌日から）100日以内
③ 変更登録（登録業務範囲の変更）により供託している営業保証金の額が国土交通省令で定める額に不足するとき	期限の定めはない（追加供託の届出が済むまでは変更後の業務範囲にかかわる事業を開始できない）
④ 営業保証金の還付が行われたことにより、供託している営業保証金の額が不足するとき	登録行政庁から還付により不足額が生じた旨の通知を受けた日から14日以内
⑤ 旅行業協会の保証社員であった旅行業者が保証社員でなくなったとき	保証社員でなくなった日から７日以内

保証社員
旅行業協会に加入し弁済業務保証金分担金を納付した旅行業者のこと。
旅行業協会に加入すると、営業保証金制度と同様の趣旨の「弁済業務保証金制度」の適用を受けることができる。

保証社員についてはLesson12「旅行業協会・弁済業務保証金制度」で解説します。
▶▶P102

2. 営業保証金の取戻し

(1) 公告

供託している営業保証金を取り戻す（返してもらう）ときに、還付の対象者がいないかどうかを確認するための手続きを必要とする場合があります。具体的には、「**旅行業者が営業保証金を取り戻すこと**」「**還付請求権者は6か月を下らない一定の期間内に申し出るべきこと**」を**公告**し、この公告を行った後、申し出る者がいなければ供託していた営業保証金の全額を取り戻すことができます。仮に申し出る者（還付請求権者）が存在する場合には、債権者に還付ののち、残った営業保証金を取り戻すことができます。

(2) 営業保証金を取り戻すことができる事由

登録業務範囲の変更や、旅行者との取引額の減少といった一定の事由に該当する場合に、供託している営業保証金を取り戻

公告
ある事柄を一般に広く知らせること。
公告の手段は官報（国が発行する日刊の機関紙）に掲載する方法が一般的。

プラスアルファ
取り戻すことができる事由が発生した時から10年が経過した場合は、公告をせずに取戻しが可能（時効により還付請求する権利が消滅するため）。

すことができます。

営業保証金を取り戻すことができる事由は次の表のとおりです。公告手続きの要否とともに内容を確認しておきましょう。

Key Point ●営業保証金の取戻しと公告手続きの要否

営業保証金を取り戻すことができる事由	公告手続き
① 変更登録（登録業務範囲の変更）により供託している営業保証金の額が国土交通省令で定める額を超えるとき	必要
② 有効期間満了、登録取消し、失効などにより旅行業者の登録が抹消されたとき	必要
③ 旅行業者が旅行業協会に加入し保証社員となったとき	必要
④ 国土交通省令の改正により、営業保証金の額が引き下げられたとき	不要
⑤ 事業年度終了後において、旅行者との取引額が減少したため供託している営業保証金が国土交通省令で定める額を超えるとき	不要
⑥ 旅行業者の主たる営業所の移転により供託所を変更する場合で保管替えの請求ができないとき	不要

用語

保管替え
旅行業者の主たる営業所が移転したときの営業保証金の移動に関する手続き。
金銭のみで供託している場合は手数料を支払って移転後の最寄りの供託所に営業保証金を移動させる手続き（保管替え）ができるが、有価証券のみ（または金銭と有価証券の組み合わせ）で供託している場合は、この手続きはできない（一時的に 2 か所の供託所に営業保証金を供託することになる）。

並べて比較 !!　営業保証金と基準資産額

試験では、営業保証金と基準資産額の額を入れ替えた「ひっかけ問題」がよく出題される。

また、旅行業者代理業者や旅行サービス手配業者には、営業保証金供託の義務もなく、また基準資産額も求められていない。これらの点を注意して覚えておこう !!

事業の種別	営業保証金（取引額 400 万円未満の場合）	基準資産額
第 1 種旅行業者	7,000 万円	3,000 万円以上
第 2 種旅行業者	1,100 万円	700 万円以上
第 3 種旅行業者	300 万円	300 万円以上
地域限定旅行業者	15 万円	100 万円以上
旅行業者代理業者	なし	なし
旅行サービス手配業者	なし	なし

Let's Try! 確認テスト

●次の各記述の正しいものには○を、誤っているものには×を記入しなさい。

チェックポイント	できたらチェック✓
営業保証金の供託	□ 1 旅行業者は、営業保証金を供託し、供託物受入れの記載のある供託書を受領したときは、直ちにその事業を開始することができる。 国 令2
	□ 2 旅行業者代理業者は、所属旅行業者を通じて、当該所属旅行業者の主たる営業所の最寄りの供託所に、営業保証金を供託しなければならない。 総 令2
	□ 3 営業保証金の供託は、旅行業者の主たる営業所の最寄りの供託所にしなければならない。 総 平28
営業保証金の額	□ 4 地域限定旅行業の新規登録を受けた者が供託すべき営業保証金の額は、登録の申請時に添付した書類に記載した旅行業務に関する旅行者との年間取引見込額が400万円未満の場合は、15万円である。 総 平30
	□ 5 営業保証金は、現金以外では国債証券に限り、当該証券の額面金額をもって、これに充てることができる。 国 令1
	□ 6 営業保証金の額は、旅行業者の前事業年度における旅行業務に関する旅行者との取引の額に基づき算定し、これには当該旅行業者に所属する旅行業者代理業者が取り扱った旅行者との旅行業務に関する取引の額を含めることを要しない。 国 平23改
営業保証金の還付	□ 7 旅行業者との旅行業務に関する取引によって生じた債権に関し、旅行業者が供託している営業保証金について、その債権の弁済を受ける権利を有する者は、旅行者に限られる。 総 令1
営業保証金の追加の供託	□ 8 旅行業者は、毎事業年度終了後において、その供託している営業保証金の額が所定の額に不足することとなるときは、その不足額を追加して供託し事業年度終了の日の翌日から100日以内に登録行政庁に届け出なければならない。 総 平29

解答 1. ×　登録の通知の日から14日以内に登録行政庁に供託の旨の届出をしなければ事業を開始できない／2. ×　旅行業者代理業者は営業保証金供託の義務なし／3. ○　営業保証金は旅行業者の主たる営業所の最寄りの供託所に供託する／4. ○／5. ×　国債証券のほか地方債証券なども、その額面金額をもって営業保証金に充てることができる／6. ×　前事業年度における旅行業務に関する旅行者との取引の額には、自らに所属する旅行業者代理業者が取り扱った旅行者との取引の額も含めなければならない／7. ○／8. ○

重要度 A

旅行業務取扱管理者・外務員

学習項目
◎旅行業務取扱管理者の職務
◎旅行業務取扱管理者の選任
◎旅行業務取扱管理者が欠けた場合
◎外務員

学習ポイント
●選任された旅行業務取扱管理者が管理・監督すべき職務（10項目）を覚える。
●旅行業務取扱管理者の選任の条件を理解する（営業所ごとに1人以上、他の営業所との兼務は原則禁止）。
●旅行業務取扱管理者証と外務員証の共通点、異なる点を整理する。

このLESSON以降、LESSON9までは旅行業者等（旅行業者と旅行業者代理業者）に適用されるルールについて解説しています。旅行サービス手配業者に適用されるルールについては、Lesson11「旅行サービス手配業」で詳しく解説します。

プラスアルファ
管理・監督するとは、**自らがすべての業務を行うのではなく**、営業所内において、適切に業務が行われているかどうかをチェックすることである。

1 旅行業務取扱管理者

旅行業法では、旅行業者等の営業所における旅行業務に関し、その**取引に係る取引条件の明確性**、**旅行に関するサービスの提供の確実性**その他**取引の公正**、**旅行の安全**および**旅行者の利便**を確保するために必要な所定の事項について、旅行業務取扱管理者に管理・監督させるように義務付けています。

1. 旅行業務取扱管理者が管理・監督すべき職務

旅行業務取扱管理者は、その営業所における旅行業務に関し、次の事項（①～⑩）について管理・監督しなければなりません。

Key Point ●旅行業務取扱管理者が管理・監督すべき職務

① **旅行に関する計画の作成**に関する事項
② **料金（旅行業務の取扱いの料金）の掲示**に関する事項
③ **旅行業約款**（やっかん）**の掲示および備え置き**に関する事項
④ **取引条件の説明**に関する事項
⑤ **書面（契約書面など）の交付**に関する事項
⑥ **広告（企画旅行の広告、誇大**（こだい）**広告の禁止）**に関する事項
⑦ **企画旅行の円滑な実施のための措置（旅程管理業務）**に関する事項
⑧ 旅行に関する**苦情の処理**に関する事項

⑨ 契約締結の年月日、契約の相手方その他の**旅行者**または**旅行に関するサービスを提供する者**と締結した**契約の内容に係る重要な事項についての明確な記録または関係書類の保管**に関する事項

⑩ 前述①～⑨に掲げるもののほか、**取引の公正、旅行の安全および旅行者の利便を確保するため必要な事項**として観光庁長官が定める事項

①～⑩の職務は試験でもよく出題されているので必ず覚えておきましょう。
また、②～⑦については、Lesson6 以降で詳しく内容を解説しています。

2. 旅行業務取扱管理者の選任基準・条件

（1）営業所の業務内容と資格の種類（選任の可否）

旅行業者等は、営業所ごとの**業務の範囲**に応じて、総合旅行業務取扱管理者、国内旅行業務取扱管理者または地域限定旅行業務取扱管理者の有資格者を選任しなければなりません。

Key Point ●営業所ごとの業務の範囲に応じた資格（選任の可否）

旅行業者等の営業所の業務の範囲	資格	選任の可否
① 海外旅行を取り扱う営業所	**総合**旅行業務取扱管理者試験に合格した者	可
	国内旅行業務取扱管理者試験に合格した者	不可
	地域限定旅行業務取扱管理者試験に合格した者	不可
② 国内旅行（国内全域）のみを取り扱う営業所	**総合**旅行業務取扱管理者試験に合格した者	可
	国内旅行業務取扱管理者試験に合格した者	可
	地域限定旅行業務取扱管理者試験に合格した者	不可
③ 拠点区域内の旅行のみを取り扱う営業所	**総合**旅行業務取扱管理者試験に合格した者	可
	国内旅行業務取扱管理者試験に合格した者	可
	地域限定旅行業務取扱管理者試験に合格した者	可

表に示すとおり、その営業所で扱う旅行業務に海外旅行が含まれているか（①）、あるいは国内旅行のみか（②③）によって選任できる旅行業務取扱管理者が異なります。また、国内旅行のみである場合は、国内全域か（②）、それとも拠点区域内のみを扱うのか（③）によっても選任の可否が異なります（ケース1参照）。

拠点区域
▶▶P33

「第1種旅行業者」というと、すべての営業所で海外旅行を扱っているイメージを抱くかもしれませんが、❶のような「国内旅行専門」の営業所も存在します。
これと同様に、地域限定旅行業者は海外の募集型企画旅行の受託販売が可能なので、❸のような営業所もあり得ます。
つまり、ここでいう「営業所ごとの業務の範囲」は、旅行業等の登録の種類（右記の赤字部分）を考慮する必要はなく、単に「営業所で取り扱っている旅行の内容（□による囲みの部分）」だけを見て選任が可能な資格を判断すればOKです！

登録の拒否事由
▶▶P35

CASE 1　選任できる旅行業務取扱管理者の種類（資格）

❶ 第1種旅行業者の国内旅行（国内全域）のみを取り扱う営業所
⇒②に該当（総合または国内管理者試験の合格者を選任する）

❷ 旅行業者代理業者の海外旅行を取り扱う営業所
⇒①に該当（総合管理者試験の合格者を選任する）

❸ 地域限定旅行業者の海外旅行を取り扱う営業所
⇒①に該当（総合管理者試験の合格者を選任する）

❹ 第3種旅行業者の拠点区域内の旅行のみを取り扱う営業所
⇒③に該当（総合または国内または地域限定管理者試験の合格者を選任する）

(2) 人数・欠格事由等の条件

旅行業務取扱管理者を選任するに当たり、次のような基準・条件が設けられています。

Key Point　●旅行業務取扱管理者の選任基準・条件

① 営業所ごとに**1人以上**の旅行業務取扱管理者を選任しなければならない。

＊旅行業務を取り扱う者が1人しかいない営業所では、その者が有資格者でなければならない。
＊旅行業務に従事した経験の長短は問われない。

② **欠格事由（登録の拒否事由のうち①〜⑥）**に該当する者を、旅行業務取扱管理者として選任することはできない。

③ 旅行業務取扱管理者として選任された者は、**他の営業所の旅行業務取扱管理者となることはできない**（兼務禁止）。

プラスアルファ
第1種、第2種、第3種旅行業者（およびこれらを所属旅行業者とする旅行業者代理業者）の営業所では、原則どおり、旅行業務取扱管理者の兼務は一切認められない（営業所どうしが極めて近接している場合でも兼務は禁止である）。

なお、上記③については、**地域限定旅行業者**（または**地域限定旅行業者を所属旅行業者とする旅行業者代理業者**）の営業所に限り、次のａｂの両条件を満たす場合に**例外的に兼務が認められます**（同一の旅行業者等の複数の営業所を通じて、旅行業務取扱管理者１人の選任で足りる）。

ａ．複数の営業所が**近接している**（具体的には**営業所間の距離の合計が40キロメートル以下**である）こと

b．複数の営業所の前事業年度における**旅行業務に関する旅行者との取引の額の合計額が1億円以下であること**（登録行政庁に対して、あらかじめ**取引額報告書**を提出しなければならない）

(3) 選任した旅行業務取扱管理者が欠けた場合

旅行業者等は、その営業所の**旅行業務取扱管理者として選任した者のすべてが欠けるに至ったとき**（選任後に欠格事由に該当することになったときや、選任した者が退職したときなど）**は新たに旅行業務取扱管理者を選任するまで**の間は、**その営業所において旅行業務に関する契約を締結することはできません**。

3. 旅行業務取扱管理者の証明書

旅行業務取扱管理者は、**旅行者から請求があったとき**は、**国土交通省令で定める証明書**（旅行業務取扱管理者証）を**提示**しなければなりません。

■ 図表1　旅行業務取扱管理者の証明書（様式）

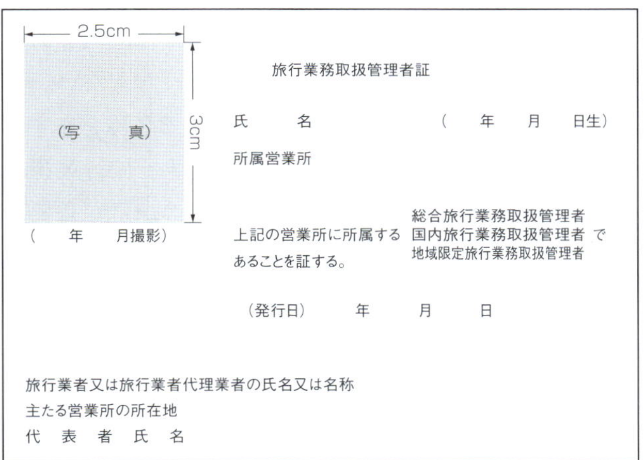
2.5cm
3cm
（写　　真）
（　年　月撮影）
旅行業務取扱管理者証
氏　　名　　　　　　（　年　月　日生）
所属営業所
上記の営業所に所属する総合旅行業務取扱管理者／国内旅行業務取扱管理者／地域限定旅行業務取扱管理者であることを証する。
（発行日）　年　月　日
旅行業者又は旅行業者代理業者の氏名又は名称
主たる営業所の所在地
代　表　者　氏　名

4. 旅行業務取扱管理者の研修

旅行業者等は、旅行業務取扱管理者について、**5年ごと**に、旅行業務に関する法令、旅程管理その他の**旅行業務取扱管理者の職務に関し必要な知識および能力の向上**を図るため、**旅行業協会が実施する研修を受けさせなければなりません**（登録行政庁は、旅行業者等がこれを遵守していないと認めるときは、期

旅行業務取扱管理者のすべてが欠けたときに制限される業務は「旅行業務に関する契約の締結」です。ここでいう「契約」には、旅行者との契約、旅行サービス手配業者との契約、旅行サービス提供者との契約など、**旅行業務に関するすべての契約が含まれます**。ただし、「その営業所の業務を停止させよ」といった主旨ではなく、例えば、すでに契約済みの相手先との諸連絡や、旅行代金（残金）の受取り、実施済みの各種費用の精算など、「旅行業務に関する契約の締結以外の業務」は従来どおり行うことができます。

限を定めて、必要な措置をとるべきことを勧告することができます)。

このほか、旅行業者等は、**苦情の解決に関する講習**を受講させるなど、旅行業務取扱管理者の職務に関し必要な知識および能力の向上を図るための措置を講ずるよう**努めなければなりません**。

プラスアルファ
「5年ごとの研修」が旅行業者に課せられた義務であるのに対し「苦情の解決に関する講習等」は、努力義務である。前者は、遵守しない場合に行政庁による勧告を受ける可能性がある(従わない場合は罰則が適用される)が、後者は勧告・罰則などの対象にならない。

2 外務員

1. 外務員とは

旅行業者等の**役員または使用人**のうち、**営業所以外の場所**で、**旅行業者等のために旅行業務について取引を行う者**を**外務員**といいます。

プラスアルファ
外務員は、いわゆる「外回りの営業担当者」のこと。営業所以外の場所では、その者が本当に旅行業等に従事しているかどうかの判断がつきにくい。そこで、旅行業法では営業所以外の場所で取引(契約)を行う者を外務員と規定し証明書の携帯を義務付けている。

Key Point ●外務員

① 旅行業者等は、**国土交通省令で定める様式の証明書**(以下「外務員証」とする)を**携帯**させなければ、その者を外務員としての業務に従事させることはできない。
② **勧誘員、販売員、外交員その他いかなる名称を有する者であるかを問わない**(営業所以外の場所で旅行業務についての取引を行うのであれば外務員証の携帯が必要)。
③ 外務員は、その業務を行うときは、**外務員証を提示**しなければならない(旅行者からの**請求の有無にかかわらず必ず提示**する)。

2. 外務員のみなし権限

外務員は、その所属する旅行業者等に代わって、**旅行者との旅行業務に関する取引についての一切の裁判外の行為を行う権限を有する**ものとみなされます(ただし、**旅行者が悪意**であったときは**除きます**)。

用語
一切の裁判外の行為
法廷での訴訟行為を除くすべての行為のこと(この場合は、旅行業務に関する行為全般のこと)。

例えば、旅行者との契約でトラブルが生じたときに、旅行業者等が「この外務員には契約を締結する権限を与えていない」など責任を回避(責任逃れ)することを許さないように、「外務員は旅行業務全般についての行為を行う権限を有する」とみなし、旅行者の保護を図っているのです。

ただし、取引相手である旅行者が、外務員に権限がないことを知りながら（悪意）取引を行った場合は、その旅行者は保護に値しないことになり、旅行業者等はその取引にかかわる責任を回避することができます。

■ 図表2　外務員証

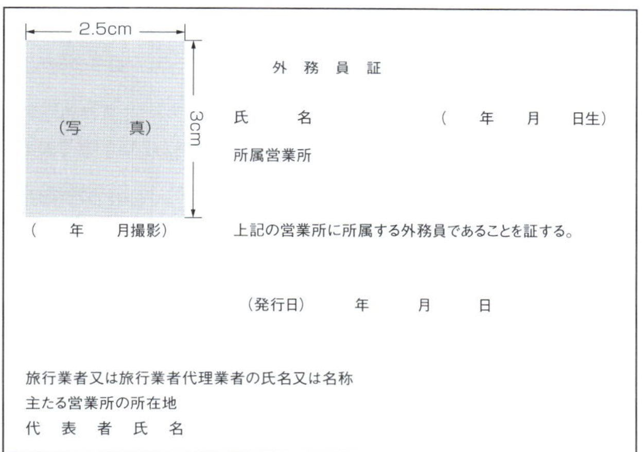

2.5cm　3cm

（写　真）

（　年　月撮影）

外　務　員　証

氏　名　（　年　月　日生）

所属営業所

上記の営業所に所属する外務員であることを証する。

（発行日）　年　月　日

旅行業者又は旅行業者代理業者の氏名又は名称
主たる営業所の所在地
代　表　者　氏　名

用語

悪意と善意
法律上の悪意とは「ある事実を知っていること」、善意とは「ある事実を知らないこと」をいう。

旅行業務取扱管理者の証明書や外務員の証明書はどこが発行するのですか？旅行業者ですか？それとも登録行政庁？

様式は**国土交通省令で定めるもの**を用いなければなりませんが、発行するのは旅行業者や旅行業者代理業者自身です。**旅行業者代理業者の場合でも所属旅行業者が発行するわけではありません**ので間違えないように注意しましょう!!

合格エッセンス　並べて比較!!「旅行業務取扱管理者証」と「外務員証」

旅行業法で定められる証明書は「旅行業務取扱管理者証」と「外務員証」の2種類。「ひっかけ問題」への対処として、これらの共通点と異なる点を整理しておこう!!

	旅行業務取扱管理者証	外務員証
対象	選任された旅行業務取扱管理者	営業所以外の場所で旅行業務についての取引を行う役員・使用人
様式	国土交通省令で定める様式を使用	
発行	旅行業者または旅行業者代理業者が各自で発行	
提示義務	旅行者からの請求があるときに提示	旅行者からの請求の有無にかかわらず提示

プラスアルファ

この**2種類の証明書は、それぞれ他のもので代用はできない。**例えば、選任された旅行業務取扱管理者が営業所以外の場所で旅行者と取引を行うのであれば、2種類の証明書を携帯しなければならない。

旅行業法　国・総

Let's Try! 確認テスト

●次の各記述の正しいものには○を、誤っているものには×を記入しなさい。

チェックポイント	できたらチェック✓
旅行業務取扱管理者	□ 1 旅行に関する苦情の処理に関する事項は、旅行業務取扱管理者が管理および監督しなければならない職務として定められている。 国 令2
	□ 2 標識の掲示に関する事項は、旅行業務取扱管理者が管理・監督しなければならない職務として定められている。 国 平30改
	□ 3 旅行業者等は、旅行業務に従事した経験が1年未満である者を、旅行業務取扱管理者として選任することはできない。 総 平30
	□ 4 旅行業者等は、旅行業務を取り扱う者が1人である営業所についても、旅行業務取扱管理者を選任しなければならない。 総 令3
	□ 5 旅行業者等は、その営業所の旅行業務取扱管理者として選任した者のすべてが欠けるに至ったときは、新たに旅行業務取扱管理者を選任するまでの間は、その営業所において旅行業務に関する契約を締結してはならない。 総 令2
	□ 6 旅行業者代理業者は、その営業所において本邦外の旅行について旅行業務を取り扱う場合であっても、国内旅行業務取扱管理者試験に合格した者を、当該営業所の旅行業務取扱管理者として選任することで足りる。 国 平29
外務員	□ 7 外務員は、所属する旅行業者等の営業所以外の場所でその旅行業者等のために旅行業務を行うときは、旅行者からの請求の有無にかかわらず、外務員の証明書を提示しなければならない。 国 令1
	□ 8 旅行業者代理業者の外務員の証明書は、当該旅行業者代理業者が発行する。 予想
	□ 9 外務員は、旅行者が悪意であったときを除き、その所属する旅行業者等に代わって、旅行者との旅行業務に関する取引について一切の裁判外の行為を行う権限を有するものとみなされる。 総 令1

解答 1. ○／2. ×　「標識の掲示に関する事項」は旅行業務取扱管理者の管理・監督すべき職務ではない／3. ×　旅行業務取扱管理者の選任の条件には「旅行業務に従事した経験の長短」は含まれない／4. ○／5. ○／6. ×　海外旅行を取り扱う営業所には総合旅行業務取扱管理者を選任しなければならない（国内または地域限定旅行業務取扱管理者は不可）／7. ○　外務員証は請求の有無にかかわらず必ず提示する／8. ○　所属旅行業者が発行するのではないことに注意／9. ○

重要度 A

Lesson 6 旅行業務の取扱いの料金・旅行業約款・標識

学習項目
◎料金の掲示
◎旅行業約款と標準旅行業約款
◎標識の掲示

学習ポイント
- 旅行業務の取扱いの料金は**事業の開始前**に定める（届出や認可などは**不要**）。
- 約款の記載事項、旅行業約款と標準旅行業約款の違いを理解する。
- **標識**は**4種類**。それぞれの記載事項を確認する。
- 料金、約款、標識の共通点、異なる点を整理する。

1 旅行業務の取扱いの料金

1. 旅行業務の取扱いの料金とは

手配旅行、渡航（とこう）手続きの代行や旅行相談などの旅行業務を行ったときに、**旅行業者等が旅行者から収受する対価**を**旅行業務の取扱いの料金**（以下この項目では単に「料金」とする）といいます。企画旅行（募集型・受注型）は、あらかじめ料金に相当する報酬部分が旅行代金に含まれているのが一般的なので、**企画旅行に関する料金は存在しません**。

2. 料金の掲示と制定基準

（1）料金の掲示

旅行業者は、**事業の開始前**に、**旅行者から収受する料金**（**企画旅行に係るものを除く**）を定め、これを**営業所において旅行者に見やすいように掲示**しなければなりません（料金を変更するときも同様です）。

（2）料金の制定基準

料金は、**契約の種類および内容**に応じて**定率、定額その他の方法**により定められ**旅行者にとって明確**でなければなりません。料金の制定、変更に関しては、事前の登録行政庁への**届出、認可**などは一切**不要**です。

料金を定めるときの「上限や下限」はないのですか？

法律では定められていませんので、旅行業者が自由に定めることになっています。とはいえ、あまり高額すぎると旅行者に敬遠されますので、「相場」は存在しています。

3. 旅行業者代理業者の営業所における料金の掲示

旅行業者代理業者は、自ら料金を定めることはできません。したがって、**所属旅行業者が定めた料金**を、その営業所において旅行者に見やすいように掲示しなければなりません。

2 旅行業約款と標準旅行業約款

契約とは、本来、「自由な内容、自由な形式で締結することができる」というのが法の原則的な考え方です。しかし、旅行業者が個々の旅行者と契約を締結するたびに「旅行代金はいつまでに支払うか」「契約を解除したときの取消料はいくらか」などを個別に協議すると、旅行者・旅行業者の双方が多大な労力と時間を費やすことになってしまいます。このような事態を回避するために作成された「旅行契約に関するひな型」が「旅行業約款」です。

用語
約款
定型的に反復して行われる多数の取引について、あらかじめ事業者側が定めておく契約条項のこと。

1. 旅行業約款

(1) 約款の制定と認可

旅行業者は、旅行者と締結する旅行業務の取扱いに関する契約に関し、旅行業約款を定め、登録行政庁の認可を受けなければなりません。

旅行業約款が一方的に旅行業者にとって有利な内容になってしまうことを避けるために、次のような認可の基準が定められています。

Key Point ●約款の認可基準

- **旅行者の正当な利益を害するおそれがないもの**であること
- 少なくとも旅行業務の取扱いの料金その他の**旅行者との取引に係る金銭の収受および払戻し**に関する事項、**旅行業者の責任**に関する事項が明確に（**企画旅行を実施する旅行業者**にあっては、**企画旅行契約と**手配旅行契約その他の**企画旅行契約以外の契約**との**別に応じ、明確に**）定められているものであること

(2) 約款の記載事項

旅行業約款には次の事項を記載しなければなりません。

① 旅行業務の取扱いの料金その他の**旅行者との取引に係る金銭の収受**に関する事項
② 運送、宿泊その他の旅行に関するサービスの提供について旅行者に対して交付する**書面の種類**およびその表示する**権利の内容**
③ **契約の変更**および**解除**に関する事項
④ **責任**および**免責**に関する事項
⑤ **旅行中**の**損害の補償**に関する事項
⑥ **保証社員である旅行業者**にあっては、次の事項

- その所属する**旅行業協会の名称および所在地**
- 保証社員またはその保証社員を所属旅行業者とする旅行業者代理業者と旅行業務に関し取引をした者は、その取引によって生じた債権に関し、当該保証社員が所属する旅行業協会が供託している**弁済業務保証金から弁済を受けることができること**
- 当該保証社員に係る**弁済業務保証金**からの**弁済限度額**
- **営業保証金を供託していないこと**

⑦ **保証社員でない旅行業者**にあっては、営業保証金を供託している**供託所の名称**および**所在地**ならびに旅行業務に関し取引をした者は、その取引によって生じた債権に関し当該**営業保証金から弁済を受けることができること**
⑧ その他旅行業約款の内容として必要な事項

(3) 軽微な変更

旅行業約款は、これを定めたときだけでなく、**すでに定めた旅行業約款を変更しようとするとき**も登録行政庁の**認可**が必要です。ただし、旅行業約款の記載事項のうち、次の①〜④についての変更を「**軽微な変更**」といい、この変更については登録行政庁の**認可を受ける必要はありません**。

プラスアルファ
⑥と⑦の違いは、Lesson12の「**2弁済業務保証金制度」を学習した後で、再度、復習**をすると理解しやすい。
▶▶P102

プラスアルファ
所属している旅行業協会の所在地が変更になるなど、**事務的かつ定型的な変更**が「軽微な変更」に該当するといえる。このような事務的な変更について、煩雑な手続きを避けるために認可不要となっている。保証社員についてはLesson12「旅行業協会・弁済業務保証金制度」参照。

Key Point ●旅行業約款の軽微な変更（認可不要な変更）

① **保証社員**である旅行業者の旅行業約款の次の変更
　a．その所属する**旅行業協会の名称または所在地**の変更
　b．その者に係る**弁済業務保証金からの弁済限度額**の変更
② **保証社員でない**旅行業者の旅行業約款の次の変更
　a．営業保証金を供託している**供託所の名称または所在地**の変更
③ **保証社員でない旅行業者が保証社員となった場合**における「（2）約款の記載事項」⑦に掲げる事項を同⑥に掲げる事項に改める変更
④ **保証社員である旅行業者が保証社員でなくなった場合**における「（2）約款の記載事項」⑥に掲げる事項を同⑦に掲げる事項に改める変更

標準旅行業約款の**制定・公示**は、**観光庁長官と消費者庁長官が共同で**行うことになっています。これに対し、旅行業者が独自で定めた旅行業約款（標準旅行業約款と異なる内容の旅行業約款）の認可は登録行政庁（観光庁長官または都道府県知事）が行います。この違いを確認しておきましょう。

2. 標準旅行業約款

観光庁長官および**消費者庁長官が定めて**（または**変更して**）**公示**した「モデルたる旅行業約款」を**標準旅行業約款**といいます。旅行業者が自らの旅行業約款として標準旅行業約款を採用したときは、その旅行業約款は**登録行政庁の認可を受けたものとみなされます**。

認可が不要なのは「標準旅行業約款と同一の約款」を自らの約款として採用したときに限ります。仮に標準旅行業約款よりも**旅行者にとって有利な内容の約款を定めた場合**でも、**標準旅行業約款と同一でなければ登録行政庁の認可**を受けなければなりません。

Key Point ●登録行政庁の認可を受けたものとみなされる場合

- 旅行業者が**標準旅行業約款と同一の旅行業約款**を**定めた**とき
- 旅行業者が現に定めている旅行業約款を**標準旅行業約款**と**同一のものに変更**したとき

旅行業約款は、本来、各旅行業者が立案、検討のうえ定めるものですが、これらの約款を一から作成するには相当の手間がかかります。また、登録行政庁側にとっても、旅行業者が個々に定めた旅行業約款が適切であるかどうかを個別審査する必要

があります。これら双方の負担を軽減し、また、適切な旅行業約款の普及を目的として定めたのが標準旅行業約款です。実際に多くの旅行業者が標準旅行業約款を採用しています。

3. 約款の掲示または備え置き

旅行業者等は、旅行業約款を営業所において、旅行者に見やすいように掲示するか、または閲覧することができるように備え置かなければなりません。

(1) 旅行業者代理業者の場合

旅行業者代理業者は自ら旅行業約款を定めることはできません。所属旅行業者が定めた旅行業約款を、営業所において、掲示または備え置くことになります。

(2) 受託旅行業者の場合

受託契約に基づき、他の旅行業者が実施する企画旅行（募集型に限る）を代理販売することができる旅行業者等（受託旅行業者または受託旅行業者代理業者）は、営業所において、自らの旅行業約款だけでなく、委託旅行業者が定めた旅行業約款も同じように掲示または備え置かなければなりません。

プラスアルファ
旅行業者代理業者は所属旅行業者を代理して旅行者と契約を締結しているにすぎないので、その契約には当然、所属旅行業者の旅行業約款が適用される。

受託旅行業者
▶▶ P82
受託旅行業者代理業者
▶▶ P83

3 標識

標識とは、一般に登録票と呼ばれるもので、その旅行業者等がどのような登録を受けているのかが旅行者にも判別できるようにするためのものです。

1. 標識の掲示

旅行業者等は、営業所において、国土交通省令で定める様式の標識を公衆に見やすいように掲示しなければなりません。

また、旅行業者等以外の者は、標識またはこれに類似する標識を掲示してはなりません。

2. 標識の種類

標識（登録票）は、次の区別によって4種類が定められています。

Key Point ●標識の種類（4 種類）

- 「旅行業」と「旅行業者代理業」の別
- 営業所ごとの業務の範囲が「国内旅行のみ」か「海外旅行と国内旅行の両方」かの別

様式（4 種類）	旅行業等の種別	営業所の業務の範囲	標識の地の色
様式 1	旅行業	海外旅行・国内旅行	青
様式 2		国内旅行のみ（※）	白
様式 3	旅行業者代理業	海外旅行・国内旅行	青
様式 4		国内旅行のみ（※）	白

※「拠点区域内の旅行のみ」を含む

用語

地の色
標識の色のこと。海外・国内の両方の旅行を取り扱う営業所の標識は「青」、国内旅行のみを取り扱う営業所の標識は「白」と定められている。

3. 標識の記載事項

標識（登録票）に記載される項目は、「旅行業」か「旅行業者代理業」かによって異なります。具体的には、それぞれ次の内容を記載しなければなりません。

旅行業と旅行業者代理業の標識で異なるのは③と④の欄のみで、それ以外はどちらも同じです。**旅行業者代理業の登録には有効期間の定めがない**ので、③の代わりに④を記載することになっています。

Key Point ●標識の記載事項（○＝記載　×＝不要）

記載事項	旅行業	旅行業者代理業
① 登録番号	○	○
② 登録年月日	○	○
③ 有効期間	○	×
④ 所属旅行業者登録番号および氏名または名称	×	○
⑤ 氏名または名称	○	○
⑥ 営業所の名称	○	○
⑦ 旅行業務取扱管理者の氏名	○	○
⑧ 受託取扱企画旅行（※）	○	○

※受託契約を締結していない場合は⑧は省略できる

プラスアルファ

⑧は、「受託契約により扱っている他社実施の募集型企画旅行の名称」を記載する欄。**企画者**（実際にその旅行を実施する旅行業者）**が明確になるように**記載しなければならない。

参考までに、「海外旅行と国内旅行」の両方を取り扱う旅行業者の営業所に掲示すべき標識（前述の様式1）は次のとおりです。記載欄を確認しておきましょう。

■ 図表1　様式1（旅行業用／業務の範囲：海外旅行・国内旅行）

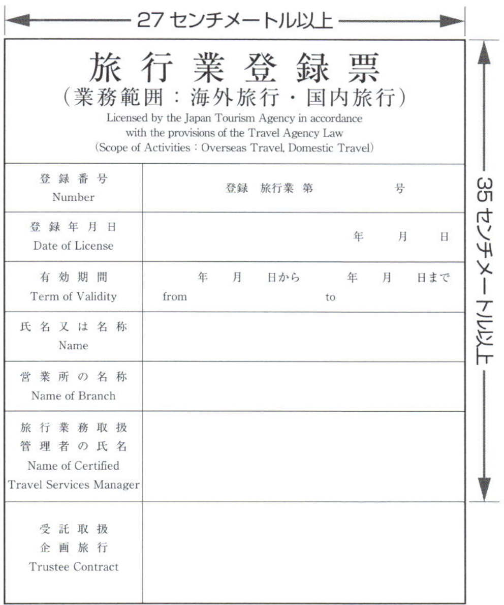

27センチメートル以上 / 35センチメートル以上

旅行業登録票
（業務範囲：海外旅行・国内旅行）
Licensed by the Japan Tourism Agency in accordance with the provisions of the Travel Agency Law (Scope of Activities：Overseas Travel, Domestic Travel)

登録番号 Number	登録　旅行業　第　　　号
登録年月日 Date of License	年　月　日
有効期間 Term of Validity	年　月　日から from　年　月　日まで to
氏名又は名称 Name	
営業所の名称 Name of Branch	
旅行業務取扱管理者の氏名 Name of Certified Travel Services Manager	
受託取扱企画旅行 Trustee Contract	

注1．地の色は、青色とする。
2．受託契約を締結していない者にあっては、受託取扱企画旅行名の欄を省略することができる。
3．受託取扱企画旅行の欄は、取り扱っている企画旅行の企画者が明確となるよう記載する。

並べて比較!!　「料金」「約款」「標識」

「料金（旅行業務の取扱いの料金）」「旅行業約款」「標識（登録票）」の3種類は、次のように比較・整理しておこう!!

	届出・認可の有無	掲示（備え置き）の方法
料金	不要	旅行者に見やすいように掲示
約款	認可が必要（※）	旅行者に見やすいように掲示、または閲覧できるように備え置き
標識	不要	公衆に見やすいように掲示

※標準旅行業約款と同一の約款を採用したときは認可不要

Let's Try! 確認テスト

●次の各記述の正しいものには○を、誤っているものには×を記入しなさい。

チェックポイント	できたらチェック✓
旅行業務の取扱いの料金	□ 1 旅行業者は、旅行業務の取扱いの料金を変更したときは、その旨を登録行政庁に届け出なければならない。 国 令3
	□ 2 旅行業者は、事業の開始前に、旅行業務の取扱いの料金を定め、その営業所において、旅行者が閲覧することができるように備え置かなければならない。 総 令1
	□ 3 旅行業者代理業者は、事業の開始前に、旅行者から収受する旅行業務の取扱いの料金を自ら定めなければならない。 国 平30
旅行業約款	□ 4 旅行業者等は、旅行業約款をその営業所において、旅行者に見やすいように掲示し、または旅行者が閲覧することができるように備え置かなければならない。 国 平23
	□ 5 旅行業者は、旅行業約款に、旅行中の損害の補償に関する事項を記載しなければならない。 総 平28改
	□ 6 他の旅行業者を代理して企画旅行（参加する旅行者の募集をすることにより実施するものに限る。）契約を締結することができる旅行業者等は、その営業所において、当該他の旅行業者の旅行業約款を旅行者に見やすいように掲示し、または旅行者が閲覧できるように備え置かなければならない。 総 令3
	□ 7 保証社員である旅行業者は、その旅行業約款に記載した弁済業務保証金からの弁済限度額を変更しようとする場合、登録行政庁の認可を受けなければならない。 国 令2
標識（登録票）	□ 8 旅行業者等は、営業所において、国土交通省令で定める様式の標識を、旅行者に見やすいように備え置かなければならない。 国 令1
	□ 9 旅行業登録票の地の色は、業務範囲が国内旅行のみの場合は、青色である。 総 平29

解答 1. ×　料金の制定や変更については届出・認可は不要／2. ×　料金は必ず「旅行者に見やすいように掲示」／3. ×　旅行業者代理業者は自ら料金を定めることはできない（所属旅行業者の定めたものを掲示）／4. ○／5. ○／6. ○／7. ×　約款に記載されている「弁済業務保証金からの弁済限度額」の変更は、「軽微な変更」に当たるので、この変更について、登録行政庁による認可は不要／8. ×　標識は公衆に見やすいように掲示しなければならない／9. ×　青色（×）→白色（○）

重要度 A

取引条件の説明・書面の交付

学習項目

◎旅行者に対する取引条件の説明
◎旅行者に対する書面の交付
◎旅行業務に関し取引をする者に対する書面の交付
◎情報通信の技術を利用する方法

学習ポイント

●契約の前に、旅行者に取引条件を説明しなければならない。
●旅行業務に関する契約を締結したときは、書面（契約書面等）の交付が必要。
●各種書面の記載事項を確認し、それぞれの記載事項の共通点・相違点を比較・整理する。

1 旅行者に対する取引条件の説明

旅行業者等は、旅行者と企画旅行契約、手配旅行契約その他旅行業務に関し契約を締結しようとするときは、旅行者が依頼しようとする旅行業務の内容を確認したうえで、その**取引の条件**について**旅行者に説明**をしなければなりません。

1．取引条件の説明の方法

この取引条件の説明は次の（1）または（2）のいずれかの方法により行います。

（1）取引条件の説明書面を交付して説明する（原則）

取引条件の説明をするときは、旅行者に対し、**旅行者が提供を受けることができる旅行に関するサービスの内容、旅行者が旅行業者等に支払うべき対価に関する事項、旅行業務取扱管理者の氏名、全国通訳案内士または地域通訳案内士の同行の有無**その他の国土交通省令・内閣府令で定める事項（詳細は図表2～図表4参照）を記載した書面を交付しなければなりません。

（2）口頭により説明する（例外）

対価（旅行代金）と引き換えに、旅行に関するサービスの提供を受ける権利を表示した書面（航空券、乗車船券、宿泊券など）を**旅行者に交付**する場合は口頭による説明を行います。この場合（1）の書面の交付は不要です。

プラスアルファ

旅行は、無形商品。手にとったり、内容を目で見て確認することができないため、旅行者と旅行業者との間で互いの認識が合致しないと後々トラブルになりかねない。そこで旅行業法では「契約を締結しようとするときには取引の条件を説明すること」を定めている。

航空券や乗車船券などは、それを持ってさえいれば、航空機や鉄道を利用することができます。つまり、その券を持っていることによって、旅行者はこれらを利用する権利を得ていることになります。だからこそ、「サービスの提供を受ける権利を表示した書面」を対価と引き換えに旅行者に交付するときは口頭による説明で可とされているのです。

「サービスの提供を受ける権利を表示した書面」を交付するときでも**口頭による説明は必要**です（**説明そのものを省略できるわけではありません**）。間違えないように注意しましょう。

Key Point ●取引条件の説明の方法

原則：取引条件の説明事項を記載した**書面を交付**する

例外：**口頭**で説明する（上記書面の交付は**不要**）

＊口頭による説明は対価と引き換えにサービスの提供を受ける権利を表示した書面を交付する場合に限る

2　書面の交付

ここでいう「書面」は**契約を締結したとき**に交付する契約書（またはそれに準じる書面）を指します。「**旅行者**に対して交付する書面」と「旅行者**以外**の者（**事業者**）に対して交付する書面」とがあり、それぞれ内容が異なります。

1．旅行者と契約を締結したときに交付する書面

旅行業者等と旅行者の双方が取引の条件に納得し、契約の締結に至った場合には、旅行業者等は旅行者に対して書面を交付しなければなりません。

プラスアルファ
正しく理解するために、旅行者との契約の流れを確認しておこう。

取引条件の説明（口頭または書面）
↓
契約の締結
↓
書面の交付（契約書面または権利を表示した書面）
↓
旅行に出発!!

（1）交付する書面の種類

旅行業者等は、**旅行者と旅行業務に関し契約を締結したとき**は、旅行者に対し、**遅滞なく**次の**①または②のいずれかの書面を交付**しなければなりません。

① **契約書面**（提供すべき旅行に関するサービスの内容、旅行者が旅行業者等に支払うべき対価に関する事項、旅行業務取扱管理者の氏名、全国通訳案内士もしくは地域通訳案内士の同行の有無その他の**国土交通省令・内閣府令で定める事項を記載した書面**。詳細は図表２・３参照）

② **旅行に関するサービスの提供を受ける権利を表示した書面**（航空券や乗車船券、宿泊券など）

前述①または②のいずれかを交付すればよく、**②を交付したときには①の契約書面の交付は必要ありません**。

(2) 書面の交付が不要な契約

旅行相談業務に係る契約を締結した場合は、（1）で述べた書面の交付は**不要**です。

Key Point ●旅行者に対する書面の交付

原則：次の**いずれか**を旅行者に交付する

① **契約書面**

② **サービスの提供を受ける権利を表示した書面**

例外：**旅行相談業務に係る契約**を締結した場合は**不要**

プラスアルファ
旅行相談業務は、旅行者からの相談に応じることで債務の履行は終了するため、紛争の生じる余地が少ないとの考えから、契約に関する書面は不要とされている。

2. 旅行者以外の者（事業者）と契約を締結したときに交付する書面

旅行業者等は、**旅行業務に関し取引をする者**（旅行者を除く）と**旅行業務に関し契約を締結したとき**は、国土交通省令で定める場合を除き、**遅滞なく**、その取引をする者に対し、**旅行者に提供すべき旅行に関するサービスの内容**その他の**国土交通省令で定める事項を記載した書面**（詳細は**図表５**参照）**を交付**しなければなりません。

旅行業者等は、旅行者以外の取引相手（旅行業務に関して契約をした運送事業者、宿泊事業者などの**旅行サービス提供者**や、**旅行サービス手配業者、他の旅行業者等**）に対しても書面を交付しなければならないということです。

1と**2**で見てきた各書面の流れを、図表1で確認してみましょう。

プラスアルファ
➡の流れで交付する書面に特定の名称はない。実務上は、例えば"サービス提供依頼書面""手配依頼書面"など、その取引の内容にふさわしい名称を用いて運用される。また、事業者間で旅行サービスの提供・手配などについて「年間契約」などを締結している場合は、その契約書をもって「書面を交付したこと」とすることも可能である。

■ 図表1　旅行業者等が交付する各種書面

ユーキャン旅行社が、旅行者や旅行者以外の者と契約を締結する（した）ときは、➡ および➡ に従って各種書面の交付を要する。

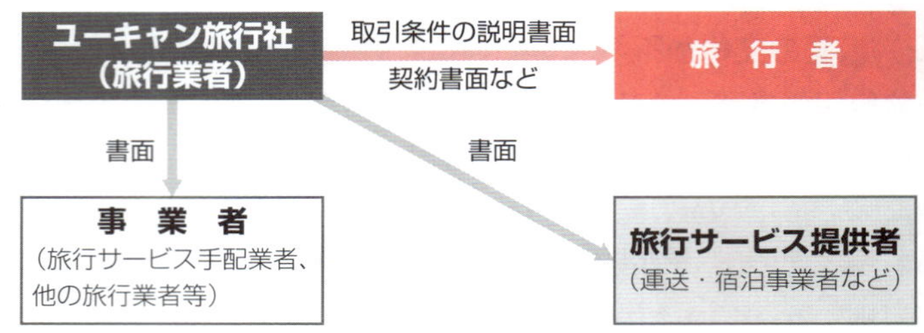

これまでに述べた各書面の記載事項は図表２～５のとおりです。それぞれに共通点・相違点がありますので比較・整理しておきましょう。

■ 図表2　企画旅行契約の場合：旅行者に対する取引条件説明事項（口頭・書面）、契約書面の記載事項

※○＝記載（説明）する事項　×＝記載（説明）が不要な事項

項目	取引条件説明事項		契約書面記載事項
	口頭	書面	
① **企画旅行を実施する旅行業者（企画者）**の氏名または名称	○	○	○
住所ならびに**登録番号**	×	○	○
② **企画者以外の者**が企画者を**代理**して契約を締結する（した）場合にあってはその旨	○	○	○
当該代理人の氏名または名称および住所ならびに**登録番号**	×	○	○
③ 当該契約に係る旅行業務を取り扱う**営業所**の**名称**および**所在地**（**外務員が書面を交付する場合**にあっては、当該**外務員の氏名**ならびにその所属する営業所の名称および所在地）	×	○	○
④ 当該契約に係る**旅行業務取扱管理者の氏名**および**旅行者の依頼**があれば当該旅行業務取扱管理者が**最終的には説明**を行う旨	×	○	○
⑤ 旅行の**目的地**および**出発日**その他の**日程**	○	○	○
⑥ 旅行者が旅行業者等に支払うべき**対価**およびその**収受の方法**	○	○	○
⑦ 旅行者が⑥に掲げる対価によって提供を受けることができる旅行に関する**サービスの内容**	○	○	○

項目	取引条件説明事項		契約書面記載事項
	口頭	書面	
⑧ ⑦に掲げる旅行に関するサービスに企画旅行の実施のために提供される**届出住宅における宿泊のサービス**が含まれる場合にあっては、宿泊サービス提供契約を締結する**住宅宿泊事業者**（※1）の商号、名称または氏名および届出番号ならびに**旅行者が宿泊する届出住宅**（※2）	○	○	○
⑨ ⑥に掲げる**対価に含まれていない**旅行に関する**経費**であって旅行者が通常必要とするもの	○	○	○
⑩ **企画旅行（参加する旅行者の募集をすることにより実施するものに限る。）の参加者数があらかじめ企画者が定める人員数を下回った場合に当該企画旅行を実施しないこととするときは**、その旨および当該人員数	○	○	○
⑪ **契約の申込方法**および**契約の成立**に関する事項	○	○	×
⑫ **契約の変更**および**解除**に関する事項	○	○	○
⑬ **責任**および**免責**に関する事項	○	○	○
⑭ **旅行中の損害**の**補償**に関する事項	○	○	○
⑮ 旅行に**参加する資格**を定める場合にあっては、その旨および当該資格	○	○	○
⑯ ⑦に掲げる旅行に関するサービスに**もっぱら企画旅行の実施のために提供される運送サービス**（※3）が含まれる場合にあっては、当該運送サービスの内容を勘案して、旅行者が取得することが望ましい**輸送の安全**に関する情報	○	○	○
⑰ 旅行の目的地を勘案して、旅行者が取得することが望ましい**安全および衛生**に関する情報がある場合にあっては、その旨および当該情報	○	○	○
⑱ **全国通訳案内士または地域通訳案内士**の同行の有無	○	○	○
⑲ **契約締結の年月日**	×	×	○
⑳ **旅程管理業務を行う者が同行しない場合**にあっては、**旅行地における企画者との連絡方法**	×	×	○

※1　住宅宿泊事業者：所定の届出をして、住宅宿泊事業（戸建、マンションなどの住宅の全部または一部を活用して、旅行者等に宿泊サービスを提供する、いわゆる「民泊事業」）を行う者のこと

※2　届出住宅：住宅宿泊事業法に基づき、住宅宿泊事業を営む旨の所定の届出を行った住宅のこと

※3　もっぱら企画旅行の実施のために提供される運送サービス：その企画旅行を実施するためだけに仕立てられた運送サービス（例：バスツアーにおける貸切バス）のこと

■ 図表３　企画旅行契約以外の契約の場合：旅行者に対する取引条件説明事項（口頭・書面）、契約書面の記載事項　＊図表４を除く

※○＝記載（説明）する事項　×＝記載（説明）が不要な事項

項目	取引条件説明事項		契約書面記載事項
	口頭	書面	
① **契約を締結する（した）旅行業者**の氏名または名称	○	○	○
住所ならびに**登録番号**	×	○	○
② **旅行業者代理業者**が所属旅行業者を**代理**して契約を締結する（した）場合にあってはその旨	○	○	○
当該旅行業者代理業者の氏名または名称および住所ならびに**登録番号**	×	○	○
③ 当該契約に係る旅行業務を取り扱う**営業所**の**名称**および**所在地**（**外務員が書面を交付する場合**にあっては、当該**外務員の氏名**ならびにその所属する営業所の名称および所在地）	×	○	○
④ 当該契約に係る**旅行業務取扱管理者の氏名**および**旅行者の依頼**があれば当該旅行業務取扱管理者が**最終的には説明を行う**旨	×	○	○
⑤ **旅行業務の取扱いの料金**に関する事項	○	○	○
⑥ 旅行業務として住宅宿泊事業法第２条第８項第１号に掲げる行為（※１）を取り扱う場合にあっては、宿泊サービス提供契約を締結する**住宅宿泊事業者**の商号、名称または氏名および届出番号ならびに旅行者が宿泊する**届出住宅**	○	○	○
⑦ 旅行の**目的地**および**出発日**その他の日程	○	○	○
⑧ 旅行者が旅行業者等に支払うべき**対価**およびその**収受の方法**	○	○	○
⑨ 旅行者が⑧に掲げる対価によって提供を受けることができる旅行に関する**サービスの内容**	○	○	○
⑩ ⑧に掲げる**対価に含まれていない**旅行に関する**経費**であって旅行者が通常必要とするもの	○	○	○
⑪ **契約の申込方法**および**契約の成立**に関する事項	○	○	×
⑫ **契約の変更**および**解除**に関する事項	○	○	○
⑬ **責任**および**免責**に関する事項	○	○	○
⑭ **旅行中の損害**の**補償**に関する事項	○	○	○
⑮ 旅行に**参加する資格**を定める場合にあっては、その旨および当該資格	○	○	○
⑯ 旅行の目的地を勘案して、旅行者が取得することが望ましい**安全および衛生**に関する情報がある場合にあっては、その旨および当該情報	○	○	○
⑰ **契約締結の年月日**	×	×	○

※１　住宅宿泊事業法第２条第８項第１号に掲げる行為
宿泊者のため、届出住宅における宿泊のサービスの提供を受けることについて、代理して契約を締結し、媒介をし、または取次ぎをする行為（いわゆる「民泊」の仲介をする行為）

■ 図表4　旅行相談業務に係る契約の場合：旅行者に対する取引条件説明事項（書面）
※○＝記載（説明）する事項

項目	取引条件説明事項		契約書面
	口頭	書面	
① 旅行者が旅行業者に支払うべき**対価**およびその**収受の方法**	○	○	交付不要
② 旅行者が①に掲げる対価によって提供を受けることができる旅行に関する**サービスの内容**	○	○	

■ 図表5　旅行業務に関する取引をする事業者に対する書面の記載事項

項目
① 旅行業務に関し取引をする者の氏名または商号もしくは名称および住所（取引をする者が**旅行業者等**または**旅行サービス手配業者**である場合は、氏名または商号もしくは名称および住所ならびに**登録番号**）
② 契約を締結する旅行業者等の氏名または商号もしくは名称および住所ならびに登録番号
③ **旅行者に提供すべき**旅行に関する**サービスの内容**
④ 旅行業者等が旅行業務に関し取引をする者に支払う**対価**または旅行業務の取扱いの料金に関する事項
⑤ 当該契約に係る旅行業務を取り扱う営業所の名称および所在地
⑥ 当該契約に係る**旅行業務取扱管理者の氏名**
⑦ **契約締結の年月日**

3　情報通信の技術を利用する方法

旅行業者等は、これまでに述べた「取引条件の説明事項を記載した書面」や「契約を締結したときに交付する書面」の交付に代えて、政令で定めるところにより、旅行者または旅行業務に関し取引をする者（事業者）の承諾を得て、電子メールやインターネットなどによる**情報通信の技術を利用する方法**によって、これら書面に記載すべき事項を相手方に提供・通知などすることができます。この場合、**旅行業者等は前述の書面を交付したものとみなします。**

電話やファクシミリ、インターネット、電子メールなどを利用した「旅行の通信販売」も一般に多く行われていることを踏まえ「情報通信の技術を利用する方法」が定められています。

プラスアルファ
旅行業者等が「情報通信の技術を利用する方法」を用いる場合、あらかじめ、旅行者または事業者に対し、その種類および内容（電子メールによる送信、旅行業者のWebページの閲覧およびダウンロード、CD - ROMなどの交付など）を示し、**書面**または**電磁的方法**による**承諾**を得なければならない。

Let's Try! 確認テスト

●次の各記述の正しいものには○を、誤っているものには×を記入しなさい。

チェックポイント	できたらチェック
取引条件の説明	□ 1 旅行業者等は、対価と引換えに旅行に関するサービスの提供を受ける権利を表示した書面を交付する場合でも、旅行者に対し取引条件の説明書面を交付しなければならない。 総 令2
	□ 2 旅行業務の取扱いの料金に関する事項は、企画旅行契約の締結に当たって、取引条件の説明をする際に交付する書面に記載すべき事項として定められていない。 総 平28改
	□ 3 旅行業者等は、企画旅行契約を締結しようとする場合で書面を交付するときは、旅行者の依頼があれば、旅行業務取扱管理者が最終的には説明を行う旨を記載しなければならない。 総 平29
書面の交付	□ 4 契約の申込方法および契約の成立に関する事項は、企画旅行契約を締結したときに旅行業者等が旅行者に交付する書面の記載事項として定められている。 国 令1改
	□ 5 旅行に関する相談に応ずる行為に係る旅行業務について旅行者と契約を締結したときは、旅行者が旅行業者に支払うべき対価およびその収受方法について記載した書面を交付しなければならない。 総 平30改
	□ 6 旅行業者等は、旅行業務に関し取引をする者（旅行者を除く。）と旅行業務に関し契約を締結したときは、国土交通省令で定める場合を除き、遅滞なく、当該取引をする者に対し、旅行者に提供すべき旅行に関するサービスの内容その他の国土交通省令で定める事項を記載した書面を交付しなければならない。 国 平30
情報通信の技術を利用する方法	□ 7 旅行業者等は、旅行業務に関し契約を締結したときに交付する書面の交付に代えて、旅行者の承諾を得て、当該書面に記載すべき事項を電子情報処理組織を使用する方法その他の情報通信の技術を利用する方法であって国土交通省令・内閣府令で定めるものにより提供することができる。 総 令1改

解答 1. ×　対価と引換えに旅行サービスの提供を受ける権利を表示した書面を交付したときは取引条件説明書面の交付は不要／2. ○　企画旅行に関する旅行業務の取扱いの料金は存在しない（料金に相当する報酬部分が旅行代金に含まれている）／3. ○／4. ×　“契約の申込方法および契約の成立に関する事項”は契約書面の記載事項ではない／5. ×　旅行相談業務に係る契約の場合、契約書面の交付は不要／6. ○　旅行業務に関し、旅行者以外の取引相手と契約を締結したときは所定の事項を記載した書面を交付しなければならない／7. ○

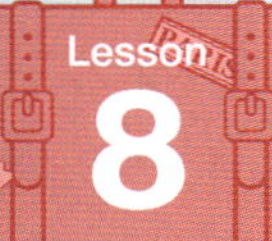

重要度 A

広告・旅程管理

学習項目

◎企画旅行の募集広告
◎誇大広告の禁止
◎企画旅行の円滑な実施のための措置
◎旅程管理業務を行う者

学習ポイント

●企画旅行の**募集広告**には「**表示方法**」と「**表示事項**」が定められている。
●**誇大表示**してはならない事項（**8 項目**）を暗記する。
●**旅程管理のための措置**（**4 項目**）と、国内企画旅行の場合の**一部免除**の条件を理解する。
●旅程管理業務を行う**主任の者**（企画旅行に同行する主任添乗員）の選任条件を理解する。

1 広告

1．企画旅行の広告（募集型企画旅行の募集広告）

企画旅行の広告とは、**企画旅行に参加する旅行者を募集するための広告**（すなわち「**募集型企画旅行**」の**募集広告**）のことです。

旅行者が募集型企画旅行への参加申込みをするに当たり、その旅行の情報を知り、参加するかどうかを選択するうえでの大切な情報源となるものが「パンフレット」をはじめとする募集広告です。この広告について旅行業法では「表示方法」と「表示事項」を定めています。

（1）広告の表示方法

旅行業者等が、**企画旅行の募集をするための広告**をするときは、次の①と②に注意して行わなければなりません。

Key Point ●広告の表示方法

① **企画者以外の者の氏名または名称を表示する場合**にあっては、**文字の大きさ等**に留意して、**企画者の氏名または名称の明確性を確保**すること
② 旅行者が旅行業者等に支払うべき対価が当該企画**旅行の出発日により異なる場合**において、**その最低額を表示するときは**、**併せて**その**最高額を表示**すること

プラスアルファ
「企画者以外の者の氏名または名称を表示する場合にあっては…」という表現からもわかるとおり、**企画者（実際に企画旅行の実施する旅行業者）以外の旅行業者等が募集広告を行うことは可能。**

(2) 広告の表示事項

旅行業者等が、企画旅行の募集をするための広告をするときは、次の事項を表示して行わなければなりません。

Key Point ●企画旅行の募集広告の表示事項（8 項目）

① **企画者の氏名または名称**および**住所**ならびに**登録番号**
② 旅行の**目的地および日程**に関する事項
③ 旅行者が提供を受けることができる**運送、宿泊または食事のサービスの内容**に関する事項
④ 旅行者が旅行業者等に支払うべき**対価**に関する事項
⑤ **旅程管理業務を行う者の同行の有無**
⑥ **企画旅行の参加者数があらかじめ企画者が定める人員数を下回った場合に当該企画旅行を実施しないこととするとき**は、その旨および**当該人員数**
⑦ ③に掲げるサービスに**もっぱら企画旅行の実施のために提供される運送サービス**が含まれる場合にあっては、当該運送サービスの内容を勘案して、旅行者が取得することが望ましい**輸送の安全**に関する情報
⑧ **取引条件の説明**を行う旨（取引条件説明事項を**すべて表示して広告するとき**は、この⑧の記載は**不要**）

プラスアルファ
⑥はその募集型企画旅行が実施される最低人数（最少催行人員）のこと。

最少催行人員
▶▶P137

参考までに、実際の広告に置き換えると次のようになります。

■ 図表 1　企画旅行の募集広告の表示例（(1) と (2) の内容）

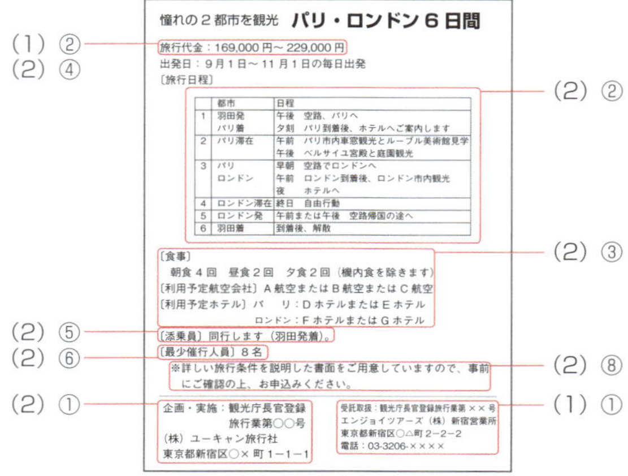
憧れの２都市を観光　**パリ・ロンドン６日間**

旅行代金：169,000 円～ 229,000 円　［(1) ②／(2) ④］
出発日：９月１日～ 11 月１日の毎日出発
〔旅行日程〕　［(2) ②］

	都市	日程
1	羽田発 パリ着	午後　空路、パリへ 夕刻　パリ到着後、ホテルへご案内します
2	パリ滞在	午前　パリ市内車窓観光とルーブル美術館見学 午後　ベルサイユ宮殿と庭園観光
3	パリ ロンドン	早朝　空路でロンドンへ 午前　ロンドン到着後、ロンドン市内観光 夜　ホテルへ
4	ロンドン滞在	終日　自由行動
5	ロンドン発	午前または午後　空路帰国の途へ
6	羽田着	到着後、解散

〔食事〕　［(2) ③］
朝食４回　昼食２回　夕食２回（機内食を除きます）
〔利用予定航空会社〕Ａ航空またはＢ航空またはＣ航空
〔利用予定ホテル〕パ　リ：Ｄホテルまたは E ホテル
ロンドン：Ｆホテルまたは G ホテル
〔添乗員〕同行します（羽田発着）。　［(2) ⑤］
〔最少催行人員〕８名　［(2) ⑥］
※詳しい旅行条件を説明した書面をご用意していますので、事前にご確認の上、お申込みください。　［(2) ⑧］

企画・実施：観光庁長官登録旅行業第○○号
（株）ユーキャン旅行社
東京都新宿区○× 町 1－1－1　［(2) ①］

受託取扱：観光庁長官登録旅行業第 ×× 号
エンジョイツアーズ（株）新宿営業所
東京都新宿区○△町 2－2－2
電話：03-3206-××××　［(1) ①］

2. 誇大広告の禁止

旅行業者等は、旅行業務について広告をするときは、**著しく事実に相違する表示**、または実際のものよりも**著しく優良**であり、もしくは**有利であると人を誤認させるような表示**をしてはなりません。

次の①〜⑧は誇大表示をしてはならない事項として定められています。

Key Point ●誇大表示をしてはならない事項

① **旅行に関するサービスの品質**その他の内容に関する事項
② **旅行地における旅行者の安全の確保**に関する事項
③ **感染症の発生の状況その他の旅行地における衛生**に関する事項
④ **旅行地の景観、環境その他の状況**に関する事項
⑤ 旅行者が旅行業者等に支払うべき**対価**に関する事項
⑥ 旅行中の**旅行者の負担**に関する事項
⑦ 旅行者に対する**損害の補償**に関する事項
⑧ 旅行業者等の**業務の範囲、資力または信用**に関する事項

プラスアルファ
1. で述べた「企画旅行の広告」は、募集型企画旅行のみに適用されるが、この**「誇大広告の禁止」は旅行業者等が行うすべての広告に適用される**規定である。

「誇大表示をしてはならない事項として定められている（いない）ものはどれか」というのが出題の定番。
Key Point に掲げた各事項の太字部分を中心に暗記しておきましょう。

2 企画旅行の円滑な実施のための措置（旅程管理）

企画旅行（募集型・受注型）の特性の1つに「旅行業者が旅行計画を定めること」があげられます。旅行業者自身が旅行計画を作成したのですから、その企画旅行が円滑に実施されるよう責任を負わなければなりません（この点が、旅行者自身が計画を作成する手配旅行との大きな違いです）。

旅行業者が企画旅行を実施する場合の、旅行者に対する運送等サービスの確実な提供、旅行に関する計画の変更を必要とする事由が生じた場合の代替サービスの手配など、企画旅行の円滑な実施を確保するための措置を旅程管理といいます。

なるほど、**手配旅行**の場合、旅行者自身が旅行の計画を立てるので、**旅行業者は旅程管理を行う必要はない**のですね。

1. 旅程管理のための措置

(1) 具体的な措置

旅行業者は企画旅行の実施にあたり、旅程管理のための具体

的な措置として、次の①～④を講じなければなりません。

Key Point ●旅程管理のための措置

① 旅行に関する計画に定めるサービスの旅行者への確実な提供を確保するために**旅行の開始前**に必要な**予約**その他の措置

＊「予約」は旅行の開始前に完了していなければならない

② 旅行地において旅行に関する計画に定める**サービスの提供を受けるために必要な手続き**の実施その他の措置

ケース１	空港での搭乗手続き、ホテルでのチェックイン、各種予約の再確認など

③ 旅行に関する計画に定める**サービスの内容の変更を必要とする事由**が生じた場合における**代替サービスの手配および当該サービスの提供を受けるために必要な手続き**の実施その他の措置

ケース２	事故により列車が運転中止になったので列車の代わりにバスを手配する

④ 旅行に関する計画における**2人以上の旅行者**が同一の日程により行動することを要する区間における円滑な旅行の実施を確保するために必要な**集合時刻、集合場所**その他の事項に関する**指示**

＊旅行者が２人以上のときは集合時刻、集合場所などの指示が必要

プラスアルファ
①に定める「予約」は、**「旅行の開始前」**に完了していればよい（**「募集の開始前」にすべての予約を完了する必要はない**）。

プラスアルファ
旅程管理業務を行うための方法として一般的に知られているのは「添乗員の同行」だが、**必ずしも添乗員を同行させる必要はなく**、これ以外にも次のような方法で旅程管理業務を行うことが認められている。
① 現地の手配代行業者に旅程管理の一部を委託する。
② 旅行者が常時連絡可能な窓口を設けておく。

（2）国内の企画旅行における旅程管理の一部免除

国内の企画旅行の場合、次の**２つの条件をいずれも満たすときに限り**、（1）で述べた①～④の措置のうち、**②と③の措置は免除**されます（これらの措置を講じる必要はありません）。

Key Point ●一部措置（②と③）を免除するときの条件

- **契約を締結する前**に「旅行業者はこれらの措置を講じない」という**説明**を旅行者に対して行うこと
- 旅行に関する計画に定める**サービスの提供を受ける権利を表示した書面を旅行者に交付**すること

サービスの提供を受ける権利を表示した書面（航空券や乗車船券、宿泊券など）
▶▶P67

例えば、往復の航空券と旅行先での宿泊だけをセットにしたようなフリープラン型の国内企画旅行の場合、航空券を航空会社に、宿泊券を宿泊先に差し出すことでサービスを受けることができます（つまり、旅行者個人で航空機、ホテルを利用するときと同様の手続きですむということです）。仮に不可抗力でなんらかの変更が生じた場合でも、国内旅行であれば言葉の問題もなく、一般に各サービス提供機関の指示によって、旅行者自身でこれらの変更に対処することが可能です。このような考えに基づき、国内の企画旅行については一定の条件のもと、旅程管理の措置の一部免除を認めているのです。

Key Point ●旅程管理のための具体的措置（まとめ）

措置	海外企画旅行	国内企画旅行
① 旅行の開始前に必要な予約	◎	◎
② サービスを受けるために必要な手続き	◎	△
③ 変更が生じた場合の代替サービスの手配および手続き	◎	△
④ 2人以上の旅行者に対する集合時刻・場所の指示	◎	◎

◎＝必ず行う措置　△＝一定の条件のもとに免除できる措置

一部の措置（4つの措置のうち②と③）が一定の条件のもとに免除されるのは**国内の企画旅行のみ**です。したがって、**海外の企画旅行の場合は、①～④のすべての措置を必ず行わなければなりません。**

2. 旅程管理業務を行う者

旅行業者が旅程管理業務を行うための手段の1つとして「旅程管理業務を行う者」を同行させる方法があります。

(1) 旅程管理主任者

企画旅行（募集型・受注型）に参加する旅行者に同行して、旅程管理業務を行う者として旅行業者によって選任される者のうち**主任の者**については、一定の資格要件が定められています。主任の者とは、一般にいう主任添乗員のことで、実務上は「旅程管理主任者」と呼ばれています。

(2) 旅程管理主任者の資格要件

旅程管理主任者に選任されるためには、次の3つの条件をすべて満たしていなければなりません。

プラスアルファ

同行する添乗員（旅程管理業務を行う者）**が1人の場合はその者が「主任の者」の資格要件を満たしていなければならない。**複数名同行する場合、主任の者（主任添乗員）は資格要件を満たしていなければならないが、**その他の者は資格不要（全員が資格要件を満たしている必要はない）。**

Key Point ●旅程管理主任者の資格要件

① **欠格事由（登録の拒否事由のうち①～⑥）**に該当しないこと

② 観光庁長官の登録を受けた者（登録研修機関）が実施する**旅程管理研修の課程を修了**していること

③ 次のaまたはbのいずれかに該当する**実務の経験**を有すること

a．上記②の研修の課程を**修了した日の前後1年以内**に**1回以上**の旅程管理業務に従事した経験

b．上記②の研修の課程を**修了した日から3年以内**に**2回以上**の旅程管理業務に従事した経験

1年	1年	1年	1年	1年

a.この期間内に1回以上（研修課程の修了日の前後1年）

研修課程の修了日

b.この期間内に2回以上（研修課程の修了日から3年）

注1：**海外企画旅行の旅程管理主任者となるための実務経験**は、**海外における旅程管理業務に従事した経験のみが対象**となる。

注2：**国内企画旅行の旅程管理主任者となるための実務経験**は**国内・海外、どちらの旅程管理業務に従事した経験でも対象**となる。

登録の拒否事由
▶▶P35

旅程管理研修
主に旅行業協会や、添乗員の派遣会社、一部の旅行業者などが実施している「旅程管理主任者になるための研修」のこと。

プラスアルファ

「旅程管理業務に従事した経験」とは、わかりやすくいうと「**添乗員としての実務経験**」のこと。この経験には、「**有資格者**（①～③の要件を満たす者）の**指導による旅程管理業務に相当する実務の研修**（研修旅行）」での添乗経験も含めてよい。

よくある質問

Q　手配旅行でも添乗員が同行することはあるの？　その場合になにか資格は必要ですか？

A　手配旅行でも旅行者からの依頼で添乗員が同行するケースはありますが、この場合の添乗員には、主任であるかどうかにかかわらず、企画旅行の主任添乗員のような法律上の資格要件は設けられていません。もちろん、実際に添乗員としての業務を行うのであれば、事前の準備や勉強が必要なのはいうまでもありませんね。

Let's Try! 確認テスト

●次の各記述の正しいものには○を、誤っているものには×を記入しなさい。

チェックポイント	できたらチェック✓
企画旅行の募集広告	□ 1 企画旅行に参加する旅行者を募集するための広告には、旅行中の損害の補償に関する事項を表示しなければならない。 国 令1改
	□ 2 企画旅行の広告には企画者の氏名または名称および住所を表示しなければならないが、企画者の登録番号は表示しなくてもよい。 予想
	□ 3 企画旅行に参加する旅行者を募集するための広告には、企画旅行を実施する旅行業者の営業所において選任されている旅行業務取扱管理者の氏名を記載しなければならない。 総 平30改
	□ 4 企画旅行に参加する旅行者を募集するための広告には、旅程管理業務を行う者の同行の有無を表示しなければならない。 国 令3改
誇大広告の禁止	□ 5 旅行地における旅行者の安全の確保に関する事項は、誇大表示をしてはならない事項として定められている。 総 令1
旅程管理	□ 6 旅行業者は、本邦外の旅行であって、契約の締結の前に旅行者に旅程管理の措置を講じない旨を説明し、かつ、当該旅行に関する計画に定めるサービスの提供を受ける権利を表示した書面を交付した場合は、旅行地において旅行に関する計画に定めるサービスの提供を受けるために必要な手続きの実施その他の措置を講じなくてもよい。 国 平27
	□ 7 旅行業者は、旅行に関する計画における2人以上の旅行者が同一の日程により行動することを要する区間における円滑な旅行の実施を確保するため必要な集合時刻、集合場所その他の事項に関する指示をしなければならない。 総 令3
	□ 8 旅行業者によって選任された旅程管理業務を行う主任の者の指導による旅程管理業務に相当する実務の研修を受けた経験は、当該研修を受けた地域を目的地とする旅行に係る旅程管理業務に従事した経験とみなされる。 国 令2

解答 1. ×　旅行中の損害の補償に関する事項は募集型企画旅行の広告の表示事項ではない／2. ×　登録番号も表示しなければならない／3. ×　旅行業務取扱管理者の氏名は表示事項ではない／4. ○／5. ○／6. ×　本邦外の企画旅行の場合、旅程管理のための措置の省略は不可／7. ○　2人以上の旅行者に対する集合時刻、集合場所などの指示は本邦内・外のいずれの企画旅行であっても必要（省略は不可）／8. ○　旅程管理業務に相当する実務の研修（研修旅行）も実務経験とみなされる

受託契約

学習項目

◎受託契約
◎委託旅行業者
◎受託旅行業者

学習ポイント

- **受託契約**の仕組みを理解する。
- **委託**旅行業者と**受託**旅行業者の関係を理解する。
- 旅行業者代理業者は他の旅行業者と直接に**受託契約**を締結できない。
- 受託契約において**受託営業所**を定めておかなければならない。

1 受託契約

1．受託契約の仕組み

「他の旅行業者が実施する企画旅行（参加する旅行者の募集をすることにより実施するものに限る。）について、当該**他の旅行業者を代理**して**企画旅行契約を締結することを内容とする契約」**を**受託契約**といいます。

この受託契約は、自らの募集型企画旅行をできるだけ多くの旅行業者に代理販売してもらうことによって効率よく旅行者を募集しようとする一種の販売促進のための仕組みだと考えればよいでしょう。

例えば、「ユーキャン旅行社」が実施する「ユーキャンツアー」という募集型企画旅行を、旅行業者Aの営業所でも代理販売してもらうために両者で受託契約を締結したとします。この場合、**代理販売を依頼する**ユーキャン旅行社を**委託旅行業者**、**代理して販売を行う**旅行業者Aを**受託旅行業者**といいます。

■ 図表1　ユーキャンツアーを旅行業者Aで代理販売する場合

委託旅行業者 ユーキャン旅行社 （ユーキャンツアー）	←受託契約→	受託旅行業者 旅行業者A （エンジョイツアー）

プラスアルファ
逆に、旅行業者Aの募集型企画旅行「エンジョイツアー」をユーキャン旅行社で代理販売したい場合には、**Aを委託旅行業者、ユーキャン旅行社を受託旅行業者として、別に受託契約を締結**する必要がある。
また、ユーキャン旅行社は、旅行業者Aだけでなく、**他の複数の旅行業者**（例えば、旅行業者BやC）**と自由に受託契約を締結することができる。**

図表1の場合「旅行業者Aはユーキャン旅行社を代理して旅行者と契約を締結する」ことになります。「旅行業者の代理」は、「旅行業者代理業の行為」に該当しますので、本来であれば、旅行業者Aはユーキャン旅行社の旅行業者代理業者としての登録が必要になるはずです。しかし、旅行業者として登録を受けているAが、さらに旅行業者代理業の登録を受けなければならないとすると登録の手続きが煩雑になってしまいます。このことから、旅行業法では旅行業者が他の旅行業者と**受託契約を締結した場合**は**旅行業者代理業の登録は受けなくてもよい**ことになっています。

委託旅行業者、受託旅行業者になれるのは？　登録業務範囲によって違いはありますか？

2. 受託契約の締結

受託契約の締結に当たり、旅行業法では次のことを定めています。

(1) 受託旅行業者代理業者

受託契約は、旅行業者と他の旅行業者の間で結ばれるもので、旅行業者代理業者は、自らが直接、受託契約を締結することはできません。所属旅行業者が**自らを受託旅行業者とする受託契約を締結する**際に、**自社の旅行業者代理業者においても代理販売をさせる旨の定めをした場合**に限り、旅行業者代理業者においても委託旅行業者を代理して企画旅行契約を締結することができます。このように受託契約において「代理販売ができる旅行業者代理業者」として定められた者を受託旅行業者代理業者といいます。

(2) 受託営業所

委託旅行業者および受託旅行業者は、代理販売をさせることのできる**受託旅行業者の営業所または受託旅行業者代理業者の営業所**を受託契約において定めておかなくてはなりません。これらの営業所のことを受託営業所といいます。

第1種、第2種、第3種、地域限定旅行業者は、実施できる範囲は異なるものの、いずれも募集型企画旅行を実施できます。したがって、自ら企画旅行を実施する旅行業者は、**登録の種類にかかわらず委託旅行業者となることが可能**です（受託旅行業者になることはもちろん可能）。例えば、地域限定旅行業者が実施する着地型の募集型企画旅行について、第1種旅行業者を受託旅行業者とする受託契約を締結できますし、逆に、第1種旅行業者が実施する募集型企画旅行について、地域限定旅行業者や第2種、第3種旅行業者を受託旅行業者とする受託契約を締結することも可能です。

（1）、（2）で解説した内容を図で確認してみましょう（図表2参照）。

受託営業所（図のａ、ｂ、ｃ、ｄ）には、受託旅行業者Ａだけでなく、**委託旅行業者**（ユーキャン旅行社）**の旅行業約款も掲示または備え置かなければならない。**

■ 図表２　ユーキャン旅行社を委託旅行業者とする受託契約

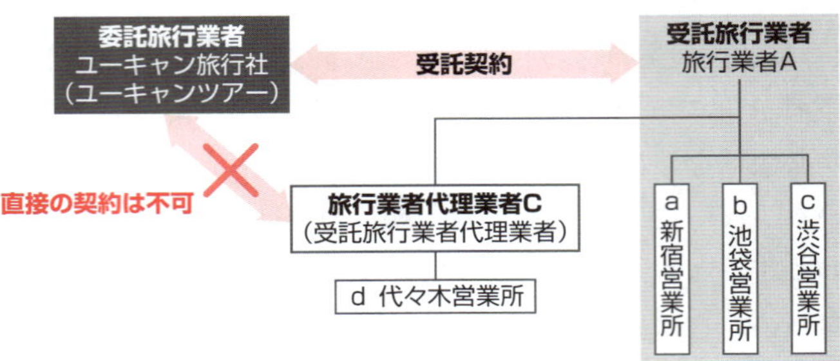

合格エッセンス　旅行業者代理業者のまとめ

旅行業者代理業者に関する規定は、複数の項目にまたがって解説されているので、ここでポイントをまとめて確認しておこう！

登録	申請先	主たる営業所の所在地を管轄する都道府県知事 （申請は自らで行う）
	有効期間	定めなし（更新登録は不要） 次のいずれかのときは失効する ● **所属旅行業者との契約失効** ● **所属旅行業者の登録抹消**
業務範囲		定めなし ● 所属旅行業者との委託契約において許された範囲のみ ● 報酬を得て、事業として旅行相談業務を行うことはできない
財産的基礎		なし
営業保証金		なし （**所属旅行業者が供託の旨の届出をするまでは事業の開始不可**）
約款・料金		● 所属旅行業者の定めたものを採用（**独自に定めることはできない**） ● 受託旅行業者代理業者の場合は委託旅行業者の旅行業約款も必要
外務員証 旅行業務取扱管理者証		所定の様式により自らが発行
受託契約		直接の契約は不可（所属旅行業者の受託契約において受託旅行業者代理業者として定められたときは他の旅行業者を代理して募集型企画旅行の契約締結可）

Let's Try! 確認テスト

●次の各記述の正しいものには○を、誤っているものには×を記入しなさい。

チェックポイント	できたらチェック✓
受託契約	□ 1 地域限定旅行業者は、第1種旅行業者を委託旅行業者とする受託契約を締結することはできない。 総 令2
	□ 2 旅行業者代理業者は、委託旅行業者と直接受託契約を締結することはできない。 総 平29
	□ 3 委託旅行業者と受託契約を締結した旅行業者は、旅行業者代理業の登録を受けなくても、委託旅行業者を代理して、旅行者と企画旅行契約（参加する旅行者の募集をすることにより実施するものに限る。）を締結することができる。 国 令2改
	□ 4 委託旅行業者および受託旅行業者は、受託契約において、委託旅行業者を代理して企画旅行契約を締結することができる受託旅行業者またはその受託旅行業者代理業者の営業所を定めておかなければならない。 総 令3
	□ 5 受託旅行業者は、いかなる場合も、他の旅行業者に受託契約の再委託をすることはできない。 総 令1
	□ 6 受託旅行業者代理業者は、受託契約において委託旅行業者を代理して企画旅行契約を締結することができると定められた営業所においても所属旅行業者の旅行業約款のみを旅行者に見やすいように掲示し、または旅行者が閲覧することができるように備え置けば足りる。 国 平21
	□ 7 旅行業者は、複数の他の旅行業者と受託契約を締結することができる。 国 平30

解答 1. ×　地域限定旅行業者は、第1種旅行業者を委託旅行業者とする（地域限定旅行業者を受託旅行業者とする）受託契約を締結できる（受託契約は旅行業の登録業務範囲の種別にかかわらず締結できる）／2. ○　旅行業者代理業者は、直接には受託契約を締結できない／3. ○　受託契約を締結した場合、旅行業者代理業の登録は不要／4. ○／5. ○　受託契約の再委託はできない／6. ×　受託旅行業者代理業者の営業所には、所属旅行業者の旅行業約款とともに、委託旅行業者の旅行業約款も掲示または備え置かなければならない／7. ○

禁止行為・業務改善命令・罰則など

国 総

学習項目

◎禁止行為
◎名義利用等の禁止
◎業務改善命令
◎罰則

学習ポイント

- 「禁止行為」の各項目を覚える。
- 旅行業者等（旅行サービス手配業者）の名義を他人に利用させる行為はいかなる場合も禁止。
- 「業務改善命令」の各項目を覚える。
- 罰金の対象となる行為を確認する。

1 禁止行為

1. 禁止行為

旅行業法では「**旅行業務の取扱いに関して旅行業者等が行ってはならない行為**」または「**旅行サービス手配業者がしてはならない行為**」として、次の各項目が規定されています。

Key Point ●禁止行為

旅行業者等の禁止行為

① 営業所に**掲示した旅行業務の取扱いの料金を超えて料金を収受する**行為

② **旅行業務に関し取引をする者**に対し、その取引に関する**重要な事項**について**故意に事実を告げず、または不実のことを告げる**行為

③ **旅行業務に関し取引をした者**に対し、その**取引によって生じた債務の履行を不当に遅延する**行為

④ 旅行者に対し、**旅行地において施行されている法令に違反する行為を行うことをあっせん**し、またはその行為を行うことに関し**便宜(べんぎ)を供与する**行為

⑤ 旅行者に対し、**旅行地において施行されている法令に違反するサービスの提供を受けることをあっせん**し、また

要点はココ!

①について、掲示した料金を超えて料金を収受する行為は**いかなる場合も禁止**です。仮に旅行者の承諾を得たとしても掲示した料金を超えて料金を収受することはできません。
③については、**正当な理由があって債務の履行を遅延する**のであれば**禁止行為には該当しません**（❷も同じ）。したがって、①とは違い、いかなる場合も禁止ということではありません。

はその提供を受けることに関し**便宜を供与する**行為

⑥ 上記④**および**⑤**のあっせんまたは便宜の供与を行う旨**の**広告をし**、または**これに類する広告をする**行為

⑦ **旅行者の保護に欠け**、または**旅行業の信用を失墜**させるものとして国土交通省令で定める次の行為

a．**運送サービス**（もっぱら**企画旅行の実施**のために提供されるものに限る）**を提供する者**に対し、**輸送の安全の確保を不当に阻害する**行為

b．旅行者に対し、**旅行地において特定のサービスの提供を受けること**または**特定の物品を購入すること**を**強要する**行為

c．**宿泊のサービスを提供する者**と取引を行う際に、当該者が住宅宿泊事業法第3条第1項の**届出**をした者（**住宅宿泊事業者**）であるかどうかの**確認を怠る**行為

旅行サービス手配業者の禁止行為

❶ **旅行サービス手配業務に関し取引をする者**に対し、その取引に関する**重要な事項**について**故意に事実を告げず**、**または不実のことを告げる**行為

❷ **旅行サービス手配業務に関し取引をした者**に対し、その**取引によって生じた債務の履行**を**不当に遅延する**行為

❸ **旅行サービス手配業の信用を失墜させるもの**として国土交通省令で定める次の行為

a．旅行サービス手配業務に関し取引をする者に対し、**法令に違反する行為を行うことをあっせん**し、またはその行為を行うことに関し**便宜を供与する**行為

b．**運送サービス**（もっぱら**企画旅行の実施**のために提供されるものに限る）**を提供する者**に対し、**輸送の安全の確保を不当に阻害する**行為

c．旅行サービス手配業務に関し取引をする者に対し、**旅行者が特定のサービスの提供を受けること**または**特定の物品を購入する**ことを**強要**する行為を行うことを**あっせん**し、またはその行為を行うことに関し**便宜を供与**する行為

①⑤⑥、⑦のcは旅行業者等に特有の禁止行為です。
これに対し、②と❶、③と❷、④と❸のa、⑦のbと❸のcは、"旅行業務"と"旅行サービス手配業務"など、細かな表現に違いはあるものの、その行為を禁止している趣旨は同じです（⑦のaと、❸のbは一字一句同じ）。表現の違いに注意しながら共通して覚えておきましょう。

プラスアルファ

ここでいう「代理人、使用人その他の従業者」には、旅行業者等（または旅行サービス手配業者）で仕事をする従業員のほか、派遣された添乗員、ガイド、現地係員なども含まれる。

用語

営業の貸渡し

簡単にいうと、土地、店舗、備品や顧客、営業ノウハウなどをそっくりそのまま他人に貸し与えること。

旅行業者等の禁止行為のうち④〜⑦と、旅行サービス手配業者の禁止行為のうち❸は、旅行業者等（または旅行サービス手配業者）だけでなく、これらの者の代理人、使用人その他の従業者など、**一個人が行うことも禁止**されています。

2. 名義利用等の禁止

旅行業法では、**旅行業者等（または旅行サービス手配業者）の名義を他人に利用させる以下の行為を禁止**しています。

Key Point　●名義利用等の禁止

① 旅行業者等が、その**名義を他人に旅行業または旅行業者代理業のため利用させること**（または、旅行サービス手配業者が、その**名義を他人に旅行サービス手配業のため利用させること**）

② 営業の貸渡しその他いかなる方法をもってするかを問わず、**旅行業または旅行業者代理業、旅行サービス手配業を他人にその名において経営させること**

旅行業等、旅行サービス手配業は登録制度によって一定の資格を満たす者だけがその営業を許されているのですから、これらの行為を認めると実際には登録の条件を満たしていない者でも事実上営業が可能となり、登録制度の存在が無意味になります。そこで、旅行業法ではこれらの名義利用等の行為を一切禁止しているのです。

2 業務改善命令

登録行政庁は、**旅行業者等（または旅行サービス手配業者）の業務の運営に関し、取引の公正、旅行の安全または旅行者の利便を害する事実があると認めるとき**は、旅行業者等（または旅行サービス手配業者）に対し、次の措置をとるよう命ずることができます。

Key Point ●業務改善命令

旅行業者等に対する業務改善命令

① **旅行業務取扱管理者**を**解任**すること
② **旅行業務の取扱いの料金**または**企画旅行に関し旅行者から収受する対価**を**変更**すること
③ **旅行業約款**を**変更**すること
④ **企画旅行の円滑な実施のための措置（旅程管理）を確実に実施**すること
⑤ **旅行者に生じた損害を賠償するために必要な金額を担保することができる保険契約を締結**すること
⑥ 前述①～⑤のほか、**業務の運営の改善に必要な措置**をとること

旅行サービス手配業者に対する業務改善命令

❶ **旅行サービス手配業務取扱管理者**を**解任**すること
❷ 上記❶のほか、**業務の運営の改善に必要な措置**をとること

①および❶に「解任する」とあるのは、その者の任務を解くことを意味しています。その者の**解雇や資格の取消しなどではありません**ので注意しましょう。

旅行サービス手配業務取扱管理者
▶▶P93

用語

損害を賠償するために必要な金額を担保する保険契約
主に、特別補償規程（▶▶第２編第１章「標準旅行業約款」）に基づく補償金等の支払いの原資となる保険などのこと。

3　法令違反行為・罰則

1．法令違反行為を行った者の氏名等の公表

観光庁長官は、旅行業務または旅行サービス手配業務に関する取引の公正の維持、旅行の安全の確保および旅行者の利便の増進のため、必要かつ適当であると認めるときは、**旅行業法**または**旅行業法に基づく命令**に**違反**する行為（**法令違反行為**）を行った者の**氏名**または**名称**などの必要な事項を一般に**公表することができます**（氏名・名称等の公表は、**インターネットの利用などの適切な方法**により行われる）。

法令違反行為を行った者の氏名を一般に公表しようとするときは、観光庁長官は、**あらかじめ**、その者に対して**意見を述べる機会を与えなければなりません**。

2. 罰則

旅行業法に違反した場合、その違反の内容によって**懲役、罰金**（または**これらの併科**(へいか)）、**過料**(かりょう)といった罰則が定められています。試験対策としては旅行業者等または旅行サービス手配業者を対象とした懲役・罰金に該当する違反行為を確認しておきましょう（図表1）。

なお「法人の代表者」や「法人（個人の場合はその事業主である人）の代理人、使用人その他の従業者」が図表1に定める違反行為をした場合は、その**行為者を罰する**ほか、その**法人（または人）**に対しても**罰金刑**が科されます。例えば、法人A社の使用人Bが、A社の業務に関し無登録で旅行業を営んだ場合、行為者Bに「1年以下の懲役もしくは100万円以下の罰金（またはこれらの併科）」を科するほか、その法人であるA社に対しても「100万円以下の罰金」が科されることになります。

用語

併科
二つ以上の刑を同時に科すること。

過料
行政上の軽度の禁令を犯した者に対する金銭罰。罰金は刑罰（刑法上の罰）であるのに対し、過料は刑罰に該当しない。

■ 図表1　旅行業者等または旅行サービス手配業者に対する罰則（抜粋）

1年以下の懲役もしくは100万円以下の罰金（またはこれらの併科）
① 登録を受けずに旅行業（または旅行サービス手配業）を営んだ者 ② 不正の手段により旅行業等または旅行サービス手配業の登録（旅行業者の場合は更新登録、変更登録を含む）を受けた者 ③ 変更登録を受けずに業務（登録業務）の範囲について変更した者 ④ 旅行業等の名義を他人に利用させ、または旅行業等を他人に経営させた者 ⑤ 旅行サービス手配業の名義を他人に利用させ、または旅行サービス手配業を他人に経営させた者 ⑥ 所属旅行業者以外の旅行業者のために代理して旅行業務を取り扱った者（旅行業者代理業者）
6か月以下の懲役もしくは50万円以下の罰金（またはこれらの併科）
① 業務停止の命令に違反した者
100万円以下の罰金
① 営業保証金の供託（追加の供託を含む）の届出をせずに（旅行業者代理業者の場合は、所属旅行業者が届出をする前に）事業を開始した者
50万円以下の罰金
① 旅行サービス手配業務を旅行サービス手配業者（または旅行業者）以外の者に委託した者
30万円以下の罰金
① 登録事項の変更の届出をせず、または虚偽の届出をした者 ② 営業保証金の供託に関する取引額の報告をせず、または虚偽の報告をした者 ③ 旅行業務取扱管理者（または旅行サービス手配業務取扱管理者）を選任しなかった者 ④ 営業所において選任した旅行業務取扱管理者がすべて欠けたにもかかわらず、旅行業務に関する契約を締結した者 ⑤ 営業所において選任した旅行サービス手配業務取扱管理者がすべて欠けたにもかかわらず、旅行サービス手配業務に関する契約を締結した者 ⑥ 登録行政庁による勧告、業務改善命令の規定に違反した者 ⑦ 旅行業務の取扱いの料金を掲示しなかった者（旅行業者代理業者においては所属旅行業者の定めた旅行業務の取扱いの料金を掲示しなかった者も含む） ⑧ 旅行業約款についての認可（変更の際の認可も含む）を受けなかった者 ⑨ 旅行業約款を掲示せず、または備え置かなかった者 ⑩ 旅行契約締結後に交付する書面を交付せず、または虚偽の記載・表示をした書面を交付した者 ⑪ 旅行サービス手配業務に関する契約の締結後に交付する書面を交付せず、または虚偽の記載・表示をした書面を交付した者 ⑫ 外務員の証明書を携帯させずに外務員としての業務を行わせた者 ⑬ 企画旅行（募集型）の広告の規定に違反して広告をした者 ⑭ 誇大広告をした者 ⑮ 標識を掲示せず、またはその営業所において掲示すべき標識以外の標識を掲示した者 ⑯ 旅行業者等の登録を受けていないのに標識またはこれに類似する標識を掲示した者 ⑰ 掲示した料金を超えて旅行業務の取扱いの料金を収受した者、旅行業務の取引に関する重要事項について故意に事実を告げず、または不実のことを告げる行為をした者 ⑱ 旅行サービス手配業務の取引に関する重要事項について故意に事実を告げず、または不実のことを告げる行為をした者 ⑲ 旅行業者代理業者であって、その取引の相手方に所属旅行業者の氏名または名称や、旅行業者代理業者である旨を明示しないで取引をした者 ⑳ 登録行政庁・消費者庁長官の指示による報告をせず、または虚偽の報告をした者 ㉑ 登録行政庁・消費者庁長官による立入検査を拒み、妨げ、もしくは忌避し、または質問に対して陳述をせず、もしくは虚偽の陳述をした者

Let's Try! 確認テスト

●次の各記述の正しいものには○を、誤っているものには×を記入しなさい。

チェックポイント	できたらチェック✓
禁止行為	□ 1 旅行業者等は、書面による旅行者の承諾があった場合に限り、営業所に掲示した旅行業務の取扱いの料金を超えて料金を収受することができる。 国 平30
	□ 2 旅行業者等が、旅行業務に関し取引をする者に対し、その取引に関する重要な事項について、故意に事実を告げず、または不実のことを告げる行為は、禁止行為に該当する。 総 令1
	□ 3 旅行業者等は、旅行業務に関し取引をした者に対し、その取引によって生じた債務の履行をいかなる場合も遅延する行為をしてはならない。 国 令1
	□ 4 旅行業者等が旅行者に対し、旅行地において施行されている法令に違反するサービスの提供をあっせんする広告を掲載しても、便宜を供与しなければ禁止行為には該当しない。 総 平30
	□ 5 旅行サービス手配業者は、運送サービス（もっぱら企画旅行の実施のために提供されるものに限る。）を提供する者に対し、輸送の安全の確保を不当に阻害する行為をしてはならない。 国 平30
名義利用等の禁止	□ 6 旅行業者等は、営業の貸渡しその他いかなる方法をもってするかを問わず、旅行業または旅行業者代理業を他人にその名において経営させてはならない。 国 令3
業務改善命令	□ 7 登録行政庁は、旅行業者に対し、旅行業協会に加入することを命ずることができる。 国 令1
	□ 8「旅行業務取扱管理者を解任すること」は登録行政庁が、旅行業者等に命ずることができる措置（業務改善命令）として定められている。 総 令2改
法令違反行為・罰則	□ 9 登録を受けずに旅行サービス手配業を営んだ者または不正の手段により登録を受けた者は、1年以下の懲役もしくは100万円以下の罰金に処せられ、またはこれを併科される。 総 平30改

解答 1. × 掲示した料金を超えて料金を収受する行為はいかなる場合も禁止／2. ○／3. ×「不当に遅延すること」は禁止されているが正当な理由がある場合は禁止行為に該当しない／4. × 違法なサービスの提供をあっせんする広告そのものが禁止行為に当たる／5. ○／6. ○／7. × 命ずることはできない（旅行業協会に加入するかどうかは任意である）／8. ○／9. ○

旅行サービス手配業

重要度 A

学習項目

◎旅行サービス手配業務取扱管理者
◎旅行サービスの手配の代理等
◎旅行サービス手配業務の委託
◎書面の交付

学習ポイント

●営業所ごとに**旅行サービス手配業務取扱管理者**を選任する。
●**旅行業の登録**があれば、**旅行サービス手配業務に相当する行為**を行うことができる。
●旅行サービス手配業務は**他の者に委託できる**（委託先は他の旅行サービス手配業者または旅行業者に限る）。

1 旅行サービス手配業務取扱管理者

旅行サービス手配業者の営業所で、前述の旅行業務取扱管理者と類似した役割を担うのが旅行サービス手配業務取扱管理者です。

1．旅行サービス手配業務取扱管理者が管理・監督すべき職務

旅行サービス手配業者は、営業所ごとに**旅行サービス手配業務取扱管理者**を選任して、その営業所における旅行サービス手配業務に関し、**取引に係る取引条件の明確性、旅行に関するサービスの提供の確実性**その他**取引の公正、旅行の安全**および**旅行者の利便**を確保するため必要な事項（次の①～④）について、**管理**および**監督**に関する事務を行わせなければなりません。

Key Point ●旅行サービス手配業務取扱管理者が管理・監督すべき職務

① **書面の交付**に関する事項
② 旅行サービス手配業務に関する**苦情の処理**に関する事項
③ 契約締結の年月日、契約の相手方その他の**旅行サービス手配業務に関し取引をする者**と締結した**契約の内容に係る重要な事項についての明確な記録または関係書類の保管**に関する事項

訪日外国人旅行者の受け入れ態勢を整え、これらの旅行者に対して質の高い安全な旅行サービスを提供することを主な目的として導入されたのが旅行サービス手配業の制度です。Lesson2とLesson3で学習した旅行サービス手配業の登録に関する一連の手続きに加え、このLessonでは旅行サービス手配業者に対する各種規制について学習しましょう。

書面の交付
▶▶P97

④ 前述①～③に掲げるもののほか、取引の公正、旅行の安全および旅行者の利便を確保するため必要な事項として観光庁長官が定める事項

2. 旅行サービス手配業務取扱管理者の選任基準・条件

(1) 営業所の業務内容と資格の種類（選任の可否）

旅行サービス手配業務取扱管理者は、次の①または②のいずれかに該当する者でなければなりません。

① 観光庁長官の登録を受けた者（登録研修機関）が実施する**旅行サービス手配業務取扱管理者研修の課程を修了した者**

② **国内旅行業務取扱管理者試験**または**総合旅行業務取扱管理者試験**に合格した者（営業所の業務範囲による。次表参照）。

これら①と②をまとめると次表のとおりです。

国内または総合旅行業務取扱管理者試験に合格した者を「旅行サービス手配業務取扱管理者」として旅行サービス手配業者の営業所に選任することは可能ですが、この逆（旅行サービス手配業務取扱管理者研修の課程を修了した者を旅行業者等の営業所に旅行業務取扱管理者として選任すること）はできません。この点は間違えないように注意しましょう！

Key Point ●旅行サービス手配業務取扱管理者の選任の可否

営業所の業務の範囲	資格	選任の可否
海外旅行を取り扱う営業所	旅行サービス手配業務取扱管理者研修の課程を修了した者	可
	総合旅行業務取扱管理者試験に合格した者	可
	国内旅行業務取扱管理者試験に合格した者	不可
国内旅行のみを取り扱う営業所	旅行サービス手配業務取扱管理者研修の課程を修了した者	可
	総合旅行業務取扱管理者試験に合格した者	可
	国内旅行業務取扱管理者試験に合格した者	可

プラスアルファ

地域限定旅行業務取扱管理者試験に合格した者を、旅行サービス手配業務取扱管理者として選任することはできない。

(2) 人数、欠格事由等の条件

旅行サービス手配業務取扱管理者を選任するに当たり、次のような基準・条件が設けられています。

Key Point ●人数・欠格事由等

① 営業所ごとに**1人以上**の旅行サービス手配業務取扱管理者を選任しなければならない。

＊旅行サービス手配業務を行う者が1人しかいない営業所では、その者が条件を満たす者でなければならない。
＊旅行サービス手配業務に従事した経験の長短は問われない。

② **欠格事由（登録の拒否事由のうち①〜⑥）**に該当する者を、旅行サービス手配業務取扱管理者として選任することはできない。

③ 旅行サービス手配業務取扱管理者として選任された者は、**いかなる場合も他の営業所の旅行サービス手配業務取扱管理者となることはできない。**

＊他の営業所との兼務・兼任は一切禁止（例外はない）。

(3) 選任した旅行サービス手配業務取扱管理者が欠けた場合

旅行サービス手配業者は、その営業所の旅行サービス手配業務取扱管理者として選任した者のすべてが欠けるに至ったときは、新たに旅行サービス手配業務取扱管理者を選任するまでの間は、その営業所において旅行サービス手配業務に関する契約を締結することはできません。

3. 旅行サービス手配業務取扱管理者の研修

旅行サービス手配業者は、旅行サービス手配業務取扱管理者について、**5年ごと**に、旅行サービス手配業務に関する法令、旅程管理その他の**旅行サービス手配業務取扱管理者の職務に関し必要な知識および能力の向上**を図るため、**登録研修機関が実施する研修を受けさせなければなりません**（登録行政庁は、旅行サービス手配業者がこれを遵守していないと認めるときは、期限を定めて、必要な措置をとるべきことを勧告することができます）。

このほか、旅行サービス手配業者は、苦情の解決に関する講習を受講させるなど、旅行サービス手配業務取扱管理者の職務に関し必要な知識および能力の向上を図るための措置を講ずるよう努めなければなりません。

登録の拒否事由
▶▶ P35

Key Point の①と②は「旅行業務取扱管理者の選任基準・条件」と同趣旨です。これに対し③は、旅行業務取扱管理者の選任では一定の条件のもとに兼務を認める例外がありますが、旅行サービス手配業務取扱管理者は一切の例外がありません（いかなる場合も兼務・兼任は禁止）。この点が大きく異なりますので比較して覚えておきましょう。

旅行業務取扱管理者の選任基準・条件
▶▶ P54

2 旅行サービスの手配の代理等

1．旅行サービスの手配の代理

(1) 旅行業者が行う旅行サービスの手配

旅行業者は、**旅行サービス手配業の登録を受けなくても**、他の旅行業者の依頼に基づき、**旅行サービス手配業務に相当する行為を行うことができます**。旅行業の登録を受けていれば、旅行者のために運送等サービスの手配ができるのはもちろんのこと、他の旅行業者の依頼に基づく手配代行も可能だということです。

(2) 旅行業者代理業者の場合

旅行業者代理業者が、**所属旅行業者のために**（所属旅行業者の代理人として）**旅行サービス手配業務**に相当する行為を行う場合には、**旅行サービス手配業の登録は不要**です。これに対し、所属旅行業者以外の者の依頼に基づき旅行サービス手配業務を行おうとするときは、旅行業者代理業の登録のほかに、別途旅行サービス手配業の登録を受ける必要があります。

2．旅行サービス手配業務等の委託

(1) 旅行サービス手配業者が行う手配業務の委託

旅行サービス手配業者は、旅行サービス手配業務を他人に委託する**ことができます**。ただし、この場合、委託する相手先は**他の旅行サービス手配業者**または**旅行業者**でなければなりません（旅行サービス手配業者または旅行業者として登録を受けている者以外の者に委託することは認められない）。

(2) 旅行業者が行う手配業務の委託

前述 1. の（1）に該当し、旅行業者が旅行サービス手配業務に相当する行為を行うに当たり、旅行業者自らが請け負った手配を他人に委託する場合は、旅行サービス手配業者または他の旅行業者に委託しなければなりません。

プラスアルファ
旅行業者代理業者は、受託旅行業者代理業者として受託販売をする場合を除き、所属旅行業者以外の旅行業者のために旅行業務を取り扱うことはできない。したがって、旅行業者代理業者の立場では、他の旅行業者の依頼に基づく手配代行をすることはできず、これを行おうとするときは、旅行業者代理業および旅行サービス手配業の二重登録が必要になる。

プラスアルファ
例えば、韓国の旅行業者Aが「訪日韓国人旅行者の沖縄旅行」のためのホテル、バス、免税店などの旅行サービスの手配を日本の旅行サービス手配業者Bに依頼し、Bがこれを引き受けた場合、Bは現地に詳しい沖縄の旅行サービス手配業者C（または旅行業者D）に、その手配を委託することが可能である。

■ 図表１　手配業務の委託（例）

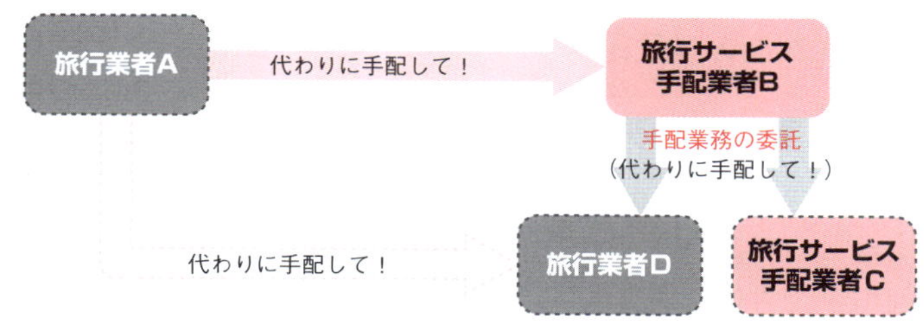

※Aは、旅行業者Dに直接、手配の代行を依頼することもできる（旅行業の登録を受けていれば、旅行サービス手配業務に相当する行為を行うことが可能）。

3 旅行サービス手配業務に関し取引をする者に対する書面の交付

（1）書面の交付

旅行サービス手配業者は、**旅行サービス手配業務に関し取引をする者**と**旅行サービス手配業務**に関し**契約を締結したとき**は、国土交通省令で定める場合を除き、遅滞なく、その**取引をする者**に対し、**旅行者に提供すべき旅行に関するサービスの内容**その他の**国土交通省令で定める事項を記載した書面を交付**しなければなりません。

この場合の書面の記載事項は次のとおりです。

Key Point ●旅行サービス手配業者が交付する書面の記載事項

① 旅行サービス手配業務に関し取引をする者の氏名または商号もしくは名称および住所（取引をする者が**旅行業者等**または**旅行サービス手配業者**である場合は、氏名または商号もしくは名称および住所ならびに**登録番号**）
② 契約を締結する旅行サービス手配業者の氏名または商号もしくは名称および住所ならびに登録番号
③ **旅行者に提供すべき**旅行に関する**サービスの内容**
④ 旅行サービス手配業者が旅行サービス手配業務に関し取引をする者に支払う**対価**または**旅行サービス手配業務の取扱いの料金**に関する事項
⑤ 当該契約に係る旅行サービス手配業務を取り扱う営業所の名称および所在地

プラスアルファ
例えば、旅行サービス手配業者が、旅行業者からの依頼に基づいて、国内の宿泊およびバスを手配した場合は、「旅行業者」「宿泊事業者」「バス事業者」の三者に対して、それぞれ書面を交付することになる。

プラスアルファ
旅行業務の取扱いの料金は制定基準や掲示義務などの定めがあるが、旅行サービス手配業務の取扱いの料金に関する詳細は規定されていない（試験対策としては、本文の表現のとおりに覚えておけばよい）。

⑥ 当該契約に係る**旅行サービス手配業務取扱管理者の氏名**

⑦ **契約締結の年月日**

情報通信の技術を利用する方法
▶▶P73

(2) 情報通信の技術を利用する方法

旅行サービス手配業者は、旅行サービス手配業務に関し取引をする者の承諾を得て、書面の交付に代えて、情報通信の技術を利用する方法により、相手方に書面に記載すべき事項を通知することができます（旅行業者が情報通信の技術を利用する方法と同じです）。この場合、旅行サービス手配業者は書面を交付したものとみなします。

旅行サービス手配業のまとめ

旅行サービス手配業は **2018 年 1 月施行の改正旅行業法**で創設された制度である。LESSON11 の各項目とあわせて確認しておこう！

登録	申請先	主たる営業所の所在地を管轄する都道府県知事
登録	有効期間	定めなし（更新登録は不要） ＊旅行業者代理業のような**登録の失効事由も定められていない。**
旅行サービス手配業務		**旅行業者の依頼**に基づく日本国内の旅行サービス（以下①〜③）の手配代行 ① **運送・宿泊サービス** ② 通訳案内士以外の者による**有償の通訳案内サービス** ③ **輸出物品販売場（免税店）**における物品の譲渡販売
財産的基礎		なし（財産的基礎の求めがあるのは旅行業のみ）
標識		なし（掲示不要）
旅行サービス手配業務取扱管理者の選任		● 営業所に **1 人以上**（研修修了者のほか、**国内**または**総合**管理者試験合格者でも選任可。地域限定管理者試験合格者は不可） ● 複数営業所における兼務は不可（例外なし） ● 証明書（管理者証）の定めなし
禁止行為 名義利用の禁止 業務改善命令		いずれも定めあり ＊旅行業等に対する各規定と類似（表現が異なるので注意）

※営業保証金、旅行業約款、外務員、広告など、旅行者との取引に関わる項目はいずれも定めなし（旅行者と直接取引をする関係にないため）。

Let's Try! 確認テスト

●次の各記述の正しいものには○を、誤っているものには×を記入しなさい。

チェックポイント	できたらチェック✓
旅行サービス手配業	□ 1 旅行サービス手配業者は、営業所ごとに、1人以上の旅行サービス手配業務取扱管理者を選任しなければならない。 総 令3
	□ 2 旅行サービス手配業務に関する苦情の処理に関する事項は、旅行サービス手配業務取扱管理者が管理および監督すべき職務に該当する。 予想
	□ 3 旅行サービス手配業務取扱管理者は、他の営業所の旅行サービス手配業務取扱管理者となることができない。 総 令1
	□ 4 国内旅行についてのみ旅行サービス手配業務を行う旅行サービス手配業者の営業所においては、登録研修機関が実施する旅行サービス手配業務取扱管理者研修を修了した者に限り、旅行サービス手配業務取扱管理者として選任することができる。 予想
	□ 5 旅行サービス手配業者は、1年ごとに、旅行サービス手配業務取扱管理者の職務に関し必要な知識および能力の向上を図るため、登録研修機関が実施する研修を旅行サービス手配業務取扱管理者に受けさせなければならない。 予想
	□ 6 旅行サービス手配業者は、旅行サービス手配業務に関し取引をする者と契約を締結したときは、国土交通省令で定める場合を除き、遅滞なく、当該取引をする者に対し、旅行者に提供すべき旅行に関するサービスの内容その他の国土交通省令で定める事項を記載した書面を交付しなければならない。 総 平30
	□ 7 旅行業者が旅行サービス手配業務に相当する行為を行う場合、旅行業の登録とは別に旅行サービス手配業の登録を受けなければならない。 予想
	□ 8 旅行サービス手配業者は、旅行サービス手配業務を他人に委託する場合においては、他の旅行サービス手配業者または旅行業者に委託しなければならない。 国 令3

解答 1. ○／2. ○／3. ○／4. ×　総合旅行業務取扱管理者試験または国内旅行業務取扱管理者試験に合格した者を選任することができる／5. ×　1年ごと（×）→5年ごと（○）／6. ○／7. ×　旅行業者は旅行サービス手配業の登録を受けなくても旅行サービス手配業に相当する行為を行うことができる／8. ○　他の旅行サービス手配業者または旅行業者に限り、委託することができる

旅行業協会・弁済業務保証金制度

重要度 A

学習項目

◎旅行業協会の業務
◎苦情の解決
◎弁済業務保証金制度

学習ポイント

- 「旅行業協会の業務」の５項目を覚える。
- 苦情の解決の対象には「旅行者からの苦情」だけでなく「旅行サービスを提供する者からの苦情」も含まれる。
- 「社員」と「社員以外」の取扱いの違いを整理する。
- 弁済業務保証金制度の概要を理解し、営業保証金制度との共通点、異なる点を整理する。

プラスアルファ

現在、旅行業協会としての指定を受けているのは次の２団体。
① 日本旅行業協会（総合試験の実施団体）
② 全国旅行業協会（国内試験の実施団体）

用語

社員
社団法人の構成員を「社員」という。旅行業法における社員とは旅行業協会に加入している旅行業者等または旅行サービス手配業者のこと。

1 旅行業協会

Lesson 1の２「旅行業法の目的」で学習したとおり、旅行業法の目的を達成するための手段として「旅行業等を営む者が組織する団体の適正な活動の促進」が掲げられています。この団体は**旅行業協会**をさしています。

1．旅行業協会の業務

旅行業協会は次の①～⑤に掲げる業務を**適正かつ確実に実施**しなければなりません。

Key Point ●旅行業協会の業務

① **旅行者**および**旅行に関するサービスを提供する者**からの**旅行業者等または旅行サービス手配業者の取り扱った旅行業務または旅行サービス手配業務**に対する**苦情の解決**

② **旅行業務**または**旅行サービス手配業務**の取扱いに**従事する者**に対する**研修**（次のａとｂ）

ａ．**旅行業者等**が社員として加入しているもの
旅行業務取扱管理者の職務に関し必要な知識および能力についての研修その他**旅行業者等の従業者に対する旅行業務の取扱い**についての研修

ｂ．**旅行サービス手配業者**が社員として加入しているもの

旅行サービス手配業務取扱管理者の職務に関し必要な知識および能力についての研修その他**旅行サービス手配業者の従業者に対する旅行サービス手配業務の取扱い**についての研修

※上記ａｂは、**社員以外**の旅行業者等（または旅行サービス手配業者）の従業者も受けることができるようにしなければならない。

③ 旅行業務に関し**社員である旅行業者または当該旅行業者を所属旅行業者とする旅行業者代理業者**と取引をした**旅行者**に対しその取引によって生じた**債権に関する弁済業務**

④ 旅行業務または旅行サービス手配業務の**適切な運営を確保**するための**旅行業者等または旅行サービス手配業者に対する指導**

⑤ 旅行業務および旅行サービス手配業務に関する**取引の公正の確保**または旅行業、旅行業者代理業および旅行サービス手配業の健全な発達を図るための**調査、研究**および**広報**

旅行業協会の業務のうち、旅行業協会の**社員だけを対象としているのは③のみ。**それ以外は旅行業協会に加入していない旅行業者等または旅行サービス手配業者も対象とする業務です。

2. 苦情の解決

前述のとおり、旅行業協会の業務の１つに苦情の解決があります。旅行業協会は、**旅行者**または**旅行サービスを提供する者**（宿泊機関や運送機関などのサービス提供者）から**旅行業者等または旅行サービス手配業者が取り扱った旅行業務または旅行サービス手配に関する苦情**について**解決の申出**があったときは、以下のような解決策を講じなければなりません。

旅行者だけでなく、**旅行サービス提供者からの苦情も解決の対象に含まれます。**また、**社員以外の者が取り扱った旅行業務、旅行サービス手配業務に関する苦情**も同じく**対象になります。**この点はしっかり確認しておきましょう。

Key Point ●苦情の解決

① 苦情の相談に応じ、申出人に必要な助言をし、当該苦情に係る事情を調査するとともに、その旅行業者等または旅行サービス手配業者に苦情の内容を通知して、その迅速な処理を求めなければならない。

② 前述①に係る苦情の解決について**必要がある**と認めるときは、当該旅行業者等または旅行サービス手配業者に

対し文書もしくは口頭による説明、または資料の提出を求めることができる。
③ 前述②に規定された「文書もしくは口頭による説明」「資料の提出」の求めがあったとき、社員は正当な理由なくこの求めを拒んではならない。
④ 旅行業協会は、苦情の申出、苦情に係る事情およびその解決の結果について、社員に周知させなければならない。

①と②については、社員と社員以外の差はありませんが、③と④については、社員と社員以外で違いがあり、まさにここが試験でも問われています。試験対策としては次の点を明確にしておくことが大切です。
③について、「正当な理由なく」とあるので、社員であっても正当な理由があれば拒むことができます。社員以外の者は、理由にかかわらず拒むことができます。
④について、苦情に関する事情や解決の結果の周知は社員だけを対象に行えばよい（社員以外には周知させる義務はない）ことになっています。

2 弁済業務保証金制度

1. 弁済業務保証金制度とは

Lesson 4で学習したとおり、旅行業者は営業保証金を供託することが義務づけられています。しかし、営業保証金の額は決して小さいものではなく、小規模の旅行業者にとっては資金面での負担に、新規に旅行業に参入しようとする者にとっては大きな障害となるものです。そこで、この負担を軽減し、かつ営業保証金と同様に旅行者の保護を図るために採用されている制度が**弁済業務保証金制度**です。

2. 弁済業務保証金分担金

(1) 保証社員

旅行業協会に対して弁済業務保証金分担金（営業保証金の5分の1の額）を納付（のうふ）**した旅行業者を保証社員**といいます。保証社員は**営業保証金の供託を免除**されますので、旅行業協会に加入する前に営業保証金を供託していた場合は、公告などの一定の手続きの後、営業保証金を取り戻すことができます。

保証社員となった場合の営業保証金の取戻し
▶▶P49

(2) 弁済業務保証金分担金の納付

弁済業務保証金分担金（金銭のみ）は次に定められた期限までに**旅行業協会に納付**しなければなりません。

プラスアルファ
営業保証金は、金銭のほか有価証券等や金銭と有価証券等を組み合わせて供託することができるが、弁済業務保証金分担金の納付は金銭のみが認められている。

Key Point ●弁済業務保証金分担金の納付期限

納付の事由	納付の期限
① 旅行業者が旅行業協会に加入しようとするとき	加入しようとする日まで
② 事業年度終了後において取引額の増加により弁済業務保証金分担金の額が増加するとき	事業年度終了の日の翌日から100日以内
③ 変更登録（登録業務範囲の変更）により弁済業務保証金分担金の額が増加するとき	変更登録を受けた日から14日以内
④ 弁済業務規約の変更により弁済業務保証金分担金の額が増加するとき	弁済業務規約に定められた日まで

②～④に該当する場合、定められた期限内に弁済業務保証金分担金を納付しないときは、**旅行業協会の社員の地位を失います**。

(3) 保証社員の旅行業約款の記載事項

保証社員は、弁済業務保証金制度の存在を旅行者に周知させるため、**旅行業約款**に**弁済業務保証金について**の以下の事項を**明示**しておかなければなりません。

Key Point ●保証社員の旅行業約款の記載事項

① その所属する**旅行業協会の名称および所在地**
② 保証社員（または保証社員を所属旅行業者とする旅行業者代理業者）と旅行業務に関し取引をした者は、その取引によって生じた債権に関し、**弁済業務保証金から弁済を受けることができること**
③ 弁済業務保証金からの**弁済限度額**
④ **営業保証金を供託していないこと**

旅行業約款
▶▶P60、61

プラスアルファ
「約款の記載事項」「軽微な変更」の項で、保証社員である場合、保証社員でない場合のそれぞれの旅行業約款の記載事項を再確認しておこう。

3. 弁済業務保証金

(1) 弁済業務保証金の供託

2.（1）および（2）に従って旅行業者（保証社員）から納付された額を、**旅行業協会**は、**弁済業務保証金**として**旅行業協会の住所の最寄りの供託所**に**供託**しなければなりません。弁済業務保証金制度の場合、実際に弁済業務を行うのは旅行業者ではなく、旅行業協会ですので、供託所への供託を行うのも旅行業協会になります。営業保証金と弁済業務保証金の供託までの流れを図示すると次のとおりです。

用語

「納付」と「供託」
旅行業者が旅行業協会に**弁済業務保証金分担金**を預けるときには「**納付**」という表現が使われ、**旅行業協会**が供託所に**弁済業務保証金**を預けるときには「**供託**」という表現が使われている。

「納付」と「供託」の違いは意識して覚えておきましょう。

■ 図表 1　営業保証金と弁済業務保証金

営業保証金

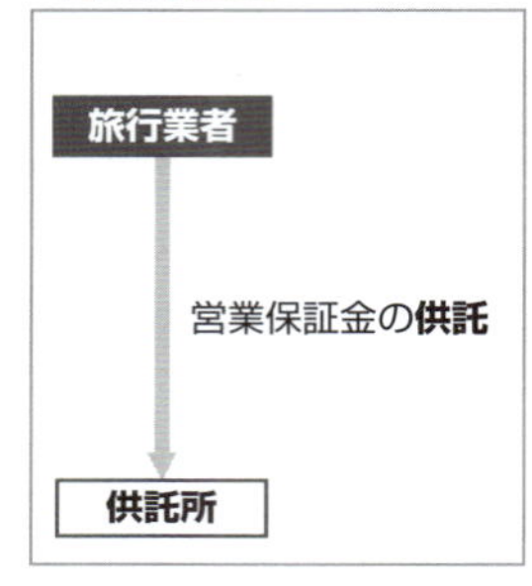

弁済業務保証金

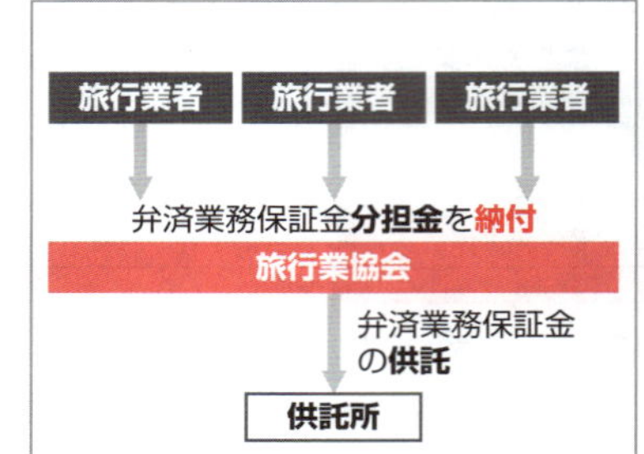

(2) 弁済業務保証金の還付

弁済業務保証金の還付対象になるのは、**保証社員または保証社員を所属旅行業者とする旅行業者代理業者**と**旅行業務に関し取引**をした**旅行者のみ**です。この点は営業保証金と同様に考えてよいでしょう。

(3) 還付の手続き

弁済を受ける（**還付**）には、**旅行業協会の認証**を受けなければなりません。

還付請求の権利を有する旅行者が旅行業協会に**債権の認証**を申し出、審査ののち、その債権が旅行業者等との旅行業務に関する取引から生じたものであると確認できれば、旅行業協会はその債権を認証します。旅行者は、この認証を受けて、供託所に弁済業務保証金の還付請求を行うことになります。弁済業務保証金についての全体像（弁済業務保証金分担金の納付から、還付までの流れ）を図示すると図表２のとおりです。

■ 図表２　弁済業務保証金分担金の納付から還付までの流れ

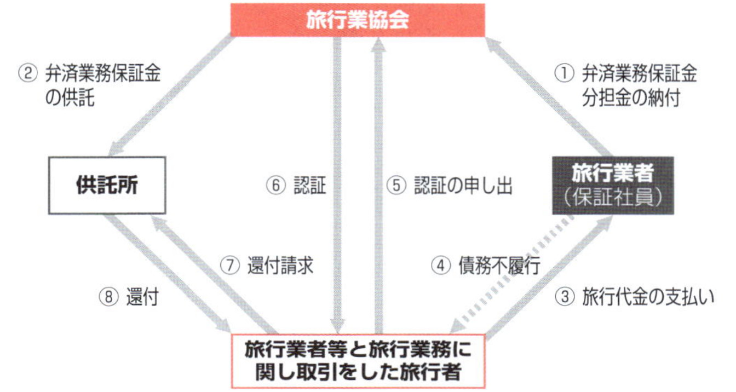

(4) 弁済限度額

旅行業法では、**弁済業務保証金からの弁済限度額**について「**保証社員でなかった場合に供託すべき営業保証金の額を下ることができない**」と定めています。前述のとおり、弁済業務保証金分担金の額は、現行の規定によると営業保証金として供託する額の５分の１に軽減されています。したがって、旅行業者が納付する弁済業務保証金分担金は営業保証金よりも低額になるわけですが、**旅行者が実際に弁済を受けられる限度額**は最低でも**営業保証金の額と同額以上**でなくてはならないということです。

これにより、保証社員と取引をする旅行者は、営業保証金制度と同様の保護を受けられることになっています。

プラスアルファ
「営業保証金の額を下ることができない」とは、「最低でも営業保証金と同額かそれ以上」という意味だが、旅行業協会の定める弁済業務規約では「**弁済限度額は営業保証金の額と同額**」として定めている。

Key Point ●弁済業務保証金分担金と弁済限度額

登録業務範囲	弁済業務保証金分担金（取引額400万円未満の場合）	弁済限度額
第１種旅行業	1,400万円	7,000万円（以上）
第２種旅行業	220万円	1,100万円（以上）
第３種旅行業	60万円	300万円（以上）
地域限定旅行業	３万円	15万円（以上）

(5) 還付充当金

旅行者に対して**還付が実行**された場合、**旅行業協会は**、その**還付についての債権を発生させた旅行業者**（保証社員または保

還付充当金
還付が実行されると、旅行業協会が供託所に供託していた弁済業務保証金が減少する。還付充当金は、この減少分を穴埋めするための金額だと考えればよい。したがって、「還付充当金＝還付額と同額」ということになる。

プラスアルファ
保証社員としての地位を失った旅行業者は、営業を続けるためには直ちに営業保証金を供託し、保証社員でなくなった日から 7 日以内に登録行政庁にその旨の届出をしなければならない。
しかし、還付充当金さえ納付できない状態であるとすると、営業保証金を供託できるほどの資金を備えていないケースが多い。この場合は、旅行業の登録は失効、最終的には登録抹消となる。

証社員であった者）**に対して還付充当金**（じゅうとう）（還付額と同額）を**旅行業協会に納付**するよう**通知**しなければなりません。通知を受けた旅行業者は、その**通知を受けた日から 7 日以内**に還付充当金を納付しなければならず、この期日までに納付しなければ、**旅行業協会の社員（保証社員）としての地位を失います**。

Q 営業保証金と弁済業務保証金の 2 つの制度があるのはわかりましたが、一般に、旅行業者はどちらの制度を選択しているのでしょうか？

A 結論からいうと、営業保証金制度を利用している旅行業者、弁済業務保証金制度を利用している旅行業者、両方が存在しているのが実情です。弁済業務保証金制度の有利な点として「預けておく金額が少額（5 分の 1）で済むので、その分を事業の運営資金に回せる」、「弁済の業務を行うのは旅行業協会なので、弁済に関する手続きの負担が軽減する」「旅行業協会に加入していることで消費者に安心感を与えられる」などがあります。実際、これらのことを理由に旅行業協会に加入して弁済業務保証金制度の適用を受けている旅行業者は多いでしょう。一方、旅行業協会に加入すると、入会金や年会費などの諸経費が発生します。豊潤な資金を準備できるのであれば、これらの諸経費を支払わずに営業保証金制度を選択してもよいと考える旅行業者もいます。これらを考慮し、どちらを選択するかは旅行業者のまったく任意です。試験対策としては、「営業保証金と弁済業務保証金のどちらを選択するかは、旅行業者の任意である」と理解しておけばよいでしょう。

Let's Try! 確認テスト

●次の各記述の正しいものには○を、誤っているものには×を記入しなさい。

チェックポイント	できたらチェック ✓
旅行業協会の業務	□ 1 旅行業協会は、社員以外の旅行業者等が取り扱った旅行業務に関する苦情について、旅行者から解決の申出があったときは、その相談に応じなければならない。 総 令3
	□ 2 旅行業協会は、旅行に関するサービスを提供する者からの旅行サービス手配業者の取り扱った旅行サービス手配業務に対する苦情の解決に関する業務を実施しなければならない。 予想
	□ 3 旅行業協会は、旅行業者等が取り扱った旅行業務に関する苦情についての解決の申出、当該苦情に係る事情およびその解決の結果について、社員および社員以外の旅行業者等に周知しなければならない。 総 平30
弁済業務保証金	□ 4 旅行業協会に加入しようとする旅行業者は、その加入しようとする日の翌日から起算して14日以内に、所定の弁済業務保証金分担金を旅行業協会に納付しなければならない。 国 令2
	□ 5 保証社員は、その旅行業約款に営業保証金を供託していないことおよび弁済業務保証金からの弁済限度額を明示しなければならない。 予想
	□ 6 弁済業務保証金制度により、保証社員と旅行業務に関し取引をした旅行者が、その取引によって生じた債権に関し、弁済を受けることができるのは、当該旅行業者が旅行業協会に納付している弁済業務保証金分担金の額の範囲内までである。 国 令1
	□ 7 旅行業協会から還付充当金を納付するよう通知を受けた保証社員は、その通知を受けた日から7日以内に、その通知された額の還付充当金を旅行業協会に納付しないときは、旅行業協会の社員の地位を失う。 総 令2
	□ 8 旅行業協会が供託している弁済業務保証金から債権の弁済を受ける権利を有する旅行者は、その権利を実行しようとするときは、その債権について登録行政庁の認証を受けなければならない。 国 平30

解答 1. ○　社員以外の旅行業者等の旅行業務に関する苦情も相談、助言、調査の対象になる／2. ○／3. ×　社員以外の旅行業者等に対する周知の義務はない／4. ×　旅行業協会に加入しようとする旅行業者は、その加入しようとする日までに弁済業務保証金分担金を納付しなければならない／5. ○／6. ×　弁済限度額は、「営業保証金の額」を下ることができない／7. ○／8. ×　弁済を受ける権利を実行しようとする旅行者は、旅行業協会の認証を受けなければならない

第2編

標準旅行業約款
運送・宿泊約款

Contents

出題分析と試験対策

出題分析表（問題数）

	分野名	2017年度		2018年度		2019年度		2020年度		2021年度	
		国内	総合	国内	総合	国内	総合	国内	総合	国内	総合
標準旅行業約款	募集型企画旅行契約	11	10	11	11	11	10	11	10	13	9
	受注型企画旅行契約	2	2	2	1	2	2	2	1	1	2
	募集型・受注型共通	2	2	2	3	2	3	2	3	1	3
	特別補償規程（企画旅行）	2	2	2	2	2	2	2	3	2	2
	手配旅行契約	2	2	2	2	2	2	2	2	2	2
	旅行相談契約	1	1/2	1	1/2	1	1/2	1	1/2	1	1/2
	渡航手続代行契約		1/2		1/2		1/2		1/2		1/2
	共通問題	−	1	−	−	−	−	−	−	−	1
運送・宿泊約款	国際運送約款		6		5		5		5		5
	国内旅客運送約款	1	3	1	3	1	3	1	3	1	3
	モデル宿泊約款	1	1	1	1	1	1	1	1	1	1
	貸切バス約款	1	−	1	1	1	1	1	1	1	1
	フェリー標準運送約款	1	−	1	−	1	−	1	−	1	−
	JR旅客営業規則	1	−	1	−	1	−	1	−	1	−
合　計		25問	30問	25問	30問	25問	30問	25問	30問	25問	30問

※「2つのテーマで1問を構成している問題」には問題数に“1/2”と表示している。
※「JR旅客営業規則」については、本書の第3編『国内旅行実務』でまとめて解説している。

配点

	国内	総合
標準旅行業約款	20問×4点＝80点	20問×4点＝80点
運送・宿泊約款	5問×4点＝20点	10問×2点＝20点
合　計	100点	100点

試験対策

出題分析表および配点からもわかるとおり、配点の約8割・20問程度が標準旅行業約款から出題され、そのうち16～17問は企画旅行契約（募集型・受注型）に関する出題（表中　　部分）が占めています。標準旅行業約款だけで合格ライン（60点）に達することができるよう、この分野（特に企画旅行契約）を中心に学習を進めましょう。

運送・宿泊約款は、全分野をあわせると範囲はまずまず広いものの、条文に沿った素直な表現で出題されるのが特徴です。重要ポイントに絞って効率よく学習を進め、「×年」「○日」「△円」などの数字を暗記することでさらなる得点アップを図りましょう。

第1章　標準旅行業約款

ここでは、旅行業者と旅行者が「旅行に関する契約」を締結するときの数々の約束事について学習します。正しく理解するためには「自分自身が旅行業者だったら…」という観点を持つことが大切です。「企画旅行契約」が試験での出題の柱になりますので、まずはここを制することを目標とし、その後、企画旅行契約と他の契約との違いを比較・整理するとよいでしょう。

●第1章●

Lesson 1

総　則

学習項目

◎標準旅行業約款とは
◎約款の適用範囲・特約
◎国内旅行・海外旅行の定義
◎手配代行者の定義

学習ポイント

●旅行業約款の構成（全体像）を把握する。
●約款の適用範囲と特約の条件を理解する。
●**国内旅行**は「**本邦内のみ**の旅行」、**海外旅行**は「**国内旅行以外**の旅行」をいう。
●旅行契約の種類にかかわらず、手配の全部または一部を手配代行者に代行させることができる。

1 標準旅行業約款

1. 標準旅行業約款とは

旅行業法でも学習したとおり、旅行業約款は「旅行契約に関するひな型」です。中でも、観光庁長官（および消費者庁長官）が定め、公示された「モデルたる理想的な旅行業約款」が標準旅行業約款で、旅行業務取扱管理者試験でも、この標準旅行業約款から出題されます。

2. 標準旅行業約款の構成

標準旅行業約款（以降「約款」とする）は、次のとおり5つの部（パート）で構成されています。

総合試験の出題範囲は①～⑤、国内試験の出題範囲は①～③と⑤です（④については過去の試験でも取り上げられていません）。

■ 図表1　約款の構成

契約の部	契約の対象
① 募集型企画旅行契約	いわゆる「パッケージツアー」に関する契約
② 受注型企画旅行契約	職場旅行や、学校の修学旅行などをはじめとするオーダーメイド型旅行に関する契約
③ 手配旅行契約	宿泊や交通機関などの個別手配に関する契約
④ 渡航手続代行契約	旅券や査証などの代理申請・取得や渡航関連書類の作成代行に関する契約
⑤ 旅行相談契約	旅行プランの作成や費用の見積もり、情報提供などに関する契約

このうち、①と②は、「旅行業者が旅行計画を立てる企画旅行」という点で共通していることもあり、これら2つの部については**標準旅行業約款で定める条項もほぼ同じような内容**になっています。したがって、本書でも、**①と②をまとめて「企画旅行」**とし、Lesson1 ～ Lesson7 において共通する部分と異なる部分とを比較しながら学習をすすめていきます。

③～⑤は、それぞれに特徴がありますので、Lesson8・10・11で企画旅行契約とは別に解説します。

3. 約款の適用範囲と特約

旅行業者が旅行者との間で締結する契約（前述①～⑤の契約）は、**約款に定める事項が適用**されます。

（1）約款に定めがない場合

約款に定めのない事項については、**法令**（主に商法・民法）**または一般に確立された慣習**が適用されます。

（2）特約

約款の定めとは異なる（または約款の定めにない）約束をすることを**特約**といいます。旅行業者が旅行者との間で契約（前述①～⑤の契約）を締結するに当たり、次の**①～③の条件をすべて満たして特約を結んだときに**、約款よりも、その**特約が優先**します。

Key Point ●特約の条件

① 法令に反しないこと ② 旅行者の**不利**にならない範囲であること ③ **書面により**特約を結んでいること	①～③を満たすと特約が優先（1つでも欠けると特約は**無効**）

特約を結ぶ理由、状況はさまざまですが、一般的には旅行業者が特定の旅行者（いわゆる「得意客」）に対する営業施策の一環として利用されることが多いでしょう。

例えば、旅行者が旅行契約を解除したときに旅行業者に支払う取消料が約款の定めでは「30％」であるものを、「30％ではなく10％とする」というのも特約になります。この例の場合は、

プラスアルファ

①～⑤の契約の部のほかに、①と②のみを対象とした「特別補償規程」がある。

特別補償規程
▶▶P159

用語

一般に確立された慣習
暗黙の了解のもと、取引上のルールが慣習として認められているものをいうが、旅行取引においては、この「慣習」に当たるような具体的なルールは存在しない。

試験対策としては次の点に注意しましょう。
②には「不利にならない」とありますので、**「有利になること」が条件ではありません。**
③について「書面による」ことが条件なので、**口頭で結ばれた特約はいかなる場合も無効**です。

法令に反せず、旅行者の不利にならないので、書面によってこの特約を結べば、約款の定めより、特約が優先されます。

2 用語の定義

標準旅行業約款の中で使われている重要な用語（およびその意味）として次のものを覚えておきましょう。

1. 国内旅行と海外旅行

標準旅行業約款の中では、頻繁に「国内旅行」「海外旅行」という表現が用いられています。この約款で、**国内旅行**とは**「本邦内（国内）のみの旅行」**をいい、**海外旅行**とは**「国内旅行以外の旅行」**をいいます。具体的には次のような例で理解すればよいでしょう（発着地はいずれも日本国内であるとします）。

ケース１が国内旅行、ケース２が海外旅行に当たるというのは理解しやすいと思いますが、間違えやすいのがケース３です。**行程の一部に海外（この場合は香港）が含まれているときは、その旅行は海外旅行になる**ということに注意しましょう。

CASE 1 北海道周遊２泊３日の旅行

国内のみなので国内旅行

CASE 2 ヨーロッパ周遊７日間の旅行

国内旅行以外の旅行なので海外旅行

CASE 3 東京ディズニーランドと香港ディズニーランドを訪れる５日間の旅行

国内旅行ではない（国内のみではない）ので海外旅行

つまり、**行程のすべてが国内のみ**であれば**国内旅行**になり、**目的地の一部に海外**が含まれていれば、その**全行程を海外旅行として取り扱う**ということです。

2. 手配代行者

旅行契約（企画旅行または手配旅行の契約）の履行（りこう）に当たって、旅行業者は**手配の全部または一部を本邦内または本邦外の他の旅行業者、手配を業として行う者その他の補助者（手配代行者）に代行**させることができます。

例えば、海外旅行の場合ですと、時差や言葉の問題もあり、現地のホテルやガイドの手配などを確実に行うことを目的とし

用語

履行
実際に行うこと。つまり、「契約の履行」は契約どおりのことを実際に行うことをいう。

て、現地の情報に詳しい他の旅行業者や、現地手配を専門に行う業者に手配を委託することも少なくありません。

実務上、手配代行者のことをランドオペレーター（ツアーオペレーター）と呼び、国内や海外の手配代行者に国内旅行、海外旅行の手配の一部（または全部）を代行させる（代わりに手配させる）ことが認められています。

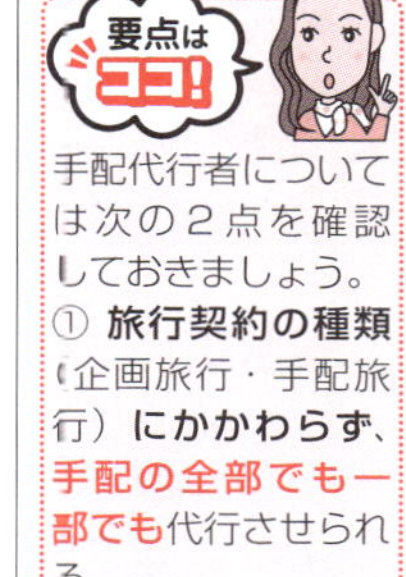

手配代行者については次の2点を確認しておきましょう。
① **旅行契約の種類**（企画旅行・手配旅行）**にかかわらず、手配の全部でも一部でも**代行させられる。
② **国内旅行、海外旅行のどちらでも**代行させられる。

Let's Try! 確認テスト

●次の各記述の正しいものには○を、誤っているものには×を記入しなさい。

チェックポイント	できたらチェック✓
特　約	□ 1 特約を結ぶことは、募集型企画旅行契約のみに認められている。 国 平21
	□ 2 旅行業者が旅行者との間で締結する契約は、約款の定めるところによるが、約款に定めのない事項については、法令または一般に確立された慣習による。 総 令1改
	□ 3 旅行業者が法令に反せず、かつ、旅行者の不利にならない範囲で書面により特約を結んだときは、その特約が約款に優先する。 国 令2
国内旅行と海外旅行	□ 4 旅行開始地である横浜港からクルーズ船に乗り、青森港に寄港して観光後、目的地であるウラジオストクに向かい、旅行終了地である横浜港で下船する旅行の場合、横浜港出港から青森港出港までの区間は国内旅行として取り扱われる。 総 平30
手配代行者	□ 5 旅行業者は、募集型企画旅行契約の履行に当たって、手配の全部または一部を本邦内または本邦外の他の旅行業者、手配を業として行う者その他の補助者に代行させることがある。 国 令3改

解答 1. ×　約款に定められた全ての契約において、特約を結ぶことが認められている／2. ○　ここでいう法令とは主に商法・民法を指す／3. ○／4. ×　行程の一部に海外が含まれている場合は行程全体を海外旅行として取り扱う／5. ○　その旅行が本邦内（国内）であるか、本邦外（海外）であるかを問わず、また旅行の種類にかかわらず、手配の全部または一部を代行させることができる

Lesson 2

企画旅行契約の締結

重要度 A

学習項目

◎契約の申込み
◎契約締結の拒否
◎契約の成立時期
◎契約書面・確定書面
◎旅行代金の支払い時期

学習ポイント

- **原則**（通信契約でない場合）と**通信契約**による場合の相違点を比較・整理する。
- 契約の**成立時期**を正しく理解する。
- 契約書面と確定書面の関係、確定書面の交付期限（2種類）を正しく理解する。
- 募集型・受注型の共通点と相違点を比較・整理する。

Lesson1では約款の全体像や5つの契約に共通する用語の意味、約款の適用範囲などを学習しましたが、ここからは**「契約の種類ごと」の解説**になります。まずは試験での出題の柱となる「企画旅行（募集型・受注型）」に関する契約について学習しましょう。

1 企画旅行の定義と企画旅行契約の内容

1. 企画旅行の定義

これまで学習したとおり、企画旅行には募集型と受注型の2種類があります。企画旅行について約款では次のように定義しています。

企画旅行の定義	
募集型企画旅行とは **旅行業者が、**旅行者の募集のためにあらかじめ	受注型企画旅行とは **旅行業者が、**旅行者からの依頼により
旅行の**目的地および日程**、旅行者が提供を受けることができる**運送または宿泊のサービスの内容**ならびに旅行者が旅行業者に支払うべき**旅行代金の額**を定めた**旅行に関する計画を作成**し、これにより実施する旅行をいう。	

募集型企画旅行と受注型企画旅行の定義で異なるのは表中の赤字部分のみで、これ以外は全く同じように定義されています。つまり、募集型企画旅行とは、**旅行者を募集するために、あらかじめ**旅行業者が旅行計画を作成し、実施する旅行であり、受注型企画旅行とは、**旅行者からの依頼により**旅行業者が旅行計画を作成して実施する旅行であるということです。

2. 企画旅行契約の内容

旅行業者は、**企画旅行契約**において、**旅行者が旅行業者の定**

める旅行日程に従って、運送・宿泊機関等の提供する運送、宿泊その他の旅行に関するサービス（以降「旅行サービス」という）の提供を受けることができるように手配し、旅程を管理することを引き受けます。

簡単にいうと、企画旅行契約を締結したことにより、旅行業者が負う債務は、「**旅行サービスの手配**（ホテル、運送手段、食事場所などの予約等）」と「**旅程管理**」の2つから成り立っているということです。

2 契約の申込み

1. 契約の方法

企画旅行契約の方法には次の2種類があり、それぞれ異なる規定が設けられています。

(1) 原則

一般的な契約方法で、主に旅行業者の営業所において、旅行者と旅行業者が対面して契約を締結することを想定した方法です。

(2) 通信契約

インターネットや電話などの電子的方法を用いて、旅行者が旅行業者の営業所に出向かずに契約を締結する方法です。

具体的には、「**旅行業者**」と「**旅行業者が提携するクレジットカード会社（以降「提携会社」とする）のカード会員**」との間で締結される契約で、**申込みと決済の方法が次の①～③のすべての条件を満たすもの**が通信契約になります。

Key Point ●通信契約の条件

① 電話、郵便、ファクシミリ、インターネットその他の**通信手段による申込み**であること
② **提携会社のカード会員規約に従って決済**することをあらかじめ**旅行者が承諾**していること
③ カード利用時の**伝票への旅行者の署名なし**で**旅行代金等を決済**すること

プラスアルファ
旅行業者は自らがホテルや鉄道、飛行機を所有しているわけではないので**「自らがサービスを提供すること」はできない。**したがって企画旅行契約の内容も「手配」と「旅程管理」が柱になっている。

プラスアルファ
募集型企画旅行の通信契約の場合は、**受託旅行業者（受託契約を締結している他の旅行業者）が提携しているクレジットカード会員**でも通信契約を締結できる。

プラスアルファ
一般的に、クレジットカードを利用するときは、伝票にサイン（または端末機に暗証番号を入力）することが多いが、通信契約の場合はこれらの行為なしで決済できるということ。

前述の①〜③のいずれか**1つでも欠けるもの**は通信契約ではなく**通常の契約（原則）**として扱います。

CASE 1 通信契約に該当する例

提携会社のカード会員である旅行者が電話により企画旅行契約の申込みをし、あらかじめ承諾のうえ、クレジットカードを利用して伝票への署名をせずに旅行代金を決済した。

CASE 2 通信契約に該当しない例 その1

提携会社のカード会員である旅行者がインターネットにより企画旅行契約の申込みをし、クレジットカードを利用して、旅行業者の営業所において伝票に署名して旅行代金を決済した。

CASE 3 通信契約に該当しない例 その2

提携会社のカード会員である旅行者がファクシミリにより企画旅行契約の申込みをし、銀行振込みによって旅行代金を決済した。

ケース2、ケース3は、いずれもKey Point ③の条件を満たさないので通信契約ではなく、通常の原則的な契約として取り扱います。

このように、契約の方法には2つの種類があり、どちらを適用するのかによって、以降で説明する申込みの方法や契約の成立時期などについて、異なる規定が設けられています。

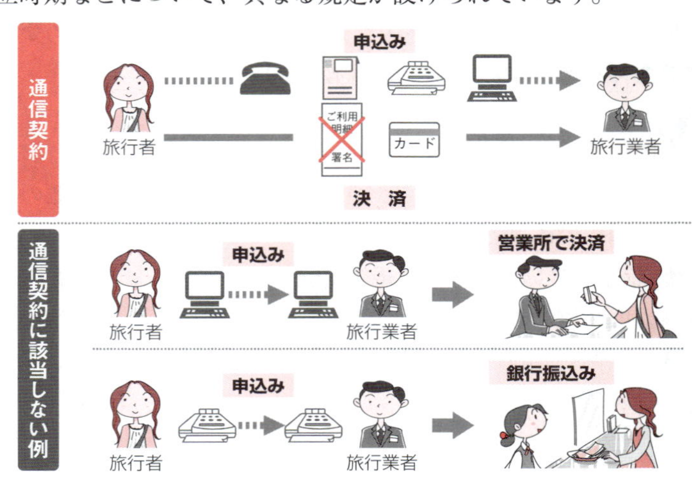

2. 契約の申込み

(1) 原則（通信契約によらない場合）

企画旅行契約の申込みをしようとする旅行者は、旅行業者の所定の**申込書**に所定の事項を記入のうえ、旅行業者が別に定める金額の**申込金**とともに旅行業者に提出しなければなりません。

この申込金は、旅行代金または取消料もしくは違約料の一部として取り扱います。

(2) 通信契約の場合

通信契約の場合は、次の事項を旅行業者に通知することによって申込みを行います（募集型は①～③、受注型は③のみ）。

① 申込みをしようとする募集型企画旅行の名称

② 旅行開始日

③ 会員番号その他の事項

通信契約は、「旅行業者の営業所に出向かない」ことを想定した契約ですので、（1）のような書類等の提出ではなく、これらの必要事項を旅行業者に通知することで契約の申込みを行うことになります。

3. 特別な配慮を必要とする場合

企画旅行の参加に際し、特別な配慮を必要とする旅行者は、**契約の申込時**に申し出なければなりません。旅行業者は**可能な範囲**でこれに応じます。この申出に基づき、旅行業者が旅行者のために講じた特別な措置に要する費用は、**旅行者の負担**になります。ここでのポイントは次の①～③です。

Key Point ●特別な配慮を必要とする場合

① **契約の申込時**の申出が必要（契約締結時や締結後では遅い）。

② 旅行業者は**可能な範囲**で応じる（不可能なときもあるので必ずしも応じる必要はない）。

③ 特別な措置にかかった費用は**旅行者の負担**になる。

4. 募集型企画旅行の電話等による予約　募集型のみ

募集型企画旅行の場合、旅行業者は電話、郵便、ファクシミリ、インターネットその他の通信手段による募集型企画旅行契

取消料
▶▶P133
違約料
▶▶P138

約款
国・総

用語

会員番号
ここでいう会員番号とは「クレジットカードの番号」のこと。

プラスアルファ
例えば、歩行が困難で車椅子の手配を必要とする旅行者などは「特別な配慮を必要とする旅行者」に該当する。

受注型企画旅行は、旅行者からの依頼によって実施する旅行ですから、募集型企画旅行のような「定員」という概念はないため、**予約の必要性もありません**。この違いに注意しましょう。

プラスアルファ
つまり、予約後の所定期間内に旅行者が申込金などを提出(会員番号等を通知)した場合、契約は有効に成立するが、これをしなかった場合は、その予約はなかったことになり、当然ながら契約は成立しない。

約の予約を受け付けます。募集型企画旅行は、旅行業者が旅行者の参加を募って実施する旅行ですから、ツアーごとに定員（募集予定人員）が設定されているケースが一般的であるため、実際の申込みに先立ち、電話などによる予約を受け付けています。

電話などによって予約をした場合、**予約の時点では契約は成立しておらず**、旅行者は**旅行業者が予約の承諾の旨の通知をした後、旅行業者が定める期間内に旅行業者に申込書と申込金を提出（通信契約の場合は会員番号等を通知）**しなければなりません。予約後、所定の期間内に申込金などの提出（または会員番号等の通知）をしたかどうかによって、その予約は次のように取り扱います。

Key Point ●予約の効果

① 旅行者が所定の期間内に**申込書と申込金を提出**（または**会員番号等を通知**）**した**場合
…**契約締結の順位**は**予約受付の順位**による(契約は成立)

② 旅行者が所定の期間内に**申込金を提出**（または**会員番号等を通知**）**しない**場合
…**予約はなかったものとして取り扱う**(契約は成立しない)

5. 企画書面　受注型のみ

(1) 企画書面とは

受注型企画旅行は、旅行者からの依頼に基づいて、旅行業者が、その依頼内容に沿った旅行計画を作成して実施する旅行形態ですから、募集型企画旅行のようなパンフレットがあらかじめ用意されているわけではありません。

旅行業者は、旅行者から依頼があったときは、旅行業者の業務上の都合があるときを除き、依頼内容に沿って作成した企画書面（旅行日程、旅行サービスの内容、旅行代金その他の旅行条件に関する企画の内容を記載した書面）を交付します。この企画書面はいわばパンフレットのような役割となり、旅行者は、この企画書面の内容を判断して、契約の申込みをするかどうかを決定することになります（申込みをする場合は前述2. の手

プラスアルファ
募集型企画旅行は、旅行業者主導で計画を立て、旅行者はパンフレットを見ながら契約の申込みをするかどうかを判断することになるため**「企画書面」は必要ない。**

続きに移行します）。

(2) 企画料金

旅行業者は、**企画書面**において、**旅行代金の内訳として企画に関する取扱料金（以降「企画料金」とする）の金額を明示**することができます。

CASE 4　企画書面における表示例

旅行代金　お1人様　100,000円
＊上記旅行代金には企画料金 10,000円が含まれています。

企画料金を明示しておくことによって、**契約の締結後に旅行者から契約が解除された場合**に、**解除の時期にかかわらず、旅行者から企画料金を収受することができる**ようになっています。

プラスアルファ
受注型企画旅行の「旅行代金」には「企画料金」が含まれており、その額を企画書面で明示するかどうかは旅行業者の任意であるということ。

旅行者からの契約解除
▶▶P133

約款　国・総

3 契約締結の拒否・契約の成立

1. 契約締結の拒否

旅行業者は、次の各事項に該当する場合は、**企画旅行契約の締結に応じない**ことがあります。

Key Point ●企画旅行契約の締結の拒否事由

＊拒否事由に当たる＝○

契約締結の拒否事由	募集型	受注型
① 旅行者が、旅行業者があらかじめ明示した性別、年齢、資格、技能その他の**参加旅行者の条件を満たしていない**とき	○	／
② **応募旅行者数が募集予定数に達した**とき	○	／
③ 旅行者が**他の旅行者に迷惑を及ぼし、または団体行動の円滑な実施を妨げるおそれがある**とき	○	○
④ **通信契約を締結しようとする場合**であって、旅行者の有するクレジットカードが無効である等、旅行者が旅行代金等に係る債務の一部または全部を**提携会社のカード会員規約に従って決済できない**とき	○	○
⑤ 旅行者が、**反社会的勢力**であると認められるとき	○	○
⑥ 旅行者が、旅行業者に対して暴力的な要求行為、不当な要求行為、取引に関して脅迫的な言動もしくは暴力を用いる行為またはこれらに準ずる行為を行ったとき	○	○

①と②については、**募集型企画旅行だけに適用**される拒否事由です。受注型企画旅行は旅行者の依頼に基づいて実施する旅行なので、旅行業者側で①や②の条件を設定することは事実上考えられないからです。この違いは覚えておきましょう。

用語

反社会的勢力
暴力団員、暴力団準構成員、暴力団関係者、暴力団関係企業、総会屋などのこと。

⑦ 旅行者が、風説を流布し、偽計を用いもしくは威力を用いて旅行業者の信用を毀損しもしくは旅行業者の業務を妨害する行為またはこれらに準ずる行為を行ったとき	○	○
⑧ その他旅行業者の**業務上の都合**があるとき	○	○

2. 契約の成立時期

「契約がいつ成立したのか」を明確にしておくのは取引のうえでもたいへん重要な意味を持ちます。

企画旅行契約の成立時期は、**契約の方法（通信契約であるかどうか）**によって次の①と②に分けられます。

Key Point ●企画旅行契約の成立時期

① 原則（通信契約でない場合）

旅行業者が契約の締結を承諾し、旅行者から申込金を受理した時に契約が成立する。

② 通信契約の場合

旅行業者が契約の締結を承諾する旨の通知が旅行者に到達した時に契約が成立する。

4 契約に関する書面の交付

1. 契約書面

旅行業者は、**契約の成立後速やかに**、旅行者に、**契約書面（旅行日程、旅行サービスの内容、旅行代金その他の旅行条件および旅行業者の責任に関する事項を記載した書面）を交付**しなければなりません。

旅行業者が企画旅行契約により**手配し、旅程を管理する義務を負う旅行サービスの範囲**は、**契約書面に記載するところ**によります。

2. 確定書面

(1) 確定書面とは

前述1. の**契約書面に、確定された旅行日程、運送もしくは宿泊機関の名称を記載できない場合**には、別途、**確定書面**（こ

用語

風説の流布
うわさを流すこと。

偽計
他人の正当な判断を誤らせるような計略的行為。

プラスアルファ
通信契約の「契約成立（通知の到達）」の主な例は次のとおり。
【電話の場合】
電話で旅行者に直接伝えた時（留守番電話の場合はメッセージが録音された時）に契約成立
【郵送の場合】
旅行者宅のポストに投入された時（または旅行者・家族が受け取った時）に契約成立
【電子メールの場合】
旅行者の使用する電子メールサーバーが受信を完了した時に契約成立

プラスアルファ
受注型企画旅行契約において、企画書面に企画料金の額を明示した場合は、**契約書面にも、この金額を明示**しなければならない。

れらの確定状況を記載した書面）を交付しなければなりません。

企画旅行は、実際の旅行開始日よりもかなり前の段階から旅行を計画するのが一般的です。計画の段階では、交通機関の運行スケジュールが確定していなかったり、旅行業者側のホテルなどの仕入れの都合により、具体的な宿泊施設の名称を確定できなかったりする場合があります。このようなときは、契約書面には「**利用予定の宿泊機関の名称**」、「**重要な運送機関の名称**」を**限定して列挙**（「AまたはBまたはC」といった具合に）したうえで、これらが確定した段階で、契約書面とは別に確定書面を交付することになります。

（2）確定書面の交付の期限

確定書面を交付する場合は、**契約書面に「確定書面の交付期限」を記載**しなければなりません。

確定書面の交付期限は、企画旅行契約の申込みがいつ行われたかによって次のように定められています。

Key Point ●確定書面の交付期限

契約の申込日	確定書面の交付期限
① **旅行開始日の前日から起算してさかのぼって7日目に当たる日より前**の申込み	旅行開始日の**前日**までの**契約書面に定める日**まで
② **旅行開始日の前日から起算してさかのぼって7日目に当たる日以降**の申込み	旅行開始日**当日**までの**契約書面に定める日**まで

CASE 5 旅行開始日が9月18日の企画旅行の確定書面交付期限

■契約の申込日が9月10日の場合

9月18日の前日（9月17日）から起算してさかのぼって「8日目に当たる日」の申込みなのでKey Point ①を適用する。

交付期限：9月17日（までの契約書面に定める日）

■契約の申込日が9月11日の場合

9月18日の前日（9月17日）から起算してさかのぼって「7日目に当たる日」の申込みなのでKey Point ②を適用する。

交付期限：9月18日（までの契約書面に定める日）

プラスアルファ

確定書面は、一般的には「最終日程表」や「旅のしおり」などと呼ばれ、旅行開始日が近くなってから旅行者に交付されるケースが多い。

用語

重要な運送機関

ここでいう「重要な運送機関」は、主に**航空会社、鉄道会社**を指す。国内旅行の場合は、観光等で利用する**貸切バス会社**も「重要な運送機関」に含まれる（海外の貸切バス会社は含まない）。

ケース5でいうと、9月10日までの申込みの場合はKey Point ①の期限を適用し、9月11日以降の申込みの場合は②の期限を適用するということです。

約款

国・総

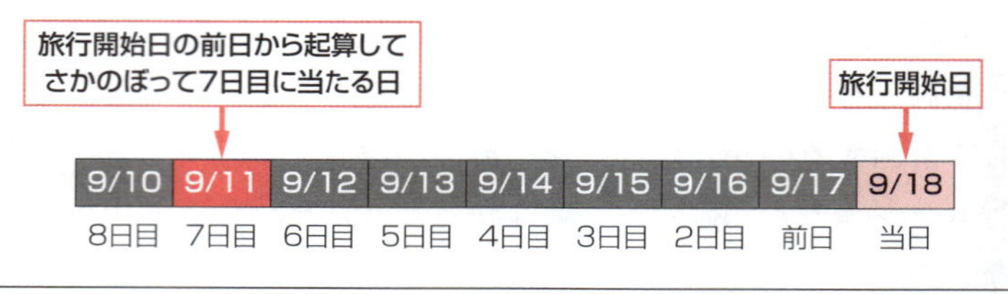

確定書面を交付する場合、**手配状況の確認を希望する旅行者から問い合わせがあったときは**、**確定書面の交付前であっても**、**旅行業者は迅速かつ適切に回答しなければなりません。**

また、確定書面を交付した場合には、旅行業者が企画旅行契約により**手配し、旅程を管理する義務を負う旅行サービスの範囲**は、この**確定書面に記載するところに特定**されます。

これまでに学習した契約書面と確定書面を図で表すと次のようになります。

確定書面は、必ず交付しなければならないわけではありません。例えば、契約した段階で、すでにホテルや運送機関の名称などがすべて確定できる場合は、契約書面に、その確定した内容を記載して交付すればよいので、この場合は確定書面の交付は不要です。

■ 図表１　契約書面と確定書面

契約書面	確定書面（最終日程表）
●利用予定ホテル A ホテルまたは B ホテル ●利用予定航空会社 （以下のいずれか） C 航空・D 航空・E 航空 確定書面は○月△日までに交付します。	●利用ホテル B ホテル ●利用航空会社 C 航空

3. 情報通信の技術を利用する方法

旅行業法でも学習したとおり、旅行業者は、**あらかじめ旅行者の承諾を得て**、次の各書面の交付に代えて、各書面に記載すべき事項を**情報通信の技術を利用する方法により、旅行者に提供**することができます。

① 取引条件説明書面
② 契約書面・確定書面
③ 企画書面　受注型のみ

情報通信の技術を利用したとき、旅行業者は、旅行者の使用

情報通信の技術とはインターネットや電子メールなどのことですね。

取引条件説明書面（旅行業法）
▶▶ P67

する通信機器に備えられたファイルに記載事項が記録されたことを確認しなければなりません（旅行者の使用する通信機器に記載事項を記録するためのファイルが備えられていないときは、旅行業者の使用する通信機器に備えられたファイルに記載事項を記録し、旅行者が記載事項を閲覧したことを確認しなければなりません）。

5 旅行代金

1．原則（通信契約でない場合）

旅行者は、**旅行開始日まで**の**契約書面に記載する期日までに、旅行業者に対し、契約書面に記載する金額の旅行代金を支払わなければなりません。**

2．通信契約の場合

通信契約を締結したときは、旅行業者は、提携会社（クレジットカード会社）の**カードにより所定の伝票への旅行者の署名なくして契約書面に記載する金額の旅行代金の支払いを受けます。**この場合、**カード利用日**は**旅行契約成立日**とします。

旅行者が旅行業者の営業所に出向いて、その場でクレジットカードによる決済を行う場合は、利用伝票にサインした日が「カードを利用した日」になりますが、通信契約の場合は旅行者が旅行業者の営業所に出向かずにカード番号等を伝えることで、サインレスで決済するのが特徴であるため、「いつカードを利用したことになるのか」を明確にしておく必要があります。前述のとおり、通信契約を締結したことによる旅行代金支払い時のカード利用日は旅行契約成立日です。したがって、旅行業者は旅行者から通知されたカード番号を使って、旅行契約が成立した日に旅行代金についてのカード決済を行うことになります。

用語

カード利用日
旅行者が旅行契約に基づく**旅行代金等の支払債務を履行すべき日**（または旅行業者が**旅行契約に基づく旅行代金等の払戻債務を履行すべき日**）をいう。簡単にいうと「クレジットカードを利用したことになる日」のこと。

Let's Try! 確認テスト

●次の各記述の正しいものには○を、誤っているものには×を記入しなさい。

チェックポイント	できたらチェック
契約の申込み	□ 1 電話、郵便、ファクシミリ、インターネット等の通信手段による募集型企画旅行契約の予約において、旅行業者が定める期間内に申込書と申込金の提出があったときの契約の締結順位は、申込金の提出順位によることとなる。 総 平27改
	□ 2 旅行業者は、募集型企画旅行契約の予約を受け付けた場合において、旅行者が旅行業者の定めた期間内に申込金を提出しない場合または会員番号等を通知しない場合には、予約がなかったものとして取り扱う。 総 令2改
	□ 3 旅行者が旅行の参加に際し、特別な配慮を必要とする旨を契約の申込時に申し出たときは、旅行業者は可能な範囲内でこれに応じ、この申出に基づき、旅行業者が旅行者のために講じた特別な措置に要する費用は、旅行者の負担とする。 国 平30
	□ 4 申込金は、旅行代金または取消料もしくは違約料の一部として取り扱われる。 総 平30
契約締結の拒否・契約の成立等	□ 5 旅行業者は、業務上の都合があるとの理由だけで、募集型企画旅行契約の締結を拒否することはできない。 国 令1改
	□ 6 旅行業者が募集型企画旅行契約において旅行者と通信契約を締結したときは、カード利用日は旅行契約成立日とする。 国 令2改
契約書面・確定書面	□ 7 旅行業者は、企画旅行契約の成立後速やかに、旅行者に、旅行日程、旅行サービスの内容、旅行代金その他の旅行条件および旅行業者の責任に関する事項を記載した書面を交付する。 総 令1改
	□ 8 旅行業者は、確定書面を交付するときは、必ず旅行開始日の前日までの契約書面に定める日までに交付しなければならない。 総 令3

解答 1. ×　旅行業者が予約の承諾の旨の通知をした後、所定の期間内に申込書と申込金の提出があった場合、契約の締結の順位は「予約受付の順位」による。申込金の提出の順位ではない／2. ○／3. ○　特別な措置に要する費用は旅行者の負担になる／4. ○／5. ×　「旅行業者の業務上の都合があるとき」は募集型企画旅行契約の締結の拒否事由である／6. ○／7. ○／8. ×　確定書面の交付期限は契約の申込日によって「旅行開始日の前日まで」または「旅行開始日当日まで」のいずれか（の契約書面に定める日）を適用する。なお、契約書面においてサービス内容をすべて確定できる場合は、そもそも確定書面の交付は不要

重要度 A

企画旅行契約の変更

学習項目

◎契約内容の変更
◎旅行代金の額の変更
◎旅行者の交替

学習ポイント

- 契約の変更は「契約内容の変更」「旅行代金の額の変更」「旅行者の交替」の３種類。
- 契約内容を変更する場合は、**事前**または**事後**の「**説明**」が**必ず**必要（**省略不可**）。
- 旅行代金の額を変更できる３つのケースとそれぞれのポイントを整理する。
- **過剰予約受付**を原因とする旅行代金の**増額**は**不可**。

1 企画旅行契約の変更

契約の変更には、「契約内容の変更」「旅行代金の額の変更」「旅行者の交替」の３種類があります。

1. 契約内容の変更

(1) 旅行業者の関与し得ない事由が生じた場合

旅行業者は、**天災地変その他の旅行業者の関与し得ない事由が生じた場合**であって、**旅行の安全かつ円滑な実施を図るためやむを得ないとき**は、旅行日程、旅行サービスの内容その他の**企画旅行契約の内容を変更する**ことがあります。

「旅行業者の関与し得ない事由」とは主に次のようなものがあります。

① **天災地変**（地震や雷などの自然災害）・**戦乱**・**暴動**

② **運送・宿泊機関等の旅行サービス提供の中止**（欠航・運休・休業など）

③ **官公署の命令**（政府機関の命令によって特定の場所が立ち入り禁止になるなど）

④ **当初の運行計画によらない運送サービスの提供**（交通遅延や到着地の変更など）

これらの、旅行業者の関与し得ない事由により、契約の内容を変更するときは、旅行業者は、**旅行者にあらかじめ速やかに、**

やむを得ない理由で契約を変更するときには、**原則としてあらかじめ速やかに、緊急の場合は変更後**に、旅行者に**必ず説明**をしなければなりません。ただし、必要なのは「説明」であり、旅行者の**承諾は不要**です（変更を必要とする場合は変更につき検討の余地がないケースも多く、参加旅行者全員の承諾を得るのは事実上不可能なことが多いためです）。

その事由が旅行業者の関与し得ないものである**理由**およびその事由との**因果関係**を**説明**しなければなりません。ただし、緊急の場合でやむを得ないときは**変更後に説明**することがあります（**説明そのものを省略することはできません**）。

(2) 旅行者からの変更　受注型のみ

受注型企画旅行に限り、旅行者は、旅行業者に対して、**旅行日程、旅行サービスの内容その他の契約内容を変更するよう求めることができます**（受注型企画旅行は、そもそも旅行者からの依頼に基づいて旅行業者が計画を作成する旅行なので、旅行者からの変更の申出が可能です）。この場合において、**旅行業者は、可能な限り旅行者の求めに応じなければなりません。**

では、ここで契約内容の変更についてポイントを確認しておきましょう。

Key Point ●契約内容の変更

(1) 旅行業者の関与し得ない事由が生じた場合
- **原　則**　あらかじめ速やかに**説明**が必要
- **例　外**　緊急でやむを得ないときは**事後の説明**でも可

＊いずれの場合も旅行者の**「承諾」は不要**

(2) 旅行者からの変更
- **募集型**　**不可**（旅行者からの変更申出は一切不可）
- **受注型**　**可能**（旅行業者は**可能な限り**応じる）

プラスアルファ

募集型企画旅行の場合は、旅行者から契約内容の変更を求めることはできない。

2. 旅行代金の額の変更

旅行業者が旅行代金の額を変更できるケースには次の（1）～（3）の3種類があります。

(1) 運送機関の適用運賃・料金が大幅に変更されたとき

利用する運送機関の適用運賃・料金が著しい経済情勢の変化等により募集型企画旅行の募集の際に（受注型企画旅行の場合は企画書面の交付の際に）明示した時点で有効なものとして公示されている適用運賃・料金に比べて、**通常想定される程度を大幅に超えて増額または減額される**場合、旅行業者は、**その額の範囲内**で次の方法によって、**旅行代金の額を増加または減少**

用語

著しい経済情勢の変化等による…
いわゆる「オイルショック」のような急激な原油価格高騰を想定している。

することができます。

Key Point ●適用運賃・料金が大幅に増額・減額される場合

増額↑

- **旅行開始日の前日から起算してさかのぼって15日目に当たる日より前**に旅行者に増額の旨を**通知**しなければならない。
- **増額された範囲内**で旅行代金の額を**増額できる**。

減額↓

- **いつでも減額できる**（**通知の期限はない**）。
- **減少された額だけ**旅行代金の額を**減額しなければならない**。

CASE 1 当初の航空運賃が5万円だった場合

増額↑　航空運賃が8万円に増額された（3万円の増額）
旅行代金を3万円増額する…可
旅行代金を1万円増額する…可

減額↓　航空運賃が2万円に減額された（3万円の減額）
旅行代金を3万円減額する…可
旅行代金を1万円減額する…不可
（減少額だけ減額しなければならない）

（2）契約内容が変更になったとき

「1. 契約内容の変更」の（1）と（2）で述べたような**契約内容の変更**により、**旅行の実施に要する費用の減少または増加が生じる場合**には、契約内容の変更の際に、旅行業者は、**その範囲内において旅行代金の額を変更**することがあります。

CASE 2 A市からB市への移動に際し、利用予定だった列車が災害により運休したため、やむなくB市ではなく、A市のホテルに宿泊した。

A市ホテルの宿泊料金、B市ホテルから請求された取消料などは旅行者の負担としてその額の範囲内で旅行代金を増額することができる。

(1) の対象になるのは「**運送機関の適用運賃・料金のみ**」、「著しい経済情勢の変化等による**大幅な変更**のみ」であることを覚えておきましょう。したがって次のようなケースは対象になりません。
- 宿泊料金の増額
- 運賃・料金の通常の改定（単なる小幅な値上げ）

約款

国・総

用語

旅行の実施に要する費用
ここでいう「費用」には、契約内容の変更のために、**提供を受けなかった旅行サービスに関して生じる取消料・違約料**なども含まれる（ケース2の事例を参照）。

(3) 運送・宿泊機関等の利用人員が変更になったとき

「運送・宿泊機関等の利用人員により旅行代金が異なる旨」を**契約書面に記載**した場合、契約成立後に**旅行業者の責に帰すべき事由によらず**、**利用人員が変更**となったときは、旅行業者は契約書面に記載したところにより**旅行代金の額を変更**することがあります。

CASE 3　旅行代金として次の額が契約書面に記載されていた場合

（旅行代金　お 1 人様当たり）
4 名 1 室　33,800 円
3 名 1 室　36,800 円
2 名 1 室　39,800 円

当初、4 名 1 室で契約していたが旅行者の都合により 1 名が契約を解除した。この場合、旅行業者は残る 3 名の旅行者の旅行代金を 33,800 円から 36,800 円に変更できる。

これまで、旅行代金の額の変更ができる 3 つのケースを確認してきました。これに対し、次の（4）で述べる**運送・宿泊機関等の諸設備（座席、部屋など）の不足が発生した場合**は、**旅行代金の増額は認められません**ので事例とともに確認しておきましょう。

(4) 運送・宿泊機関等の諸設備の不足が発生した場合

運送・宿泊機関等が**旅行サービスの提供を行っている**にもかかわらず、**過剰予約受付（オーバーブッキング）**などが原因で、運送・宿泊機関等の座席、部屋その他の**諸設備の不足**が発生した場合、旅行業者は**契約内容を変更することはできます**が、仮に、旅行に関する費用が増加した場合でも、**旅行代金を増額することはできません**。

CASE 4　利用予定だった A 航空会社の過剰予約受付により座席の不足が生じたため、B 航空会社に変更した。

A 航空会社から B 航空会社への変更………認められる
旅行代金の増額…………………………………不可

では、これまでに学習した「旅行代金の額の変更」について、

用語
旅行業者の責に帰すべき事由
旅行業者の故意・過失などが原因であること。故意とは「ある行為が意図的なもの（わざと）であること」をいい、過失とは「ある行為が不注意（うっかり）によるものであること」をいう。

用語
過剰予約受付（オーバーブッキング）
運送機関や宿泊機関などが、間際のキャンセルを見込んで実際の座席（部屋）数よりも多く予約を受け付けてしまい、結果的に予約数が実際の座席（部屋）数を上回って座席や部屋が不足してしまうこと。実務上、この現象をオーバーブッキングと呼ぶ。

プラスアルファ
ケース 4 の場合、旅行代金の増額はできないので、この場合は旅行業者がその費用を負担することになる。実際には、A 航空会社にも何らかの費用の負担を請求するケースもあるが、試験では出題されないので詳細は省略する。

もう一度ポイントを整理しておきましょう。

Key Point ●旅行代金の額の変更

適用運賃・料金の大幅な変更（※）	● **増額の範囲内で旅行代金を増額**できる（旅行開始日の前日から起算してさかのぼって15日目に当たる日より前までに通知が必要）。 ● **減額の場合は減少額だけ減額**しなければならない。
契約内容の変更	● **費用の増減の範囲内で旅行代金の増額・減額が可能**。 ● **過剰予約受付など諸設備の不足を原因**とする場合、増額はできない。
利用人員の変更	● 契約書面に「利用人員により旅行代金が異なる」ことを記載していれば**増減が可能**。

※著しい経済情勢の変化等による大幅な変更に限る（運送機関の運賃・料金以外は対象外）。

通知の期限が定められているのは、「適用運賃・料金の大幅な増額」のときのみです。
契約内容の変更で「過剰予約受付を原因とする旅行代金の増額は不可」というのも重要ポイント!! しっかりと覚えておきましょう。

約款
国・総

3. 旅行者の交替

旅行業者と企画旅行契約を締結した旅行者は、旅行業者の承諾を得て、**契約上の地位を第三者に譲り渡すことができます**。

この契約上の地位の譲渡は、次により取り扱います。

Key Point ●旅行者の交替（契約上の地位の譲渡）

① **旅行業者の承諾を求めようとするとき**は、旅行業者**所定の用紙に所定の事項を記入**のうえ、所定の金額の手数料とともに旅行業者に提出しなければならない。

② 契約上の地位の譲渡は、**旅行業者の承諾があった時**に効力を生ずる。

③ 契約上の地位を譲り受けた第三者は、**企画旅行契約に関する一切の権利および義務を承継**する。

契約済みの旅行者からの旅行者交替の申出があった場合、**旅行業者は必ずしもこれに応じる義務はありません**。例えば、海外旅行などで、渡航に必要な書類等の準備が間に合わないことなどがあるからです。

用語

一切の権利および義務を承継
契約上の地位を譲り受けた者は、旅行サービスを受ける権利や旅行代金（残金）の支払い義務を元の契約者からすべて受け継ぐということ。

Let's Try! 確認テスト

●次の各記述の正しいものには○を、誤っているものには×を記入しなさい。

チェックポイント	できたらチェック
契約内容の変更・旅行代金の額の変更	□ 1 募集型企画旅行契約において、旅行業者の関与し得ない事由が生じた場合で、旅行の安全かつ円滑な実施を図るためやむを得ないときは、旅行業者は、旅行者にあらかじめ速やかに当該事由が旅行業者の関与し得ないものである理由および当該事由との因果関係を説明し、旅行者の承諾を得たうえでなければ契約内容を変更することができない。 総 令1改
	□ 2 受注型企画旅行契約において、旅行者は、旅行業者に対し、旅行日程、旅行サービスの内容その他の契約の内容を変更するよう求めることができる。この場合において、旅行業者は、可能な限り旅行者の求めに応じる。 国 平30改
	□ 3 企画旅行の旅行開始前に、利用予定の運送サービスの提供が中止となったことにより旅行日程を変更したため、旅行の実施に要する費用が増加し旅行代金を増額するときは、旅行業者は、旅行開始日の前日から起算してさかのぼって 15 日目に当たる日より前に旅行者にその旨を通知しなければならない。 総 平28改
	□ 4 募集型企画旅行契約において、航空会社が運送サービスの提供を行っているにもかかわらず、当該航空会社の座席の不足が発生したことにより他の航空会社へ変更となった結果、旅行の実施に要する費用の増加が生じたときは、旅行業者は、旅行代金を増額することができる。 総 令2改
	□ 5 募集型企画旅行契約において、A 市から B 市への移動に際し、契約書面に記載した航空便の欠航により B 市に移動できず、やむを得ず A 市に宿泊することになった場合で、それに伴い旅行の実施に要する費用の増加が生じたときは、旅行業者はその増加する費用の範囲内で旅行代金の額を増額することがある。 国 令3改
	□ 6 旅行業者と募集型企画旅行契約を締結した旅行者は、旅行業者の承諾を得て、契約上の地位を当該旅行者の三親等以内の親族に限り譲り渡すことができる。 国 令2改

解答 1. ×　契約内容を変更するに当たり、旅行者への説明は必要だが承諾を得る必要はない／ 2. ○　受注型企画旅行契約では、旅行者から契約内容の変更を求めることができる／ 3. ×　通知期限があるのは「著しい経済情勢の変化等による運送機関の適用運賃・料金の大幅な増加を原因とする旅行代金の増額」のときのみ。本問の場合は通知期限の定めはない／ 4. ×　過剰予約受付を原因とする旅行代金の増額は認められない／ 5. ○　増加分は旅行者の負担とし、旅行代金を増額できる／ 6. ×　契約上の地位の譲渡は、旅行者の親族などに限定されていない

企画旅行契約の解除

国 総

学習項目

◎旅行者の解除権（旅行開始前・旅行開始後）
◎旅行業者の解除権（旅行開始前・旅行開始後）
◎旅行代金の払戻し

学習ポイント

●契約の解除には「**旅行者からの解除**」と「**旅行業者からの解除**」の２種類があり、さらにそれぞれ「旅行開始**前**の解除」と「旅行開始**後**の解除」に分類されている。
●**旅行者**からの旅行開始**前**の解除の場合に**取消料が不要**となる項目を暗記する。
●旅行代金の払戻し期限（2 種類）を暗記する。

約款 国・総

1 旅行者の解除権

旅行者は、次の**取消料を支払う**ことによって、**いつでも**（旅行開始前・後にかかわらず）、**企画旅行契約**を**解除**することができます。

■ 図表１　企画旅行の取消料

1．国内旅行

契約解除の日	取消料
下記①に該当する日より前の解除	**受注型** 企画料金に相当する額 **募集型** 取消料は不要
① 旅行開始日の前日から起算してさかのぼって **宿泊をともなう**旅行 **20 日目に当たる日以降 8 日目に当たる日まで**の解除 **日帰り**旅行 **10 日目に当たる日以降 8 日目に当たる日まで**の解除	旅行代金の 20%以内
② 旅行開始日の前日から起算してさかのぼって **7 日目に当たる日以降 2 日目に当たる日まで**の解除	旅行代金の 30%以内
③ 旅行開始日の**前日**の解除	旅行代金の 40%以内
④ 旅行開始日**当日**の解除 （ただし⑤を除く）	旅行代金の 50%以内
⑤ **旅行開始後**の解除 （または**無連絡不参加**）	旅行代金の 100%以内

プラスアルファ

「貸切船舶を利用する国内企画旅行」の場合は、その船舶に係る取消料の規定が適用される（船舶により異なるので詳細は省略）。

受注型企画旅行契約の場合、企画書面および契約書面に企画料金の額を明示していれば、表中①に定める期日よりも前に旅行者が契約を解除したとしても、企画料金相当額の取消料を旅行者に請求することができます。

プラスアルファ

取消料（表）の適用に当たり、「**旅行開始後**」とは、**特別補償規程**に規定する「**サービスの提供を受けることを開始した時**」以降をいう。

サービスの提供を受けることを開始した時
▶▶P159

ピーク時とは、**海外の募集型企画旅行のみ**に定められた以下の期間です。
- 12／20～1／7
- 4／27～5／6
- 7／20～8／31

旅行開始日が各期間のいずれかに該当するときは**注 1** に記載した取消料を適用します。つまり、旅行開始日がピーク時の海外募集型企画旅行の場合、旅行開始日の前日から起算してさかのぼって 41 日目に当たる日までは取消料が不要で、40 日目に当たる日以降の解除には取消料がかかります。

用語

貸切航空機
航空機を 1 機単位で、特定の団体によりまるごと貸し切ること。「チャーター便」とも呼ばれる。

2．海外旅行

〔日本出国時または帰国時に航空機を利用（貸切航空機を除く）〕

契約解除の日	取消料
下記①に該当する日より前の解除（注 1）	**受注型**　企画料金に相当する額 **募集型**　取消料は不要
① 旅行開始日の前日から起算してさかのぼって **30 日目に当たる日以降 3 日目に当たる日まで**の解除	旅行代金の 20%以内
② 旅行開始日**前々日（2 日前）から当日まで**の解除（ただし③を除く）	旅行代金の 50%以内
③ **旅行開始後**の解除 （または**無連絡不参加**）	旅行代金の 100%以内

注 1　海外の募集型企画旅行の例外
旅行開始日が「ピーク時」に該当する場合は、以下の取消料がかかる。

旅行開始日の前日から起算してさかのぼって **40 日目に当たる日以降 31 日目に当たる日まで**の解除	旅行代金の 10%以内

〔貸切航空機を利用〕

契約解除の日	取消料
下記①に該当する日より前の解除	**受注型**　企画料金に相当する額 **募集型**　取消料は不要
① 旅行開始日の前日から起算してさかのぼって 90 日目に当たる日以降 31 日目に当たる日までの解除	旅行代金の 20%以内
② 旅行開始日の前日から起算してさかのぼって 30 日目に当たる日以降 21 日目に当たる日までの解除	旅行代金の 50%以内
③ 旅行開始日の前日から起算してさかのぼって 20 日目に当たる日以降 4 日目に当たる日までの解除	旅行代金の 80%以内
④ 旅行開始日の前日から起算してさかのぼって 3 日目に当たる日以降の解除 （または無連絡不参加）	旅行代金の 100%以内

旅行者が**通信契約を解除**する場合、旅行業者は提携会社のカードにより、**所定の伝票への旅行者の署名なくして**上記の**取消料の支払い**を受けることができます。

1. 旅行者からの旅行開始前の解除

前述のとおり、旅行者が契約を解除する場合は、原則として取消料がかかりますが、次の①～⑤**のいずれか**に該当する場合、**旅行者は旅行開始前に取消料を支払わずに**企画旅行契約を**解除**することができます（**取消料が適用される期間内の解除であっても、旅行業者は取消料を請求できません**）。

Key Point ●取消料が不要な場合

① 旅行業者によって**契約内容が変更**されたとき
　＊後述する「旅程保証」の対象となるような**重要な変更に限る**

② **運送機関の適用運賃・料金**が、**著しい経済情勢の変化**等により、通常想定される程度を**大幅**に超えて増額となったために、**旅行代金が増額**されたとき

③ **天災地変など**が生じた場合で、**旅行の安全かつ円滑な実施**が**不可能となり**、**または不可能となるおそれが極めて大きい**とき

④ 旅行業者が旅行者に対し、所定の期日までに**確定書面を交付しなかった**とき

⑤ **旅行業者の責に帰すべき事由**により、**契約書面に記載した旅行日程に従った旅行の実施**が**不可能**になったとき

旅行者が契約を解除する理由が、これらの**5つの項目に該当しない場合**、旅行者は原則どおり**取消料を支払わなければなりません**。

2. 旅行者からの旅行開始後の解除

旅行者は、**旅行開始後**において、**旅行者の責に帰すべき事由によらず、契約書面に記載した旅行サービスを受領することができなくなったとき**、**または旅行業者がその旨を告げたときは**、**取消料を支払わず**に、**旅行サービスの受領することができなくなった部分の契約を解除**することができます。

「取消料が不要な場合」の５項目はしっかり暗記しましょう。これ以外の理由で旅行者が契約を解除する場合、解除の日が取消料の適用期間内であれば原則どおり取消料がかかります。

旅程保証
▶▶P147

「旅行者からの旅行開始前の解除」の場合に**取消料がかかる**事例として、試験では次のようなケースが出題されています。
- 旅行者の**配偶者や親族**が**死亡**（負傷）した
- 交通事故、交通渋滞などにより**集合時刻に間に合わなかった**
- **旅行者自身の病気、事故**により参加できなくなった

約款　国・総

プラスアルファ
ケース１の場合､「航空機の欠航」は、旅行業者になんら責任はないため、仮にB市の劇場やホテルから取消料や違約料などを請求された場合は、その費用は旅行者が負担することになる。旅行者が、これらの部分の契約を解除した場合は、この費用を差し引いた残額が旅行者に払い戻される。

CASE 1　旅行者からの旅行開始後の解除

A市からB市へ移動し、B市でミュージカルを鑑賞ののち、B市内のホテルに宿泊する予定だったが、航空機が欠航したため、翌日に移動することになり、代わりにA市の美術館に立ち寄り、A市内のホテルに宿泊することになった。

ケース1でいうと、旅行者は、代替案（A市での美術館入場および宿泊）が気に入らない場合には、これを拒否することができ、受領できなくなった旅行サービス（B市でのミュージカル鑑賞および宿泊）の部分に限り、取消料を支払わずに契約を解除することができます。この場合、旅行業者は旅行代金のうち、その受領することができなくなった部分に係る金額を旅行者に払い戻します（**旅行業者の責に帰すべき事由によらない場合は、旅行サービス提供機関に対して支払わなければならない取消料、違約料などの費用は旅行者の負担**になり、これを差し引いた残額を旅行者に払い戻します）。

2　旅行業者の解除権

前述のとおり、旅行者は取消料を支払うことで、いつでも、また、どんな理由でも契約を解除することが可能ですが、**旅行業者からの契約の解除は一定の事由に該当するときに限って**認められています。この点が「旅行者からの解除」と大きく異なります。

1．旅行開始前の解除

（1）旅行業者が旅行開始前に契約を解除できる事由

旅行業者は次のいずれかに該当する場合には、**旅行者に理由を説明**して、**旅行開始前に企画旅行契約を解除**することがあります（**募集型と受注型とで一部異なります**）。

旅行業者が契約を解除する場合は、**解除の理由にかかわらず**、旅行者に**必ず理由を説明**しなければなりません（旅行開始後に解除するときも同じです）。

Key Point ●旅行業者による旅行開始前の解除事由

＊解除事由に当たる＝○

旅行業者による旅行開始前の解除事由	募集	受注
① 旅行者が、旅行業者があらかじめ明示した性別、年齢、資格、技能その他の**参加旅行者の条件を満たしていないことが判明**したとき	○	／
② 旅行者が**病気、必要な介助者の不在**その他の事由により、**当該旅行に耐えられない**と認められるとき	○	○
③ 旅行者が**他の旅行者に迷惑を及ぼし、または団体旅行の円滑な実施を妨げるおそれがある**と認められるとき	○	○
④ 旅行者が、契約内容に関し**合理的な範囲を超える負担を求めた**とき	○	○
⑤ 旅行者の数が契約書面に記載した**最少催行人員に達しなかった**とき	○	／
⑥ 契約締結の際に明示した**旅行実施条件が成就しないおそれが極めて大きい**とき（スキーを目的とする旅行における必要な降雪量、花見・紅葉を目的とする旅行における開花・紅葉状況など）	○	○
⑦ **天災地変など旅行業者の関与し得ない事由**が生じた場合において、**契約書面に記載した旅行日程に従った旅行の安全かつ円滑な実施が不可能となり、または不可能となるおそれが極めて大きい**とき	○	○
⑧ **通信契約**を締結した場合であって、旅行者の有するクレジットカードが無効になる等、旅行者が旅行代金等に係る債務の一部または全部を**提携会社のカード会員規約に従って決済できなくなった**とき	○	○
⑨ 旅行者が次のいずれかに該当することが判明したとき • 旅行者が、反社会的勢力であると認められるとき • 旅行者が、旅行業者に対して暴力的な要求行為、不当な要求行為、取引に関して脅迫的な言動もしくは暴力を用いる行為またはこれらに準ずる行為を行ったとき • 旅行者が、風説を流布し、偽計を用いもしくは威力を用いて旅行業者の信用を毀損しもしくは旅行業者の業務を妨害する行為またはこれらに準ずる行為を行ったとき	○	○

(2) 最少催行人員に達しなかった場合 募集型のみ

上記 Key Point の⑤に記載したように、募集型企画旅行において旅行者の数が**契約書面に記載した最少催行人員に達しなかったこと**を理由に、**旅行業者は契約を解除**することができますが、この場合、旅行業者は**次の期限までに旅行を中止する旨**

用語

最少催行人員
募集型企画旅行に設定された「**その旅行が催行（実施）される最低人数**」のこと。例えば、「最少催行人員：８名」とある場合、参加旅行者を最低でも８名集客できなければ、その旅行の催行が中止される（設定された人員を下回ると赤字になる可能性があるため）。
最少催行人員未達による催行中止の場合、旅行者に対する通知期限が定められている（詳しくは次ページ参照）。

天災地変など旅行業者の関与し得ない事由
▶▶P127

①と⑤については、**募集型企画旅行だけに適用される解除事由**です。受注型企画旅行は旅行者の依頼に基づいて実施する旅行なので、旅行業者が①や⑤の条件を設定することは事実上考えられず、したがって、これをもとに契約を解除するケースもあり得ないということです。

約款
国・総

を旅行者に通知しなければなりません。

Key Point ●最少催行人員に達しなかったときの通知期限

募集型企画旅行		通知期限（旅行開始日の前日から起算してさかのぼって）
国内旅行	日帰り旅行	3 日目に当たる日より**前**まで
	宿泊をともなう旅行	13 日目に当たる日より**前**まで
海外旅行	旅行開始日がピーク時以外	23 日目に当たる日より**前**まで
	旅行開始日がピーク時	33 日目に当たる日より**前**まで

定められた期限までに旅行者に旅行中止の通知をしない場合、旅行業者はこれを理由として**契約を解除することはできません**。

（3）旅行者が旅行代金を支払わない場合

旅行業者は、**旅行者**が契約書面に記載する**所定の期日までに旅行代金を支払わないときは、支払い期日の翌日に旅行者が契約を解除したものとみな**します。この場合、旅行者は旅行業者**に対し、旅行業者の定める取消料**（図表１の取消料）**に相当する額の違約料**を支払わなければなりません。

2. 旅行開始後の解除

（1）旅行業者が旅行開始後に契約を解除できる事由

旅行業者は次のいずれかに該当する場合には、**旅行者に理由を説明**して、**旅行開始後であっても企画旅行契約の一部を解除**することがあります。

Key Point ●旅行業者による旅行開始後の解除事由

① 旅行者が**病気、必要な介助者の不在その他の事由により、旅行の継続に耐えられない**とき

② 旅行者が、**旅行を安全かつ円滑に実施するための添乗員その他の者による旅行業者の指示への違背**（いはい）、**これらの者または同行する他の旅行者に対する暴行**または**脅迫等により団体行動の規律を乱し、旅行の安全かつ円滑な実施**

催行中止の通知期限は 3、13、23、33 日目（に当たる日より前）といずれも一桁台は「3 並び」。関連させて覚えましょう。また、**契約を解除**するに当たり、**旅行者への事前の通知期限が定められているのは、この「最少催行人員未達による催行中止」の場合のみ**です。これ以外は特に期限がないことも覚えておいてください。

プラスアルファ

取消料は「旅行者が契約を解除するとき」にかかるもの。旅行業者から契約を解除する場合は、当然ながら取消料を旅行者に請求することはできない。
これに対し、（3）の場合は、旅行者が契約を解除したものとして取り扱うため、旅行業者は違約料（旅行者が約束を守らなかったことに対するペナルティーのようなもの）を請求することができる。

用語

違背
そむくこと。

を**妨げる**とき

③ 旅行者が次のいずれかに該当することが判明したとき

- 旅行者が、**反社会的勢力**であると認められるとき
- 旅行者が、旅行業者に対して暴力的な要求行為、不当な要求行為、取引に関して脅迫的な言動もしくは暴力を用いる行為またはこれらに準ずる行為を行ったとき
- 旅行者が、風説を流布し、偽計を用いもしくは威力を用いて旅行業者の信用を毀損しもしくは旅行業者の業務を妨害する行為またはこれらに準ずる行為を行ったとき

④ **天災地変その他の旅行業者の関与し得ない事由**が生じた場合であって、**旅行の継続が不可能**となったとき

これまでに学習してきたとおり、**契約の解除には次の4パターン**があります。
旅行者からの解除
① 旅行開始**前**
② 旅行開始**後**
旅行業者からの解除
③ 旅行開始**前**
④ 旅行開始**後**
問題を解くに当たり、上記①～④のどれに該当するのかを常に意識することが大切です。

約款　国・総

①～④に該当する場合で、**旅行開始後に旅行業者が契約を解除したとき**は、旅行業者と旅行者との間の**契約関係**は、**将来に向かってのみ消滅**します。したがって、**旅行者がすでに提供を受けた旅行サービスに関する旅行業者の債務**は、**有効な弁済がなされたもの**として扱います（解除より前の契約は有効で、すでに履行済みであるということです）。

(2) 旅行開始後に契約を解除したときの旅行代金の払戻し

旅行開始後に**旅行業者から契約を解除**した場合、旅行業者は旅行代金のうち、**旅行者が提供を受けていない旅行サービスに係る部分に関する金額**から、**その旅行サービスに対する取消料、違約料その他**のすでに支払い、またはこれから支払わなければならない費用に係る金額を差し引いたものを旅行者に払い戻します。これを図に示すと次のようになります。

■ 図表2　払戻額の算出

いまだその提供を受けていない旅行サービスに係る金額	－	提供を受けていない旅行サービスに対する取消料・違約料など	＝	旅行者への払戻額

プラスアルファ
図表2からもわかるとおり、提供を受けていない旅行サービスがある場合でも、その部分に係る金額がすべて払い戻されるとは限らず、これら旅行サービス提供機関から請求された「解除に伴う取消料、違約料など」は旅行者が負担しなければならないということ。

旅行業者が旅行開始後に契約を解除した理由が（1）の②または③に該当するとき（いわゆる「**旅行者の迷惑行為を原因とするとき**」や「**旅行者が反社会的勢力に該当するなどのとき**」）は、旅行業者はその者からの求めがあったとしても**帰路手配に応じる義務はありません。**

（3）契約解除後の帰路手配

旅行業者が旅行開始後に企画旅行契約を解除した場合で、その解除の事由が（1）で述べた**①または④**に該当するとき（**②および③を除く**）は、**旅行者の求めに応じて、旅行者がその旅行の出発地に戻るために必要な旅行サービスの手配を引き受けます**。この場合の**出発地に戻るための旅行の費用**は**旅行者の負担**になります。

3 旅行代金の払戻し

これまでに学習してきたとおり、「旅行代金の額が減額された」「旅行者または旅行業者が契約を解除した」などにより、**旅行業者が旅行代金の一部（または全部）を旅行者に払い戻す**ことがあります。この場合、旅行業者は次に定める期限までに、旅行者に対して払戻しを行います。

払戻しの期限は表に定める**2種類のみ**。試験でも繰り返し出題されているので正しく暗記しておきましょう。

Key Point ●旅行代金の払戻期限

払戻事由	払戻期限
●旅行開始前の**解除**	**解除の翌日から起算して**7日以内
●旅行開始後の**解除** ●旅行代金の減額	**契約書面に記載した旅行終了日の翌日から起算して**30日以内

＊**通信契約**の場合、上記の期限内に払戻額を旅行者に通知する。この「通知を行った日」がカード利用日となる。

ここで定める払戻しの規定は、**旅行者または旅行業者が損害賠償請求権を行使することを妨げるものではありません**。例えば、契約解除等について、旅行業者の過失があり、旅行者になんらかの損害が生じた場合、上記の期限に基づき、旅行業者が旅行者に対して払戻しを行ったとしても、旅行者は、この払戻しとは別に旅行業者に対して損害の賠償を請求することができます。

Let's Try! 確認テスト

●次の各記述の正しいものには○を、誤っているものには×を記入しなさい。

チェックポイント	できたらチェック ✓
旅行者の解除権	□ 1 利用する運送機関の適用運賃・料金が、著しい経済情勢の変化等により、旅行の募集の際に明示した時点において有効なものとして公示されているものに比べて、通常想定される程度を大幅に超えて増額されたため、旅行代金が増額された場合、旅行者は旅行開始前に取消料を支払わずに企画旅行契約を解除できる。 総 平25改
	□ 2 旅行者が交通事故に遭い入院したときは、旅行者は旅行開始前に募集型企画旅行契約を解除するに当たって、取消料を支払わなければならない（取消料の支払いを要する期間内の解除とする）。 国 平30改
	□ 3 大雪が原因で、契約書面に記載された旅行開始日が変更になったときは、旅行者は旅行開始前に募集型企画旅行契約を解除するに当たって、取消料の支払いを要しない（取消料の支払いを要する期間内の解除とする）。 国 平29改
旅行業者の解除権	□ 4 募集型企画旅行契約においては旅行者の数が契約書面に記載した最少催行人員に達しなかったときは、旅行業者は契約を解除することがあるが、受注型企画旅行契約においては同様の定めがない。 総 平30
	□ 5 花見を目的とする日帰りの国内旅行において、開花が遅れ当該旅行の目的が成就しないおそれが極めて大きいことから、旅行業者が企画旅行契約を解除しようとするときは、旅行開始日の前日から起算してさかのぼって3日目に当たる日より前までに、当該旅行を中止する旨を旅行者に通知しなければならない。 国 令3改
	□ 6 旅行業者は、旅行開始後旅行地において暴動が発生し、旅行の継続が不可能となったため、契約の一部を解除したときは、旅行者の求めに応じて、旅行者が当該旅行の出発地に戻るために必要な旅行サービスの手配を引き受けるが、それに要する一切の費用は旅行者の負担となる。 総 平27

解答 1. ○／2. ○　旅行者本人の入院は取消料不要となる解除事由に該当しない／3. ○　旅行業者によって契約内容（旅行開始日）が変更されているので、旅行者からの契約解除に当たり取消料の支払いを要しない／4. ○　受注型企画旅行は旅行者の依頼により実施する旅行なので、旅行業者が「最少催行人員」を設定することはなく、これを理由に契約を解除することもない／5. ×　旅行業者からの企画旅行契約解除について、通知の期限が定められているのは「最少催行人員に達しなかったとき（催行中止）」のみ。本問のケースの場合、通知期限の定めはない／6. ○

重要度 A

旅程管理・責任

学習項目

◎旅程管理
◎旅行業者の責任
◎旅行者の責任

学習ポイント

- 旅程管理のために行うべき業務を理解する。
- すべての企画旅行に添乗員が同行するわけではない。
- 添乗員の業務時間は8時から20時まで。
- 旅行業者の故意・過失による損害が生じた場合の旅行業者への**通知期限**、**賠償限度額**を理解する。
- 旅行者に求められている**責任**・**義務**を理解する。

プラスアルファ

旅程管理については第1編「旅行業法」でも詳しく解説している。約款では、旅程管理の中でも特に「契約内容の変更が生じた（生じるおそれがある）場合」について明記している。

旅程管理（旅行業法）
▶▶P77

1 旅程管理

1. 旅程管理業務

Lesson2の「企画旅行契約の内容」で述べたとおり、企画旅行契約を締結することにより、旅行業者は「旅行者が旅行サービス提供を受けることができるように手配し、旅程を管理する義務」を負います。

旅行業者は、旅行者の安全かつ円滑な旅行の実施を確保することに努力し、旅行者に対し次の業務を行わなければなりません。

Key Point ●旅程管理

① **旅行者が旅行中、旅行サービスを受けることができないおそれがあると認められるときは、企画旅行契約に従った旅行サービスの提供を確実に受けられるために必要な措置**を講ずること。

② 上記①の措置を講じたにもかかわらず、**契約内容を変更せざるを得ないときは、代替サービスの手配**を行うこと。

③ 上記②の手配を行うときには、次により**契約内容の変更を最小限にとどめるよう努力**すること。

- 旅行日程を変更するときは、変更後の旅行日程が当初の旅行日程の趣旨にかなうものとなるよう努めること。
- 旅行サービスの内容を変更するときは、変更後の旅行サービスが当初の旅行サービスと同様のものとなるよう努めること。

ただし、**旅行者と旅行業者が①〜③とは異なる特約**を結んだ場合、これらの措置を行わない場合があります（旅行業法でも学習したように、国内の企画旅行の場合に限り、一定の条件のもとに、これらの措置を行わないことがあるということです）。

2. 旅行業者の指示等

(1) 旅行業者の指示

旅行者は、旅行開始後、旅行終了までの間において、**団体で行動するときは、旅行を安全かつ円滑に実施するための旅行業者の指示**に従わなければなりません。

(2) 添乗員等の業務

旅行業者は、**旅行の内容により添乗員その他の者を同行させて旅程管理業務その他の旅行業者が必要と認める業務の全部（または一部）を行わせる**ことがあります（この場合でも、旅程管理の義務を負っているのはあくまで旅行業者です）。

添乗員等が、その**業務に従事する時間帯**は原則として**8時**から**20時**までです。

3. 保護措置

旅行業者は、旅行中の旅行者が、**疾病、傷害等により保護を要する状態にあると認めたときは、必要な措置を講ずることが**あります。この場合、これが旅行業者の責に帰すべき事由によるものでないときは、この**措置に要した費用は旅行者の負担**とします。旅行者は、この費用を旅行業者が指定する期日・方法により支払わなければなりません。

旅行業法でも学習したとおり、旅程管理業務を行うに当たり、**すべての企画旅行に添乗員などを同行させる義務はありません**。また、添乗員などに旅程管理業務を行わせる場合でも、**旅行業者自身の旅程管理責任を免れることはできません**。
この2点については間違えないように注意しましょう。

プラスアルファ

添乗員の業務は、日程の都合により、実際には所定の時間（8時〜20時）を超えて行われることも多いが、旅行者が深夜・早朝に些細な用事で添乗員を呼び出す、日程に含まれていない案内をするよう強要するなどの好ましくない事態を極力避けるために約款に業務時間を明記している。

約款 国・総

2 責任

1. 旅行業者の責任（損害賠償責任）

契約の履行（りこう）に当たって、**旅行業者または手配代行者**が**故意**または**過失**により**旅行者に損害を与えたとき**は、所定の期間内に**旅行業者に対して通知があったときに限り**、旅行業者はその損害を賠償します。

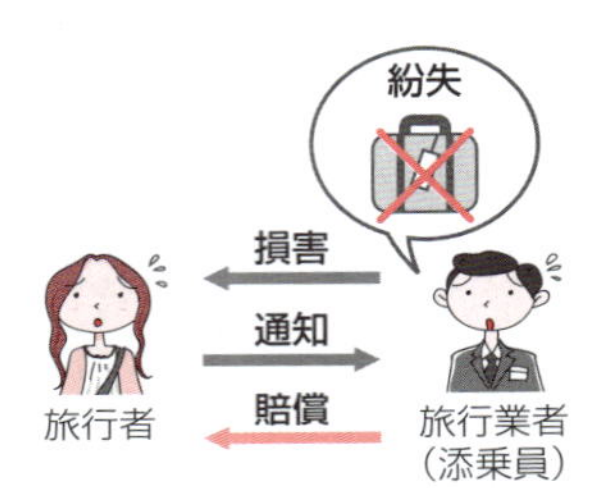

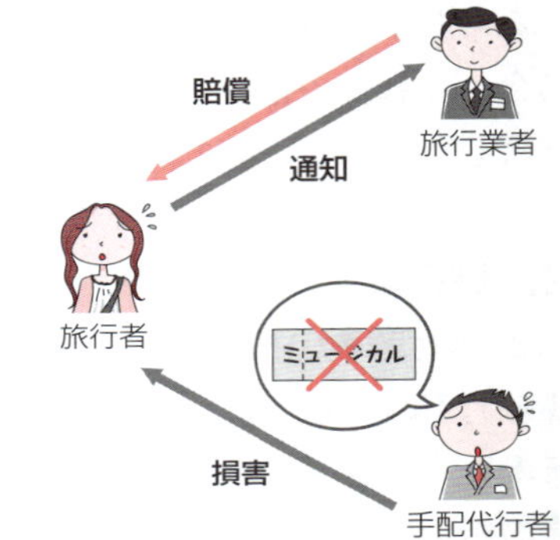

旅行業者に対する**通知の期限**は、「**手荷物以外**」と「**手荷物**」とで次のように異なり、また**手荷物**については原則として**賠償限度額（上限）**が定められています。

Key Point ●旅行業者への通知期限と賠償限度額

対象	通知期限	限度額（上限）
手荷物以外	**損害発生の翌日から起算して** 2 年以内	定めなし
手荷物	**損害発生の翌日から起算して** **国内**旅行：14 日以内 **海外**旅行：21 日以内	**旅行者** 1 名**につき** 15 万円（※）

※**旅行業者または手配代行者の**故意または重大な過失**が原因**であるときは、15 万円の上限額を適用しない（限度額の制限がなくなる）。

旅行者が天災地変など**旅行業者または手配代行者の関与し得ない事由**により損害を被ったときは、その損害について**旅行業者または手配代行者の故意または過失がある場合を除き**、**旅行**

プラスアルファ
旅行業者が損害を賠償しなければならない責任が生じるケースとしては、「添乗員に預けた荷物が紛失した」「旅行業者（または手配代行者）の手配に間違いがあり、予定していたサービスを受けられなくなった」などが代表的な例。

手配代行者が旅行者に与えた損害についても、旅行業者が賠償責任を負うという点がポイント。Key Point にあげた通知期限や限度額の定めとともに押さえておきましょう。

用語

重大な過失
過失の中でも「不注意（うっかり）の程度が著しいもの」を重大な過失（重過失）という。法律上、通常の過失（軽過失）とは区別して用いられることがあるが、これらの具体的な判別が試験で問われることはないので言葉のみ覚えておけばよい。

業者は損害賠償責任を負いません。

2. 旅行者の責任

約款では、旅行者に対して次の３つの責任を定めています。

Key Point ●旅行者の責任

① **旅行者の故意または過失**により、**旅行業者が損害を被った**ときは、その**旅行者は損害を賠償**しなければならない。

② 旅行者は、旅行契約を締結するに際しては、**旅行業者から提供された情報を活用し、旅行者の権利義務その他の旅行契約の内容について理解**するよう努めなければならない。

③ 旅行者は、**旅行開始後**に、契約書面に記載された旅行サービスを円滑に受領するため、万が一、**契約書面と異なる旅行サービスが提供されたと認識したときは、旅行地において速やかにその旨を旅行業者、手配代行者または旅行サービス提供者に申し出**なければならない。

Let's Try! 確認テスト

●次の各記述の正しいものには○を、誤っているものには×を記入しなさい。

チェックポイント	できたらチェック
旅程管理	□ 1 募集型企画旅行契約において、旅行業者は、他の旅行業者に旅程管理業務を委託する旨を確定書面に明示した場合は、旅程を管理する責任を負わない。 国 平28改
	□ 2 募集型企画旅行契約において、旅行業者は、旅行の内容により、添乗員その他の者を同行させて旅程管理業務その他当該旅行に付随して旅行業者が必要と認める業務の全部または一部を行わせることがある。 総 平30改
	□ 3 添乗員その他の者が旅程管理業務その他旅行に付随して旅行業者が必要と認める業務に従事する時間帯は、原則として 7 時から 22 時までである。 国 令2
旅行業者の責任	□ 4 旅行者が自由行動時間中に被った損害については、旅行業者または手配代行者の過失によるものであっても、旅行業者はその損害を賠償する責任を負わない。 国 平21
	□ 5 旅行者が、企画旅行参加中に手配代行者の過失により身体に損害を被ったときは、その損害発生の翌日から起算して 2 年以内に旅行業者に対して通知があったときに限り、旅行業者はその損害を賠償する責に任じる。 総 平29改
	□ 6 旅行業者は、旅行業者の過失により旅行者の手荷物に損害を与えたときは、国内旅行にあっては損害発生の翌日から起算して 14 日以内に旅行業者に対して通知があったときに限り、旅行者 1 名につき 15 万円を限度（旅行業者に故意または重大な過失がある場合を除く。）として賠償する。 国 令3
旅行者の責任	□ 7 旅行者は、募集型企画旅行契約の締結に際しては、旅行業者から提供された情報を活用し、旅行者の権利義務その他の契約の内容について理解するよう努めなければならない。 総 令2改

解答 1. ×　他の旅行業者や添乗員に旅程管理業務を委託する場合でも、旅程管理責任を負うのは企画旅行を実施する旅行業者である／ 2. ○　募集型企画旅行において、添乗員等を同行させるかどうかは旅行業者の任意である／ 3. ×　添乗員等の業務時間は原則として 8 時から 20 時まで／ 4. ×　自由行動時間中に被った損害であっても、その原因が旅行業者または手配代行者の過失によるものであるときは、旅行業者はその損害を賠償しなければならない／ 5. ○　手配代行者の故意または過失による損害についても旅行業者が賠償責任を負う／ 6. ○　手荷物に生じた損害の賠償限度額は、原則として「旅行者 1 名につき 15 万円」。旅行業者の故意または重大な過失による場合はこの上限を適用しない（限度額の制限がなくなる）／ 7. ○

●第1章●

Lesson 6

旅程保証

重要度 A

学習項目

◎旅程保証とは
◎旅程保証の内容
◎変更補償金が支払われない場合
◎契約内容の重要な変更
◎変更補償金の支払いの要否

学習ポイント

● 旅程保証の概要を理解する。
● **変更補償金の下限と上限**、**変更補償金の支払い期限**を暗記する。
● **免責事由に該当する**とき、**旅行者が契約を解除**したとき、**旅行業者の故意・過失**をともなう場合は変更補償金は支払われない。
● 「契約内容の重要な変更」の具体例を理解する。

1 旅程保証とは

これまでに学習したとおり、企画旅行では、旅行業者の関与し得ないさまざまな要因により契約内容の変更を余儀なくされることがあります。その変更の原因が悪天候や運送機関の欠航・運休など、やむを得ないものであるときはともかく、とかく問題になりがちなのが**過剰予約受付など**をはじめとする「**諸設備の不足**（**サービスの提供は行われているものの、座席や部屋が足りなくなったこと**）**による変更**」です。サービスの提供自体は行われているため、一部の旅行者は予定どおりにサービスの提供を受けられ、また一部の旅行者は変更を余儀なくされるなど、公平さを欠くことから、苦情に発展するケースも少なくありませんでした。このような事態に対処するために、変更を余儀なくされた旅行者に対する補償のルールを定めたものが**旅程保証**です。

「諸設備の不足」が原因で、契約内容に重要な変更が生じたときに、その変更を受け入れてくれた旅行者に対して旅行業者が**変更補償金**（変更を受け入れてくれたことに対する見舞金のようなもの）を支払う旨を定めたのが旅程保証だと考えればよいでしょう。

過剰予約受付
▶▶P130

プラスアルファ
座席や客室の不足が生じるケースは主に次の２つ。
① 運送・宿泊機関等の**過剰予約受付（オーバーブッキング）**による場合
② 設備の故障や不具合により、**一部の座席や客室のみが使用できなくなった**場合（設備のすべてが使用できない場合は「設備の不足」ではなく、「サービス提供の中止」に当たる）

2 旅程保証の内容

1. 変更補償金の支払い

旅行業者は、**企画旅行**における**契約内容の重要な変更**が生じた場合は、旅行者に対して**変更補償金**を支払います。

（1）変更補償金の額の算出

変更補償金の額は、**旅行代金に所定の率を乗じて**算出します。約款では、変更の種類により、また旅行開始前・後により**変更1件当たり**1.0%～5.0%までの率が定められ、**旅行代金にこの率を乗じた額以上**の変更補償金を支払うことになります（詳細はP151 の表を参照のこと）。

（2）変更補償金の下限と上限

① 変更補償金の下限

旅行者 1 名に対して**1 企画旅行**につき支払うべき変更補償金の額が**1,000 円未満**であるときは、旅行業者は**変更補償金を支払いません**。

② 変更補償金の上限

変更補償金を支払うべき事由が複数生じた場合でも無制限に変更補償金が支払われるわけではありません。**旅行者 1 名**に対して**1 企画旅行**につき「**旅行代金**に**15%以上の旅行業者が定める率を乗じた額**」を限度（上限）とします。

（3）変更補償金の支払い期限

変更補償金を支払うべき事由が生じた場合、**旅行終了日の翌日から起算**して**30 日以内**に支払わなければなりません。

Key Point ●変更補償金の支払い

算出方法	**変更 1 件ごと**に 旅行代金に 1.0 ～ 5.0%の率を乗じて算出
下限	**旅行者 1 名**に対して **1 企画旅行**につき 1,000 円未満の場合は**支払わない**
上限	**旅行者 1 名**に対して **1 企画旅行**につき **旅行代金に** 15%以上の**旅行業者が定める率**を乗じた額をもって**限度**とする
支払い期限	**旅行終了日の翌日から起算**して 30 日以内

プラスアルファ

「1 件当たりの率」は旅行開始前と後によって異なり、この基準は次による。

旅行開始前の率

変更が生じたことを**旅行開始日の前日までに旅行者に通知**した場合に適用

旅行開始後の率

変更が生じたことを**旅行開始当日以降に旅行者に通知**した場合に適用

プラスアルファ

「旅行代金に 15%以上の旅行業者が定める率を乗じた額を限度とする」とは、いいかえると「変更補償金の支払い限度額は、旅行業者が定めることができるが、その額は最低でも旅行代金の 15%以上でなくてはならない」ということ。

例えば、「旅行代金の 20%を限度」とするのは可だが、「旅行代金の 10%を限度」とするのは不可である。

なお、変更補償金を支払うべき事由が生じたときは、**旅行者からの申出がなくても**旅行業者は変更補償金を支払わなければなりません（変更補償金の支払いに当たり、旅行者からの申出、通知、請求などは不要です）。

2. 変更補償金が支払われない場合

(1) 免責事由に該当する場合

次の①～⑦に該当する事由が原因で生じた変更については、**変更補償金は支払われません**。

Key Point ●免責事由（変更補償金を支払わない事由）

① **天災地変**　② 戦乱　③ 暴動　④ **官公署の命令**

⑤ **運送・宿泊機関等の旅行サービス提供の中止**（全面的な中止）

＊**一部でも営業している場合**は免責事由に当たらない

⑥ **当初の運行計画によらない運送サービス**の提供

⑦ 旅行参加者の生命または身体の安全確保のために必要な措置

例えば、「運送機関の運休・欠航」は免責事由の⑤に、交通遅延や到着空港等の変更などは同⑥に該当するので、これらによって契約内容に変更が生じたとしても変更補償金は支払われません。

(2) 旅行契約が解除された場合

契約内容の重要な変更が生じた場合、旅行者は、旅行開始前であれば旅行契約の全部を、旅行開始後であれば、変更により提供を受けることができなくなった旅行サービスに係る部分の契約を解除することができます（いずれの場合も旅行者は取消

プラスアルファ

「1旅程保証とは」でも述べたとおり、旅程保証の制度は、「運送・宿泊機関など旅行サービス提供機関の諸設備の不足」に対処することを想定して定められている。したがって、**⑤の場合、運送・宿泊機関等の旅行サービスの提供が全面的に中止**されたときには**変更補償金は支払われない**が、**一部でも営業しているとき**には「設備の不足」とみなし、**支払いの対象になる**ということ。

旅行者の解除権
▶▶P133～136

料を支払う必要はありません)。

変更補償金は、そもそも「旅行者が変更を受け入れてくれたことに対する見舞金」の意味で支払うものなので、**旅行者が変更を受け入れずに契約を解除した場合**は、当然ながら**変更補償金は支払われません**。また、旅行業者によって契約が解除された場合は、解除された部分の契約関係は消滅する（旅行者は旅行サービスの提供を受けない）ので、この部分に契約内容の変更が生じたとしても、旅行者による解除の場合と同様、変更補償金は支払われません。

(3) 旅行者からの求めによる契約内容の変更　受注型のみ

受注型企画旅行については、旅行者から契約内容の変更を求めることができます。この場合の変更についても、前述（2）と同様の趣旨により、変更補償金は支払われません。

(4) 旅行業者や手配代行者の故意・過失があるとき

変更が生じた原因が旅行業者または手配代行者の**故意**または**過失**であるときは、旅程保証ではなく、**旅行業者による損害賠償**の問題になります。具体的には次のように取り扱います。

旅行業者の損害賠償責任
▶▶P144

旅行業者の故意または過失が原因で生じた変更は、**旅程保証の対象になりません**。**損害賠償金と変更補償金の両方を支払うことはあり得ない**ということを覚えておきましょう。

Key Point ●旅行業者・手配代行者の故意・過失の場合

故意または過失があることが**最初から明らか**である場合	**変更補償金は支払わない**（損害賠償金を支払う）
変更補償金を支払った後に**故意・過失があることが明らか**になった場合	**旅行者は変更補償金を返還する**（実際には、旅行業者が支払うべき損害賠償金の額と変更補償金の額とを相殺し、残額を支払う）

3. 変更補償金支払いの対象となる変更

変更補償金支払いの対象になるのは「**契約書面に記載した契約内容に重要な変更が生じた場合**」です。

(1) 契約内容の重要な変更とは

「重要な変更」とは具体的には次ページの各事項（**募集型は 1 ～ 9、受注型は 1 ～ 8**）に該当する変更をいい、変更の内容ごとに変更補償金の 1 件当たりの率が定められています。

Key Point ●変更補償金の支払いが必要となる変更（率）

変更の内容	1件当たりの率	
	旅行開始前	旅行開始後
1. 契約書面に記載した**旅行開始日または旅行終了日の変更**	1.5%	3.0%
2. 契約書面に記載した**入場する観光地または観光施設（レストランを含む）その他の旅行の目的地**の変更	1.0%	2.0%
3. 契約書面に記載した運送機関**の等級または設備のより低い料金のものへの変更**（変更後の等級および設備の料金の合計額が契約書面に記載した等級および設備のそれを下回った場合に限る） ＊「エコノミークラスからビジネスクラス」「普通車からグリーン車」などの変更の場合は変更補償金は支払われない ＊運送機関が宿泊設備の利用を伴う場合（寝台列車、クルーズ船など）は1泊につき1件として取り扱う（次の4．も同じ）	1.0%	2.0%
4. 契約書面に記載した運送機関**の種類または会社名の変更** ① 等級または設備がより高いものへの変更の場合、変更補償金は支払われない 例：A航空のエコノミークラス→B航空のビジネスクラス 「A航空→B航空」と会社名は変更しているが、変更補償金は支払われない ② 1回の乗車（乗船・搭乗）の中で「種類」と「会社名」の両方が変更された場合でも1回当たり1件として取り扱う 例：航空機（日本航空）→鉄道（JR） 種類（航空機→鉄道）、社名（日本航空→JR）の両方をあわせて1回当たり1件とする	1.0%	2.0%
5. 契約書面に記載した**本邦内の旅行開始地たる空港または旅行終了地たる空港の異なる便への変更** 例：「関西空港～新千歳空港の便」→「神戸空港～新千歳空港の便」 例：「ニューヨーク～関西空港の便」→「ニューヨーク～成田空港の便」	1.0%	2.0%
6. 契約書面に記載した本邦内と本邦外との間における**直行便の乗継便または経由便への変更**（国際線のみが対象） 例：「成田～ニューヨーク（直行便）」→「成田～シカゴ～ニューヨーク（乗継便）」	1.0%	2.0%
7. 契約書面に記載した**宿泊機関の種類または名称の変更** ① 1泊の中で「種類」と「名称」の両方が変更した場合は、1泊につき1件として取り扱う 例：Aホテル→B旅館 種類（ホテル→旅館）、名称（A→B）の両方をあわせて1泊当たり1件とする	1.0%	2.0%
8. 契約書面に記載した**宿泊機関の客室の種類、設備、景観その他の客室の条件の変更** ① 1泊の中で「客室の種類」「設備」「景観」などの条件に複数の変更が生じた場合は、1泊につき1件として取り扱う 例：海が見える風呂付の和室→山が見える風呂なしの洋室 種類（和室→洋室）、設備（風呂あり→風呂なし）、景観（海が見える→山が見える）の3つをあわせて1泊当たり1件とする	1.0%	2.0%
9. 上記1～8に掲げる変更のうち、**契約書面のツアー・タイトル中に記載があった事項の変更** 募集型のみ ① 1～8の変更があり、その変更が「ツアー・タイトル」に記載されていた場合、1～8の率を適用せず9の率のみで変更補償金を算出する 例：ツアー・タイトル「あこがれのA旅館に泊まる金沢の旅」 旅行開始後にA旅館からB旅館に変更された場合は、7の2.0%でなく、9の5.0%の率を適用する	2.5%	5.0%

約款 国・総

前ページ表中９のツアー・タイトルとは「●●を巡る、××５日間の旅」など、そのツアーを販売するうえでつけられた名称のことです。受注型企画旅行の場合、旅行者の依頼に基づいて団体名等を定めることはあっても、あらかじめ旅行業者がツアー・タイトルを定めることはありません。

(2) 確定書面が交付された場合

確定書面が交付された場合、前ページの Key Point 表中の「契約書面に記載した…」の部分は、「**確定書面に記載した…**」と**読み替える**ことになります。また、契約書面の記載内容と確定書面の記載内容との間で重要な変更が生じ、さらに確定書面の記載内容と実際に提供された旅行サービスの内容との間で再び重要な変更が生じた場合は、**それぞれの変更につき１件**として取り扱います。具体的には次のように考えればよいでしょう（いずれの場合も変更の原因はホテルの過剰予約受付による客室の不足であるものとします）。

CASE 1　契約書面に A ホテルまたは B ホテル利用と記載

- 確定書面で A ホテルに確定し、予定どおり A ホテルを利用した
  …変更なし（変更補償金の支払いは不要）
- 確定書面で A ホテルに確定したが、実際には B ホテルを利用した
  …A → B の 1 件の変更として変更補償金の支払いが必要
- 確定書面で C ホテルに変更し、実際には B ホテルを利用した
  …A（または B）→ C で 1 件、C → B の 2 件の変更として変更補償金の支払いが必要

3 変更補償金の支払いの要否

これまでに学習した内容をまとめると、変更補償金は次の①〜③の条件を満たしたときに支払われることになります。

Key Point ●変更補償金の支払いが必要な場合

① 変更の**内容**が「**契約内容の重要な変更**」に該当すること
② 変更の**原因**が、「**免責事由**」「**旅行業者（または手配代行者）の故意または過失**」「**旅行者からの求め**によるもの（受注型のみ）」ではないこと
③ **契約が解除されず**、旅行者がその変更を受け入れていること

②の変更の原因について、過去の試験で「変更補償金が支払われるもの」として出題されているのは、ほぼ 100％が「諸設備（座席や部屋など）の不足を原因とする変更」です。

では、これをもとに、変更補償金の支払いが必要かどうかを

次の各事例で実際に判断してみましょう（**変更の内容**については P151 の Key Point で示した表を参照のこと）。

CASE 2　航空機の運休による旅行終了日の変更

利用予定の航空機が運休したことにより、実際には契約書面に記載した旅行終了日が 1 日遅れた。

変更の内容	旅行終了日の変更（表中 1）…**重要な変更**
変更の原因	運送機関の旅行サービス提供の中止…**免責事由**

ケース 2 の場合、重要な変更が生じていますが、原因が免責事由に該当するので変更補償金は**支払われません**。

CASE 3　過剰予約受付による運送機関の等級・設備の変更

契約書面では新幹線〔のぞみ〕のグリーン車を利用する旨が記載されていたが、過剰予約受付により座席の不足が生じたため、実際には〔のぞみ〕の普通車を利用した。

変更の内容	グリーン車→普通車（表中 3）…**重要な変更**
変更の原因	過剰予約受付による座席の不足…**設備の不足**

ケース 3 の場合、重要な変更が生じ、原因は過剰予約受付による設備の不足なので表中 3 の率を適用して変更補償金が**支払われます**。

CASE 4　過剰予約受付による航空会社の会社名の変更

契約書面では A 航空のエコノミークラスを利用する旨が記載されていたが、A 航空の過剰予約受付により座席の不足が生じたため、実際には B 航空のエコノミークラスを利用した。

変更の内容	A 航空→ B 航空（表中 4）…**重要な変更**
変更の原因	過剰予約受付による座席の不足…**設備の不足**

ケース 4 の場合、重要な変更が生じ、原因は過剰予約受付による設備の不足なので表中 4 の率を適用して変更補償金が**支払われます**。

プラスアルファ

各事例で「変更補償金が支払われます」とあるものについては、いずれも旅行者 1 名に対して 1 企画旅行につき支払うべき変更補償金の額が **1,000 円以上**であるものとする。

変更補償金の下限
▶▶ P148

プラスアルファ

ケース 3 の場合、変更後の等級・設備の料金の合計額が契約書面に記載した等級・設備の合計額を下回った場合に限り変更補償金が支払われる（自由席→指定席、普通車→グリーン車などの場合には変更補償金は支払われない）。

プラスアルファ

ケース 4 の場合で、変更後の航空便が B 航空の**ビジネスクラス**だった場合は、変更補償金は**支払われない**（表中 4 の①参照）。

CASE 5 国際線区間における直行便→乗継便の変更

契約書面では「羽田〜ロンドンはA航空の直行便利用」と記載されていたが、A航空の過剰予約受付により座席の不足が生じ、実際には同じA航空の乗継便を利用した。

変更の内容	直行便→乗継便（表中 6）…重要な変更
変更の原因	過剰予約受付による座席の不足…設備の不足

ケース５の場合、重要な変更が生じ、原因は過剰予約受付による設備の不足なので、表中６の率を適用して変更補償金が**支払われます**。なお、表中６の規定は、日本発・着の**国際線区間のみ**を対象としているため、国内線区間に同様の変更があった場合は変更補償金が支払われません。

CASE 6 過剰予約受付による貸切バス会社の会社名の変更

契約書面では国内旅行の観光時にAバス会社またはBバス会社を利用する旨が記載され、確定書面でAバス会社に確定されたが、バス会社の過剰予約受付により車両の不足が生じたため、実際にはBバス会社を利用した。

変更の内容	Aバス会社→Bバス会社（表中 4）…重要な変更
変更の原因	過剰予約受付による車両の不足…設備の不足

ケース６の場合、重要な変更が生じ、原因は過剰予約受付による設備の不足なので表中４の率を適用して変更補償金が**支払われます**。

CASE 7 レストランの営業中止による変更

契約書面に記載したAレストランが火災により営業を中止したため、実際にはBレストランを利用した。

変更の内容	Aレストラン→Bレストラン（表中 2）…重要な変更
変更の原因	レストランのサービス提供の中止…免責事由

プラスアルファ

ケース６の場合で、バス会社の変更の原因が「車両の故障」や「乗務員の疾病」などの場合は「運送機関の旅行サービス提供の中止」に当たるので、変更補償金は支払われない。

プラスアルファ

契約書面（確定書面）に「バス会社名」の記載が義務付けられているのは国内の貸切バス会社のみ（国内の乗合バス会社、海外で利用する貸切バス会社などは契約書面への記載は不要）。したがって、「バス会社名の変更」が旅程保証の対象になるのは、事実上、**国内**で利用する**貸切バス**のみであると考えて差し支えない。

プラスアルファ

ケース７の場合で、Aレストランが**一部でも営業を行っている**場合は「座席（設備）の不足」に当たるため変更補償金が**支払われる**。

ケース7の場合、重要な変更が生じていますが、原因が免責事由に該当するため変更補償金は**支払われません**。

CASE 8 旅行業者の過失による変更

契約書面にはAレストランを利用と記載されていたが、旅行業者の手配に過失があり、Aレストランを利用できず、実際にはBレストランを利用した。

変更の内容	Aレストラン→Bレストラン(表中2)…重要な変更
変更の原因	**旅行業者の過失**

ケース8の場合、重要な変更が生じていますが、変更の原因は旅行業者の過失なので、変更補償金は**支払われません**（旅程保証ではなく、旅行業者の**損害賠償**の問題になります）。

CASE 9 客室の不足による宿泊機関の名称の変更

契約書面に記載したA ホテルが設備の故障により浸水し、営業はしているものの、一部の客室が利用できなくなったことにより客室の不足が生じ、結果的にB ホテルを利用した。

変更の内容	A ホテル→B ホテル（表中7）…重要な変更
変更の原因	浸水による客室の不足…設備の不足

ケース9の場合、重要な変更が生じ、原因は設備の不足なので表中7の率を適用して変更補償金が**支払われます**。

CASE 10 客室の不足による宿泊機関の名称の変更

契約書面に記載したAホテルの過剰予約受付により客室の不足が生じたため、結果的にAホテルより上位ランクのBホテルを利用した。

変更の内容	Aホテル→Bホテル（表中7）…重要な変更
変更の原因	過剰予約受付による客室の不足…設備の不足

ケース10の場合もケース9と同様に、重要な変更が生じ、原因が設備の不足なので表中7の率を適用して変更補償金が**支払われます**（上位ランクの宿泊機関への変更であったとしても旅

約款
国・総

プラスアルファ
ケース9の場合で、Aホテルが全面的に営業を中止した場合はケース7と同じ考え方により免責となり、変更補償金は支払われない。

プラスアルファ
そもそも旅行業者による宿泊機関のランク付けには明確な基準がなく、また旅行者が利用する宿泊機関を選定するときの基準も、立地条件、設備・サービスなど、旅行者ごとに望む要素が異なる。これらを受けて、変更補償金の支払いの要否を判断するに当たり「宿泊機関のランク付けの高低」は一切考慮されない。

程保証の対象になります)。

プラスアルファ

「客室の条件の変更」には、例えば次のようなケースも該当する（契約書面に記載があるものに限る)。
例 1
客室の禁煙⇔喫煙
例 2
客室の階数指定がある場合の階数の変更（20 階以上の客室⇒ 19 階以下の客室）

CASE 11　客室の不足による客室の条件の変更

契約書面では、「海の見える部屋」と記載されていたが、ホテルの過剰予約受付により、確定書面では「海の見えない部屋」に変更されていたため、旅行者が旅行開始前に企画旅行契約を解除した。

変更の内容	海の見える部屋→海の見えない部屋（表中 8）…**重要な変更**
変更の原因	過剰予約受付による客室の不足…**設備の不足**

ケース 11 の場合、重要な変更が生じ、原因は設備の不足ですが、このケースでは旅行者が契約を解除しているので変更補償金は**支払われません**。

プラスアルファ

ケース 11 の場合で、旅行者がこの変更を受け入れた場合は、変更補償金が支払われる。

CASE 12　客室の不足による宿泊機関の名称の変更

契約書面には募集型企画旅行のツアー・タイトルとして「A 旅館に泊まる●●の旅」と記載されていたが、旅館の過剰予約受付により、実際には B 旅館を利用した。

変更の内容	A 旅館→ B 旅館（表中 7）…**重要な変更**
変更の原因	過剰予約受付による客室の不足…**設備の不足**

ケース 12 の場合、重要な変更が生じ、原因は設備の不足なので、変更補償金が**支払われます**。この場合、ツアー・タイトル中に宿泊機関の名称が表示されているため、表中 7 の率を適用せず、**表中 9 の率**によって変更補償金を算出します。

プラスアルファ

ケース 12 は、募集型企画旅行のみの取扱い。
受注型企画旅行には「ツアー・タイトル」に当たるものは定められていない。

CASE 13　自然現象にかかわる変更

契約書面には、募集型企画旅行のツアー・タイトルとして「初日の出を見る●●ツアー」と記載されていたが、天候が悪く、初日の出を見ることはできなかった。

変更の内容	初日の出を見る→初日の出は見えない…表中 1 ～ 8 のいずれにも該当しない
変更の原因	気象状況

ケース13の場合、変更の内容そのものが「重要な変更」に該当しないので変更補償金は**支払われません**。

CASE 14 提供されるメニューの変更

契約書面には「Aレストランでの日本料理の夕食」と記載されていたが、レストランの都合により「Aレストランでの中華料理の夕食」に変更された。

変更の内容	日本料理→中華料理 …表中1～8のいずれにも該当しない
変更の原因	レストランの都合

ケース14の場合、入場するレストランに変更はなく、また、ケース13と同様に、変更の内容が「重要な変更」に該当しないので変更補償金は**支払われません**。

各ケースを見るとわかるとおり、変更補償金が支払われるかどうかは「**変更の内容**」と「**変更の原因**」の**2つの方向から確認することで判断**します。変更の内容が「**契約内容の重要な変更**」に該当する場合であり、変更の原因が「変更補償金が支払われない場合」に該当しないこと、さらに、旅行者がその変更を受け入れているときに限り、変更補償金が支払われることになります。

変更補償金を支払うべき事由が生じた場合は、旅行業者は必ず変更補償金を支払わなければなりません（支払うべき変更補償金の額が1,000円未満であるときを除く）。例えば、変更により旅行の実施に要する費用が減少し、その減少額を旅行者に払い戻した場合でも、これとは別に所定の変更補償金を支払う必要があります（払戻しをしたことによって**変更補償金の支払いは免除されない**）。

以上の点を正しく理解しましょう。

プラスアルファ

「日の出」、「オーロラ」などの自然現象がかかわるものや「提供される料理のメニュー（品書き）」は、そもそも「契約内容の重要な変更」にあてはまらない。変更の内容が表中1～8に該当しない場合は、変更補償金は支払われないということ。

旅程保証は、毎年必ず出題される重要ポイントです。「旅程保証の対象になるかどうか」を具体的な例を用いて問う出題が多く、単なる暗記だけでは対応できません。解説を参考に正しく理解することが大切です。

約款
国・総

Let's Try! 確認テスト

●次の各記述の正しいものには○を、誤っているものには×を記入しなさい。

チェックポイント	できたらチェック
旅程保証	□ 1 旅行業者は、旅行者からの契約内容に重要な変更があった旨の申出および変更補償金の請求があった場合に限り、これを支払う。 国 平29
	□ 2 変更補償金の額は、旅行者 1 名に対して 1 企画旅行につき旅行代金に 15%以上の旅行業者が定める率を乗じた額をもって限度とし、支払うべき変更補償金の額が 1,000 円未満であるときは支払わない。 総 平26
	□ 3 旅行業者は、変更補償金を支払うべき契約内容の重要な変更が生じた場合、当該変更について旅行者に通知した日の翌日から起算して 30 日以内に変更補償金を支払う。 総 平30
	□ 4 旅行業者は、旅行者に対し変更補償金を支払った後に、当該変更について旅行業者に責任が発生することが明らかになった場合には、当該変更に係る変更補償金に加え損害賠償金を支払う。 国 令3
	□ 5 契約書面に、「カナダ・イエローナイフでオーロラ鑑賞」と記載されていたが、天候不良でオーロラが見られなかったときは、変更補償金は支払われない。 総 令2改
	□ 6 確定書面に新千歳空港～福岡空港直行便利用と記載されていたが、航空会社の過剰予約受付により、同じ航空会社の羽田空港乗継便に変更になったときは、変更補償金の支払いは不要である。 総 令1改
	□ 7 変更補償金の算定において適用される 1 件当たりの率は、旅行開始前と旅行開始後で異なるが、「旅行開始前」とは、当該変更について旅行開始日の前日までに旅行者に通知した場合をいい、「旅行開始後」とは、当該変更について旅行開始当日以降に旅行者に通知した場合をいう。 総 令3改

解答 1. ×　変更補償金を支払うべき場合には、旅行業者は旅行者からの申出（請求、通知）の有無にかかわらず、必ず支払わなければならない／ 2. ○／ 3. ×　変更補償金の支払い期限は「旅行終了日」の翌日から起算して 30 日以内／ 4. ×　旅行者は変更補償金を返還することになる（旅行業者は損害賠償金と変更補償金の額を相殺した残額を支払う）／ 5. ○　自然現象にかかわるものは、それが見られなくても契約内容の重要な変更に該当しないので変更補償金の支払い対象にならない／ 6. ○　「直行便から乗継便への変更」が国際線区間で生じた場合は重要な変更に当たるが、国内線区間では重要な変更に該当しない／ 7. ○

重要度 A

特別補償規程

学習項目
◎特別補償とは
◎身体の傷害
◎携帯品の損害
◎特別補償と損害賠償

学習ポイント
- 特別補償は旅行業者の**故意・過失の有無にかかわらず**適用される。
- 「企画旅行参加中」の定義を理解する。
- 補償金等の種類、額、適用方法を理解する。
- 補償金支払いの対象になるもの、ならないものを理解する。
- **特別補償と損害賠償の関係**を正しく理解する。

1 特別補償とは

企画旅行参加中の旅行者が、**生命**、**身体**または**手荷物**の上に一定の損害を被った場合に、**旅行業者が**所定の**補償金**、**見舞金**を支払うことを定めた制度を特別補償といいます。

すでに述べたとおり、旅行業者や手配代行者の故意・過失などを原因として旅行者が損害を被った場合には、旅行業者は損害賠償責任を負い、損害賠償金を支払うことになりますが、この特別補償による補償金、見舞金は、**旅行業者の故意・過失の有無にかかわらず支払われる**点で大きな違いがあります。標準旅行業約款では、各契約の部ごとに定められた約款とは別に、「別紙・特別補償規程」を設け、補償内容を詳しく定めています。

1．企画旅行参加中とは

特別補償の対象になるのは「**企画旅行参加中の旅行者**」です。

ここでいう企画旅行とは、これまでの解説と同様、募集型企画旅行と受注型企画旅行の両方をさします。

「企画旅行参加中」とは、旅行者が企画旅行に参加する目的をもって、旅行業者があらかじめ手配した乗車券類等によって提供される旅行日程に定める「**最初の運送・宿泊機関等のサービスの提供を受けることを開始した時**」から、「**最後の運送・宿泊機関等のサービスの提供を受けることを完了した時**」までの間

特別補償の制度は、旅行業者が無過失であっても補償金が支払われるという点で、世界でもまれに見る「消費者保護」の制度であるといえます。

プラスアルファ
旅行業者は、特別補償規程による旅行者への補償に備えて、あらかじめ保険（旅行特別補償保険）に加入している。したがって、この規程は原則として加入する保険会社の保険約款の内容と同一となっている。

をいいます。

(1) 原則

添乗員などにより**受付や解散の告知**が行われる場合は、「**受付完了時から解散を告げた時まで**」が企画旅行参加中になりますが、この受付や解散の告知が行われない場合には、最初または最後のサービス提供機関の種類によって次のように判断します。

Key Point ●サービスの提供の「開始」と「完了」

＊添乗員などによる受付、解散の告知が行われない場合

最初または最後のサービス提供機関	開始した時	完了した時
① **航空機**のとき	乗客のみが入場できる**飛行場構内**における手荷物の検査等の**完了時**	乗客のみが入場できる**飛行場構内**からの**退場時**
② **船舶**のとき	**乗船手続の完了時**	**下船時**
③ **鉄道**のとき	**改札の終了時**（改札のないときは列車**乗車時**）	**改札の終了時**（改札のないときは列車**降車時**）
④ **車両**のとき（バスなど）	**乗車時**	**降車時**
⑤ **宿泊機関**のとき	施設への**入場時**	施設からの**退場時**
⑥ 宿泊機関以外の施設のとき（遊園地など）	施設の**利用手続終了時**	施設からの**退場時**

(2) 旅行者が企画旅行の行程から離脱する場合（例外 1）

旅行者が**企画旅行の行程から離脱する場合**は、「離脱についてのスケジュールを旅行業者に届け出ていたか」、「復帰する予定があるか」によって、それぞれ次のように取り扱います。

Key Point ●旅行者が行程から離脱する場合

① **離脱および復帰の予定日時**をあらかじめ旅行業者に

a．**届け出た**…離脱中も企画旅行参加中と**する**。

b．**届け出ていない**

…離脱中は企画旅行参加中と**しない**。

② **復帰の予定なく離脱**

…**離脱した時から後**は企画旅行参加中と**しない**。

プラスアルファ

「離脱」とは、団体で行動する必要がある行程（移動、観光、食事など）から離れることをいう。したがって、あらかじめ「終日自由」と定められている日に単独で行動するのであれば、「離脱」には当たらない。

(3) サービスの提供を一切受けない日（例外2）

企画旅行日程に、**旅行業者の手配に係る運送・宿泊機関などのサービスの提供を一切受けない日**（無手配日）が定められている場合、旅行業者が次の①と②を**契約書面に明示**したときは、その日は企画旅行参加中には当たりません。

① 旅行者が旅行業者の手配によるサービスの提供を一切受けない日があること。

② その日に生じた事故によって旅行者が被った損害に対しては、補償金、見舞金は支払われないこと。

(4) オプショナルツアーの取扱い

企画旅行参加中の旅行者が、旅行代金とは別に代金を支払って、現地発の旅行に参加することがあります。一般的にこのような現地発の旅行は「オプショナルツアー」と呼ばれ、旅行形態で分類すると、このオプショナルツアーも募集型企画旅行に該当します（参加する旅行者を募集して実施する企画旅行）。

募集型・受注型企画旅行参加中の旅行者を対象として、**別途旅行代金を収受して同じ旅行業者が実施する募集型企画旅行**（オプショナルツアー）については、**主たる企画旅行契約の内容の一部**として取り扱います。

CASE 1 オプショナルツアーの取扱い

札幌に滞在する企画旅行参加中の旅行者が、小樽１日観光のオプショナルツアーに参加した。

B 小樽１日観光

別途の代金を収受して実施する募集型企画旅行

上記A、Bともにユーキャン旅行社が実施するのであれば、BはAの内容の一部として取り扱う。

「主たる企画旅行契約の内容の一部として取り扱う」とは、言い換えると、「**二重の補償は受けられない**」ということです。もし、

プラスアルファ

企画旅行の中には、往復の航空券と、１泊目の宿泊のみがセットされていて、２泊目以降の宿泊については旅行者自身が宿泊施設を手配するような形態のものがある。

例：福岡フリー旅行

1	羽田－福岡（ホテル泊）
2	フリー
3	フリー
4	福岡－羽田

上記事例の場合、旅行業者は、１日目は航空券とホテル、２日目はホテル（宿泊施設から退場するまでの間、旅行者はサービスの提供を受けている）、４日目は航空券の手配をしているが、３日目については一切の手配を行っていない。このような無手配日が**「サービスの提供を一切受けない日」**に当たる。

この定めがなければ、ケース1の旅行者が小樽を観光中に事故に遭い入院したような場合、AとBの2つの企画旅行に参加していることになり、二重に補償を受けることが可能になります。しかし、この規定により、ケース1のように、どちらの旅行もユーキャン旅行社が実施しているときには、BはAの一部とされ、旅行者は「Aの企画旅行参加中の事故」としてのみ補償を受けることになります。

プラスアルファ

ケース1で、仮にBの旅行がユーキャン旅行社以外の別の旅行業者の実施だった場合、旅行者に対し、ユーキャン旅行社、Bを実施する旅行業者のそれぞれから補償金が支払われることになる（ただし、海外の企画旅行の場合、現地の旅行業者は現地法人であることが多く、日本の標準旅行業約款が適用されないこともあるので、必ずしも二重に補償されるとは限らない）。

2 身体の傷害

企画旅行に参加する旅行者が、企画旅行参加中に**急激かつ偶然な外来の事故**により、その**身体に傷害を被ったとき**は、旅行業者は、旅行者またはその法定相続人に補償金等を支払います。

用語

急激かつ偶然な外来の事故
具体的には次の条件を満たすものをいう。①突発的に発生し、②予知ができないもので、③傷害の原因が身体外部から作用されるもの

1. 補償金等が支払われない場合

(1) 中毒症状

中毒症状は種類により、特別補償規程でいうところの「傷害」に当たるものと、当たらないものとがあります。

Key Point ●中毒症状

「傷害」に含まれるもの（補償金等の支払い対象となるもの）	
①	自然毒による中毒症状（**きのこ**や**フグ**など）
②	身体外部から有毒ガス、有毒物質を偶然かつ一時に吸入、吸収、摂取したときに急激に生ずる中毒症状
「傷害」に含まれないもの（補償金等の支払い対象とならないもの）	
③	細菌性食物中毒（サルモネラ、病原大腸菌など）
④	身体外部から有毒ガス、有毒物質を継続的に吸入、吸収、摂取した結果生ずる中毒症状

例えば,「疾病（病気）」は身体の内部から作用するものですし、「スキーツアーでできたしもやけ」は、時間の経過とともに発症するものなので突発的とはいえません。したがって、これらは特別補償の対象にはなりません。

①と③はいずれも「食中毒」ですが、③の細菌性の中毒は、①の自然毒による中毒と比較すると、菌を摂取した場合の発症の確率が低く、また原因を特定するのが困難であることから対象から除外されています。また、②と④の違いは、有毒ガスなどの摂取が「偶然かつ一時的なものであるか」「継続的なものであるか」の違いです。似たような中毒症状であっても、このような違いがあることに注意しましょう。

(2) 免責事由

旅行業者は、**次の各事由**によって生じた傷害に対しては**補償金等を支払いません**。

Key Point ●**免責事由（補償金等を支払わない事由）**

① 旅行者の**故意**
② 死亡補償金を受け取るべき者の故意（ただし、その者が死亡補償金の一部の受取人である場合、他の者が受け取るべき金額は支払対象となる）
③ 旅行者の**自殺**行為、**犯罪**行為、**闘争**行為
④ 旅行者が**無免許運転**、**飲酒運転**（自動車または原動機付自転車）をしている間に生じた事故
⑤ 旅行者が故意に法令に違反する行為を行い、または法令に違反するサービスの提供を受けている間に生じた事故
⑥ 旅行者の**脳疾患**、**疾病**（しっぺい）、心神喪失（そうしつ）
⑦ 旅行者の妊娠、出産、早産、流産、外科的手術その他の**医療処置**（補償対象となる傷害を治療するための医療処置を除く）
⑧ 旅行者の刑の執行または拘留（こうりゅう）、入監中に生じた事故
⑨ 戦争、外国の武力行使、革命、政権奪取、内乱、武装反乱その他これらに類似の事変または暴動（群衆や多数の者の集団の行動により全国または一部の地区において著しく平穏が害され、治安維持上重大な事態と認められる状態をいう）
⑩ 核燃料物質もしくは核燃料物質によって汚染された物の放射性、爆発性その他の有害な特性またはこれらの特性による事故
⑪ ⑨または⑩にともなう事故、これらにともなう秩序の混乱に基づいて生じた事故
⑫ ⑩以外の放射線照射または放射能汚染
⑬ 原因のいかんを問わず、**頸部症候群**（けいぶしょうこうぐん）（＝**むちうち症**）または**腰痛**で**他覚症状のないもの**

免責事由については、一字一句暗記する必要はありませんので、太字部分を中心におおよその内容を覚えておきましょう。

約款

国・総

これらの各事由のうち、①と③～⑥については、その行為の当事者である旅行者に対して補償金等は支払われませんが、行為者以外の旅行者が傷害を被った場合（巻き添えになったなど）には、その旅行者（当事者以外の旅行者）に対する補償金等は支払われます。

(3) 地震・噴火・津波による傷害

国内旅行を目的とする企画旅行において、地震、噴火、津波（およびこれらの事由に随伴して生じた事故、これらにともなう秩序の混乱に基づいて生じた事故）による傷害は、補償金等の支払い対象になりません。

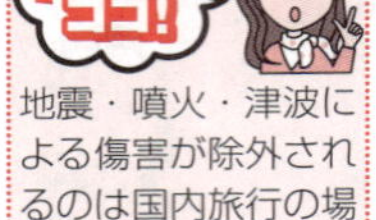

地震・噴火・津波による傷害が除外されるのは国内旅行の場合のみです。海外旅行の場合は、これらによる傷害も補償の対象になります。

(4) 危険な行為による傷害

スカイダイビング、ハンググライダー搭乗、本格的な山岳登はんなどは、その行為自体に危険がともないます。次に掲げる行為により生じた傷害については、その行為が、旅行業者があらかじめ定めた企画旅行の日程に含まれている場合に限り、補償金等が支払われます（日程に含まれていない場合、補償金等は支払われません）。

プラスアルファ

ピッケル、アイゼンなどの登山用具を使わない登山は危険な行為に該当しない。また、スキューバダイビングも危険な行為には含まれない。

Key Point ●危険な行為とされる主なもの（抜粋）

山岳登はん（ピッケル、アイゼン、ザイル、ハンマー等の登山用具を使用するもの）、リュージュ、ボブスレー、スカイダイビング、ハンググライダー搭乗など

これらの行為があらかじめ旅行日程に含まれている場合は、旅行日程外の企画旅行参加中（例えば自由行動日など）に、同じ行為によって生じた傷害に対しても補償金等が支払われます。

CASE 2 スカイダイビング体験が日程に含まれている企画旅行

■自由行動の時間に、当初の日程以外にスカイダイビングを行ったことにより傷害を被った→同じ行為なので補償金等が支払われる
■自由行動の時間に、ハンググライダーに搭乗したことにより傷害を被った→同じ行為ではない（スカイダイビングではない）ので補償金等は支払われない

(5) 反社会的勢力に該当する場合

旅行業者は、旅行者または死亡補償金を受け取るべき者が次のいずれかに該当する事由がある場合には、補償金等を支払わないことがあります。

① 反社会的勢力に該当すると認められること
② 反社会的勢力に対して資金等を提供し、または便宜を供与する等の関与をしていると認められること
③ 反社会的勢力を不当に利用していると認められること
④ その他反社会的勢力と社会的に非難されるべき関係を有していると認められること

ただし、上記①～④に該当する事由がある者が、死亡補償金の一部の受取人である場合には、他の者が受け取るべき金額についてはこの限りではありません。

2. 補償金等の種類と支払額

補償金等とは、具体的には「**死亡補償金**」「**後遺障害補償金**」「**入院見舞金**」「**通院見舞金**」の4種類をいいます。

(1) 死亡補償金

旅行業者は、旅行者が傷害を被り、その直接の結果として、**事故の日から180日以内に死亡**した場合は、次の**死亡補償金**を旅行者の法定相続人に支払います。

Key Point ●死亡補償金の額（旅行者1名につき）

国内旅行…**1,500**万円
海外旅行‥**2,500**万円

プラスアルファ
旅行者が搭乗する航空機、船舶が行方不明になり、または遭難し、行方不明、遭難から30日を経過しても発見されない場合には、行方不明になった日、または遭難した日に旅行者が死亡したものと推定され、旅行者の法定相続人に死亡補償金が支払われる。

用語

後遺障害
身体に残された、将来においても回復できない機能の重大な障害、または身体の一部の欠損で、いずれもその原因となった傷害が治った後のものをいう。

（2）後遺障害補償金

旅行業者は、旅行者が傷害を被り、その直接の結果として、**事故の日から 180 日以内に後遺障害が生じた**場合は、**後遺障害補償金**を旅行者に支払います。旅行者が**事故の日から 180 日を超えて**、なお治療を要する状態にあるときは、旅行業者は、**事故の日から 181 日目における医師の診断**に基づき後遺障害の程度を認定して、後遺障害補償金を支払います。

後遺障害補償金の額は、次のように定められています。

Key Point　●後遺障害補償金の額

① （1）で述べた**死亡補償金の額**の 3 ～ 100％
（後遺障害の程度により異なる）

② **同一の事故**により**複数の後遺障害**が生じた場合、それぞれの**後遺障害補償金の合計額**を支払う。

③ ②の場合、**旅行者 1 名に対して 1 企画旅行**につき**死亡補償金の額が限度**になる。

用語

入院・通院
いずれも医師による治療が必要な場合で、それぞれ次の場合をいう。
入院
自宅等での治療が困難なため、病院または診療所に入り、常に医師の管理下において治療に専念すること。
通院
病院または診療所に通い、医師の治療を受けること（往診を含む）。

（3）入院見舞金・通院見舞金

旅行業者は、旅行者が傷害を被り、その直接の結果として、次の①と②により、入院または通院した場合には、それぞれ**入院見舞金・通院見舞金**を旅行者に支払います。

① **入院見舞金**

平常の業務に従事すること（または**平常の生活**）**ができなくなり**、かつ**入院**した場合

② **通院見舞金**

平常の業務に従事すること（または**平常の生活**）に**支障が生じ**、かつ **3 日以上通院**した場合

入院見舞金と通院見舞金の額は、入院または通院の日数および国内旅行と海外旅行の別により、次のように定められています。

Key Point ●入院見舞金と通院見舞金の額

	入院日数	支払額	
		国内旅行	海外旅行
入院見舞金	7日未満	2万円	4万円
	7日以上90日未満	5万円	10万円
	90日以上180日未満	10万円	20万円
	180日以上	20万円	40万円
	通院日数	支払額	
		国内旅行	海外旅行
通院見舞金	3日以上7日未満	1万円	2万円
	7日以上90日未満	2万5千円	5万円
	90日以上180日以内	5万円	10万円
	(事故の日から)180日を経過した後	いかなる場合も支払わない	

＊いずれも1事故当たりの額（1日当たりではない）
＊平常の業務に従事すること（平常の生活）に支障がない程度に傷害が治ったとき以降の通院に対しては、通院見舞金は支払われない

3. 複数の支払い事由が重なった場合

「後遺障害補償金が支払われた後に旅行者が死亡した」「入院見舞金が支払われた後に、後遺障害が生じた」など、複数の補償金等の支払い事由に該当するときは、それぞれ次のように取り扱います。

(1) 後遺障害補償金と死亡補償金

後遺障害補償金が支払われた後に旅行者が死亡した場合、旅行業者は、これから**支払うべき死亡補償金の額**から、**すでに支払った後遺障害補償金の額**を**差し引いた残額**を旅行者の法定相続人に支払います。

CASE 3 国内企画旅行に参加中の旅行者が傷害を被り、旅行業者が後遺障害補償金900万円を支払った後に、当該旅行者が死亡した

旅行業者は、死亡補償金の額から後遺障害補償金の額を差し引いた残額を旅行者の法定相続人に支払う

1,500万円－900万円＝600万円（支払い額）

(2) 入院・通院見舞金と死亡・後遺障害補償金

旅行者1名について、**入院**（または**通院**）**見舞金**と**死亡**（ま

プラスアルファ

旅行者が「両耳の聴力を失った」「言語機能を失った」など**一定の場合で医師の治療を受けたとき**は、平常の業務に従事すること（平常の生活）ができないことから、入院していなくても、**その状態にある期間は入院日数とみなされる。**
また、同様に、**骨折などでギプスを常時装着**しているなど、平常の業務に従事すること（平常の生活）に著しい支障が生じたと旅行業者が認めたときは、旅行者が通院していなくても、**その状態にある期間は通院日数とみなされる。**

ケース3の場合、**後遺障害補償金とは別に死亡補償金の満額を支払うわけではありません。**間違えないように注意しましょう。

約款 国・総

たは**後遺障害）補償金**とを**重ねて支払うべき場合**には、旅行業者は、その**合計額**を支払います。

「入院見舞金＋死亡補償金」「入院見舞金＋後遺障害補償金」「通院見舞金＋死亡補償金」「通院見舞金＋後遺障害補償金」の４つのパターンの組み合わせの場合は、それぞれの補償金等の合計額が支払われます。
この点がケース３とは異なります。

CASE 4　海外企画旅行に参加中の旅行者が傷害を被り、100 日間入院した

■入院の後、後遺障害が生じた場合（後遺障害補償金 900 万円）

入院見舞金 20 万円 ＋ 後遺障害補償金 900 万円 ＝ 920 万円（支払額）

■入院の後、死亡した場合

入院見舞金 20 万円 ＋ 死亡補償金 2,500 万円 ＝ 2,520 万円（支払額）

旅行者が傷害により通院し、通院後に後遺障害が生じた（または死亡した）場合でも、ケース４と同じように、通院見舞金とは別に、後遺障害補償金（または死亡補償金）が支払われます。

(3) 入院見舞金と通院見舞金

旅行者１名が**入院後に通院（または通院後に入院）した場合**、入院見舞金と通院見舞金の**両方は支払われません**。

旅行者１名について、**入院日数および通院日数がそれぞれ１日以上となった場合**は、旅行業者は次の①または②のうち、**いずれか金額の大きいもののみ**を支払います（同額の場合は①として支払います）。

① **入院日数**に対する**入院見舞金**

② **「通院日数」に「入院日数」を加えた日数**を**通院日数**とみなし、その通院日数に対する**通院見舞金**

通院のみの場合は、通院３日以上の場合に限り通院見舞金支払いの対象になりますが、通院とあわせて入院もした場合には、通院が１日以上の場合から対象になります。
ただし、解説にあるように、通院見舞金と入院見舞金の両方が支払われるわけではありません。

CASE 5　海外企画旅行に参加中の旅行者が傷害を被り、入院後に通院した

■ 20 日間の入院後に、15 日間の通院をした

入院見舞金（20 日）10 万円 ＞ 通院見舞金（15 ＋ 20 ＝ 35 日）5 万円
　この場合は入院見舞金として 10 万円が旅行者に支払われる。

■ 5 日間の入院後に、7 日間の通院をした

入院見舞金（5 日）4 万円 ＜ 通院見舞金（7 ＋ 5 ＝ 12 日）5 万円
　この場合は通院見舞金として 5 万円が旅行者に支払われる。

（1）～（3）までにあげた各ケースを比較するとわかるとおり、

(1)の「補償金どうし(死亡補償金と後遺障害補償金)」の組み合わせの場合や(3)の「見舞金どうし(入院見舞金と通院見舞金)」の組み合わせの場合は、補償金等は二重に支払われません。これに対し、(2)で述べた「補償金と見舞金」の組み合わせの場合には、各補償金等の合計額が支払われることになります。

3 携帯品の損害

旅行業者は、**企画旅行に参加する旅行者**が、企画旅行参加中に生じた**偶然な事故**によって、その**所有する身の回り品**(以降「**補償対象品**」とする)に**損害を被った**ときには**携帯品損害補償金**(以降「**損害補償金**」とする)を支払います。

1. 損害補償金が支払われない場合

(1) 補償の対象にならない物品

次にあげる各物品は**補償対象品に含まれません**。したがって、企画旅行参加中の旅行者が携行する、これらの物品に損害が生じた場合には、損害補償金は支払われません。

Key Point ●補償の対象にならない物品

① **現金**、小切手(**トラベラーズチェックを含む**)などの有価証券、印紙、切手

② **クレジットカード、クーポン券、航空券、パスポート**

③ **稿本**(こうほん)、**設計書**、**図案**、帳簿

＊磁気テープ(ディスク)、シー・ディー・ロム、光ディスク、USB メモリなど情報機器で直接処理を行える**記録媒体に記録されたもの**(**電子的なデータ**)を含む

ケース1	USB メモリに記録された設計書
「USB メモリ」そのものは補償対象になるが、「設計書(電子データ)」は補償対象品にならない。	

④ **船舶**(ヨット、モーターボート、ボートを含む)、**自動車**、原動機付自転車(およびこれらの付属品)

⑤ 山岳登はん用具、探検用具

トラベラーズチェック
▶▶P601

稿本
原稿類のこと。

⑥ **義歯**、義肢、**コンタクトレンズ**
⑦ 動物および植物
⑧ その他旅行業者があらかじめ指定するもの

(2) 免責事由

身体の傷害の場合と同様に、携帯品の損害についても免責事由が定められています。旅行業者は、**次の各事由によって生じた損害**に対しては**損害補償金を支払いません**。

Key Point ●免責事由（損害補償金を支払わない事由）

① 旅行者の故意
② 旅行者と世帯を同じくする**親族の故意**（ただし、旅行者に損害補償金を受け取らせることが目的でない場合は支払対象となる）
③ 旅行者の**自殺**行為、**犯罪**行為、**闘争**行為
④ 旅行者が**無免許運転、飲酒運転**（自動車または原動機付自転車）をしている間に生じた事故
⑤ 旅行者が故意に法令に違反する行為を行い、または法令に違反するサービスの提供を受けている間に生じた事故
⑥ 差押え、徴発（ちょうはつ）（取り立て）、没収、破壊など国または公共団体の公権力の行使（火災消防または避難に必要な処置としてなされた場合を除く）
⑦ 補償対象品の瑕疵（かし）（ただし、旅行者または旅行者に代わって補償対象品を管理する者が相当の注意を払っても発見できなかった瑕疵を除く）
⑧ 補償対象品の自然の消耗、さび、かび、変色、ねずみ食い、虫食い等
⑨ 単なる**外観の損傷**であって補償対象品の**機能に支障をきたさない損害**

用語

瑕疵
傷、欠陥などのこと。

ケース2	バスで移動中、バスの荷物庫に入れていたスーツケースに傷がついた
「スーツケース」は補償対象品だが、スーツケースとしての機能に支障をきたさないのであれば損害補償金支払いの対象にならない。	

⑩ 補償対象品である**液体の流出**（その結果としてほかの補償対象品に生じた損害を**除く**）

ケース3	バッグの中に入れていた香水の容器から中身が漏れ、同じバッグの中に入っていたカメラが故障した
「香水」「カメラ」はいずれも補償対象品。この場合、香水は「液体の流出」に当たるので損害補償金支払いの対象にならないが、香水（液体）の流出によって故障したカメラは支払いの対象になる。	

⑪ 補償対象品の**置き忘れ**または**紛失**

ケース4	レストランのトイレにサングラスを置き忘れた
「サングラス（眼鏡）」は補償対象品だが、原因が旅行者による置き忘れの場合は損害補償金支払いの対象にならない（紛失した場合も同じ）。	

⑫ 戦争、核燃料物質などの爆発・照射等による損害（前述の❷1.（2）の⑨～⑫による損害）

過去の試験でよく取り上げられているのは**⑨～⑪の3つ**。「損害補償金支払いの対象となるもの（ならないもの）はどれか」が問われるので、記載されている各ケースもあわせて確認しておきましょう。

約款

国・総

⑪の場合、「紛失」「置き忘れ」が免責事由に該当するのはわかりましたが、「旅行者がサングラスを落として壊した」とか、「サングラスが盗まれた」などの場合はどうなるのですか？

これらの各事由のうち、①、③、④、⑤については、**その行為の当事者である旅行者に対して損害補償金は支払われませんが、行為者以外の旅行者が損害を被った場合（巻き添えになったなど）には、その旅行者（当事者以外の旅行者）に対する損害補償金は支払われます。**

(3) 地震・噴火・津波による損害

国内旅行を目的とする企画旅行において、地震、噴火、津波（およびこれらの事由に随伴して生じた事故、これらにともなう秩序の混乱に基づいて生じた事故）による損害は、**身体に生じた傷害の場合と同様、損害補償金の支払い対象になりません。**

(4) 反社会的勢力に該当する場合

旅行業者は、旅行者が次のいずれかに該当する事由がある場合には、損害補償金を支払わないことがあります。

「紛失」や「置き忘れ」は、旅行者の過失の程度が大きいことから免責事由になっています。
「落として壊した」「盗難に遭った」などは免責事由に該当しませんので、これらを原因とした損害は、そのものが補償対象品であれば損害補償金が支払われます。

① 反社会的勢力に該当すると認められること
② 反社会的勢力に対して資金等を提供し、または便宜を供与する等の関与をしていると認められること
③ 反社会的勢力を不当に利用していると認められること
④ 法人である場合において、反社会的勢力がその法人を支配し、またはその法人の経営に実質的に関与していると認められること
⑤ その他反社会的勢力と社会的に非難されるべき関係を有していると認められること

2. 損害補償金の額と適用

補償対象品に損害が生じた場合でも、購入額全額が補償されるわけではありません。損害補償金の額とその適用方法について、約款では次の（1）～（5）のとおり定めています。

(1) 損害補償金の限度額

旅行業者が支払うべき損害補償金の額は、**旅行者 1 名**に対して **1 企画旅行**につき 15 万円を限度とします。

(2) 免責額

旅行者 1 名について、**1 回の事故**につき、支払うべき損害の額（以降「損害額」とする）が 3,000 円を超えない場合、旅行業者は損害補償金を支払いません。

(3) 損害額の基準

損害額は、次の①または②のいずれか低いほうの額を基準とします。

① その損害が生じた地および時における補償対象品の価額（つまり**時価額**）
② 損害発生の直前の状態に**修復**するための修繕（しゅうぜん）費＋損害防止軽減のために要した費用＋損害賠償請求の手続きに必要な費用

(4) 高額品の算定

補償対象品の 1 個**または** 1 対についての損害額が 10 万円を超えるときは、旅行業者は、そのものの**損害の額を 10 万円とみなします**。

(5) 保険契約がある場合

旅行者が任意で旅行傷害保険に加入している場合、保険契約の内容によっては、携帯品に生じた損害について、その保険から保険金が支払われることがあります。このような場合、旅行業者は、**損害補償金の額を減額**することがあります。

旅行傷害保険
旅行中の死亡、傷害、疾病などに備え、旅行者が任意に加入する保険。「携行品特約」が付されている場合は、携帯品に生じた損害についても一定の条件のもとに保険金が支払われる。
身体・生命の傷害等については、保険契約があったとしても特別補償規程に基づく補償金等が減額されることはないが、携帯品については「実際の損害額よりも多く利益を受けるのは適当ではない」との考えから、二重には補償されないことになっている。

約款 国・総

4 特別補償と損害賠償

このLessonの冒頭でも述べたとおり、特別補償の制度は、**旅行業者の故意・過失による損害賠償責任が生じるかどうかを問わず**、旅行者が企画旅行参加中に生命・身体・手荷物に被った一定の損害について補償金・見舞金を支払うというものです。したがって、損害が生じた原因が、旅行業者の故意または過失によるものだった場合でも、もちろん所定の補償金・見舞金が支払われることになります。しかし、旅行業者の故意・過失による場合は、**これらの支払いと同時に、損害賠償責任による損害賠償金の支払いも必要**になります。この場合、旅行業者が支払う補償金(死亡補償金、後遺障害補償金、携帯品損害補償金)と損害賠償金は次のように調整されます。

CASE 6 旅行業者の過失により海外企画旅行参加中の旅行者が死亡した

① 旅行業者から特別補償による死亡補償金2,500万円が支払われる。
② 旅行業者の過失による損害賠償金の額は4,000万円と認定された。
③ すでに支払った死亡補償金(①の2,500万円)は、損害賠償金とみなされ、結果的に旅行業者は①と②の差額を追加して支払うことになる。

4,000万円－2,500万円＝1,500万円(損害賠償金残額)

ケース6の場合、旅行業者が支払う額は合計で4,000万円になります(2,500万円とは別に4,000万円を支払う必要はありません)。

では、次に補償金の額よりも損害賠償金の額のほうが低額だった場合はどのような計算になるのかを見てみましょう。

プラスアルファ
ケース6、ケース7の支払額の調整について、約款では「旅行業者が損害賠償責任を負うときは、旅行業者が支払う補償金は損害賠償金とみなし、補償金の支払義務は**損害賠償金に相当する額だけ縮減する**」と定めている。少々わかりにくい表現だが、試験対策としてはケース6の事例を理解しておけばよい。

プラスアルファ

一般的にはケース６のように「損害賠償金のほうが高額になるケース」のほうが多いが、旅行者側にもなんらかの過失が認められ、損害賠償額が減額されたことにより、ケース７のように補償金のほうが高額になることもある。

プラスアルファ

見舞金（入院・通院）は支払い調整の対象にならないので、旅行業者が損害賠償金を支払うときは、見舞金と損害賠償金の合計額を支払うことになる。

CASE 7　旅行業者の過失により国内企画旅行参加中の旅行者が死亡した

① 旅行業者から特別補償による死亡補償金 1,500 万円が支払われる。
② 旅行業者の過失による損害賠償金の額は 1,000 万円と認定された。
③ すでに支払った死亡補償金（①の 1,500 万円）は、損害賠償金の一部とみなされ、1,000 万円を損害賠償金として、500 万円を死亡補償金として支払ったことになる。

ケース７の場合、旅行業者が支払う額は合計で 1,500 万円になるので、追加の支払いは発生しません。

過去の試験で、主に出題されているのはケース６の事例です。具体的な金額を用いて、「最終的に旅行業者が支払う金額はいくらになるのか」を問う問題が主流なので、補償金と損害賠償金の関係や支払額の調整について正しく理解しておきましょう。

よくある質問

Q　携帯品損害補償のところで「保険契約（旅行傷害保険）」の解説がありましたが、特別補償の制度があれば、旅行者が任意の保険に加入する必要はないのでは？

A　海外旅行の場合は任意の保険に加入することをお勧めします。特別補償の場合、入院や通院をしたときに一定の条件のもとに支払われるのは「見舞金」であり、**入院費用や治療費ではありません**。また「疾病」はそもそも補償の対象外です。国内旅行の場合は旅先で医療機関を受診しても、健康保険に加入していれば、さほど高額な医療費が請求されることはありませんが、海外で医療行為を受けると、場合によっては莫大な費用を請求されることがあります。症状によっては、長期の滞在を余儀なくされ、言葉の問題があるときには通訳などの手配が必要になるかもしれません。これらの費用は、もちろん特別補償の対象になりませんので、旅行者自身が負担することになります。やはり、海外旅行の場合は任意で保険に加入しておくのが安心ですね。

Let's Try! 確認テスト

●次の各記述の正しいものには○を、誤っているものには×を記入しなさい。

チェックポイント	できたらチェック
特別補償	□ 1 旅行業者は、旅行業者の責任が生ずるか否かを問わず、特別補償規程で定めるところにより、旅行者が企画旅行参加中にその生命、身体または手荷物の上に被った一定の損害について、あらかじめ定める額の補償金および見舞金を支払う。 総 令2
	□ 2 企画旅行の日程に、旅行者が旅行業者の手配に係る運送・宿泊機関等のサービスの提供を一切受けない日（旅行地の標準時による。）が定められている場合において、その旨および当該日に生じた事故によって旅行者が被った損害に対し補償金および見舞金の支払いが行われない旨を契約書面に明示したときは、当該日は企画旅行参加中とはしない。 総 平28
	□ 3 国内募集型企画旅行に参加した旅行者が、旅行解散後、帰宅途中に乗車したバスの事故で負傷し、10日間入院した場合、旅行業者は旅行者に対して入院見舞金を支払わなければならない。 予想
	□ 4 旅行者があらかじめ定められた企画旅行の行程から離脱する場合において、離脱および復帰の予定日時をあらかじめ旅行業者に届け出ていたときは、その離脱中に負傷して入院したときの治療費および入院費用は特別補償の対象となる。 総 平27
	□ 5 企画旅行参加中の旅行者が、旅館の夕食で出された天然ふぐ料理のふぐ毒を原因とする食物中毒により3日間入院した場合は、入院見舞金の支払い対象となる。 国 平29改
	□ 6 旅行者1名に対し入院見舞金と後遺障害補償金を重ねて支払うべき場合、旅行業者は後遺障害補償金の額から入院見舞金の額を控除した残額を旅行者に対して支払う。 総 令3
	□ 7 企画旅行参加中の旅行者が、自由行動中に誤ってデジタルカメラを落とし、その機能に支障をきたした場合、当該デジタルカメラは携帯品損害補償金の支払いの対象にならない。 国 令1改

解答 1. ○　特別補償は旅行業者の損害賠償責任の有無にかかわらず適用される／2. ○／3. ×　解散後、帰宅途中の事故は「企画旅行参加中」に当たらない／4. ×　離脱・復帰の予定日時をあらかじめ届け出たときは離脱中も企画旅行参加中として扱うが、治療・入院費用は特別補償の対象外である／5. ○　「ふぐ」「きのこ」などの自然毒による中毒症状は補償の対象になる（細菌性食物中毒は対象外）／6. ×　入院見舞金と後遺障害補償金とを重ねて支払うべき場合は、これらの合計額が支払われる／7. ×　デジタルカメラは補償対象品であり、なおかつ「旅行者の不注意による破損」は免責事由にも当たらないので、携帯品損害補償金の支払い対象になる

手配旅行契約

学習項目

◎手配旅行契約の定義
◎契約の申込み・契約の成立
◎契約の変更・解除
◎旅行代金
◎責任

学習ポイント

- 旅行業者が**善良な管理者の注意**をもって旅行サービスの手配をしたときは、旅行業者の**債務の履行**は終了する。
- 契約の成立時期は契約の形態や手配の内容に応じて4つの異なる規定が設けられている。
- 契約内容を変更できる権利があるのは**旅行者のみ**。
- 契約の解除と費用の負担について正しく理解する。

手配旅行に関する契約を学習します。Lesson2～Lesson7までの募集型・受注型企画旅行との違いも意識しながら学習しましょう。
なお、Lesson1で学習した**「約款の適用範囲と特約」「用語の定義（「国内旅行と海外旅行」、「手配代行者」など）**は、企画旅行、手配旅行にかかわらず**内容は共通**です。

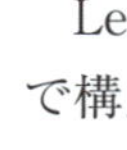

手配旅行で旅行業者が引き受けるのは手配のみ。企画旅行のように「旅程の管理」までは引き受けていないので、**手配旅行契約の場合は、旅行業者に旅程管理の義務はありません。**

1 手配旅行契約の定義

Lesson1の冒頭で学習したとおり、約款は5つの部（パート）で構成されています。このうち、手配旅行の契約に関して定めているのが「手配旅行契約の部」です。

1. 手配旅行契約とは

手配旅行契約について、約款では次のように定義しています。

手配旅行契約の部　第2条第1項

手配旅行契約とは、旅行業者が**旅行者の委託**により、旅行者のために代理、媒介又は取次をすること等により、**旅行者が運送・宿泊機関等の提供する運送、宿泊その他の旅行に関するサービスの提供を受けることができるように、手配することを引き受ける**契約をいう。

手配旅行は、旅行者自身が旅行の計画を立て、その計画に必要な旅行サービスの手配を旅行業者が行うものです。「旅行者自身が計画を立てる」という点が企画旅行とは大きく異なります。簡単にいうと、「沖縄に行くので△月○日の航空券とホテルを手配してほしい」などと、旅行者が旅行業者に委託し、旅行業者がこの手配を引き受ける契約を手配旅行契約といいます。

2. 旅行代金

手配旅行の場合、企画旅行とは異なり、旅行代金の内訳が細かく明示されます。手配旅行契約における「旅行代金」とは、具体的に次の2つを指します。

① 旅行業者が**運送・宿泊機関等に対して支払う費用**（運賃や宿泊料金など）

② 旅行業者所定の**旅行業務取扱料金**

②の旅行業務取扱料金とは、旅行業法でも学習したとおり、例えば「宿泊の手配1件につき500円」といったように、旅行業者が独自に定め、営業所に掲示しておくべきもので、この旅行業務取扱料金も旅行代金として取り扱います。

このほか、旅行者と旅行業者との間でやり取りされる金銭には「契約の変更が生じたときの**変更手続料金**」「契約が解除されたときの**取消手続料金**」がありますが、これらは「**旅行代金**」**に含まれません**。

3. 旅行業者の債務（手配債務）の終了

旅行業者が**善良な管理者の注意をもって旅行サービスの手配をしたとき**は、旅行業者の**債務の履行**は**終了**します。したがって、満員、休業、条件不適当等の事由により、**運送・宿泊機関等との間で旅行サービスの提供をする契約を締結できなかった（予約ができなかった）場合**でも、旅行業者がその義務を果たしたときは、**旅行者は、旅行業者に対し、旅行業者所定の旅行業務取扱料金を支払わなければなりません**。通信契約を締結している場合は、「**運送・宿泊機関等との間で契約を締結できなかったこと**」**を旅行業者が旅行者に通知した日**をカード利用日として、旅行業務取扱料金の支払いを受けることになります。

旅行業者は、相応の時間と手間をかけて、旅行サービスの手配を行いますので、仮に予約が取れなかった場合でも、「手配」という行為に対しての報酬として取扱料金を請求するということです。

2 契約の申込み・契約の成立

1. 契約の申込み

契約の申込みは、企画旅行契約の場合と同じように「通信契約によらない場合」と「通信契約による場合」とに区別されてい

旅行業務取扱料金
▶▶P59

約款
国・総

用語

変更手続料金と取消手続料金
「手配を変更した」「手配を取り消した」など、旅行業者の行う事務処理の対価として旅行者から収受する費用のこと。

善良な管理者の注意
その立場において社会通念上要求される程度の注意。つまり、「旅行業者であれば、一般的にこの程度の注意をするであろう」と期待される程度の注意をして、旅行サービスの手配に当たったにもかかわらず、満員などの理由で実際に予約ができなかったとしても、旅行業者は「手配」という義務を果たしたことになる。

プラスアルファ
通信契約の条件やカード利用日の定義は企画旅行と同じ。

通信契約
▶▶P117
カード利用日
▶▶P125

ます。また、手配旅行契約の場合は、さらに「乗車券や宿泊券などの単品手配」のときの申込み方法が別途定められています。

（1）原則（通信契約によらない場合）

手配旅行契約を締結しようとする旅行者は、**旅行業者の所定の申込書に所定の事項を記入**のうえ、**申込金**とともに**旅行業者に提出**しなければなりません。

この申込金は、**旅行代金、取消料その他の旅行者が旅行業者に支払うべき金銭の一部**として取り扱います。

（2）通信契約の場合

通信契約の場合は、**会員番号と依頼しようとする旅行サービスの内容を旅行業者に通知することによって申込み**を行います。

（3）乗車券および宿泊券等のみの手配の場合

運送サービス、宿泊サービスの手配のみを目的とする手配旅行契約で、**旅行代金と引き換えに旅行サービスの提供を受ける権利を表示した書面**（乗車券や宿泊券など）**を交付**するときは、旅行業者は、**口頭による申込み**を受け付けることがあります。

旅行代金と乗車券や宿泊券等を直接引き換えれば契約内容の食い違いからのトラブルは起こりにくいからですね。

2. 契約締結の拒否

旅行業者は、次の①～⑤に該当する場合は、手配旅行**契約の締結に応じない**ことがあります。

Key Point ●手配旅行契約の締結の拒否事由

① 通信契約を締結しようとする場合であって、旅行者の有する**クレジットカードが無効**である等、旅行者が旅行代金等に係る債務の一部または全部を提携会社のカード会員規約に従って決済できないとき

② 旅行者が、反社会的勢力であると認められるとき

③ 旅行者が、旅行業者に対して暴力的な要求行為、不当な要求行為、取引に関して脅迫的な言動もしくは暴力を用いる行為またはこれらに準ずる行為を行ったとき

④ 旅行者が、風説を流布し、偽計を用いもしくは威力を用いて旅行業者の信用を毀損しもしくは旅行業者の業務を妨害する行為またはこれらに準ずる行為を行ったとき

⑤ その他旅行業者の**業務上の都合**があるとき

3. 契約の成立時期

手配旅行契約の成立時期は、次の（1）～（3）のように定められています。

（1）原則（通信契約でない場合）

旅行業者が契約の締結を承諾し、旅行者から申込金を受理した時に契約が成立します。

（2）通信契約の場合

旅行業者が契約の申込みを承諾する旨の通知が旅行者に到達した時に契約が成立します。

（1）は企画旅行契約と全く同じで、（2）についても若干の表現の違いはありますが、考え方は企画旅行契約と同様です。

これらに加え、手配旅行契約の場合、さらに次の（3）にあげる2つの例外が設けられています。

（3）例外

① 書面による特約をした場合

旅行業者は、**書面による特約**をもって、**申込金の支払いを受けることなく**、**契約の締結の承諾のみによって手配旅行契約を成立**させることがあります。この場合、契約の成立時期については、**その書面**（特約について記載した書面）**において明らかに**します。

② 乗車券および宿泊券等の手配のみの場合

乗車券や宿泊券等の手配のみの場合で、旅行業者が**旅行代金と引き換えに**、これらの**乗車券などを旅行者に交付**するときは、**口頭による申込み**を受け付けることがあります。この場合、手配旅行契約は、旅行業者が**契約の締結を承諾した時**に成立します。

（1）～（3）に述べた内容のポイントをまとめると、手配旅行契約の成立時期は次のようになります。

得意客など、定期的な取引がある場合、手配依頼の都度、申込金の支払い・収受を行うのは双方にとって手間になります。このように安定した取引関係がある場合は、申込金を不要とする特約を結ぶことがあるのです。

Key Point ●契約成立の時期（手配旅行）

原則 （通信契約でない場合）	旅行業者が契約の締結を承諾し申込金を受理した時
通信契約の場合	旅行業者が**契約の申込みを承諾する旨の**通知**が旅行者に**到達した時
書面による特約をした場合	時期は特定されていない（書面において時期を明らかにする）
乗車券・宿泊券等のみの手配で**代金と引き換え**に**乗車券類を交付**する場合（口頭による申込み）	旅行業者が契約の締結を承諾した時

上の２段は企画旅行契約と考え方は同じなので共通して覚えて OK。
下の２段は手配旅行特有の規定で、まさにこの部分が試験でもよく問われています。

3　契約書面の交付

1．契約書面

契約書面（旅行業法）
▶▶ P68

乗車券や宿泊券などを旅行者に交付するときに契約書面を交付しないことがあるのは、旅行業法でも学習したとおりです。これらの乗車券類は、それを所持していれば、容易にサービスを受けられるので、トラブル発生の余地が少ないからです。

手配旅行契約を締結したときは、旅行業者は原則として旅行者に契約書面を交付しなければなりません。企画旅行契約とは異なり、確定書面は存在しません。

(1) 原則

旅行業者は、**契約の成立後速やかに**、旅行者に、**契約書面**（**旅行日程、旅行サービスの内容、旅行代金その他の旅行条件および旅行業者の責任に関する事項を記載した書面**）**を交付**しなければなりません。

旅行業者が契約書面を交付した場合、旅行業者が手配する義務を負う旅行サービスの範囲は、契約書面に記載するところによります。

(2) 例外（契約書面を交付しない場合）

旅行業者が手配する**すべての旅行サービス**について、乗車券類、宿泊券その他の**旅行サービスの提供を受ける権利を表示した書面を交付するとき**は、旅行業者は**契約書面を交付しない**ことがあります。

2. 情報通信の技術を利用する方法

旅行業者は、あらかじめ旅行者の承諾を得て、契約書面の交付に代えて、契約書面に記載すべき事項を**情報通信の技術を利用する方法により、旅行者に提供**することができます。

プラスアルファ
情報通信の技術を利用する場合の具体的な方法は企画旅行契約のときと同じ。
情報通信の技術を利用する方法
▶▶P124

4 契約の変更・解除

1. 契約の変更

旅行者は、旅行業者に対して、**旅行日程、旅行サービスの内容その他の契約内容を変更するよう求めることができます**。この場合において、**旅行業者は**、可能な限り**旅行者の求めに応じなければなりません**。

旅行者の求めにより、手配旅行契約の内容を変更する場合、手配の変更に要する費用や旅行代金の増減は次のように取り扱います。

Key Point ●旅行者の求めによる変更（費用の負担）

① 次のものは旅行者の負担になる。
- **手配の変更に要する費用**（すでに完了した手配を取り消す際に旅行サービス提供機関に支払うべき**取消料、違約料等**）
- 旅行業者所定の**変更手続料金**

② 契約内容の変更によって生ずる**旅行代金の増加または減少は旅行者に帰属**（きぞく）する（増加分は旅行者の負担、減少分は旅行者に返金する）。

プラスアルファ
例えば、「旅行の目的地で天災が生じた」「航空機が悪天候により欠航した」などの場合、予定どおり旅行に出発するか、旅行を中止して契約を解除するか、または契約内容を変更するかしないかなどの決定権はすべて旅行者にあるということ。

手配旅行契約は、「旅行者が旅行計画を立て、手配のみを旅行業者に委託する」ことを内容とした契約なので、旅行者だけが契約内容を変更する権利を持っています。したがって、旅行業者から契約の内容を変更することは事実上あり得ません。

2. 契約の解除

手配旅行契約の解除には「**旅行者による任意解除**」「**旅行者の責に帰すべき事由による解除**」「**旅行業者の責に帰すべき事由に**

よる解除」の3種類があります。

(1) 旅行者による任意解除

旅行者は、いつでも、どんな理由でも手配旅行契約の一部または全部を解除することができます。

旅行者が契約を解除した場合、次の費用は**旅行者の負担**になります。

Key Point ●旅行者の任意解除にともなう費用負担

＊旅行開始**前**の解除はａ～ｃ、旅行開始**後**の解除はａ～ｄの費用が旅行者の負担になる。

ａ．旅行者が**いまだ提供を受けていない旅行サービス**に係る**取消料、違約料等**

ｂ．旅行業者所定の**取消手続料金**

ｃ．旅行業者が得るはずであった**旅行業務取扱料金**

ｄ．旅行者が**すでに提供を受けた旅行サービスの対価**

(2) の解除事由のうち、①と②は、いずれも「旅行代金の決済がされない」という点で共通しています。代金決済が済んでいない以上、旅行を開始していないのが一般的なので、これにより旅行業者が契約を解除する場合は「すでに提供を受けた旅行サービスの対価」は発生しません。

プラスアルファ

(2) の②の場合、クレジット決済ができないので、旅行者負担の費用は、旅行業者が定める期日までに旅行業者が定める方法により支払わなければならない。

(2) 旅行者の責に帰すべき事由による解除

次の①～③に該当するときは、旅行業者は手配旅行契約を解除することがあります。

① 旅行者が所定の期日までに**旅行代金を支払わない**とき

② 通信契約を締結した場合であって、旅行者の有する**クレジットカードが無効**になる等、旅行者が旅行代金等に係る債務の一部または全部を提携会社のカード会員規約に従って決済できなくなったとき

③ 旅行者が次のいずれかに該当することが判明したとき

- 旅行者が、反社会的勢力であると認められるとき
- 旅行者が、旅行業者に対して暴力的な要求行為、不当な要求行為、取引に関して脅迫的な言動もしくは暴力を用いる行為またはこれらに準ずる行為を行ったとき
- 旅行者が、風説を流布し、偽計を用いもしくは威力を用いて旅行業者の信用を毀損しもしくは旅行業者の業務を妨害する行為またはこれらに準ずる行為を行ったとき

これらの事由に該当し、旅行業者が旅行開始前に契約を解除

した場合、旅行者は前述 Key Point の a ～ c の費用を旅行業者に支払わなければなりません（旅行開始後に契約を解除した場合は、a ～ c に加え、d の費用も支払わなければなりません）。

(3) 旅行業者の責に帰すべき事由による解除

旅行者は、**旅行業者の責に帰すべき事由**（旅行業者の故意または過失＝手配ミスなど）により、**旅行サービスの手配**が**不可能になったときは**、手配旅行契約を解除することができます。

① 旅行開始前の解除

旅行業者は**収受した旅行代金の全額**を旅行者に払い戻します。

② 旅行開始後の解除

旅行者が**すでに提供を受けた旅行サービスの対価（前述 Key Point の d）のみ**が旅行者の負担となります。この費用を除き、旅行業者は旅行者から収受した旅行代金を払い戻さなければなりません。

なお、旅行業者が①と②に基づき旅行代金を払い戻した場合でも、**旅行者の旅行業者に対する損害賠償の請求を妨げるものではありません**。したがって、旅行業者の手配ミスにより旅行者に損害が生じた場合は、旅行代金の払戻しとは別に、旅行者は旅行業者に対して損害の賠償を請求することができます。

では、以上をふまえ、手配旅行契約が解除されたときの費用の負担および旅行者への払戻額について、具体例を用いて計算してみましょう。

CASE 1　次の条件による手配旅行契約が解除された場合

＊旅行の実施に要する費用（運送・宿泊機関等に対して支払う費用）は 210,000 円である。
＊旅行代金（上記費用および b の旅行業務取扱料金）は全額収受済みであるものとする。

a.	旅行者がいまだ提供を受けていない旅行サービスに係る取消料・違約料等	30,000 円
b.	旅行業務取扱料金（取消手続料金を除く）	20,000 円
c.	取消手続料金	5,000 円
d.	旅行者がすでに提供を受けた旅行サービスの対価	140,000 円

要点はココ!
旅行業者の手配ミスが原因である以上、取消料や違約料はもちろんのこと、旅行業務取扱料金を旅行者から収受することはできません。
ただし、旅行開始後の契約解除の場合に、「すでに提供を受けた旅行サービスの対価」だけは、旅行者が負担することになります。この点も間違えやすいので注意が必要です。

「悪天候により新幹線が運休した」など、やむを得ずに契約を解除するときも旅行者の任意解除になるのですか？

手配旅行契約の場合、(2) と (3) に該当しない事由による解除は、すべて (1) の旅行者の任意解除になります。手配旅行の旅行計画はあくまで旅行者主導なので、(2) や (3) のように旅行者、旅行業者のどちらかに問題があるようなケースを除き、契約を解除するかどうかはすべて旅行者が決定するからです。

① 旅行者が自己の都合により、旅行開始後に契約を解除した場合

旅行者の負担となるのはａ～ｄなので、収受済みの旅行代金（210,000円とｂ）から、これらの合計額を差し引いた残額が旅行者に払い戻される。

(210,000 + 20,000) − (30,000 + 20,000 + 5,000 + 140,000)
= 35,000円（払戻額）

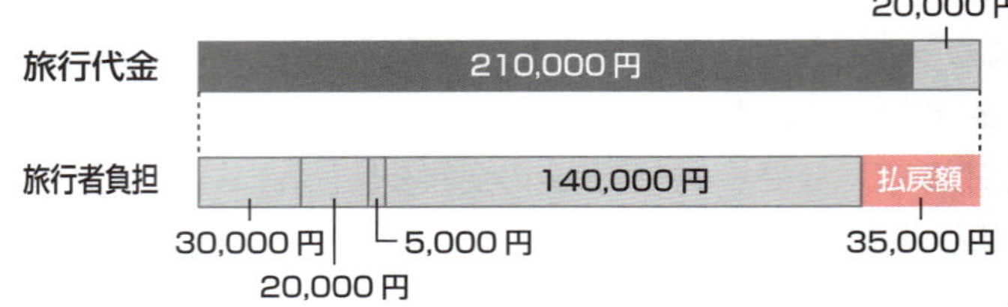

② 旅行業者の責に帰すべき事由により、旅行者が旅行開始後に契約を解除した場合

旅行者の負担となるのはｄのみなので、収受済みの旅行代金からｄを差し引いた残額が旅行者へと払い戻される。

(210,000 + 20,000) − 140,000 = 90,000円（払戻額）

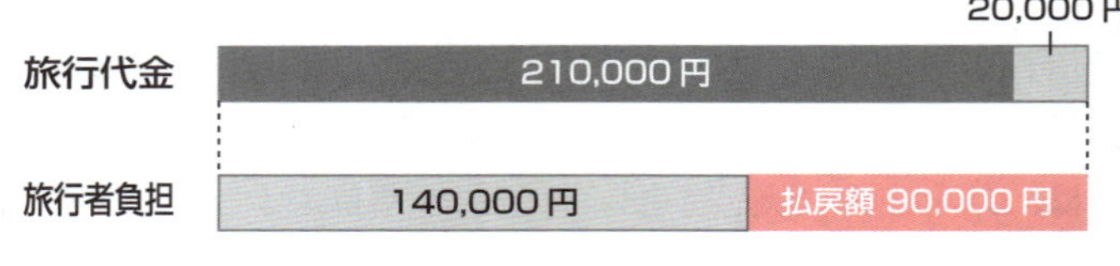

プラスアルファ

ケース１の①と②がいずれも旅行開始前の解除だった場合、費用のｄはそもそも発生しないので、①では収受済みの旅行代金からａ～ｃの合計額を差し引いた残額が、②では、収受済み旅行代金の全額が旅行者に払い戻される。

試験でも、ケース１のように具体的な金額を用いた問題が出題されています。解除の理由によって、旅行者の負担する費用（旅行業者に支払うべき費用）が異なることがポイントです。

5 旅行代金

1．旅行代金の支払い時期

（1）原則（通信契約でない場合）

旅行者は、**旅行開始前の旅行業者が定める期間**までに、旅行業者に対し旅行代金を支払わなければなりません。

（2）通信契約の場合

通信契約を締結した場合は、企画旅行契約の場合と同様、旅行業者は、**伝票への旅行者の署名なくして**（サインレスで）**旅行代金の支払いを受けます**。この場合、旅行業者が**確定した旅行サービスの内容を旅行者に通知した日**が**カード利用日**になり

ます。

2. 旅行代金の変更

旅行業者は、**旅行開始前**において、**運送・宿泊機関等の運賃・料金の改訂**、**為替相場の変動**その他の事由により**旅行代金の変動を生じた場合**は、**旅行代金を変更することができます**。

例えば、手配が済んだあとで運送・宿泊機関の運賃・料金が値上げされたり、海外旅行の場合は為替レートが旅行代金に直接影響することも少なくありません。企画旅行の場合は、これらの理由で旅行代金を増額することはできませんでしたが、手配旅行契約の場合は、前述の例にかかわらず、正当な理由があれば幅広い理由により旅行代金を変更できることになっています。

旅行代金の増加または減少は旅行者に帰属します。したがって、増額の場合は旅行者の負担とし、減額の場合は旅行者に返金されることになります。

3. 旅行代金の精算

手配旅行契約では、旅行者の求めにより契約内容を変更したり、また、為替相場の変動など幅広い理由で旅行代金が変更されることになりますので、時として、実際にかかった費用と、旅行者から収受している旅行代金とが合致しないことがあります。この場合について定めたのが「旅行代金の精算」の規定です。

旅行業者は、**「精算旅行代金」と「旅行代金としてすでに収受した金額」とが合致しない場合**、旅行終了後、次により速やかに旅行代金の精算を行います。

① 「精算旅行代金」が「旅行代金としてすでに収受した金額」を超えるときは、旅行者は旅行業者に対し、その差額を支払わなければなりません。

② 「精算旅行代金」が「旅行代金としてすでに収受した金額」に満たないときは、旅行業者は旅行者に、その差額を払い戻します。

4. 通信契約におけるカード利用日

通信契約を締結した場合で、これまでに学習した「契約の変更」「契約の解除」「旅行代金の精算」などにより、旅行者が負

プラスアルファ

4の1で述べたとおり、手配旅行契約では旅行者の求めにより契約内容を変更することがあるが、この場合も旅行代金の増加・減少は旅行者に帰属する。

用語

精算旅行代金
次のa. とb. を合計した代金のこと。
a. 旅行業者が旅行サービスを手配するために、運送・宿泊機関等に支払った費用で、旅行者の負担となるもの
b. 旅行業務取扱料金

担すべき費用等が生じたときは、旅行業者は、提携会社のカードにより、所定の伝票への旅行者の署名なくして（サインレスで）これらの費用等の支払いを受けます。これらの費用等の支払いの場合、または旅行業者が旅行者に払い戻すべき額が生じた場合は、これらの額を旅行者に通知した日が**カード利用日**になります。

手配旅行契約における「カード利用日」についてまとめると次のとおりです。

Key Point ●手配旅行契約におけるカード利用日（まとめ）

クレジット決済の事由	カード利用日
① 運送・宿泊機関等との間で契約を締結できなかったときの旅行業務取扱料金の支払い（手配債務の終了）	旅行業者が「運送・宿泊機関等との間で契約を締結できなかったこと」を旅行者に通知した日
② 旅行代金の支払い	旅行業者が確定した旅行サービスの内容を旅行者に通知した日
③ 旅行者が負担すべき費用等（旅行業者に支払うべき費用等）が生じた場合	旅行業者がこれらの額を旅行者に通知した日
④ 旅行者に払い戻すべき額が生じた場合	

6 責任

旅行業者の責任
▶▶P144
旅行者の責任
▶▶P145

手配旅行契約における旅行業者の責任（損害賠償責任）、旅行者の責任に関する規定は、**企画旅行契約の場合とまったく同じ**です。損害が発生したときの旅行業者への通知の期限や、手荷物の賠償限度額、旅行者に課せられている3つの責任など、すべて企画旅行と共通の内容で理解しておきましょう。

Let's Try! 確認テスト

●次の各記述の正しいものには○を、誤っているものには×を記入しなさい。

チェックポイント	できたらチェック✓
手配旅行契約の定義	□ 1 手配旅行契約において、「旅行代金」とは、旅行業者が旅行サービスを手配するために、運賃、宿泊料その他の運送・宿泊機関等に対して支払う費用および旅行業者所定の旅行業務取扱料金（変更手続料金および取消手続料金を除く。）をいう。 国 平30改
	□ 2 旅行業者が善良な管理者の注意をもって旅行サービスの手配をし、その結果、満員のため運送・宿泊機関等との間で旅行サービスの提供をする契約を締結できなかった場合、旅行業者は、旅行者に対し、旅行業者所定の旅行業務取扱料金を請求できない。 総 平30
契約の申込み・契約の成立	□ 3 旅行業者は、書面による特約をもって、申込金の支払いを受けることなく、契約の締結の承諾のみにより手配旅行契約を成立させることがある。 国 令2改
	□ 4 旅行業者は、宿泊サービスの手配のみを目的とする手配旅行契約であって旅行代金と引換えに当該旅行サービスの提供を受ける権利を表示した書面を交付するものについては、旅行者からの口頭による申込みを受け付けることがある。 総 令3改
	□ 5 旅行業者は、業務上の都合があることを理由にして、手配旅行契約の締結を拒否することはできない。 予想
契約の変更・解除	□ 6 旅行者の求めにより手配旅行契約の内容を変更する場合、旅行者は、既に完了した手配を取り消す際に運送・宿泊機関等に支払うべき取消料、違約料その他の費用を負担するほか、旅行業者に対し、所定の変更手続料金を支払わなければならない。 総 平28改
	□ 7 旅行業者は、旅行開始前において、運送・宿泊機関等の運賃・料金の改訂、為替相場の変動その他の事由により旅行代金の変動を生じた場合は、当該旅行代金を変更することがある。 国 令1

解答 1. ○　変更手続料金、取消手続料金は「旅行代金」に含まれない／2. ×　旅行業務取扱料金を請求できる／3. ○　書面による特約によって申込金の支払いを受けずに契約を成立させることができる（契約の成立時期は、その書面において明らかにする）／4. ○　この場合の手配旅行契約は、旅行業者が契約の締結を承諾した時に成立する／5. ×　「業務上の都合」は手配旅行契約締結の拒否事由である／6. ○／7. ○　手配旅行契約の場合、旅行開始前に生じた運賃・料金の値上げや為替相場の変動など、幅広い理由による旅行代金の変更が可能

●第1章●

重要度 A

Lesson 9

団体・グループの取扱い

国 総

学習項目

◎団体・グループとは
◎契約責任者
◎契約成立の特則

学習ポイント

●原則として、契約責任者はその団体・グループの構成者の旅行契約の締結に関する**一切の代理権を有している**ものとみなす。
●契約責任者が負う債務または義務について、**旅行業者は何らの責任を負わない。**
●受注型企画旅行、手配旅行の団体・グループにおける**契約成立の特則**を理解する。

1 団体・グループとは

学校の修学旅行や職場旅行をはじめとする団体旅行の場合、いわゆる「幹事役」が任命され、旅行業者と、その幹事役の旅行者との間で取引を行うケースがほとんどです。また、家族、友人どうしなどの比較的小規模なグループ旅行の場合も、実際に旅行業者を訪れるのは代表者一人であるケースも少なくありません。このようなケースを想定し、募集型企画旅行、受注型企画旅行、手配旅行の各契約に関する約款では、それぞれ「団体・グループ」に関する規定を設け、「**同じ行程を同時に旅行する複数の旅行者が代表者を定めて申し込んだ場合**」に、この団体・グループの規定を適用することになっています。

募集型、受注型、手配旅行とも、規定されている内容はほぼ同じなので、このLessonでそれぞれの共通点、相違点を比較しながら学習を進めるのが効果的です。契約の種類によって異なる規定が設けられている部分については主に欄外で補足をしていますのであわせて確認しましょう。

プラスアルファ
正式には、企画旅行契約の場合は「団体・グループ**契約**」、手配旅行契約の場合は「団体・グループ**手配**」と呼ばれている。試験対策としてはあまり意識しなくても問題ない。

1. 団体・グループ契約（手配）の定義

旅行業者は、**同じ行程を同時に旅行する複数の旅行者が、その責任ある代表者**（以降「**契約責任者**」とする）**を定めて申し込んだ募集型・受注型企画旅行、手配旅行**の各契約に、この「団体・グループ」の規定を適用します。

ここでいう「複数の旅行者」とは具体的には**2名以上の旅行者**をさしますので、旅行者が2名の場合でも団体・グループとして扱うことができます。

2. 契約責任者

団体・グループの**責任ある代表者**を「**契約責任者**」といい、契約責任者以外の団体・グループを**構成する旅行者**を「**構成者**」といいます。

契約責任者の果たすべき役割は次のとおりです。

Key Point ●契約責任者の役割

① 特約を結んだ場合を除き、旅行業者は、**契約責任者はその団体・グループの構成者の旅行契約の締結に関する一切の代理権を有しているものとみなし**、その団体・グループに係る**旅行業務に関する取引**は、**契約責任者との間**で行う。

② 契約責任者は、**旅行業者が定める日**までに次のものを**旅行業者に提出（または通知）**しなければならない。

募集型企画旅行契約	構成者の名簿の提出
受注型企画旅行契約	
手配旅行契約	構成者の名簿の提出または**人数の通知**

＊**人数の通知でも可**なのは手配旅行契約のみ

③ 契約責任者が**構成者に対して現に負い、または将来負うことが予測される債務または義務**については、**旅行業者は何らの責任を負うものではない。**

④ 契約責任者が**団体・グループに同行しない場合**、旅行開始後においては、**あらかじめ契約責任者が選任した構成者**を契約責任者とみなす。

3. 契約成立の特則　受注型　手 配

受注型企画旅行契約および手配旅行契約の場合は、契約の成立に関する例外が設けられています。

プラスアルファ

①の「団体・グループに係る旅行業務に関する取引」とは、取引条件の説明や各種書面の交付、契約の締結や解除などに関する手続きなどのこと。これらの各種取引は旅行業者と契約責任者との間で行うことになる。

受注型企画旅行契約、手配旅行契約の場合で、旅行者の希望により添乗員を同行させる場合は、添乗員との打ち合わせなども契約責任者との間で行う。

③は、例えば、構成者から旅行代金を集金した契約責任者が、その代金を着服したような場合でも、旅行業者は一切の責任を負わないということ。

同じく④は、例えば、修学旅行に関する契約で、学校の校長が契約責任者だった場合、修学旅行に校長が同行しないときは、校長が選任した他の教師を契約責任者とみなして旅行中の打ち合わせ等を行うということ。

この例外が認められているのは、受注型企画旅行と手配旅行の契約だけ（募集型企画旅行契約のときには認められない）。「申込金不要で契約締結を承諾すること」を記載した書面を交付した時に契約が成立することを覚えておきましょう。

旅行業者は、契約責任者と受注型企画旅行契約（または手配旅行契約）を締結する場合、申込金の支払いを受けることなく契約の締結を承諾することがあります。

この場合、旅行業者は、**契約責任者に「申込金の支払いを受けずに契約を締結することを承諾する」旨を記載した書面を交付する**ものとし、旅行業者がこの書面を交付した時に**契約が成立**します。

受注型企画旅行契約や手配旅行契約における「団体・グループ」には学校、企業などの法人も多く、中には旅行業者と継続的な取引関係が築かれているケースも少なくありません（いわゆる「得意客」）。このような場合、旅行業者と取引先との間に一定の信頼関係があるため、申込金の受理をせずに、契約を成立させるための例外規定が設けられているのです。

4. 構成者の変更・添乗サービス　手配のみ

(1) 構成者の変更

プラスアルファ

企画旅行契約における構成者の変更は、「旅行者の交替」の規定が適用される。

旅行者の交替
▶▶P131

契約責任者から構成者の変更の申出があったときは、旅行業者は**可能な限り**これに応じます。この場合に生じる旅行代金の増加または減少、変更に要する費用は、**構成者に帰属**します。

(2) 添乗サービス

旅行業者は、契約責任者からの求めにより、団体・グループに添乗員を同行させ、添乗サービスを提供することがあります。

プラスアルファ

企画旅行に添乗員を同行させる場合、添乗員の業務は旅行業者の行う旅程管理の一部として扱われる。手配旅行契約の場合、そもそも旅行業者に旅程管理の責任はないので、あえて「添乗サービス」という異なる表現を使い、さらに添乗サービスの内容を「**団体・グループ行動を行うため必要な業務**」に限定させていると理解すればよい。

Key Point　●手配旅行契約における添乗サービス

① 添乗サービスの内容は、原則としてあらかじめ定められた旅行日程上、**団体・グループ行動を行うために必要な業務**とする。

② 添乗員が添乗サービスを提供する時間帯は原則として8時から20時までとする。

③ 旅行業者が添乗サービスを提供するときは、契約責任者は旅行業者に対し、所定の添乗サービス料を支払わなければならない。

Let's Try! 確認テスト

●次の各記述の正しいものには○を、誤っているものには×を記入しなさい。

チェックポイント	できたらチェック✓
団体・グループ	□ 1 募集型企画旅行契約（通信契約を除く。）において、旅行業者は、契約責任者と契約を締結する場合、申込金の支払いを受けることなく契約の締結を承諾することがある。 総 平29
	□ 2 手配旅行契約において、契約責任者は、旅行業者が定める日までに、旅行業者に、構成者の名簿を提出し、または人数を通知しなければならない。 総 令3
	□ 3 旅行業者は、契約責任者と受注型企画旅行契約を締結する場合において、申込金の支払いを受けることなく契約の締結を承諾することがある。 総 平25改
	□ 4 旅行業者は、募集型企画旅行契約において、契約責任者が構成者に対して現に負い、または将来負うことが予測される債務または義務については、その責任の一部を負う。 国 平27改
	□ 5 旅行業者は、特約を結んだ場合を除き、契約責任者はその団体・グループを構成する旅行者の契約の締結に関する一切の代理権を有しているものとみなし、当該団体・グループに係る旅行業務に関する取引は、当該契約責任者との間で行う。 国 平29
	□ 6 募集型企画旅行契約において、旅行業者は、契約責任者が団体・グループに同行しない場合、旅行開始後においては、あらかじめ契約責任者が選任した構成者を契約責任者とみなす。 国 令2改
	□ 7 手配旅行契約において、契約責任者からの求めにより、旅行業者が添乗サービスを提供するときは、契約責任者は、旅行業者に対し、所定の添乗サービス料を支払わなければならない。 国 令2改

解答 1. ×　団体・グループ契約で申込金の支払いを不要とする特則が設けられているのは受注型企画旅行契約および手配旅行契約のみ（募集型企画旅行契約では認められない）／2. ○　人数の通知でもよいのは手配旅行契約の場合のみ（企画旅行契約の場合は必ず構成者の名簿の提出が求められる）／3. ○　受注型企画旅行契約と手配旅行契約の場合は申込金の支払いを受けずに契約締結の承諾のみで契約を成立させることができる／4. ×　契約責任者が構成者に対して負う債務または義務について、旅行業者は何らの責任を負わない／5. ○／6. ○　契約責任者が同行しない場合は、あらかじめ契約責任者が選任した構成者を契約責任者とみなす／7. ○

第1章

Lesson 10

旅行相談契約

重要度 A

学習項目

◎旅行相談業務の内容
◎契約の成立
◎契約締結の拒否
◎旅行業者の責任

学習ポイント

●旅行相談業務の内容（5 項目）を暗記する。
●契約の成立時期（通信手段による申込みであるかどうかによって 2 種類）を理解する。
●旅行業者の故意・過失による損害が発生したときの通知期限は「**損害発生の翌日**から起算して **6 か月**以内」。

このLessonでは旅行相談に関する契約を学習します。国内・総合試験ともに、例年1問程度出題されています。
内容はシンプルで、なおかつ出題されるポイントが絞られているので、たった1問ではありますが、確実に得点することも可能です。太字、赤字の部分を中心に効率よく学習しましょう。
なお、「約款の適用範囲と特約」は、Lesson 1で述べたとおり、他の契約と内容は共通です。

1 旅行相談契約とは

1. 旅行相談契約と業務の内容

旅行相談契約とは、**旅行業者が相談に対する旅行業務取扱料金（相談料金）を収受する**ことを約して（約束して）、**旅行者の委託**により、次の業務を行うことを引き受ける契約をいいます。

Key Point ●旅行相談業務の内容

① **旅行者が旅行の計画を作成するため**に必要な**助言**
② **旅行の計画の作成**
③ 旅行に必要な**経費の見積り**
④ **旅行地および運送・宿泊機関等**に関する**情報提供**
⑤ その他旅行に必要な助言および情報提供

2. 契約の成立

旅行相談契約の成立時期は、次の2種類が定められています。

（1）原則（通信手段によらない申込みの場合）

旅行相談契約を締結しようとする旅行者は、**所定の事項を記入した申込書を旅行業者に提出**しなければなりません。

旅行相談契約は、**旅行業者が契約の締結を承諾**し、**申込書**を**受理した時に成立**します。

(2) 通信手段による申込みの場合

旅行業者は、**申込書の提出を受けることなく**、電話、郵便、ファクシミリ、インターネットその他の**通信手段による**旅行相談契約の**申込みを受け付ける**ことがあります。この場合、旅行相談契約は、**旅行業者が契約の締結を承諾した時に成立**します。

Key Point ●旅行相談契約の成立時期

- 原則(通信手段によらない場合)
  旅行業者が**契約の締結を承諾し、申込書を受理**した時
- 通信手段による申込みの場合
  旅行業者が**契約の締結を承諾した時**(申込書は不要)

旅行業法で学習したとおり、**旅行相談契約**を締結したときは、**契約書面**の交付は**不要**です。したがって、旅行相談契約に関する約款には「契約書面」に関する規定は定められていません。

契約が成立し、旅行業者が旅行相談業務を**行ったとき**は、旅行者は旅行業者に対し、旅行業者が定める期日までに所定の相談料金を支払わなければなりません。

旅行相談契約(旅行業法)
▶▶P69

3. 契約締結の拒否

旅行業者は、次の①~⑥に該当する場合は、旅行相談契約の締結に応じないことがあります。

Key Point ●旅行相談契約の締結の拒否事由

① 旅行者の相談内容が**公序良俗(こうじょりょうぞく)に反するものであるとき**
② 旅行者の相談内容が旅行地において施行されている**法令に違反するおそれ**があるものであるとき
③ 旅行者が、反社会的勢力であると認められるとき
④ 旅行者が、旅行業者に対して暴力的な要求行為、不当な要求行為、取引に関して脅迫的な言動もしくは暴力を用いる行為またはこれらに準ずる行為を行ったとき
⑤ 旅行者が、風説を流布し、偽計を用いもしくは威力を用いて旅行業者の信用を毀損しもしくは旅行業者の業務を妨害する行為またはこれらに準ずる行為を行ったとき
⑥ その他旅行業者の**業務上の都合**があるとき

用語

公序良俗に反するものであるとき
公序良俗とは、「公の秩序または善良の風俗」を略したもの。一般的な秩序、倫理、道徳に反する内容の契約は無効なので、このような内容の相談について、旅行業者は旅行相談契約を締結しないという意味。

約款
国・総

4. 契約の解除

旅行業者は、旅行者が次の①～③に該当することが判明したときは、旅行相談契約を解除することがあります。

① 旅行者が、反社会的勢力であると認められるとき
② 旅行者が、旅行業者に対して暴力的な要求行為、不当な要求行為、取引に関して脅迫的な言動もしくは暴力を用いる行為またはこれらに準ずる行為を行ったとき
③ 旅行者が、風説を流布し、偽計を用いもしくは威力を用いて旅行業者の信用を毀損しもしくは旅行業者の業務を妨害する行為またはこれらに準ずる行為を行ったとき

5. 旅行業者の責任

(1) 旅行業者の責任（損害賠償責任）

旅行業者は、旅行相談契約の履行に当たって、旅行業者が故意または過失により旅行者に損害を与えたときは、**損害発生の翌日から起算**して**6か月以内**に**旅行業者に対して通知**があったときに限り、その損害を賠償します。

(2) 満員等により実際に手配ができなかった場合

旅行業者は、旅行業者が作成した旅行の計画に記載した運送・宿泊機関等について、**実際に手配が可能であることを保証するものではありません**。したがって、**満員等の事由**により、**運送・宿泊機関等との間で旅行サービスの提供をする契約を締結できなかった**（予約ができなかった）としても、**旅行業者はその責任を負いません**。

Let's Try! 確認テスト

●次の各記述の正しいものには○を、誤っているものには×を記入しなさい。

チェックポイント	できたらチェック
旅行相談契約	□ 1 旅行相談契約において、約款に定めのない事項については、法令または一般に確立された慣習による。 国 平28改
	□ 2 旅行業者が旅行者の委託により、相談料金を収受することを約して、旅行地および運送・宿泊機関等に関する情報提供のみを行う業務は、旅行相談契約には該当しない。 国 平29
	□ 3 旅行相談契約は、電話、郵便、ファクシミリ、インターネットその他の通信手段による申込みを受け付ける場合を除き、旅行業者が申込金を受理した時に成立する。 総 平29改
	□ 4 旅行業者が申込書の提出を受けることなく電話等の通信手段による旅行相談契約の申込みを受け付ける場合において、当該契約は、旅行業者が契約の締結を承諾した時に成立する。 総 令1
	□ 5 旅行業者は、業務上の都合を理由に、旅行相談契約の締結を拒否することはできない。 国 平27改
	□ 6 旅行者は、旅行業者が契約に基づく業務を行ったときは、旅行業者に対し、旅行業者が定める期日までに、旅行業者所定の相談料金を支払わなければならない。 国 平26
	□ 7 旅行業者は、旅行相談契約の履行に当たって、旅行業者が故意または過失により旅行者に損害を与えたときは、その損害発生の翌日から起算して３月以内に当該旅行業者に対して文書にて通知があったときに限り、その損害を賠償する責に任ずる。 国 平30改
	□ 8 旅行業者が作成した旅行の計画に記載した運送・宿泊機関等について、満員等の事由により、運送・宿泊等のサービスの提供を受ける契約を締結できなかったときは、旅行業者は、すでに収受していた相談料金を旅行者に払い戻さなければならない。 国 平28

解答 1. ○／2. × 「旅行地および運送･宿泊機関等に関する情報提供」は旅行相談業務に当たる（旅行相談契約に該当する）／3. × 旅行業者が契約の締結を承諾し、申込書を受理した時に成立する／4. ○／5. × 「旅行業者の業務上の都合があるとき」は旅行相談契約の締結の拒否事由として定められている／6. ○／7. × 旅行相談契約における旅行業者への損害発生の通知期限は、損害発生の翌日から起算して６か月以内。また、通知の方法は文書に限定されていない／8. × 旅行業者が作成した旅行の計画に記載された運送・宿泊機関等は、必ずしも手配が可能であることを保証するものではない（相談料金を払い戻す必要はない）

Lesson 11

渡航手続代行契約

重要度 A

学習項目

◎渡航手続代行業務の内容
◎契約の成立
◎契約締結の拒否
◎契約の解除
◎旅行業者の責任

学習ポイント

- 渡航手続代行契約を締結できる**旅行者の範囲**を理解する。
- 契約の成立時期は**旅行相談契約と共通**である。
- 旅行業者から契約解除ができる事由を覚える。
- 旅行業者の責任（損害賠償責任）に関するルールは**旅行相談契約と共通**である。

このLessonでは渡航手続きの代行に関する契約を学習します。
総合試験では例年1問程度必ず出題されています。旅行相談契約と同じように、内容は極めて簡単で難しいところはありません。太字、赤字を中心に効率よく勉強しましょう。
なお、「約款の適用範囲と特約」は、Lesson 1で述べたとおり、他の契約と内容は共通です。

1 渡航手続代行契約とは

1. 渡航手続代行契約と業務の内容

渡航（とこう）手続代行契約とは、**旅行業者が渡航手続きの代行に対する旅行業務取扱料金（渡航手続代行料金）を収受すること**を約して（約束して）、**旅行者の委託**により、次の業務を行うことを引き受ける契約をいいます。

Key Point ●渡航手続代行業務の内容

① **旅券、査証（さしょう）、再入国許可および各種証明書の取得**に関する手続き
② **出入国手続書類の作成**
③ その他①と②に関連する業務

2. 渡航手続代行契約を締結できる旅行者

旅行業者は、次に掲げる旅行者との間で**渡航手続代行契約**を**締結**します。

Key Point ●渡航手続代行契約を締結できる旅行者

旅行業者と
① **募集型企画旅行契約**を締結した旅行者
② **受注型企画旅行契約**を締結した旅行者
③ **手配旅行契約**を締結した旅行者
④ 他の旅行業者の募集型企画旅行について**受託契約**により**旅行業者が代理して契約を締結**した旅行者

用語

旅券
日本から出国するときに必ず必要となるパスポートのこと。

査証
諸外国に入国する際に、国によって取得を義務付けているもの。

再入国許可
日本に滞在している外国人がいったん日本から離れ、再び日本に入国するときに必要とするもの。

旅券、査証、再入国許可についての詳細はいずれも第４編の海外旅行実務で詳しく学習します。

約款　総

2 契約の成立・契約締結の拒否

1. 渡航手続代行契約の成立時期

渡航手続代行契約の成立時期は、次の２種類が定められています（内容は旅行相談契約の場合と共通です）。

(1) 原則（通信手段によらない申込みの場合）

渡航手続代行契約を締結しようとする旅行者は、**所定の事項を記入した申込書を旅行業者に提出**しなければなりません。

渡航手続代行契約は、**旅行業者が契約の締結を承諾し**、**申込書**を**受理した時に成立**します。

(2) 通信手段による申込みの場合

旅行業者は、**申込書の提出を受けることなく**、電話、郵便、ファクシミリ、インターネットその他の**通信手段による**渡航手続代行契約の申込みを受け付けることがあります。この場合、契約は、**旅行業者が契約の締結を承諾した時に成立**します。

Key Point ●渡航手続代行契約の成立時期

- 原則（通信手段によらない場合）
  旅行業者が**契約の締結を承諾し**、**申込書を受理**した時
- 通信手段による申込みの場合
  旅行業者が**契約の締結を承諾した時**（申込書は不要）

2. 契約締結の拒否

旅行業者は、次の①～④に該当する場合は、渡航手続代行契約の締結に応じないことがあります。

Key Point　●渡航手続代行契約の締結の拒否事由

① 旅行者が、反社会的勢力であると認められるとき
② 旅行者が、旅行業者に対して暴力的な要求行為、不当な要求行為、取引に関して脅迫的な言動もしくは暴力を用いる行為またはこれらに準ずる行為を行ったとき
③ 旅行者が、風説を流布し、偽計を用いもしくは威力を用いて旅行業者の信用を毀損しもしくは旅行業者の業務を妨害する行為またはこれらに準ずる行為を行ったとき
④ その他旅行業者の**業務上の都合**があるとき

3. 契約書面の交付

旅行業者は、**契約の成立後速やかに**、次の内容が記載された書面（**契約書面**）を**旅行者に交付**します。

① 渡航手続代行契約により引き受けた代行業務（以降「受託業務」とする）の内容
② 渡航手続代行料金の額
③ ②の収受の方法
④ 旅行業者の責任その他必要な事項

旅行業者は、あらかじめ旅行者の承諾を得て、契約書面の交付に代えて、情報通信の技術を利用する方法により、契約書面に記載すべき事項を提供することができます。

4. 旅行業者・旅行者の義務

(1) 旅行業者の守秘義務

旅行業者は、受託業務を行うに当たって知り得た情報を他に漏らすことのないようにしなければなりません。

(2) 旅行者の義務

旅行者は、旅行業者が定める期日までに、旅行業者に次のものの提出（または支払い）を行わなければなりません。

用語

情報通信の技術を利用する方法
具体的な方法については企画旅行契約、手配旅行契約の場合と共通。
▶▶P124

Key Point ●旅行者の義務

① 渡航手続書類等の提出
② 渡航手続代行料金の支払い
③ 本邦の官公署、在日外国公館などに支払う査証料等の支払い
④ 郵送費、交通費その他の費用が生じた場合は、これら費用の支払い

3 契約の解除・旅行業者の責任

1. 契約の解除

(1) 旅行者からの契約の解除

旅行者は、いつでも契約の全部または一部を解除することができます。

(2) 旅行業者からの契約の解除

旅行業者は、次の①～⑤に該当するときは、契約を解除することがあります。

Key Point ●旅行業者による渡航手続代行契約の解除

① 旅行者が、**所定の期日までに渡航手続書類等を提出しないとき**
② 旅行業者が、**旅行者から提出された渡航手続書類等に不備がある**と認めたとき
③ 旅行者が、**渡航手続代行料金、査証料等、郵送費、交通費などを所定の期日までに支払わない**とき
④ 旅行者が次のいずれかに該当することが判明したとき
- 旅行者が、反社会的勢力であると認められるとき
- 旅行者が、旅行業者に対して暴力的な要求行為、不当な要求行為、取引に関して脅迫的な言動もしくは暴力を用いる行為またはこれらに準ずる行為を行ったとき
- 旅行者が、風説を流布し、偽計を用いもしくは威力を用いて旅行業者の信用を毀損しもしくは旅行業者の業

務を妨害する行為またはこれらに準ずる行為を行ったとき

⑤ 旅行業者の責に帰すべき事由によらず、**旅行者が旅券、査証、再入国許可を取得できないおそれが極めて大きい**と旅行業者が認めるとき

（1）または（2）に基づいて渡航手続代行契約が解除されたときは、旅行者は、すでに支払った査証料等、郵送費、交通費その他の費用を負担するほか、旅行業者に対し、旅行業者がすでに行った受託業務に係る渡航手続代行料金を支払わなければなりません。

2. 旅行業者の責任

(1) 旅行業者の責任（損害賠償責任）

旅行業者は、渡航手続代行契約の履行に当たって、旅行業者が故意または過失により旅行者に損害を与えたときは、**損害発生の翌日から起算して6か月以内に旅行業者に対して通知があったときに限り**、その損害を賠償します。

(2) 旅券等の取得、関係国への出入国ができなかった場合

旅行業者は、渡航手続代行契約により、**実際に旅行者が旅券等を取得できること、関係国への出入国が許可されることを保証するものではありません**。したがって、旅行業者の責に帰すべき事由によらず、**旅行者が旅券等の取得ができず、または関係国への出入国が許可されなかった**としても、**旅行業者はその責任を負いません**。

Let's Try! 確認テスト

●次の各記述の正しいものには○を、誤っているものには×を記入しなさい。

チェックポイント	できたらチェック
渡航手続代行契約	□ 1 旅行業者が渡航手続代行契約を締結する旅行者は、当該旅行業者と募集型企画旅行契約、受注型企画旅行契約または手配旅行契約を締結した旅行者に限られる。 総 平 30
	□ 2 渡航手続代行契約は、電話等の通信手段による契約の申込みを受け付ける場合を除き、旅行業者が契約の締結を承諾し、旅行者から所定の申込金を受理した時に成立する。 総 令 3
	□ 3 旅行業者が申込書の提出を受けることなく電話、郵便、ファクシミリ、インターネットその他の通信手段により渡航手続代行契約の申込みを受け付ける場合、契約は旅行業者が契約の締結を承諾した時に成立する。 総 平 29 改
	□ 4 旅行業者は、情報通信の技術を利用する場合を除き、渡航手続代行契約の成立後速やかに、旅行者に、当該契約により引き受けた代行業務の内容、渡航手続代行料金の額、その収受の方法、旅行業者の責任その他必要な事項を記載した書面を交付しなければならない。 総 令 2
	□ 5 旅行業者は、渡航手続代行契約の履行に当たって、過失により旅行者に損害を与えたときは、旅行者から所定の期間内に損害賠償の通知があったときに限り、その損害を賠償しなければならないが、所定の期間とは、その損害発生の翌日から起算して 1 年以内と定められている。 総 平 21 改
	□ 6 旅行業者は、渡航手続代行契約により、実際に旅行者が関係国への出入国が許可されることを保証するものではなく、旅行業者の責に帰すべき事由によらず、関係国への出入国が許可されなかったとしても、その責任を負わない。 総 平 30

解答 1. × 「他の旅行業者の募集型企画旅行について受託契約により旅行業者が代理して契約を締結した旅行者」も渡航手続代行契約を締結できる旅行者に含まれる／ 2. × この場合、旅行業者が契約の締結を承諾し、申込書を受理した時に契約が成立する／ 3. ○／ 4. ○／ 5. × 損害発生の翌日から起算して 6 か月以内に損害賠償の通知があったときに限り、旅行業者はその損害を賠償する／ 6. ○

第2章 運送・宿泊約款

ここでは各種運送約款、宿泊約款について学習します。本書では、各種約款の膨大な条項の中から、過去の試験で取り上げられている項目を厳選し、効率良く学習できるように要点をまとめました。いずれの約款も「ほぼ条文の表現どおり」に出題されるのが特徴なので、記載内容を素直に読み込み、「日数」「金額」「個数」などの数字を暗記することで得点アップを図りましょう。

国際運送約款

学習項目
◎国際運送約款の基礎知識
◎航空券
◎適用運賃等
◎運送の拒否・制限
◎手荷物

学習ポイント
●用語の定義を正しく理解する。
●航空券の有効期間は原則として**運送開始日**（航空券発行日）から**1年**である。
●運送の拒否・制限事由を暗記するとともに「**行為者の拘束**」の対象になるものを理解する。
●無料手荷物許容量はクラスによって異なる。
●手荷物の**責任限度額**と損害賠償**請求期限**を覚える。

プラスアルファ
試験では、国内の大手2社（日本航空：JALと全日本空輸：ANA）の約款のうち、共通または類似する規定を中心として出題されている。これら大手2社の運送約款は、若干の違いはあるが、おおまかな趣旨はほぼ同じである。

「用語の定義」には、少しわかりにくい表現が多用されていますが、試験はおおむね、これらの表現どおりに出題されます。

用語
運送人
航空会社全般のこと。

1 国際運送約款の基礎知識

国際線に搭乗するときの「航空会社」と「旅客」との間の運送契約について定めたものが国際運送約款です。国際運送約款は、国際航空運送協会（International Air Transport Association＝略してIATA）の定める統一約款を基準として各航空会社が定めています。本書では「日本航空」の定める国際運送約款をもとに解説します。

1．用語の定義

国際運送約款の中で用いられている用語の意味は次のとおりです。ここでは過去の試験で出題された主なものを中心に学習しましょう。

(1) 航空券

①「**航空券**」とは、旅客または手荷物の運送のため運送人（または運送人の指定代理店）により発行される「**旅客切符および手荷物切符**」もしくは**電子航空券**をいいます。

航空券には、**運送契約の条件の一部および諸通知**が記載されており、**搭乗用片**（ようへん）、**旅客用片もしくは旅客控**が含まれます（②と③参照）。電子航空券の場合は、**電子搭乗用片**および**eチケットお客様控**が含まれます。

②「**搭乗用片**」とは、旅客切符の一部分で、**運送が有効に行わ**

れる特定の区間を明記している用片をいい、電子航空券の場合は**電子搭乗用片**をいいます。「航空機の利用区間（1区間）ごとに搭乗用片がある」ということです。

③「**旅客用片または旅客控**」とは、運送人（または運送人の指定代理店）により発行される航空券の一部分で、旅客にとって**運送契約の証拠書類**となるものをいいます。

(2) 電子航空券

①「**電子航空券**」とは、運送人（または運送人の指定代理店）により発行される**eチケットお客様控**および**電子搭乗用片**をいいます。

②「**電子搭乗用片**」とは、**航空会社のデータベースに記録される形式**の搭乗用片をいいます。

③「**eチケットお客様控**」とは、電子航空券の一部分で、**旅程**、航空券に関する**情報**、**運送契約の条件の一部**および**諸通知**が記載されているものをいいます。

(3) 手荷物

①「**手荷物**」とは、旅行にあたり、旅客の着用、使用、娯楽または便宜のために必要な、または適当な、旅客の物品、身廻品その他の**携帯品**をいい、別段の定めのない限り、**受託**(じゅたく)**手荷物**（②）および**持込手荷物**（③）の**両方**を含みます。

②「**受託手荷物**」とは**運送人が保管する手荷物**で、運送人が**手荷物切符**（④）および**手荷物合符**(あいふ)（⑤）を発行したものをいいます。つまり、航空会社に預ける手荷物のことです。

③「**持込手荷物**」とは、**受託手荷物以外の手荷物**をいいます。旅客が自ら携帯して機内に持ち込む手荷物がこれに当たります。

④「**手荷物切符**」とは、航空券の一部分で、運送人が**受託手荷物の受領証**として発行するものをいいます。

⑤「**手荷物合符**」とは、受託手荷物の**識別**（目的地、利用航空会社や搭乗便など）**のために運送人が発行する証票**(しょうひょう)をいいます。手荷物合符は、個々の手荷物に取り付けられる**添付**(てんぷ)**合符**と、旅客に交付される**引換**(ひきかえ)**合符**とで構成されています。

(4) 旅客の年齢

①「**小児**」とは、**運送開始日時点**で**2歳**の**誕生日を迎えているが、**

用語

電子航空券
航空会社の電子データベースで保管される航空券。電子航空券の場合、紙による航空券は発行されず、旅客は、旅程など航空券の情報が記載された「eチケットお客様控」のみを所持して空港に出向き、空港で搭乗券を受け取ることになる。現在、ほとんどの航空会社で、この電子航空券が利用されている。

プラスアルファ

通常、手荷物合符はシール状になっており、一部分は航空会社によって個々の手荷物に取り付けられ、もう一部分は切り離されて旅客に交付される。実務上、添付合符を「バゲージ・タグ」、引換合符を「クレーム・タグ」と呼び、この両方をあわせた手荷物合符を「バゲージ・クレーム・タグ」と呼ぶ。

いまだ12歳の**誕生日を迎えていない**人をいいます。

②「**幼児**」とは、**運送開始日時点**で2歳の**誕生日を迎えていない**人をいいます。

国際運送約款の定義には「大人」は定められていませんが、①と②に定める「小児」と「幼児」の定義に基づくと、運送開始日時点で12歳の誕生日を迎えている人が「大人」に該当します。

旅客の年齢区分は次のように理解しておけばよいでしょう。

例えば、旅行中に2歳の誕生日を迎える人は、運送開始日の時点では1歳なので、幼児に該当します。あくまでも「**運送開始日**」を**基準**にした年齢で区分されることを覚えておきましょう。

Key Point ●国際線旅客の年齢区分（運送開始日時点）

区分	大人	小児	幼児
運送開始日時点	12歳以上	2歳以上12歳未満	2歳未満

(5) その他

①「**到達地**（とうたつ）」とは、**運送契約上の最終目的地**をいいます。出発地に戻る旅程の場合は、到達地と出発地は同一になります。

②「**途中降機**（こうき）」とは、運送人が事前に承認したもので、**出発地と到達地との間の地点**で旅客が行う旅行の**計画的中断**をいいます。

③「**日**」とは、暦日（れきじつ）（暦に従った1日ごとの単位）をいい、日曜日、祝日などにかかわらず、すべての曜日を含みます。「通知のための日数」「有効期間を決めるための日数」を計算する場合は、次の定めによります。

- 通知のための日数を計算する場合
  通知を発した日は計算に含まない。
- 有効期間を決めるための日数を計算する場合
  航空券を発行した日、航空旅行を開始した日（運送の開始日）は計算に含まない。

つまり、これらの場合は、初日を計算に算入せず、その翌日を1日目として数えることになります（**翌日起算**）。

④「**会社規則**」とは、この**約款以外**の、旅客または手荷物の国際運送に関する**航空会社の規則および規定**をいいます（運賃、料率、料金の表を含みます）。

用語

以上と未満
「〜歳以上」とあるときは、その年齢を含み、それよりも上を指す。「〜歳未満」とあるときは、その年齢を含まずに、それよりも下を指す。
例：2歳以上12歳未満
2歳を含み、12歳を含まない（2歳〜11歳まで）

プラスアルファ
途中降機について、詳しくは第4編・第2章「国際航空運賃」で学習するので、ここでは記載どおりに覚えておけばよい。
途中降機
▶▶P518

プラスアルファ
会社規則は、個々の航空会社が約款の規定を補うために定めているもので、実務上の取扱いの多くは、この会社規則に準じている（約款だけですべてを定めているわけではない）。

⑤「ＭＣＯ」「ＥＭＤ」とは、運送人（または運送人の指定代理店）により発行される証票（または電子証票）で、当該証票に記載されている人に対する航空券の発行または旅行のためのサービスの提供を要請する証票（または電子証票）をいいます。

2. 約款の適用等

(1) 約款の適用

旅客または手荷物の運送は、**航空券の最初の搭乗用片により行われる運送の開始日**に有効な約款および会社規則の定めに従います。

(2) 約款の変更

適用法令等により禁止される場合を除き、航空会社は、運送約款およびそれに基づいて定められた会社規則を**変更できる**ものとし、変更する際は相応の期間をもって、ホームページへ掲示等の適切な方法により、運送約款の変更内容等を**告知する**ものとします。

2 航空券

航空券の有効期間（失効（しっこう）、延長）、航空券の使用については次のような定めがあります。

1. 航空券の有効期間

航空券の有効期間は、その航空券が運送を開始しているのか、未使用であるのかによって原則として次のように定められています。

Key Point ●航空券の有効期間

- **運送を開始した航空券**……**運送の開始日**から**１年**
- **まったく未使用**の航空券…**航空券の発行日**から**１年**

航空券は、**有効期間満了日の 24 時**に**失効**します。ただし、各搭乗用片による旅行は、**有効期間満了日の 24 時までに旅行を開始**すれば、会社規則に別段の定めのない限り、満了日をすぎて

用語

MCO，EMD
【MCO】
Miscellaneous Charges Order の略。
【EMD】
Electronic Miscellaneous Document の略。
本文にあるとおり、どちらも使用目的は同じだが、EMD は"Electronic"の表現からもわかるとおり電子証票の扱いである。いずれも一種の金券（クーポン）のようなもので、例えば、超過手荷物料金、追加運賃などの支払いや、旅客への払戻しの際にその証拠書類として発行・利用されるもの。
試験対策としては本文のとおりに覚えておけばよい。

も**継続**することができます。

では、事例で具体的に有効期間を確認してみましょう。

CASE 1　運送を開始した航空券の有効期間

〈2022年3月1日に運送開始した東京－パリ－東京（往復）の航空券〉

2022年3月2日を1日目として数えて1年間有効（運送の開始日を算入しない）。

→有効期間満了日…2023年3月1日（24時に満了）

ケース1の場合、2023年3月1日の24時までに航空券の最終区間（パリ→東京）の航空便に搭乗すればよいことになります。

航空券がまったく未使用の場合は次によります。

CASE 2　まったく未使用の航空券の有効期間

〈2022年3月1日に発行した東京－パリ－東京（往復）の航空券〉

2022年3月2日を1日目として数えて1年間有効（航空券の発行日を算入しない）。

→有効期間満了日…2023年3月1日（24時に満了）

↓

2023年3月1日までに東京－パリ間の旅行を開始しないと、この航空券は無効になる。

仮に、2023年3月1日に旅行を開始した場合は、「運送を開始した航空券」に当たるので、2023年3月2日から起算して1年間有効になる。→有効期間満了日…2024年3月1日(24時に満了)

2. 有効期間の延長

次の（1）～（4）に該当し、旅客が**航空券の有効期間内に旅行できない**場合は、航空会社は有効期間の**延長**の措置をとることがあります。

（1）航空会社の都合による場合

次の①～⑥のいずれかに該当する場合（いずれも航空会社の都合による場合）は、会社規則に別段の定めのある場合を除き、航空会社は運賃の追加収受をせずに、**運賃が支払われたクラスに空席のある最初の航空便まで**、航空券の有効期間を延長します。

プラスアルファ

国際航空券の有効期間は、本文にあるとおり原則として「1年」だが、運賃の種類によっては14日、1か月、3か月など、有効期間が1年未満のものもある。

詳細は第4編・第2章「国際航空運賃」で学習するので、ここでは「有効期間が1年の航空券」とは別に「有効期間が1年未満の航空券」があることを理解しておけばよい。

① 航空会社が旅客の**座席予約のある航空便の運航を取り消した**場合
② 航空会社が合理的な範囲を超えて、航空便を**スケジュールどおりに運航できなかった**場合
③ 航空会社が、航空便を旅客の**出発地、到達地、途中降機地に運航しなかった**場合
④ 航空会社が、旅客の**乗り継ぎをできなくした**場合
⑤ 航空会社が、**クラスを変更**した場合
⑥ 航空会社が、**予約された便の座席を提供できなかった**場合

(2) 航空会社が航空便の座席を提供できない場合（有効期間が1年の航空券のみが対象）

航空便の満席により、旅客（有効期間が1年の航空券を所持する旅客）が予約を希望しているにもかかわらず、航空会社が航空便の座席を提供できない場合は、航空会社は**運賃が支払われたクラスに空席のある最初の航空便まで**、航空券の有効期間を延長します。ただし、この場合の延長は**7日**を超えることはありません。

(3) 旅客が旅行開始後に病気になった場合

旅客が旅行開始後の病気（妊娠を除く）のため、航空券の有効期間内に旅行できない場合、航空会社は旅客（および同行する近親者がある場合はその近親者）の航空券の有効期間を、次のように延長することがあります。

Key Point ●旅客の病気による航空券の有効期間の延長

① 正当な診断書に記載された**旅行再開可能日まで**、航空券の有効期間を延長する。

② 上記①の旅行再開可能日に、運賃が支払われたクラスの座席を航空会社が提供できない場合には、その旅行再開可能日以降の、**そのクラスに空席のある最初の航空便まで**、航空券の有効期間を延長する。

③ 上記②において、**航空券の有効期間が1年未満**であるときはこの延長は旅行再開可能日から**7日**を超えることはない。

約款　総

プラスアルファ

1の「(5) その他」の③でも述べたとおり、この約款の定めに基づき日数の計算をするときの**起算日**は「**翌日**」である。例えば「旅行再開可能日から7日」は、「旅行再開可能日の翌日から起算して7日」と同じ意味であると考えてよい（他の日数計算の場合も同じ）。

④ **有効期間が１年の航空券**で、未使用の搭乗用片が途中降機を含むときは、会社規則に従い、航空券の有効期間を旅行再開可能日から**３か月**を超えない範囲で延長する。

(4) 旅客または旅客の近親者が死亡した場合

次の①または②に該当する場合は、航空会社は正当な死亡証明書が提出されることを条件として、**最低旅行日数を免除**し、または**有効期間を延長**することがあります。この場合の延長は**死亡の日から45日**を超えることはありません。

① 旅行中に旅客が死亡した場合

死亡した旅客に同行している人の航空券が有効期間延長などの対象になります。

② 旅行開始後に旅客の近親者が死亡した場合

旅客およびその旅客に同行している近親者の航空券が有効期間延長などの対象になります。

用語

近親者
「近親者」の範囲は約款で特定されていないが、一般に旅客の「配偶者、子、親、兄弟姉妹、祖父母、孫」などのこと。

用語

最低旅行日数
「最低でも３日以上の旅程でなくてはならない」などの最短日数のこと。実務上では「必要旅行日数」ともいう。
必要旅行日数
▶▶P554

3. 航空券の紛失・毀損

航空券の全部または一部を**紛失・毀損（きそん）**した場合、航空会社は旅客からの請求に基づいて、次の手続きにより**代替（だいたい）航空券**を発行することがあります。

① 代替航空券発行手数料（航空券１件につき**10,000円**または相当額の外貨）を支払うこと。

② 航空会社が相当と認める証拠（有効な航空券が正当な手続きで発行されたことを裏付ける証拠）を受領し、航空会社がそれを妥当と判断すること。

③ 代替航空券の発行により航空会社が損害を受けた場合、その損害について旅客が補償する旨を、所定の書式に従って同意すること。

4. 航空券の使用

(1) 航空券の非譲渡性

航空券は他人に譲渡（じょうと）することはできません。運送を受ける権利、払戻しを受ける権利を持っているのは、航空券に記名された本人のみということになります。

航空会社は次の場合には一切の**責任を負いません**。

プラスアルファ
運賃は、その運賃を適用するクラスの１座席を旅客が使用することを前提としている。したがって、**１旅客が機内で確保できる座席は原則として１座席に限る。**

① 運送、払戻しを受ける権利を有する人以外の人が、航空機に搭乗したり、航空券の払戻しを受けた場合（真の権利者に対し、航空会社は責任を負わない）
② 運送、払戻しを受ける権利を有する人以外の人が、航空券を不法使用した場合（その者の死傷、手荷物などの損害に対して航空会社は責任を負わない）

(2) 搭乗用片の使用順序

航空会社は、航空券に記載された**出発地からの旅程の順序に従って**のみ、搭乗用片の使用を認めます。つまり、航空券の各搭乗用片は、航空券に記載された旅程の順番に使用しなければならないということです。

最初の国際線の運送区間の搭乗用片が使用されておらず、旅客がその旅行を**いずれかの予定寄航（きこう）地から開始**する場合、その航空券は**無効**であり、航空会社はその使用を認めません。

5. 航空券の払戻し

航空券の払戻しは、**有効期間満了日から30日以内に限り**可能です。航空会社は、**この日を経過した後になされた払戻請求**を**拒否**します。

(1) 旅客の都合による払戻し

旅客の都合により航空券を払い戻すときは、会社規則で定める取消手数料がかかります。この場合の払戻し額は次の①と②のとおりです。

① 旅行がまったく行われていない場合
支払い済みの運賃額から取消手数料を差し引いた額
② 旅行の一部が行われている場合
支払い済みの運賃額と航空券が使用された区間に適用される運賃との差額から、取消手数料を差し引いた額

(2) 紛失航空券の払戻し

旅客が航空券の全部または一部分を紛失した場合、次の①～③をすべて満たすことを条件に、航空会社は払戻しを行います。この場合、会社規則に別段の定めがある場合を除き**航空券1件**につき**10,000円**（または相当額の外貨）の手数料（払戻手数料）がかかります。

約款
総

プラスアルファ
例えば、「バンコク－東京－ニューヨーク」の旅程が記載された航空券で、バンコク－東京間を使用せず、東京－ニューヨーク間だけに搭乗しようとすると、その航空券は無効になる。

Key Point ●紛失航空券の払戻しの条件

① 航空会社が相当と認める紛失の証拠および払戻しの請求が、**紛失航空券の有効期間満了日から 30 日以内**に航空会社に提出されること。

② 紛失航空券が使用または払い戻されておらず、なおかつ**代替航空券が発行されていない**こと。

③ 払戻しを行ったことにより、または事後に紛失航空券が使用されたことにより、航空会社が損失を受けた場合、その一切の損失について賠償する旨を、払戻しを受ける人が同意すること。

3 適用運賃等

1. 適用運賃

適用法令等に別段の定めがある場合を除き、**適用運賃とは、**航空会社（またはその指定代理店）により公示された運賃または航空会社規則に従い算出された運賃で、**航空券の最初の搭乗用片により行われる運送開始日に適用**される、**航空券の発行日**に有効な運賃をいいます。

CASE 3 「東京－ソウル－東京」の往復航空券

運送の開始日：10 月 1 日（東京－ソウル間の搭乗日）
航空券発行日：8 月 25 日
運　賃　額：6 万円（8 月 25 日時点での、10 月 1 日発の東京－ソウルの往復運賃）

ケース 3 の場合、東京－ソウル間の運送を開始する 10 月 1 日に適用される、8 月 25 日時点で有効な運賃（6 万円）が、この航空券の適用運賃になります。

収受した金額が適用運賃でない場合には、航空会社は、各場合に応じ、差額を旅客から申し受けるかまたは旅客に払い戻します。

2. 税金および料金

官公署または空港の管理者が、旅客について（または旅客がサービス、施設を利用することについて）課す**税金**、**料金**は公示された運賃・料金には含まれていません。したがって、旅客は別途、これらを支払わなければなりません。

3. 予約

予約は、**航空会社の予約システムに座席が確保**された時点で成立します。

また、航空会社は、予約した航空便に搭乗しなかった旅客には、会社規則に従い、手数料の支払いを求めることができます。

(1) 予約の取消し

航空会社は次の場合には、**航空会社の判断**により、**予約**（の**全部または一部**）を取り消すことがあります。

Key Point ●予約の取消し

① 予約成立後、**指定された航空券発券期限までに**航空券の**発券を受けない**場合

② **1旅客に対して2つ以上の予約**がされ、かつ次のいずれかに該当する場合（多重予約）

- 搭乗区間および搭乗日が同一の場合
- 搭乗区間が同一で、搭乗日が近接している場合
- 搭乗日が同一で、搭乗区間が異なる場合
- 旅客が予約のすべてに搭乗すると合理的に考えられないと航空会社が判断した場合

(2) 前途予約の取り消し

旅客が、航空会社に**事前に通知することなく、予約した航空便に搭乗しなかった場合**には、航空会社は前途（それ以降）の予約を取り消すことができます。

また、前途の予約の中に、ほかの航空会社の便の予約が含まれている場合には、その**航空会社に対して、予約の取消しを依頼**することができます。逆に、旅客が他社の航空便について、事前に通知することなく、予約した便に搭乗しなかった場合、

プラスアルファ

税金・料金に該当するものとして日本国内では「国際観光旅客税」や、成田空港、羽田空港などの「旅客サービス施設使用料」などがある。また諸外国でも同様の使用料、各種税金を必要とする場合がある。
これらの費用は航空券を購入する際に航空運賃に上乗せして支払うのが一般的。

国際観光旅客税
▶▶P600

プラスアルファ

座席予約のない未使用の航空券を所持する旅客（または航空券の発券を受けた予約を他に変更しようとする旅客）は、**予約**をすることにつき特に**優先権を持つものではない**（つまり、航空券を所持しない新規予約の旅客と比較して、予約順などで優先されるわけではないということ）。

他社からの依頼に基づき、同様に前途の予約に含まれる**自社の航空便の予約を取り消す**ことができます。

(3) 座席指定

旅客は、機内の特定の座席をあらかじめ指定できる場合があります。ただし、会社は、**事前の通告なしに**機材変更その他の理由でこれを**変更する**ことがあります。

4 運送の拒否・制限

1. 運送の拒否等

航空会社は、次の場合には、**旅客の運送を拒否**し、または**旅客を降機**させることができます（旅客の**手荷物**についても同様の取扱いとします）。

「運送の拒否・制限」は試験でもよく出題されています。太字になっている部分を中心に覚えておきましょう。なかでも⑦**のdとe**については、「**行為者を拘束する措置**」をとることができる点がポイント。つまり、旅客や乗務員、航空機に危害を加える、乗務員の指示に従わないなど、「行為を抑制しないと被害が甚大になるおそれがあるとき」は、その者を拘束することもできるということです。

プラスアルファ

「航空会社の特別な取扱いを必要とする」とあるのは、例えば旅客が重傷病により単独で搭乗できないようなケースが該当する。

Key Point ●運送の拒否・制限事由

① 運航の安全のために必要な場合
② 出発国、到達国、通過国等、関係国の適用法令等に従うため必要な場合
③ 旅客が適用法令等に従わない場合、または旅客の出入国手続書類等に不備がある場合
④ 旅客が乗継地の国に不正に入国しようと試みるおそれのある場合
⑤ 航空会社が不正な入国を防止するため出入国手続書類等を預けるように要請したときに、旅客がその要請に応じなかった場合
⑥ 旅客が航空会社の行う検査（旅客が装着する物品、手荷物の検査）に応じない場合
⑦ 旅客の行為、年齢または精神的もしくは身体的状態が以下のいずれかに該当する場合
　a．航空会社の特別の取扱いを必要とする場合
　b．重傷病者または、感染症および感染症の疑いがある場合
　c．ほかの**旅客**に**不快感を与え**、または**迷惑を及ぼす**お

それのある場合

d．当該**旅客自身**もしくは**ほかの人**または**航空機**もしくは**物品に危害を及ぼすおそれ**のある行為を行う場合

e．**乗務員の業務の遂行を妨げ**、または、その**指示に従わない**場合

f．航空会社の**許可なく**、**機内**で、**携帯電話機**、携帯ラジオ、電子ゲーム等**電子機器を使用**する場合

g．**機内で喫煙**する場合（喫煙には、紙巻きたばこ、電子たばこ、加熱式たばこその他の**喫煙器具**を使用する場合を**含む**）

＊dまたはeに該当する場合は、**運送の拒否、降機などの措置に加えて、当該行為の継続を防止するため必要と認める措置**（**行為者の拘束を含む**）をとることができる。

⑧ 旅客が提示する航空券が次のいずれかに該当する場合

a．不法に取得されたもの、または航空券を発行する運送人もしくは指定代理店以外から購入されたもの

b．紛失または盗難の報告が出されているもの

c．偽造されたもの

d．いずれかの搭乗用片が故意に毀損されたもの、または運送人もしくは指定代理店以外の者によって変更されたもの

⑨ 航空券を提示する人が、自らを航空券の「旅客氏名」欄に記載されている人であると立証できない場合

⑩ 旅客が、適用される運賃、料金、税金を支払わない場合、または航空会社と旅客（または航空券を購入する人）との間で交わされた後払契約を履行しないおそれがある場合

航空会社に運送を拒否されたり、降機させられたりした場合、支払った運賃は払い戻されるのですか？　取消手数料は適用される？

①～⑦のいずれかに該当し、航空会社が旅客の運送を拒否した（降機させた）場合、旅客は運賃の払戻しが受けられます。**旅行がまったく行われていない**ときは**支払い済みの運賃額**（全額）が、旅行の一部が行われている場合でも、所定の計算方法により算出された運賃額が旅客に払い戻されます。これらの場合、**取消手数料は一切かからない**ことも覚えておきましょう。ただし、⑧～⑩のように、航空券の入手方法などに疑いがあるようなケースでは払戻しは受けられません。

約款　総

2. 運送の制限

同伴者のいない小児もしくは幼児、心身障害のある人、妊婦または病人の運送引受けは、会社規則に従うことが条件になります。また航空会社との**事前の取り決め**が必要になる場合があります。

5 手荷物・責任など

このLessonの冒頭で述べたとおり、手荷物は「航空会社に預ける受託手荷物」と「旅客が自ら携帯して機内に持ち込む持込手荷物」の2つに区分されています。

1. 受託手荷物と持込手荷物

受託手荷物と持込手荷物には、それぞれ次のような制限があります。

(1) 受託手荷物

航空会社は、次の物品を受託手荷物として**受け付けません。**

Key Point ●受託手荷物として受け付けられないもの

- 壊れやすいもしくは変質・腐敗するおそれのある物品
- 貨幣、宝石類、貴金属、有価証券、証券その他高価品
- 書類、旅券等旅行に必要な身分を証する文書、または見本

旅客が航空会社に運送を委託する受託手荷物について、航空会社は可能な限り、その手荷物を委託した旅客が搭乗する航空機で旅客と同時に運送しますが、なんらかの事由により、航空会社がこれを困難と判断した場合には、**許容搭載量に余裕のあるほかの航空便で運送**（またはほかの輸送機関で輸送）**すること**があります。

(2) 持込手荷物

航空会社が特に認めたものを除き、旅客が客室内に持ち込むことができる手荷物は次の①と②で、なおかつ、**①と②の重量**（**合計**）**が10kg**（22ポンド）を超えないことが条件になっています。

① 旅客が携帯し保管する**身の回りの物品1個**

② ①のほか、会社規則に定める物品で客室内の収納棚または旅客の前の座席の下に収納可能で、かつ**3辺の和が115cm**（45インチ）以内のもの**1個**

プラスアルファ

受託手荷物の運送には次の①と②の定めがある。

① 通常の取扱いによる運送に耐えられるようにスーツケースその他の容器で適切に梱包されていない場合は、航空会社は受託手荷物の運送を拒否することがある。

② 受託手荷物に**氏名、頭文字**など**個人名を判別するもの**が付いていない場合は、旅客は運送を委託する前にこれを付けなければならない。

プラスアルファ

壊れやすい楽器など、貨物室での運送が適当でない物については、十分な連絡が事前になされ、航空会社が**承認**している場合に限り、航空会社は客室内での運送を引き受ける（別途**料金**が必要）。

2. 無料手荷物許容量と超過手荷物

旅客の手荷物のうち、**無料で運送される手荷物の最大許容量**のことを**無料手荷物許容量**といいます。

(1) 無料手荷物許容量

無料手荷物許容量は、**利用するクラス**ごとに、また**大人**（**および小児**）と、**幼児**（幼児運賃を支払った幼児）の別に応じて次のように定められています。

Key Point ●無料手荷物許容量

＊旅客1人当たり（**小児**旅客は大人旅客と同量）

<table>
<tr><th colspan="3">クラス</th><th colspan="2">個数</th><th>重量
（1個当たり）</th><th>サイズ
（1個当たり）</th></tr>
<tr><td rowspan="5">受託手荷物</td><td rowspan="4">大人・小児</td><td>ファーストクラス</td><td colspan="2">3個まで</td><td rowspan="3">32kg（70ポンド）を超えないもの</td><td rowspan="5">3辺の和が次のサイズを超えないもの
JAL：203cm
（80インチ）
ANA：158cm
（62インチ）
a b c
a＋b＋c≦
203（158）cm</td></tr>
<tr><td rowspan="2">ビジネスクラス（中間クラス）</td><td>JAL</td><td>3個まで</td></tr>
<tr><td>ANA</td><td>2個まで</td></tr>
<tr><td>エコノミークラス（プレミアムエコノミークラス含む）</td><td colspan="2">2個まで</td><td>23kg（50ポンド）を超えないもの</td></tr>
<tr><td>幼児</td><td>全クラス共通</td><td colspan="3">1個まで
※重量は同伴する旅客と同じ（32kgまたは23kgを超えないもの）</td></tr>
<tr><td>持込手荷物</td><td>大人・小児</td><td>全クラス共通</td><td colspan="4">上記「受託手荷物」とは別に、前述1.の(2)で解説した持込手荷物は無料。
※幼児は対象外</td></tr>
</table>

＊上記のほか、**会社規則に定められた身の回りの物品**（例：コートや傘、書籍など）を**旅客が携帯し保管する場合**に限り、航空会社は手荷物として無料で運送する。

＊旅客（幼児および小児旅客）が使用する**折りたたみ式乳母車（ベビーカー）、携帯用ゆりかご、幼児用いす（チャイルドシート）**は**無料手荷物許容量に含めず**無料で運送する。

各運送区間に対する無料手荷物許容量は、**運賃が支払われたクラス**に対し、適用する許容量とします。

(2) 無料手荷物許容量の合算

同一の航空便で旅行する2人以上の旅客が、同一地点まで**同時**に手荷物の運送を委託する場合には、航空会社は旅客からの申し出により、**個数**について**各人の無料手荷物許容量**を**合算**し、同行旅客全員を一体として無料手荷物許容量を適用することができます。

3辺の和
最大の長さ（a）、最大の高さ（b）、最大の幅（c）の合計のこと。

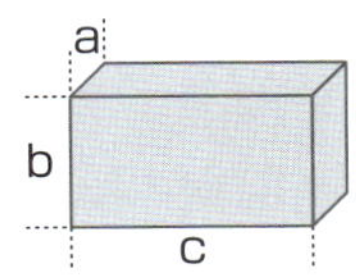

プレミアムエコノミークラス
通常のエコノミークラスよりも座席のサイズ・配列にややゆとりがあり、同クラスの中でも上位に位置づけられる（無料手荷物許容量は通常のエコノミークラスと同じ）。

(3) 超過手荷物

前述（1）で述べた無料手荷物許容量を超える手荷物（超過手荷物）に対し、航空会社は、会社規則に定める料金（超過手荷物料金）を申し受けます。

3. 動物

(1) 犬、猫、小鳥その他のペット等の運送

犬、猫、小鳥その他のペット等の動物は、「旅客が適切な容器に入れる」「到達国または通過国で必要な書類（健康証明書など）を取得している」などの条件を満たし、**航空会社の事前の承認**がある場合、航空会社は運送を引き受けます。

この場合、その動物は**容器および餌とともに**、旅客の**無料手荷物許容量の適用を受けず**、**超過手荷物**として扱います（旅客は会社規則に定める料金を支払わなければなりません）。

ペットの運送は有料ですが、**障害者を補助するための犬は無料（無料手荷物許容量とは別枠で無料）**で運送されるということです。この違いがポイントなので比較して覚えておきましょう。

(2) 身体に障害のある旅客を補助する犬

航空会社は、**身体に障害のある旅客を補助するためにその旅客が同伴する、補助を目的とする犬**（盲導犬、聴導犬、介助犬など）を、その**容器および餌とともに**、**通常の無料手荷物許容量に追加**して**無料**で運送します。ただし、（1）で述べたペット等と同様に、各種書類の取得、航空会社の事前の承認が必要です。

4. コードシェア便による運送

航空会社は、他の運送人（他社）と**コードシェア契約**を締結し、当該**航空会社以外の運送人が運航する便に自社の便名を付与**し、旅客と契約する運送を行います。この場合、航空会社は**予約**の際に**実際に運航する他の運送人**を旅客に**通知**します。

用語

コードシェア便
旅客の利便性や航空会社の経済的効率などを目的として、複数の航空会社が共同で運航する航空便（共同運航便）のこと。

コードシェア契約による運送の場合、主に次のような各項目については、**実際に運航を行う他の運送人の規則が適用される**ことがあります。

- 搭乗手続き　●運送の拒否・制限　●予約の取消し
- 手荷物（**無料手荷物許容量**、**超過手荷物**、動物の運送など）

5. 手荷物の受取りおよび引渡し

(1) 手荷物の受取り

旅客は、到達地または途中降機地で、手荷物が受取り可能な状態になり次第、その手荷物を受け取らなければなりません。

(2) 手荷物の引渡し

航空会社は、手荷物の受託時に発行された**手荷物切符および手荷物合符の所持人**に対してのみ、当該手荷物の引渡しを行います。航空会社は、手荷物切符および手荷物合符の所持人が、その手荷物の引渡しを受ける**正当な権利者であるかどうかを確認する義務を負いません**。正当な権利者かどうかを確認しなかったことに起因する損害については、航空会社は**一切責任を負いません**。

6. 航空会社の責任

(1) 手荷物の責任限度額

航空会社の故意または過失により旅客の手荷物に損害が生じた場合は、航空会社はその損害を賠償する責任を負います。

この場合の航空会社の責任限度額は、適用する条約により次のように規定されています。

Key Point ●手荷物の責任限度額

	モントリオール条約が適用となる運送	モントリオール条約以外の条約が適用となる運送
受託手荷物	**受託手荷物と持込手荷物**をあわせて旅客 1 人当たり 1,288SDR	1kg 当たり 17SDR (※) (250 フランス金フラン)
持込手荷物		旅客 1 人当たり 332SDR (5,000 フランス金フラン)

※ 1 個当たりの受託手荷物の最大重量は、原則として 32kg なので、「モントリオール条約以外の条約」が適用となる運送の場合、**受託手荷物 1 個当たりの責任限度額**は 544SDR (8,000 フランス金フラン) になる。

(2) 責任限度額を超える場合の申告

旅客の所持する荷物の価額が、(1) の**責任限度額を超える**場合、旅客は**手荷物の価額を航空会社に申告**することができます。この場合、航空会社は**従価料金**（じゅうかりょうきん）として、次の料金を申し受けます。

プラスアルファ

手荷物切符および手荷物合符の所持人が、引渡しのときに書面により異議を述べないで手荷物を受け取ったときは、その手荷物は、反証がない限り、良好な状態で、かつ運送契約に従って引き渡されたものと推定される。

用語

条約
複数の国を運航する国際航空運送では、国ごとの取扱いを統一させるため一定の基準を設けている。この基準となるのが「モントリオール条約」と「ワルソー条約」である。
出発地および到達地の両方が「モントリオール条約締約国」である場合に限りモントリオール条約が適用される。試験でこれらの詳細は出題されないため詳細は省略する。

SDR
国際通貨基金（IMF）が発行している特別引出権のことで、Special Drawing Rights の略。決済用に定められた架空の通貨単位と理解すればよい。
1SDR は 150 円程度。

フランス金フラン
各国の通貨の端数のない額に換算することができる通貨単位の一種。言葉のとおりに覚えておけばよい。

従価料金の具体的な計算などが試験で出題されることはありません。「責任限度額を超えるときは申告が可能であること」と「申告価額には上限があること」を覚えておけば OK!!

Key Point ●従価料金と申告価額の上限

	従価料金	申告価額の上限
①原則（下記②以外）	超過価額（責任限度額を超える額）の **100 米国ドル**または**その端数**（100 ドル未満の端数）につき 2 米国ドル（※1）	**1 旅客の手荷物の申告価額**は 5,000 米国ドル（※2）を限度とする
②例外（※3）カナダ国内で従価料金を申し受ける場合	超過価額（責任限度額を超える額）の 100 カナダドルまたはその端数（100 ドル未満の端数）につき 2 カナダドル	1 旅客の手荷物の申告価額は 5,000 カナダドルを限度とする

※1 ANA は 50 米国セント　※2 ANA は 2,500 米国ドル
※3 ANA の約款には「カナダ国内」の例外なし

つまり、旅客は従価料金を支払うことによって、航空会社の責任限度額を引き上げることができることになります。ただし、**実際の損害額が、申告した額よりも低い**場合、航空会社は**実損額を超えて損害を賠償することはありません**。

(3) 損害賠償請求期限と出訴期限

① 損害賠償請求期限

旅客の手荷物に損害（**毀損、延着、紛失、滅失**）があった場合には、その手荷物の引渡しを受ける権利を有する人が航空会社の事務所に対し異議を述べなければ、いかなる損害賠償も認められません。すべての異議は、**書面**で、それぞれ次の期間内に発送することにより述べなければなりません。

Key Point ●損害賠償請求の期限

＊以下の期限までに書面を発送する

手荷物の**毀損**	**毀損の発見後直ちに**（遅くとも手荷物の**受取りの日**から 7 日以内）
手荷物の**延着**	手荷物を**受け取った日**から 21 日以内
手荷物の**紛失・滅失**	手荷物を**受け取ることができたであろう日**から 21 日以内

② 出訴期限

航空会社に対する責任に関する訴は、到達地への到達の日、航空機が到達すべきであった日または運送の中止の日から起算して**2年以内**に提起しなければならず、その期間の経過後は提起することができません。つまり、この期間を過ぎると訴訟を起こすことはできないということになります。

プラスアルファ
②の出訴期限は、手荷物に関する損害だけでなく、その運送について生じた損害のすべてに対して適用される。

7. 出入国手続

(1) 必要書類の提示

旅客は、出発国、到達国または通過国等関係国の適用法令等によって必要とされるすべての出入国手続書類その他の必要書類を航空会社に対し提示しなければなりません。ただし、航空会社が旅客よりこれらの必要書類の提示を受けたうえで旅客の運送を行ったとしても、航空会社はこれらの書類が適用法令等に適合していることを旅客に対して保証するものではありません。

(2) 入国不許可、入国拒否、国外退去等の場合

通過国または到達国への旅客の入国不許可により、航空会社が適用法令等によりその**旅客を出発地またはその他の地点へ送還する場合**には、旅客は**適用運賃、料金および費用を支払わなければなりません**。また、航空会社は入国拒否または国外退去の処置がとられた地点までの運送につき収受した運賃等を払い戻しません。

8. スケジュール等

航空会社は、合理的な範囲内で旅客または手荷物を旅行日において有効なスケジュール通りに運送することに最大限努力を払いますが、**時刻表**その他に**表示されている時刻**は**予定**であって、**保証されたものではなく**、また運送契約の一部を構成するものではありません。

運航予定は**予告なしに変更されることがあります**。航空会社は、この結果、**旅客またはその手荷物の他の便への接続に支障が生じても一切責任を負いません**。

また、航空会社は、**予告なし**に、航空会社の引受けた運送につき**運送人を変更**し、または**航空機を変更**することがあります。

プラスアルファ
航空便のスケジュールは、気象条件や天災地変などの影響を直接に受けやすい。また国際線の場合は諸外国における暴動、動乱による空港閉鎖など、当初の予定どおりに運航できないケースも想定されるため、これらを受けて左記の規定が設けられている。

Let's Try! 確認テスト

●次の各記述の正しいものには○を、誤っているものには×を記入しなさい。

チェックポイント	できたらチェック
用語の定義 約款の適用	□ 1「小児」とは、運送開始日時点で 1 歳の誕生日を迎えているが、未だ 12 歳の誕生日を迎えていない人をいう。予想
	□ 2「e チケットお客様控」とは、電子航空券の一部をなす書類で、旅程、航空券に関する情報、運送契約の条件の一部および諸通知が記載されているものをいう。総 平 29
	□ 3 旅客または手荷物の運送は、航空券の発行日に有効な約款および航空会社の規則が適用される。総 令 2
航空券・適用運賃等	□ 4 航空券は、航空券の有効期間満了日の 24 時に失効するため、各搭乗用片による旅行は、航空会社規則に別段の定めのない限り、満了日の 24 時までに最終目的地に到達しなければならない。総 令 3
	□ 5 航空会社は、一旅客に対して二つ以上の予約がされており、かつ、搭乗日が同一で、搭乗区間が異なる場合、航空会社の判断により、当該旅客の予約の全部または一部を取り消すことができる。総 平 30
運送の拒否・制限	□ 6 航空会社は、旅客が、他の旅客に不快感を与えまたは迷惑を及ぼすおそれのある場合、当該行為の継続を防止するために、当該行為者を拘束する措置をとることができる。総 平 28
手荷物・責任	□ 7 航空会社は、身体に障害のある旅客を補助するために、当該旅客が同伴する補助を目的とする犬を、航空会社規則に従い、その容器および餌とともに、通常の無料手荷物許容量に追加して無料で運送する。総 平 27
	□ 8 受託手荷物が延着した場合、旅客は手荷物を受け取った日から 21 日以内に航空会社に書面を発送することによって異議を述べなければ、航空会社から損害賠償を受けることはできない。予想
	□ 9 航空会社に対する責任に関する訴は、到達地への到達の日、航空機が到達すべきであった日または運送の中止の日から起算して 2 年以内に提起しなければならない。総 平 24

解答 1. ×　小児とは運送開始日時点で 2 歳の誕生日を迎えているが、12 歳の誕生日を迎えていない人のこと／2. ○／3. ×「航空券の最初の搭乗用片により行われる運送の開始日」に有効な約款・規則が適用される／4. ×　各搭乗用片による旅行は、満了日の 24 時までに旅行を開始すれば満了日を過ぎても継続できる／5. ○／6. ×　この理由だけでは行為者の拘束はできない／7. ○　身体に障害のある旅客が同伴する犬は無料手荷物許容量とは別に無料／8. ○／9. ○

重要度 A

国内旅客運送約款

学習項目
- ◎国内旅客運送約款の基礎知識
- ◎航空券
- ◎運送の拒否・制限等
- ◎手荷物
- ◎航空会社の責任
- ◎共同引受・共同運航・相次運送

学習ポイント
- ●用語の定義を正しく理解する。
- ●運送の拒否・制限事由を暗記するとともに「**行為者の拘束**」の対象になるものを理解する。
- ●「**受託手荷物**」「**持込手荷物**」「**愛玩動物**」などのポイントと、無料になるもの、有料になるものを整理する。
- ●**手荷物の責任限度額**と損害賠償**請求期間**を覚える。

1 国内旅客運送約款の基礎知識

国内線の航空機に搭乗する旅客と、航空会社の間で締結される運送契約について定めたのが国内旅客運送約款です。国内旅客運送約款は、Lesson12の国際運送約款をモデルにして定められているので、項目の多くは国際運送約款と重なっています。しかし、国内線と国際線の違いにより内容は異なりますので、総合試験を受験される方は比較しながら学習するとよいでしょう。

本書では原則として「日本航空」の定める国内旅客運送約款をもとに解説します。

1．用語の定義

国内旅客運送約款の中で用いられている用語は、それぞれ次のような意味です。

①「**国内航空運送**」とは、有償であるか無償であるかを問わず、航空会社が航空機により行う運送で、運送契約による出発地および到着地その他**すべての着陸地が日本国内の地点**にある航空運送をいいます。

②「**会社の事業所**」とは、**会社の事務所**（市内営業所、飛行場事務所）、および**代理店の営業所**ならびに**インターネット上**の航空会社の**ウェブページ**をいいます。

プラスアルファ
試験では、国内の大手２社（日本航空：JALと全日本空輸：ANA）の約款のうち、共通または類似する規定を中心として出題されている。これら大手２社の運送約款は、若干の違いはあるが、おおまかな趣旨はほぼ同じである。

有償と無償
ここでいう「有償」とは対価を収受して行う運送のこと。「無償」とは「無料（ただ）」で運送すること。

用語

電子航空券
航空会社のコンピューターのデータベース上で保管される航空券。国内線の場合、旅客は事前に搭乗用のバーコードなどを取得し、それを搭乗時に専用の機械にかざすことで航空機に搭乗できる。

プラスアルファ
航空引換証は「航空券の引換券のような役割を持つ紙片」である（試験対策としては表現のとおりに覚えておけば十分）。JALの約款には「航空引換証」に関する定義は存在しないため、右記本文⑤はANAの約款に基づいて解説している（このLessonにある「航空引換証」の表現はいずれもANAの約款に基づくもの）。

航空会社に預ける手荷物が受託手荷物（⑧）で、旅客が自ら携帯して機内に持ち込む手荷物が持込手荷物（⑨）です。単に「手荷物」とある場合は、これら両方を指していると考えればよいでしょう。

③「**航空券**」とは、この運送約款に基づいて、航空会社の国内航空路線上の旅客運送のために航空会社の事業所において発行する**航空会社の電子データベース上に記録される形式の電子証ひょう**（以下「電子航空券」という）または**紙片の証ひょう**をいいます。

つまり、航空券には電子航空券と紙片の航空券（紙に印刷された航空券）とがあるということです。

④「**認証コード**」とは、電子航空券を有することを証することができる**確認番号**、航空会社の**会員番号**その他の航空会社が別に定めるものをいいます。

電子航空券は、その名称のとおり電子的な航空券なので、紙の航空券のように「これです」と提示することができません。したがって、電子航空券を利用する場合は「航空券を持っている」ということを証明する方法を定めておく必要があります。航空会社では、確認番号や航空会社の会員向けカードの会員番号などを認証コードと定義し、航空券の予約や取消し、払戻しの際に、この認証コードを用いています。

⑤「**航空引換証**」とは、航空会社の事業所において発行する証ひょうで、本証に記名されている人に対し、**航空券を交換発行**するためのものをいいます。

⑥「**途中降機**（こうき）」とは、出発点から目的地の間の地点における旅客の予定する旅行中断で、航空会社が前もって承諾したものをいいます。

「途中降機」は、国際線の運賃を計算するときに重要な意味を持ちますが、国内線の場合、「途中降機」に該当するような旅程は実務上も多くはありません。

⑦「**手荷物**」とは、他に特別な規定がない限り、旅客の所持する物で**受託**（じゅたく）**手荷物および持込手荷物**をいいます。

⑧「**受託手荷物**」とは、航空会社が引渡しを受け、かつこれに対し**手荷物合符**（あいふ）**（引換証）を発行した手荷物**をいいます。

⑨「**持込手荷物**」とは、**受託手荷物以外の手荷物で、航空会社が機内への持込みを認めたもの**をいいます。

⑩「**手荷物合符**」とは、受託手荷物の**識別**のためにのみ航空会社が発行する証ひょうで、その一部は**手荷物添付用**として受託手荷物の個々の物に取り付け、他の部分は**引換証**として**旅客に渡すもの**をいいます。

2. 約款の適用・変更

(1) 約款の適用

国内旅客運送約款（以降「約款」とする）は、航空会社による旅客および手荷物の国内航空運送（および国内航空運送に付随する業務）に適用します。**旅客が航空機に搭乗する日**において有効な運送約款およびこれに基づいて定められた規定（以降「規定」とする）が旅客の運送に適用されます。

(2) 約款の変更

航空会社は、運送約款およびそれに基づいて定められた会社規則を**変更できる**ものとし、変更する際は相応の期間をもって、ホームページへ掲示等の適切な方法により、運送約款の変更内容等を**告知する**ものとします。

(3) 旅客の同意

旅客は、この運送約款および同約款に基づいて定められた規定を**承認**し、かつ、これに**同意したもの**とします。

3. 運賃・料金

(1) 旅客運賃および料金

旅客運賃および料金、その適用に当たっての条件等は、運賃および料金の種類ごとに**航空会社が別に定める運賃料金表**によります。また運賃、料金には次のような定めがあります。

Key Point ●運賃および料金

- 旅客運賃は、**出発地の飛行場**から**目的地の飛行場**までの運送に対する運賃とする。
- 旅客運賃および料金には、**消費税（地方消費税を含む）が含まれている**。

プラスアルファ
手荷物合符は簡単にいうと荷物札である。搭乗便名、目的地などのほか、これらの情報を読み取るためのバーコードなどが印字されている。手荷物に取り付けるためにシール状になっており、手荷物に添付したあと、一部分のみを切り離し引換証として旅客に交付する。

プラスアルファ
(1) で述べたとおり、約款は「旅客が航空機に搭乗する日」に有効なものが適用される。例えば、航空券を購入後、搭乗日より前に約款が変更された場合、その旅客の運送には変更後の約款が適用される（航空券購入時に有効であった約款は適用されない）。

(2) 適用運賃・料金

適用運賃および料金は、会社規則に別段の定めがある場合を除き、**航空券の発行日において、旅客が航空機に搭乗する日に有効**な旅客運賃および料金とします。

収受運賃または料金が、**適用運賃または料金**と**異なる場合**は、その**差額**をそれぞれの場合に応じて**払い戻しまたは申し受けます**（ただし、航空会社が特定の旅客運賃および料金を支払う旅客につき別段の定めをした場合はこの限りではありません）。

4. 幼児の無償運送

航空会社は、**12歳以上**の旅客に同伴された**座席を使用しない3歳未満**の旅客（以降「**幼児**」とする）については、**同伴者1人に対し幼児1人に限り**、**無償**にて運送を引き受けます。

国内線の運送約款には「大人」「小児」「幼児」などの年齢区分について正式に定義されていませんが、実務上は次のように扱います。
大人：12歳以上
小児：3歳以上
　　　12歳未満
幼児：3歳未満
小児や幼児については第3編・第2章Lesson10で詳しく解説しています。
▶▶P384、385

プラスアルファ
例えば、JRの乗車券類は原則として無記名式なので譲渡が可能だが、航空券は一部の例外を除き旅客の氏名を記名して発行されるので、記名された特定の旅客に限り使用が可能である。

2 航空券

航空券の発行、有効期間、使用などについて、次のように定められています。

1. 航空券の発行と効力

(1) 航空券の発行

航空会社は、会社の事業所において、**別に定める適用運賃および料金を申し受けて**、航空券の発行を行います。なお、その際に旅客は**氏名、年齢、性別および航空会社からの連絡に使用することが可能な電話番号その他の連絡先**を申し出なければなりません。

(2) 航空券の効力

① 非譲渡性

航空券（または航空引換証）は**旅客本人のみが使用できる**ものとし、第三者に**譲渡することはできません**。

② 使用

航空券は**予約事項**（電子航空券の場合は電子データベース上に記録された事項、紙片の航空券の場合は券面に記載された事項）**のとおり使用しなければ無効**となります。

2. 航空券の有効期間と有効期間の延長

(1) 航空券の有効期間

航空券（および航空引換証）は「予約事項に搭乗予定便が含まれるかどうか」によって、次のように有効期間が定められています。

Key Point ●航空券の有効期間

	搭乗予定便の記載の有無	有効期間
航空券	① 予約事項に**搭乗予定便が含まれる**もの	搭乗予定便に限り有効
航空券	② 予約事項に**搭乗予定便が含まれない**もの	航空券発行日、および発行の日の翌日から起算して1年間有効 ※航空会社が特定の旅客運賃を適用する航空券について別段の定めをした場合を除く

＊航空引換証にも①②の有効期間が適用される（ただし、①の場合は搭乗予定日までに、②の場合は航空引換証の発行の日の翌日から起算して90日以内に航空券と交換しなければならない）。

航空券は、旅客が**有効期間の満了する日までに搭乗しなければ無効**となります。

(2) 有効期間の延長

次の①～③にあげる事由に該当する場合は、航空券（または航空引換証）の有効期間を延長することができます。ただし、**当初の航空券**（または航空引換証）**の有効期間満了日**より30日**を超えて延長することはできません**。

Key Point ●有効期間の延長ができる事由

① 旅客が、**病気**その他の事由で**旅行不能**となった場合
② 航空会社が、**予約した座席を提供できない場合**
③ 航空会社が、**座席を予約できない場合**

①～③のいずれかに該当し、航空券の有効期間の延長をした場合、この旅客の**同伴者**が所持する航空券（または航空引換証）についても同じように**有効期間の延長をすることができます**。

「予約事項に搭乗予定便が含まれない航空券」とはどういうもの？　航空券には搭乗便の記載があるのが一般的では？

例えばJALの「往復割引」は、往路と復路の航空券を同時購入することが条件ですが、必ずしも復路の予約を必要としません。急な出張、冠婚葬祭などで復路の予定を確定できない場合には、復路の搭乗日・搭乗便は未定のまま往路と復路の航空券を同時購入できます。この場合の復路の航空券は「予約事項に搭乗予定便が含まれない航空券（いわゆるオープンチケット）」になります。

プラスアルファ
②は、「旅客が予約済みの航空券を所持しているのに、欠航などにより座席を提供できない場合」、③は、「予約事項に搭乗予定便が含まれない航空券を所持する旅客が座席の予約を希望したが満席で予約できない場合」をさす。②と③の表現は似ているが、その意味は異なる。

3. 予約

航空機に搭乗するには、座席の予約を必要とします。

(1) 座席予約申込みの受付け

座席予約の申込みは、航空会社の事業所において、次の期日より受け付けます。

【JAL】搭乗希望日の330日前 【ANA】搭乗希望日の355日前

ただし、航空会社が特定の旅客運賃を支払う旅客につき別段の定めをした場合はこの限りではありません。

(2) 座席予約の取消しまたは変更

座席予約の取消しまたは変更の申出の際は、原則として**認証コード**または**航空券の呈示など**を必要とします。ただし、予約済み旅客を第三者へ変更することはできません（前述のとおり航空券等の第三者への譲渡はできないからです）。

(3) 多重予約の防止

航空会社は、**一旅客**に対して**二つ以上の予約**がされており、かつ次のいずれかの場合には、**航空会社の判断**により、旅客の**予約の全部または一部**を取り消すことができます。

① 搭乗区間が同一で、搭乗便出発予定時刻が同一または近接している場合

② その他、旅客が予約のすべてに搭乗すると合理的に考えられないと航空会社が判断した場合

4. 航空券の払戻し

旅客運賃または料金の払戻しは、次の期間内に限り行います。

Key Point ●航空券の払戻期間

航空券（または航空引換証）の**有効期間満了後の翌日**から起算して…

【JAL】10日以内 【ANA】30日以内

5. 紙片の航空券の紛失

旅客が紙片の航空券を紛失した場合は、あらためて**紛失航空券に係る搭乗区間の航空券を購入**しなければ、航空便に搭乗することはできません。

用語

…別段の定めをした場合は…

約款の随所に用いられている表現だが、単に「例外もある」ことを表しているに過ぎない。どのような例外か、どんなときに例外が適用されるのか、などの具体例が問われることはないので表現のとおりに覚えておけばよい。

プラスアルファ

旅客の都合による払戻しには「払戻手数料」がかかるほか、座席予約を取り消す場合には払戻手数料とは別に取消手数料がかかる。これらの詳細は第3編・第2章Lesson10で詳しく学習する。

航空券の取消し・払戻し

▶▶P394

(1) 航空券を紛失した場合の手続き

航空券を紛失した場合、旅客は航空券の**払戻期間満了の日**(有効期間満了後の翌日から起算して、JAL は 10 日以内、ANA は 30 日以内)**までに**、航空会社に対して「航空券を紛失した旨」の**届出**を行うことで、後日、次の①または②の手続きを経て**払戻し**を受けることができます。

① 紛失した航空券を発見した場合

払戻期間満了の日の翌日から起算して**3 か月以内**(以降「払戻有効期間」とする)に**紛失航空券を発見**し、それを航空会社に呈示したときは、後述(2)に従って払い戻されます。

② 紛失した航空券を発見できなかった場合

払戻有効期間満了後に航空会社が紛失航空券の**調査**を行い、「**航空券が未使用であり、払戻しがされていないこと**」を確認したときに限り、(2)に従って払い戻されます。

(2) 紛失航空券の払戻し

航空券紛失時に、代わりの航空券を購入せずに搭乗を中止したか、または代わりの航空券を購入して航空機に搭乗したかによって、次のように払い戻されます(所定の**払戻手数料**が必要)。

① 代わりの航空券を購入していないとき

紛失した航空券の収受運賃および料金を払い戻します。

② 代わりの航空券を購入しているとき

代わりの航空券の収受運賃および料金を払い戻します。

紛失航空券の払戻しに関する手続きの流れを図示すると次のようになります。

■ 図表 1 航空券紛失時の手続き

航空券の紛失
↓
払戻期間内(有効期間満了後の翌日から10日以内または30日以内)に届出
↓ 払戻期間満了の日の翌日から起算して3か月以内に ↓

航空券を発見	航空券を発見できず
↓	↓
航空券を呈示	調査･確認(未使用かつ未払戻し)
↓	↓

航空会社から払戻しを受ける(払戻手数料が必要)

約款
国・総

プラスアルファ
本文②の場合は、次の調査手数料がかかる。
■航空券 1 枚につき
JAL:2,000 円
ANA:2,060 円
■料金券 1 枚につき
JAL:1,000 円
ANA:1,030 円

航空引換証を紛失したときの取扱いも図表 1 と同じです。なお、電子航空券の場合、旅客は航空券の現物を持っているわけではないので紛失することはあり得ません。

3 搭乗・運送

1. 搭乗および集合時刻

旅客は、航空機に搭乗するに当たり、次に従って手続きを行わなければなりません。

① 旅客が航空機に搭乗する際には、**航空会社が**指定する時刻までに指定する場所にて、現に搭乗しようとする航空便に有効な旅客本人の認証コード（または航空券の呈示等）をして搭乗手続きを求め、**航空会社が指定する時刻に指定する搭乗場所に到着しなければなりません**。

② 旅客は、航空会社が指定する搭乗場所において会社が指定する搭乗媒体（現に搭乗しようとする航空便に有効な旅客本人のものに限ります）の呈示等をしなければなりません。

上記①および②に定める行為を旅客が履行できない場合は、航空会社は旅客に対し、その**搭乗を拒絶する**ことがあります。また、航空会社は、上記①に基づき**航空会社が指定する時刻に遅れた旅客のために、航空機の出発を遅延させることはできません**。

認証コード
▶▶P224

用語

搭乗媒体
搭乗口に設置された専用機に、旅客の予約記録を伝達するためのもの。搭乗用のバーコードが印字（表示）されたeチケットや携帯用端末、または予約記録を読み取ることができるICカードなどが該当する。

2. 運送の拒否

航空会社は、次のいずれかに該当すると認めた場合には、**旅客の搭乗を拒絶**し、または**降機**させることができます（旅客の手荷物についても同様の取扱いとします）。

「運送の拒否」は試験でもよく出題されています。太字になっている部分を中心に覚えておきましょう。なかでも③**のｆとｈ**については、「**行為者を拘束する措置**」をとることができる点がポイント。つまり、旅客や乗務員、航空機に危害を加える、乗務員の指示に従わないなど、「行為を抑制しないと被害が甚大になるおそれがあるとき」は、その者を拘束することもできるということです。

Key Point ●運送の拒否事由

① 運航の安全のために必要な場合

② 法令、または官公署の要求に従うために必要な場合

③ 旅客の行為、年齢または精神的もしくは身体的状態が以下のいずれかに該当する場合

a．航空会社の特別な取扱いを必要とする場合

b．**重傷病者**または8歳未満の**小児で付添人のない場合**

c．**感染症**または**感染症の疑い**がある場合

d．次に掲げるものを携帯する場合

武器（職務上携帯するものを除く）、火薬、爆発物、

他に腐蝕を及ぼすような物品、引火しやすい物品、航空機や旅客または搭載物に迷惑もしくは危険を与える物品、航空機による運送に不適当な物品、動物

e．他の**旅客**に**不快感を与え、または迷惑を及ぼす**おそれのある場合

f．当該**旅客自身**もしくは**他の人**または**航空機**もしくは**物品に危害を及ぼすおそれ**のある行為を行う場合

g．ハイジャック、テロ活動などを防止するための検査に応じない、または禁止制限品目に該当する手荷物を所持する場合

h．航空会社係員の**業務の遂行(すいこう)を妨げ**、またはその**指示に従わない**場合

i．航空会社の**許可なく、機内**で、**携帯電話機**、携帯ラジオ、電子ゲーム等**電子機器を使用**する場合

j．**機内で喫煙**する場合（喫煙には、紙巻きたばこ、電子たばこ、加熱式たばこその他の**喫煙器具**を使用する場合を**含む**）

＊ f または h に該当する場合は、搭乗の拒絶、**降機などの措置に加えて、当該行為の継続を防止するため必要と認める措置**（**行為者の拘束を含む**）をとることができる。

これらの事由により、航空会社が旅客の運送を拒否する場合、航空会社はその旅客の航空券を払い戻します（**取消手数料**は一切かかりません）。

3. 非常口座席の着席制限

航空機には、緊急時のための非常口が設けられています。

航空会社は、非常脱出時における援助者の確保のため、次のいずれかに該当すると認めた場合には、その旅客の**非常口座席への着席を拒絶**し、**他の座席へ変更**することができます。

非常口周辺の座席は、緊急時に航空会社係員の指示に従って、他の旅客の脱出の援助などが可能な旅客に限り利用できるということですね。

Key Point ●非常口座席の着席制限

① 満15歳未満の者
② 身体上、健康上またはその他の理由によって、非常脱出時における援助に支障がある者（または援助することにより、旅客自身の健康に支障をきたす者）
③ 航空会社の示す脱出手順または会社係員の指示を理解できない者
④ 脱出援助を実施することに同意しない者

航空会社が旅客の座席を変更するに当たり、変更前の座席に特別料金等が適用されているときは、航空会社は旅客から収受した特別料金等の払戻しを行います（**取消手数料**は一切**かかりません**）。

用語

特別料金等
ここでいう特別料金等とは、主に「普通席よりも上位の座席（上位クラス）を利用するときの料金」を指す。
上位クラス
▶▶P390

4. 不正搭乗

旅客が**不正に搭乗**した場合、航空会社は次の①と②の運賃・料金をあわせて（①と②の合計額を）申し受けます。

Key Point ●不正搭乗時の運賃・料金

① その旅客に適用される**不正搭乗区間の運賃および料金**
② 搭乗時にその区間に設定された**最も高額な旅客運賃および料金**の**2倍**相当額

プラスアルファ
不正搭乗に該当するケースは、「**故意に無効航空券で搭乗**した」「**不正の申告**により**適用運賃の特別取扱い**（割引など）を受けた」「係員の求めにもかかわらず**航空券や認証コードの呈示がなされない**」などがある。

4 手荷物

手荷物には航空会社に預ける**受託手荷物**と、旅客が自ら携帯して機内に持ち込む**持込手荷物**の２種類があります。

1. 受託手荷物

航空会社は**受託手荷物**に対して**手荷物合符を発行**します。

受託手荷物は原則として、**旅客が搭乗する航空機で運送**します。ただし、搭載量の関係その他やむを得ない事由があるときは、**搭載可能な航空機**（または他の輸送機関）**によって運送**することがあります。

プラスアルファ
手荷物に関する規定は、日本航空と全日本空輸とで若干の違いがあるが、微細な違いが試験で問われたことはない。したがって、ここではこれら２社で共通している部分を中心に解説し、必要に応じて相違点を補足している。

(1) 高価品

次の物品は**高価品**とされ、受託手荷物として認められません。

Key Point ●高価品（受託手荷物として認められない）

白金、金、その他の貴金属、貨幣、銀行券、有価証券、印紙類、宝石類、美術品、骨董品（こっとう）など

(2) 受託手荷物の制限

受託手荷物には次のような重量、サイズの制限があります。

Key Point ●受託手荷物の制限（重量・サイズ）

重量	●**旅客 1 人**につき 100kg まで ●手荷物 **1 個**当たりの重量は 32kg まで（※）	
サイズ	JAL	**1 個**につき 50cm × 60cm × 120cm 以内（※）
	ANA	**1 個**当たりの三辺の和が 203cm 以内（※）
個数	制限なし	

※航空会社が承認した場合を除く

この制限を超える場合、航空会社は**手荷物として預かりません**。

2. 持込手荷物

旅客が自ら携帯し、機内に持ち込む手荷物には次のような制限があります。

(1) 持込禁止品

次に掲げるものは持込手荷物として認められません。

Key Point ●機内持込禁止品

- **刃物類**
- 銃砲刀剣類等類似品および爆発物類似品（**ピストル型ライター、手榴弾（しゅりゅうだん）型ライター**など）
- その他航空会社が凶器となり得ると判断するもの（**バット、ゴルフクラブ、アイススケート靴**など）

プラスアルファ

JAL による「座席数が 50 席未満の航空機による運送」の場合、受託手荷物の重量制限は「旅客 1 人につき 45kg まで（手荷物 1 個当たり 32kg まで）」である。

(2) 持込手荷物の制限

旅客が機内に持ち込むことができる手荷物は次のように定められています。

Key Point ●持込手荷物

① 客室内の収納棚または旅客の前の座席の下に収納可能で、かつ、**3辺の長さの和**が**115cm以内**（ただし、座席数100席未満の航空機による運送の場合は、100cm以内）のもの**1個**

② 上記①に加えて身回品等を収納する**ショッピングバッグ**その他カバン類**1個**

＊**①と②の合計重量**が**10kg**を超えないこと

③ 上記①と②**に加え**、次のものは**重量・サイズ・個数にかかわらず**機内持込みが可能（主なもののみ抜粋）

- 飛行中に座席に装着して使用する**チャイルドシート**（航空会社指定のものに限る）
- 旅客が同伴する幼児または小児旅客のために使用する**携帯用ゆりかご**
- 身体障がい旅客が自身で使用する**松葉杖**（ステッキ、添木）、**義手**、**義足類**
- **身体障がい者が自身のために同伴する盲導犬、介助犬、聴導犬**
- 飛行中に必要な幼児または小児用品を入れたカバン類
- その他航空会社が機内持込みを特に認めた物品

3辺の長さの和
▶▶P217

本文にあるとおり、持込手荷物の合計重量は10kgまでですが、現状においてJAL、ANAの国内線の搭乗に当たり日本国内の空港では「持込手荷物の計量」は行われていません。

3. 無料手荷物許容量

無料で運送される手荷物の最大許容量を無料手荷物許容量といいます。国内線の主要路線における無料手荷物許容量は次のとおりです。

なお、**座席を使用しない幼児**（無償で運送される3歳未満の旅客）には**無料手荷物許容量の適用はありません**（この場合の幼児の手荷物は、同伴する旅客の手荷物とみなします）。

Key Point ●無料手荷物許容量（大人または小児１人）

受託手荷物	普通席	20kgまで（※）
	ファーストクラス（JAL）	45kgまで（※）
	プレミアムクラス（ANA）	40kgまで（※）
持込手荷物	10kgまで	

※次の①②は表中の限度（重量）にかかわらず、航空会社は無料で受託する。
① **身体障がい旅客**が自身で使用する**車椅子**
② 旅客が同伴する**幼児**または**小児**旅客のために使用する**折りたたみ式ベビーカー**、携帯用ゆりかご、**チャイルドシート**

無料受託手荷物許容量を超過した受託手荷物に対しては、航空会社は旅客から、航空会社が別に定める**超過手荷物料金**を申し受けます。

4. 愛玩動物

愛玩動物とは、**飼いならされた小犬、猫、小鳥**などをいいます。旅客に同伴される愛玩動物について、航空会社は**受託手荷物**として運送を引き受けます。愛玩動物は**無料手荷物許容量の適用を受けず**、旅客は航空会社が別に定める**１檻当たりの料金**を支払わなければなりません。

5. 受託手荷物の引渡し

旅客は、到着地において、受け取り可能な状態になり次第、**自ら手荷物合符**（手荷物引換証および手荷物添付用片）**の番号を照合**のうえ、受託手荷物を受け取らなければなりません。航空会社は、手荷物合符の所持人に対してのみ、その手荷物の引渡しを行います（旅客は航空会社に手荷物引換証を提出しなければなりません）。

航空会社は、手荷物合符の持参人が、その手荷物の正当な受取人であるか否かを確かめなかったことにより生ずる損害に対し、**賠償の責任を負いません**。

プラスアルファ
JALのファーストクラス、ANAのプレミアムクラスは、いずれも普通席より上級の座席。

愛玩動物については次の①～③がポイント。
① **受託手荷物として運送**（機内持込は不可）
② **無料手荷物許容量の適用を受けない**（必ず別途料金の支払いが必要）
③ **盲導犬、介助犬、聴導犬は無料で運送**（愛玩動物に含まれない）

6. 引渡不能手荷物の処分

手荷物の到着後、**7日間**を経過しても引取りがない場合は、航空会社はその手荷物を**適宜処分**することがあります。

この場合の損害および処分にかかる費用はすべて**旅客の負担**となります。

5 航空会社の責任

航空機の搭乗に当たり、旅客がけがをした、旅客の手荷物に損害が生じたなどのケースを想定し、約款では航空会社が負う責任の範囲や限度を定めています。

1. 責任の範囲

航空会社が旅客に生じた損害を賠償する責任を負うのは、次に定める範囲に限ります。

「航空会社はどの範囲について賠償責任を負うのか」を表中の太字部分を中心に覚えておきましょう。

Key Point ●航空会社の責任の範囲

損害の種類	賠償責任の範囲
① **旅客の死亡、負傷、身体の障害**など	原因となった事故・事件が**航空機内で生じた**場合、または**航空機の乗降のための作業中**に生じたものであるとき
② **受託手荷物その他の物**の損害（航空会社が保管を受託した物）	原因となった事故・事件が、**その手荷物または物**が**航空会社の管理下にあった期間**に生じたものであるとき
③ **持込手荷物その他の旅客が携行・装着する物**の損害（旅客自身が保管している物）	その損害について、航空会社（またはその使用人）に**過失があったことが証明された場合**に限る

旅客が死亡した、けがをしたなどの場合の賠償責任に限度額はないのですか？

身体・生命の損害に関する責任限度額は約款で明記されていないので、個々のケースに応じて、その都度決定されることになります。ですから、試験対策としては手荷物責任限度のことだけ覚えておけばOKです。

①と②の損害については、航空会社およびその使用人が、**損害を防止するために必要な措置をとったこと**（または**必要な措置をとることができなかったこと**）を**証明**したときは、航空会社は**損害賠償の責任を負いません**。言い換えると、航空会社が損害を防止する措置をとることができる状態にあったにもかかわらず、それを怠ったことによって損害が発生した場合に限り、

航空会社が賠償責任を負うということになります。

③の損害（旅客自身が保管している物の損害）の場合、旅客自身が携行・装着している物であれば、原則として旅客自身が保管の責任を負うのが一般的です。したがって、これらに生じた損害については航空会社側に過失があったことが証明された場合に限り航空会社が賠償責任を負うことになります。

2. 手荷物に関する責任限度額

航空会社が旅客の手荷物に対し損害賠償責任を負うことになった場合、次のように責任限度額が適用されます。

(1) 原則

手荷物運送における航空会社の責任は、**旅客1名につき15万円を限度**とします。ここでいう「手荷物」とは受託手荷物その他の航空会社が保管を受託した旅客の物、持込手荷物その他の旅客が携行・装着する物のすべてを含みます。

(2) 責任限度額を適用しない場合

次の①と②の場合には（1）で述べた**責任限度額は適用されません**。手荷物の損害額が責任限度額を超えた場合でも航空会社はその損害を賠償しなければなりません。

① 旅客が運送の開始前に**責任限度額（15万円）を超える価額**を**申告**し、（3）で述べる**従価料金**（じゅうか）を支払った場合

② 損害が**航空会社（またはその使用人）**の**故意または重過失**によって生じたことが証明された場合

(3) 従価料金

旅客の**手荷物および旅客が装着する物品の価額の合計**が**15万円**を超える場合は、旅客はその価額を航空会社に申告することができます。この場合、航空会社は、従価料金として次の料金を申し受けます。

●従価料金

申告価額の15万円を超える部分について**1万円ごとに10円**

例えば、旅客の手荷物の申告価額が100万円だった場合、15万円を超える85万円について、1万円ごとに10円の従価料金が

約款 国・総

プラスアルファ
②について、使用人の故意・重過失が原因の場合は、さらに「使用人が自己の職務を遂行中であったこと」も証明されなければならない。

従価料金の考え方は国際運送約款と同じです。ただし、国際運送約款には申告価額に上限がありましたが、国内旅客運送約款には上限の設定はありません。総合試験を受験する場合は、この相違点は覚えておいたほうがいいでしょう。

従価料金（国際運送約款）
▶▶P220

適用になります。つまり、この場合、旅客は従価料金850円を支払うことにより、航空会社の責任限度額を100万円まで引き上げることが可能になります。ただし、この場合でも、**航空会社の責任**は、**手荷物の実際の価額を超えることはありません。**

3. 手荷物に係る損害賠償請求期間

旅客が**異議を述べないで**受託手荷物その他の航空会社が保管を受託した旅客の物を**受け取ったとき**は、航空会社は、その手荷物または物は、**良好な状態で引き渡されたもの**と推定します。

旅客が受け取った受託手荷物等に損害が生じた、紛失や延着などによって予定どおりに受託手荷物等が引き渡されなかったなどの場合は、次に定める期間内に、航空会社に対し**文書による通知**をしなければ、航空会社は**損害賠償の責任を負いません。**通知の期間は、手荷物等を受け取ったかどうかによって次のように定められています。

Key Point ●損害賠償請求の期間

＊以下の期限までに文書で通知する

手荷物等を**受け取った**場合	手荷物等の**受取りの日**から７日以内
手荷物等の**引渡しがない**場合	手荷物等を**受け取るはずであった日**から21日以内

プラスアルファ
右記のKey Pointに記載した期間について、ANAの約款では「～受取りの日の**翌日から起算して**７日以内」「～受け取るはずであった日の**翌日から起算して**21日以内」と規定されている。
日、週、月、年などの期間を計算する場合、起算日が明記されているときはその日から、起算日が明記されていないときは、その翌日から起算するのが原則である（民法）。これにより「受取りの日から７日以内」と「受取りの日の翌日から起算して７日以内」が示す期間は同じになる。

6 共同引受・共同運航・相次運送

(1) 共同引受

航空会社は**共同して国内航空運送を引き受け**、航空会社の**指定する会社のいずれか**がその運送を行います。航空会社は、そのいずれかが行った運送につき賠償責任を負う場合、連帯して**賠償の責任を負います。**

例えば、JALの国内線は日本航空株式会社およびその系列会社をあわせた合計５社が共同で運送を引き受けています。系列５社のいずれかが行った運送について賠償責任を負う場合は、これら５社は連帯して賠償の責任を負うことになります。

(2) 共同運航（コードシェア）

航空会社は、他の運送人（他社）と**コードシェア契約**を締結し、当該**航空会社以外の運送人が運航する便に自社の便名を付与**し、旅客と契約する運送を行います。この場合、航空会社は**予約**の際に**実際に運航する他の運送人**を旅客に**通知**します。

コードシェア契約による運送の場合、主に次のような各項目については、**実際に運航を行う他の運送人の規則が適用される**ことがあります。

- 係員の指示に関する事項
- 座席指定に関する事項
- 集合時刻に関する事項
- 運送の拒否および制限に関する事項
- 幼児の無償運送に関する事項
- 取消変更に関する事項
- 不正搭乗に関する事項
- 手荷物の運送の制限、無料手荷物許容量、超過手荷物料金および動物の運送の引受に関する事項

(3) 相次運送

二以上の運送人が相次いで行う旅客の運送（相次運送）における損害については、**その損害を生ぜしめた**（生じさせた）**運送を行った運送人に対してのみ**賠償請求することができます。航空会社は、自社が行う運送以外で生じた旅客の損害については、責任を負いません。

コードシェア
▶▶P218

プラスアルファ
「(2) 共同運航（コードシェア）」は ANA の約款に基づく解説である（JAL 国内線では共同運航便はない）。

用語

相次運送
二つ以上の運送人が相次いで行う運送のこと。ここでは「航空会社どうしの契約により、旅客が自社路線と他社路線を相次いで乗り継げるようにするための運送」と考えることができる。実際に該当するケースは少ないため、試験対策としては約款の記述どおりに覚えておけばよい。

Let's Try! 確認テスト

●次の各記述の正しいものには○を、誤っているものには×を記入しなさい。

チェックポイント	できたらチェック
定義 約款の適用 運賃・料金の適用	□ 1 受託手荷物とは、航空会社が引渡しを受け、かつこれに対し手荷物合符（引換証）を発行した手荷物をいう。 国平24
	□ 2 旅客が航空会社から航空券の発券を受ける日において有効な運送約款およびこれに基づいて定められた規定が当該旅客の運送に適用される。 国令2
航空券	□ 3 旅客が病気で旅行不能となった場合は、航空券の有効期間を延長することができ、この場合は、当該旅客の同伴者が所持する航空券についても同様に期間の延長をすることができる。 総令2改
	□ 4 旅客が紙片の航空券を紛失した場合は、旅客は、搭乗に際して、あらためて当該紛失航空券に係る搭乗区間の航空券の購入を必要とする。 国平30
手荷物	□ 5 受託手荷物は、搭載量の関係その他やむを得ない事由があるときは、その旅客の搭乗する航空機ではなく、当該手荷物の搭載可能な航空機によって運送されることがある。 総平30
	□ 6 12歳以上の旅客に同伴された座席を使用しない3歳未満の旅客（幼児）については、無料手荷物許容量の適用を受けず、当該幼児の手荷物は、同伴する旅客の手荷物とみなす。 国令3改
	□ 7 手荷物運送における航空会社の責任は、手荷物1個につき総額金150,000円の額を限度とする。 国平24
	□ 8 ペット等の動物は、旅客がその動物を適切な容器に入れ、携帯し保管する場合には、無料で運送される。 総平29
	□ 9 航空会社は、手荷物合符の持参人が、当該手荷物の正当な受取人であるか否かを確かめなかったことにより生ずる損害に対し、賠償の責に任じない。 総平29改
航空会社の責任	□ 10 二以上の運送人が相次いで行う旅客の運送における損害については、旅客はその損害を生ぜしめた運送を行った運送人に対してのみ賠償請求することができる。 総平28

解答 1. ○／2. ×　約款は旅客が航空機に搭乗する日を基準にして適用／3. ○　この場合の有効期間の延長は30日が限度／4. ○／5. ○／6. ○／7. ×　旅客1名につき15万円が限度。なお、旅客が従価料金を支払った場合や航空会社（または使用人）の故意・重過失によると証明されたときは15万円の限度額を適用しない／8. ×　愛玩動物には無料手荷物許容量の適用はない。別途料金を支払って受託手荷物として運送される／9. ○／10. ○

重要度 A

モデル宿泊約款

学習項目

◎宿泊契約の申込みと成立
◎宿泊契約の締結の拒否・解除
◎宿泊
◎責任

学習ポイント

- 宿泊契約は宿泊業者が**申込みを承諾したとき**に成立する。
- 契約締結拒否事由・契約解除事由を比較・整理する。
- **契約した客室が提供できない場合**の取扱いを理解する。
- 宿泊業者の責任に関する各種規定は頻出事項。宿泊業者が負う責任の種類と内容を理解する。

1 宿泊契約の申込みと成立

ホテルまたは**旅館**（以降「宿泊業者とする」）**が宿泊客との間で締結する宿泊契約**およびこれに関連する契約は、**約款の定めるところによる**ものとし、約款に定めのない事項については、**法令または一般に確立された慣習**によるものとします。宿泊業者が、法令および慣習に反しない範囲で特約に応じたときは、その特約が優先するものとします。

宿泊契約の申込みや契約の成立、契約の解除など、「宿泊業者（ホテルや旅館）と宿泊者との間の取引について」定めているのがモデル宿泊約款です。国内試験、総合試験では毎年1～2問程度、このモデル宿泊約款から出題されています。本書では、過去に出題された主な規定に絞って学習します。

1. 宿泊契約の申込み

宿泊業者に**宿泊契約の申込み**をしようとする者は、次の事項を申し出なければなりません。

Key Point ●宿泊契約申込時の申出事項

① **宿泊者名**
② **宿泊日**および**到着予定時刻**
③ 宿泊料金（原則として別に定める基本宿泊料による）
④ その他宿泊業者が必要と認める事項

宿泊客が、**宿泊中**に②の**宿泊日を超えて**宿泊の**継続**を申し入れた場合、宿泊業者は、その**申し出の時点**で**新たな宿泊契約の申込みがあったもの**として処理します。

プラスアルファ
例えば、当初1泊の予定だったところを、2泊にしたいと宿泊中の宿泊客から申出があった場合は、2泊目は新規の申込みとして取り扱うということ。

プラスアルファ
モデル宿泊約款では「申込みの方法」を特に定めていない。したがって、申込みは口頭、電話、ファクシミリ、インターネットなど、どの方法でもかまわない。

2. 宿泊契約の成立時期

宿泊契約は、宿泊業者が、1. で述べた**申込みを承諾したとき**に**成立**します（ただし、宿泊業者が承諾をしなかったことを証明したときは、この限りではありません）。

3. 申込金の取扱い

（1）原則（申込金を必要とする場合）

宿泊契約が成立したときは、宿泊客は次に従って申込金を支払わなくてはなりません。

Key Point ●申込金の取扱い

① **宿泊期間**（**3日**を超えるときは3日間）の**基本宿泊料**を限度として宿泊業者が定める申込金を宿泊業者が**指定する日までに**支払う。

② 指定した日まで支払いがない場合は、宿泊契約は**効力を失う**（ただし、「支払いがなければ契約は失効すること」を宿泊業者が宿泊客に**告知した場合**に限る）。

③ 申込金は次のa、b、cの順に充当する（残額は宿泊客に返還）。

a. 宿泊客が最終的に支払う**宿泊料金**

b. 契約が解除されたときの**違約金**

c. 宿泊客が宿泊業者に損害を与えたときの**賠償金**

（2）例外（申込金の支払いを必要としない特約）

宿泊業者は、契約の成立後、（1）で述べた**申込金の支払いを必要としない**こととする**特約**に応じることがあります。

次の①または②のいずれかに該当するときは、宿泊業者が特約に応じたものとして取り扱います。

Key Point ●申込金の支払いを必要としない場合

宿泊業者が宿泊契約の申込みを承諾するに当たり

① 申込金の**支払いを求めなかった**場合

② 申込金の**支払い期日を指定しなかった**場合

2 宿泊契約の締結の拒否・解除

1. 契約締結の拒否

宿泊業者は、次に該当する場合は、宿泊契約の締結に応じないことがあります。

Key Point ●契約締結の拒否事由

① 宿泊の申込みが、この約款によらないとき
② **満室（員）により客室の余裕がない**とき
③ 宿泊しようとする者が、宿泊に関し、**法令の規定、公の秩序**もしくは**善良の風俗**に**反する行為**をするおそれがあると認められるとき
④ 宿泊しようとする者が、次のa～cに該当すると認められるとき
　a．暴力団、暴力団員、暴力団準構成員または暴力団関係者その他の反社会的勢力
　b．暴力団または暴力団員が事業活動を支配する法人その他の団体であるとき
　c．法人でその役員のうちに暴力団員に該当する者があるもの
⑤ 宿泊しようとする者が、**他の宿泊客に著しい迷惑を及ぼす言動**をしたとき
⑥ 宿泊しようとする者が、**伝染病者**であると明らかに認められるとき
⑦ 宿泊に関し**暴力的要求行為**が行われ、または**合理的な範囲を超える負担**を求められたとき
⑧ **天災、施設の故障、その他やむを得ない事由**により宿泊させることができないとき
⑨ 都道府県条例の規定する場合に該当するとき

2. 契約の解除

(1) 宿泊客の契約解除権

宿泊客は、宿泊業者に申し出て、宿泊契約を解除することができます。

宿泊客の責めに帰すべき事由（**自己都合**など）により、宿泊契

用語
公の秩序もしくは善良の風俗
公序良俗と同じ。
▶▶P193

約の全部または一部を**解除した場合**は、解除した期日に応じて宿泊約款に定める**違約金**を宿泊業者に支払わなければなりません。

また、**宿泊日当日**、宿泊客が**連絡をせずに**、**所定の時刻に到着しない**（または、あらかじめ**到着予定時刻が明示されている場合**で、その**予定時刻から一定時間が経過した時刻になっても到着しない**）ときは、宿泊業者は、**契約が宿泊客により解除されたもの**とみなし、処理することがあります。この場合も**違約金を支払う必要**があります。

(2) 宿泊業者の契約解除権

宿泊業者は、次に該当する場合は、宿泊契約を解除することがあります。

Key Point ●宿泊業者の契約の解除事由

① 宿泊客が、宿泊に関し、法令の規定、公の秩序もしくは善良の風俗に反する行為をするおそれがあると認められるとき、または同行為をしたと認められるとき
② 宿泊客が次のａ～ｃに該当すると認められるとき
　ａ．暴力団、暴力団員、暴力団準構成員または暴力団関係者その他の反社会的勢力
　ｂ．暴力団または暴力団員が事業活動を支配する法人その他の団体であるとき
　ｃ．法人でその役員のうちに暴力団員に該当する者があるもの
③ 宿泊客が**他の宿泊客**に**著しい迷惑を及ぼす言動**をしたとき
④ 宿泊客が**伝染病者**であると明らかに認められるとき
⑤ 宿泊に関し**暴力的要求行為**が行われ、または**合理的な範囲を超える負担**を求められたとき
⑥ **天災等不可抗力に起因する事由**により宿泊させることができないとき
⑦ 都道府県条例の規定する場合に該当するとき
⑧ 寝室での**寝たばこ、消防用設備等に対するいたずら**、その他宿泊業者が定める利用規則の禁止事項（**火災予防上必要なものに限る**）に従わないとき

プラスアルファ
次の場合は違約金の支払いは不要。
① 契約の成立後に宿泊業者から申込金の支払いを求められた場合で、その支払いより前に宿泊客が契約を解除した場合
② 契約の成立後に「申込金を不要とする特約」が結ばれた場合であって、その際に「契約を解除したときの違約金の支払義務」について宿泊客に告知していないとき

違約金は、基本宿泊料に所定の率を乗じることによって計算します。この率は個々の宿泊業者が独自に定めることになっているため、モデル宿泊約款では、具体的な率が示されていません。
違約金の適用については、第３編・第２章のLesson11「宿泊料金」で詳しく学習します。

①～⑤と⑦は、1. 契約締結の拒否事由の③～⑦と⑨と内容がほぼ重複しています。関連させて覚えてしまいましょう。

これらの事由に基づき、宿泊業者が宿泊契約を解除した場合、宿泊業者は、**宿泊客がいまだ提供を受けていない宿泊サービス等の料金は収受しません**。

3 宿泊

1. 宿泊の登録

宿泊客は、**宿泊日当日、宿泊業者のフロント**において、次の事項を**登録**しなければなりません。

Key Point ●宿泊の登録事項

① 宿泊客の**氏名、年齢、性別、住所**および**職業**
② **外国人**にあっては、**国籍、旅券番号、入国地**および**入国年月日**
③ **出発日**および**出発予定時刻**
④ その他宿泊業者が必要と認める事項

宿泊客が、**宿泊料金の支払い**を、**旅行小切手、宿泊券、クレジットカード等通貨に代わり得る方法**により行おうとするときは、**宿泊の登録時にあらかじめ**、これらを呈示しなければなりません。

2. 客室の使用時間

宿泊客が客室を使用できる時間（チェックインからチェックアウトまでの時間）について、モデル宿泊約款では具体的な時間を定めていません。したがって宿泊業者が社会的に妥当な範囲内で個別に定めることになります。

ただし、宿泊客が**連続して宿泊**する場合は、**到着日と出発日を除き**、客室を**終日使用**することができます。例えば、2泊3日の予定で宿泊する場合は、2日目は1日中客室を使用できるということです。

3. 料金の支払い

(1) 支払方法

宿泊料金等の支払いは、**通貨または宿泊業者が認めた旅行小切手、宿泊券、クレジットカード等これに代わり得る方法**により、**宿泊客の出発の際**に、または**宿泊業者が請求した時**に、フロン

旅行小切手
▶▶P601

プラスアルファ
宿泊業者が定めた「チェックイン時間」の前や「チェックアウト時間」の後に客室を使用する場合は、以下①～③に定める**追加料金**がかかる。
①超過**3時間まで**
室料金の**3分の1**
②超過**6時間まで**
室料金の**2分の1**
③超過**6時間以上**
室料金の**全額**
基本宿泊料に食事代が含まれている場合は、**基本宿泊料の70%**を「室料相当額」とし、この室料相当額に宿泊業者が個別に定めた率を乗じて追加料金を算出する。

トで行います。

(2) 宿泊客が任意に宿泊しなかった場合

宿泊業者が宿泊客に**客室を提供**し、**客室の使用が可能になったあと**で、宿泊客が**任意に宿泊しなかった場合**でも、宿泊業者は**宿泊料金を収受**します。

> **プラスアルファ**
> (2) は、例えば、宿泊施設のチェックインだけを済ませて外出し、そのまま友人宅に宿泊したようなケースが該当する。すでに客室が提供されている以上、客室を一度も使用しなかったとしても、宿泊客は宿泊料金を支払わなければならない。

(3) 子供料金

小学生以下の子供には**子供料金**を適用します（詳細は第3編・第2章 Lesson11「宿泊料金」で解説しています）。

> **子供料金**
> ▶▶ P406

4 責任

1. 宿泊業者の責任

宿泊業者は、宿泊契約およびこれに関連する契約の履行に当たり、またはそれらの不履行により**宿泊客に損害を与えたとき**は、その**損害を賠償**します。ただし、それが宿泊業者の責めに帰すべき事由によるものでないときはこの限りではありません。

2. 契約した客室の提供ができないときの取扱い

宿泊業者は、**宿泊客に契約した客室を提供できないとき**は、次の①～③のとおり取り扱います。

> 契約した客室が提供できないときの流れは次のとおりです。
>
> 客室提供不可
> ↓
> 他の宿泊施設をあっ旋
> ↓
> あっ旋不能
> ↓
> 宿泊業者の責めに帰すべき事由がある
> ↓
> 補償料の支払い

Key Point ●契約した客室の提供ができないとき

① **宿泊客の了解**を得て、**できる限り同一の条件**による**他の宿泊施設をあっ旋**する。

② 上記①の**あっ旋ができず**、客室を提供できないことについて**宿泊業者の責めに帰すべき事由がある**ときは、宿泊客に**違約金相当額の補償料を支払う**（補償料は**損害賠償額に充当**する）。

ケース１	宿泊業者の過剰予約受付により客室が不足した
他の施設のあっ旋ができないときは補償料が支払われる。	

③ 上記①の**あっ旋ができず**、客室を提供できないことについて**宿泊業者の責めに帰すべき事由がない**ときは、**補償料は支払わない**。

ケース２	地震が発生したことにより建物が倒壊した
他の施設のあっ旋ができなくても補償料は支払われない。	

つまり、補償料の支払いが必要になるのは、**他の宿泊施設をあっ旋できず、なおかつ客室の提供ができないことについて、宿泊業者の責めに帰すべき事由がある場合に限る**ということです。

3. 寄託物等の取扱い

宿泊客が**宿泊施設に持ち込んだ物品**に損害が生じた場合、その物品をフロントに預けていたかどうかによって次のように取り扱います。

(1) フロントに預けた物品等の損害賠償

宿泊客が**フロント**に**預けた物品、現金、貴重品**について、滅失、毀損等の**損害が生じたとき**は、それが**不可抗力である場合を除き**、宿泊業者は、その**損害を賠償します**。ただし、**現金、貴重品**については、宿泊業者がその**種類および価額の明告を求めた場合**で、宿泊客がそれを行わなかったときは、**宿泊業者があらかじめ定める額を限度**として**損害を賠償**します。

(2) フロントに預けなかった物品等の損害賠償

宿泊客が**フロント**に**預けなかった物品、現金、貴重品**について、**宿泊業者の故意または過失により**滅失、毀損等の**損害が生じたときは**、宿泊業者はその**損害を賠償します**。ただし、宿泊客からあらかじめ**種類および価額の明告のなかったもの**については、宿泊業者に**故意または重過失がある場合を除き**、**宿泊業者が定めた額を限度として損害を賠償**します。

用語

寄託
ある物を保管することを約束して、その物を受け取ることで効力を生じる一種の契約行為。寄託物とは、この場合の保管する物のことをさす。簡単にいうと、「保管することを約束して預かった物」のこと。

「寄託物等の取扱い」は、過去の試験で何度も出題されています。
Key Point で要点を整理しておきましょう!!

Key Point ●宿泊客が施設内に持ち込んだ物品等の損害

フロントに預けた物品等の損害	① 不可抗力である場合を除き**賠償責任を負う** ② 現金、貴重品で宿泊客が**種類および価額を明告していない**ときは**限度額を適用**
フロントに預けなかった物品等の損害	① 宿泊業者の故意または過失がある場合に限り**賠償責任を負う** ② 宿泊客があらかじめ**種類および価額を明告していない**ときは**限度額を適用**（宿泊業者に**故意または重過失**があるときは**限度額を適用しない**）

約款　国・総

4. 宿泊客の手荷物または携帯品の保管

(1) 宿泊に先立って宿泊施設に到着した手荷物の保管

宿泊客の**手荷物**が、**宿泊に先立って宿泊業者のもとに到着した場合**は、その手荷物が到着する前に、**宿泊業者が了解したときに限って責任を持って保管**し、宿泊客がフロントにおいてチェックインする際に渡します。

(2) 置き忘れられた手荷物または携帯品の取扱い

宿泊客がチェックアウトしたのち、宿泊客の手荷物または携帯品が**宿泊施設内に置き忘れられていた**場合、宿泊業者は次の措置をとります。

Key Point ●手荷物または携帯品の置き忘れ

所有者が判明した場合	所有者に連絡し指示を求める
所有者が判明しない場合（または**判明したが指示がない**場合）	**発見日を含め**7日間保管し、その後**最寄りの警察署**に届ける

プラスアルファ
宿泊客の手荷物・携帯品を保管する場合の宿泊業者の責任（損害賠償責任）は、(1) の手荷物については、前述の「フロントに預けた物品等」と同じ扱いになり、(2) の手荷物または携帯品は、「フロントに預けなかった物品等」と同様に扱う。

5. 駐車の責任

宿泊客が宿泊業者の駐車場を利用する場合、宿泊業者は**場所を貸すだけ**で、**車両の管理責任まで負うものではありません。車両のキーを宿泊業者に寄託していたか否かにかかわらず同様**です。

ただし、**駐車場の管理**に当たり、**宿泊業者の故意または過失によって損害を与えたとき**は、その**損害を賠償する責任を負います**。

6. 宿泊客の責任

宿泊客の故意または過失により**宿泊業者が損害**を被ったときは、**宿泊客は宿泊業者に対しその損害を賠償**しなければなりません。

Let's Try! 確認テスト

●次の各記述の正しいものには○を、誤っているものには×を記入しなさい。

チェックポイント	できたらチェック
宿泊契約の申込みと契約の成立	□ 1 宿泊契約は、ホテル（旅館）が契約の申込みを承諾し、かつ、ホテル（旅館）が定める申込金を受理したときに成立する。 国平28
	□ 2 宿泊客から、宿泊中に、予約した際の宿泊日数を延長したい旨の申し出があったときは、ホテル（旅館）は、その時点で新たな宿泊契約の申込みがあったものとして処理する。 予想
宿泊契約の締結の拒否・契約の解除	□ 3 ホテル（旅館）は、宿泊客が連絡をしないで宿泊日当日の所定の時刻、またはあらかじめ明示された到着予定時刻を一定時間経過しても到着しないときは、その宿泊契約は当該宿泊客により解除されたものとみなして処理することがある。 国令2
宿泊	□ 4 宿泊客は、宿泊日当日、ホテル（旅館）のフロントにおいて、氏名、年令、性別、住所、職業、出発日、出発予定時刻、その他ホテル（旅館）が必要と認める事項を登録し、外国人にあっては国籍、旅券番号、入国地および入国年月日も登録する。 国平30改
	□ 5 ホテル（旅館）が宿泊客に客室を提供し、使用が可能になったのち、宿泊客が任意に宿泊しなかった場合においても、宿泊料金は申し受ける。 国令1
責任	□ 6 ホテル（旅館）は、宿泊客に契約した客室を提供できないときは、宿泊客の了解を得て、できる限り同一の条件による他の宿泊施設のあっ旋をするが、それができないときは、客室を提供できないことについてホテル（旅館）の責めに帰すべき事由の有無にかかわらず、違約金相当額の補償料を宿泊客に支払う。 総令1
	□ 7 宿泊客がフロントに預けた物品または現金ならびに貴重品について、滅失、毀損等の損害が生じたときは、それが不可抗力によるものであっても、ホテル（旅館）は、その損害を賠償しなければならない。 総平30
	□ 8 宿泊客がホテル（旅館）の駐車場を利用する場合において、当該ホテル（旅館）が車両のキーを預かっているときに限り、ホテル（旅館）は車両の管理責任を負う。 国平27

解答 1. ×　宿泊業者が宿泊契約の申込みを承諾したときに成立する／2. ○／3. ○／4. ○／5. ○／6. ×　宿泊業者の責めに帰すべき事由がないときは宿泊業者は補償料を支払わない／7. ×　不可抗力である場合を除き、損害を賠償する（不可抗力である場合は損害賠償責任を負わない）／8. ×　車両のキーを預かった場合でも、宿泊業者は車両の管理責任まで負うものではない

貸切バス約款・フェリー標準運送約款

国 総

学習項目

◎貸切バス約款
◎フェリー標準運送約款

学習ポイント

- 貸切バスの運送契約はバス会社が契約責任者に**乗車券を交付したとき**に成立する。
- バスの運賃・料金は「**乗車時**において**地方運輸局長に届け出て実施**しているもの」を適用。
- フェリーの手回り品の定義と、無料になる手回り品の範囲を確認する。
- バス・フェリー会社の損害賠償責任の範囲を覚える。

ひと口に「バス」といっても、通勤や通学などのための路線バス、団体旅行などで利用する貸切バス、観光名所を巡る定期観光バスなどさまざまですが、ここでは旅行業者の扱う企画旅行、手配旅行の重要な要素の一つである「貸切バス」の契約に関して学習します。

プラスアルファ

バス会社が、約款の趣旨、法令および一般の慣習に反しない範囲で、約款の一部条項について特約に応じたときは、条項の定めにかかわらず、その特約によるものとする。

1 貸切バス約款

貸切(かしきり)バス約款は、正式名称を**一般貸切旅客自動車運送事業標準運送約款**といいます。貸切バスに関する運送契約は、この運送約款の定めるところにより、約款に定めのない事項については、法令の定めるところまたは一般の慣習によります。

1. 係員の指示

旅客は、**バス会社の運転者、車掌その他の係員が運送の安全確保**と**車内秩序の維持**のために行う**職務上の指示**に従わなければなりません。バス会社は、この指示を行うため必要があるときは、各車両ごとに、**乗車する旅客の代表者の選任**を求めることがあります。

2. 運送の制限等

(1) 運送の引受けおよび継続の拒絶

バス会社は、次のいずれかに該当する場合には、**運送の引受けまたは継続を拒絶**したり、**制限**したりすることがあります。

Key Point ●運送の引受けおよび継続の拒絶

① 運送の申込みがこの運送約款によらないとき
② 運送に**適する設備がない**とき
③ 運送に関し、申込者から**特別な負担**を求められたとき

④ 運送が、法令の規定または公の秩序もしくは善良の風俗に反するものであるとき
⑤ **天災その他やむを得ない事由による運送上の支障がある**とき
⑥ 旅客が、旅客自動車運送事業運輸規則の規定に基づく乗務員の行う措置に従わないとき
⑦ 旅客が、旅客自動車運送事業運輸規則の規定により持込みを禁止された**刃物その他の物品**を携帯しているとき
⑧ 旅客が、後述する（2）または（3）の規定により持込みを拒絶された物品を携帯しているとき
⑨ 旅客が**泥酔した者**または**不潔な服装をした者**などであって、**他の旅客の迷惑**となるおそれのあるとき
⑩ 旅客が**監護者にともなわれていない小児**であるとき
⑪ 旅客が**付添人をともなわない重病者**であるとき
⑫ 旅客が**感染症患者**であるとき（または感染症患者とみなされるとき）

これらの各事項（⑤を除く）に該当し、運送の継続を拒絶された場合、その旅客については、**運送契約に係る運送の全部が終了したもの**とみなします。

(2) 手荷物の持込み制限

旅客は、前述（1）の⑦に規定する「刃物その他の物品（この項目では以降「刃物等」とする）」を車内に持ち込むことができません。

バス会社は、旅客の手回品（旅客の携帯する物品）の中に刃物等が収納されているおそれがあると認めるときは、旅客に対し手回品の内容の明示を求めることがあります。この求めに応じない旅客に対して、バス会社はその手回品の持込みを拒絶することがあります。

(3) 類似品の持込みの拒絶

旅客が（2）の求めに応じた場合で、その手回品の内容が刃物等と類似し、かつ、これと識別が困難であるときは、旅客がこれらの物品でない旨の相当の証明をしない限り、バス会社は

運送申込書には契約責任者の氏名・名称や団体の名称の記載が求められますが、乗車する「**旅客（乗客）の氏名**」は運送申込書の**記載事項ではありません**。したがって、乗客名簿などの提出は不要です。

プラスアルファ

運賃・料金の支払い時期について特別の定め（後払いなど）をしたときは②と③を省略することがある。この場合は、バス会社が運送を引き受けることとしたときに乗車券を発行し契約責任者に交付する（この場合も、バス会社が乗車券を契約責任者に交付したときに運送契約が成立する）。

その手回品の持込みを拒絶することがあります。

3. 運送の申込みと契約の成立

(1) 運送の申込み

バス会社に旅客の運送を申し込む者は、**所定の事項**（契約責任者の氏名や団体の名称などのほか、乗車申込人員、車両数、配車の日時・場所、旅行の日程、運賃の支払方法など）**を記載**した**運送申込書を提出**しなければなりません。

(2) 運送契約の成立

運送契約は、次の手順によって成立します。

① 旅客からの**運送申込書の提出**

② 上記①を受けて、バス会社が運送を引き受けるときは、**契約責任者**（**運送契約を結ぶ者**）に対し、**運賃・料金の支払い**を求める。

③ **所定の運賃・料金**の**20%以上**の**支払いがあったときは**、バス会社が**乗車券を発行**し、**契約責任者に交付**する。

④ **運送契約**は、**バス会社が乗車券を契約責任者に交付したとき**に**成立**する。

4. 運送契約の内容の変更

(1) 旅客の都合による運送契約の変更

運送契約の成立後、契約責任者が運送申込書に記載された事項（運送契約の内容）を変更しようとするときは、**あらかじめ書面により**バス会社の**承諾**を求めなければなりません。ただし、**緊急の場合**や**バス会社が認める場合**は、書面の提出を要しません（つまり**口頭でもよい**ということです）。

(2) 運送契約の変更を承諾しない場合

次の場合、バス会社は変更を承諾しないことがあります。

① 変更しようとする事項（内容）が**当初と著しく相違**する場合

② **運行上の支障**がある場合

(3) バス会社の都合による運送契約の変更等

バス会社は、車両の故障など緊急でやむを得ない事由により、契約された運送ができない場合には、契約を**解除**したり、または**契約責任者の承諾を得て**、運送契約の内容を**変更**することがあります。

(4) 異常気象時等における措置

バス会社は、**天災その他の事由により輸送の安全の確保に支障が生ずるおそれがある**ときには、運行行程の変更、一時待機、運行の中止その他の措置を講ずることがあります。

5. 乗車券

バス会社が特に認めた場合を除き、旅客は乗車券を所持しなければ乗車できません。契約責任者もしくは旅客が乗車券を紛失した(または交付した乗車券が災害などにより滅失した)場合、契約責任者の請求により、**配車の日の前日**に**乗車券の再発行**に応じます。

6. 運賃および料金

(1) 適用運賃・料金

バス会社が収受する運賃および料金は、**乗車時において地方運輸局長に届け出て実施しているものを適用**します。運賃・料金は、**バス会社の営業所、事業所に掲示**しなければなりません。

(2) 運賃の割引き・割増し

次に該当する場合、バス会社は、地方運輸局長に届け出たところにより**運賃**を**割引きまたは割増し**します。

Key Point ●運賃の割引きまたは割増し

割引き	① **学校教育法の適用を受ける学校**(大学および高等専門学校を除く)**に通園または通学する者の団体**(幼稚園、小・中・高等学校など)
	② **児童福祉法、身体障害者福祉法などの適用を受ける施設に収容されている者の団体**(保育園、身体障害者福祉センターなど)
割増し	**特別な設備を施した車両**を使用する場合

＊①と②の場合は、学校(施設)の責任者が引率し、学校(施設)の長が発行する証明書を提出した場合に限る。

(3) 運賃・料金の支払い時期

バス会社は、契約責任者に対し、**運送申込書を提出するときに、所定の運賃・料金の20%以上**を、さらに**配車の日の前日までに所定の運賃・料金の残額**を、それぞれ支払うよう求めます。

プラスアルファ
運賃・料金はバス会社の営業所その他の事業所に掲示しなければならない。

運賃・料金の詳細は第3編・第2章で詳しく学習します。

貸切バスの運賃・料金
▶▶P410

プラスアルファ
特別な設備を施した車両とは、例えば、車椅子で乗降できるリフトがついているバスや、2階建ての豪華な車両などが該当する。

ただし、前述の割引を受けることができる学校・施設のほか、官公署、バス会社と**常時取引のある者**については、**支払い時期**について**特別の定め**（後払いなど）をすることがあります。

(4) 運賃・料金の精算

バス会社は、**運行行程の変更**その他の事由により、その運送に係る**運賃および料金に変更を生じたとき**は、速やかに精算するものとし、その結果に基づいて、**運賃および料金の追徴または払戻しの措置を講じます**。

(5) バス会社の責めに帰すべき事由による運行中止

車両の故障その他の**バス会社の責に帰すべき事由**により、**運行を中止したとき**は、バス会社は次のとおり**運賃および料金を払い戻します**。

Key Point　●バス会社の責に帰すべき事由による運行中止

① 目的地の一部にも到達しなかった場合	すでに収受した運賃・料金の全額を払い戻す
② 目的地の一部に到達した場合	運行を中止した区間に係る運賃・料金を払い戻す

プラスアルファ
運送申込書に記載した旅行日程に複数の目的地が記載されていた場合で、その1つ目の目的地に到達する前に運行を中止した場合は①に従って、1つ目の目的地に到達した時点以降に運行を中止した場合は、②に従って払い戻すことになる。

ただし、バス会社が代わりのバスの手配や、ほかの輸送機関への振替輸送の手配をした場合で、**旅客がこれらを利用した場合**には、バス会社は**運賃・料金を払い戻しません**。

7. 運送に関連する費用

貸切バスを利用するに当たり、**運送に関連する費用**（次にあげるもの）は、すべて**契約責任者の負担**とします。

Key Point　●運送に関連する費用（契約責任者の負担）

- ガイド料
- 有料道路利用料
- 航送料
- 駐車料
- 乗務員の宿泊費

用語
航送料
正式には自動車航送運賃といい、カーフェリーなどを利用する場合の、車両およびその運転者にかかる運賃・料金のこと。
自動車航送運賃
▶▶P420

8. 配車日時に旅客が乗車しない場合

バス会社が**乗車券の券面に記載した配車日時に所定の場所に配車をした場合**で、**出発時刻**から**30分**を経過しても旅客が**乗車**

についての意思表示をしないときには、その車両について運送契約に係る**運送の全部が終了したもの**とみなします。

ただし、**天災などやむを得ない事由による場合**は、この規定は**適用しません**。

9. 責任

(1) バス会社の責任

バス会社は、自動車の運行によって、旅客の生命または身体を害したときは、その損害が車内において、または旅客の乗降中に生じた場合に限り、これによって生じた**損害を賠償する責任を負います**。

(2) 天災などの場合

バス会社は、天災など、**バス会社の責に帰することができない事由**により輸送の安全の確保のため一時的に運行中止その他の措置をしたときは、これによって旅客が受けた**損害を賠償する責任を負いません**。

(3) 旅客の責任

バス会社は、旅客の故意もしくは過失により、または旅客が法令もしくはこの約款の規定を守らないことによりバス会社が損害を受けたときは、その旅客に対し損害の賠償を求めます。

10. 旅行業者との関係

バス会社は、**旅行業者**から**旅客の運送の申込み**があった場合には、**企画旅行**または**手配旅行**の区分により、その旅行業者と旅客（または契約責任者）の関係を明確にするよう求めます。この区分により、バス会社は次に従って運送契約を結びます。

Key Point ●企画旅行と手配旅行の取扱いの別

① 旅行業者が企画旅行の実施のため、バス会社に旅客の運送を申し込む場合は、旅行業者を契約責任者として運送契約を結ぶ。

② 旅行業者が手配旅行の実施のため、バス会社に旅客の運送を申し込む場合は、手配旅行の実施を依頼した者（旅行者）と運送契約を結ぶ。

プラスアルファ

配車日時に旅客が乗車しない場合とは、例えば、「契約責任者が旅客に間違って日時を伝えた」「渋滞や事故などで旅客一団が配車場所に来られなくなった」などがある。

約款

国・総

企画旅行か手配旅行かによって契約の当事者になる者が異なるということです。①と②の違いを正しく理解しましょう。

プラスアルファ
違約料については「約款」と「国内旅行実務」のそれぞれの科目で出題されている。違約料の計算は第３編・第２章Lesson12で詳しく解説している。

貸切バスの違約料
▶▶P417

11．違約料

契約成立後、契約責任者の都合により運送契約を解除する場合や、一定の車両の減少をともなう契約内容の変更をするときは、所定の違約料がかかります。また、バス会社の都合による運送契約の解除や、車両の減少をともなう契約内容の変更の場合には、バス会社は契約責任者に対し違約料を支払います。

2 フェリー標準運送約款

フェリー会社が運航する航路に乗船する旅客、荷物などに適用されるのがフェリー標準運送約款です。この運送約款に定めのない事項については、法令の規定または一般の慣習によります。フェリー会社が、約款の趣旨および法令の規定に反しない範囲内で特約の申込みに応じたときは、その特約によります。

フェリー標準運送約款は「旅客」「受託手荷物・小荷物」「特殊手荷物」「自動車」など、運送の対象（人・物）に応じて約款が定められています。ここでは、これらの約款のうち、試験でよく出題される「旅客」の運送に関する定めを中心に解説し、「旅客以外」の運送（手荷物、自動車など）については必要に応じて解説を加えています。

1．用語の定義

試験対策として、次の用語の意味を理解しておきましょう。

①「**旅客**」とは、**徒歩客**（歩いて乗船する旅客）および**自動車航送を行う場合の運転者、乗務員、乗客その他の乗車人**をいいます。

②「**大人**」とは、**12歳以上の者（小学生を除く）**をいいます。

③「**小児**」とは、**12歳未満の者および12歳以上の小学生**をいいます。

次の**aまたはb**に該当する**小児の運賃・料金は無料**です。

Key Point ●運賃・料金が無料となる小児

a．１歳未満の**小児**	人数にかかわらず無料
b．**大人に同伴されて乗船**する１歳以上の小学校に就学していない小児（団体として乗船する者を除く）	大人１人につき１人まで無料

＊上記どちらの場合も、「**指定制の座席または寝台を小児１人で使用する場合**」は**無料**にならない。

フェリー標準運送約款の学習をするうえで用語の定義を正しく理解することがとても大切です。特に「大人」と「小児」、「手回り品」などはしっかりと覚えておきましょう。

④「**手回り品**」とは、**旅客が自ら携帯または同伴して船室に持ち込む物**のうち、次のものをいいます。また、**手回り品の一部は無料**になります。

Key Point ●手回り品

手回り品の種類	
	● **3辺の長さの和**が 2m以下で、かつ**重量**が 30kg以下の物品 ＊旅客は上記手回り品を 2個まで（**フェリー会社が支障がないと認めた場合**は 2個を超えて）**船室に持ち込む**ことができる。 **重量の和**が 20kg以下の手回り品……………………無料
	● **車椅子（旅客が使用するものに限る）** ……………………無料
	● **身体障害者補助犬（盲導犬、介助犬、聴導犬と表示**しているもの）……………………無料

旅客が船室に持ち込んだ、これらの手回り品は、**旅客の自己の責任において保管**しなければなりません。

⑤「**受託手荷物**」とは、④で述べた「**手回り品」の条件にあう物品**で、**旅客が乗船する区間**について、**フェリー会社に運送を委託する物**のことをいいます。

⑥「**特殊手荷物**」とは、**旅客が乗船する区間**について、**フェリー会社に運送を委託する物**のうち、次のものをいいます。

- **自動二輪車**（オートバイ）　● **原動機付自転車**
- **人力により移動する軽車両**（自転車、乳母車など）

⑦「**自動車**」とは、道路運送車両法第2条第2項に規定する自動車のうち**二輪のもの以外のもの**をいいます。

2. 旅客運送の引受け

フェリー会社は、**使用する船舶の輸送力の範囲内**で、**運送の申込みの順序に従って**旅客および手回り品の運送契約の申込みに応じます。

ただし、次に該当する場合は、**運送契約の申込みを拒絶**し、またはすでに契約を締結している場合には、その**契約を解除**することがあります。

車椅子と身体障害者補助犬は重量にかかわらず無料で、これ以外の手回り品は、**重量の和が20kg以下の手回り品に限り無料**（これを超える部分は有料）になるということです。

プラスアルファ
自転車や乳母車などで折りたたみができるものは、手回り品で定めるサイズに収まれば、手回り品または受託手荷物とすることも可能。

Key Point ●申込みを拒絶・契約を解除する事由

① フェリー会社が、**発航の中止や使用船舶、発着日時、航行経路、発着港の変更の措置**をとった場合
② **旅客が次のａ～ｄのいずれかに該当**する場合
　ａ．**感染症**の患者（または感染症の疑いのある者）
　ｂ．**泥酔者、薬品中毒者**その他、**他の乗船者の迷惑となるおそれ**のある者
　ｃ．**重傷病者**または**小学校に就学していない小児**で、**付添人のない者**
　ｄ．年齢、健康上その他の理由によって**生命が危険にさらされ**、または**健康が著しく損なわれる**おそれのある者
③ 旅客が法令もしくはこの運送約款の規定に違反する行為を行い、または行うおそれがある場合
④ 運送契約の申込みが、この運送約款と異なる運送条件によるものである場合
⑤ 運送に関し、申込者から**特別な負担**を求められた場合

3. 運航の中止等

フェリー会社は、次に該当するときは、予定した船便の**発航の中止や使用船舶、発着日時、航行経路、発着港の変更の措置**をとることがあります。

Key Point ●運航の中止等

① **気象または海象が船舶の航行に危険を及ぼすおそれ**がある場合
② **天災、火災、海難、使用船舶の故障その他のやむを得ない事由**が発生した場合
③ **災害時**における**円滑な避難、緊急輸送**その他これらに類する旅客または貨物の輸送を行う場合
④ 船員その他運送に携わる者の**同盟罷業**（どうめいひぎょう）その他の争議行為が発生した場合
⑤ **乗船者の疾病が発生**した場合など**生命が危険にさらさ**

用語
同盟罷業
ストライキのこと。

れ、または**健康が著しく損なわれる**おそれがある場合
⑥ 使用船舶の奪取（だっしゅ）または破壊等の不法行為が発生した場合
⑦ 旅客が**禁止行為**に該当する行為をし、またはしようとしていると信ずるに足りる相当な理由がある場合
⑧ 官公署の命令または要求があった場合

4. 運賃および料金

フェリー会社は、営業所において**所定の運賃および料金を収受**し、これと**引き換えに乗船券を発行**します。

(1) 適用運賃・料金

運賃および料金の額やその適用方法については、約款に定めるところによるほか、別に**地方運輸局長（海輸監理部長を含む）に届け出たところによります**。

(2) 旅客の食事代金

運賃・料金には、旅客の**食事代金は含まれていません**。

(3) 自動車航送の場合の運転者の運賃

自動車航送の運賃には、**自動車の運転者**1名が2等船室に乗船する場合の**運賃が含まれています**。運転者が**2等船室以外の船室への乗船を希望**するときは、旅客が希望する船室の運賃・料金と2等船室の運賃との**差額**を旅客から申し受け、引き換えに**補充乗船券**を発行します。

(4) 受託手荷物の運賃

受託手荷物の運賃には、その**手荷物の積卸（つみおろ）し料が含まれています**が、**集荷（しゅうか）配達料は含まれていません**。また旅客自身が使用する**車椅子、身体障害者補助犬**を**受託手荷物としてフェリー会社に委託**する場合、その運賃は無料です。

(5) 特殊手荷物の運賃

旅客とともに、オートバイ、原動機付自転車、自転車などをフェリーに搭載する場合、これらの物品は**特殊手荷物**として取り扱います。**特殊手荷物の運送の運賃には、運送申込人の運賃および料金は含まれていません**。したがって、特殊手荷物には特殊手荷物運賃が、オートバイなどを所持する旅客には旅客運

禁止行為
▶▶P262

プラスアルファ
自動車航送の場合、自動車の積込み、陸揚げは、船長またはフェリー会社の係員の指示に従い、**自動車の運転者が行う。**

用語
積卸し料
フェリーへの荷物の積込み、フェリーからの荷物の陸揚げに対する費用のこと。
集荷配達料
例えば、旅客の自宅等に出向いて荷物を預かったり、陸揚げされた荷物を旅客の自宅等へ配達したりする費用のこと。

賃がそれぞれ必要になります。

5. 乗船券の効力と通用期間

(1) 乗船券の効力

乗船券は、券面記載の乗船区間、通用期間、指定便、等級および船室に限り、使用することができます。

旅客がその都合により、乗船券（定期乗船券を除く）の券面記載の乗船区間内で**途中下船**した場合には、その乗船券の**前途**（それ以降）**は無効**とします（乗換えなど、約款に特に定める場合を除く）。

(2) 運賃および料金の変更の取扱い

運賃および料金が変更された場合、その変更前にフェリー会社が発行した乗船券は、その**通用期間内に限り**、有効とします。

(3) 乗船券の通用期間

乗船券（**指定便の乗船券を除く**）の**通用期間**は、乗船券の種類および乗船距離に応じて次のとおり区分されます（フェリー会社は、表中の期間以上の期間を定め、この通用期間が**券面に記載されます**）。

用語

通用期間
有効期間と同じ意味であると思ってよい。

指定便
乗船年月日および便名または発航時刻が指定されている船便のこと。

Key Point ●乗船券の通用期間

乗船券の種類		通用期間
片道券	100km 未満のもの	発売当日限り
	100km 以上 200km 未満のもの	発売当日を含め 2 日間
	200km 以上 400km 未満のもの	発売当日を含め 4 日間
	400km 以上のもの	発売当日を含め 7 日間
往　復　券		片道券の 2 倍の期間
回　数　券		発売当日を含め 2 か月間

プラスアルファ
自動車航送券（指定便の自動車航送券を除く）の通用期間も右記と同じ。

(4) 通用期間の延長

疾病その他旅客の一身に関する不可抗力の場合や、フェリー会社が**発航の中止、経路などの変更の措置**をとったことによって、旅客が乗船することを延期し、または継続して乗船することができなくなった場合は、フェリー会社は、**乗船券の未使用**

プラスアルファ
旅客の**乗船後に乗船券の通用期間が経過**した場合は、旅客が**そのまま継続して乗船する間**に限り、その乗船券の通用期間は、**その間は延長されたもの**とみなす。

区間の通用期間を延長する取扱いに応じます。この場合の延長は7日間を限度とします。

6. 乗船変更

(1) 通用期間内または発航前の乗船変更

旅客が乗船券の**通用期間の終了前**に（**指定便の乗船券**の場合は指定便の発航前に）券面記載の乗船区間、指定便、等級または船室の変更を申し出た場合、フェリー会社は、1回に限り、その申し出に係る乗船券の変更の取扱いに応じます（この変更に係る手数料は**無料**とします）。ただし、変更しようとする船便等の**輸送力に余裕がない場合には変更できない**ことがあります。

(2) 指定便の発航後の変更

旅客が**指定便**乗船券について、指定便の発航後に、乗船船便の変更を申し出た場合（指定便に乗り遅れた場合）は、**乗船券に記載された乗船当日に発航**する**他の船便の輸送力に余裕がある場合**に限り、2等船室への変更の取扱いに応じます。

(3) 乗船後の乗船区間、等級・船室の変更

旅客が乗船後に、乗船券の券面記載の**乗船区間**、**等級**または**船室**の変更を申し出た場合には、フェリー会社は、その**輸送力に余裕があり**、かつ、「乗越し」または「上位の等級（または船室）への変更」となる場合に限り、その変更の取扱いに応じます。この場合、フェリー会社は、変更後の乗船区間、等級（船室）に対応する運賃・料金の額と、すでに収受した運賃・料金の額との**差額**を申し受け、引き換えに**補充乗船券**を発行します。

7. 乗船券の払戻しおよび払戻手数料

旅客が入鋏（にゅうきょう）前（使用開始前）で通用期間内の乗船券の払戻しを請求した場合は、所定の払戻手数料を収受して運賃および料金の払戻しに応じます。

8. 乗船券の紛失

旅客が**乗船券を紛失**したときは、原則として、次の手続きにより再度運賃および料金をフェリー会社に支払い、**あらためて乗船券を購入する**ことになります（ただし、乗船券を所持して乗船した事実が明白であるときは、この規定を適用しないことがあります）。

約款
国・総

プラスアルファ
急行便（特別急行料金または急行料金が必要な船便）が、その急行便の所定の所要時間以内の時間で、「フェリー会社が定める時間」以上の遅延をして到着した場合は、旅客はフェリー会社に払戻しの請求をすることができる。この場合、フェリー会社は収受した**特別急行料金または急行料金**の**全額**を払い戻す。

乗船券の払戻しと払戻手数料
▶▶P421

払戻手数料の額や計算については、第3編・第2章 Lesson 13で詳しく学習します。

Key Point ●乗船券紛失時の取扱い

① 乗船券の再購入の際、フェリー会社は「紛失による再購入である」旨の**証明書を発行**する。

② 後日、**紛失した乗船券を発見**したときは、その**乗船券と証明書をフェリー会社に呈示**することによって、その**通用期間の経過後1年以内**に限り、払戻しの請求ができる。

9. 不正乗船

旅客が、乗船券を持たずに乗船したり、または無効の乗船券や記載事項が改変された乗船券で乗船した場合は、フェリー会社は、**所定の運賃および料金のほか**に、これらの**2倍に相当する額**の増運賃および増料金をあわせて申し受けることがあります。

10. 旅客の禁止行為等

旅客は、**乗下船その他船内における行動**に関し、船長またはフェリー会社の係員（以降「船員等」とする）が輸送の安全確保と**船内秩序の維持**のために行う**職務上の指示**に従わなければなりません。船長は、指示に従わない旅客に対し、**乗船を拒否**し、または**下船を命じる**ことがあります。

また、旅客は「他の乗船者に不快感を与え、または迷惑をかける」「みだりに**船舶内の立入りを禁止された場所**に立ち入る」「船員等の**職務の執行を妨げる**」「船舶内の**喫煙を禁止された場所**において喫煙する」などの行為（禁止行為）をしてはいけません。

11. フェリー会社の賠償責任

(1) 旅客の生命または身体に生じた損害

フェリー会社は、旅客が、船員等の指示に従い、**乗船港の乗降施設に達した時**から、**下船港の乗降施設を離れた時**までの間に、その**生命**または**身体**を害した場合は、運送人が運送に関し注意を怠らなかったことを証明した場合を除き、これにより生じた損害について**賠償する責任を負います**。

ただし、次の①または②のいずれかに該当する場合は、フェ

プラスアルファ
港の乗降施設に「**改札口**」がある場合は、「**乗船港の改札口に達した時から下船港の改札口を離れた時まで**」の間に旅客の身体・生命に生じた損害が賠償の対象になる。

リー会社は責任を負わないことがあります。

① **大規模な災害、震災**その他の災害が発生し、または発生するおそれがある場合において運送を行う場合

② 運送にともない**通常生ずる振動その他の事情**により**生命**または**身体**に**重大な危険が及ぶおそれがある者**の運送を行う場合

(2) 手回り品など旅客の保管する物品に生じた損害

フェリー会社は、**手回り品その他旅客の保管する物品**の**滅失または損傷**により生じた損害については、フェリー会社またはその使用人に**故意または過失があったことが証明された場合に限り**、これを**賠償する責任を負います**。

12. 旅客の賠償責任

旅客が、**故意もしくは過失**により、または旅客が法令もしくはこの運送約款を守らなかったことによりフェリー会社に損害を与えた場合は、**フェリー会社はその旅客に対して損害の賠償を求める**ことがあります。

Let's Try! 確認テスト

●次の各記述の正しいものには○を、誤っているものには×を記入しなさい。

チェックポイント	できたらチェック
貸切バス約款	□ 1 バス会社が収受する運賃および料金は、乗車時において地方運輸局長に届け出て実施しているものによる。 総 令3
	□ 2 バス会社に旅客の運送を申込む者は、運送申込書とともに、その添附書類として旅客の名簿を提出しなければならない。 国 令1
	□ 3 バス会社は、乗車券の券面に記載した配車日時に所定の配車をした場合において、出発時刻から 30 分を経過しても旅客が乗車についての意思表示をしないときには、天災その他やむを得ない事由による場合を除き、当該車両について当該運送契約に係る運送の全部が終了したものとみなす。 総 令2
	□ 4 バス会社は、自社の自動車の運行によって、旅客の生命または身体を害したときは、その損害を賠償するが、この場合において、バス会社の旅客に対する責任は、その損害が車内において生じた場合に限られる。 総 令1
	□ 5 バス会社は、旅行業者がバス会社に対し、企画旅行実施のため旅客の運送を申し込む場合は、当該旅行業者を契約責任者として運送契約を結び、手配旅行実施のため旅客の運送を申し込む場合には、当該旅行業者に手配旅行の実施を依頼した者と運送契約を結ぶ。 総 平30
フェリー標準運送約款	□ 6 フェリー会社は、小児で付添人のない場合は、小学校に就学していても旅客の運送契約の申込みを拒絶する。 国 平29
	□ 7 大人 1 人に同伴されて乗船する 1 歳以上の小学校に就学していない小児の運賃および料金は、2 人まで無料である。 国 平26改
	□ 8「旅客」とは、徒歩客および自動車航送を行う場合にあっては、自動車航送に係る自動車の運転者、乗務員、乗客その他の乗車人をいう。 国 令1
	□ 9 自動車の積込みおよび陸揚げは、船長またはフェリー会社の係員の指示に従い、自動車の運転者が行う。 国 平25

解答 1. ○／2. ×　旅客の名簿の提出は不要／3. ○／4. ×　「旅客の乗降中」に生じた損害についても賠償責任を負う／5. ○／6. ×　申込み拒絶の対象になるのは「小学校に就学していない小児で付添人のない者」／7. ×　運賃・料金が無料になるのは大人 1 人につき小児 1 人まで／8. ○／9. ○

第3編

国内旅行実務

Contents

出題分析と試験対策

出題分析表（問題数）

	分野名	2017年度		2018年度		2019年度		2020年度		2021年度	
		国内	総合	国内	総合	国内	総合	国内	総合	国内	総合
運賃・料金・実務	JR運賃・料金	5	7	6	7	5	7	5	7	5	7
	国内航空運賃・料金（注）	2	3	2	2	2	2	2	2	2	2
	宿泊料金（注）	1	1	1	1	1	1	1	1	1	1
	貸切バスの運賃・料金（注）	3	1	3	1	4	1	3	1	4	1
	フェリーの運賃・料金（注）	1	−	1	1	1	1	1	1	−	1
地理	国内観光資源	26	20	24	20	25	20	26	20	26	20
合計		38問	32問	37問	32問	38問	32問	38問	32問	38問	32問

※（注）については、関連する運送・宿泊約款に基づく出題も含む。

配点

	国内	総合
運賃・料金・実務	48点〜52点*年度により異なる	12問×5点＝60点
国内観光資源	48点〜52点*年度により異なる	20問×2点＝40点
合計	100点	100点

試験対策

● 運賃・料金・実務

「出題範囲が特定しにくい」「運賃・料金計算のルールが複雑」「過去問題の焼き直しだけでは対応できない」などを理由に、最も得点しにくく、また苦手意識を抱きやすいのがこの分野の特徴です。なかでもJR運賃・料金は出題数、配点が高い傾向にあり、なおかつ習得に相応の時間がかかる分野ですので、早い段階から腰をすえてじっくり取り組みましょう。

分析表からもわかるとおり、貸切バス運賃・料金の出題が増加傾向にあります（国内試験では例年3〜4問が出題され、総合試験でも連続で出題されています）。JR以外の各分野は、学習範囲も極めて限定的かつ内容も簡潔です。確実にマスターして得点に結び付けましょう。

● 国内観光資源

国内試験では全体の5割程度、総合試験では4割と配点が高いので、早めの取り組みが大切です。日本全国の観光資源が取り上げられ、その「出題範囲」は膨大ですから、他の分野の学習と並行し、毎日、少しずつ知識を増やすことを習慣づけましょう。試験では各観光資源について「どの都道府県に属するのか」、「どんな特徴があるのか」など、いわゆる一般教養レベルの「広く浅い知識」が問われています（必要以上に深く掘り下げる必要はありません）。旅行パンフレット、テレビ、ガイドブックなどを利用した「目で見る勉強」も上手に取り入れ、楽しく取り組むことで学習を継続させましょう。

第1章　JR運賃・料金

ここではＪＲ運賃・料金の計算について学習します。複雑かつ細かな規則が多いため、苦手意識がついてまわる分野ですが、ここを克服できるかどうかが合否を左右するといっても過言ではありません。ひとつずつ、丁寧に計算のルールを理解するとともに、できるだけ多くの問題を解くことで応用力を身につけることが大切です。市販のJR時刻表の活用もおすすめです。

第1章

Lesson 1

重要度 A

用語の定義とJR運賃の計算①

学習項目

◎幹線と地方交通線
◎新幹線と在来線
◎急行列車と普通列車
◎小児・幼児・乳児の取扱い
◎片道普通旅客運賃の計算

学習ポイント

- 「幹線と地方交通線」「新幹線と在来線」「急行列車と普通列車」「旅客運賃と料金」などの用語を理解する。
- 幼児や乳児がJRを利用する場合、どのようなときに運賃・料金が必要になるのかを覚える。
- 運賃計算に**使用する距離と運賃表**を理解し、計算の基本手順を身につける。

プラスアルファ

JRの旅客鉄道は、現在6社（JR北海道、東日本、東海、西日本、四国、九州の6社）に分かれて運営している。本書では、便宜上、JR東日本、東海、西日本のことを「**JR本州3社**」、JR北海道、四国、九州のことを「**JR3島**」と呼ぶことがある。

1 用語の定義

JR運賃・料金の計算を学習するにあたり、確認しておかなければならない主な用語は次のとおりです。

1. 幹線と地方交通線

JRのすべての路線は、次に述べる「幹線（かんせん）」か「地方交通線（ちほうこうつうせん）」のどちらかに分類されています。

(1) 幹線

比較的利用旅客の多い主要路線で、JRの時刻表のさくいん地図では黒色で表示されています。

(2) 地方交通線

利用旅客の少ない、いわゆる「ローカル線」で、JR時刻表のさくいん地図では青色で表示されています。利用旅客が少ないことから生じる赤字分を補填（ほてん）することを目的として、地方交通線区間の運賃は幹線よりも1割程度高く設定されています。

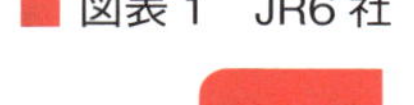
■ 図表1　JR6社

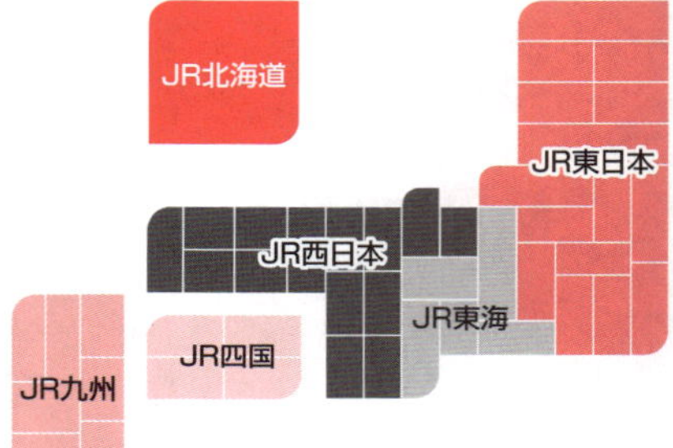

2. 新幹線と在来線

現在、次の7路線が**新幹線**（しんかんせん）として運行しています。それぞれの運行区間、列車名、運行会社（管轄）を図示すると次のとおりです（図表2および図表3参照）。

■ 図表2　新幹線（運行区間／列車名／運行会社）

運行区間	列車名	運行会社（管轄）
①北海道新幹線（新青森－新函館北斗）	〔はやぶさ〕〔はやて〕	JR 北海道
②東北新幹線（東京－新青森）	〔はやぶさ〕〔こまち〕〔はやて〕〔やまびこ〕〔つばさ〕〔なすの〕	JR 東日本
③上越新幹線（東京－新潟）	〔とき〕〔たにがわ〕	JR 東日本
④北陸新幹線（東京－金沢）	〔かがやき〕〔はくたか〕〔あさま〕〔つるぎ〕	JR 東日本・JR 西日本
⑤東海道新幹線（東京－新大阪）	〔のぞみ〕〔ひかり〕〔こだま〕	JR 東海
⑥山陽新幹線（新大阪－博多）	〔のぞみ〕〔ひかり〕〔こだま〕〔みずほ〕〔さくら〕	JR 西日本
⑦九州新幹線（博多－鹿児島中央）	〔みずほ〕〔さくら〕〔つばめ〕	JR 九州

■ 図表3　新幹線（路線図と主要駅）

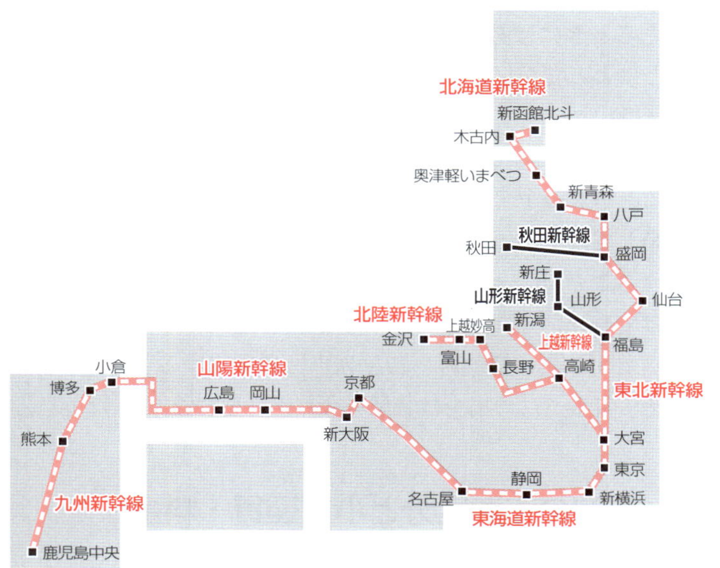

図表３にある山形新幹線や秋田新幹線は、正式な新幹線ではありません。詳しくは Lesson6 で学習します。

上記の新幹線に対し、**新幹線以外の路線**を**在来線**（ざいらいせん）といいます。

3. 急行列車と普通列車

(1) 急行列車

急行列車とは、**特別急行列車**および**普通急行列車**をいいます。

JRの時刻表では**特別急行列車**を「**特急列車**」、**普通急行列車**を「**急行列車**」と呼び分けています。本書でも以降はこの呼び方に統一しています。前に述べた「**新幹線**」も**特急列車**に含まれます。

(2) 普通列車

特急列車、急行列車以外の列車を総称して「**普通列車**」といいます。「快速」「特別快速」などの名称がついている列車も、この普通列車に含まれます。

4. 旅客運賃と料金

原則として、**運賃・料金**には**消費税相当額および地方消費税相当額**が含まれています。

試験でも「運賃はいくらか」「料金はいくらか」などと、運賃と料金とを区別して出題されるのが一般的です。「運賃と料金は別のもの」と考えて計算しましょう。

(1) 運賃

運賃は、「人や物を運送するため」の対価です。旅客がJRに乗車するときには必ず旅客運賃が必要になります。運賃を支払うことによって交付されるのが**乗車券**です。

(2) 料金

「速い」「必ず座れる」「設備が良い」など、特別なサービスを受けるときに支払うのが料金です。料金は、上記（1）の運賃に付帯して支払うものですから、料金だけを支払っても列車に乗車することはできません。例えば、普通列車は原則として運賃だけで乗車することができますが、普通列車よりも早く目的地に到着するため新幹線（特急列車）に乗車するときは、運賃に加えて料金（この場合は特急料金）が必要になります。

2 旅客の年齢区分と小児運賃・料金

1. 旅客の年齢区分

JRが定める旅客の年齢による区分は次のとおりです。

Key Point ●JR旅客の年齢区分

区分	年齢
① 大人	12歳以上の者
② 小児	6歳以上12歳未満の者 ＊ただし、12歳で中学校入学前の者は小児に区分
③ 幼児	1歳以上6歳未満の者 ＊ただし、6歳で小学校入学前の者は幼児に区分
④ 乳児	1歳未満の者

料金の中でも「寝台料金」「グリーン（特別車両）料金」は大人でも小児でも同額です（小児が利用しても半額になりません）。試験でもよく出題されていますので覚えておきましょう。

2. 小児運賃・料金

JRの運賃・料金は大人が利用する場合を基準に定められています。小児が利用する場合は、原則として**大人の半額（10円未満は端数整理＝切り捨て）**になります（ケース1参照）。

寝台料金
▶▶P312
グリーン料金
▶▶P312

用語

端数整理
JRの規則では「10円未満の端数を切り捨てること」を「端数整理」と呼ぶ。試験でも同じ表現が使われているので覚えておこう。

CASE 1　大人片道普通旅客運賃が3,410円の場合

3,410 ÷ 2 ＝ 1,705 →（端数整理）
→ 1,700円（小児片道普通旅客運賃）

3. 幼児と乳児の取扱い

(1) 幼児・乳児が無賃で乗車できる場合

乗車券を所持する**6歳以上の旅客**（**大人**または**小児**）が幼児を随伴する場合、旅客1人につき**幼児2人**までは**無賃**です（**乳児は随伴する人数にかかわらず無賃**です）。

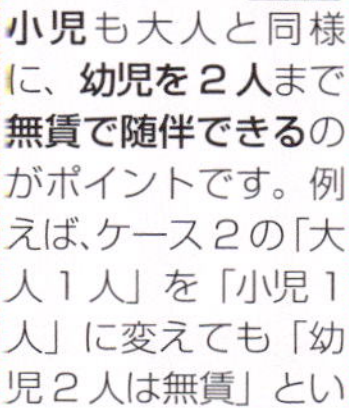

小児も大人と同様に、**幼児を2人**まで**無賃で随伴できる**のがポイントです。例えば、ケース2の「大人1人」を「小児1人」に変えても「幼児2人は無賃」という結果は同じです。

CASE 2　幼児が無賃で乗車できる場合

大人1人が3歳、5歳のこどもを随伴して普通列車の普通車自由席に乗車した。

3歳、5歳のこどもは幼児に該当するので、2人とも無賃（大人1人分の運賃のみ必要）。

(2) 幼児・乳児でも運賃・料金が必要になる場合

次のいずれかに該当する場合は、運賃・料金が必要です。

国内旅行実務　国・総

Key Point ●乳児・幼児に運賃・料金が必要な場合

① 幼児が幼児だけで旅行する場合
② **乗車券を所持する 6 歳以上の旅客 1 人が 3 人以上の幼児を随伴する**場合（**3 人目からは小児**として取り扱う）
③ 乳児または幼児だけで**指定席や寝台を利用**するとき

CASE 3 大人 1 人につき幼児 3 人を随伴する場合

大人 1 人が 3 歳、4 歳、5 歳のこどもを随伴して普通列車の普通車自由席に乗車した。

3 歳、4 歳、5 歳のこどもは幼児に該当する。大人 1 人につき 3 人の幼児を随伴しているので、3 人目は小児として取り扱う（幼児 2 人は無賃で、大人 1 人分と小児 1 人分の運賃が必要）。

3 運賃計算の基本

JR の運賃は、距離（キロ数）に応じて定められています。

1．片道普通旅客運賃の計算手順

運賃は次の手順で計算します。

Key Point ●運賃計算の基本手順

① 旅客が乗車する行程の距離（キロ数）を求める。
② ①で求めた距離を運賃表にあてはめて運賃を求める。
※ ②の段階で **1km 未満の端数がある場合は、1km 単位に切り上げ**てから運賃表にあてはめます。

ケース 4 のように、区間ごとに距離が表示されている場合でも、行程が片道で連続している場合は、各区間の距離を通算して最終目的地までの運賃を一括で算出するのが基本です。なぜかというと、JR の運賃は、原則として**乗車距離が長くなるほど 1 キロ当たりの運賃額が安くなるように設定されているからです。**

CASE 4 A 駅から B 駅を経由して C 駅まで乗車する場合

A駅	幹線 448.0km	B駅	幹線 180.3km	C駅

448.0 ＋ 180.3 ＝ 628.3（切り上げ）→ 629km

1km 未満の端数を切り上げた 629km を運賃表にあてはめて運賃を求める。

2. 計算に使用する距離

運賃計算に使用する距離は次のとおりです。すべての距離は 0.1 キロ単位で定められています。

(1) 営業キロ

駅と駅との間の距離を示したキロ数が営業キロです。営業キロは JR の**すべての路線（幹線および地方交通線）**に定められています（以降の各事例では㊔と表示）。

(2) 換算キロと擬制キロ（地方交通線のみに定められた距離）

換算（かんさん）キロ、擬制（ぎせい）キロともに**営業キロを 1 割増しにした距離**です。

① 換算キロ

JR 本州 3 社の地方交通線、JR 北海道の地方交通線に定められたキロ数です（以降の各事例では㊕と表示）。

② 擬制キロ

JR 四国の地方交通線、JR 九州の地方交通線に定められたキロ数です（以降の各事例では㊖と表示）。

(3) 運賃計算キロ

（1）の**営業キロ**と、（2）の**換算キロ**（または**擬制キロ**）を**合計した距離**を「**運賃計算キロ**」と呼びます（以降の事例では㊗と表示）。

これら（1）～（3）の各距離の具体的な使い方は、事例を使って次項で詳しく解説します。

4 片道普通旅客運賃の計算

運賃の計算は「1. 幹線だけを利用する場合」「2. 地方交通線だけを利用する場合」「3. 幹線と地方交通線を連続して利用する場合」の 3 種類に分けることができます。

1. 幹線だけを利用する場合

乗車する区間が**幹線だけ**の場合は、乗車する区間の**営業キロ**を JR 各社の運賃表（380、381 ページ参照。以下同）にあてはめて運賃を求めます。この手順は JR 各社とも同一です。

幹線と地方交通線
▶▶ P268

用語

換算キロ
正式な名称は賃率換算キロ。時刻表では単に「換算キロ」と表示され、試験でもおおむね同様の表現が用いられているため、本書でも「換算キロ」の表現で統一している。

プラスアルファ

換算キロと擬制キロはどちらも「営業キロを 1 割増しにした（1 割長くした）距離である点は同じだが、本文の①と②で述べたとおり、使用する会社によって「換算キロ」「擬制キロ」と名称が異なり、これらの適用方法にも若干の違いがある。適用方法の詳細は**4**で事例を用いて解説する。

プラスアルファ

JR 各社の運賃表
どの会社の路線に乗車するのか、また、乗車する区間が幹線か地方交通線かによって見るべき運賃表が異なる。各事例を確認しながら運賃表の使い分けを正しく理解しよう。

使用する距離と運賃表
▶▶ P276

乗車する区間が「JR北海道の幹線だけ」の場合は、使用する運賃表が D JR北海道内〔幹線用〕運賃表に変わるだけで、計算手順はケース5と同じ。

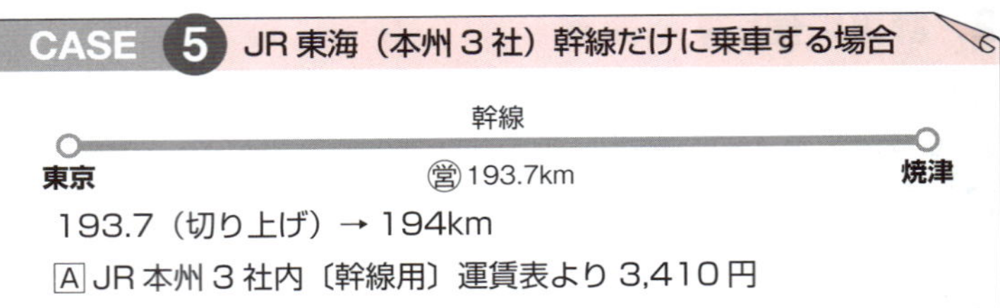

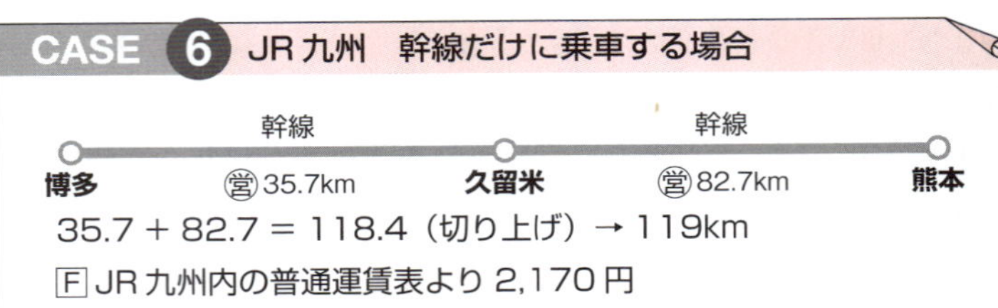

2. 地方交通線だけを利用する場合

乗車する区間が**地方交通線だけ**の場合は、次の（1）と（2）のとおり、「本州3社および北海道」の場合と、「四国および九州」の場合によって、計算に使用する距離が異なります。

（1）JR本州3社、JR北海道の場合

乗車する区間の**営業キロ**を B JR本州3社内〔地方交通線用〕運賃表、または E JR北海道内〔地方交通線用〕運賃表にあてはめて運賃を求めます。

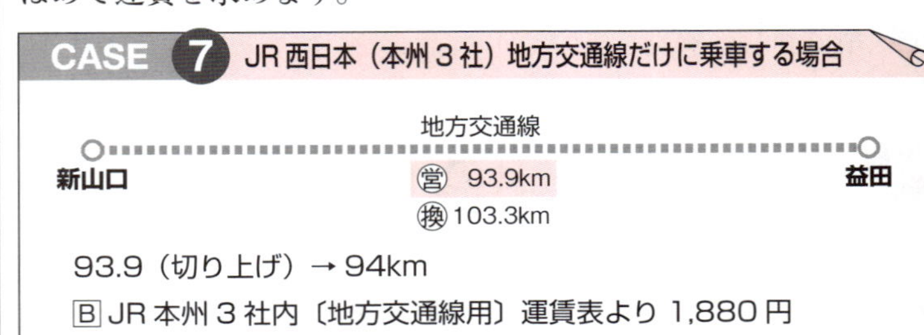

（2）JR四国、JR九州の場合

乗車する区間の**擬制キロ**を F JR四国内・JR九州内の普通運賃表にあてはめて運賃を求めます。

CASE 8　JR九州　地方交通線だけに乗車する場合

地方交通線
大分 ―― 阿蘇
㊥98.1km
(擬)107.9km

107.9（切り上げ）→ 108km
[F] JR九州内の普通運賃表より 2,170円

地方交通線だけに乗車する場合は、JR本州3社と北海道の場合は営業キロを使うのに対し、JR四国と九州では擬制キロを使うのですね。ここは間違えそうなので注意が必要ですね。

3. 幹線と地方交通線を連続して利用する場合

幹線区間の営業キロと**地方交通線区間の換算キロ**（または**擬制キロ**）を**通算**し、合計距離（**運賃計算キロ**）をJR各社の運賃表（JR本州3社は[A]、JR北海道は[D]、JR四国および九州は[F]）にあてはめて運賃を求めます。

CASE 9　JR東日本（本州3社）　幹線と地方交通線にまたがる場合

幹線：仙台 ―― 盛岡　㊥183.5km
地方交通線：盛岡 ―― 宮古　㊥102.1km　(換)112.3km

183.5 + 112.3 = 295.8km（運賃計算キロ）
295.8（切り上げ）→ 296km
[A] JR本州3社内〔幹線用〕運賃表より 5,170円

CASE 10　JR四国　幹線と地方交通線にまたがる場合

地方交通線：阿南 ―― 徳島　㊥24.5km　(擬)27.0km
幹線：徳島 ―― 高松　㊥74.5km

27.0 + 74.5 = 101.5km（運賃計算キロ）
101.5（切り上げ）→ 102km
[F] JR四国内の普通運賃表より 2,130円

これまでに述べた使用する距離（キロ）と運賃表の関係をまとめると次のようになります。

運賃表
▶▶ P380、381

北海道と本州３社には〔幹線用〕と〔地方交通線用〕の２種類の運賃表があるのに、四国と九州には「普通運賃表」の１種類しかないのですね？

そのとおり。前述のように、地方交通線区間の運賃は、幹線よりも１割ほど高く設定されていますが、四国と九州は幹線の運賃を基準として運賃表をひとつだけにする代わりに、地方交通線区間だけに乗車するときは１割長い擬制キロを使うことにしたわけです。

Key Point ●使用する距離と運賃表

■幹線のみ

会社	適用キロ	運賃表
北海道	営業キロ	D 〔幹線用〕運賃表
本州３社	営業キロ	A 〔幹線用〕運賃表
四国・九州	営業キロ	F 普通運賃表

■地方交通線のみ

会社	適用キロ	運賃表
北海道	営業キロ	E 〔地方交通線用〕運賃表
本州３社	営業キロ	B 〔地方交通線用〕運賃表
四国・九州	擬制キロ	F 普通運賃表

■幹線と地方交通線の連続

会社	適用キロ	運賃表
北海道	運賃計算キロ（営業＋換算）	D 〔幹線用〕運賃表
本州３社	運賃計算キロ（営業＋換算）	A 〔幹線用〕運賃表
四国・九州	運賃計算キロ（営業＋擬制）	F 普通運賃表

なお、JR 東日本に限り、IC 運賃（IC カードを利用して自動改札機から入場したときの運賃）が別途設定されています（試験で出題されたことがないため、詳細は省略）。

Let's Try! 確認テスト

●次の各問題の正しいものには○を、誤っているものには×を記入しなさい。

チェックポイント	できたらチェック
旅客の年齢区分と小児運賃・料金	□ 1 大人 1 人、6 歳の小学生 1 人、幼児 3 人が共に、普通列車の自由席を利用する場合、大人 1 枚と小児 1 枚の乗車券で乗車することができる。 国 平 27
	□ 2 小児 1 人と幼児 1 人が普通列車の普通車自由席を利用する場合、小児 2 人分の乗車券が必要である。 総 平 28
運賃計算の基本	□ 3 運賃計算キロは、幹線の乗車区間に対する営業キロと地方交通線の乗車区間に対する「賃率換算キロ」または「擬制キロ」（鉄道会社によって名称が異なる）を合算したもので、幹線と地方交通線とを連続して乗車する場合の旅客運賃を計算するときに適用される。 国 平 25

●次の問題に答えなさい。
※ P380、381 の運賃表を参照のこと（以降の確認テストでも同様）。

□ 4　次の行程に乗車する場合の大人片道普通旅客運賃はいくらか。 予想

久大本線（JR九州：地方交通線）
久留米 ―― 由布院
営 99.1km
擬 109.0km

□ 5　次の行程に乗車する場合の大人片道普通旅客運賃はいくらか。 予想

宗谷本線（JR北海道：地方交通線）
旭川 ―― 稚内
営 259.4km
換 285.3km

□ 6　次の行程に乗車する場合の大人片道普通旅客運賃はいくらか。 国 平 28 改

高山 ―― 岐阜：高山本線（JR東海：地方交通線）営 136.4km 換 150.0km
岐阜 ―― 名古屋：東海道本線（JR東海：幹線）営 30.3km
名古屋 ―― 新富士：東海道本線（JR東海：幹線）営 219.8km

解答 1. ○　6 歳の小学生は「小児」に該当。大人または小児 1 人につき、幼児 2 人まで無賃で随伴できるので、大人 1 人と小児 1 人で最大 4 人の幼児を無賃で随伴が可能（幼児 3 人分の乗車券は不要）／2. ×　小児 1 人分の乗車券（運賃）のみ必要。小児も大人と同様に 2 人までは無賃で幼児を随伴可能／3. ○／4. 2,170 円　JR 九州の地方交通線のみなので擬制キロを使う（F表より）／5. 5,940 円　JR 北海道の地方交通線のみなので営業キロを使う（E表より）／6. 6,930 円　150.0 + 30.3 + 219.8 = 400.1 → 401km　地方交通線と幹線の連続なので地方交通線区間は換算キロを使う（A表より）

国内旅行実務　国・総

JR運賃の計算②

学習項目

◎本州3社と3島の連続乗車
◎営業キロ等の通算と打ち切り
◎通過連絡運輸

学習ポイント

- JR本州3社とJR3島を連続して乗車するときは、全区間の通し運賃（基準額）のほかに**加算額**が必要。
- 距離を通算して一括で運賃を計算する場合と、距離の通算ができずに区間を分けて運賃を計算する場合の違いを確認する。
- JRの間に私鉄などを経由する場合（**通過連絡運輸**）の運賃計算を理解する。

1 本州3社と3島を連続して乗車する場合

これまでは「本州3社内のみ」「3島の各会社内のみ」に乗車する場合の基本的な計算方法を解説しましたが、次は本州3社と3島各会社を連続して乗車するときの運賃計算を学習します。

本州3社と3島の境目になる駅（境界駅）は次のとおりです。

試験では、どの駅が境界駅か、具体的に示されない場合があります。**境界駅は暗記**しておきましょう。

■ 図表1　本州と北海道、四国、九州の境界駅

■…境界駅

本州側	路線	境界駅	路線	3島側
JR東日本	東北新幹線（幹線）／奥羽本線（幹線）	新青森	北海道新幹線（幹線）	JR北海道
JR西日本	瀬戸大橋線（幹線）	児島（こじま）	瀬戸大橋線（幹線）	JR四国
JR西日本	山陽本線（幹線）	下関	山陽本線（幹線）	JR九州
JR西日本	山陽新幹線（幹線）	小倉	鹿児島本線／日豊本線（幹線）	JR九州
JR西日本	山陽新幹線（幹線）	博多	九州新幹線（幹線）／鹿児島本線（幹線）	JR九州

これまで学習してきたとおり、JR本州3社は原則として同一の運賃表を使って運賃を計算しますが、3島は、それぞれ独自の異なる運賃表を設定しています。このように運賃の異なる本州3社と3島を連続して乗車する場合は次の手順で運賃を計算します。

Key Point ●本州3社と3島を連続して乗車する場合

① 乗車する**全区間の距離**を**本州3社内の運賃表**に照らして通しの運賃を求める。この通しの運賃を「**基準額**」という。

② 境界駅から（まで）のJR北海道内、四国内、九州内の乗車距離に応じた「本州3社の運賃との差額」を求める。この差額を「**加算額**」という。

③ 基準額と加算額を**合計**する。

加算額は、JR北海道、四国、九州の各社ごとに設定された加算額表（P380 Ⓒ表）に乗車距離を照らして求めます。

これら①～③の手順を整理すると図表2のとおりです。

■ 図表2　基準額と加算額の関係

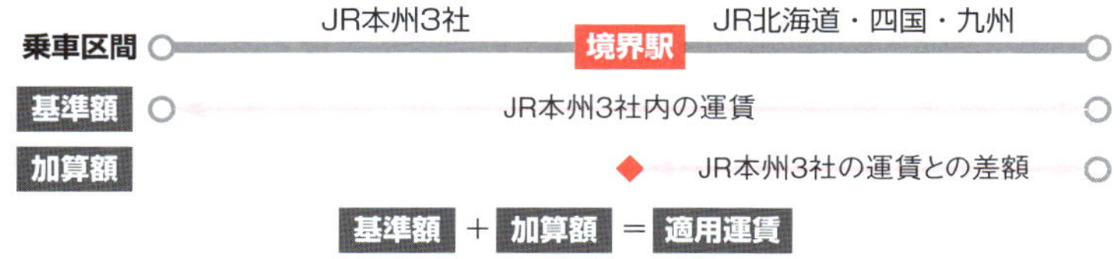

1. 本州3社と北海道を連続して乗車する場合

本州3社と北海道の境界駅は**新青森駅**です。ケース1とケース2の行程をもとに実際に計算してみましょう。

CASE 1　本州3社と北海道を連続して乗車する場合(1)

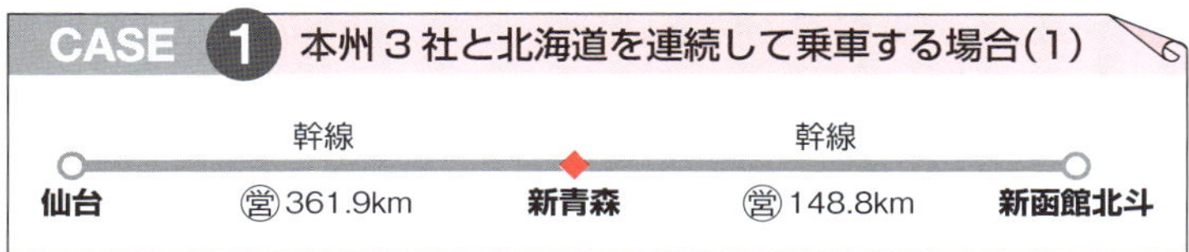

① 全区間の距離をもとに基準額を算出する。全区間が幹線なので、営業キロをJR本州3社内〔幹線用〕運賃表に照らして基準額を求める。

361.9＋148.8＝510.7→511km

Ⓐ JR本州3社内〔幹線用〕運賃表より　8,360円… 基準額

北海道新幹線は、その運行区間（新青森－新函館北斗）のすべてが JR 北海道の管轄になっています。例えば、新青森駅から旅行を開始し、北海道新幹線に乗車して新函館北斗駅で旅行を終えるような行程では、乗車する全区間が JR 北海道の路線になります（JR 本州 3 社とまたがらないので加算額は発生しません）。

② JR 北海道内（新青森－新函館北斗）の距離をもとに加算額を算出する。JR 北海道内の全区間が幹線なので、営業キロを JR 北海道内の加算額表に照らして加算額を求める。

148.8 → 149km

Ⓒ JR 北海道内の加算額表より　550 円… **加算額**

③ 基準額と加算額を合算する。

8,360 + 550 = 8,910 円… **適用運賃**

CASE 2　本州 3 社と北海道を連続して乗車する場合(2)

札幌 －幹線 営 449.6km－ 新青森 －幹線 営 81.8km－ 八戸 －地方交通線 営 64.9km 換 71.4km－ 久慈

① 全区間の距離をもとに基準額を算出する。幹線と地方交通線を連続する行程なので、幹線区間の営業キロと、地方交通線区間の換算キロを合計した運賃計算キロを JR 本州 3 社内〔幹線用〕運賃表に照らして基準額を求める。

449.6 + 81.8 + 71.4 = 602.8 → 603km（運賃計算キロ）

Ⓐ JR 本州 3 社内〔幹線用〕運賃表より　9,790 円… **基準額**

② JR 北海道内区間（札幌－新青森）の距離をもとに加算額を算出する。JR 北海道内の全区間が幹線なので、営業キロを JR 北海道内の加算額表に照らして加算額を求める。

449.6 → 450km

Ⓒ JR 北海道内の加算額表より　770 円… **加算額**

③ 基準額と加算額を合計する。

9,790 + 770 = 10,560 円… **適用運賃**

2. 本州 3 社と四国を連続して乗車する場合

本州 3 社と四国の境界駅は**児島駅**です。計算の手順は前述のケース 1 やケース 2 と同じです。

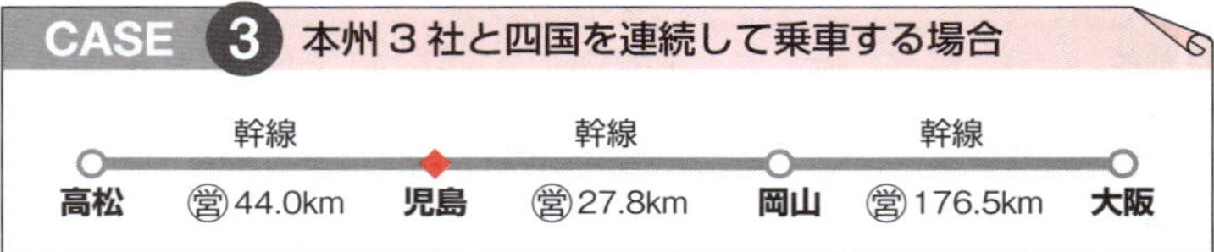

① 全区間の距離をもとに基準額を算出する。全区間が幹線なので、営業キロを JR 本州 3 社内〔幹線用〕運賃表に照らして基準額を求める。

44.0 + 27.8 + 176.5 = 248.3 → 249km

A JR本州3社内〔幹線用〕運賃表より　4,510円… 基準額

② JR四国内区間（高松－児島）の距離をもとに加算額を算出する。営業キロをJR四国内の加算額表に照らして加算額を求める。

44.0km　C JR四国内の加算額表より210円… 加算額

③ 基準額と加算額を合計する。

4,510 + 210 = 4,720円… 適用運賃

本州3社と3島を連続する行程の小児運賃を求める場合は、**基準額と加算額の合計額を半額**にします。例えば、ケース3の小児運賃は次のようになります。
(4,510 + 210) ÷ 2 = 2,360円（○）
基準額と加算額とをそれぞれ半額にすると、次のように10円の誤差が生じることがあるので注意が必要です。
4,510 ÷ 2 = 2,255 → 2,250円
210 ÷ 2 = 105 → 100円
2,250 + 100 = 2,350円（×）

新幹線と在来線
▶▶ P269

3. 本州3社と九州を連続して乗車する場合

本州3社と九州の境界駅は**下関駅、小倉駅、博多駅**の3つです。本州と九州との間で、在来線に乗車するのか、山陽新幹線に乗車するのかによって、また、山陽新幹線に乗車する場合は、どの駅で乗り降りするのかによって境界駅が異なることに注意が必要です。

(1) 本州－九州間で在来線を利用する場合

前述の図表1でも示したとおり、本州―九州間で**在来線に乗車する場合**は**下関駅**が境界駅になります。

CASE 4 本州3社と九州を連続して乗車する場合（全区間在来線を利用）

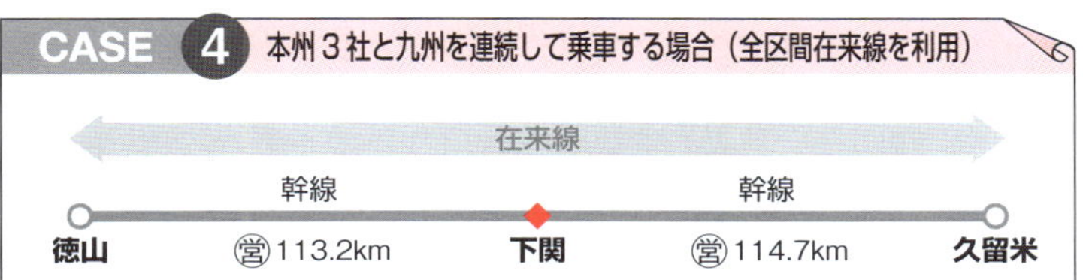

① 全区間の距離をもとに基準額を算出する。全区間が幹線なので、営業キロをJR本州3社内〔幹線用〕運賃表に照らして基準額を求める。

113.2 + 114.7 = 227.9 → 228km

A JR本州3社内〔幹線用〕運賃表より　4,070円… 基準額

② この行程では、本州－九州間に在来線を利用している。この場合の境界駅は下関駅になるため、下関－久留米間の営業キロをJR九州内の加算額表に照らして加算額を求める。

114.7 → 115km　C JR九州内の加算額表より190円… 加算額

③ 基準額と加算額を合計する。

4,070 + 190 = 4,260円… 適用運賃

(2) 本州－九州間で山陽新幹線を利用する場合

山陽新幹線に乗車して本州－九州間を行き来する場合は、山陽新幹線の停車駅である**小倉駅**または**博多駅**が境界駅になります。

本州3社と九州にまたがる行程で、本州－九州間に在来線を利用する場合は下関駅が境界駅になります。山陽新幹線を利用する場合は、小倉駅で山陽新幹線と在来線を乗り継ぐときは小倉駅が、博多駅で山陽新幹線と在来線（または九州新幹線）を乗り継ぐときは博多駅が、それぞれ境界駅になります。

プラスアルファ

ケース6で、博多－久留米間に**九州新幹線**を利用しても境界駅は**博多駅**になるので、結果的に**運賃の額は同じ**。

山陽新幹線は、その運行区間のすべて（新大阪－博多間）をJR西日本が運営しています。ケース6の行程で、山陽新幹線で博多まで乗車し博多駅で旅行を終えた場合は、乗車する全区間がJR西日本なので（地理的には九州に足を踏み入れているがJR九州の路線には乗車していないので）、JR九州内の加算額は発生しません。

CASE 5　本州3社と九州を連続して乗車する場合（山陽新幹線を利用）

山陽新幹線 ／ 在来線
幹線 ／ 幹線
徳山 ―― 営125.0km ―― 小倉 ―― 営102.9km ―― 久留米

① 全区間の距離をもとに基準額を算出する。全区間が幹線なので、営業キロをJR本州3社内〔幹線用〕運賃表に照らして基準額を求める。

125.0 + 102.9 = 227.9 → 228km

[A] JR本州3社内〔幹線用〕運賃表より　4,070円… 基準額

② この行程では、徳山―小倉間で山陽新幹線を利用し、小倉駅で在来線に乗り継いでいるので、在来線に乗り継いだ小倉駅が境界駅になる。したがって、小倉－久留米間の営業キロをJR九州内の加算額表に照らして加算額を求める。

102.9 → 103km　[C] JR九州内の加算額表より 190円… 加算額

③ 基準額と加算額を合計する。

4,070 + 190 = 4,260円… 適用運賃

引き続き、博多駅で乗り継ぐ事例を確認してみましょう。

CASE 6　本州3社と九州を連続して乗車する場合（山陽新幹線を利用）

山陽新幹線 ／ 在来線
幹線 ／ 幹線
徳山 ―― 営192.2km ―― 博多 ―― 営35.7km ―― 久留米

① 全区間の距離をもとに基準額を算出する。全区間が幹線なので、営業キロをJR本州3社内〔幹線用〕運賃表に照らして基準額を求める。

192.2 + 35.7 = 227.9 → 228km

[A] JR本州3社内〔幹線用〕運賃表より　4,070円… 基準額

② この行程では、徳山－博多間で山陽新幹線を利用し、博多駅で在来線に乗り継いでいるので、在来線に乗り継いだ博多駅が境界駅になる。したがって、博多－久留米間の営業キロをJR九州内の加算額表に照らして加算額を求める。

35.7 → 36km

[C] JR九州内の加算額表より　80円… 加算額

③ 基準額と加算額を合計する。

4,070 + 80 = 4,150円… 適用運賃

本州3社と3島を連続して乗車する場合の使用する距離（キロ数）と運賃表の関係をまとめると次のようになります。

Key Point ●本州3社と3島の連続乗車

■適用する距離と運賃表

乗車区間			適用キロ	運用運賃表
（本州側）幹線	⇔	（3島側）幹線	（基準額）営業キロ	A《本州3社》幹線用
			（加算額）営業キロ	C《北海道・四国・九州》加算額表
（本州側）幹線	⇔	（3島側）幹線と地方交通線	（基準額）運賃計算キロ	A《本州3社》幹線用
			（加算額）運賃計算キロ	C《北海道・四国・九州》加算額表
（本州側）地方交通線と幹線	⇔	（3島側）幹線	（基準額）運賃計算キロ	A《本州3社》幹線用
			（加算額）営業キロ	C《北海道・四国・九州》加算額表
（本州側）地方交通線と幹線	⇔	（3島側）幹線と地方交通線	（基準額）運賃計算キロ	A《本州3社》幹線用
			（加算額）運賃計算キロ	C《北海道・四国・九州》加算額表

JR本州3社と3島の境界駅は、いずれも幹線上に位置しています（278ページの図表1参照）。これにより、上の表に示すとおり本州側の乗車区間と3島側の乗車区間が「地方交通線⇔地方交通線」となる組み合わせはありません（必ず幹線を経由することになります）。

2 営業キロ等の通算と打ち切り

1. 営業キロ等の通算の原則

行程が片道で連続している限り、**営業キロ等を通算**して運賃を算出します。「片道で連続している」とは、具体的に次の①～③のような行程をいいます。

■ 図表3　行程が片道で連続している例

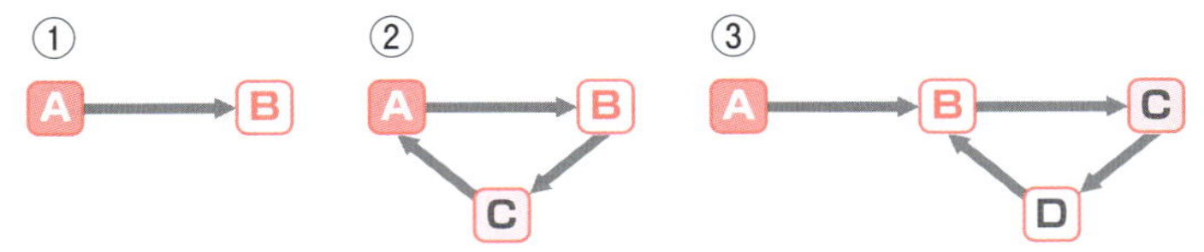

「片道」という表現から①のような行程をイメージしていましたが、②や③のような行程も「片道」に当たるのですね。

プラスアルファ

図表3の①～③のような行程を「片道乗車」といい、片道乗車するときに発売される乗車券は「**片道乗車券**」と呼ばれる。

国内旅行実務　国・総

①〜③のいずれの場合も、最終目的地までの営業キロ等を通算して、まとめて運賃を算出することができます。

2．営業キロ等の打ち切りの原則

これまでに取り上げた事例は、すべて上記1. に該当する「片道で連続している行程」でしたが、単純な片道でない行程の場合は次の（1）と（2）に従って、区間を分けて運賃を計算します。

（1）行程の全部または一部が往復となる場合

行程の全部または**一部**が往復となる場合は、**折り返しとなる駅**で営業キロ等の**通算を打ち切って**、区間を分けて運賃を計算します。

① 行程の**全部**が**往復**となる場合

CASE 7　静岡－岡山間を往復する場合

静岡－岡山間の行程の全部が往復となっているので、折り返しとなる岡山駅で距離の通算を打ち切る。つまり、往路と復路とに区間を分けて、別々に運賃を算出する。

往路：552.7 → 553km

Ａ JR本州3社内〔幹線用〕運賃表より　8,910円

復路：同一経路を往復するので往路と同額　8,910円

8,910 + 8,910 = 17,820円

②行程の**一部**が**往復**となる場合

CASE 8　東京－郡山－会津若松－郡山－盛岡と乗車する場合（全て幹線）

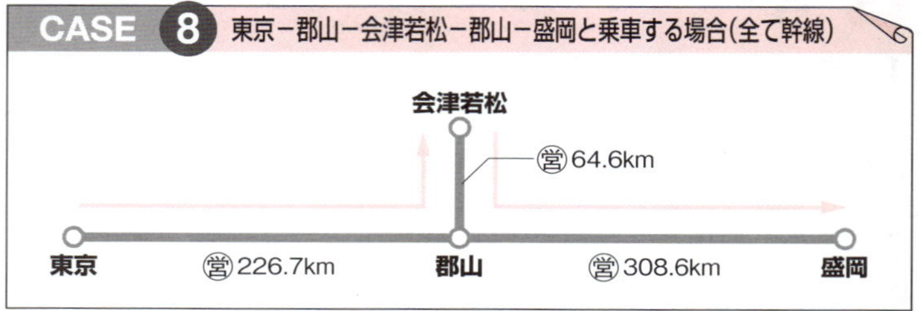

行程のうち、郡山－会津若松間を往復しているので、折り返しとなる会津若松駅で距離の通算を打ち切り、次のように区間を分けて運賃を算出する。

プラスアルファ
ケース7のような行程を「往復乗車」といい、往復乗車する場合に発売される乗車券は「**往復乗車券**」と呼ばれる。

小児運賃を求めるときは、距離の通算を打ち切った**区間ごとの運賃をそれぞれ半額**にします（端数が生じる場合は、区間ごとに端数整理します）。
例えば、ケース7の行程で小児運賃を求めると次のとおりです。
往路
8,910÷2＝4,455
→4,450円
復路
8,910÷2＝4,455
→4,450円
4,450＋4,450＝8,900円

第 1 区間：東京－郡山－会津若松

226.7 + 64.6 = 291.3 → 292km

Ⓐ JR 本州 3 社内〔幹線用〕運賃表より　5,170 円

第 2 区間：会津若松－郡山－盛岡

64.6 + 308.6 = 373.2 → 374km

Ⓐ JR 本州 3 社内〔幹線用〕運賃表より　6,380 円

5,170 + 6,380 = 11,550 円

(2) 行程が一周し、さらに超えて乗車する場合

行程の途中で**経路が一周**となり、一度通過した駅に再び戻るような行程で、さらにその駅を超えて乗車する場合には、**一周となる駅**で営業キロ等の通算を打ち切って、区間を分けて運賃を計算します。

CASE 9 次の行程で乗車する場合（全て幹線）

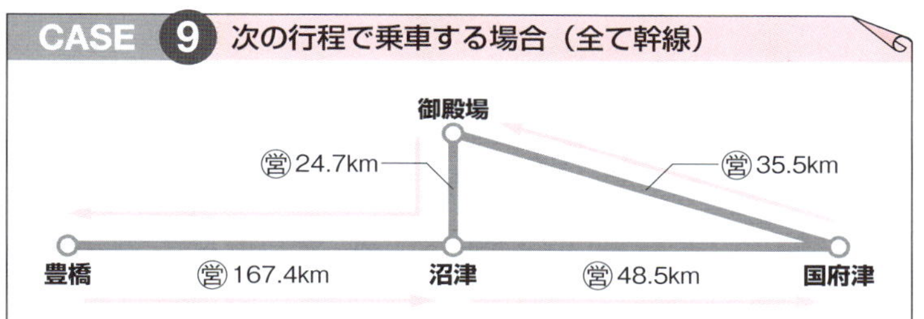

一度通過した沼津駅に再び戻ることで、沼津駅で行程が一周し、さらに豊橋駅まで乗車しているので、行程が一周となる沼津駅で距離の通算を打ち切り、次のように区間を分けて運賃を算出する。

第 1 区間：豊橋－沼津－国府津－御殿場－沼津

167.4 + 48.5 + 35.5 + 24.7 = 276.1 → 277km

Ⓐ JR 本州 3 社内〔幹線用〕運賃表より　4,840 円

第 2 区間：沼津－豊橋

167.4 → 168km

Ⓐ JR 本州 3 社内〔幹線用〕運賃表より　3,080 円

4,840 + 3,080 = 7,920 円

プラスアルファ

ケース 8 やケース 9 のように、**連続する 2 区間**で構成される、片道や往復以外の行程を「連続乗車」という。この場合に発売される乗車券は「**連続乗車券**」と呼ばれる。

3 通過連絡運輸

JR 線の中間で、私鉄などの JR 以外の運輸機関に乗車する場合、原則に従うと、JR の運賃は「私鉄区間の前」と「私鉄区間の後」で、区間を分けて個別に算出しなければなりません（中間に私鉄をはさむことで JR の行程が途切れることになるため）。ただし、中間に乗車する運輸機関と JR との間で「**通過連絡運輸**」の取り決めをしている場合には、例外的に私鉄の**前後の JR 区間の距離を通算**し、一括で JR 区間の運賃を算出することができ、これに私鉄区間の運賃を加えたものが適用運賃になります。

連絡運輸
連絡運輸の取り決めがあると、2 社以上の運輸機関を連続して乗車するときに「通しの乗車券」を発売できる。ケース 10 のように、JR ～私鉄～ JR と乗り継ぐ場合の連絡運輸の取り決めを「通過連絡運輸」という。

CASE 10　JR 区間の中間に「伊勢鉄道」を経由する場合

名古屋 —JR（幹線）営 44.1km— 河原田 —伊勢鉄道— 津 —JR（幹線）営 164.7km— 新宮

注 1　伊勢鉄道は JR と通過連絡運輸の取扱いを行っている。
注 2　伊勢鉄道「河原田－津間」の片道運賃は 520 円

原則に従うと、「名古屋－河原田間」と「津－新宮間」は、それぞれの区間ごとに運賃を計算しなければならないが、通過連絡運輸の取扱いにより、例外的に伊勢鉄道の前後の JR 区間の距離を通算することができる。

原則　名古屋－河原田　44.1 → 45km
　　Ⓐ JR 本州 3 社内〔幹線用〕運賃表より　770 円
　津－新宮　164.7 → 165km
　　Ⓐ JR 本州 3 社内〔幹線用〕運賃表より　3,080 円
　河原田－津（伊勢鉄道）　520 円
　770 ＋ 520 ＋ 3,080 ＝ 4,370 円

例外　名古屋－河原田／津－新宮
　　44.1 ＋ 164.7 ＝ 208.8 → 209km
　　Ⓐ JR 本州 3 社内〔幹線用〕運賃表より　3,740 円
　3,740 ＋ 520 ＝ 4,260 円… **適用運賃**

プラスアルファ
通過連絡運輸の取扱いは、JR の**料金を計算するとき**にも適用する。
通過連絡運輸（料金の計算）
▶▶ P324、352

通過連絡運輸の取扱いは主に「JR 線と私鉄にまたがって、特急列車が直通して運行する区間」に適用されます。参考までに、通過連絡運輸の取扱いを行う主な運輸機関と区間（および直通する JR の特急の名称）は次のとおりです。

■ 図表4　通過連絡運輸の取扱いを行う主な運輸機関と区間

私鉄（名称）	区間	JRの特急
えちごトキめき鉄道	上越妙高－直江津	特急〔しらゆき〕
IRいしかわ鉄道	金沢－津幡	特急〔能登かがり火〕 特急〔サンダーバード〕
伊勢鉄道	津－河原田	特急〔ワイドビュー南紀〕
京都丹後鉄道	福知山－宮津・豊岡	特急〔はしだて〕
智頭急行	上郡－佐用－智頭	特急〔スーパーいなば〕 特急〔スーパーはくと〕

試験では、「○○線はJRと通過連絡運輸の取扱いを行っている」などの注意書きが入るのが一般的です。したがって、この取扱いを行う運輸機関（およびその区間）を暗記する必要はありません。

Q　計算に使う距離と運賃表がなかなか覚えられません。

A　JRの運賃計算で、多くの受験生が最初にとまどうのが「距離と運賃表」の関係です。最初のうちは、なかなかすっきりと覚えられないと思いますが、事例を繰り返し読み込み、できるだけ多くの計算問題を解くことで知識を定着させていくこと。これが唯一最良の方法といえるでしょう。難しいと感じているのはあなただけではありません。「急がば回れ」で腰をすえて取り組みましょう。

●次の問題に答えなさい。

□ 1　次の行程に乗車する場合の大人片道普通旅客運賃はいくらか。予想

鳴門	地方交通線	池谷	幹線	児島	幹線	岡山
	営8.5km 擬9.4km		営108.2km		営27.8km	

□ 2　次の行程に乗車する場合の小児片道普通旅客運賃はいくらか。予想

益田	地方交通線	新山口	幹線	博多	幹線	佐世保
	営 93.9km 換103.3km		営147.9km 山陽新幹線		営117.0km 在来線	

□ 3　次の行程に乗車する場合の大人 1 人当たりの片道普通旅客運賃はいくらか（青い森鉄道の運賃を含む）。総 令2改
※ 1 青い森鉄道は JR と通過連絡運輸の取扱いを行っている。
※ 2 青い森鉄道の運賃は 1,360 円（大人 / 片道）

田沢湖	田沢湖線（地方交通線）	盛岡	東北新幹線（幹線）	八戸	青い森鉄道線	野辺地	大湊線（地方交通線）	大湊
	営40.1km 換44.1km		営96.6km		営51.4km		営58.4km 換64.2km	

解答　1. 2,900 円
幹線と地方交通線の連続なので、地方交通線区間は擬制キロを使用。境界駅は児島（鳴門－児島間は JR 四国）。基準額は 2,640 円（9.4 ＋ 108.2 ＋ 27.8 ＝ 145.4 → 146km　A表より）、加算額は 260 円（9.4 ＋ 108.2 ＝ 117.6 → 118km　C表より）
2. 3,280 円
幹線と地方交通線の連続なので、地方交通線区間は換算キロを使用。博多で山陽新幹線と在来線を乗り継いでいるので、博多駅が境界駅。基準額は 6,380 円（103.3 ＋ 147.9 ＋ 117.0 ＝ 368.2 → 369km　A表より）、加算額は 190 円（117km　C表より）。（6,380 ＋ 190）÷ 2 ＝ 3,285 → 3,280 円（基準額と加算額を合計してから半額にし、端数整理）
3. 5,100 円
青い森鉄道の前後の JR 区間の距離を通算して運賃を計算し、青い森鉄道の運賃を加える。JR 区間は幹線と地方交通線の連続なので、地方交通線区間は換算キロを使用。44.1 ＋ 96.6 ＋ 64.2 ＝ 204.9 → 205km　A表より 3,740 円（JR 区間の運賃）。3,740 ＋ 1,360 ＝ 5,100 円

重要度 A

JR運賃の特例と割引

学習項目

◎特定都区市内発着の特例
◎東京山手線内発着の特例
◎東京付近の特定区間通過
◎区間外乗車
◎学生割引・往復割引

学習ポイント

●各事例をもとに、これまで学習した「原則」と、ここで学習する「特例」の違いを正しく理解する。
●各特例の適用条件を覚える。
●特例や割引を適用した場合のJR券面表示の特徴を確認する。
●個人旅客に対する割引運賃（学生割引・往復割引）の適用条件と計算手順を確認する。

1 運賃計算の特例

Lesson1とLesson2では、主に運賃計算の原則的な考え方を学習しましたが、このLessonでは「原則を適用しない場合（特例）」を学習します。

1．特定区間

図表1に掲げた区間（特定区間）に乗車する場合は、あらかじめ経路が指定されているため、2つの経路のうち、どちらの経路に乗車しても**短いほうの経路（◎の経路）のキロ数を用いて**運賃を求めます。

これらの特例は、旅客の利便性の向上や乗車券類の取扱いを簡単にするために定められているものがほとんどです。試験でも頻繁に取り上げられている項目なのでしっかり学習しましょう。

プラスアルファ
特定区間を完璧に覚えていないと解けない問題が過去の試験で出題されたことはないので、該当する具体的な区間を暗記する必要はない。後述のさまざまな特例も同様である（具体的な区間や駅名の暗記は不要）。

■ 図表1　経路を特定される区間（特定区間）

会社	区間	経路
北海道	大沼－森	**函館本線** ◎大沼公園経由　営22.5キロ 東森経由　営35.3キロ
東日本	赤羽－大宮	**東北本線** ◎川口・浦和経由　営17.1キロ 戸田公園・与野本町経由　営18.0キロ
	日暮里－赤羽	**東北本線** ◎王子経由　営7.4キロ 尾久経由　営7.6キロ
	品川－鶴見	**東海道本線** ◎大井町経由　営14.9キロ 西大井経由　営17.8キロ
	東京－蘇我	◎**総武本線・外房線**　営43.0キロ **京葉線**　営43.0キロ

会社	区間	経路
西日本	山科─近江塩津	◎湖西線 営74.1キロ 東海道本線・北陸本線 営93.6キロ
	大阪─天王寺	大阪環状線 ◎天満経由 営10.7キロ 福島経由 営11.0キロ
	三原─海田市	◎山陽本線 営65.0キロ 呉線 営87.0キロ
	岩国─櫛ヶ浜	◎岩徳線（地方交通線） 営43.7キロ／換48.1キロ 山陽本線 営65.4キロ

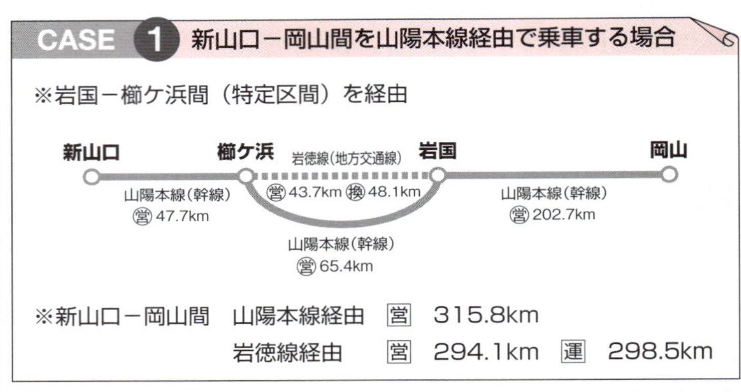

新山口から岡山まで山陽本線を経由して乗車する場合、実際の乗車経路に基づく距離は営315.8kmだが、計算上は短いほうの経路である岩徳線（地方交通線）経由の距離（運賃計算キロ：298.5km）を使って運賃を算出する（旅客はどちらの経路でも乗車できる）。

プラスアルファ
特定区間の特例に該当する場合は、料金の計算も同じように短いほうの経路の距離を用いて算出する。

2. 特定都区市内発着の特例

JRが定めた11か所の「**特定都区市内の駅**」と、その都区市内の「**中心駅からの片道の営業キロが200キロを超える駅**」との間の運賃は、**中心駅から（まで）の距離**を用いて計算します。

特例の適用条件である距離（例：200キロを超える）は、**営業キロ**で確認します。例えば、行程に地方交通線が含まれている場合、「特例を適用するかどうかの判断」は営業キロで行い、**実際に計算するときには営業キロ以外の距離**も使い分けるのがポイントです。

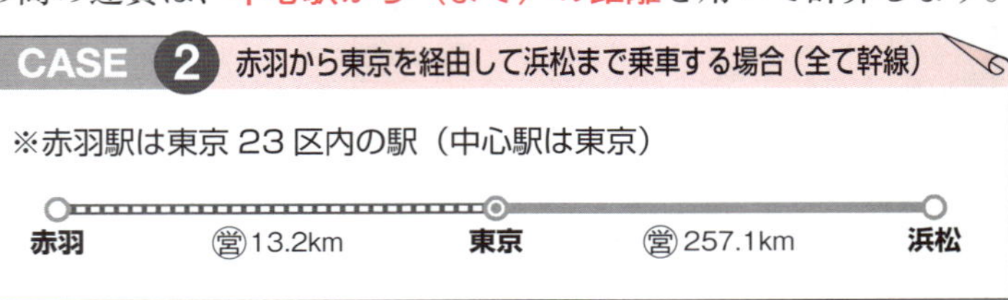

原則 実際の乗車経路に従って計算すると次のとおり

13.2 + 257.1 = 270.3 → 271km A表より 4,840円

特例　赤羽駅は東京23区内の駅であり、中心駅（東京駅）から浜松駅までの営業キロが200キロを超えている。特例に基づき、運賃は東京駅から浜松駅までの距離で計算する（赤羽－東京間の距離は計算に含めない）。

257.1　→　258km　Ⓐ表より　4,510円

以上より、赤羽－浜松間に乗車するときの運賃は4,510円。

つまり、この例でいうと、浜松まで乗車する場合、東京23区内のどの駅から乗車しても運賃は4,510円になるということです。

この特例を適用した乗車券の駅名は「区東京都区内」などのように「都区市内の名称」が表示されます。

■ 図表2　特定都区市内発着の特例を適用した乗車券

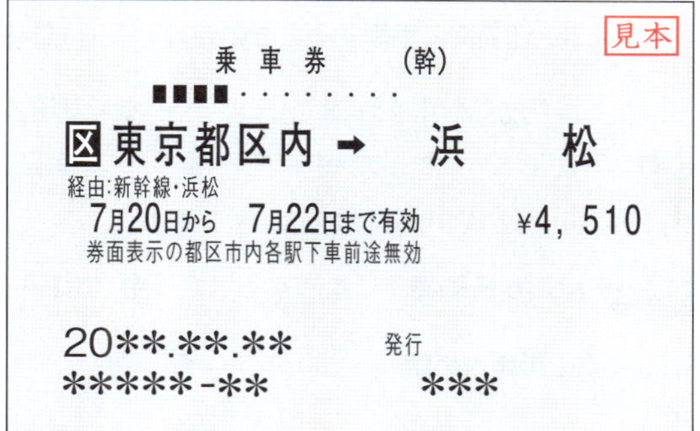

参考までに、JRの定めた11か所の都区市内と中心駅は次のとおりです（かっこ内が中心駅）。

- 東京23区（東京駅）
- 札幌市（札幌駅）
- 仙台市（仙台駅）
- 横浜市（横浜駅）
- 名古屋市（名古屋駅）
- 京都市（京都駅）
- 大阪市（大阪駅）
- 神戸市（神戸駅）
- 広島市（広島駅）
- 北九州市（小倉駅）
- 福岡市（博多駅）

※北九州市と福岡市以外は、都区市内の名称と駅名は同じ。

3. 東京山手線内発着の特例

「東京山手線内の各駅」と、「東京駅からの片道の営業キロが100キロを超える駅」との間の運賃は、東京駅から（まで）の距離を用いて計算します。

プラスアルファ

特定都区市内発着の特例が適用される都区市内は、いずれも狭い地域内に複数の駅があり、また、JR以外の交通機関も多数運行されている地域でもある。これらの地域内において、最初から目的駅や経路を指定して乗車券を発行するのは困難であり、また手間もかかる。そこで、各市内を一つの大きな駅とみなして、市内発着の運賃を同一にすることにしたのがこの特例である。

試験では、券面の一部を空欄にし、空欄に入る語句や数字を選択肢として表示させる形式の問題が出題されることがあります。
これらの券面の特徴も確認しておきましょう（後述の図表3も同じです）。

プラスアルファ

試験でもケース2のように「●●駅は××市内の駅である」などが問題文に示されるのが一般的なので、特例に該当する具体的なエリアを暗記する必要はない。該当する都区市内と中心駅は、参考に確認しておく程度でよいだろう。

東京山手線内発着の場合で、東京駅を基準とした距離が100キロを超えて200キロまでの場合は「3. 東京山手線内発着の特例」を適用し、距離が200キロを超えているときは前述の「2. 特定都区市内（東京23区内）発着の特例」を適用すると理解すればよいでしょう。

CASE 3 焼津から東京を経由して池袋まで乗車する場合（全て幹線）

※池袋駅は東京山手線内の駅

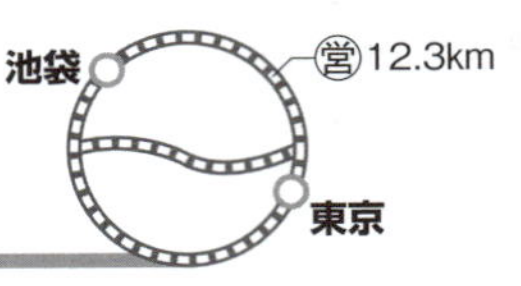

焼津　営193.7km

原則　実際の乗車経路に従って計算すると次のとおり。

193.7 + 12.3 = 206km　Ⓐ表より　3,740円

特例　池袋駅は東京山手線内の駅であり、焼津駅から東京駅までの営業キロは100キロを超えている。特例に基づき運賃は焼津駅から東京駅までの距離で計算する（東京－池袋間の距離は計算に含めない）。

193.7　→　194km　Ⓐ表より　3,410円

以上により、焼津－池袋間に乗車するときの運賃は3,410円。

ケース3は、特例が適用されることによって原則的な計算方法よりも運賃が安くなりましたが、ケース4のように、行程によっては特例により運賃が高くなる場合もあります。

CASE 4 品川から熱海まで乗車する場合（全て幹線）

※品川駅は東京山手線内の駅

熱海　営97.8km　東京　品川　営6.8km

原則　実際の乗車経路に従って計算すると次のとおり。

97.8　→　98km　Ⓐ表より　1,690円

特例　品川駅は東京山手線内の駅であり、東京駅から熱海駅までの営業キロは100キロを超えている（97.8 + 6.8 = 104.6km）。

特例に基づき運賃は東京駅から熱海駅までの距離で計算する（実際には乗車しない品川－東京間の距離も計算に含める）。

104.6　→　105km　Ⓐ表より　1,980円

以上により、品川－熱海間に乗車するときの運賃は1,980円。

つまり、この「東京山手線内発着の特例」を適用して運賃が計算された場合、東京山手線内のどの駅から乗車しても（どの駅で降車しても）運賃は同額になるということです。

ケース3とケース4を比較するとわかるように特例を適用することによって原則的な計算と比較して運賃が高くなったり、安くなったりします。これらの特例は、乗車する行程が特例の条件に合致する場合は自動的に適用されます。「運賃が高くなるから間違い」ということではありません。

この特例を適用した乗車券の駅名は「山東京山手線内」と表示されます。

■ 図表3　東京山手線内発着の特例を適用した乗車券

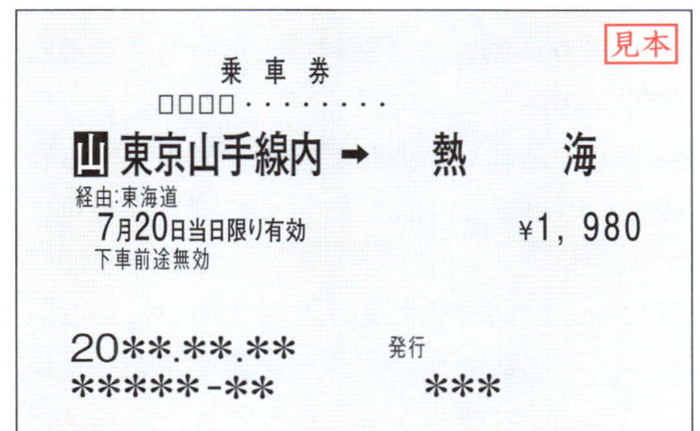

4. 東京付近の特定区間通過の特例

JRの定めた**東京付近の特定区間（東京山手線内およびその周辺）を通過**する場合、その区間内については実際の乗車経路にかかわらず、**最短経路の距離**を使って運賃を計算します。

CASE 5　大月から新宿と東京を経由して豊橋まで乗車する場合（全て幹線）

原則　実際の乗車経路に従って計算すると次のとおり。

77.5 + 10.3 + 6.8 + 286.8 = 381.4 → 382km

Ⓐ表より　6,600円

特例　新宿から品川までの経路は複数あるが、どの経路に乗車する場合でも運賃は最短経路の距離（この場合は10.6km）を使って運賃を計算する。

77.5 + 10.6 + 286.8 = 374.9 → 375km

Ⓐ表より　6,380円

以上により、ケース5の行程の運賃は、どの経路で乗車しても6,380円になる。

プラスアルファ

「2. 特定都区市内発着の特例」「3. 東京山手線内発着の特例」ともに、都区市内（山手線内）を出発してから、その外を経由し、再び市内（山手線内）を通過してさらに外へ出るなどの複雑な行程の場合には、特例条件に合致しても、特例を適用しない。令和3年度の総合試験で初めて出題されたが「特例の、さらに特例」のような複雑なルールであり、かつ実際の利用頻度も低いため、今後当面の受験対策として重要度は「低」である（問題集を参考に、行程を軽く確認しておく程度でよい）。

5. 新幹線と在来線とを別路線扱いとする特例

東海道新幹線と東海道本線、東北新幹線と東北本線など、新幹線と並行して在来線が走っている区間では、新幹線と在来線は原則として同じ距離で設定されています。なぜかというと、JR の規則では「**新幹線**」と「**新幹線と並行して走る在来線**」を**原則として同一の路線**として扱っているからです（例えば、東京から盛岡までの運賃は、東北新幹線を利用しても在来線である東北本線を利用しても同額です）。ここまでが原則的な考え方になります。

この原則に対し、図表 4 にあげた区間の中にある駅を発着駅とする場合や、その駅で他の路線と接続するような場合は、**並行して走る新幹線と在来線**とを、それぞれ**別の路線とみなして運賃を計算**する特例があります。

プラスアルファ
実際には、新幹線のほうが在来線よりも線路の実測距離は短いが、それぞれの実際の距離で計算すると、新幹線のほうが早く目的地に到着できるにもかかわらず在来線よりも運賃が安くなってしまう。また、新幹線と在来線とを別の路線として扱うことで、運賃の計算でさまざまな不都合が生じる可能性がある。このため、JR の規則では「新幹線＝並行する在来線」という考え方をとっている。

■ 図表 4　新幹線と在来線とを別路線として扱う駅

路線	特例に該当する駅（かっこ内は新幹線のみの停車駅）
東海道・山陽新幹線 （および並行在来線）	品川―小田原の間にある駅　（新横浜） 三島―静岡　〃　（新富士） 名古屋―米原　〃　（岐阜羽島） 新大阪―西明石　〃　（新神戸） 福山―三原　〃　（新尾道） 三原―広島　〃　（東広島） 広島―徳山　〃　（新岩国）
九州新幹線 （および並行在来線）	博多－久留米の間にある駅　（新鳥栖） 筑後船小屋－熊本　〃　（新大牟田・新玉名）
東北新幹線 （および並行在来線）	福島―仙台の間にある駅　（白石蔵王） 仙台―一ノ関　〃　（古川･くりこま高原） 一ノ関―北上　〃　（水沢江刺） 北上―盛岡　〃　（新花巻）
上越新幹線 （および並行在来線）	熊谷一高崎の間にある駅　（本庄早稲田） 高崎一越後湯沢　〃　（上毛高原） 長岡一新潟　〃　（燕三条）

CASE 6　次の行程で乗車する場合

岡山から新幹線で名古屋まで乗車し、名古屋で在来線に乗り継いで岐阜で高山本線と接続し高山まで乗車する場合

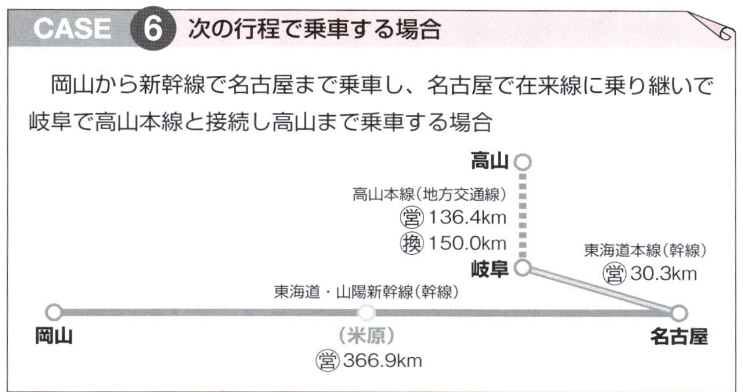

行程図をみると、単に岡山から高山までの片道として運賃を計算できるようにも思えるが、上記行程をさらに詳細に示すと次のとおり。

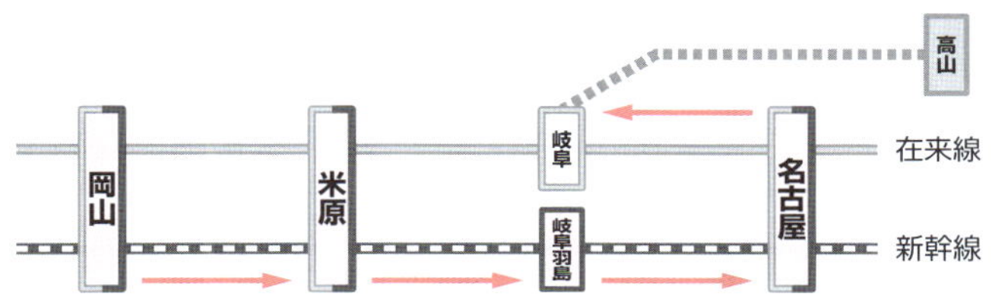

原則どおり、東海道新幹線と東海道本線を同一路線だと考えると、上の図のように名古屋で東海道新幹線を降りて、東海道本線に乗り換えて岐阜まで乗車することによって、名古屋駅で折り返していることになる（乗車してきた経路を後戻りしていることになる）。

原則　名古屋駅で折り返しているので、折り返しとなる名古屋駅で距離の通算を打ち切って、次のように区間を分けて運賃を算出する。

岡山－名古屋　366.9 → 367km　A表より　6,380 円

名古屋－高山　30.3 + 150.0 = 180.3 → 181km

A表より　3,410 円

6,380 + 3,410 = 9,790 円

特例　米原駅と名古屋駅の中間にある岐阜駅で高山本線と接続しているので、特例により東海道新幹線と東海道本線を別路線として運賃を計算することができる。別路線とみなすことで「名古屋駅で折り返す」という考え方にならず、名古屋駅で距離の通算を打ち切らずに岡山から高山までの片道として通しで運賃を算出できる。

岡山―高山　366.9 + 30.3 + 150.0 = 547.2 → 548km

A表より　8,910 円

以上により、この行程の運賃は 8,910 円。

プラスアルファ

図表４に示す区間に共通しているのは、いずれも「中間に新幹線用の（並行する在来線は停車しない）駅がある区間」という点である。

並行する在来線は停車しないため、新幹線から在来線に乗り継ごうとすると、ケース６のように「後戻り」をしなければならない行程も出てくる。このような場合に、運賃が高くなってしまうのを防ぐことを目的として定められているのが「新幹線と在来線とを別路線扱いとする特例」である。

ケース６の特例は、平成 10 年に一度出題されたきり、その後は一度も出題されていません。他の特例と比較するとやや複雑なため、今後も出題の可能性はあまり高くありませんので、ケース６の計算例が理解できればよいでしょう。むしろ「**新幹線と並行在来線は原則として同一路線**」という原則のほうが重要です。

6. 区間外乗車

運行の都合により、列車が同一区間を折り返し運転する場合や、列車どうしを乗り継ぐときに、接続駅に列車が停車しないために、やむを得ず停車駅まで行き、別の列車に乗って同一区間を後戻りせざるを得ないことがあります。

このように、旅客の希望ではなく、**列車の運行の都合により行程が折り返しになる場合**は、その**往復乗車となる区間の距離を含めずに運賃を計算**することができます。この取扱いを「**区間外乗車**」といいます。

プラスアルファ

試験では「区間外乗車の取扱いを行っている」などの指示があるか、または選択肢の計算式に、その旨が表示されるケースがほとんどである。区間外乗車を認める区間は全国に多数設定されているが、これらの具体的な区間を覚える必要はない。

CASE 7 次の行程で乗車する場合

函館－札幌間を特急〔北斗〕に、札幌－旭川間を特急〔カムイ〕に乗車する場合（両列車はいずれも白石駅には停車しない）。

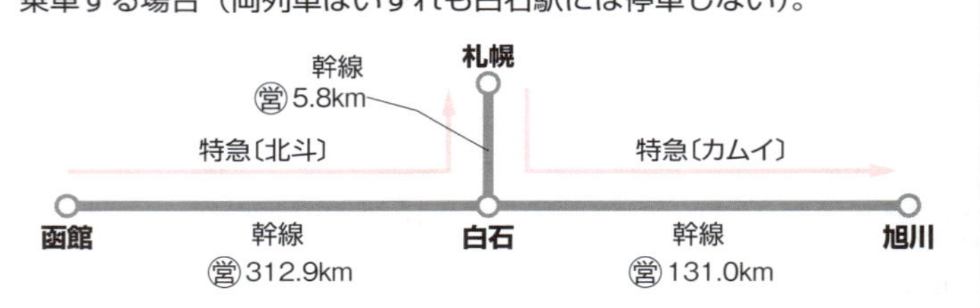

列車を札幌駅で乗り継ぐことによって、白石－札幌間を往復乗車していることになるため、原則どおりに考えると折り返しとなる札幌駅で距離の通算を打ち切って、区間を分けて運賃を計算することになる。

しかし、特急〔北斗〕〔カムイ〕が白石駅に停車しないため、旅客は、自らの希望によらず、白石－札幌間を往復しているにすぎない。この場合は区間外乗車の制度によって、白石－札幌間の距離（片道5.8kmなので往復で11.6km）を含めずに、函館－白石－旭川の距離で運賃を算出できる。

312.9＋131.0＝443.9→444km　D表より　8,250円

以上により、この行程の運賃は8,250円。

区間外乗車の制度により運賃を計算する場合、往復乗車となる区間内（ケース7の「白石－札幌間」）での途中下車はできません。

2 個人の割引運賃

割引運賃は「**大人または小児の無割引の運賃から割引額を差し引き、10円未満の端数を端数整理（切り捨て）した額**」と定められています。

JRの定める割引運賃は、大きく「個人の割引運賃」と「団体の割引運賃」とに分けることができます。ここでは個人の割引運賃の中でも過去の試験で取り上げられている「学生割引」と「往復割引」について解説します。

団体の割引運賃
▶▶P356

1. 学生割引

次の条件を満たす場合、**学生割引**が適用され、**大人片道普通旅客運賃が2割引**になります。

Key Point ●学生割引の適用条件

① 旅客がJRの指定した学校の学生・生徒であり、学校の発行する「**学生割引証**」を所持していること
② **片道の営業キロが100キロを超える区間**を利用すること

CASE 8 次の行程を学生割引証を所持する学生が片道乗車する場合

新山口	地方交通線	益田	幹線	松江
	営 93.9km 換 103.3km		営 162.6km	

営業キロで片道の乗車距離を確認する。

93.9 + 162.6 = 256.5 → 257km

営業キロで100キロを超えているので学生割引を適用できる。

103.3 + 162.6 = 265.9 → 266km

※地方交通線と幹線の連続なので、地方交通線区間は換算キロを使うことに注意。

Ⓐ表より　4,840円（大人片道普通旅客運賃）

4,840 ×（1 − 0.2）= 3,872 → 3,870円… 学生割引運賃

学生割引を適用して発売された乗車券は、その券面に[学割]の表示がなされます。

プラスアルファ

「大人片道普通旅客運賃が2割引」という記述からもわかるとおり、学生割引運賃は、**大人運賃を適用する学生・生徒のみを対象**とする割引運賃である（小児運賃を適用する者には適用されない）。

用語

学生割引証
正式な名称を「学校学生生徒旅客運賃割引証」といい、略して「学生割引証（学割証）」とも呼ばれる。

割引の条件である「100キロを超える」などの距離は、すべて**営業キロ**を基準に判断するのがポイントです。

「往路、復路それぞれ 1 割引」とあるように、**往路と復路を別々に**割り引くのがポイントです（往路と復路を合計して割り引くのは誤りです）。

往復乗車券の有効期間
▶▶ P366

プラスアルファ
ケース 9 のように基準額のほかに加算額が必要となる行程の場合は、**基準額と加算額を合計した最終的な運賃額**をもとに割引を行う。
基準額と加算額のそれぞれに対して割引をしたり、基準額だけを割引したりするのは誤った計算方法である。
また、小児の往復割引運賃は、**「小児の片道運賃」を割り引いて算出**するのが適切な手順である（大人の往復割引運賃を半額にすると、10 円単位の誤差が出ることがあるので注意）。

2. 往復割引

(1) 往復割引（原則）

次の条件を満たす場合、**往復割引**が適用され、**大人**または**小児片道普通旅客運賃**が、**往路、復路、それぞれ 1 割引**になります。

Key Point ●往復割引の適用条件

① 往路と復路を**同一経路**、**同一区間**で利用すること
② **片道の営業キロが 600 キロを超える区間**を往復乗車券の有効期間内に**往復**すること

CASE 9 大人と小児の各 1 人が次の行程を往復乗車する場合（全て幹線）

東京 ―（JR東日本・東海・西日本　営 760.7km）― 児島 ―（JR四国　営 186.6km）― 松山

営業キロで片道の乗車距離を確認する。
760.7 ＋ 186.6 ＝ 947.3 → 948km
営業キロで 600 キロを超えているので往復割引を適用できる。
基準額　948km　A表より　12,210 円
加算額　186.6 → 187km　C表より　260 円
12,210 ＋ 260 ＝ 12,470 円（大人片道普通旅客運賃）

大人の往復割引運賃
12,470 ×（1 － 0.1）＝ 11,223 → 11,220 円
11,220 ＋ 11,220 ＝ 22,440 円

小児の往復割引運賃
12,470 ÷ 2 ＝ 6,235 → 6,230 円（小児片道普通旅客運賃）
6,230 ×（1 － 0.1）＝ 5,607 → 5,600 円
5,600 ＋ 5,600 ＝ 11,200 円

往復割引を適用して発売された乗車券は、その券面に［復割］の表示がなされます。

(2) 往復割引（例外）

（1）で述べたとおり、往復割引は「往路と復路を同一経路、同一区間で利用すること」が適用条件になっているため、往路と復路の運賃額は同額になるのが原則です（片道当たりの割引運賃 × 2 ＝往復割引運賃）。ただし、行程に下関（新下関）―博

多間を含む次のケース10のような場合は、片道の営業キロが600キロを超えていれば、**往路と復路の運賃額が異なっていても例外的に往復割引を適用**することができます。

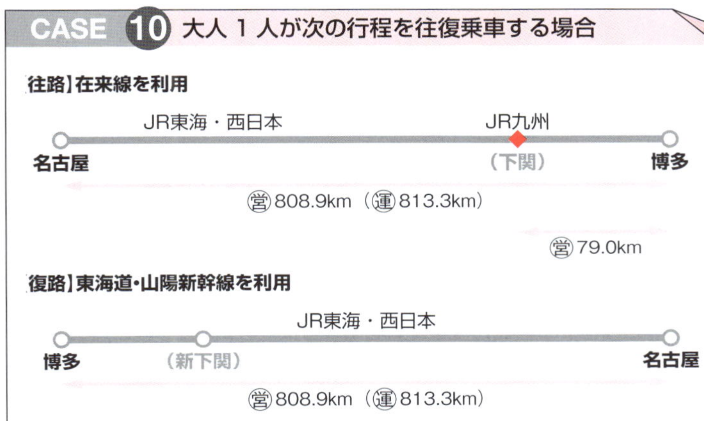

往路：在来線を利用しているため、下関（境界駅）から先はJR九州の路線となり、基準額のほかに加算額が必要になる。

813.3→814km　A表より　11,330円… 基準額

79.0km　C表より　160円… 加算額

11,330＋160＝11,490円（往路の大人片道普通旅客運賃）

復路：東海道・山陽新幹線を利用しているので全路線がJR本州（東海および西日本）の路線であり、加算額は必要ない。

813.3→814km　A表より　11,330円

（復路の大人片道普通旅客運賃）

上記の計算どおり、行程に下関－博多間を含むことによって往路と復路の運賃が異なるが、この場合は、片道の営業キロが600キロを超えていれば、例外的に往復割引を適用できる。

11,490×（1－0.1）＝10,341→10,340円（往路）

11,330×（1－0.1）＝10,197→10,190円（復路）

10,340＋10,190＝20,530円… 大人1人当たりの往復割引運賃

3. 往復割引と学生割引の重複適用

原則として、１つの運賃に対し複数の割引を重複して適用することはできませんが、**往復割引と学生割引**の組み合わせに限り、**両方の割引条件を満たす**ときには、次のように**割引を重複して適用**することができます。

国内旅行実務　国・総

往復割引と学生割引を同時に適用する場合は、最初に「往復割引」、次に「学生割引」を行います。**つまり 1 割引→ 2 割引の順序で計算する**のがポイントです。

割引の途中で 10 円未満の端数が出たときは、その都度切り捨てればいいのですか。

そのとおりです。JR についていえば、10 円未満の端数がある状態のまま、次の計算に進むことはありえません。ケース 11 の計算に限らず「**計算の途中で生じた 10 円未満の端数は、その都度、端数整理（切り捨て）をする**」と覚えてしまえばよいでしょう。

Key Point ●往復割引と学生割引の重複適用

① 大人片道普通旅客運賃を算出し、**最初に往復割引（1 割引）の計算**をする。

② 上記①で求めた往復割引運賃に対して、**さらに学生割引（2 割引）の計算**をする。

CASE 11 ケース 9 の行程を学生割引証を所持する学生が往復する場合

東京—松山間の大人片道普通旅客運賃　12,470 円（ケース 9 より）

12,470 ×（1 − 0.1）＝ 11,223 → 11,220 円

（片道当たりの往復割引運賃）

11,220 ×（1 − 0.2）＝ 8,976 → 8,970 円

（片道当たりの往復・学生割引運賃）

8,970 ＋ 8,970 ＝ 17,940 円… **全行程の往復・学生割引運賃**

往復割引と学生割引を重複適用して発売された乗車券は、その券面に**復学割**の表示がなされます。

学生割引と往復割引の適用条件と割引率をまとめると次のとおりです。赤字の部分を中心に暗記しておきましょう。

Key Point ●個人の割引運賃の種類と適用条件

割引の種類	条件	割引率
往復割引	① 往路と復路を同一経路、同一区間で利用すること（例外あり） ② 片道の営業キロが 600 キロを超える区間を往復していること	往・復それぞれ 1 割引
学生割引	① 学生割引証を所持する学生・生徒であること ② 片道の営業キロが 100 キロを超える区間を利用すること	2 割引
往復割引 学生割引	往復割引と学生割引、両方の条件を同時に満たすとき	往・復それぞれ 1 割引→ 2 割引

よくある質問

ケース 10 で、復路は新幹線を利用しているのに、なぜ運賃計算キロが表示されているのですか。新幹線というくらいだから地方交通線ではなく幹線ですよね？

「新幹線」と「新幹線と並行する在来線」は原則として同一路線とみなすことは前に述べたとおりです。つまり、ケース 10 の山陽新幹線は、並行する山陽本線と同一の路線ということになります。山陽本線の「岩国－櫛ヶ浜間」は、この Lesson の最初に学習した「特定区間」として定められているため、山陽本線（新幹線）に乗車する場合でも、短い経路の「岩徳線」を通ったことにして運賃を計算します（ケース 1 を参照)。この「岩徳線」が地方交通線なので、山陽新幹線に乗車していても、地方交通線を経由したことになり、結果として運賃計算キロを使って運賃を計算することになるのです。

試験でも、ケース 10 の復路のような行程が何度か出題されていますが、仮に、この特例を知らなかったとしても解けるような問題ばかりです。あまり難しく考えず、「運賃を計算するときに営業キロ、運賃計算キロの両方が示されている場合は運賃計算キロを使う」と覚えておけばいいでしょう。

Let's Try! 確認テスト

●次の問題に答えなさい。

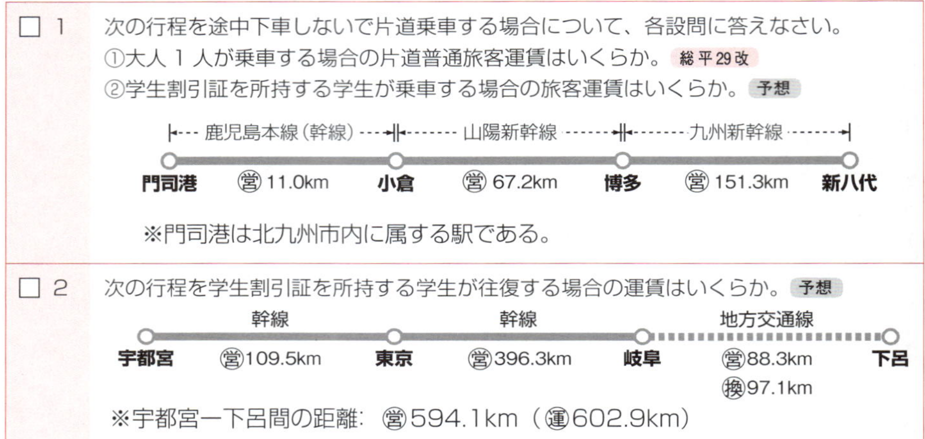

□ 1　次の行程を途中下車しないで片道乗車する場合について、各設問に答えなさい。

①大人 1 人が乗車する場合の片道普通旅客運賃はいくらか。 総平 29 改

②学生割引証を所持する学生が乗車する場合の旅客運賃はいくらか。 予想

※門司港は北九州市内に属する駅である。

□ 2　次の行程を学生割引証を所持する学生が往復する場合の運賃はいくらか。 予想

※宇都宮ー下呂間の距離：営594.1km（運602.9km）

解答　1．① 3,960 円

※にあるとおり、門司港は北九州市内に属する駅である（中心駅は小倉）。小倉ー新八代間の営業キロが 200 キロを超えているので特定都区市内（北九州市内）の特例に該当。したがって、小倉ー新八代間の距離に基づいて運賃を求める（門司港ー小倉間の距離は運賃計算に含めない）。山陽新幹線に乗車する小倉ー博多間は JR 西日本（本州内）で、九州新幹線に乗車する博多ー新八代間は JR 九州の路線である（境界駅は博多）。小倉ー新八代間の距離（67.2 ＋ 151.3 ＝ 218.5km）に基づく基準額（A表より 3,740 円）のほかに、博多ー新八代間の距離（151.3km）に基づく加算額（C表より 220 円）が必要。3,740 ＋ 220 ＝ 3,960 円

② 3,160 円

上記①で確認したとおり、片道の営業キロが 100 キロを超えているので、学生割引（2 割引）を適用できる。大人片道普通旅客運賃は上記①の答えより 3,960 円。3,960 ×（1 － 0.2）＝ 3,168 → 3,160 円

2．15,660 円

片道の営業キロは 594.1km。営業キロで 600 キロを超えていないので往復割引は適用不可（学生割引のみ適用できる）。幹線と地方交通線の連続なので運賃計算キロを使い 9,790 円（A表より）。往路と復路のそれぞれを 2 割引し、合計する。9,790 ×（1 － 0.2）＝ 7,832 → 7,830 円。7,830 ＋ 7,830 ＝ 15,660 円

重要度 A

JR料金の基本

学習項目

◎ JR料金の基礎知識
◎特急料金の変動
◎グリーン料金
◎寝台料金
◎個室を利用するとき

学習ポイント

● JR料金の種類と、それぞれの適用についての基本を理解する。
●普通車指定席特急料金の乗車日による変動、自由席やグリーン車、寝台車を利用するときの特急料金の変動を正しく理解する。
●寝台料金とグリーン料金は大人も小児も同額。
●寝台の同時利用の場合に必要な運賃・料金を覚える。

1 JR料金の基礎知識

1. 料金の種類

JRの設定する料金には①**特急料金**、②**特別車両（グリーン料金）**、③**寝台料金**、④急行料金、⑤座席指定料金などがあります。このうち、試験でよく取り上げられるのは①②③の3種類です。これら料金の適用については、以降で詳しく解説します。

用語

特別車両
普通車よりも設備のグレードが良い車両で、いわゆる「グリーン車」のこと。以降本書では「グリーン車（グリーン料金）」とする。

2. 料金計算の基本ルール

前述の各種料金を計算する場合の共通ルールには次の2つがあります。

① **乗車する列車ごと**に計算する。

運賃は、行程が片道で連続していれば、目的地までの距離を通算して一括で計算しましたが、料金は、**乗車する列車1つごと**に計算します。

② **営業キロ**を使って計算する。

特急料金や急行料金、グリーン料金は、乗車する区間の営業キロに基づいて設定されています。料金の計算をするときは、乗車区間に地方交通線が含まれていても**営業キロ以外の距離は一切使用しません**。

①と②、どちらも運賃の計算とは大きく異なる点です。特に②は試験問題を解くうえでのポイントになりますので注意して覚えておきましょう。

3. 料金の適用

料金は、乗車する列車の種類や設備に応じて次のように適用されます。

Key Point ●利用する列車ごとに必要な料金（別に運賃も必要）

	特急列車（含む新幹線）	急行列車	普通・快速
普通車指定席	指定席特急料金	急行料金＋座席指定料金	座席指定料金
普通車自由席	自由席特急料金	急行料金	不要
グリーン車指定席	指定席特急料金＋グリーン料金	急行料金＋グリーン料金	グリーン料金
グリーン車自由席	――	急行料金＋グリーン料金	グリーン料金
寝台車	指定席特急料金＋寝台料金	急行料金＋寝台料金	――

右表に示すとおり、2種類の料金を組み合わせて適用するケースが多いので、まずはこの組み合わせを正しく覚えることが大切です。

2 特急料金（小児は大人の半額）

1. 特急料金の種類

特急列車に乗車するときに必要なのが特急料金です。特急料金には「新幹線用」と「在来線用」の2種類があります。

① 新幹線用の特急料金

新幹線の特急料金は駅間ごとに定められています。JRの時刻表では図表1に示すような階段状の料金表で表示されています。

■ 図表1　新幹線の特急料金表：東海道新幹線〔ひかり・こだま〕（抜粋）

東京駅からの営業キロ	駅　名	東　京					
6.8	品　川	※870	品　川				
28.8	新横浜	※870	※870	新横浜			
83.9	小田原	2,290	2,290	※990	小田原		
104.6	熱　海	2,290	2,290	2,290	※870	熱　海	
120.7	三　島	2,290	2,290	2,290	2,290	※870	三　島

例：熱海－品川間の指定席特急料金
縦欄（左から2列目）の熱海を右に、階段状になっている部分の品川を下に、それぞれたどり、その交差する欄に記載されている2,290円が適用料金になる。

プラスアルファ
図表1中、※が付された斜字の料金は**特定特急料金**（座席を使用しないことを条件とした安価な特急料金）である。これは、隣接する1区間（または2区間）程度の短距離であれば、ほとんどの旅客が自由席を利用するであろうとの考え方から、旅客の便宜を図り、あらかじめ安い特急料金を定めたもの（扱いは**自由席特急料金と同じ**）。

② 在来線用の特急料金

在来線の特急料金は乗車する区間の**営業キロ**によって計算します。乗車する区間によって A 特急料金と B 特急料金の 2 種類があり、A 特急料金適用区間に乗車するときは A 特急料金を、B 特急料金適用区間に乗車するときは B 特急料金をそれぞれ適用します（乗車する区間が **A と B の両区間にまたがるときは、全体に A 特急料金**を適用します）。

2. 特急料金の変動

特急料金は、「普通車の指定席を利用すること」を想定した**普通車指定席特急料金を基準**に設定されています。

（1）普通車指定席特急料金の乗車日による変動

普通車指定席特急料金は、**乗車日**（通常期・閑散期・繁忙期・最繁忙期のシーズン区分）に応じて料金額が変動します。**通常期**の普通車指定席特急料金を基準として**閑散期**は **200 円引き**、**繁忙期**は **200 円増し**、**最繁忙期**は **400 円増し**になります。

Key Point ●普通車指定席特急料金の変動（シーズン区分）

路線／会社 ＼ シーズン区分		通常期	閑散期	繁忙期	最繁忙期
			通常期の所定の料金を基準として…		
新幹線	北海道新幹線 東北新幹線 上越新幹線 北陸新幹線	所定の料金（基準）	− 200 円	＋ 200 円	＋ 400 円
	東海道新幹線 山陽新幹線 九州新幹線		− 200 円	＋ 200 円	設定なし
在来線特急	JR 北海道	所定の料金（基準）	設定なし（通年通常期／一律）		
	JR 東日本※		− 200 円	＋ 200 円	＋ 400 円
	JR 東海 JR 西日本 JR 四国 JR 各社間※		− 200 円	＋ 200 円	設定なし
	JR 九州		設定なし	＋ 200 円	設定なし

※ JR 各社にまたがって運行する在来線特急の場合（例：JR 東日本～ JR 東海、JR 西日本～ JR 四国など）

シーズン区分の適用日は会社ごとに異なります。参考までに、適用日カレンダーの一例を示すと次のとおりです。

プラスアルファ

B 特急料金は、A 特急料金より割安で、急行列車から特急列車に格上げされた区間を中心に設定されている。

A・B 各特急料金を適用する区間を覚える必要はない（試験ではあらかじめどちらを適用するのかが表示される）。

国内旅行実務　国・総

左表に示すとおり、普通車指定席特急料金の変動は「新幹線と在来線特急の別」および「運行する会社の別」によって異なります。

通年通常期でシーズン区分がないのは JR 北海道の在来線特急のみで、これ以外は乗車日によって料金額が変動することになります。試験対策上、重要なポイントなので正しく理解しておきましょう！

プラスアルファ
過去の試験では「通常期」「閑散期」「繁忙期」「最繁忙期」のシーズン区分を提示して出題されている。したがって、図表2に示すような会社ごとの具体的な月日・曜日などを丸暗記する必要はない。

■ 図表2　2022 年 4 月のシーズン区分
＊北海道・東北・上越・北陸の各新幹線と JR 東日本の在来線特急に適用

日	月	火	水	木	金	土
					1	2
3	4	5	6	7	8	9
10	11	12	13	14	15	16
17	18	19	20	21	22	23
24	25	26	27	28	29	30

通常期（基準）
閑散期（－ 200 円）
繁忙期（＋ 200 円）
最繁忙期（＋ 400 円）

(2) 乗車する設備・車両による特急料金の変動

前述のとおり、特急料金は「普通車指定席を利用すること」を想定して定められているので、**普通車指定席以外の設備・車両**を利用するときは特急料金が変動します。

特急列車の**普通車自由席**を利用する場合の自由席特急料金や、**グリーン車・寝台車**を利用する場合の指定席特急料金は、**年間を通じて**「**通常期の普通車指定席特急料金の 530 円引**」になります（**乗車日による変動はしません**）。

（1）と（2）に基づき実際に計算をすると次のようになります。

CASE 1　特急料金の変動

東京―仙台間で、東北新幹線〔やまびこ〕に乗車する場合（大人 1 人当たり）
東京－仙台　普通車指定席特急料金（通常期）5,040 円
① 閑散期に普通車指定席を利用　5,040 － 200 ＝ 4,840 円
② 繁忙期に普通車指定席を利用　5,040 ＋ 200 ＝ 5,240 円
③ 最繁忙期に普通車指定席を利用　5,040 ＋ 400 ＝ 5,440 円
④ 閑散期に普通車自由席を利用　5,040 － 530 ＝ 4,510 円
⑤ 繁忙期にグリーン車指定席を利用 5,040 － 530 ＝ 4,510 円
※小児の特急料金は□内の半額（**増減したあとで半額**にする）

ケース 1 に示すとおり、乗車日による変動を考慮する必要があるのは**普通車指定席を利用する**①②③です。④と⑤の場合の特急料金は乗車日による変動はありません。また、⑤の場合は、特急料金のほかにグリーン料金が必要になります。寝台車を利用する場合も、グリーン料金が寝台料金に変わるだけで、特急

料金の計算は⑤と同じです。

特急料金の変動についてまとめると次のとおりです。

Key Point ●特急料金の変動（まとめ）

通常期の普通車指定席特急料金を基準として……

	通常期	閑散期	繁忙期	最繁忙期
普通車指定席	所定の料金（基準）	－200円	＋200円	＋400円
普通車自由席	－530円			
グリーン車	－530円＋グリーン料金			
寝台車	－530円＋寝台料金			

特急料金の**シーズン区分による±200円、＋400円の増減**は「**普通車指定席を利用するとき**」だけです。逆に、**530円の減額**は、**自由席やグリーン車、寝台車を利用するとき**だけです。間違えないように注意しましょう。

（3）乗車日による変動を適用しない特急列車

JR東日本が運行する次の特急列車の普通車指定席特急料金は、シーズン区分がなく、**乗車日による変動を適用しません**（通年通常期）。

Key Point ●指定席特急料金のシーズン区分がない特急列車（主なもの）

〔ひたち〕〔ときわ〕〔スワローあかぎ〕〔あかぎ〕**〔あずさ〕**
〔かいじ〕〔おうめ〕〔富士回遊〕〔はちおうじ〕〔湘南〕
〔踊り子〕

＊〔踊り子〕の熱海－三島間のみJR東海の運行

上記のうち、〔あかぎ〕を除く各特急列車は全車指定席で、「事前料金（通常の指定席特急料金）」と「車内料金（乗車後に車掌から特急券を購入する場合の特急料金）」の2種類が設定されています（車内料金のほうが大人1人当たり一律260円高い）。また、自由席の設備がない代わりに、指定席特急券とは別に、座席の指定を受けずに乗車できる**未指定特急券**が発売されています（通常の指定席特急料金と同額が適用される）。

なお、〔あかぎ〕には自由席車両があり、車内料金の設定はなく、未指定特急券も導入されていません。

用語

未指定特急券
乗車日と乗車区間のみを指定し、特定の列車番号・座席を指定しないで発売される特急券（「**座席未指定券**」とも呼ばれる）。車内の空席を利用できるほか、乗車列車が決定したら追加料金や手数料なしで座席指定を受けることが可能。
なお、特急〔成田エクスプレス〕でも未指定特急券が発売されているが、同列車の指定席特急料金には原則どおり乗車日による変動が適用される。

■ 図表３　未指定特急券（座席未指定券）

見本

特　急　券(座席未指定)

東　京　➡　小田原

6月　5日 踊り子号・湘南号　乗車

¥1,020

普通車の空席のみ有効。乗車前に座席を指定する事も可能。空席利用時に指定を受けた方がお越しの際は席をお譲りください。

1回限り有効

20**. **. **　*****　　*****-**

3. 新幹線の運行区間・直通区間

新幹線の特急料金の計算を正しくマスターするために、新幹線の運行区間を確認しましょう。

(1) 新幹線の運行区間と列車名

各社の運行する新幹線（7 路線）と運行区間、主な列車名は次のとおりです。

■ 図表４　新幹線（運行区間と列車名）

新幹線	運行区間	主な列車名		運行会社
		最速型（※）	最速型以外（※）	
①北海道新幹線	新青森－新函館北斗	―――	〔はやぶさ〕〔はやて〕	北海道
②東北新幹線	東京－新青森	〔はやぶさ〕〔こまち〕	〔はやて〕〔やまびこ〕〔つばさ〕〔なすの〕	東日本
③上越新幹線	東京－新潟	―――	〔とき〕〔たにがわ〕	東日本
④北陸新幹線	東京－金沢	―――	〔かがやき〕〔はくたか〕〔あさま〕〔つるぎ〕	東日本 西日本
⑤東海道新幹線	東京－新大阪	〔のぞみ〕	〔ひかり〕〔こだま〕	東　海
⑥山陽新幹線	新大阪－博多	〔のぞみ〕〔みずほ〕	〔ひかり〕〔こだま〕〔さくら〕	西日本
⑦九州新幹線	博多－鹿児島中央	―――	〔みずほ〕〔さくら〕〔つばめ〕	九　州

※最速型＝他の新幹線よりも高額な指定席特急料金が設定されている新幹線

プラスアルファ

図表４のうち、赤字で示した〔はやぶさ〕〔こまち〕〔のぞみ〕〔みずほ〕は、いずれも停車駅が少なく、新型車両での高速運転を行う新幹線である。これらの新幹線の指定席を利用するときの指定席特急料金は、その「速さ」を理由に、同じ区間を運行する他の新幹線の特急料金よりも高額に設定されている（詳しくは次ページの解説を参照のこと）。

①北海道新幹線の〔はやぶさ〕や④北陸新幹線の〔かがやき〕、⑦九州新幹線の〔みずほ〕も停車駅が少ない点では同じだが、これらは他の新幹線との料金差がない。

解説の便宜上、本書では「高額な指定席特急料金が設定されている新幹線」を最速型とし、これ以外の新幹線を「最速型以外」として区分している。

■ 図表5　新幹線の運行区間（起点・終点駅および主要駅のみ）

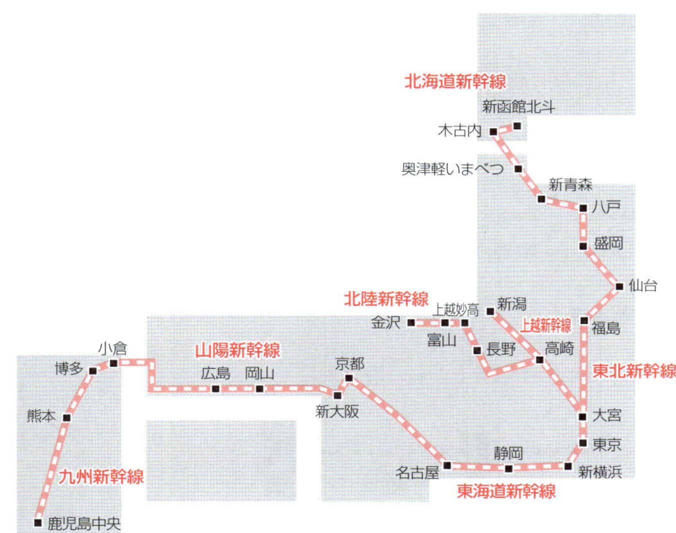

(2) 新幹線が直通運転する区間

図表4と図表5で確認したとおり、7つの新幹線はJR北海道・東日本・東海・西日本・九州のJR5社によって運行されています。このうち、2つの会社にまたがり新幹線が直通運転している区間は次ページ（図表6）のとおりです。

■ 図表６　新幹線が直通運転する区間

＊ ⟷ が直通運転する区間

①北海道・東北・東海道・山陽・九州の各新幹線

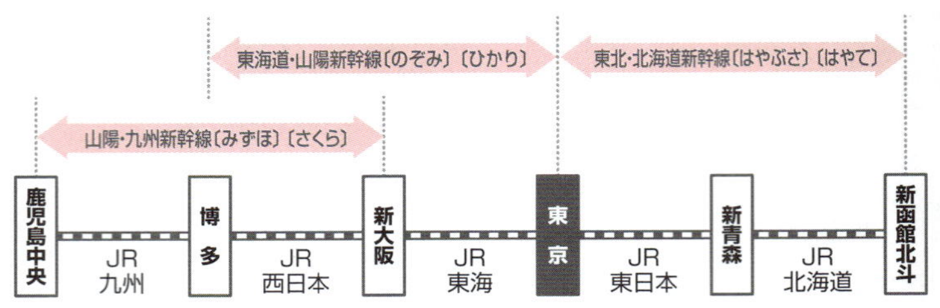

②北陸新幹線

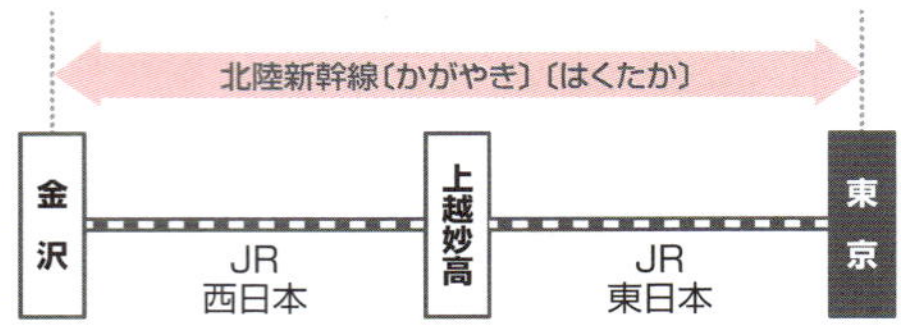

例えば、乗車区間が「鹿児島中央から新大阪まで」や「東京から博多まで」あるいは「東京から新函館北斗まで」といったような場合は、１つの新幹線に乗って目的地まで直行できます。これに対し、「鹿児島中央から東京まで」「新大阪から新函館北斗まで」といったような場合には、目的地まで直通する新幹線がないため、途中駅（博多駅、新大阪駅、東京駅など）で新幹線を乗り継ぐことになります。

新幹線の運行区間や直通状況を知ることで、以降の学習が理解しやすくなります。各新幹線の主要駅や運行区間の概要を確認したうえで、次の項目に進みましょう。

(3) 最速型新幹線の特急料金

東北新幹線、**東海道**新幹線、**山陽**新幹線の運行区間内で、**最速型**の新幹線（図表４の赤字）の**指定席**を利用するときの特急料金は、最速型**以外**の新幹線の特急料金よりも高く設定されています（料金差は乗車区間により 100 円～ 640 円）。これに対し、**自由席**を利用するときの**自由席特急料金**は、「最速型」「最速型以外」のいずれも**同額**です。

CASE 2　特急料金の比較（通常期）

①東北新幹線の東京－盛岡間の特急料金を比較すると…

	〔はやぶさ〕	〔やまびこ〕など	差額
普通車指定席	6,430円	5,910円	520円
グリーン車指定席	6,430－530＝5,900円	5,910－530＝5,380円	520円
普通車自由席	全車指定席（設定なし）	5,910－530＝5,380円	

※〔はやぶさ〕は全車指定席なので自由席の設定はない。

②東海道・山陽新幹線の名古屋－広島間の特急料金を比較すると…

	〔のぞみ〕	〔ひかり〕など	差額
普通車指定席	5,910円	5,490円	420円
グリーン車指定席	5,910－530＝5,380円	5,490－530＝4,960円	420円
普通車自由席	*4,960円※*	5,490－530＝4,960円	なし

③山陽新幹線の新大阪－博多間の特急料金を比較すると…

	〔みずほ〕	〔さくら〕など	差額
普通車指定席	5,810円	5,490円	320円
グリーン車指定席	5,810－530＝5,280円	5,490－530＝4,960円	320円
普通車自由席	*4,960円※*	5,490－530＝4,960円	なし

3　急行料金・座席指定料金・グリーン料金・寝台料金

1．急行料金・座席指定料金

（1）急行料金（小児は大人の半額）

急行料金は、特急料金とは違い「自由席」が基準になっています。したがって、急行列車の普通車指定席を利用する場合は、急行料金にそのまま座席指定料金を加え、また、グリーン車や寝台車を利用する場合も、急行料金にそのままグリーン料金や寝台料金を加えます。

（2）座席指定料金（小児は大人の半額）

前述のとおり、急行列車の普通車指定席を利用するときに適用されるのが座席指定料金です。普通列車の一部にも指定席を設けた列車（快速列車や、SLをはじめとする観光列車）がありますが、この場合も座席指定料金が必要になります。

座席指定料金は、乗車する会社（JR各社）や、乗車日などによって、330円～1,680円で設定されています（詳細は省略します）。

プラスアルファ

東北新幹線〔はやぶさ〕の**東京－大宮**間の指定席特急料金、**盛岡**－（八戸）－**新青森**間の各駅相互間の指定席特急料金は〔はやて〕などと**同額**で設定されている（**差額は生じない**）。

最速型の新幹線の自由席特急料金（ケース2の各事例で示した斜字※の料金）は、特別に定められた料金（特定特急料金）です。したがって**「指定席特急料金－530円」の計算によらず、最速型以外の新幹線の自由席特急料金と同額**になります。
例えば、ケース2の②で〔のぞみ〕の自由席特急料金を求めるに当たり、5,910－530＝5,380円とするのは誤りです。

プラスアルファ

現在、急行列車の定期運行がないことから、試験で取り上げられることは考えにくい。急行料金については基本的な考え方を覚えておけば十分といえる。

2. グリーン料金（大人・小児ともに同額）

グリーン料金は、グリーン車を利用する区間の営業キロによって算出します。グリーン料金には、特急（新幹線含む）・急行用（A）と普通列車用（B）の2種類があり、指定席・自由席どちらも同額です。特急・急行列車のグリーン車を利用するときには、グリーン料金のほかに特急料金・急行料金が必要です（具体的な計算はLesson5、Lesson6の各事例を参照のこと）。

プラスアルファ
グリーン料金は、JR各社がそれぞれに定めている（一律ではない）。試験では、各種料金が資料として提示されるため、特にこれらの違いや金額を覚えておく必要はない。

3. 寝台料金（大人・小児ともに同額）

（1）寝台料金の種類

特急・急行列車の寝台車を利用するときには、特急・急行料金のほかに寝台料金が必要です。1人用または2人用の個室タイプ（寝台個室）が主流で、利用する距離に関係なく、寝台の種類ごとに寝台料金が設定されています（料金額の詳細を覚える必要はありません）。

現在、定期運行している列車のうち、寝台車の設備を備えているのは次の2列車のみです。

① 特急〔サンライズ瀬戸〕／東京－高松間

② 特急〔サンライズ出雲〕／東京－出雲市間

いずれも、1人用寝台個室、2人用寝台個室のほか、指定席特急料金を支払うことで（寝台料金は不要で）利用できる普通車指定席（愛称：ノビノビ座席）の設備があります。

グリーン料金と**寝台料金**は**大人・小児ともに同額**で、この2種類は小児が利用しても**半額になりません**。国内試験で特によく出題されるのでしっかりと覚えておきましょう。

（2）寝台の同時利用

2人以上の大人が、1台の寝台を同時に（または交互に）使用することはできませんが、「大人2人」以外の組み合わせであれば、2人で1台の寝台を同時に利用することが認められています。

寝台1台を同時利用できる組み合わせと、それぞれの場合に必要な運賃・料金は次のとおりです。

Key Point ●寝台1台を同時利用できる組み合わせ

利用形態	運　賃	特急料金 （または急行料金）	寝台料金
① 大人1＋小児1	大人1＋小児1	大人1＋小児1	
② 大人1＋幼児1	大人1	大人1	
③ 小児1＋小児1	小児2	小児2	1台（1人）分
④ 小児1＋幼児1	小児1	小児1	
⑤ 幼児1＋幼児1	小児1	小児1	

※表中の「幼児」を「乳児」に置き換えても必要な運賃・料金は同じ。

1人用寝台個室（設備定員1人）の場合も、表中に示した組み合わせで、2人で1台の寝台（1室）を同時に利用することができます。

4. 設備定員が複数の個室を利用するときの料金

個室には「普通個室」「グリーン個室」「寝台個室」の3種類があり、いずれも個室単位で発売されます。

(1) 山陽新幹線（ひかりレールスター）の4人用普通個室

4人用の個室として発売される普通車指定席です。この4人用普通個室は旅客が**3人または4人のときに限り**、次の運賃・料金を支払って利用できます（旅客が2人以下の場合は利用できません）。

① 実際に乗車する人員分（大人または小児）の運賃
② 実際に乗車する人員分（大人または小児）の普通車指定席特急料金

(2) グリーン個室

グリーン個室（4人用または6人用）には、通常のグリーン料金とは別に「グリーン個室料金」が設定されています。利用する人数にかかわらず、次の運賃・料金が必要です。

Key Point ●グリーン個室を利用するときの運賃・料金

① 実際に乗車する人員分（大人または小児）の運賃
② 実際に乗車する人員分（大人または小児）の特急料金
③ 個室乗車区間に対する1室分のグリーン個室料金

用語

ひかりレールスター
山陽新幹線区間（新大阪－博多間）で運行している。本文にあるような普通個室や、オフィスシートなどといった設備が整った新幹線。

プラスアルファ
グリーン個室はJR東日本およびJR九州の一部の在来線特急で使われている。

プラスアルファ
JR九州内のグリーン個室料金（4人用）は、通常のグリーン料金2人分と同額で設定されている（グリーン料金2人分＝1室分のグリーン個室料金）。

寝台個室の場合、定員より少ない人数で利用する場合や、利用するのが小児や幼児である場合でも、常に「**大人の特急料金が 2 人分必要になる**」のがポイントです。

プラスアルファ

ケース 3 において、大人と幼児（または乳児）の計 2 人で利用する場合でも、必要となる運賃・料金は①と同じ（乳児または幼児は大人に随伴されることで無賃となる）。

(3) 寝台個室

寝台車の中には 2 人用の個室になった「2 人用寝台個室」があります。この個室を 1 人で利用する場合や、大人と小児（幼児・乳児）などで利用する場合は、次の運賃・料金が必要です。

Key Point ●2 人用寝台個室を利用するときの運賃・料金

① 実際に乗車する人員分（大人または小児）の運賃
② **大人の特急料金**× 2 人分
③ 個室寝台料金× 2 人分（＝ 1 室分）

CASE 3 東京―高松間で寝台特急〔サンライズ瀬戸〕の 2 人用寝台個室（サンライズツイン）を利用する場合

① 大人 1 人で利用する場合
- 運　　賃：大人 1 人分
- 特急料金：大人 2 人分
- 個室寝台料金：2 人分＝ 1 室分

② 大人と小児の 2 人で利用する場合
- 運　　賃：大人と小児の各 1 人分
- 特急料金：大人 2 人分
- 個室寝台料金：2 人分＝ 1 室分（大人・小児同額）

これまでに述べた各個室を利用するときの取扱いについてまとめると次の表のとおりです。

Key Point ●個室を利用する場合の運賃・料金

利用設備	運賃（乗車券）	特急料金（特急券）	グリーン個室料金（券）または個室寝台料金（券）
普通個室（※）	実際に乗車する人員分（大人または小児）	実際に乗車する人員分（大人または小児）	―
グリーン個室			グリーン個室 1 室分
2 人用寝台個室		大人 2 人分	個室寝台料金×定員分（1 室分）

※旅客が 2 人以下の場合は利用できない。

Let's Try! 確認テスト

●次の各問題の正しいものには○を、誤っているものには×を記入しなさい。

チェックポイント	できたらチェック✓
特急料金	□ 1 東海道・山陽新幹線の〔のぞみ〕の自由席に乗車する場合の特急料金は、通常期の〔のぞみ〕の指定席特急料金の530円引きで通年同額である。 国平16改
グリーン料金・寝台料金	□ 2 グリーン料金、寝台料金、座席指定料金は、大人と小児で同額である。 国平21
	□ 3 大人1人と幼児1人、乳児1人の計3人で、1個の寝台を同時に利用することはできない。 総平23
	□ 4 特急列車の1人用B寝台個室（寝台一つ）を小児2人で利用する場合、寝台料金1人分のほかに、小児2人分の運賃、小児1人分の特急料金が必要である。 総平22改
	□ 5 大人1人と幼児1人が特急列車のB寝台個室（寝台一つ）を同時に利用して旅行する場合、大人1人分と小児1人分の運賃・特急料金および1人分の寝台料金が必要である。 総平24改
設備定員が複数の個室を利用するときの料金	□ 6 新幹線〔ひかり（ひかりレールスター）〕の4人用普通個室を大人1人と小児2人の計3人で利用することができるが、大人2人で利用することはできない。 予想
	□ 7 大人1人と幼児1人が特急列車の2人用寝台個室1室を利用して旅行する場合、大人1人分の運賃、大人2人分の特急料金および2人分の寝台料金が必要である。 総平24改
	□ 8 大人3人と7歳の小児1人が特急列車の4人用グリーン個室1室を利用する場合、大人3人分と小児1人分の運賃、大人4人分の特急料金、個室1室分の4人用グリーン個室料金が必要である。 総令1

解答 1. ×　〔のぞみ〕の自由席に乗車するときの特急料金は、〔ひかり・こだま〕と同額に設定された特定特急料金であり「〔のぞみ〕の指定席特急料金－530円」ではない／2. ×　グリーン料金および寝台料金は、大人・小児ともに同額だが、小児の座席指定料金は大人の半額である／3. ○　1個の寝台を同時に利用できるのは2人まで（ただし、大人2人での利用は不可）／4. ×　寝台料金1人分のほかに、小児2人分の運賃と小児2人分の特急料金が必要／5. ×　大人1人分の運賃・特急料金および1人分の寝台料金が必要（幼児の運賃・料金は不要）／6. ○／7. ○　幼児は大人に随伴されることで無料になる／8. ×　個室1室分のグリーン個室料金のほか、運賃・特急料金はいずれも大人3人分、小児1人分が必要（小児には小児用の特急料金が適用される）

JR料金の特例①

学習項目

◎新幹線内乗り継ぎ
◎「最速型」と「最速型以外」の新幹線の乗り継ぎ
◎グランクラスを利用する場合
◎在来線の特急列車の乗り継ぎ

学習ポイント

- 同一会社内で上りどうし、下りどうしの新幹線を乗り継ぐときの料金計算を理解する。
- 「最速型」と「最速型以外」の新幹線乗り継ぎルールを理解する。
- 「最速型」の自由席特急料金は「最速型以外」の自由席特急料金と同額。

1 料金の通算

Lesson4で学習したとおり、料金は原則として個々の列車ごとに計算しますが、次に述べるように、2つ以上の特急列車を乗り継いでも、1つの特急列車とみなして特急料金を通しで計算できる特例があります（グリーン車を利用するときはグリーン料金も通算できます）。

1．新幹線内乗り継ぎ

同一会社内で同一方向（上りどうしまたは下りどうし）の二つ以上の新幹線を**改札から出場せずに乗り継ぐ**場合は、一つの新幹線とみなして料金を通算（通しで計算）することができます。

プラスアルファ
新幹線は、列車によって停車駅が異なるため、乗車駅や目的駅によっては、途中で別の新幹線に乗り換えざるを得ない場合や、乗り換えることによって目的地に早く到着できる場合がある。このために定められているルールが新幹線内乗継の制度である。

CASE 1 次の行程を静岡駅で改札から出ずに乗車する場合

通常期

新大阪 ―東海道新幹線〔ひかり〕 営372.4km― 静岡 ―東海道新幹線〔こだま〕 営96.3km― 小田原

●新幹線の特急料金（〔ひかり・こだま〕普通車指定席特急料金／通常期）
新大阪－静岡　4,710円／静岡－小田原　2,290円
新大阪－小田原　5,150円

●グリーン料金
100kmまで1,300円／400kmまで4,190円
600kmまで5,400円

①〔ひかり〕および〔こだま〕の普通車指定席を利用する場合

原則　列車ごとに次のように特急料金を適用する。

新大阪－静岡間　4,710円／静岡－小田原間　2,290円

特例　静岡駅で改札から出場しない場合は次のように特急料金を通算できる。

新大阪－小田原間　5,150円（小児は半額）

②〔ひかり〕および〔こだま〕のグリーン車指定席を利用する場合

原則　列車ごとに次のようにグリーン料金を適用する。

新大阪－静岡間　㊕372.4km　4,190円

静岡－小田原間　㊕　96.3km　1,300円

特例　静岡駅で改札から出場しない場合は次のように料金を通算できる。

【特急料金】　5,150 － 530 ＝ 4,620円（小児は半額）

【グリーン料金】　372.4 ＋ 96.3

＝ 468.7km…600kmまで5,400円（小児も同額）

乗り継ぐ列車ごとに使用する設備や車両が異なるときは、次の①と②にしたがって特急料金を計算します。

Key Point ●乗り継ぐ列車ごとに利用する設備・車両が異なるとき

① 普通車指定席と普通車自由席を乗り継ぐとき
全区間に**普通車指定席特急料金**を適用する。

② グリーン車と普通車を乗り継ぐとき
全区間に対し、**グリーン車を利用するとき（530円引き）**の**特急料金**を適用する。

CASE 2　次の行程を静岡駅で改札から出ずに乗車する場合

繁忙期

東海道新幹線〔ひかり〕　新大阪 ―㊕372.4km― 静岡　東海道新幹線〔こだま〕　静岡 ― 小田原

●新幹線の特急料金（〔ひかり・こだま〕普通車指定席特急料金／通常期）
新大阪－小田原　5,150円

●グリーン料金
400kmまで4,190円

①〔ひかり〕普通車指定席＋〔こだま〕普通車自由席の場合

全乗車区間に普通車指定席特急料金を適用する（繁忙期により＋200円）。

用語

「上り」と「下り」

新幹線の場合は、東京駅を基準にして「東京駅に近づく列車＝上り」「東京駅から離れていく列車＝下り」と考えればよい。例えば、東海道新幹線の新横浜から名古屋まで乗車する場合は、東京駅から離れていく列車なので「下り」。逆に名古屋から新横浜まで乗車するのであれば、東京駅に近づいてゆくので「上り」になる。

プラスアルファ

料金の通算ができるのは原則として同一会社内で「上りどうし」または「下りどうし」の新幹線を乗り継ぐときだけ。例えば、新潟から高崎まで上越新幹線に乗車し、高崎から長野まで北陸新幹線に乗車する場合は、前者が上り、後者が下りになるため料金の通算はできない。複数の新幹線が接続する「大宮駅」などで「上り」と「下り」の新幹線を乗り継ぐ場合も同じである。

繁忙期の普通車指定席特急料金は通常期の料金＋200円でしたね。

国内旅行実務　国・総

新大阪－小田原　5,150 ＋ 200 ＝ 5,350 円（小児は半額）

②〔ひかり〕グリーン車指定席＋〔こだま〕普通車指定席の場合

全乗車区間にグリーン車を利用するときの 530 円引きの特急料金を適用する（グリーン車用の特急料金なので繁忙期による＋ 200 円はなし）。

特急料金　新大阪－小田原間　5,150 － 530 ＝ 4,620 円（小児は半額）

グリーン車利用区間にはグリーン料金がかかる。

グリーン料金　新大阪－静岡間　372.4km…400km まで 4,190 円（小児も同額）

グリーン車を利用するときの特急料金は乗車日が繁忙期でも、＋ 200 円をしないんでしたね。

先に述べたとおり「新幹線内乗り継ぎ」として料金を通算できるのは、原則として「同一会社内で同一方向の新幹線を乗り継ぐとき」のみです。例えば、東北新幹線（JR 東日本）と北海道新幹線（JR 北海道）を乗り継ぐ場合は、2 つの会社の新幹線にまたがっているので、東北新幹線区間と北海道新幹線区間の全体に通しの料金を適用することはできません（一部の例外を除き、会社ごとに料金を計算することになります。詳細は Lesson 6 で学習します）。

ただし、**東海道新幹線（JR 東海）**と**山陽新幹線（JR 西日本）**は料金体系・適用ルールが同じで、東海道・山陽新幹線の開業以来、両新幹線が**一体化して運行している**ため、会社が異なっていても両新幹線区間の料金を**通算することができます**（後述のケース 3 参照）。

2.「最速型」と「最速型以外」の新幹線の乗り継ぎ

（1）最速型の新幹線で「指定席」を利用する場合

東北新幹線、**東海道**新幹線、**山陽**新幹線の区間内で、**〔はやぶさ〕〔こまち〕〔のぞみ〕〔みずほ〕**の**指定席**に乗車するときの特急料金は、乗車区間によって少し高く設定されていることは前述のとおりです（Lesson 4 のケース 2 参照）。これらの新幹線の**指定席**を利用し、さらに最速型**以外**の新幹線と乗り継ぐ場合、**全乗車区間**の通しの特急料金は最速型**以外**の新幹線の特急料金で計算し、これに**最速型**新幹線の**乗車区間**の**差額**を加算する必要があります。

〔のぞみ〕を例にすると、この差額は次の公式にあてはめて計算することができます。

〔のぞみ〕乗車区間の

〔のぞみ〕の指定席特急料金	−	〔ひかり・こだま〕の指定席特急料金	=	差額

CASE 3　次の行程を名古屋駅で改札から出ずに乗車する場合

閑散期
東海道・山陽新幹線〔のぞみ〕　東海道新幹線〔ひかり〕
広島　営528.2km　名古屋　静岡

●新幹線の特急料金（普通車指定席特急料金／通常期）

広島−名古屋　〔ひかり〕5,490円／〔のぞみ〕5,910円

広島−静岡　〔ひかり〕6,460円

●グリーン料金

600kmまで5,400円

①〔のぞみ〕普通車指定席＋〔ひかり〕普通車指定席の場合

〔のぞみ〕乗車区間（広島−名古屋）の差額を求める。

5,910 − 5,490 = 420円

全乗車区間（広島−静岡）の〔ひかり〕の指定席特急料金（6,460円）に〔のぞみ〕の差額を加える（閑散期により− 200円）。

特急料金　広島−静岡間　6,460 + 420 − 200 = 6,680円

②〔のぞみ〕グリーン車指定席＋〔ひかり〕普通車指定席の場合

上記①により、〔のぞみ〕の差額は420円。

全乗車区間に〔ひかり〕のグリーン車を利用するときの特急料金を適用し、〔のぞみ〕の差額を加える（グリーン車用の特急料金なので閑散期による− 200円はなし）。

特急料金　広島−静岡間　6,460 + 420 − 530 = 6,350円

グリーン車利用区間にはグリーン料金がかかる。

グリーン料金　広島−名古屋間　528.2km…600kmまで → 5,400円

(2) 最速型の新幹線で「自由席」を利用する場合

前述のとおり、最速型の新幹線の自由席特急料金は特別な特急料金（特定特急料金）で、最速型**以外**の新幹線の自由席特急料金と同額に設定されています（「普通車指定席特急料金の530円引き」という原則は適用しません）。

このことから、**最速型**の新幹線の**自由席**と、最速型**以外**の新幹線とを乗り継ぐときは、**全乗車区間を「最速型以外の新幹線」に乗車したもの**として特急料金の計算を行います。

プラスアルファ

〔はやぶさ〕〔こまち〕の場合は〔はやて・やまびこ・なすの〕との差額、〔みずほ〕の場合は〔ひかり・さくら・こだま〕との差額が必要になる。

プラスアルファ

〔のぞみ〕＋〔ひかり〕＋〔のぞみ〕など、〔ひかり・こだま〕の前後で〔のぞみ〕に乗車する場合、〔ひかり〕区間も〔のぞみ〕に乗車したものとして全乗車区間に〔のぞみ〕の特急料金を通しで適用することによって料金全体が低額になることがある。このようなときは旅客に有利なよう、低額になる方法で料金が計算される。〔はやぶさ〕+〔はやて〕+〔はやぶさ〕などの場合も同じ。

CASE 4 次の行程を名古屋駅で改札から出ずに乗車する場合

繁忙期
東海道・山陽新幹線〔のぞみ〕 東海道新幹線〔ひかり〕
広島 — 名古屋 — 静岡

●新幹線の特急料金（普通車指定席特急料金／通常期）
広島－名古屋〔ひかり〕5,490 円／〔のぞみ〕5,910 円
広島－静岡　〔ひかり〕6,460 円

①〔のぞみ〕普通車自由席＋〔ひかり〕普通車指定席の場合

普通車自由席と普通車指定席とを乗り継いでいるので、全乗車区間に〔ひかり〕の普通車指定席特急料金を適用する（繁忙期により＋ 200 円）。

特急料金　広島－静岡間　6,460 ＋ 200 ＝ 6,660 円

②〔のぞみ〕普通車自由席＋〔ひかり〕普通車自由席の場合

〔のぞみ〕〔ひかり〕ともに普通車自由席なので、全乗車区間に〔ひかり〕の自由席特急料金を適用する。

特急料金　広島－静岡間　6,460 － 530 ＝ 5,930 円

3. グランクラスを利用する場合

北海道・東北・上越・北陸新幹線には、通常のグリーン車のほかに、さらにグレードの高い**グランクラス**の座席があります（新型車両で運行する新幹線に限る）。グランクラス料金は、（A）と（B）の 2 種類が設定されています。

◆（A）…… **飲料・軽食あり**

◆（B）…… **飲食・軽食なし**（グランクラスシートのみ）

グランクラス料金の計算方法は、通常のグリーン料金の計算と同じです（乗車区間の営業キロをもとに所定の額を適用します）。

（1）料金の異なるグランクラスの乗り継ぎ

（A）を適用する新幹線と、（B）を適用する新幹線を乗り継ぐときは、**グランクラス全乗車区間**に対し **（A）** のグランクラス料金を適用します。

用語

グランクラス
北海道・東北・上越・北陸新幹線で提供されているファーストクラスタイプの座席。**グリーン車の一種として位置付けられているが**、通常のグリーン料金とは別にグランクラス料金が設定されている。座席にゆとりがあり、**飲料・軽食の提供**など、専任アテンダントによる車内サービスが行われる（これらのサービスがなく、グランクラスシートのみが提供される列車あり）。

CASE 5 次の行程を高崎駅で改札から出ずに乗車する場合

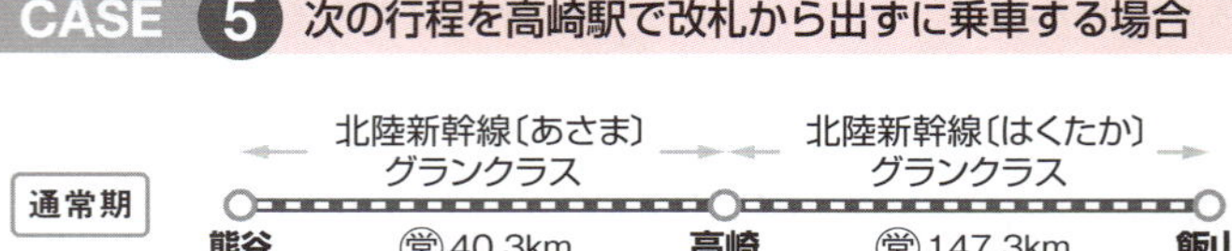

●新幹線の特急料金（普通車指定席特急料金／通常期）
熊谷－高崎　2,400円／高崎－飯山　3,170円
熊谷－飯山　3,170円
●グランクラス料金（北陸新幹線／JR東日本内相互発着）

グランクラス料金	100kmまで	200kmまで
グランクラス料金（A）〔はくたか〕	6,540円	8,040円
グランクラス料金（B）〔あさま〕	4,450円	5,950円

同一会社（JR東日本）内で北陸新幹線を乗り継いでいるので熊谷－飯山間の特急料金を通算できる。

特急料金　熊谷－飯山間　3,170 − 530 = 2,640円（小児は半額）

表中に示したとおり、〔あさま〕は（B）の、〔はくたか〕は（A）のグランクラス料金が適用される新幹線である。この場合はグランクラスの全乗車区間（熊谷－飯山間）に（A）のグランクラス料金を適用する。

グランクラス料金　熊谷－飯山間
40.3 + 147.3 = 187.6km → 200kmまで（A）8,040円
（小児も同額）

飲料・軽食の提供の有無により（A）と（B）を使い分ける点がポイントです。これらの車内サービスがある列車・ない列車を区別して覚える必要はありません（試験ではなんらかの指示があるのが一般的です）。

国内旅行実務　国・総

(2) グリーン車とグランクラスを乗り継ぐ場合

グリーン車とグランクラスを乗り継ぐときは、**全乗車区間に対するグリーン料金**のほかに、**グランクラスの乗車区間**に対する「**グランクラス料金とグリーン料金**の**差額**」が必要になります。

CASE 6　次の行程を仙台駅で改札から出ずに乗車する場合

繁忙期
福島 ─ 東北新幹線〔やまびこ〕グリーン車指定席 営79.0km ─ 仙台 ─ 東北新幹線〔はやぶさ〕グランクラス 営361.9km ─ 新青森

●新幹線の特急料金（普通車指定席特急料金／通常期）
仙台－新青森　〔やまびこ〕4,830円／〔はやぶさ〕5,040円
福島－新青森　〔やまびこ〕5,370円
●グリーン料金・グランクラス料金

営業キロ	400kmまで	600kmまで
グリーン料金	4,190円	5,400円
グランクラス料金	9,430円	10,640円

〔はやぶさ〕乗車区間（仙台－新青森）の差額を求める。
5,040 − 4,830 = 210円
全乗車区間（福島－新青森）に、〔やまびこ〕のグリーン車を利用する

プラスアルファ
本書掲載の各事例で特に注意書きがないものは、（A）のグランクラス料金を適用している（以降も同じ）。

ときの特急料金を適用し、〔はやぶさ〕の差額を加える（グリーン車用の特急料金なので繁忙期による＋200円はなし）。

特急料金 福島－新青森間 5,370＋210－530＝5,050円（小児は半額）

全乗車区間（福島－新青森）にグリーン料金を適用する。

79.0＋361.9＝440.9km…600kmまで→5,400円（グリーン料金）

グランクラス乗車区間（仙台－新青森：361.9km）のグランクラス料金（9,430円）とグリーン料金（4,190円）の差額を加える。

グリーン料金 5,400＋(9,430－4,190)＝10,640円（小児も同額）

4. 在来線の特急列車の乗り継ぎ

次にあげる各区間内において、指定された駅で特急列車を乗り継ぐときは、「新幹線内乗継」と同様に料金を通算することができます。

過去の試験では、「4. 在来線の特急列車の乗り継ぎ」で取り上げた各事例について「料金を通算できるかどうか」が問われています。したがって、試験対策としては「通算が可能な区間」および「乗継指定駅」をしっかりと覚えておくことが大切です。

(1) 四国内の特急列車の乗り継ぎ

次の各区間内において**指定された駅**でJR四国内の特急列車（岡山以遠発着の特急列車を含む）を乗り継ぐときは、**改札から出場しない場合**に限り、1つの特急列車とみなして特急料金・グリーン料金を通しで計算することができます。

■ 図表1 四国内（岡山以遠四国方面）の特急列車の乗り継ぎ（区間と駅）

	乗車区間	指定乗継駅
①	岡山（または高松）－宇和島	宇多津（うたづ）、丸亀、多度津（たどつ）、松山
②	岡山（または高松）－窪川	宇多津、丸亀、多度津、高知
③	岡山－牟岐（むぎ）	徳島
④	徳島－高知	阿波池田

プラスアルファ

在来線の特急料金は、50キロまたは100キロごとに設定され、利用区間や利用する会社によって料金が異なる場合がある。そのため、本書ではケース7で表示したように、各事例の計算に必要な料金のみを抜粋して掲載している。本試験でも、必要な部分のみを抜粋した料金表が資料として提示されるのが一般的である。

CASE 7 次の行程を乗車する場合の普通車指定席特急料金

通常期

岡山 ―特急〔しおかぜ〕 営214.4km― 松山 ―特急〔宇和海〕 営96.9km― 宇和島

※全区間A特急料金を適用

●特急料金（普通車指定席／通常期）

※必要な部分のみ抜粋（以降のケースでも同様）

営業キロ	100kmまで	300kmまで	400kmまで
A特急料金	1,730円	2,950円	3,170円

原則　列車ごとに次のように特急料金を適用する。

岡山－松山間（214.4km）→ 2,950 円

松山－宇和島間（96.9km）→ 1,730 円

特例　図表 1 の①に該当するため、松山駅で改札から出場せずに乗り継ぐ場合は、岡山－松山、松山－宇和島の各営業キロに基づき次のように特急料金を通算できる。

岡山－宇和島間　214.4 + 96.9 = 311.3km → 3,170 円

（2）山陰本線・福知山線の特急列車の乗り継ぎ

京都－城崎（きのさき）温泉間（山陰本線経由）と新大阪－城崎温泉間（福知山（ふくちやま）線経由）の各区間相互内の特急列車を、**福知山駅**で乗り継ぐときは、**改札から出場しない場合**に限り、1 つの特急列車とみなして特急料金・グリーン料金を計算することができます。

CASE 8　次の行程を乗車する場合の普通車指定席特急料金

繁忙期

特急〔こうのとり〕　新大阪　営 118.0km　福知山　特急〔きのさき〕　営 69.5km　城崎温泉

※全区間B特急料金を適用

●特急料金（普通車指定席／通常期）

営業キロ	100km まで	150km まで	200km まで
B 特急料金	1,520 円	1,950 円	2,290 円

原則　列車ごとに次のように特急料金を適用する。

新大阪－福知山間（118.0km）　1,950 + 200 = 2,150 円

福知山－城崎温泉間（69.5km）　1,520 + 200 = 1,720 円

特例　福知山駅で改札から出場せずに乗り継ぐ場合は、新大阪－福知山－城崎温泉間の各営業キロに基づき次のように特急料金を通算できる。

新大阪－城崎温泉間　118.0 + 69.5 = 187.5km

2,290 + 200 = 2,490 円

（3）博多－宮崎空港間の特急列車の乗り継ぎ

博多－宮崎空港間の特急列車を**大分駅**で乗り継ぐときは、**改札から出場しない場合**に限り、1 つの特急列車とみなして特急料金・グリーン料金を計算することができます（DX グリーン、グリーン個室を利用するときの料金を除く）。

プラスアルファ

京都－城崎温泉間を運行する特急〔きのさき〕と、新大阪－城崎温泉間を運行する特急〔こうのとり〕は、福知山駅で接続し、時間帯によっては福知山駅で相互に乗り換えできるように発着時刻が調整されている。ケース 8 のように、「列車の運行の都合上、途中で乗り換えたほうが便利な（または乗り換えざるを得ない）区間」に限定して特急料金の通算が認められていると考えればよい（ケース 7、ケース 9 ～ケース 11 も同様）。

ケース 8 は乗車日が繁忙期なので、普通車指定席特急料金を計算するときは 200 円を増額することに注意しましょう。常に乗車日や乗車する設備を確認する習慣をつけることが大切です。

用語

DX グリーン
グリーン車の一種で、JR 九州が運行する在来線特急の一部を対象に設定されている。通常のグリーン車よりも高額だが、計算手順は通常のグリーン料金と同じ。

CASE 9　次の行程を乗車する場合の普通車指定席特急料金

通常期

小倉	特急〔ソニック〕普通車自由席　㊔132.9km	大分	特急〔にちりん〕普通車指定席　㊔213.0km	宮崎空港

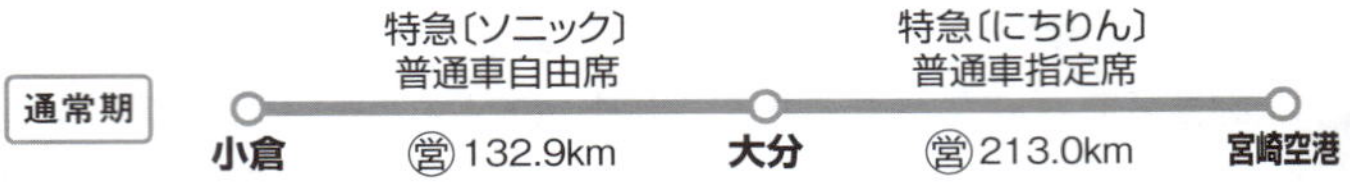

※全区間B特急料金を適用

●特急料金（普通車指定席／通常期）

営業キロ	150km まで	300km まで	301km 以上
B 特急料金	2,330 円	2,930 円	3,130 円

原則　列車ごとに次のように特急料金を適用する。

小倉－大分間（132.9km）　2,330 － 530 ＝ 1,800 円

大分－宮崎空港間（213.0km）　2,930 円

特例　大分駅で改札から出場せずに乗り継ぐ場合は、小倉－大分－宮崎空港間の各営業キロに基づき次のように特急料金を通算できる。

小倉－宮崎空港間　132.9 ＋ 213.0 ＝ 345.9km → 3,130 円

プラスアルファ
ケース9のように乗車する列車によって利用する設備が異なる場合は、前述した「新幹線内乗継」のときと同じように特急料金を適用すればよい。この事例のように普通車自由席と普通車指定席を乗り継ぐ場合は全体に普通車指定席特急料金を適用する。

(4) 大阪－和倉温泉間の特急列車の乗り継ぎ

大阪（新大阪）・京都－和倉温泉間（北陸本線・七尾線経由）の特急列車を**金沢駅**で乗り継ぐときは、**改札から出場しない場合**に限り、1つの特急列車とみなして特急料金・グリーン料金を計算することができます。

CASE 10　次の行程を乗車する場合の普通車指定席特急料金

通常期

大阪	特急〔サンダーバード〕　㊔267.6km	金沢	IRいしかわ鉄道	津幡	特急〔能登かがり火〕　㊔59.5km	和倉温泉

※1 特急〔能登かがり火〕の金沢ー津幡間はIRいしかわ鉄道の運行区間で、同鉄道はJRと通過連絡運輸の取扱いを行っている（特急料金は200円）
※2 大阪ー金沢間はA特急料金、津幡ー和倉温泉間はB特急料金を適用

●特急料金（普通車指定席／通常期）

営業キロ	100km まで	300km まで	400km まで
A 特急料金	1,730 円	2,950 円	3,170 円
B 特急料金	1,190 円		

通過連絡運輸
▶▶ P286

原則　列車ごとに次のように特急料金を適用する。

大阪－金沢間（267.6km）2,950 円

金沢－津幡間（IR いしかわ鉄道）200 円

津幡－和倉温泉間（59.5km）1,190 円

特例　金沢駅で改札から出場せずに乗り継ぐ場合は、IR いしかわ鉄道の前後の JR 区間（大阪－金沢間、津幡－和倉温泉間）の各営業キロに基づき、次のように特急料金を通算できる（別途 IR いしかわ鉄道の特急料金 200 円を加える）。

※ A 特急料金、B 特急料金の両区間にまたがるので、全体に A 特急料金を適用する。

大阪－和倉温泉間　267.6 ＋ 59.5 ＝ 327.1km → 3,170 円

金沢－津幡間（IR いしかわ鉄道）200 円

3,170 ＋ 200 ＝ 3,370 円

（5）札幌－稚内間、札幌－網走間の特急列車の乗り継ぎ

次の各区間内において、**旭川駅**で特急列車を乗り継ぐときは、**改札から出場しない場合**に限り、1つの特急列車とみなして特急料金・グリーン料金を計算することができます。

① **札幌－稚内**間

② **札幌－網走**間

CASE 11　次の区間を乗車する場合の普通車指定席特急料金

通常期

※全区間A特急料金を適用

●特急料金（普通車指定席／通常期）

営業キロ	150km まで	200km まで	300km まで	400km まで
A 特急料金	2,360 円	2,730 円	2,950 円	3,170 円

原則　列車ごとに次のように特急料金を適用する。

札幌－旭川間（136.8km）　2,360 円

旭川－稚内間（259.4km）　2,950 円

特例　旭川駅で改札から出場せずに乗り継ぐ場合は、札幌－旭川－稚内間の各営業キロに基づき次のように特急料金を通算できる。

札幌－稚内間　136.8 ＋ 259.4 ＝ 396.2km → 3,170 円

Let's Try! 確認テスト

●次の問題に答えなさい。

□ 1　以下の行程を新幹線の改札口を出ないで当日中に乗り継ぐ場合について、資料に基づき各設問に答えなさい。予想

東海道新幹線〔こだま〕　東海道・山陽新幹線〔のぞみ〕
浜松 ― 名古屋 ― 岡山

①繁忙期に〔こだま〕は普通車自由席、〔のぞみ〕は普通車指定席を利用したときの大人1人当たりの特急料金はいくらか。
②繁忙期に〔こだま〕は普通車指定席、〔のぞみ〕はグリーン車指定席を利用したときの小児1人当たりの料金総額はいくらか。
③閑散期に〔こだま〕〔のぞみ〕ともに普通車自由席を利用したときの大人1人当たりの特急料金はいくらか。

【資料】各区間の普通車指定席特急料金（通常期）およびグリーン料金

区間	料金	区間	料金
浜　松－名古屋〔ひかり・こだま〕	3,060円	名古屋－岡　山〔ひかり・こだま〕	4,700円
名古屋－岡　山〔のぞみ〕	5,120円	浜　松－岡　山〔ひかり・こだま〕	5,150円
名古屋－岡　山　グリーン料金	4,190円		

□ 2　繁忙期に次の行程を新幹線の改札口を出ないで当日中に乗り継ぐ場合の大人1人の特急料金はいくらか。国平26改

東京 ―〔はやぶさ〕普通車指定席― 仙台 ―〔やまびこ〕普通車自由席― 一ノ関

【資料】東北新幹線の普通車指定席特急料金

東京 － 仙台	〔やまびこ〕5,040円　〔はやぶさ〕5,360円
東京 － 一ノ関	〔やまびこ〕5,580円　〔はやぶさ〕6,000円
仙台 － 一ノ関	〔やまびこ〕2,400円

解答 1. ①5,770円
5,150＋（5,120－4,700）＋200＝5,770円
②6,710円
5,150＋（5,120－4,700）－530＝5,040円（大人の特急料金）、5,040÷2＝2,520円（小児の特急料金）、2,520＋4,190＝6,710円（グリーン料金は小児でも半額にならない）
③4,620円
5,150－530＝4,620円
2. 6,100円
東京－一ノ関間に〔やまびこ〕の普通車指定席特急料金を適用し、東京－仙台間の〔はやぶさ〕の差額を加える　5,580＋（5,360－5,040）＋200＝6,100円

JR 料金の特例②

国 総

学習項目

◎ JR 各社にまたがる新幹線の料金計算
◎ JR 各社にまたがる場合のグランクラス料金
◎山形新幹線・秋田新幹線

学習ポイント

- 運行する会社が異なる新幹線区間を確認する。
- 特急料金・グリーン料金の変則的な計算手順を理解する。
- 山形新幹線・秋田新幹線の特急料金の構成と運行体系を理解する。

1 料金を通算できない場合

このLessonでは、1つの新幹線に乗車する（または改札から出ずに乗り継ぐ）場合でも、料金を通算できない主な事例を確認しましょう。

1．JR 各社にまたがって新幹線を乗り継ぐ場合

新幹線の乗車区間が次の①～④に該当するときは、改札から出ないで乗り継ぐ場合（または直通して乗車する場合）でも、全区間の料金を通算することはできません（上りどうし、下りどうしでも全区間に通しの料金を適用できません）。

① **東海道**新幹線＋**山陽**新幹線＋**九州**新幹線（3つの新幹線区間にまたがって乗車する場合）
② **山陽**新幹線＋**九州**新幹線（2つの新幹線区間にまたがって乗車する場合）
③ **東北**新幹線＋**北海道**新幹線（2つの新幹線区間にまたがって乗車する場合）
④ **北陸**新幹線（**JR 東日本**と **JR 西日本**にまたがって北陸新幹線に乗車する場合）

これらは、原則として料金を通算しない点では共通しているものの、運行会社の違いにより、計算ルールが少しずつ異なります（詳細は以降の各事例を参照）。

プラスアルファ
①～④のなかでも、②は〔みずほ〕〔さくら〕が、③は〔はやぶさ〕〔はやて〕が、④は〔かがやき〕〔はくたか〕が、それぞれの区間を直通運転しているが、1つの新幹線に直通して乗車する場合でも料金の通算はできない。
新幹線が直通運転する区間
▶▶P309

2. JR各社にまたがる新幹線の料金計算

次の（1）～（4）に該当するときの料金は、これまでに学習した原則とは異なる変則的なルールを適用します。それぞれの計算過程を確認しましょう。

（1）東海道新幹線＋山陽新幹線＋九州新幹線

東海道・山陽・九州の３つの新幹線区間を**直通運転する新幹線は運行されていない**ため、東海道新幹線の東京－京都間の各駅と九州新幹線の各駅相互間を乗車する場合は、必ず途中駅での乗り換えが生じます。

■ 図表１　東海道・山陽新幹線と山陽・九州新幹線（運行区間）

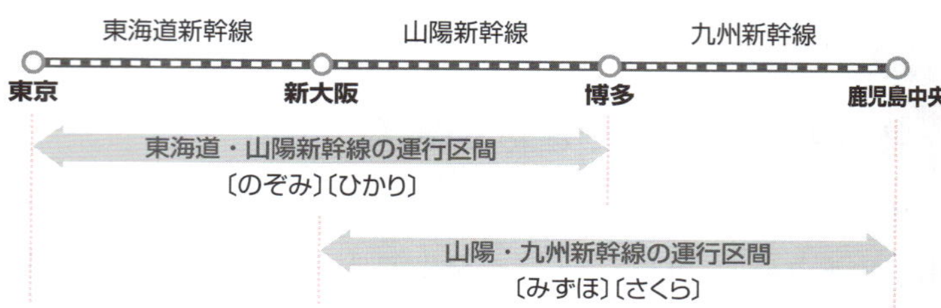

また、東海道・山陽・九州の３つの新幹線区間に対する通しの特急料金は、そもそも設定されていません。

以上により、途中駅で改札から出ずに**東海道新幹線の東京－京都間の各駅**と**九州新幹線**の**各駅相互間**に乗車する場合は、行程を「**東海道・山陽新幹線**の区間」と「**九州新幹線**の区間」の２つに分けて、**別々に料金を計算**します。

CASE 1　次の行程で途中駅で改札から出ずに乗り継ぐ場合

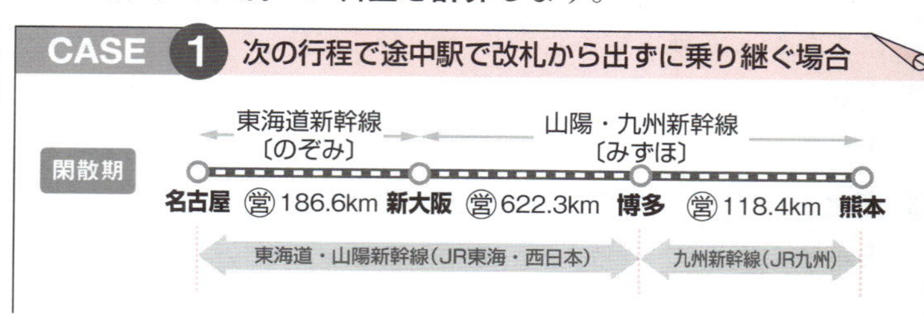

●新幹線の特急料金（指定席特急料金はすべて普通車利用時の通常期の額）

区間	設備	新幹線	特急料金
名古屋－博多	指定席特急料金	〔のぞみ·みずほ〕	7,560円
		〔ひかり·さくら〕	7,030円
名古屋－博多	自由席特急料金	〔のぞみ·みずほ〕	6,500円（特定特急料金）
新大阪－博多	指定席特急料金	〔のぞみ·みずほ〕	5,810円
		〔ひかり·さくら〕	5,490円
博多－熊本	指定席特急料金	〔みずほ·さくら〕	3,060円

●グリーン料金

JR東海・西日本	800kmまで　6,600円／801km以上　7,790円
JR九州	200kmまで　2,100円

【東海道・山陽新幹線の区間】　名古屋－新大阪－博多〔のぞみ＋みずほ〕

①〔のぞみ〕〔みずほ〕ともに普通車指定席の場合

特急料金　7,560 − 200 ＝ 7,360円（小児は半額）

②〔のぞみ〕〔みずほ〕ともに普通車自由席の場合

特急料金　6,500円（小児は半額）

③〔のぞみ〕〔みずほ〕ともにグリーン車指定席の場合

特急料金　7,560 − 530 ＝ 7,030円（小児は半額）

グリーン料金　186.6 ＋ 622.3 ＝ 808.9km…801km以上
→ 7,790円（小児も同額）

④〔のぞみ〕普通車自由席＋〔みずほ〕普通車指定席の場合

全乗車区間に「〔ひかり・さくら〕の特急料金」を適用し、〔みずほ〕の新大阪－博多間の差額（5,810 − 5,490 ＝ 320円）を加える。

特急料金　7,030 ＋ 320 − 200 ＝ 7,150円（小児は半額）

⑤〔のぞみ〕普通車指定席＋〔みずほ〕グリーン車指定席の場合

全乗車区間に「グリーン車用の特急料金」を適用する。

特急料金　7,560 − 530 ＝ 7,030円（小児は半額）

グリーン料金　622.3km…800kmまで→ 6,600円（小児も同額）

【九州新幹線の区間】　博多－熊本〔みずほ〕

⑥普通車指定席の場合

特急料金　3,060 − 200 ＝ 2,860円（小児は半額）

⑦普通車自由席の場合

特急料金　3,060 − 530 ＝ 2,530円（小児は半額）

⑧グリーン車指定席の場合

特急料金　3,060 − 530 ＝ 2,530円（小児は半額）

グリーン料金　118.4km…200kmまで→ 2,100円（小児も同額）

ケース1の場合は、「東海道・山陽新幹線の区間」と「九州新幹線の区間」とに分けて、別々に料金を計算するのがポイント。また、東海道・山陽新幹線の区間内や九州新幹線の区間内で複数の新幹線に乗り継ぐときは、Lesson5のケース1～4と同様の考え方で通しの特急料金を適用することになります。

プラスアルファ

ケース1で、名古屋－博多間を〔のぞみ〕に、博多－熊本間を〔みずほ〕や〔さくら〕、〔つばめ〕に乗車しても①～③、⑥～⑧の場合の料金は同じ。

前述のとおり、「東海道・山陽新幹線の区間」と「九州新幹線の区間」とに分けて別々に料金を計算することになります。例えば、ケース１の全行程で普通車指定席を利用するときは①と⑥を足したものが、グリーン車指定席を利用するときは③と⑧を足したものが、料金の総額になります。**小児の料金**を計算する場合は、特急料金の総額を半額にするのではなく、①～⑧の**特急料金をそれぞれ半額**にする点に注意しましょう（グリーン料金は原則どおり、大人・小児ともに同額です）。

(2) 山陽新幹線＋九州新幹線

新大阪－博多－鹿児島中央間は、**山陽・九州新幹線の〔みずほ〕〔さくら〕**が**直通運転**しています。山陽・九州新幹線を直通で（または途中駅で改札から出ずに乗り継いで）利用する場合は、原則として「山陽新幹線の区間」と「九州新幹線の区間」の２つに分けて、別々に料金を計算します。

山陽・九州新幹線の「普通車**自由席**」を利用するときは、これまで学習してきた原則に従って特急料金を計算します。これに対し、「**指定席**（普通車指定席またはグリーン車指定席）」を利用するときは、次のような変則的なルールによる**特定の特急料金**を適用します。

Key Point　●山陽・九州新幹線の指定席（普通車・グリーン車）を利用するとき

■山陽新幹線区間の特急料金……A

「乗車日による ± 200 円」「グリーン車を利用するときの － 530 円」は、**山陽新幹線の特急料金に対してのみ適用**する（九州新幹線の特急料金には適用しない）。

■九州新幹線区間の特急料金……B

九州新幹線区間の特急料金は、**乗車日にかかわらず一律 530 円を減額**する（乗車日による ± 200 円は適用せず、普通車指定席、グリーン車指定席のどちらを利用するときでも一律 530 円引き）。

このルールを図示すると次のようなイメージになります。

■ 図表2　山陽・九州新幹線の指定席を利用するときの特急料金

【山陽新幹線】		【九州新幹線】		【山陽・九州新幹線】
A 所定の特急料金※1	＋	−530円 B 所定の特急料金※2	＝	山陽・九州新幹線の特急料金（特定の特急料金）

※1　乗車日による±200円、グリーン車利用時の−530円を適用（原則どおり）
※2　乗車日や利用設備にかかわらず−530円（年間を通じて**一律**）

ケース2を使って、実際に計算してみましょう。

CASE 2　次の行程を直通する山陽・九州新幹線に乗車する場合

繁忙期

山陽・九州新幹線
新大阪　営622.3km　博多　営288.9km　鹿児島中央
山陽新幹線（JR西日本）　九州新幹線（JR九州）

●新幹線の特急料金（指定席特急料金はすべて普通車利用時の通常期の額）

区間	設備	新幹線	特急料金
新大阪－博多	指定席特急料金	〔さくら〕	5,490円
	指定席特急料金	〔みずほ〕	5,810円
	自由席特急料金	〔みずほ〕	4,960円（特定特急料金）
博多－鹿児島中央	指定席特急料金	〔みずほ〕〔さくら〕	5,030円

●グリーン料金

JR西日本	800kmまで　6,600円
JR九州	201km以上　3,150円

山陽・九州新幹線の普通車自由席を利用する場合は、これまでに学習した原則どおり、それぞれの区間の普通車指定席特急料金から530円を減額する。

①〔さくら〕普通車自由席の場合

特急料金

【山陽新幹線】5,490 − 530（自由席）＝ 4,960円（小児は半額）
【九州新幹線】5,030 − 530（自由席）＝ 4,500円（小児は半額）
【全区間（合計）】4,960 + 4,500 ＝ 9,460円 ＊〔みずほ〕も同額

山陽・九州新幹線の指定席（普通車指定席・グリーン車指定席）を利用する場合は、Key Pointで述べたルールに従って特急料金を求める。

②〔さくら〕普通車指定席の場合

特急料金

【山陽新幹線】5,490 + 200（繁忙期）＝ 5,690円（小児は半額）

プラスアルファ
レッスン4のケース2の③で学習したとおり、〔みずほ〕の普通車自由席を利用するときの自由席特急料金（特定特急料金）は〔さくら〕と同額で設定されている。

【九州新幹線】5,030 − 530（一律）＝ 4,500 円（小児は半額）
【全区間（合計）】5,690 ＋ 4,500 ＝ 10,190 円（特定の特急料金）

③〔みずほ〕普通車指定席の場合

特急料金

【山陽新幹線】5,810 ＋ 200（繁忙期）＝ 6,010 円（小児は半額）
【九州新幹線】5,030 − 530（一律）＝ 4,500 円（小児は半額）
【全区間（合計）】6,010 ＋ 4,500 ＝ 10,510 円（特定の特急料金）

④〔さくら〕グリーン車指定席の場合

特急料金

【山陽新幹線】5,490 − 530（グリーン車）＝ 4,960 円（小児は半額）
【九州新幹線】5,030 − 530（一律）＝ 4,500 円（小児は半額）
【全区間（合計）】4,960 ＋ 4,500 ＝ 9,460 円（特定の特急料金）

グリーン料金

【山陽新幹線】622.3km…800km まで→ 6,600 円（小児も同額）
【九州新幹線】288.9km…201km 以上→ 3,150 円（小児も同額）
【全区間（合計）】6,600 ＋ 3,150 ＝ 9,750 円

⑤〔みずほ〕グリーン車指定席の場合

特急料金

【山陽新幹線】5,810 − 530（グリーン車）＝ 5,280 円（小児は半額）
【九州新幹線】5,030 − 530（一律）＝ 4,500 円（小児は半額）
【全区間（合計）】5,280 ＋ 4,500 ＝ 9,780 円（特定の特急料金）

グリーン料金

【全区間（合計）】9,750 円　＊④の〔さくら〕と同額

なお、試験では、山陽新幹線区間（A）、九州新幹線区間（B）の各特急料金を別々に提示せず、これらをあらかじめ**合算**した額が「**山陽・九州新幹線の特定の特急料金**」として次のように提示されることがあります。

プラスアルファ
JR 時刻表では、図表 3 に示したような特定の特急料金（合算額）が「山陽・九州新幹線の特急料金（表）」として掲載されている。

■ 図表 3　山陽・九州新幹線の特定の特急料金（普通車指定席特急料金／通常期）

区間	設備	新幹線	特急料金
新大阪－鹿児島中央	指定席特急料金	〔さくら〕	9,990 円
	指定席特急料金	〔みずほ〕	10,310 円

図表 3 にある特定の特急料金（合算額）は、**「九州新幹線区間」の特急料金の一律 530 円引き**がすでに**適用**されています。したがって、この場合は、提示された「特定の特急料金」に対して乗車日による ± 200 円または乗車設備による − 530 円のみを行

うことになります。

ケース2の行程を使って、特定の特急料金の計算例を確認してみましょう（次に示す①～⑤は、ケース2で解説した①～⑤と対応しています）。

① 普通車自由席の場合

特急料金

〔さくら〕9,990 − 530（自由席）＝ 9,460 円＊〔みずほ〕も同額

②③ 普通車指定席の場合

特急料金

〔さくら〕9,990 ＋ 200（繁忙期）＝ 10,190 円
〔みずほ〕10,310 ＋ 200（繁忙期）＝ 10,510 円

④⑤ グリーン車指定席の場合

特急料金

〔さくら〕9,990 − 530（グリーン車）＝ 9,460 円（＋グリーン料金）
〔みずほ〕10,310 − 530（グリーン車）＝ 9,780 円（＋グリーン料金）

（3）東北新幹線＋北海道新幹線

東京－新青森－新函館北斗間は、**東北・北海道新幹線**の〔はやぶさ〕が**直通運転**しています（**全車両指定席**）。東北・北海道新幹線を直通で（または途中駅で改札から出ずに乗り継いで）利用する場合は、原則として「**東北新幹線**の区間」と「**北海道新幹線**の区間」の2つに分けて、別々に料金を計算します。

この場合、次のような変則的なルールによる**特定の特急料金**を適用します。

Key Point　●東北・北海道新幹線の特急料金

■東北新幹線区間の特急料金

「乗車日による ± 200 円、＋ 400 円」「グリーン車を利用するときの − 530 円」は、**東北新幹線の特急料金に対してのみ適用**する（北海道新幹線の特急料金には適用しない）。

■北海道新幹線区間の特急料金

北海道新幹線区間の特急料金は**乗車日にかかわらず一律 530 円を減額**する（乗車日による変動は適用せず、普通車指定席、グリーン車指定席のどちらを利用するときでも一律 530 円引き）。

プラスアルファ

東京から新函館北斗の全区間を直通運転するのは〔はやぶさ〕のみだが、盛岡－新青森－新函館北斗間は、〔はやぶさ〕のほか〔はやて〕も運行している。

東北新幹線内だけ、あるいは北海道新幹線内だけに乗車する場合は、特別なルールはありません。これまでに学習した原則どおりに特急料金、グリーン料金を計算すればOK！

プラスアルファ

左記 KeyPoint に示した手順は前述の「山陽・九州新幹線」の計算手順とほぼ共通している。
P331 の図表2にある「山陽新幹線」と「九州新幹線」を、それぞれ「東北新幹線」と「北海道新幹線」に置き換えても考え方は同じ。

ケース3で実際に計算してみましょう。

CASE 3 次の行程を直通する東北・北海道新幹線に乗車する場合

東北・北海道新幹線〔はやぶさ〕

最繁忙期

仙台 ―(営)361.9km― 新青森 ―(営)148.8km― 新函館北斗

東北新幹線（JR東日本）　北海道新幹線（JR北海道）

●新幹線の特急料金（普通車指定席特急料金／通常期）

区間	新幹線	特急料金
仙台－新青森	〔はやぶさ〕	5,040円
新青森－新函館北斗	〔はやぶさ〕〔はやて〕	4,530円

●グリーン料金

JR東日本	400kmまで	4,190円
JR北海道	200kmまで	2,800円

①〔はやぶさ〕普通車指定席の場合

特急料金

【東北新幹線】5,040＋400（最繁忙期）＝5,440円（小児は半額）

【北海道新幹線】4,530－530（一律）＝4,000円（小児は半額）

【全区間（合計）】5,440＋4,000＝9,440円（特定の特急料金）

②〔はやぶさ〕グリーン車指定席の場合

特急料金

【東北新幹線】5,040－530（グリーン車）＝4,510円（小児は半額）

【北海道新幹線】4,530－530（一律）＝4,000円（小児は半額）

【全区間（合計）】4,510＋4,000＝8,510円（特定の特急料金）

グリーン料金

【東北新幹線】361.9km…400kmまで→4,190円（小児も同額）

【北海道新幹線】148.8km…200kmまで→2,800円（小児も同額）

【全区間（合計）】4,190＋2,800＝6,990円

(4) 北陸新幹線（JR東日本＋JR西日本）

北陸新幹線の全運行区間（東京－金沢間）のうち、**東京－上越妙高間**は**JR東日本**が運行し、**上越妙高－金沢間**は**JR西日本**が運行しています。「東京から金沢まで」といったようにJR東日本とJR西日本の両区間にまたがって北陸新幹線に乗車する場合は、次のルールに従って料金を計算します。

プラスアルファ

東北新幹線と北海道新幹線にまたがって乗車するに当たり、東北新幹線内の乗車区間が七戸十和田～新青森の一駅間のみである場合（例：七戸十和田－新青森－新函館北斗）、または北海道新幹線内の乗車区間が新青森～奥津軽いまべつの一駅間のみである場合（例：仙台－新青森－奥津軽いまべつ）は、ケース3の計算手順によらず、低額な特急料金（特定特急料金）が定められている（詳細は省略）。

JR東日本内だけ、あるいはJR西日本内だけで北陸新幹線に乗車する場合は、特別なルールはありません。これまでに学習した原則どおりに特急料金・グリーン料金を計算すればOK！

Key Point ●北陸新幹線の料金（JR 東日本＋ JR 西日本）

特急料金………駅間ごとに定められた額を適用（原則どおり）
グリーン料金…JR 東日本、JR 西日本の**区間ごと**に計算
（グリーン料金は**通算不可**）
＊グランクラス料金も同様に通算不可

北陸新幹線のグリーン（グランクラス）料金は**上越妙高**駅を境に区間を分けるのがポイント！

では、ケース 4 で具体的な計算手順を確認してみましょう。

CASE 4　次の行程を乗車する場合の特急料金・グリーン料金

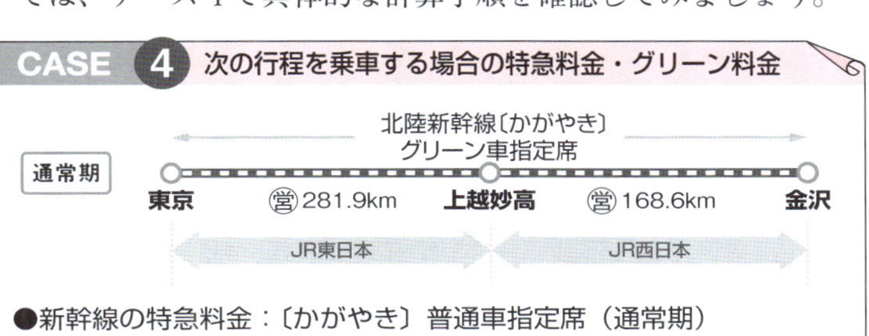

●新幹線の特急料金：〔かがやき〕普通車指定席（通常期）
東京－金沢　6,900 円

●グリーン料金（北陸新幹線）

200km まで	400km まで	600km まで
2,800 円	4,190 円	5,400 円

特急料金　東京－金沢間　6,900 － 530 ＝ 6,370 円（小児は半額）

グリーン料金

【JR 東日本区間】東京－上越妙高間
281.9km…400km まで→ 4,190 円（小児も同額）

【JR 西日本区間】上越妙高－金沢間
168.6km…200km まで→ 2,800 円（小児も同額）

【全区間（合計）】4,190 ＋ 2,800 ＝ 6,990 円

3. JR 各社にまたがる場合のグランクラス料金

グランクラス料金には、これまでに見てきた「単一の会社内で乗車するときのグランクラス料金」のほかに「JR 各社にまたがる場合のグランクラス料金」があります。

復習も兼ねて、これらの違いを確認しましょう。

(1) 単一の会社内でグランクラスに乗車する場合

グランクラスの乗車区間が「JR 東日本内のみ」「JR 西日本内のみ」「JR 北海道内のみ」といったように単一の会社内である

とき（JR 各社にまたがらないとき）は、これまで学習した原則に従って次のとおり計算します。

CASE 5 次の行程で乗車する場合

通常期

北陸新幹線〔かがやき〕グランクラス

東京 ―― 営222.4km ―― 長野

JR東日本

●新幹線の特急料金（普通車指定席特急料金／通常期）

北陸新幹線　東京－長野 4,270 円

●グランクラス料金（A）北陸新幹線（JR 東日本内相互発着）

100km まで	200km まで	400km まで
6,540 円	8,040 円	9,430 円

特急料金　東京－長野間

4,270 － 530 ＝ 3,740 円（小児は半額）

グランクラス料金　東京－長野間

222.4km → 400km まで→ 9,430 円（小児も同額）

（2）JR 各社にまたがってグランクラスに乗車する場合

「JR 東日本＋ JR 西日本」や「JR 東日本＋ JR 北海道」のように、JR 各社にまたがってグランクラスに乗車する場合は、会社ごとに区間を分けてグランクラス料金を計算します。このときに適用するグランクラス料金は、単一の会社内で適用されるグランクラス料金よりも低額に設定されています。

CASE 6 次の行程で乗車する場合

通常期

北陸新幹線〔かがやき〕グランクラス

東京 ―― 営222.4km（長野）―― 営59.5km（上越妙高）―― 営168.6km ―― 金沢

JR東日本　JR西日本

●新幹線の特急料金（普通車指定席特急料金／通常期）

北陸新幹線　東京－金沢 6,900 円

●グランクラス料金（A）北陸新幹線（各社にまたがる場合）

100km まで	200km まで	400km まで
5,490 円	6,990 円	8,380 円

プラスアルファ

ケース５に示したグランクラス料金とケース６に示した同料金を比較するとわかるとおり、乗車区間が各社にまたがるグランクラス料金が **1,050 円低額**に設定されている。

ケース６は、前述のケース４の「グリーン料金」を「グランクラス料金」に置き換えただけで、計算手順はケース４と同じです。ただし、グリーン料金は、乗車区間が単一会社内であるか、２社にまたがるかにかかわらず同額を適用するのに対し、グランクラス料金は乗車区間が「単一会社内のとき」と「各社にまたがるとき」とによって２段階の料金設定になっている点が大きく異なります。

特急料金　東京－金沢間

6,900 － 530 ＝ 6,370円（小児は半額）

グランクラス料金

【JR東日本区間】東京－長野－上越妙高間

222.4 ＋ 59.5 ＝ 281.9km → 400kmまで　8,380円（小児も同額）

【JR西日本区間】上越妙高－金沢間

168.6km → 200kmまで　6,990円（小児も同額）

【全区間（合計）】8,380 ＋ 6,990 ＝ 15,370円

JR東日本とJR北海道にまたがって東北・北海道新幹線に乗車するときのグランクラス料金もケース6と同様の手順で計算します。次のケース7の行程を使って、これまでに学習してきた各種の例外的なルールを確認してみましょう。

CASE 7　次の行程を途中駅で改札から出ずに乗車する場合

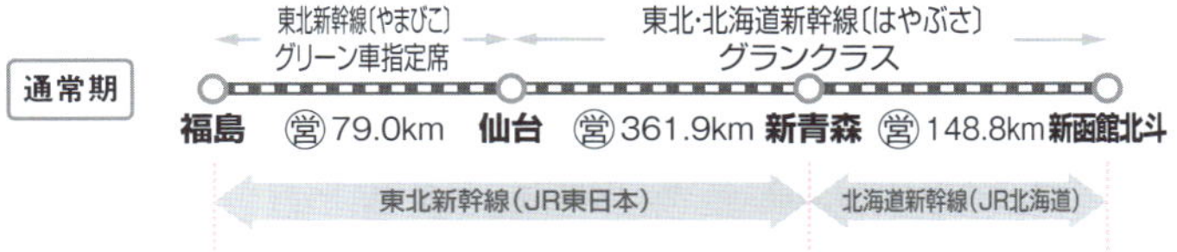

通常期

東北新幹線〔やまびこ〕グリーン車指定席（福島－仙台）／東北・北海道新幹線〔はやぶさ〕グランクラス（仙台－新函館北斗）

福島　㊢79.0km　仙台　㊢361.9km　新青森　㊢148.8km　新函館北斗

東北新幹線（JR東日本）：福島－新青森／北海道新幹線（JR北海道）：新青森－新函館北斗

●新幹線の特急料金（普通車指定席特急料金／通常期）

区間	新幹線	特急料金
仙台－新青森	〔はやぶさ〕	5,040円
	〔やまびこ〕	4,830円
福島－新青森	〔やまびこ〕	5,370円
新青森－新函館北斗	〔はやぶさ〕	4,530円

●グランクラス料金（A／各社にまたがる場合）／グリーン料金

JR東日本	グランクラス料金	400kmまで	8,380円
	グリーン料金	100kmまで	1,300円
	グリーン料金	400kmまで	4,190円
	グリーン料金	600kmまで	5,400円
JR北海道	グランクラス料金	200kmまで	6,990円

東北新幹線（JR東日本）と北海道新幹線（JR北海道）にまたがって乗車しているので、東北新幹線区間と北海道新幹線区間に分けて料金を計算する。

プラスアルファ

ケース7の東北新幹線区間（福島－新青森間）は下りの〔やまびこ〕と〔はやぶさ〕を乗り継いでいるので、特急料金・グランクラス（グリーン）料金を通算できる。

最速型と最速型以外の新幹線の乗り継ぎ

▶▶P318

グリーン車とグランクラスを乗り継ぐ場合

▶▶P321

特急料金

【東北新幹線】福島－仙台－新青森間

福島－新青森間に〔やまびこ〕の特急料金を適用し、最速型新幹線〔はやぶさ〕乗車区間（仙台－新青森間）の〔はやぶさ〕と〔やまびこ〕の差額を加える。

5,370 +（5,040 − 4,830）− 530（グリーン車）= 5,050 円（小児は半額）

【北海道新幹線】新青森－新函館北斗間

4,530 − 530（一律）= 4,000 円（小児は半額）

【全区間（合計）】5,050 + 4,000 = 9,050 円（特定の特急料金）

グランクラス・グリーン料金

【東北新幹線】福島－仙台－新青森間

福島－新青森間の距離に応じたグリーン料金に、グランクラス乗車区間（仙台－新青森間）の「グランクラス料金とグリーン料金の差額」を加える。

79.0 + 361.9 = 440.9km → 600km まで　5,400 円(グリーン料金)

5,400 +（8,380 − 4,190）= 9,590 円（小児も同額）

【北海道新幹線】新青森－新函館北斗間

148.8km → 200km まで　6,990 円（小児も同額）

【全区間（合計）】9,590 + 6,990 = 16,580 円

2 山形新幹線〔つばさ〕と秋田新幹線〔こまち〕

山形新幹線と秋田新幹線は、それぞれ〔つばさ〕〔こまち〕の名称で一般に「新幹線」として親しまれているものの、運行経路の一部は在来線として位置づけられています。

●山形新幹線（全車指定席）

〔つばさ〕の名称で**東京－（福島）－新庄間**を直通運転しています。このうち、東京－福島間は東北新幹線〔やまびこ〕と車両を連結して運行しています。**福島－新庄間**は**在来線**（奥羽本線）です。

●秋田新幹線（全車指定席）

〔こまち〕の名称で**東京－（盛岡）－秋田間**を直通運転しています。このうち、東京－盛岡間は、最速型の東北新幹線〔はやぶさ〕と車両を連結して運行しています。**盛岡－秋田間**は**在来線**（奥羽本線・田沢湖線）です。

プラスアルファ
〔やまびこ〕と連結せず、〔つばさ〕単独で直通運転する山形新幹線もある（連結、単独にかかわらず計算手順は同じ）。

■ 図表4　山形新幹線と秋田新幹線の運行経路図

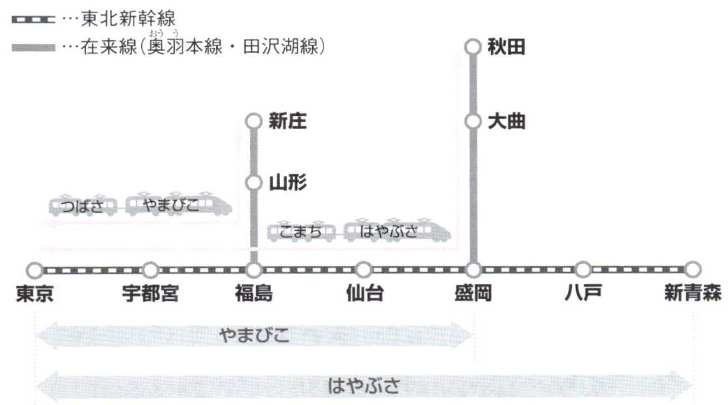

つまり、〔つばさ〕は東京－新庄間を、〔こまち〕は東京－秋田間を、それぞれ直通運転しているにもかかわらず、運行区間の一部は新幹線、一部は在来線であることから、**料金計算のうえでは「新幹線」と「在来線特急」の2つの列車に乗車したもの**として取り扱われるのです。

これにより、〔つばさ〕と〔こまち〕の料金は、「東北新幹線区間だけに乗車するとき」「在来線区間だけに乗車するとき」「東北新幹線と在来線区間にまたがって乗車するとき」の3種類に分けて次のように計算します。

プラスアルファ
〔こまち〕は最速型新幹線の〔はやぶさ〕と連結して運行するので、〔こまち〕の新幹線区間には、最速型の新幹線の特急料金を適用する。

1.〔つばさ〕〔こまち〕の東北新幹線区間だけに乗車するとき

東北新幹線区間（〔つばさ〕の東京－福島間、〔こまち〕の東京－盛岡間）だけに乗車する場合は、東北新幹線の所定の特急料金を適用します（これまで学習してきた原則のとおり）。

CASE 8　〔つばさ〕の新幹線区間だけに乗車する場合

繁忙期

〔つばさ〕
東京 ――― 福島
営272.8km

●東北新幹線〔つばさ〕の特急料金（普通車指定席特急料金／通常期）
東京－福島　4,270円
●グリーン料金　400kmまで　4,190円

①普通車指定席に乗車する場合

特急料金　4,270＋200＝4,470円（原則どおり）

②グリーン車指定席に乗車する場合

特急料金　4,270－530＝3,740円（原則どおり）

グリーン料金　272.8㎞→400㎞まで 4,190円

料金合計　3,740＋4,190＝7,930円

2. 〔つばさ〕〔こまち〕の在来線区間だけに乗車するとき

在来線区間（〔つばさ〕の福島－新庄間、〔こまち〕の盛岡－秋田間）だけに乗車する場合は、在来線の特急料金を適用します（これまで学習してきた原則のとおり）。

CASE 9 〔つばさ〕の在来線区間だけに乗車する場合

閑散期

〔つばさ〕

福島　営148.6km　新庄

●在来線の特急料金（普通車指定席特急料金／通常期）

150kmまで　2,110円

●グリーン料金　200kmまで　2,800円

①普通車指定席に乗車する場合

特急料金　2,110－200＝1,910円（原則どおり）

②グリーン車指定席に乗車する場合

特急料金　2,110－530＝1,580円（原則どおり）

グリーン料金　148.6㎞→200㎞まで 2.800円

料金合計　1,580＋2,800＝4,380円

3. 東北新幹線と在来線区間にまたがって乗車するとき

（1）特急料金の適用

〔つばさ〕または〔こまち〕の運行区間内で、東北新幹線区間と在来線区間を直通で（または途中駅で改札から出ずに乗り継いで）乗車する場合は、「新幹線の区間」と「在来線の区間」の2つに分けて、別々に特急料金を計算します。この場合、次のような変則的なルールによる**特定の特急料金**を適用します。

プラスアルファ

ケース9の「2,110円（150キロまで）」は、「〔つばさ〕（または〔こまち〕）の在来線区間用」に定められた特急料金で、JR時刻表では「奥羽本線（福島～新庄間）および田沢湖線・奥羽本線（大曲～秋田間）の特急料金」として、通常の特急料金とは別の料金表が掲載されている。

「〔つばさ〕〔こまち〕の在来線区間だけに乗車するとき（ケース9）」のほか、「東北新幹線と在来線区間にまたがって乗車するとき（ケース10、ケース11）」も、共通の料金表を使って特急料金を計算する。

Key Point ●〔つばさ〕〔こまち〕の特急料金（新幹線＋在来線）

■東北新幹線区間の特急料金

「乗車日による±200円、＋400円」「グリーン車を利用するときの－530円」は、**東北新幹線の特急料金に対してのみ適用**する（在来線の特急料金には適用しない）。

■在来線区間の特急料金

在来線区間の特急料金は**乗車日にかかわらず一律530円を減額**する（乗車日による変動は適用せず、普通車指定席、グリーン車指定席のどちらを利用するときでも一律530円引き）。

(2) グリーン料金の適用

〔つばさ〕または〔こまち〕の運行区間内で、東北新幹線区間と在来線区間を直通で（または途中駅で改札から出ずに乗り継いで）グリーン車指定席を利用する場合は、新幹線区間と在来線区間の営業キロを通算し、**通しのグリーン料金**を適用することができます。

（1）と（2）に従って、次の行程で実際に計算してみましょう。

CASE 10 〔つばさ〕の新幹線区間と在来線区間を直通して乗車する場合

閑散期　〔つばさ〕
東京 ―（営272.8km）― 福島 ―（営148.6km）― 新庄

●特急料金（普通車指定席特急料金／通常期）
東北新幹線〔つばさ〕　東京－福島　4,270円
在来線　150kmまで　2,110円
●グリーン料金　600kmまで　5,400円

①普通車指定席に乗車する場合

特急料金

【新幹線】4,270 － 200（閑散期）＝ 4,070円（小児は半額）
【在来線】2,110 － 530（一律）＝ 1,580円（小児は半額）
特急料金合計　4,070 ＋ 1,580 ＝ 5,650円

プラスアルファ
左記Key Pointにあるルールは「山陽新幹線＋九州新幹線」や「東北新幹線＋北海道新幹線」の計算手順とほぼ同じである。

山陽新幹線＋九州新幹線
▶▶P330

東北新幹線＋北海道新幹線
▶▶P333

②グリーン車指定席に乗車する場合

特急料金

【新幹線】4,270 − 530（グリーン車）= 3,740 円（小児は半額）

【在来線】2,110 − 530（一律）= 1,580 円（小児は半額）

グリーン料金

272.8 + 148.6 = 421.4 km → 600 kmまで 5,400 円(小児も同額)

料金合計　3,740 + 1,580 + 5,400 = 10,720 円

なお、東北新幹線の区間が〔つばさ〕または〔こまち〕の運行区間**外**にまたがる場合は、変則的なルールによらず（原則どおりに）、新幹線区間には新幹線の特急料金を、在来線区間には在来線の特急料金をそれぞれ適用します（グリーン料金も区間ごとに別々に計算します）。

ケース 11 の行程のうち、東北新幹線の八戸ー盛岡間は〔こまち〕の運行区間ではありません（図表 4 の運行路線図を参照）。したがって、変則的なルールによらず、新幹線区間には新幹線の特急料金を、在来線区間には在来線の特急料金をそれぞれ適用することになり、グリーン料金も区間ごとに別々に計算します。

CASE 11　次の行程に乗車する場合

閑散期

八戸 —〔はやぶさ〕営96.6km— 盛岡 —〔こまち〕営75.6km— 大曲

●東北新幹線〔はやぶさ〕の特急料金（普通車指定席特急料金／通常期）
八戸ー盛岡　2,400 円

●在来線の特急料金　100km まで　1,660 円

●グリーン料金　100km まで　1,300 円

①普通車指定席に乗車する場合

特急料金

【新幹線】2,400 − 200（閑散期）= 2,200 円

【在来線】1,660 − 200（閑散期）= 1,460 円

特急料金合計　2,200 + 1,460 = 3,660 円

②グリーン車指定席に乗車する場合

特急料金

【新幹線】2,400 − 530（グリーン車）= 1,870 円

【在来線】1,660 − 530（グリーン車）= 1,130 円

グリーン料金

八戸ー盛岡　96.6 km→ 100 kmまで　1,300 円

盛岡ー大曲　75.6 km→ 100 kmまで　1,300 円

料金合計　1,870 + 1,130 + 1,300 + 1,300 = 5,600 円

よくある質問

Q ケース6のグランクラス料金は100kmまで、200kmまで、400kmまでのどの区分でも、ケース5のグランクラス料金よりも安いのはわかりましたが、なぜこのような違いがあるのですか？

A グランクラス料金は、そのサービス・設備の良さが料金にも反映され、そもそも高額に設定されています。JR各社にまたがってグランクラスに乗車するときは、会社ごとに区間を分けてグランクラス料金を計算する（通しの料金を適用できない）ことにより、さらに料金が高くなってしまいます。これにより生ずる旅客の経済的負担を軽減し、かつ、グランクラスの利用を促進する意味もあり、単一会社内でグランクラスを利用するときのグランクラス料金よりも低額に（距離区分にかかわらず一律1,050円安く）設定されているのです（**東北・北海道新幹線**のグランクラス料金も**同じ**です）。なお、JR時刻表には、主に「①単一会社内で利用するとき」のグランクラス料金表が掲載され、「② JR各社にまたがるとき」の詳細な料金表は掲載されていません。時刻表の表記に沿って、試験で①の料金表のみが提示されたときは、①の料金から1,050円を差し引くことで②の料金を求めることができます（以下の例を参照）。

【例】ケース6のグランクラス料金（上記①の料金表による場合）

●グランクラス料金

（A／JR東日本内相互発着区間およびJR西日本内の北陸新幹線）

100kmまで	200kmまで	400kmまで
6,540円	8,040円	9,430円

グランクラス料金

【JR東日本区間】東京－長野－上越妙高間

222.4 ＋ 59.5 ＝ 281.9km → 400kmまで

9,430 － 1,050 ＝ 8,380円（小児も同額）

【JR西日本区間】上越妙高－金沢間

168.6km → 200kmまで

8,040 － 1,050 ＝ 6,990円（小児も同額）

【全区間（合計）】8,380 ＋ 6,990 ＝ 15,370円（小児も同額）

上記の考え方もあわせて覚えておきましょう！

Let's Try! 確認テスト

●次の問題に答えなさい。

□ 1　以下の行程を大人 1 人が、通常期に新幹線の改札口を出ないで乗り継ぐ場合、グランクラス料金の合計額はいくらか。総令1改

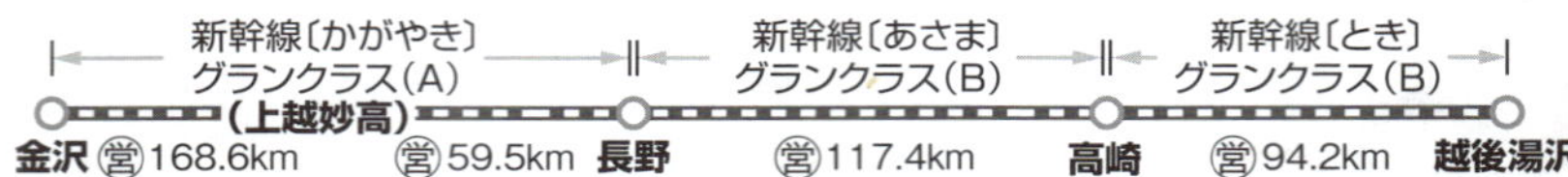

【JR 東日本内相互発着区間および JR 西日本内の北陸新幹線（上越妙高～金沢間相互発着区間）のグランクラス料金】（抜粋）

営業キロ	100km まで	200km まで	400km まで	600km まで
グランクラス料金（A）	6,540 円	8,040 円	9,430 円	10,640 円
グランクラス料金（B）	4,450 円	5,950 円	7,340 円	8,550 円

解答　1.　18,430 円

本問の各新幹線を運行する会社および方向（上り・下り）を図示すると次のとおり。

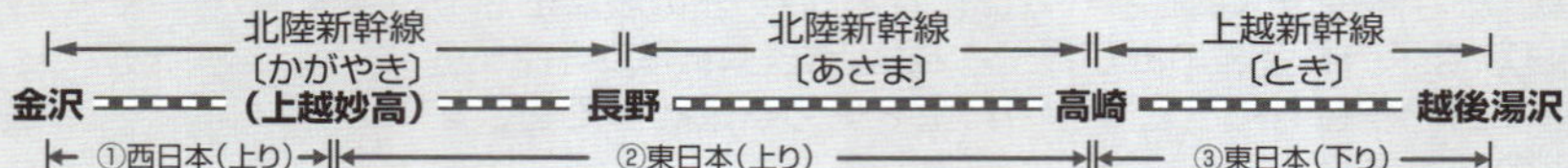

- 行程中の金沢－高崎間（上図①②）は上りの北陸新幹線、高崎－越後湯沢間（上図③）は下りの上越新幹線である。「上り」と「下り」の新幹線の乗継ぎなので、①②と③のグランクラス料金は通算できない。
- 北陸新幹線の金沢－上越妙高間（上図①）は JR 西日本、上越妙高－高崎間（上図②）は JR 東日本なので、上越妙高駅を境に①と②で区間を分けてグランクラス料金を計算する（①と②のグランクラス料金は通算できない）。

以上を踏まえ、上図①②③の 3 つの区間に分けてグランクラス料金を計算する。

- 提示されているのは「JR 東日本相互発着区間および JR 西日本内の北陸新幹線のグランクラス料金（＝単一会社を利用するときのグリーン料金）」なので、北陸新幹線区間はそれぞれのグランクラス料金から 1,050 円を差し引いて計算する（P343 の「よくある質問」参照）。

【金沢－上越妙高／北陸新幹線（JR 西日本）】グランクラス料金（A）を適用

　　168.6km → 200km まで　8,040 － 1,050 ＝ 6,990 円…①

【上越妙高－高崎／北陸新幹線（JR 東日本）】グランクラス料金（A）を適用

　北陸新幹線の上越妙高－高崎間（上図②）はグランクラス料金（A）と（B）の適用列車を乗り継いでいるので、全区間に（A）のグランクラス料金を適用する。

　　59.5km ＋ 117.4km ＝ 176.9km → 200km まで　8,040 － 1,050 ＝ 6,990 円…②

【高崎－越後湯沢／上越新幹線（JR 東日本）】グランクラス料金（B）を適用

　　94.2km → 100km まで　4,450 円…③

①＋②＋③＝ 18,430 円

※本問では問われていないが、この行程の特急料金を計算する場合は、北陸新幹線区間（金沢－高崎間）と上越新幹線区間（高崎－越後湯沢間）の区間ごとに特急料金を適用する（北陸新幹線区間は特急料金を通算できる）。

乗継割引

学習項目

◎乗継割引の対象になる料金
◎乗継割引の種類（2種類）
◎乗継割引の計算
◎通過連絡運輸機関を含む場合

学習ポイント

- 乗継割引の**適用条件**を正しく理解する。
- 乗車日や利用する設備により特急料金が変動する場合は変動を反映させたあとで割引計算を行う。
- 通過連絡運輸機関の料金は割引対象にならない。

1 乗継割引とは

乗継割引とは、一定の条件のもとに**2つの特急列車**（または急行列車）**を乗り継ぐとき**に、一方の列車の料金が割引（**5割引**）になる制度のことです。乗継割引を適用させるためには、原則として、乗り継ぐ2つの列車の料金券を同時に購入しなければなりません。

1. 乗継割引の対象になるもの・ならないもの

(1) 割引の対象になる料金

乗継割引の対象になるのは、次の各料金です。

① **特急料金**

乗車日による±200円、＋400円や乗車設備による－530円を適用した後に乗継割引を適用します。

② 急行料金および急行列車の座席指定料金

急行列車の普通車指定席を利用する場合は、急行料金と座席指定料金のそれぞれに個別に割引を適用します。

乗継割引は**小児にも適用**できます。上記①②はいずれも小児が利用するときは大人の半額になりますので、乗継割引を適用する場合は、さらに**半額**になります。

(2) 割引の対象にならない料金

次の各料金は**割引の対象になりません**。

プラスアルファ

現在のところ、急行列車の定期運行はないため、定期運行する列車に限定すると、乗継割引の対象になるのは在来線の特急列車（特急料金）のみである。これをふまえ、本書の「乗継割引」に関する事例では特急列車に限定して解説し、「急行列車」についての詳細な解説は省略する。

① グリーン料金、寝台料金
② **普通列車**（快速列車含む）の**座席指定料金**
③ グリーン個室および2人用寝台個室を利用するときの特急料金
④ 特急〔**踊り子**〕〔**サフィール踊り子**〕〔**湘南**〕の特急料金

2. 乗継割引の種類

乗継割引には次の2種類があります。

① **新幹線**と**在来線の特急**の乗り継ぎ
② **寝台特急〔サンライズ瀬戸〕**と**四国内の特急**の乗り継ぎ

> **プラスアルファ**
> 〔サフィール踊り子〕は、2020年春にJR東日本が運行を開始した特急列車。通常のグリーン車のほか、プレミアムグリーン（＊）、グリーン個室（4人用または6人用）を備え、カフェテリアを除く全車両がグリーン車指定席で構成されている。
> ＊プレミアムグリーン料金を適用（計算手順は通常のグリーン料金と同じ）。

2 乗継割引の計算

1. 新幹線と在来線の特急の乗り継ぎ

(1) 割引の適用条件

次の表に定める乗継日、乗継駅において、**新幹線と在来線の特急**とを乗り継ぐ場合、**在来線の特急**に対し乗継割引が適用されます。

北海道、東北、上越、北陸新幹線は、割引が適用される乗継駅が特定されているのに対し、東海道・山陽新幹線は、東京駅、品川駅、小倉駅、博多駅以外のすべての駅での乗り継ぎを割引の対象としています。
なお、**九州新幹線は乗継割引の適用がなく**、また、山陽新幹線の小倉駅、博多駅も乗継駅から除外されています。したがってJR九州内では一切の乗継割引の適用はありません。

Key Point ●新幹線と在来線の特急の乗継割引（適用条件）

乗継日	**新幹線から在来線**への乗り継ぎ：同日中	
	在来線から新幹線への乗り継ぎ：同日または翌日中	
乗継駅	以下の各駅で乗り継ぐこと	
	東海道新幹線 山陽新幹線	● 新幹線の各停車駅（**東京**駅、**品川**駅、**小倉**駅、**博多**駅を除く） ● 大阪駅、坂出駅、高松駅
	北海道新幹線	新青森駅、新函館北斗駅
	東北新幹線	新青森駅
	上越新幹線	長岡駅、新潟駅
	北陸新幹線	● 長野駅、金沢駅 ● 直江津駅（※1）、津幡駅（※2）
	九州新幹線	なし

※1 **北陸新幹線の上越妙高駅に直通して運転する在来線の特急**に乗車し、**上越妙高駅で新幹線と乗り継ぐ場合**に限る（後述のケース7参照）。
※2 **北陸新幹線の金沢駅に直通して運転する在来線の特急**に乗車し、**金沢駅で新幹線と乗り継ぐ場合**に限る（後述のケース8参照）。

(2) 新幹線の停車駅で乗り継ぐ場合

ケース1、ケース2のような行程が基本パターンです。

CASE 1　大人1人と小児1人が次の行程を同日中に乗車する場合

繁忙期

東海道新幹線〔ひかり〕普通車指定席　静岡 → 名古屋　3,060円
3,060+200=3,260円(大人)
3,260÷2=1,630円(小児)

特急〔ワイドビューひだ〕普通車指定席　名古屋 → 高山　2,730円(割引○)
(2,730+200)÷2=1,465
→1,460円(大人)
1,460÷2=730円(小児)

※行程下に記載した料金は通常期の大人普通車指定席特急料金（以下同じ）

東海道新幹線の名古屋駅で、同日中に在来線の特急〔ワイドビューひだ〕と乗り継いでいるので、在来線特急の特急料金に対し乗継割引を適用する。

CASE 2　次の行程を同日中に乗車する場合

通常期

特急〔つがる〕普通車指定席　弘前 → 新青森　1,050円(割引○)
1,050÷2=525 →520円

北海道新幹線〔はやぶさ〕普通車指定席　新青森 → 新函館北斗　4,530円

新青森駅で、同日中に在来線の特急〔つがる〕と北海道新幹線を乗り継いでいるので、在来線特急の特急料金に対し乗継割引を適用する。

乗継割引は在来線の寝台特急に対しても適用できます（乗継日、乗継駅の条件を満たしていれば在来線特急の特急料金に乗継割引が適用されます）。

CASE 3　次の行程で乗車する場合

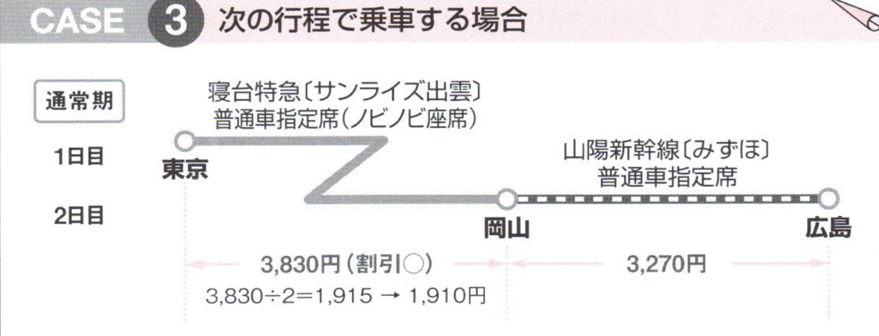

岡山駅で、在来線の特急〔サンライズ出雲〕と山陽新幹線を翌日に乗り継いでいるので、在来線特急の特急料金に対し乗継割引を適用する。

乗継割引は毎年必ず出題される最重要項目の一つです。前ページのKey Pointに示す適用条件を正しく理解し、各事例を参考に割引の適用可否を判断できるようにしておくことが大切です。

用語

ノビノビ座席
寝台特急〔サンライズ出雲〕および〔サンライズ瀬戸〕に備えられている座席車（普通車指定席）で、運賃と特急料金を支払うことで利用できる（寝台料金は不要）。

プラスアルファ

ケース3で1人用寝台個室を利用する場合でも〔サンライズ出雲〕の特急料金に乗継割引を適用できるが、2人用寝台個室を利用するときは例外的に乗継割引を適用できない。

国内旅行実務　国・総

在来線の特急列車の乗り継ぎ
▶▶ P322

新幹線と在来線の特急との間で乗継割引が適用できる行程で、在来線区間の特急料金を通算できるときは、**通算した特急料金に割引を適用**できます。

CASE 4　次の行程を同日中に乗車する場合

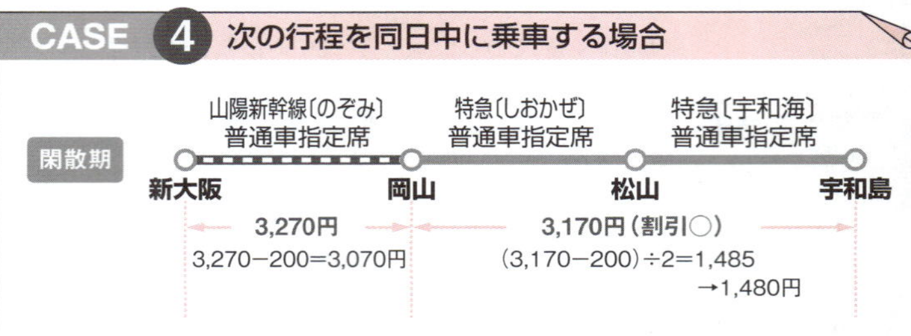

岡山－宇和島間において、松山駅で 2 つの特急を乗り継いでいるので、松山駅で改札から出なければ、岡山－宇和島間の特急料金を通算することができる。岡山駅での山陽新幹線との乗り継ぎにより、通算した特急料金（通しの特急料金）に対し乗継割引を適用する。

(3) 新幹線停車駅と大阪、坂出、高松の各駅での乗り継ぎ

プラスアルファ
大阪駅、坂出駅、高松駅はいずれも新幹線の停車駅ではないため、ケース５やケース６のように、新幹線と、これらの駅発着の在来線特急を乗り継ぐ場合、中間に普通列車などを利用せざるを得ないケースも出てくる。このため、これらの３駅については例外的に新幹線の駅と同様に取り扱っている。

新幹線停車駅で新幹線と在来線特急とを乗り継ぐのが原則ですが、次の①または②に該当する場合は、新幹線停車駅での直接の乗り継ぎでなくても乗継割引を適用できます。

① **新大阪駅と大阪駅**での乗り継ぎ

新大阪駅と大阪駅は同一の駅と考えて乗継割引を適用させることができます。

CASE 5　次の行程を同日中に乗車する場合

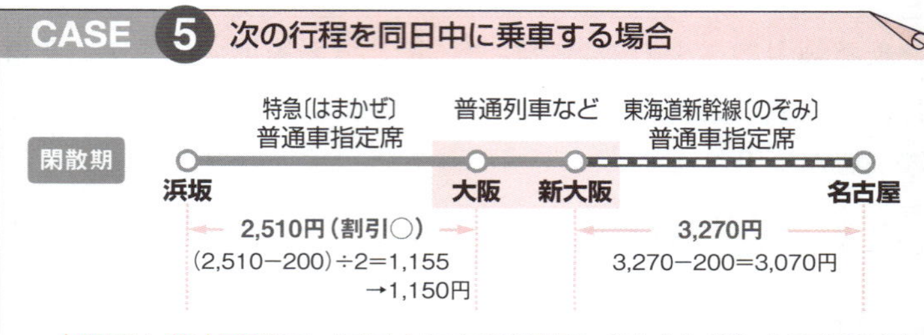

大阪駅と新大阪駅で、同日中に在来線特急〔はまかぜ〕と東海道新幹線を乗り継いでいるので、在来線特急の特急料金に対し乗継割引を適用する。

② **岡山駅と坂出駅**または**高松駅**での乗り継ぎ

上記①と同様、**岡山駅と坂出駅（または高松駅）**を同一の駅と考えて乗継割引を適用させることができます。

CASE 6　次の行程を同日中に乗車する場合

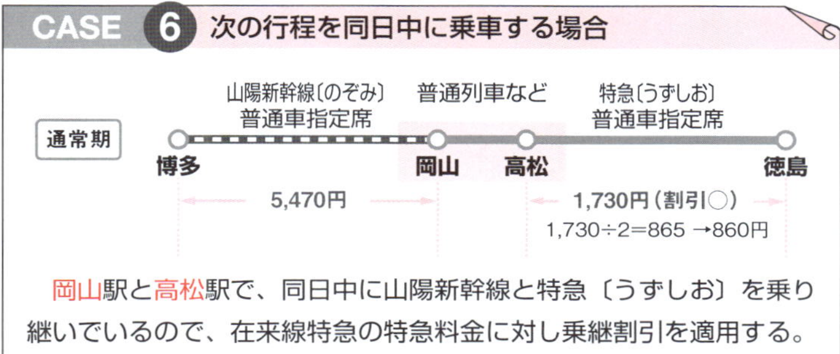

岡山駅と高松駅で、同日中に山陽新幹線と特急〔うずしお〕を乗り継いでいるので、在来線特急の特急料金に対し乗継割引を適用する。

（4）北陸新幹線停車駅（上越妙高、金沢）と直江津、津幡の各駅での乗り継ぎ

直江津駅、津幡駅はいずれも新幹線停車駅ではありませんが、ケース7、ケース8のように、北陸新幹線の上越妙高駅または金沢駅に直通して運転する在来線の特急に乗車し、北陸新幹線と乗り継ぐ場合に限り、乗継割引を適用できます。

① **直江津駅と上越妙高駅**での乗り継ぎ

上越妙高駅（北陸新幹線）－**直江津**駅間は、えちごトキめき鉄道（私鉄）による運行区間で、上越妙高駅に直通して在来線特急〔しらゆき〕が運行しています（えちごトキめき鉄道はJRと通過連絡運輸の取扱いを行っている）。北陸新幹線と、**上越妙高駅に直通し直江津駅を経由する特急**を、**上越妙高**駅で直接乗り継ぐ場合に限り、在来線特急に乗継割引を適用できます。

CASE 7　次の行程を同日中に乗車する場合

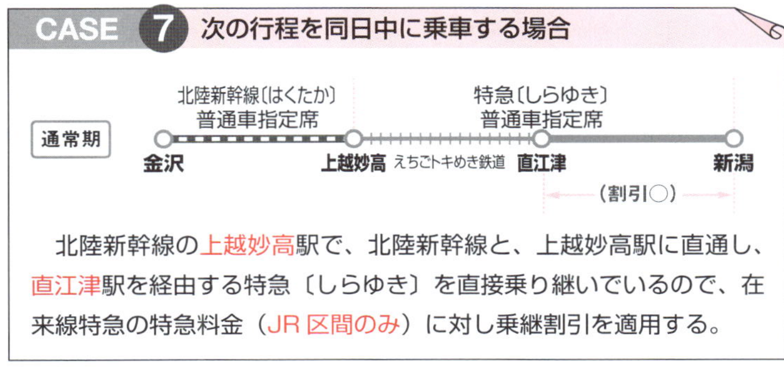

北陸新幹線の上越妙高駅で、北陸新幹線と、上越妙高駅に直通し、直江津駅を経由する特急〔しらゆき〕を直接乗り継いでいるので、在来線特急の特急料金（JR区間のみ）に対し乗継割引を適用する。

通過連絡運輸
▶▶P286

プラスアルファ
ケース7の行程で、特急〔しらゆき〕の乗車区間が直江津－新潟であるとき（上越妙高－直江津間で私鉄の普通列車に乗車するなど、上越妙高駅での直接の乗り継ぎでないとき）は、特急〔しらゆき〕に乗継割引を適用することはできない。

② **津幡駅と金沢駅**での乗り継ぎ

金沢駅（北陸新幹線）－**津幡**駅間は、IR いしかわ鉄道（私鉄）による運行区間で、金沢駅に直通して在来線特急〔能登かがり火〕および〔サンダーバード〕が運行しています（IR いしかわ鉄道は JR と通過連絡運輸の取扱いを行っている）。北陸新幹線と、**金沢駅に直通し津幡駅を経由する特急**を、**金沢**駅で直接乗り継ぐ場合に限り、在来線特急に乗継割引を適用できます。

CASE 8　次の行程を同日中に乗車する場合

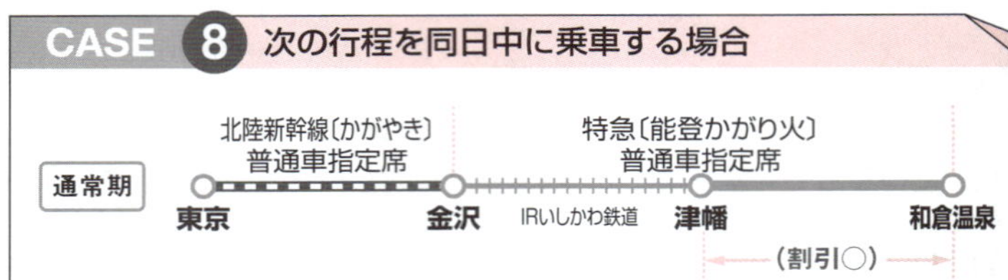

北陸新幹線の金沢駅で、北陸新幹線と、金沢駅に直通し津幡駅を経由する特急〔能登かがり火〕を直接乗り継いでいるので、在来線特急の特急料金（JR 区間のみ）に対し乗継割引を適用する。

(5) 新幹線の前後で在来線の特急に乗車する場合

新幹線の前後に乗車する在来線特急が、いずれも乗継割引の条件を満たしている場合には、旅客に有利なように**特急（急行）料金額が高額な一方のみに割引を適用**します。

CASE 9　次の行程を同日中に乗車する場合

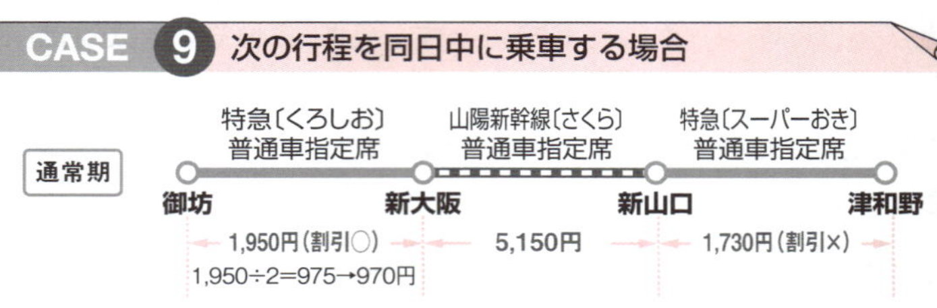

山陽新幹線の前後に乗車する特急〔くろしお〕、特急〔スーパーおき〕は、いずれも新大阪駅および新山口駅において同日中に乗り継いでいるので乗継割引の条件を満たしている。この場合は、適用する特急料金の額が高い特急〔くろしお〕だけに乗継割引を適用する。

プラスアルファ

ケース 7、ケース 8 で、割引を適用できるのは JR 区間の特急料金に限る（私鉄区間の特急料金に割引は適用されない）。通過連絡運輸の取扱いを行うときの割引計算の詳細は後述のケース 14、ケース 15 参照。

プラスアルファ

ケース 8 の行程で、特急〔能登かがり火〕の乗車区間が津幡－和倉温泉であるとき（金沢－津幡間で私鉄の普通列車に乗車するなど、金沢駅での直接の乗り継ぎでないとき）は、特急〔能登かがり火〕に乗継割引を適用することはできない。

プラスアルファ

ケース 9 のように、前後の在来線特急の特急料金を比較する場合、乗車日や乗車設備による特急料金の変動があるときは、変動後の料金を比較しなければならない。例えば、ケース 9 の〔くろしお〕でグリーン車指定席を利用すると、特急料金は 1,950 － 530 ＝ 1,420 円になり、〔スーパーおき〕の特急料金のほうが高くなる。この場合は〔スーパーおき〕に割引を適用する。

CASE 10 次の行程を同日中に乗車する場合

通常期

	秋田→新青森	新青森→新函館北斗	新函館北斗→洞爺
列車	特急〔つがる〕普通車指定席	北海道新幹線〔はやぶさ〕普通車指定席	特急〔北斗〕普通車指定席
料金	2,290円（割引×）	4,530円	2,360円（割引○）2,360÷2＝1,180円

北海道新幹線の前後に乗車する特急〔つがる〕、特急〔北斗〕は、いずれも新青森駅および新函館北斗駅において同日中に乗り継いでいるので乗継割引の条件を満たしている。この場合は適用する特急料金の額が高い特急〔北斗〕だけに乗継割引を適用する。

(6) 乗継割引が適用できない場合

新幹線と**新青森駅－青森駅間**の**在来線特急**を乗り継ぐ場合、新青森駅－青森駅間の在来線特急の特急料金に対して乗継割引を適用できません。

CASE 11 次の行程を同日中に乗車する場合

通常期

	仙台→新青森	新青森→青森
列車	東北新幹線〔はやぶさ〕普通車指定席	特急〔つがる〕普通車指定席
料金	5,040円	（割引×）

この行程では、新青森駅で、同日中に東北新幹線と特急〔つがる〕を乗り継いでいるが、新幹線と乗り継ぐ在来線特急の乗車区間が「新青森駅－青森駅」のみであるときは、在来線特急の特急料金に乗継割引を適用できない。

2. 寝台特急〔サンライズ瀬戸〕と四国内の特急の乗り継ぎ

次の表に定める乗継日、乗継駅において、**寝台特急〔サンライズ瀬戸〕**と**四国内の特急**とを乗り継ぐ場合、**四国内の特急**に対し乗継割引が適用されます。

Key Point ●寝台特急〔サンライズ瀬戸〕と四国内の特急の乗継割引（適用条件）

乗継日	〔サンライズ瀬戸〕⇒四国内の特急 四国内の特急⇒〔サンライズ瀬戸〕	同日または翌日中
乗継駅	坂出駅または高松駅	

プラスアルファ

JR北海道内の在来線特急にはシーズン区分の設定がない（通年通常期）。

仮に、ケース10の乗車日が8月1日（JR東日本：繁忙期）だった場合は、次のように計算結果に差が生じる。

〔つがる〕
1,240円（割引○）
(2,290＋200)÷2
＝1,245→1,240円
〔はやぶさ〕
4,530＋200
＝4,730円
〔北斗〕
2,360円（割引×）

本州～北海道で列車を乗り継ぐ場合の割引計算では、乗車日による指定席特急料金の変動にも注意しましょう！

普通車指定席特急料金の乗車日による変動
▶▶P305

プラスアルファ

ケース11の新青森駅－青森駅間は、例外的に運賃（乗車券）だけで特急列車の普通車自由席に乗車できる。指定席を利用する場合は指定席特急料金が必要（乗継割引は適用できない）。

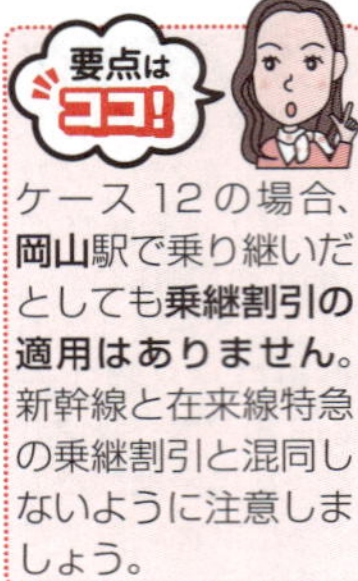

ケース 12 の場合、**岡山**駅で乗り継いだとしても**乗継割引の適用はありません。**新幹線と在来線特急の乗継割引と混同しないように注意しましょう。

CASE 12 次の行程で乗車する場合

閑散期

特急〔サンライズ瀬戸〕
A寝台

特急〔いしづち〕
普通車指定席

1日目　東京
2日目　坂出　松山

3,830円
3,830−530=3,300円
（＋A寝台料金）

2,730円（割引○）
(2,730−200)÷2=1,265
→1,260円

寝台特急〔サンライズ瀬戸〕と四国内の特急〔いしづち〕を、坂出駅で翌日に乗り継いでいるので、四国内の特急〔いしづち〕の特急料金に対し乗継割引を適用する。

3. 乗継割引の重複適用

1つの行程の中で、複数の割引条件を満たす場合は、それぞれの条件ごとに乗継割引を適用できます。代表的な事例として次のケース 13 があげられます。

プラスアルファ

ケース 13 の〔のぞみ〕は上りの新幹線、〔とき〕は下りの新幹線。上りと下りの新幹線を乗り継いでも特急料金の通算はできないため、ケース 13 は単に「在来線特急と新幹線の乗り継ぎ」を 2 回繰り返していると考えればよい。

CASE 13 次の行程を同日中に乗車する場合

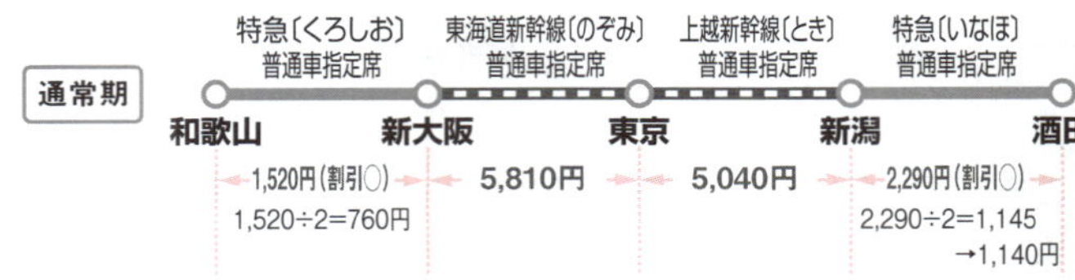

在来線の特急〔くろしお〕と東海道新幹線を同日中に新大阪駅で乗り継いでいるので、特急〔くろしお〕の特急料金に乗継割引を適用する。また、上越新幹線と在来線の特急〔いなほ〕を同日中に新潟駅で乗り継いでいるので、特急〔いなほ〕の特急料金にも乗継割引を適用できる。

4. 通過連絡運輸機関を含む特急列車の乗継割引

通過連絡運輸
▶▶ P286

運行区間の一部に JR と「通過連絡運輸の取扱い」を行う運輸機関を含む特急列車に乗車する場合で、その列車に乗継割引を適用する場合は、**JR 区間の特急料金のみが割引の対象**になります（私鉄区間の特急料金に割引は適用しません）。

CASE 14 次の行程を同日中に乗車する場合

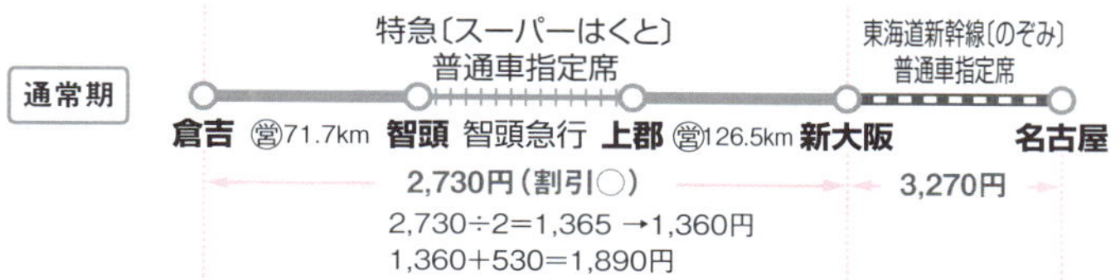

通常期

倉吉 —(営71.7km)— 智頭 —(智頭急行)— 上郡 —(営126.5km)— 新大阪 — 名古屋

特急〔スーパーはくと〕普通車指定席（倉吉〜新大阪）
東海道新幹線〔のぞみ〕普通車指定席（新大阪〜名古屋）

倉吉〜新大阪：2,730円（割引○）
2,730÷2＝1,365 →1,360円
1,360＋530＝1,890円

新大阪〜名古屋：3,270円

※智頭急行は JR と通過連絡運輸の取扱いを行っている（智頭急行の特急料金は 530 円／大人）

特急〔スーパーはくと〕の中間に経由する智頭急行は JR と通過連絡運輸の取扱いを行っているので、智頭急行の前後の JR 区間の営業キロを通算して一括で特急料金を算出できる（71.7 ＋ 126.5 ＝ 198.2…200km までの特急料金 2,730 円）。

在来線の特急〔スーパーはくと〕と東海道新幹線を同日中に新大阪駅で乗り継いでいるので、特急〔スーパーはくと〕の JR 区間の特急料金に乗継割引を適用し、智頭急行区間の特急料金を加える（智頭急行の特急料金には乗継割引を適用しない）。

引き続き、次の事例も確認してみましょう。

CASE 15 次の行程を同日中に乗車する場合

通常期

金沢 —(営168.6km)— 上越妙高 —(えちごトキめき鉄道)— 直江津 —(営136.3km)— 新潟

北陸新幹線〔はくたか〕普通車指定席（金沢〜上越妙高）
特急〔しらゆき〕普通車指定席（上越妙高〜新潟）

金沢〜上越妙高：3,170円
上越妙高〜直江津：280円（割引×）
直江津〜新潟：2,390円（割引○）
2,390÷2＝1,195
→1,190円

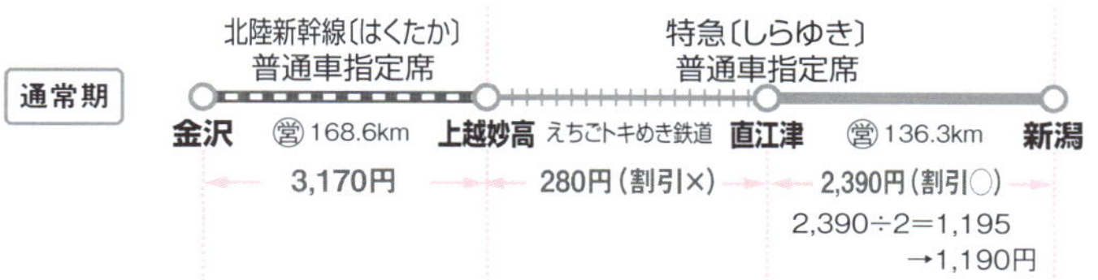

※えちごトキめき鉄道は JR と通過連絡運輸の取扱いを行っている（えちごトキめき鉄道の特急料金は 280 円／大人）

特急〔しらゆき〕は、えちごトキめき鉄道の区間と JR の区間にまたがって運行する特急列車である。

北陸新幹線の上越妙高駅で、北陸新幹線と、上越妙高駅に直通し、直江津駅を経由する特急〔しらゆき〕を同日中に乗り継いでいるので、特急〔しらゆき〕の JR 区間の特急料金に乗継割引を適用する（えちごトキめき鉄道の特急料金 280 円には乗継割引を適用しない）。

各種乗継割引の具体的な事例および計算手順は以上のとおりです。乗継割引を適用して発売された特急券は、その券面に

プラスアルファ

Lesson2 で学習したとおり、通過連絡運輸の取扱いは運賃の計算にも適用する。例えば、ケース 15 の行程で運賃を算出する場合、通過連絡運輸の取扱いによって、JR 区間は金沢－上越妙高間の距離（営 168.6km）と直江津－新潟間の距離（営 136.3km）を通算して一括で運賃を算出できる（このほかに私鉄区間の運賃 340 円が別途必要）。
168.6 ＋ 136.3 ＝ 304.9km
→ 305km
…5,500 円
（JR 区間の運賃）

乗継の表示がなされます。ケース1の特急〔ワイドビューひだ〕の特急券を例に券面の表示を確認しておきましょう。

■ 図表1　乗継割引を適用して発売された特急券

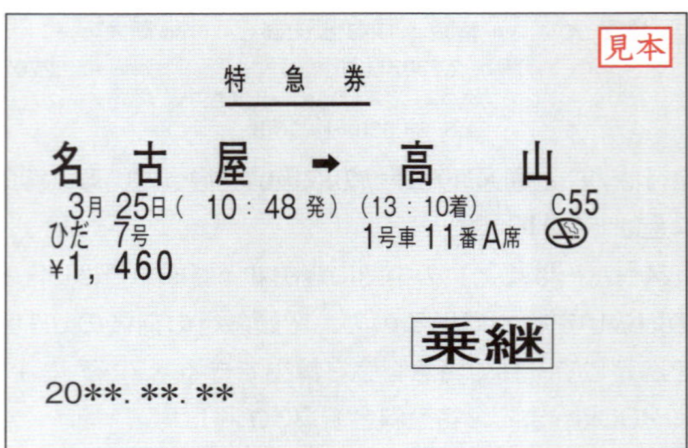

Let's Try! 確認テスト

●次の問題に答えなさい。

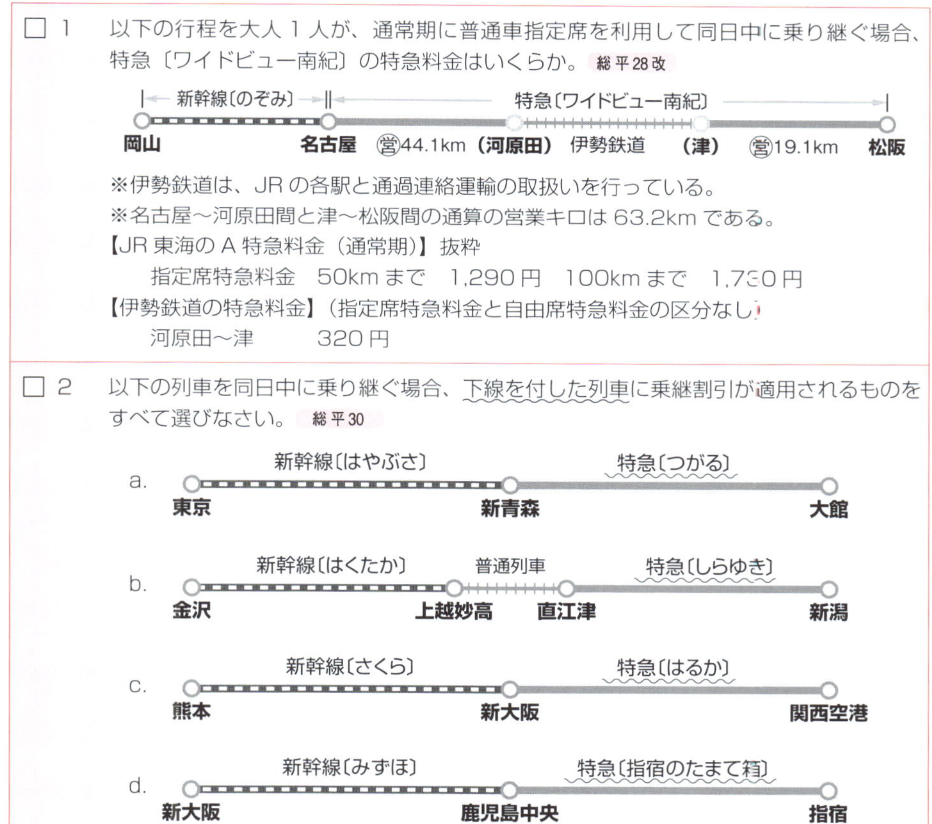

□ 1　以下の行程を大人1人が、通常期に普通車指定席を利用して同日中に乗り継ぐ場合、特急〔ワイドビュー南紀〕の特急料金はいくらか。 総 平28改

※伊勢鉄道は、JRの各駅と通過連絡運輸の取扱いを行っている。
※名古屋～河原田間と津～松阪間の通算の営業キロは63.2kmである。
【JR東海のA特急料金（通常期）】抜粋
　　指定席特急料金　50kmまで　1,290円　100kmまで　1,730円
【伊勢鉄道の特急料金】（指定席特急料金と自由席特急料金の区分なし）
　　河原田～津　　320円

□ 2　以下の列車を同日中に乗り継ぐ場合、下線を付した列車に乗継割引が適用されるものをすべて選びなさい。 総 平30

解答 1．1,180円　通過連絡運輸の取扱いにより、伊勢鉄道の前後のJR区間の距離を通算して特急料金を計算する。44.1km＋19.1km＝63.2kmなので、1,730円（100kmまでに該当）。東海道・山陽新幹線の名古屋駅で同日中に特急〔ワイドビュー南紀〕に乗り継いでいるので、JR区間の特急料金に乗継割引を適用（伊勢鉄道の特急料金は割引の対象外）。
　1,730円÷2＝865→860円
　860円（JR区間）＋320円（伊勢鉄道区間）＝1,180円
2．a、c
a〔つがる〕は新青森駅での東北新幹線との乗り継ぎにより割引○
b〔しらゆき〕は上越妙高駅での直接の乗り継ぎでないので割引×
c〔はるか〕は新大阪駅での山陽新幹線との乗り継ぎにより割引○
d　JR九州内での乗継割引は一切ないので〔指宿のたまて箱〕は割引×

国内旅行実務　国・総

第1章 Lesson 8

重要度 A

団体旅客の取扱い

学習項目

◎団体旅客の種類
◎指定保証金
◎割引率と無賃扱い
◎団体旅客運賃の特例

学習ポイント

- 「学生団体」「訪日観光団体」「普通団体」の割引率と適用条件を覚える。
- 無賃扱い人員の考え方を理解する。
- 団体旅客運賃の計算手順を理解する。
- 団体旅客運賃の計算に特有のルールを覚える。

プラスアルファ

①～③いずれも「8人以上」の旅客で構成されるのが原則だが、8人に満たない場合、足りない人員分の団体運賃・料金を支払うことで団体割引の適用を受けることができる。

学生団体は教職員が引率することが条件なのですね。

そうです。学生団体は他の団体と比較しても割引率が高いだけに、学校公認の行事を対象とした割引です。だからこそ教職員が引率することが条件になっているのです。

1 団体旅客運賃の適用条件

1. 団体旅客の種類

(1) 旅客の資格による区分

原則として8人以上で構成される一団となった旅客を「団体旅客」と呼びます。試験で出題されているのは次の3種類です。

Key Point ●団体の種類

種　類	団体構成条件
① 学生団体	JRが指定した学校、保育所などの学生、生徒、児童、幼児8人以上と付添人（嘱託の医師・看護師含む）、教職員、同行する旅行業者とによって構成される団体で、教職員が引率するもの ＊グリーン車、A寝台の利用は不可 ＊へき地学校の生徒、児童は8人未満でも団体扱いが可能
② 訪日観光団体	8人以上の訪日観光客と同行する旅行業者（ガイド含む）で構成され、責任ある代表者に引率される団体 ＊訪日観光団体であることを証明する所定の証明書を所持するものに限る
③ 普通団体	上記①または②以外の8人以上の旅客で構成され、責任ある代表者に引率される団体

(2) 団体の人数による区分と申込受付期間

団体は構成人員数により大口団体と小口団体に区分されます。

■ 図表1　大口・小口団体の区分

大口団体		専用臨時列車を1つの団体で使用する団体
小口団体	A小口団体	大口団体以外で構成人員が31人以上の団体
	B小口団体	大口団体以外で構成人員が8～30人までの団体

団体旅客として団体乗車券の購入を希望する旅客は図表2に定める期間内に人員、列車等の必要事項を記載した申込書を提出し、団体旅客運送の申し込みを行います（ただし、期間外であっても手配可能であれば受け付けることがあります）。

■ 図表2　団体の申込受付期間

大口団体	始発駅出発日の9か月前の日から2か月前の日まで
小口団体	始発駅出発日の9か月前の日から14日前の日まで（ただし、別に定める場合は12日前の日まで）

(3) 指定保証金

JRは指定席を利用する小口団体に対し、指定保証金の支払いを条件として運送を引き受けます。指定保証金は申込人員の9割に相当する人員1人につき300円です（大人でも小児でも、指定席を利用する区間の多少にかかわらず同額です）。

Key Point ●指定保証金の計算

指定保証金＝申込人員×0.9×300円

↑1人未満の端数は切捨て

CASE 1　申込人員が35人の場合の指定保証金

35×0.9＝31.5→（切捨て）→31人　31×300＝9,300円

2. 割引率と無賃扱い

(1) 割引率

団体旅客運賃の割引率は団体の種類によって次のように定め

用語

専用臨時列車
時刻表に掲載されている一般の列車とは別に、1つの団体で専用の列車を仕立てるもの。試験では出題されたことがないので詳細は省略する。

プラスアルファ

指定保証金はいわば「予約金」のようなもの。予定どおり団体乗車券を購入する場合は運賃・料金に充当される。大口団体に対しても同様の趣旨で「保証金」があるが、試験では主に小口団体の「指定保証金」について出題されている。

られています。これらの**割引率が適用されるのは運賃だけ**で料金には適用されません。

Key Point ●団体旅客運賃の割引率

団体の種類		取扱期間	割引率
普通団体	**一般**	第 1 期 第 2 期	1 割引 1 割 5 分引
	専用臨時列車を利用する団体	第 1 期 第 2 期	5 分引 1 割引
訪日観光団体		通 年	1 割 5 分引
学生団体	**大人**（中学生以上）	通 年	（大人運賃の）5 割引
	小児（小学生以下）	通 年	（小児運賃の）3 割引
	教職員・付添人・旅行業者（※）	通 年	（大人運賃の）3 割引

※**旅行業者**は団体の構成人員 **100** 人までごとに **1** 人が 3 割引になる。

訪日観光団体と学生団体は通年同じ割引率が適用になります。乗車日によって割引率が異なるのは普通団体だけですので間違わないように注意しましょう。

前述の表に定めるとおり、**普通団体**に対する割引率は**乗車日（第 1 期と第 2 期）**によって異なります。それぞれの割引率を適用する具体的な期間は次のとおりです。

Key Point ●第 1 期と第 2 期（普通団体）

第 1 期	1 月 1 日～ 1 月 10 日、3 月 1 日～5 月 31 日、7 月 1 日～8 月 31 日、10 月 1 日～ 10 月 31 日、12 月 21 日～ 12 月 31 日
第 2 期	第 1 期以外の日

各団体の割引率は、試験では明示されないのが一般的ですので、国内・総合の両試験とも、暗記しておきましょう。これに対し第 1 期と第 2 期の期別は、国内・総合の両試験とも、第 1 期、第 2 期のいずれに当たるのかが示される傾向にありますので、必ずしもすべてを暗記する必要はありません。おおよその期間を覚えておけばよいでしょう。

行程の中で、**いずれか 1 日でも第 2 期に該当する日が含まれている場合**は、旅客に有利なように**全行程に対して第 2 期の割引率（1 割 5 分）**を適用します。

CASE 2 行程が 8 月 30 日から 9 月 1 日までの 3 日間の場合

8 月 30 日・8 月 31 日 ……… 第 1 期
9 月 1 日 …………………………… 第 2 期
9 月 1 日が第 2 期なので、全行程に対し 1 割 5 分引きを適用する。

(2) 運賃および料金の無賃扱い

普通団体と**訪日観光団体**に対しては、団体の構成人員（旅行業者やガイドなども含む）に応じて**無賃扱いの適用**があります。無賃扱いは運賃だけでなく**各種料金にも適用**できます。

Key Point ●運賃と料金の無賃扱い

団体の種類	構成人員	無賃扱い人員
普通団体	31人～50人	1人が無賃
訪日観光団体	15人～50人	1人が無賃

団体構成人員が51人以上の場合は、**51人～100人**までは**2人**、**101人～150人**までは**3人**といったように、**50人を増すごとに**無賃扱い人員が**1人増加**します。

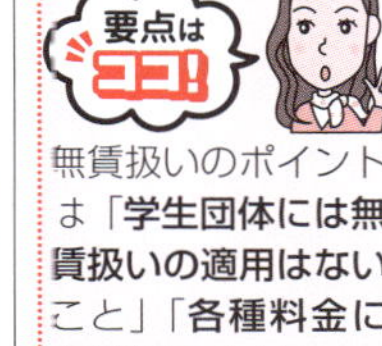

無賃扱いのポイントは「**学生団体には無賃扱いの適用はない**こと」「**各種料金にも適用できる**こと」の2点です。あとは表に示した人員数を押さえておけば大丈夫です。

プラスアルファ

学生割引など、団体割引よりも割引率の高い個人割引を適用する旅客が普通団体の一員として団体に参加する場合は、これらの旅客の人員を含めたうえで無賃扱いを決定する。

国内旅行実務　国・総

2　団体旅客運賃・料金の計算

1．団体旅客運賃の計算手順

団体旅客運賃は次の手順に従って計算します。

① **大人または小児片道普通旅客運賃を算出**します（原則どおり）。

② **区間ごとに算出した片道普通旅客運賃をすべて合計**し、1人当たりの全行程の運賃の合計額を算出します。

③ **全行程の運賃の合計額に割引を適用**し、1人当たりの団体旅客割引運賃を算出します。

④ ③で算出した運賃額に**運賃収受人員数を乗じます**。

では、ケース3で団体旅客運賃と料金を計算してみましょう。

片道普通旅客運賃の計算
▶▶P273

CASE 3　大人35人で構成する普通団体が岡山－松本間を往復する場合

※往路は8/31（月／繁忙期）、復路は9/1（火／閑散期）とする。

東海道・山陽新幹線〔のぞみ〕普通車指定席　特急〔ワイドビューしなの〕普通車指定席

岡山 ― 名古屋 ― 松本

●各区間の距離

岡　山－名古屋（幹線）㊌366.9km

名古屋－松　本（幹線）㊌188.1km

●特急料金（普通車指定席／通常期）

新幹線〔のぞみ〕　岡　山－名古屋　5,120円

在来線A特急料金　200kmまで　2,730円

個人の割引運賃は「距離の通算を打ち切った区間ごと」に割引の計算をするのに対し、団体旅客運賃は「区間がいくつに分かれているかにかかわらず、全行程の運賃の合計額」に対して割引の計算を行います。ここが大きな違いです。

運賃の計算

岡山－松本間の片道旅客普通運賃を算出する（往復の行程なので復路も同額を適用する）。

366.9 + 188.1 = 555km

A表より 8,910 円

往路と復路の運賃を合計し、1 人当たりの全行程の運賃を算出する。

8,910 + 8,910 = 17,820 円

往路は 8 月なので第 1 期、復路は 9 月なので第 2 期。第 2 期が含まれているので全体に 1 割 5 分引きを適用する。

17,820 ×（1 － 0.15）＝ 15,147 → 15,140 円

（大人 1 人当たりの団体旅客運賃）

構成人員は 35 人。無賃扱いの適用により運賃収受人員は 34 人（1 人が無賃）。

15,140 × 34 ＝ 514,760 円（団体旅客運賃総額）

料金は割引の対象にならないので、個人旅客と同じように計算すればいいのですね。

料金の計算

往路 8/31（月）は繁忙期、復路 9/1（火）は閑散期。乗車する設備はいずれも普通車指定席なので、往路は 200 円増し、復路は 200 円引き。

往路、復路とも、新幹線と在来線特急とを当日中に乗り継ぐので、在来線特急の特急料金に乗継割引を適用する。

往路：〔のぞみ〕　5,120 + 200 ＝ 5,320 円

〔ワイドビューしなの〕

(2,730 + 200) ÷ 2 ＝ 1,465 → 1,460 円（乗継割引）

復路：〔ワイドビューしなの〕

(2,730 － 200) ÷ 2 ＝ 1,265 → 1,260 円（乗継割引）

〔のぞみ〕5,120 － 200 ＝ 4,920 円

5,320 + 1,460 + 1,260 + 4,920 ＝ 12,960 円

（1 人当たりの料金合計）

構成人員は 35 人。無賃扱いの適用により料金収受人員は 34 人（1 人が無賃）。

12,960 × 34 ＝ 440,640 円（料金総額）

1 人当たりの料金を計算するときの手順は個人旅客のときと全く同じです。ただし、無賃扱いの適用があるときは料金も無賃になることを忘れないようにしましょう。

2. 団体旅客運賃計算の特例

団体旅客運賃を計算するに当たり、特別なルールとして「**不乗区間通算**」「行程の一部が分岐、折り返しとなる場合の**分離計算**」の 2 種類があります。

（1）不乗区間通算

JRの中間に貸切バスなどの他の運輸機関による移動が含まれている場合に、この区間（JRに乗車しない区間）を乗車したものとみなして通しで計算することにより運賃が低額になることがあります。この場合、乗車券発行時に不乗区間通算の承認を受けることによって、実際に乗車するJR区間の距離と不乗区間の距離を通算し、運賃を算出できます。

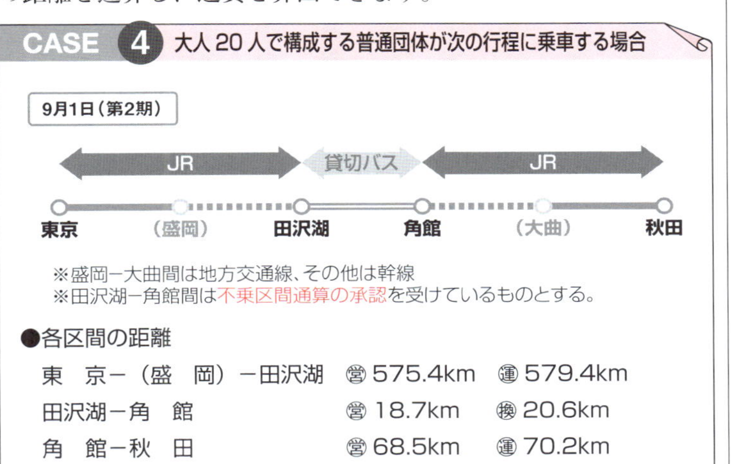

原則

貸切バス区間の前後のJRの距離ごとに、それぞれ個別に運賃を計算する。

東　京－田沢湖　579.4→580km　Ⓐ表より9,130円

角　館－秋　田　70.2→71km　Ⓐ表より1,340円

9,130＋1,340＝10,470円（大人1人当たりの普通旅客運賃）

10,470×（1－0.15）＝8,899.5→8,890円

8,890×20＝177,800円（20人分の団体旅客運賃総額）

特例

「田沢湖－角館間は不乗区間通算の承認を受けている」との注意書きがあるので、この区間（実際にはJRに乗っていない区間）もJRに乗ったことにして運賃を計算する。

東京－秋田　579.4＋20.6＋70.2＝670.2→671km

Ⓐ表より10,010円（大人1人当たりの普通旅客運賃）

10,010×（1－0.15）＝8,508.5→8,500円

8,500×20＝170,000円（20人分の団体旅客運賃総額）

プラスアルファ

試験で「不乗区間通算」を適用する行程が出題される場合は、ケース4のように「不乗区間通算の承認を受けている」などの注意書きがなされるのが一般的である。この指示がある場合は、JRに乗らない区間の距離も含めて運賃を計算すればよい。

不乗区間通算と混同しやすいのが通過連絡運輸です。

▶▶P286

通過連絡運輸の場合は「私鉄の前後のJR区間の距離」を通算できるのに対し、この不乗区間通算の場合は「JRに乗車していない（貸切バスなどを利用する）区間の距離も含めて運賃を計算する」という点が大きく異なります。間違わないように注意しましょう。

(2) 行程の一部が分岐、折り返しとなる場合の分離計算

行程中に分岐する区間または折り返し乗車となる区間がある場合、分岐する区間、折り返しとなる区間のみを分離することによって運賃が低額になるときは、前後の区間の距離を通算することができます。

CASE 5　大人52人で構成する普通団体が次の行程に乗車する場合

東京－郡山－会津若松－郡山－盛岡と乗車する場合（すべて幹線）

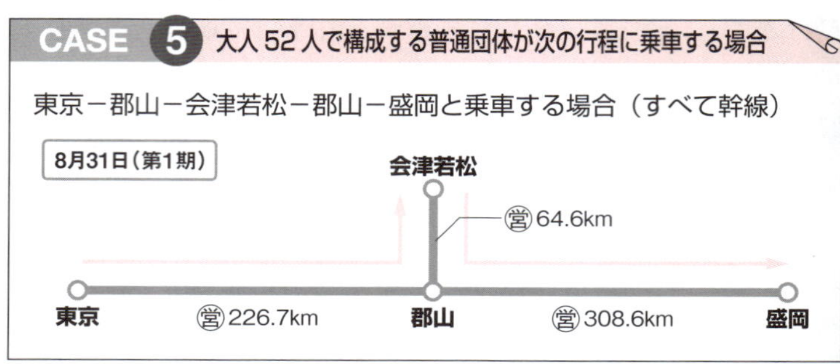

原則

行程のうち、郡山－会津若松間を往復しているので、折り返しとなる会津若松駅で距離の通算を打ち切り、「東京－郡山－会津若松」「会津若松－郡山－盛岡」の区間ごとに1人当たりの旅客運賃を算出する。P284のケース8で計算したように、1人当たりの旅客運賃の合計は11,550円。

特例

行程中の折り返し部分（郡山－会津若松）を切り離して、次のように運賃を計算する。

東京－郡山－盛岡　226.7＋308.6＝535.3→536km

Ⓐ表より8,580円

郡山－会津若松　64.6→65km　Ⓐ表より1,170円（片道当たり）

8,580＋1,170＋1,170＝10,920円

原則どおりに計算するよりも、1人当たり630円低額になるので、この行程の場合は特例に基づいて団体旅客運賃を計算する。

10,920×（1－0.1）＝9,828→9,820円

構成人員は52人なので、運賃収受人員は50人（2人が無賃）。

9,820×50＝491,000円（52人分の団体旅客運賃総額）

「不乗区間通算」「分離計算」ともに、個人の普通旅客運賃の場合も同様の計算方法を用いることが可能だが、旅客からの申し出がない限りJR側がこの方法を取ることはない。

Let's Try! 確認テスト

●次の各記述の正しいものには○を、誤っているものには×を記入しなさい。

チェックポイント	できたらチェック
指定保証金	□ 1 指定保証金は、申込人員の9割に相当する人員（1人未満のは数は切り捨て）に対し、1人につき220円である。 国 平23改
団体の割引率	□ 2 小学生と引率の教職員で構成される学生団体に適用される運賃の割引率は、小学生、教職員ともに30%で通年同じである。 総 平26
	□ 3 訪日観光団体に対する鉄道路線を利用した団体乗車券を発売する場合、普通旅客運賃の割引率は1割5分である。 国 令3改
無賃扱い	□ 4 新幹線の普通車指定席を利用する団体旅客が55人で構成される普通団体の場合、53人分の運賃と特急料金が収受される。 国 平29
	□ 5 団体の無賃扱人員に対しては、旅客運賃については無料の取扱いが適用され、寝台料金、座席指定料金には適用されない。 国 平26

●次の問題に答えなさい。

□ 6　大人32人で構成する普通団体が次の行程で旅行した場合の団体旅客運賃総額はいくらか。 予想

8月30日（日）（第1期）
熱海 ―東海道新幹線〔ひかり〕普通車指定席― ㊔261.4km ― 名古屋 ―特急〔ワイドビューひだ〕普通車指定席― ㊔30.3km ―（岐阜）― ㊔136.4km ㊢150.0km ― 高山

9月2日（水）（第2期）
飛騨金山 ―特急〔ワイドビューひだ〕普通車指定席― ㊔66.7km ㊢73.4km ―（岐阜）― ㊔30.3km ― 名古屋 ―東海道新幹線〔ひかり〕普通車指定席― ㊔261.4km ― 熱海

※岐阜ー高山および飛騨金山ー岐阜は地方交通線、その他の区間は幹線である。

解答 1. ×　1人につき300円／2. ○／3. ○／4. ○　構成人員55人の普通団体に適用される無賃扱人員は2人。無賃扱いは各種料金にも適用されるので、運賃と特急料金の収受人員は53人分／5. ×　無賃扱いは各種料金（特急･急行料金、寝台料金、グリーン料金、座席指定料金など）にも適用される
6. 365,180円　261.4＋30.3＋150.0＝441.7→442km　Ａ表より7,480円　73.4＋30.3＋261.4＝365.1→366km　Ａ表より6,380円　(7,480＋6,380)×(1－0.15)＝11,781→11,780円　11,780×31＝365,180円（1人は無賃）

乗車券類の取扱いなど

国 総

学習項目

◎指定券の発売日
◎乗車券類の有効期間
◎途中下車
◎乗車変更
◎乗車券の払戻し
◎特別企画乗車券

学習ポイント

- 指定券の発売日は「**始発駅出発日**の前月の同日」。
- 普通乗車券の**有効期間**は**営業キロ**で算出する。
- 自由席特急券の有効期間は1日間（有効期間開始日）のみ。
- 乗車券類を払い戻すときの計算手順を理解する。
- 乗車券類の紛失や列車が遅延したときの取扱いを理解する。

1 乗車券類の取扱い

乗車券類とは、**乗車券**、**急行券**（特別急行券＝特急券を含む）、**特別車両券**（グリーン券）、**寝台券**、**コンパートメント券**および**座席指定券**をいいます。

1. 運送契約の成立

運送契約は、その成立について別段の意思表示があった場合を除き、**旅客が所定の運賃・料金を支払い、乗車券類などの交付を受けた時**に成立します。

2. 乗車券類の発売日

(1) 乗車券の発売日

① 普通乗車券は原則として旅客が乗車する日に発売されますが、指定券と同時に使用する場合は指定券を発売する日に乗車券も発売されます。

② 団体乗車券（および貸切乗車券）は、運送引き受け後であって、旅客が**始発駅を出発する日の1か月前の同日**から発売されます。

(2) 指定券の発売日

指定券は、**乗車予定の列車が始発駅を出発する日の1か月前の同日**（**午前10時**）から発売されます。1か月前に同日がない場合は、乗車予定の列車が始発駅を出発する日が属する月の1日に発売されます。

プラスアルファ
コンパートメント券とは、コンパートメント個室を利用するときに発売される券種だが、現在のところ、このコンパートメント券を使用する設備を持つ列車は運行されていない。

用語
貸切乗車券
旅客が車両や列車などを単位として客車を貸し切る場合に発売される乗車券。

試験で問われやすいのは「指定券の発売日」。本文にあるとおり「乗車列車が始発駅を出発する日」を基準とする点がポイントです。

Key Point ●１か月前に同日がない場合の発売日

始発駅出発日	3月29～31日（※）	5月31日	7月31日	10月31日	12月31日
発売日	3月1日	5月1日	7月1日	10月1日	12月1日

※閏年の場合に限り、3月29日出発分は2月29日に発売。

3. 乗車券類の有効期間

(1) 普通乗車券の有効期間

①片道乗車券の有効期間

片道乗車券の有効期間は、片道の営業キロに基づいて次のように定められています。

Key Point ●片道乗車券の有効期間

100kmまで	200kmまで	400kmまで	600kmまで
1日	2日	3日	4日

※ 601km以上は200kmごとに1日を加える。

ただし、大都市近郊区間内相互発着の片道乗車券は、距離にかかわらず有効期間は1日（発売当日）のみです。

片道の営業キロが100kmを超える片道乗車券の有効期間は次の公式により求めることができます。

Key Point ●片道乗車券の有効期間を求める公式

※片道の営業キロが100kmまでの乗車券を除く。

① 片道の営業キロを200の倍数に切り上げる。

② 上記①で求めた距離を以下の公式のAに当てはめる。

A km ÷ 200km ＋ 1日＝片道乗車券の有効期間

では、公式を使って実際に計算してみましょう。

CASE 1　片道の営業キロが947.3kmの片道乗車券

947.3kmを200の倍数に切り上げる。→　1,000km

1,000km ÷ 200km ＋ 1日＝6（日）

この場合の片道乗車券の有効期間は6日。

プラスアルファ

有効期間は、有効期間最後の日の24時を経過すると失効するが、乗車中に有効期間を経過した場合は、途中下車しない限り乗車券面に表示された着駅までは乗車できる。

乗車券の有効期間は「**営業キロ**」をもとに計算します。行程に地方交通線が含まれている場合でも換算キロや擬制キロは使わないことに注意しましょう。

用語

大都市近郊区間

東京、仙台、新潟、大阪、福岡の各近郊区間のこと。これらの**区間の中だけを乗車**する場合は、実際に乗車する経路にかかわらず、**最も安くなる経路**で計算した運賃で乗車できる。この場合の乗車券は、乗車区間の**営業キロが100キロを超えているとき**でも有効期間は**1日（当日）**のみ。

国内旅行実務　国・総

図表１には復割とあるので、往復割引を適用した往復乗車券です（運賃の計算はP298のケース9を参照）。往復乗車券の場合、「ゆき」の乗車券には運賃額が表示されず、「かえり」の乗車券に往路・復路の運賃の合計額（往復運賃）が表示されます（往復割引の適用の有無にかかわらず同じ）。

②往復乗車券の有効期間

往復乗車券の有効期間は、**片道乗車券の有効期間**の **2 倍**です。

ケース１を例にすると、片道の営業キロが 947.3km の区間を往復乗車する場合、往復乗車券の有効期間は 12 日（6 日 × 2）になります。

往復乗車券は、「ゆき（往路）」と「かえり（復路）」の２枚１組で発売され、「ゆき」「かえり」の双方に同じ有効期間が表示されます（図表１参照。表示された期間内に券面表示の区間を往復すればよい）。

■ 図表１　往復乗車券

【ゆき（往路）】

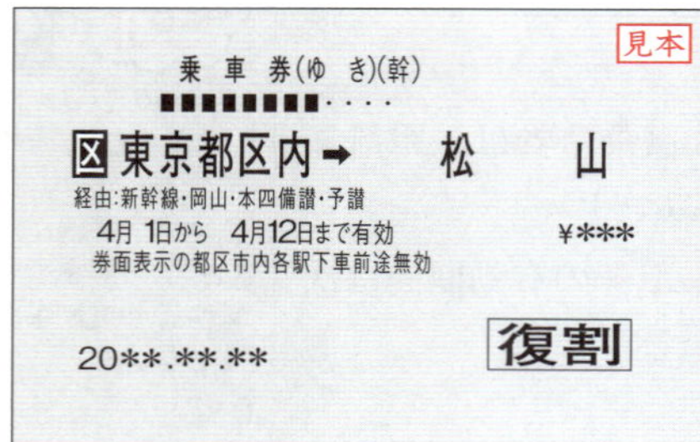

【かえり（復路）】

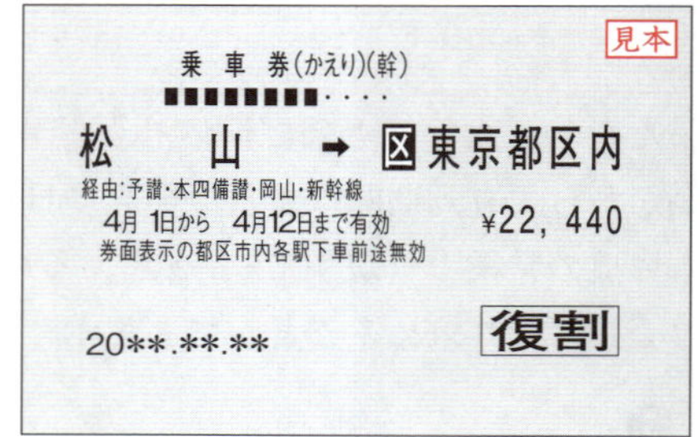

（2）料金券の有効期間

指定席特急券、寝台券などの料金券の有効期間は図表２のとおりに定められています。

■ 図表２　料金券の有効期間

種　類	有効期間
指定券（指定席特急券、指定席グリーン券、座席指定券、寝台券など）	原則として、指定された列車に限り有効
自由席特急券、急行券	１日間（有効期間開始日のみ）
未指定特急券	券面に表示された日および列車に限って有効

未指定特急券
▶▶ P307

(3) 期間の計算

有効期間などの「期間」の計算をする場合は、その**初日を算入**して計算します。期間の初日は、**時間の長短にかかわらず1日**として計算します。

CASE 2 有効期間の計算

① 11月1日から1日間 → 11月1日のみ有効
② 11月1日から1か月間 → 11月30日まで有効
③ 11月5日から1か月間 → 12月4日まで有効
④ 11月30日から3か月間 → 2月28日まで有効

4. 途中下車

乗車券に表示された区間内で**いったん駅（改札口）の外に出場し**、再び入場して旅行を続けることを**途中下車**といいます。乗車券の有効期間内であれば、後戻りしない限り原則として乗車券の経路上で何度でも途中下車ができますが、次のいずれかに該当するときは途中下車ができません（途中下車をすると、以降の区間が無効になります＝前途無効）。

Key Point ●途中下車ができない乗車券

① **片道の営業キロが100キロ**までの普通乗車券
② **大都市近郊区間**内相互発着の普通乗車券
③ **特定都区市内**発着または**東京山手線内**発着の乗車券の、特定都区市内（または山手線内）の駅での下車
〈例〉■図表1（東京都区内⇔松山）の【ゆき（往路）】の乗車券の場合
東京都区内の駅で下車すると以降の区間は無効（ただし、乗車駅から途中下車した駅までの運賃を別途支払えば、その乗車券を再び使用できる）。
④ **回数乗車券**

なお、**特急券**や**急行券**、**グリーン券**、**寝台券**などは**途中下車ができません**。

プラスアルファ

「月」の期間の計算
②のように期間の始期が1日（月の初日）の場合は、該当する月の末日が終期になる。
④のように、最後の月に該当する日がないときは、その月の末日が終期になる（閏年の場合、④の期間の終期は2月29日）。

特定都区市内発着
東京山手線内発着
▶▶P290、291

用語

回数乗車券
いわゆる「回数券」のこと。原則として営業キロ200キロ以内の区間に限り、乗車区間を指定して発売される。10枚分の運賃で11枚の回数券が発売され、有効期間（**3か月**）内であれば1枚ずつ使用できる（**大人の回数券1枚で小児2人まで**使用可）。途中下車や乗車区間の変更はできない。

国内旅行実務　国・総

5. 乗車変更

(1) 使用開始前の変更

使用開始前の乗車券類は、**1 回に限り手数料なし**で、その乗車券類と**同じ種類**の乗車券類に変更することができます（図表3)。ただし、乗車券や指定のない料金券は有効期間内に、指定券は指定された列車の出発時刻までに変更を申し出た場合に限ります。

プラスアルファ
「同じ種類の乗車券類に変更できる」とは、例えば、普通乗車券なら普通乗車券相互の変更（片道乗車券から往復乗車券への変更や、乗車区間、経路の変更など）、指定券なら指定券相互の変更（乗車区間や指定列車の変更など）が可能という意味。

プラスアルファ
（1）に従って乗車変更した乗車券類は、その券面に乗変の表示がなされる。

■ 図表 3　乗車変更（使用開始前）

	原券	変更後
乗車券	①片道乗車券 ②往復乗車券 ③連続乗車券 →	①片道乗車券 ②往復乗車券 ③連続乗車券
料金券	④指定券 → （指定席特急券、 指定席グリーン券、 寝台券、座席指定券）	④指定券 （指定席特急券、 指定席グリーン券、 寝台券、座席指定券）
	⑤自由席特急券・急行券 →	⑤自由席特急券・急行券（④へも変更可）
	⑥自由席グリーン券 →	⑥自由席グリーン券（④へも変更可）

※表中の ──▶ は左の券種から右の券種への変更が可能であることを示す。
※自由席（⑤⑥）から指定席（④）への乗車変更は可能だが、指定席から自由席への変更は、指定席が満席の場合に限る。

変更により、運賃・料金に差額が生じた場合、**不足額は収受**し、**過剰額は払い戻し**になります。

(2) 使用開始後の変更

使用開始後の乗車券類の変更については、次の①〜③を確認しておきましょう。

① 使用開始後の普通乗車券の経路や行き先の変更をする場合、不足額は収受しますが、**過剰額は払い戻しません**（ただし、**未使用区間**が **101 キロ以上**ある場合は**払戻しが可能**）。

② **指定された列車に乗り遅れた**（列車の出発時刻が過ぎてしまった）場合、その指定券は**無効**になり**乗車変更や払戻しはできません**。ただし、指定された列車の乗車日と**同日**中に限り、後続の列車の普通車**自由席**に乗車することができます。

③ **全車指定席の新幹線**〔はやぶさ〕〔こまち〕〔はやて〕〔つばさ〕

〔かがやき〕の指定席特急券を所持する旅客が指定列車に乗り遅れた場合は、上記②のほか、指定された列車の乗車日と**同日**中に限り、後続の列車を**立席**で利用することができます（〔はやぶさ〕〔こまち〕の立席利用は〔はやぶさ〕〔こまち〕の指定席特急券を所持している場合に限る）。

④ **未指定特急券を発売している在来線特急**の指定席特急券を所持する旅客が指定列車に乗り遅れた場合は、指定された列車の乗車日と**同日**中に限り、後続の列車を**立席**で利用することができます（普通車指定席に空席がある場合は**空席**の利用も可能）。

6. 旅行開始前の払戻し

旅行の中止などにより、**旅行開始前**に乗車券類が不要になった場合は、有効期間内であるときに限り、手数料を差し引いて払い戻されます（券面額－手数料＝払い戻し額）。

Key Point ●手数料一覧（主なもの）

種類		払戻し時期	手数料
普通乗車券・回数乗車券 列車を指定していない料金券（自由席特急券、急行券、自由席グリーン券など）		使用開始前で有効期間内	220円
指定券	立席特急券	乗車駅出発時刻まで	220円
	指定席特急券 指定席グリーン券 寝台券 座席指定券	列車出発日の2日前まで	340円
		出発日の前日から乗車駅出発時刻まで	対象料金の30％（※）（最低340円）

※30％の手数料を計算する過程で10円未満の端数が生じた場合は**端数整理（切り捨て）し、10円単位**とする。

※指定券（立席特急券を除く）を列車の**出発日**または**前日**にいったん**変更**し、その後払い戻す場合は、対象となる料金の30％（最低340円）の手数料がかかる。

※**未指定特急券**を払い戻すときの手数料は、上表によらず、**券面表示の乗車日**まで**340円**。

未指定特急券
▶▶P307

旅行開始
「旅行開始」とは、旅客が旅行を開始する駅において、**乗車券の改札を受けて入場すること**をいう。ただし、駅員無配置駅（いわゆる「無人駅」）から旅客が乗車する場合は、その乗車することをいう。したがって、旅行を開始する駅で改札を受けて入場した場合、入場後から「旅行開始後」として扱われる。

用語

立席特急券
車両のデッキに立って乗車することができる特急券。全車指定席の〔はやぶさ〕〔こまち〕〔はやて〕〔かがやき〕が満席の場合に、乗車列車（および車両）を指定して発売される（指定席特急料金から530円引き）。

普通乗車券は220円、指定券（立席特急券を除く）は340円（または30％）の手数料がかかる点をしっかり覚えておきましょう。

国内旅行実務　国・総

プラスアルファ

ケース3の券面にある"乗 6,600・特 5,020"は、「乗車券（運賃）が 6,600 円、特急券（特急料金）が 5,020 円」という意味。このほかにもグリーン車は"グ"、寝台車は"寝"と表示される。それぞれの意味を覚えておくとよい。

プラスアルファ

列車出発日または前日に乗車変更した指定券は、その券面に乗変および"2日以内に変更"と表示される。これらの表示がある指定券を払い戻すときは、対象となる料金の 30%(最低 340 円）の手数料がかかる。

「払戻し」は試験での定番ともいえる知識です。中でも「2種類以上の料金を組み合わせた料金券」がよく取り上げられています。

CASE 3 次の乗車券類を払い戻したときの手数料

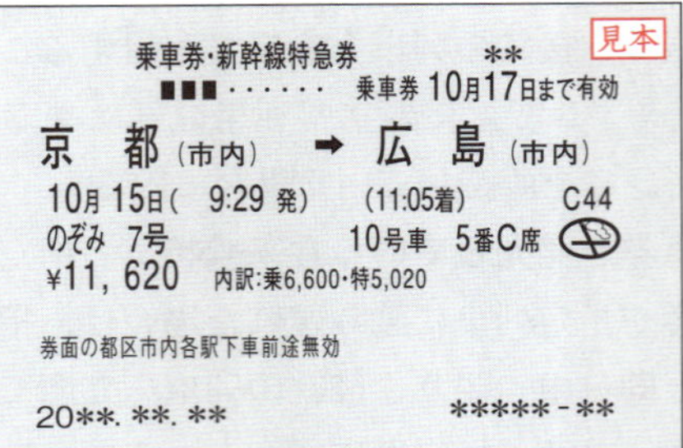
乗車券・新幹線特急券 **
■■■・・・・・・ 乗車券 10月17日まで有効
京 都（市内）➡ 広 島（市内）
10月15日（ 9:29 発） (11:05着) C44
のぞみ 7号 10号車 5番C席
¥11, 620 内訳:乗6,600・特5,020
券面の都区市内各駅下車前途無効
20**. **. ** *****-**
見本

10月13日に払い戻すと

■乗車券に対する手数料：220円

■特急券に対する手数料：340円

10月14日に払い戻すと

■乗車券に対する手数料：220円

■特急券に対する手数料：1,500円

(5,020 × 0.3 = 1,506 → 1,500円)

10月14日に、指定列車を「10月18日の〔のぞみ〕7号」にいったん乗車変更し、その後、10月15日に払い戻すと

■乗車券に対する手数料：220円

■特急券に対する手数料：1,500円

(5,020 × 0.3 = 1,506 → 1,500円)

CASE 4 次の乗車券類を払い戻したときの手数料と返金額

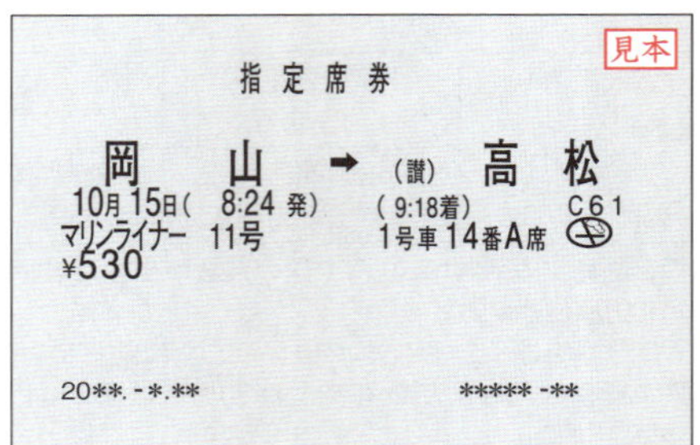
指 定 席 券
岡 山 ➡ (讃) 高 松
10月15日（ 8:24 発） (9:18着) C61
マリンライナー 11号 1号車 14番A席
¥530
20**. -*.** *****-**
見本

10月13日に払い戻すと

■座席指定券に対する手数料：340円

10月14日に払い戻すと

■座席指定券に対する手数料：340円

530 × 0.3 = 159 →

(340円に満たない) → 340円

(1) 2種類以上の料金が関連発売されている料金券の払戻し

次のように**2種類以上の料金を組み合わせ**て1枚で発売され

た料金券を払い戻す場合には、**グリーン券、寝台券、座席指定券のみ**が手数料の対象となります（特急券、急行券に対する手数料は不要です）。

Key Point ●手数料の対象となる料金

種　類	含まれる料金	手数料の対象となる料金
特急（急行）・グリーン券	特急（急行）料金＋グリーン料金	グリーン料金
急行・座席指定券	急行料金＋座席指定料金	座席指定料金
特急（急行）・寝台券	特急（急行）料金＋寝台料金	寝台料金

プラスアルファ
「設備定員が複数の個室」は①４人用普通個室、②グリーン個室、③２人用寝台個室の３種類。
▶▶P313

(2) 設備定員が複数の個室を利用するときの指定券の払戻し

設備定員が複数の個室を利用する場合の指定券を払い戻す場合、利用する人員数にかかわらず、**個室１室あたり所定の手数料（340円または対象料金の30%）**がかかります。

CASE 5 次の乗車券類を払い戻したときの手数料

見本
特急券・グリーン券(個)
東　京 ➡ 伊　東
(11：00発)　(12：36着)
10月15日　サフィール踊り子　1号　2号車　2番　個室　C10
¥16,780　内訳:特大5,580　・グ11,200
4人用　大人3名
20**.**.** ******

10月13日に払い戻すと
■特急券に対する手数料：不要
■グリーン券に対する手数料：340円

10月14日に払い戻すと
■特急券に対する手数料：不要
■グリーン券に対する手数料：3,360円
(11,200 × 0.3 = 3,360円)

プラスアルファ
ケース５は４人用グリーン個室を３人で利用した場合の特急券・グリーン券。券面の"特大 5,580"は大人３人分の特急料金の合計額(@1,860 × 3)。

複数定員の個室を利用する場合、乗車券は旅客１人につき１枚発売されますが、指定券は個室１室につき１枚の発売となります。だからこそ、指定券は個室１室ごとに手数料を計算することになるのです。

(3) 山形新幹線・秋田新幹線の乗車券類の払戻し

山形新幹線・秋田新幹線に乗車するときの特急料金は、新幹線区間と在来線区間で個別に計算しますが、この場合の１枚で発売された乗車券類の払戻しは**「新幹線区間の特急料金」と「在来線区間の特急料金」を合わせて１つの料金**として手数料が適用されます。

山形新幹線・秋田新幹線
▶▶P338

プラスアルファ
ケース６の券面の"特 1,580・幹特 6,430"は「在来線の特急料金が 1,580 円、新幹線の特急料金が 6,430 円」の意味。

CASE 6　次の乗車券類を払い戻したときの手数料

乗車券・新幹線特急券　＊＊＊＊＊＊＊＊　見本
乗車券 10月19日まで有効
東　京(都区内) ➡ 秋　田
10月15日(11:56 発)　(15:55着)　C12
こまち 13号　13号車 9番A席
¥18,020　内訳:乗 10,010・特 1,580・幹特 6,430
券面の都区市内各駅下車前途無効
20＊＊.＊＊.＊＊ ＊＊＊＊＊　＊＊＊＊＊－＊＊

10 月 13 日に払い戻すと	10 月 14 日に払い戻すと
■乗車券に対する手数料：220 円	■乗車券に対する手数料：220 円
■特急券に対する手数料：340 円	■特急券に対する手数料：2,400 円 (1,580 ＋ 6,430) × 0.3 ＝ 2,403 → 2,400 円

山陽・九州新幹線
▶▶P330
東北・北海道新幹線
▶▶P333

(4)「山陽・九州新幹線」「東北・北海道新幹線」の料金券の払戻し

「山陽・九州新幹線」や「東北・北海道新幹線」の特定の特急料金を適用した料金券には、**JR 各社**の特急（グリーン）料金の**内訳**が表示されます。

これらの乗車券類を払い戻す場合は、各社の料金を**合わせて 1 つの料金として**手数料が適用されます。

プラスアルファ
ケース７の券面の"特 5,280・九特 4,500"は「山陽新幹線区間の特急料金が 5,280 円、九州新幹線区間の特急料金が 4,500 円」の意味。"グ 6,600 円・九グ 3,150"も同じく「山陽新幹線区間のグリーン料金が 6,600 円、九州新幹線区間のグリーン料金が 3,150 円」の意味。

CASE 7　次の乗車券類を払い戻したときの手数料

乗車券・新幹線特急券・グリーン券　＊＊　見本
・・・・・・▮▮▮　乗車券 10月20日まで有効
新大阪(市内) ➡ 鹿児島中央
10月15日(17:59 発)　(21:46着)　C43
みずほ 605号 全席禁煙 6号車 11番D席
¥31,850　内訳:乗 12,320・特 5,280・九特 4,500
・グ 6,600・九グ 3,150 N09030
券面の都区市内各駅下車前途無効
20＊＊.＊＊.＊＊＊＊＊＊＊　＊＊＊＊＊－＊＊

10 月 13 日に払い戻すと	10 月 14 日に払い戻すと
■乗車券に対する手数料：220 円	■乗車券に対する手数料：220 円
■特急券に対する手数料：不要	■特急券に対する手数料：不要
■グリーン券に対する手数料：340 円	■グリーン券に対する手数料：2,920 円 (6,600 ＋ 3,150) × 0.3 ＝ 2,925 → 2,920 円

ケース7の券面が「乗車券・特急券」だった場合（利用設備が普通車指定席または自由席だった場合）も、山陽新幹線区間の特急料金と、九州新幹線区間の特急料金をあわせて1つの特急料金として手数料を計算します。

（5）グランクラスを利用する場合の料金券の払戻し

グランクラスはグリーン車の一種なので、グランクラスを利用する場合の料金券の表示も“グリーン券”で統一されています（払戻しの計算手順も通常のグリーン料金と同じ）。「東北・北海道新幹線」の特急券・グリーン券を例に手数料の計算手順を確認してみましょう。

CASE 8　次の乗車券類を払い戻したときの手数料

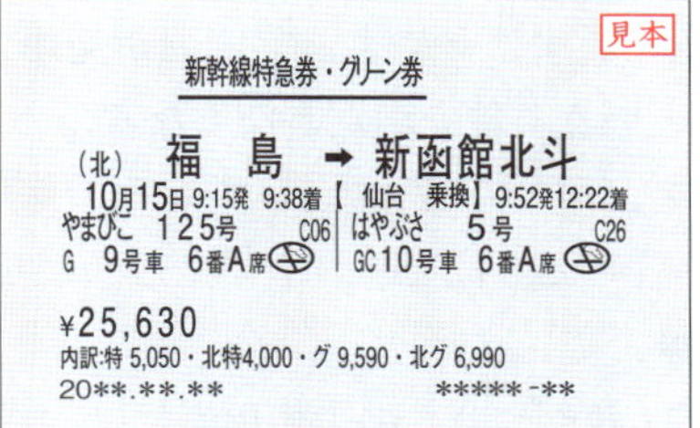
見本
新幹線特急券・グリーン券
（北）福　島 ➡ 新函館北斗
10月15日 9:15発 9:38着【仙台　乗換】9:52発12:22着
やまびこ 125号 C06 はやぶさ 5号 C26
G 9号車 6番A席 GC10号車 6番A席
¥25,630
内訳:特 5,050・北特4,000・グ 9,590・北グ 6,990
20**.**.** *****-**

10月13日に払い戻すと	10月14日に払い戻すと
■特急券に対する手数料：不要	■特急券に対する手数料：不要
■グリーン券に対する手数料：340円	■グリーン券に対する手数料：4,970円
	（9,590＋6,990）×0.3＝4,974→4,970円

ケース8の券面には〔やまびこ〕と〔はやぶさ〕の表示とともに【仙台　乗換】とあります。これは「二つの新幹線を仙台駅で改札から出ずに乗り継いでいる」ことを示しています。〔やまびこ〕および〔はやぶさ〕の乗車車両を示す“G　9号車”と“GC　10号車”は、「やまびこの9号車はグリーン車」「はやぶさの10号車はグランクラス」の意味です（乗車する全区間がグランクラスの場合は、単に“グランクラス”と表示されます）。

最近の試験では、JR券面を資料として提示した出題が増えています。本書に掲載した各種の券面を参考に、おおまかな内容を確認しておきましょう。

グランクラス
▶▶P320

プラスアルファ
ケース8の行程および料金計算の詳細はP337のケース7を参照のこと。
券面の“特5,050・北特4,000”は「東北新幹線区間の特急料金が5,050円、北海道新幹線区間の特急料金が4,000円」の意味。“グ9,590・北グ6,990”も同じく「東北新幹線区間のグランクラス（グリーン）料金が9,590円、北海道新幹線区間のグランクラス料金が6,990円」の意味。

7. 旅行開始後の払戻し

旅行開始後は、払戻しを行わないのが原則ですが、普通乗車券については次のいずれかの場合に限り、払戻しが可能です。

（1）片道乗車券

有効期間内であって、**不乗車区間の営業キロが100キロを超えている場合**は、すでに乗車した区間の運賃と手数料（220円）を差し引いた残額が払い戻されます。

（2）往復乗車券、連続乗車券の未使用券片

往復乗車券の片道のみ、連続乗車券の1区間のみを使用し、残りの券片を未使用の状態で払い戻す場合は、「6. 旅行開始前の払戻し」に準じて取り扱います。

ただし、往復割引を適用した往復乗車券は、片道のみを使用し、未使用券片を払い戻すことによって割引が適用できなくなります（「往復する」という条件を満たさなくなるため）。この場合は、**「発売額（割引を適用した往復運賃）」から「乗車した区間の無割引運賃」と手数料220円を差し引いた残額**が払い戻されます。

プラスアルファ
未使用の往復乗車券、連続乗車券を**旅行開始前**に**2枚同時**に払い戻すときの手数料は**220円（1枚分）のみ**でよい。

（3）回数乗車券

回数乗車券（11枚つづり）の未使用券片は、有効期間（3か月）内に限り払戻しが可能です。この場合は**「発売額（10枚分の運賃）」から「すでに使用した枚数分の普通運賃」と手数料220円を差し引いた残額**が払い戻されます（使用した枚数によっては払戻し額がない場合あり）。

回数乗車券
▶▶P367

8. 団体乗車券の変更・払戻し

（1）使用開始前の払戻し

購入した団体乗車券（団券）が旅行中止のため不要になったり、利用人員が変更になったりした場合は以下の手数料が必要になります。

■ 図表4　団券を払い戻すときの手数料

団券：人員数に関係なく 団券1枚につき	220円
指定券：指定券1枚につき	乗車日の2日前まで340円
	乗車駅出発時刻の2時間前まで30%（最低340円）

(2) 使用開始後の変更

団券の使用開始後に、あらかじめ係員に申し出て承諾を得たうえで、**1回に限り**、区間変更、指定券変更、乗車列車等の変更をすることができます（ただし、運送上の支障がないときに限ります）。この場合、指定券に関する変更については、原券に表示された**列車が乗車駅を出発する時刻**の**2時間前**までに申し出があった場合に限ります。

9. その他の取扱い

(1) 乗車券類の紛失

購入した乗車券類を紛失した場合、再度、旅客運賃・料金を支払って**紛失した乗車券類と同一**の乗車券類（**指定券**の場合は**同一列車**の乗車券類に限る）を購入しなければなりません。このとき、旅客は旅行終了駅で**再収受証明書**の交付を請求することができます。旅客が紛失した乗車券類を発見した場合は、**乗車券類を再購入した日から1年以内**（再購入した日の**翌日**から起算して1年以内）に、発見した乗車券類と再収受証明書とを最寄り駅に提出することで、再収受証明書に記入された旅客運賃・料金について払戻しを受けることができます（乗車券1枚につき220円、指定券1枚につき340円の**手数料が必要**です）。

(2) 列車の遅延の取扱い

列車が遅延した場合は次の①と②に従って払戻しを受けることができます。

① **特急・急行列車**が所定の時間より**2時間以上**遅れて到着した場合、特急・急行料金は**全額**払戻しになります。

② 特急・急行列車が出発時刻に1時間以上遅延した（または遅延することが確実な）場合で、当該列車の利用を取り止めたときは、運賃・料金ともに全額払戻しになります。

(3) 列車の運行不能の取扱い

列車が運行しない場合は、次の①と②に従って払戻しを受けることができます。

① **不通区間**（列車が運行できない区間）があり、**旅行を取り止める**場合は、**運賃・料金**ともに**全額**払戻しになります。

② 旅行の途中で取り止める場合は、不乗車区間の運賃が払戻し

プラスアルファ

乗車券の紛失について、規則では、9.（1）の本文どおりに規定されているが、実務上はやや簡略化された次の手続きによる。

① 再購入した乗車券に「紛失再」の表示がなされる。

② 旅行を終了した駅で再購入した乗車券類に「再収受証明」を受け、その乗車券類を持ち帰る。

③ 紛失した乗車券類を発見し、払戻しを受けるときは、発見した乗車券類とともに、旅客が持ち帰った乗車券類を最寄り駅に提出する。

プラスアルファ

(2)の①②、(3)の②のケースでは、**発駅へ無料で戻る**こともできる（無賃送還）。この場合、途中下車をしなければ**運賃・料金**ともに**全額**払戻しになる。

になります。この場合、原則として特急料金、急行料金、グリーン料金、座席指定料金は、一部でも未使用区間が残っていれば（寝台料金は、朝6時までの間で、一部でも利用できない区間がある場合は）、全額払戻しになります。

2 特別企画乗車券

JRが特別の運送条件を定めて発売する割引乗車券のことを「特別企画乗車券」といいます。JR各社が共通で設定している主な特別企画乗車券の種類と条件は次のとおりです。

（1）ジパング倶楽部（シニア向けの会員制割引制度）

条件 〔一般個人会員〕男性65歳以上、女性60歳以上
〔一般夫婦会員〕夫婦のうち、どちらかが65歳以上
会員になると年20枚の「JR乗車券購入証」が交付され、JR線を**片道・往復・連続**で**営業キロ**201キロ以上乗車するときに購入証を使って割引で乗車券類を購入できます。

列車 普通旅客運賃、特急料金、グリーン料金、座席指定料金が割引の対象になります。寝台料金、グリーン個室料金、〔のぞみ〕〔みずほ〕の特急料金・グリーン料金、グランクラスを利用するときの特急料金・グランクラス料金などは割引になりません。

割引 運賃・料金ともに、3回（枚）目までは2割引、4～20回（枚）目までは3割引です（入会して1年経過後、継続更新した場合は1回目から3割引）。

期間 ゴールデンウィーク、お盆、年末年始は利用できません。

（2）フルムーン夫婦グリーンパス（中高年の夫婦対象）

条件 〔一般用〕夫婦2人の年齢の合計が88歳以上
〔シルバー用〕夫婦のうちどちらかが70歳以上

種類 有効期間5日間、7日間、12日間の3種類があり、有効期間内は対象列車が乗り放題になります。

列車 新幹線（〔のぞみ〕〔みずほ〕を除く）、在来線特急、急行、普通列車の普通車指定席・自由席、グリーン車指定席（グランクラス、プレミアムグリーン車、グリーン個室、DX

プラスアルファ
ジパング倶楽部の割引利用に当たり、往復割引は併用が可能。また、**乗継割引**の適用条件を満たしていれば、新幹線の特急料金にはジパング割引を、**在来線の特急料金**には乗継割引をそれぞれ適用可能（そのほかの割引は併用できない）。

プラスアルファ
フルムーン夫婦グリーンパスの利用時は例外的に山陽新幹線（ひかりレールスター）の4人用普通個室を夫婦2人で使用できる（通常は旅客3人以上のときに限り利用可能）。

山陽新幹線（ひかりレールスター）の4人用普通個室
▶▶P313

グリーンを除く）に回数の制限なく乗車できます。

期間　10月頃から6月頃までの設定で、年末年始、春休み、ゴールデンウィークは利用できません。

（3）青春18きっぷ（年齢・性別の条件なし）

種類　乗車券は1券片制で5回（5人）まで利用でき、各回（人）とも**当日限り**有効です（翌日にまたがる列車を利用するときには、**深夜0時を過ぎて最初に停車する駅まで**は有効）。

列車　JR全線の**普通列車**の**普通車自由席**に回数の制限なく乗車できます（一部、特急の普通車自由席を利用できる例外区間があります）。

期間　春休み、夏休み、冬休みの期間に設定されています。

その他　普通列車の指定席を利用する場合は座席指定券を購入することで乗車できますが、そのほかの列車、設備を利用するときは、特急券、急行券、寝台券、グリーン券などのほかに別途**普通乗車券を購入**しなければなりません。

（4）レール＆レンタカーきっぷ（JR券とレンタカーのセット）

条件　JR線を**片道・往復・連続**で**営業キロ201キロ**以上利用し、なおかつ最初のJR線の出発駅から、駅レンタカーの営業所まで、最短経路で営業キロ**101キロ**以上離れていることが条件です。

割引　JRの**運賃**が**2割引**、**料金**が**1割引**です。同一行程で利用する同行者については、JR券を同時に購入することで同行者全員の運賃・料金が割引の対象になります。往復割引、乗継割引などの他の割引との併用はできません。

期間　ゴールデンウィーク、お盆、年末年始はJRの割引はありません。

3　手回り品の取扱い

1．無料手回り品

（1）旅客が携帯する身の回り品

旅客が身の回り品として携帯する傘、つえ、ハンドバッグ、ショ

プラスアルファ
別途発売する「青春18きっぷ北海道新幹線オプション券」を購入すると、北海道新幹線（奥津軽いまべつ～木古内間）および道南いさりび鉄道を利用できる。

プラスアルファ
（4）について、新幹線〔のぞみ〕〔みずほ〕を利用するときの料金、グランクラス利用時の料金など、割引の対象にならない料金もある。

ルダーバッグなどは、**個数の制限なく**車内に無料で持ち込むことができます。このほか、列車の状況により、運輸上支障を生ずるおそれがないと認められる場合は、旅客が携帯できるもので、3 辺の最大の和が 250cm 以内（長さは 2m まで）で、重量が 30kg 以内のものを**2 個**まで、**無料**で持ち込むことができます（自転車とサーフボードについては専用の袋に収納したものに限ります）。

プラスアルファ
自転車は、解体して（折りたたみ式自転車は折りたたんで）専用の袋に収納した場合に限り、車内に持ち込むことができる。

(2) 身体障害者補助犬

身体障害者補助犬法に定める盲導犬、介助犬、聴導犬を旅客自身が随伴する場合は、ハーネスをつけ、所定の認定証・使用者証を所持している場合に限り、無料で車内に随伴することができます。

2. 有料手回り品

小犬、猫、ハトまたはこれらに類する小動物（他の旅客に危害を及ぼし、または迷惑をかけるおそれがないと認められるもの）は、**普通手回り品料金**（1 回の乗車ごと、1 個につき 290 円）を支払って車内に持ち込むことができます。ただし、所定のサイズの専用の容器に収納し、その重量が 10 kg以内のものに限ります。

プラスアルファ
東海道・山陽・九州新幹線の車内に特大荷物（3 辺の最大の和が 160cm を超え 250 cm以内の物品）を持ち込むときは、特大荷物スペースとセットで発売する「特大荷物スペースつき座席」の指定券が必要（荷物分の追加料金は不要）。事前にこの指定券を購入せずに特大荷物を持ち込んだ場合、持込手数料（1,000 円）がかかる。

Let's Try! 確認テスト

●次の各記述の正しいものには○を、誤っているものには×を記入しなさい。

チェックポイント	できたらチェック
発売日	□ 1 5月31日に始発駅を出発する新幹線の指定席グリーン券の発売日時は、4月30日の午前10時である。 国 平28
乗車券類の有効期間等	□ 2 期間の計算をする場合は、その初日は時間の長短にかかわらず、1日として計算する。 国 平23
	□ 3 営業キロ184.7km、換算キロ203.2kmの地方交通線区間の片道普通乗車券の有効期間は、3日である。 総 平30改
	□ 4 東京近郊区間内相互発着となる東京〜松本間（営業キロ235.4km）の片道普通乗車券の有効期間は1日で、途中下車はできない。 総 平30
	□ 5 自由席特急券は、券面に表示された有効期間開始日のみ有効である。 国 平29
乗車券類の払戻し	□ 6 乗車後の普通乗車券は、有効期間内で未乗車区間の営業キロが1券片100キロメートルを超える場合のみ払い戻す。その場合の手数料は乗車券1枚につき220円である。 国 平17改
	□ 7 小児の指定席特急券を、列車出発日の2日前に払い戻す場合の払戻し手数料は340円である。 総 令1改
	□ 8 普通回数乗車券は全券片未使用の場合に限り、有効期間内であれば、発売額から払戻し手数料220円を差し引いて払戻しができる。 総 令1改
	□ 9 快速「エアポート号」の指定席券（券面額530円）を出発日の前日に払い戻す場合の手数料は、340円である。 総 令2改
列車の遅延	□ 10 急行券を所持する旅客は、急行列車の遅延により、着駅到着時刻に2時間以上遅延して到着したときは、急行料金の全額の払戻しを請求することができる。 国 平26

解答 1. ×　発売日時は5月1日の午前10時である／2. ○／3. ×　片道の営業キロ（184.7km）を基準にして有効期間は2日（200kmまでに該当）／4. ○　大都市近郊区間内相互発着の片道乗車券は距離にかかわらず有効期間は1日（途中下車不可）／5. ○／6. ○／7. ○　指定席特急券を出発日の2日前に払い戻す場合の手数料は340円（大人・小児ともに同額）／8. ×　すでに使用した枚数分の普通運賃と手数料220円を差し引いた残額が払い戻される（一部券片の使用後でも有効期間内に限り払戻しが可能）／9. ○　530円の30%が340円に満たない→340円を適用／10. ○

■JR運賃表

A JR本州3社内〔幹線用〕運賃表

営業キロ（運賃計算キロ）	片道運賃（基準額）
km	円
1～3	150
4～6	190
7～10	200
11～15	240
16～20	330
21～25	420
26～30	510
31～35	590
36～40	680
41～45	770
46～50	860
51～60	990
61～70	1,170
71～80	1,340
81～90	1,520
91～100	1,690
101～120	1,980
121～140	2,310
141～160	2,640
161～180	3,080
181～200	3,410
201～220	3,740
221～240	4,070
241～260	4,510
261～280	4,840
281～300	5,170
301～320	5,500
321～340	5,720
341～360	6,050
361～380	6,380
381～400	6,600
401～420	6,930
421～440	7,150
441～460	7,480
461～480	7,700
481～500	8,030
501～520	8,360
521～540	8,580
541～560	8,910
561～580	9,130
581～600	9,460
601～640	9,790
641～680	10,010
681～720	10,340
721～760	10,670
761～800	11,000
801～840	11,330
841～880	11,550
881～920	11,880
921～960	12,210
961～1,000	12,540
1,001～1,040	12,870
1,041～1,080	13,200
1,081～1,120	13,420
1,121～1,160	13,750
1,161～1,200	14,080

（以下略）

B JR本州3社内〔地方交通線用〕運賃表

営業キロ	片道運賃（基準額）
km	円
1～3	150
4～6	190
7～10	210
11～15	240
16～20	330
21～23	420
24～28	510
29～32	590
33～37	680
38～41	770
42～46	860
47～55	990
56～64	1,170
65～73	1,340
74～82	1,520
83～91	1,690
92～100	1,880
101～110	1,980
111～128	2,310
129～146	2,640
147～164	3,080
165～182	3,410
183～200	3,740
201～219	4,070
220～237	4,510
238～255	4,840
256～273	5,170
274～291	5,500
292～310	5,720

C JR北海道、JR四国、JR九州内の加算額表

営業キロ又は運賃計算キロ	JR北海道	JR四国	JR九州
km	円	円	円
1～3	－	130	20
4～6	－	130	20
7～10	－	130	30
11～15	－	130	40
16～20	－	140	50
21～25	－	150	60
26～30	－	160	60
31～35	－	190	70
36～40	180	200	80
41～45	－	210	90
46～50	－	220	90
51～60	－	230	140
61～70	－	240	140
71～80	－	240	160
81～90	－	250	160
91～100	－	250	160
101～120	440	260	190
121～180	550	260	220
181～200	660	260	330
201～260	770	260	330
261～	770	270	440

＊JR四国の加算額には児島 ― 宇多津間の加算運賃110円が含まれている。

D JR北海道内〔幹線用〕運賃表

営業キロ（運賃計算キロ）	片道運賃
km	円
1～3	200
4～6	250
7～10	290
11～15	340
16～20	440
21～25	540
26～30	640
31～35	750
36～40	860
41～45	970
46～50	1,130
51～60	1,290
61～70	1,490
71～80	1,680
81～90	1,890
91～100	2,100
101～120	2,420
121～140	2,860
141～160	3,190
161～180	3,630
181～200	4,070
201～220	4,510
221～240	4,840
241～260	5,280
261～280	5,610
281～300	5,940
301～320	6,270
321～340	6,490
341～360	6,820
361～380	7,150
381～400	7,370
401～420	7,700
421～440	7,920
441～460	8,250
461～480	8,470
481～500	8,800
501～520	9,130
521～540	9,350
541～560	9,680
561～580	9,900
581～600	10,230

（以下略）

E JR北海道内〔地方交通線用〕運賃表

営業キロ	片道運賃
km	円
1～3	200
4～6	250
7～10	300
11～15	340
16～20	440
21～23	540
24～28	640
29～32	750
33～37	860
38～41	970
42～46	1,130
47～55	1,290
56～64	1,490
65～73	1,680
74～82	1,890
83～91	2,100
92～100	2,320
101～110	2,420
111～128	2,860
129～146	3,190
147～164	3,630
165～182	4,070
183～200	4,510
201～219	4,840
220～237	5,280
238～255	5,610
256～273	5,940
274～291	6,270
292～310	6,490
311～328	6,820
329～346	7,150
347～364	7,370
365～382	7,700
383～400	7,920

（以下略）

F JR四国内・JR九州内の普通運賃表

営業キロ（運賃計算キロまたは擬制キロ）	JR四国	JR九州
km	円	円
1～3	170	170
4～6	210	210
7～10	220	230
11～15	260	280
16～20	360	380
21～25	460	480
26～30	560	570
31～35	670	660
36～40	770	760
41～45	870	860
46～50	970	950
51～60	1,110	1,130
61～70	1,300	1,310
71～80	1,470	1,500
81～90	1,660	1,680
91～100	1,830	1,850
101～120	2,130	2,170
121～140	2,460	2,530
141～160	2,790	2,860
161～180	3,230	3,300
181～200	3,560	3,740
201～220	3,890	4,070
221～240	4,220	4,400
241～260	4,660	4,840
261～280	5,000	5,280
281～300	5,330	5,610
301～320	5,660	5,940
321～340	5,880	6,160
341～360	6,210	6,490
361～380	6,540	6,820
381～400	6,760	7,040
401～420	7,090	7,370
421～440	7,310	7,590
441～460	7,640	7,920
461～480	7,860	8,140
481～500	8,190	8,470
501～520	8,520	8,800
521～540	8,740	9,020
541～560	9,070	9,350
561～580	9,290	9,570
581～600	9,620	9,900

（以下略）

＊地方交通線のみを利用する場合（200km以下）の特定運賃が別途設定されている（省略する）。

JR 時刻表の記号（主なもの）

JR 時刻表は JR 運賃・料金の知識を増やすのにうってつけの学習教材。特に総合試験では「時刻表の読取り」を必要とする問題が頻出なので、できれば 1 冊は手元において基本的な見方を理解しておくとよい。JR 時刻表で使われている主な記号とその意味をまとめると次のとおり。

記号	意味
特急	特急列車
急行	急行列車
（★）	寝台列車
快速　区快　新快　通快 特快　通特　直快	快速列車
Gran Class	グランクラス（飲料・軽食あり）
Gran Class	グランクラス（飲料・軽食なし）
	プレミアムグリーン
個 4	グリーン個室（4 人用） （個 4 の「4」等の数字はグリーン個室の定員）
	グリーン車指定席
	グリーン車自由席
全	普通車の全車両が指定席
	普通車の一部車両が指定席

記号	意味
	SL で運転
A1	A 寝台 1 人個室 〈シングルデラックス〉
B1	B 寝台 1 人個室 〈ソロ〉〈シングルツイン〉〈シングル〉
B2	B 寝台 2 人個室 〈サンライズツイン〉
	食堂車
	ビュッフェ・カフェテリア
↳	列車の直通・分割・併結
◆	運転日に注意
レ	通過
‖	他線区経由
＝	この駅止り
⑦	列車の発着番線

※JR 時刻表上に「休日運休（休日運転）」などの表示がある場合の“休日”とは、**日曜日・祝日・振替休日・国民の休日**を指す。

第2章　国内航空運賃・料金、宿泊料金、貸切バス・フェリーの運賃・料金

ここでは、「航空」「宿泊」「貸切バス」「フェリー」運賃・料金について学習します。いずれも、第1章で学習したＪＲ運賃・料金と比較すると覚えるべきルールが少なく、出題パターンも限定されています。また、第２編・第２章「運送・宿泊約款」と重複する項目もありますので、関連させて効率よく覚え、確実に得点できるようにしておきましょう。

国内航空運賃・料金

学習項目

◎旅客の年齢による区分
◎座席の種類（クラス）
◎割引運賃の種類と適用条件
◎航空券の予約・発売
◎航空券の購入期限
◎取消し・払戻し

学習ポイント

- 旅客の年齢による区分を正しく理解する。
- 主な割引運賃の特徴と適用条件を覚える。
- 取消手数料は「運賃額×率（△△%）」で算出する。
- 航空券を払い戻すときの返金額の計算手順を理解する。

過去の試験では、国内大手2社（日本航空と全日本空輸）が設定している運賃・料金が出題されていますので、本書でもこれら2社の取り扱う運賃・料金を中心に解説します。

プラスアルファ
JRとは異なり、12歳になっていれば小学生であっても大人に区分される。

旅客の年齢区分（JR）
▶▶P271
幼児の無償運送
▶▶P226

1 国内航空運賃・料金の基礎知識

日本航空（以降JAL）、全日本空輸（以降ANA）の大手航空2社が販売している主な運賃について学習します。旅客の年齢区分、座席クラスなど、基本事項から順にみていきましょう。

1．旅客の年齢による区分

（1）大人・小児・幼児

国内線の利用に当たり、旅客の年齢による区分は「大人」「小児」「幼児」の3種類です。

Key Point ●国内線　旅客の年齢区分（搭乗時）

① 大人……満12歳以上の旅客
② 小児……満3歳以上12歳未満（3歳～11歳）の旅客
③ 幼児……満3歳未満（0～2歳）の旅客

大人および小児は航空券を購入しなければ搭乗できません。大人に同伴される幼児は、大人が膝の上で抱きかかえるなど**単独で座席を利用しない**ことを条件に大人1人につき幼児1人に限り**無償**で運送されます（幼児が単独で座席を利用する場合は航空券の購入が必要）。

(2) 大人が同伴する幼児の取扱い

大人１人が同伴できる幼児は２人までです。

CASE 1　大人１人が２歳と１歳の２名の幼児を同伴する場合

① 幼児２人とも、それぞれ座席を単独で使用するときは…
→ 大人１人分、幼児２人分の航空券の購入が必要
② ２歳の幼児のみ座席を単独で使用するときは…
→ 大人１人分、幼児１人分の航空券の購入が必要
＊１歳の幼児は大人に同伴されることで無償運送

上記②のように幼児が無償で運送される場合も、その幼児について予約時の事前の申し出が必要です（座席数にはカウントされないが、搭乗者の人数としてはカウントの対象になるため）。

(3) ８歳未満の旅客の搭乗制限

８歳未満（0歳～7歳）の旅客が搭乗する場合は、次のような制限があります（予約時および航空券購入時の申出が必要）。

Key Point　●８歳未満の旅客の搭乗制限

旅客の年齢			制限の有無・内容
幼児	０歳	生後８日未満	搭乗できない
		生後８日以上	単独での搭乗は不可（12歳以上の大人旅客の付添いが必要）
	１歳・２歳		
小児	３歳・４歳・５歳		
	６歳・７歳		出発、到着空港での保護者による見送り・出迎えなど、一定の条件を満たす場合に単独での搭乗が可能（※）
	８歳～		制限なし

※所定の申込書・誓約書の提出が求められる。

プラスアルファ
大人１人が同伴できる幼児は２人までなので、例えば０歳、１歳、２歳の３人の幼児を連れて航空機に搭乗する場合は、12歳以上の旅客が最低でも２人は同行しなければならない。

プラスアルファ
８歳以上の旅客の搭乗には制限がない。事前の申し出などがなくても単独での搭乗が可能。

2. 座席の種類（クラス）

原則として、すべての航空便に設けられている座席が**普通席**です。大手２社の国内線の座席には普通席のほかに、普通席よりも設備・サービスのグレードが高い座席（**上位クラス**）があります。ここでは、JAL と ANA が設定するクラスを確認しておきましょう。

国内旅行実務　国・総

用語

ファーストクラス
プレミアムクラス
シートのグレードが高いことに加え、食事やアルコールなどのサービスが付帯されている。
本書では解説の便宜上、必要に応じて以下の略称を用いることがある。
ファーストクラス
→Ｆクラス
プレミアムクラス
→Ｐクラス

クラスＪ
JALのクラスＪは普通席とファーストクラスの中間に位置づけられる座席クラス。シートのグレードは普通席よりもやや高いものの食事等の付帯サービスはない。

プラスアルファ
試験では、あらかじめ運賃額が示されるので、ＪＲのように受験生自らが運賃額そのものを計算するような問題は出題されない。

プラスアルファ
(1) と (2) のどちらに該当するかは運賃種別によって異なる（詳細は後述）。
本書では解説の便宜上、変動型運賃には変動のマークを用いて区別している。

■ 図表１　座席の種類（クラス）

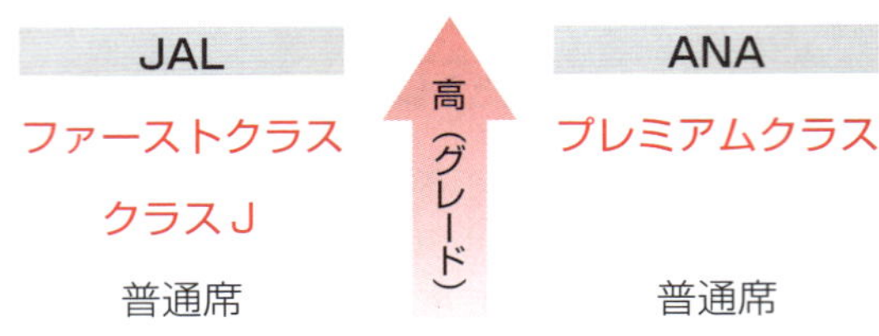

上位クラスは区間や便によって設定の有無が異なり、また適用する運賃の種類（運賃種別）によっては、上位クラス用運賃が設定されていないものもあります（詳細は後述）。

2 運賃の種類（運賃種別）と適用条件

国内線の航空運賃は、搭乗する路線・便・運賃の種類に応じて定められています。

1．運賃額の設定

JALとANAが設定している運賃には「変動型」と「固定型」があります。

（1）固定型

搭乗区間、搭乗便ごとに運賃額が設定され、予約するタイミング（予約日が早いか遅いか）や混雑状況にかかわらず一定額が適用されるのが「固定型」です。

（2）変動型

航空会社による便ごとの**空席予測数**（最終的な混み具合の予測値）に基づいて**運賃額が変動する**のが「変動型」です。

一つの運賃種別に、A、B、C…などの複数の運賃額が設定され、空席予測数に基づいて、いずれかの運賃が適用される仕組みになっています。この予測数は状況に応じて、そのつど変動するため、予約するタイミングによって適用可能な運賃額が異なる点が（1）との大きな違いです。

■ 図表２　変動型（例：Ａ～Ｄの４段階の場合）

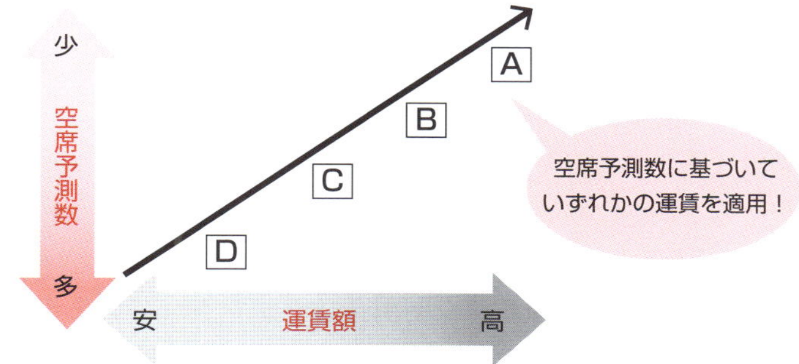

例えば、運賃額がＡ、Ｂ、Ｃ、Ｄの４タイプ（Ａの運賃が最も高く、Ｄの運賃が最も安い）と仮定すると、空席予測数が多ければ最も安いＤの運賃が適用され、空席予測数が少なくなるにつれて、Ｃ→Ｂ→Ａの順に運賃額が変動します。

2. 運賃種別

試験で取り上げられている主な運賃の名称・適用条件を確認してみましょう。

(1) 基本運賃

年間を通じて設定・販売されているのが基本運賃（いわゆる「普通運賃」）です。「旅客の年齢（大人用または小児用）」と「座席クラス」に応じて次の運賃が定められています。

Key Point ●基本運賃の種類・名称

■**大人用**…**満 12 歳以上**の旅客に適用

■**小児用**…満３歳以上 **12 歳未満**の旅客（および座席を使用する満３歳未満の旅客）に適用

	クラス	JAL	ANA
大人用	普通席	大人普通運賃	ANA FLEX（フレックス） 変動
	上位クラス	ファーストクラス大人普通運賃 クラスＪ大人普通運賃	プレミアム運賃
小児用	普通席	小児普通運賃	小児運賃
	上位クラス	ファーストクラス小児普通運賃 クラスＪ小児普通運賃	プレミアム小児運賃

※ JAL の小児普通運賃は、大人普通運賃の半額（約 50%相当額）で設定されている。これに対し、ANA の大人用基本運賃である **ANA FLEX は空席予測数によって運賃額が変動**するため、小児運賃は ANA FLEX の**半額に限定されない**。

プラスアルファ
変動型運賃は、運賃名称＋アルファベット（例：特便割引３タイプＡなど）で表示されるのが一般的。

運賃の名称は航空会社が独自に定めています。試験では、航空会社ごとの具体的な運賃名称を用いて出題されるので、主な運賃の名称と適用条件を正しく覚えておきましょう！

プラスアルファ
変動型の ANA FLEX を除き、基本運賃は原則として「ピーク期」と「通常期」の２区分により運賃額に差が設けられている。
参考までに 2022 年の区分は次のとおり。
●ピーク期
１月初旬、３月、７月、８月、12 月
●通常期
ピーク期以外

搭乗日・便の変更は予約便の出発時刻前に限り可能です。予約変更ができる運賃であっても、乗り遅れなどにより出発時刻を経過すると、予約内容を変更することはできません（後述する「払戻し」のみ可能）。

用語

予約期限
その運賃を適用する場合に予約が可能な最終日。

予約変更
航空券購入後の搭乗日、搭乗便、座席の種類（クラス）の変更の可否。"可"とある場合は搭乗予定便の出発時刻前であれば、これらの変更ができるが、"不可"とある場合は、変更できない。なお、"可"とある場合でも、搭乗区間の変更はできない。

座席制限
"あり"とあるものは「全体の座席数のうち30席」など、その割引運賃での販売座席数が限定されている運賃。

制限期間
"あり"とあるものは「ピーク期には利用できない」などの利用期間の制限が設けられている運賃（路線により異なる）。"なし"とあるものは年間を通じて利用できる運賃。

これらの基本運賃は利用条件が緩やかで、空席さえあれば**搭乗日当日の予約が可能**です。また、航空券の購入後、**予約便の出発時刻前に限り**、**搭乗日や搭乗便、座席の種類（クラス）**を**変更することができます**（搭乗区間の変更は不可。区間の変更を希望するときは、いったん航空券を払い戻し、希望する区間の航空券を新たに購入しなければならない）。

（2）割引運賃

航空会社ごと、多種多様な割引運賃が設定されています（詳細は次項を参照）。普通運賃は「大人用」と「小児用」とが設定されていますが、各種割引運賃は**大人用の普通運賃を基準に定められている**ため、一部の例外を除き、小児用の割引運賃（小児××割引など）はありません。

3. 割引運賃の種類

大手2社が設定している主な割引運賃は次のとおりです（上位クラス用運賃の設定の有無については後述の「4. 上位クラスの利用」参照）。

（1）往復割引（JAL）※ANAは設定なし

満12歳以上の旅客が航空券の**有効期間内**（航空券の発行日、および発行日の**翌日**から起算して**1年間**）に**同一区間を往復**する場合に適用できます。

予約期限	予約変更	座席制限	制限期間	備考
当日まで	可	なし	あり	出発前に往復の航空券を同時に購入すること

（2）障がい者割引（JAL）／障がい者割引（ANA）

身体障害者手帳、戦傷病者手帳、療育手帳、精神障害者保健福祉手帳のうち、いずれかの交付を受けている**満12歳以上**の旅客に適用できます（手帳の交付を受けている本人が3歳以上12歳未満の小児で、小児運賃などを利用する場合でも介護者は当運賃を利用できる）。

予約期限	予約変更	座席制限	制限期間	備考
当日まで	可	なし	なし	同行する介護者1名にも適用可

(3) 介護帰省割引(JAL)／介護割引(ANA)

「要介護」または「要支援」の認定を受けた者の2親等内の親族などが対象で、原則として、介護される者と介護する者の各住所の最寄りの空港を結ぶ一路線に限り利用可能です(直行便がない場合は経由便の利用も可能)。

予約期限	予約変更	座席制限	制限期間	備考
当日まで	可	JAL：なし ANA：あり	なし	事前の登録や、利用航空会社の会員カードなどの提示が必要

(4) 特定便割引運賃

利用する便ごとに運賃額(割引率)が異なるのが**特定便割引運賃**です。「搭乗日の××日前までの予約が必要」といった**早めの予約期限**が設定され、予約期限が早いものほど割安な運賃が設定されています。いずれも航空券購入後の**予約変更**が**一切できない**のが特徴で、利用期間と座席数に制限があります。

JALは「**特便割引**(とくびんわりびき)」「**先得割引**(さきとく)(スーパー先得、ウルトラ先得)」の名称を、ANAは「**ANA VALUE**(バリュー)」「**ANA SUPER VALUE**(スーパー バリュー)」の名称を付して、主に次のような各種特定便割引運賃を設定・販売しています。

2023年4月12日搭乗分よりJALの運賃制度の大幅な変更が予定されていますが、2022年度試験では「当年度中に搭乗(航空機を利用)する場合に有効な運賃」による出題が予測されます。したがって、2022年度試験の受験対策としては、本書掲載の内容に沿って学習を進めてください。なお、試験に関連する改正等については「ユーキャンの本」ウェブサイト内「追補(法改正・正誤)」でお知らせしています。試験前に変更がないかどうかを確認しておくと安心です。

国内旅行実務　国・総

■特定便割引運賃

運賃の名称		予約期限	予約変更	座席制限	制限期間
JAL	ANA				
特便割引1　変動	ANA VALUE1　変動	前日まで	不可	あり	あり
特便割引3　変動	ANA VALUE3　変動	3日前まで			
特便割引7　変動	ANA VALUE7　変動	7日前まで			
特便割引21　変動	ANA SUPER VALUE21　変動	21日前まで			
先得割引タイプA	ANA SUPER VALUE28　変動	28日前まで			
先得割引タイプB	ANA SUPER VALUE45　変動	45日前まで			
スーパー先得	ANA SUPER VALUE55　変動	55日前まで			
ウルトラ先得	ANA SUPER VALUE75　変動	75日前まで			

プラスアルファ
(5)と(6)について、搭乗日当日に空席がある場合に限り利用できる点はJAL、ANAともに同じ。ただし、JALは事前予約が一切できない（空港に出向くまで利用できるかどうかが確定しない）のに対し、ANAは当日に限り予約が可能。

(5) スカイメイト (JAL) ／スマート U（ユース）25 (ANA)

満12歳以上26歳未満（25歳以下）の旅客を対象とした割引運賃で、搭乗日**当日**に**空席がある場合**に利用できます。利用に当たり、生年月日が記載されている公的書類等の提示が必要です。

■スカイメイト（JAL）

予約	予約変更	座席制限	制限期間	備考
不可	−	−	なし	搭乗日当日の空港において空席がある場合に利用できる

■スマートU25（ANA）

予約	予約変更	座席制限	制限期間	備考
当日のみ可	不可	あり	なし	搭乗日当日に空席がある場合に利用できる（**当日に限り予約可能**）

(6) 当日シニア割引 (JAL) ／スマートシニア空割（そらわり） (ANA)

満65歳以上の旅客を対象とした割引運賃で、搭乗日**当日**に**空席がある場合**に利用できます。利用に当たり、生年月日が記載されている公的書類等の提示が必要です。

■当日シニア割引（JAL）

予約	予約変更	座席制限	制限期間	備考
不可	−	−	なし	搭乗日当日の空港において空席がある場合に利用できる

■スマートシニア空割（ANA）

予約	予約変更	座席制限	制限期間	備考
当日のみ可	不可	あり	なし	搭乗日当日に空席がある場合に利用できる（**当日に限り予約可能**）

4. 上位クラスの種類と利用

(1) ANA のプレミアムクラス用運賃

ANAの上位クラスはプレミアムクラスのみです。プレミアムクラス用運賃の設定がある主な運賃種別は下表のとおりです。

図表3に記載のとおり、ANAの運賃名称は「ANA FLEX→プレミアム運賃」など、やや変則的です。これに対し、JALの場合は「クラスJ大人普通運賃」や「ファーストクラス往復割引」などのように、"座席クラス"と"運賃名"を単純に組み合わせた名称になっています（図表4参照）。

■ 図表3　プレミアムクラス用運賃の設定がある運賃種別（ANA）

普通席	プレミアムクラス
ANA FLEX 変動	プレミアム運賃
小児運賃	プレミアム小児運賃
障がい者割引	プレミアム障がい者割引
ANA VALUE3 変動	ANA VALUE PREMIUM（プレミアム）3 変動
ANA SUPER VALUE28 変動	ANA SUPER VALUE PREMIUM28

(2) JALの上位クラス（ファーストクラス、クラスJ）用運賃

JALのファーストクラス（Fクラス）用運賃、クラスJ用運賃の設定がある主な運賃種別は下表のとおりです。

■ 図表4　Fクラス／クラスJ用運賃の設定がある運賃種別（JAL）
F＝ファーストクラス　　J＝クラスJ

普通席	上位クラス	
大人（小児）普通運賃	F	ファーストクラス大人（小児）普通運賃
	J	クラスJ大人（小児）普通運賃
往復割引	F	ファーストクラス往復割引
	J	クラスJ往復割引
障がい者割引	F	ファーストクラス障がい者割引
	J	クラスJ障がい者割引
介護帰省割引	F	
	J	クラスJ介護帰省割引
特便割引1・3・7・21	F	ファーストクラス特便割引1・3・7・21
	J	クラスJ特便割引1・3・7・21
先得割引タイプA	F	
	J	クラスJ先得割引タイプA

上位クラスを利用する場合は、原則として図表3・4に記載の「上位クラス用運賃」を適用して航空券を購入する必要があります（上位クラス用運賃の設定がない割引運賃を適用して航空券を購入する場合は、上位クラスの事前予約はできません）。

(3) 上位クラスへのアップグレード

搭乗日**当日の空港**において、予約した便と同一便の上位クラスに**空席がある場合**には、**運賃種別にかかわらず**、別途加算額（アップグレード料金）を支払って、上位クラスの座席に変更することができます（図表3・4に記載のある運賃はもちろん、記載のない運賃であっても当日のアップグレードが可能です）。

5. 料金の種類

(1) 旅客施設使用料

国内の一部の空港では、**国内線**の利用に際し旅客施設使用料がかかります（**航空運賃を支払う際に加算**されます）。JALまたはANAの国内線利用に当たり、旅客施設使用料が適用される空港は次のとおりです。

プラスアルファ
JAL、ANAとも、予約期限や予約変更の可否などの適用条件も、原則として「運賃種別」ごとに定められている。したがって、同種の運賃を適用していれば、普通席、上位クラスともに基本的な適用条件は同じ。
例えば、JALの「往復割引」「ファーストクラス往復割引」「クラスJ往復割引」は、同じ予約期限が適用され、いずれも予約変更が可能である。

プラスアルファ
図表3・4に記載した運賃のうち、予約変更ができる運賃の場合は、航空券購入後に座席クラスを変更することもできる。例えば、「小児運賃⇔プレミアム小児運賃」や「大人普通運賃⇔クラスJ大人普通運賃」といった運賃種別の変更が可能である（運賃の差額は支払いまたは払い戻される）。

Key Point ●旅客施設使用料（旅客1人につき1区間当たり）

空港	大人（12歳以上）	小児（3歳以上12歳未満）
札幌（新千歳）	270円	140円
仙台	230円	120円
東京（羽田）	370円	180円
東京（成田）	450円	220円
名古屋（中部）	440円	220円
大阪（伊丹）	340円	170円
大阪（関西）	440円	220円
福岡	110円	50円
北九州	100円	50円
沖縄（那覇）	240円	120円

※上記各空港発着（**出発または到着**）の国内線を利用するときに適用される。

（2）そのほかの料金

（1）のほか、国内線で適用される料金として、国内旅客運送約款で学習した**超過手荷物料金、従価料金、愛玩動物**を運送する際の**料金（ペット料金）**などがあります。

3　航空券の取扱い

1．航空券の予約・発売

（1）原則

航空券の**予約受付け**および**発売**の**開始日**は次のとおりです。

【JAL】搭乗日の**330日**前　【ANA】搭乗日の**355日**前

いずれも上記に該当する日の**午前9時30分**から予約・発売が開始されます。

（2）特定の日に一斉に発売される場合 ※ANAのみ

ANAの次の各運賃は上記によらず、航空会社が別に定める特定の日に**一斉に予約・発売が開始**されます。

【ANA】　ANA VALUE PREMIUM3
　　　　　ANA SUPER VALUE PREMIUM28

用語

旅客施設使用料
空港内の共用施設（ロビー、ゲートラウンジなど）を整備するための費用として、空港を管理している会社に対して支払うもの。空港によっては「旅客取扱施設利用料」とも呼ばれるが、本書では航空会社の時刻表の表記に合わせて「旅客施設使用料」の名称で統一している。

超過手荷物料金
▶▶P235
従価料金
▶▶P237
愛玩動物（ペット）料金
▶▶P235

プラスアルファ
ANAのスマートU25、スマートシニア空割はいずれも搭乗日当日のみ予約が可能なので、この2種の運賃は「搭乗日当日」が予約・発売の開始日になる。

プラスアルファ
本文（2）に該当する場合、例えば「10月28日～3月30日搭乗分については、8月28日から一斉に発売」といったように、航空会社が定めた特定日に一斉に予約・発売が開始される。

2. 航空券の購入期限

航空券には、運賃種別·予約日に応じた購入期限（支払い期限）が定められています（図表5）。所定の期限までに購入しないと、その予約は自動的に取り消されます。

■ 図表 5　航空券の購入期限（上位クラス用運賃を適用した場合も同じ）

	運賃種別		購入期限
	JAL	ANA	
予約変更ができる運賃	大人普通運賃	ANA FLEX	原則　予約日を含め 3 日以内 例外　予約日が搭乗日の 2 日前〜当日までの場合は搭乗便出発時刻の 20 分前まで
	小児普通運賃	小児運賃	
	往復割引	――――	
	障がい者割引	障がい者割引	
	介護帰省割引	介護割引	
予約変更ができない運賃	特便割引 1	ANA VALUE1	原則　予約日を含め 3 日以内 例外　予約日を含めて 3 日以内に各運賃の予約期限日がある場合は予約期限日まで 【例】特便割引 21 搭乗日の 22 日前に予約すると… 「予約日を含めて 3 日以内」に 予約期限日（搭乗日の 21 日前）が含まれる。 →　搭乗日の 21 日前が購入期限になる。
	特便割引 3	ANA VALUE3 ※ 1	
	特便割引 7	ANA VALUE7	
	特便割引 21	――――	
	先得割引タイプ A	――――	
	先得割引タイプ B	――――	
	スーパー先得	――――	
	ウルトラ先得	――――	
	――――	ANA SUPER VALUE 21・28・45・55・75	予約日を含め 2 日以内
	スカイメイト	スマート U 25	搭乗便出発時刻の 20 分前まで
	当日シニア割引	スマートシニア空割	

※ 1 ANA VALUE3（普通席）と ANA VALUE PREMIUM3（プレミアムクラス）の購入期限は以下参照。
ANA VALUE3：予約日を含め 3 日以内（例外なし）
ANA VALUE PREMIUM3
：予約日を含め 3 日以内（3 日以内に予約期限日がある場合は予約期限日まで）

3. 航空券の有効期間

航空券の有効期間は、原則として次の①と②のとおりです。

Key Point ●航空券の有効期間

① 搭乗予定便の**予約がある**航空券➡**予約便に限り**有効

② 搭乗予定便の**予約がない**航空券

➡航空券発行日、および**発行日**の**翌日**から起算して**1 年間**有効

予約変更ができる運賃を適用する場合は、搭乗日・搭乗便が未定であるなどを理由に、予約をせずに（便が未定のまま）航空券を購入することができます（いわゆる「オープンチケット」）。この場合は②に該当するので、有効期間は「発行日および発行日の翌日から起算して1年間」になります。

航空券の有効期間
▶▶P227

国内旅客運送約款でも学習したとおり、航空券の払戻しは「有効期間満了後の翌日から起算して10日以内（JAL）または30日以内（ANA）」に限定されています。この期間内であれば、手数料を差し引いた残額が旅客に払い戻されます。

航空券の払戻し
▶▶P228

予約変更ができない運賃（JALの各種先得割引、特割、ANAのVALUE、SUPER VALUEなど）を適用した航空券は、**すべて①に該当**します。これらの運賃は、航空券購入後の搭乗日・搭乗便の変更が一切できず、航空券に記載された便以外に搭乗することができないためです。

4　航空券の取消し・払戻し

購入した航空券の予約を取り消し、払い戻すときには、手数料がかかります。

1．手数料の種類

手数料には**取消手数料**と**払戻手数料**の**2種類**があります。

（1）取消手数料

航空券の購入後、**座席予約を取り消す**場合にかかるのが取消手数料です。取消手数料は「**適用運賃×所定の率（%）**」で計算します。運賃種別や取消時期によって率が異なります（詳細は後述の図表6・7参照）。

（2）払戻手数料

購入した航空券を旅客の都合により**払い戻す**場合には、（1）の取消手数料とは別に次の払戻手数料がかかります（取消手数料が不要になる場合でも払戻手数料は別途必要）。

Key Point ●払戻手数料

航空券1枚（1区間）につき**440円**（大人・小児とも**同額**）

2．取消手数料の適用

取消手数料の適用ルールは、運賃種別や取消時期により異なります。ここでは「予約変更ができる運賃」と「予約変更ができない運賃」とに分けて確認していきましょう。

（1）予約変更ができる運賃の取消手数料

「予約変更ができる運賃」を適用した航空券の取消手数料は次のとおりです。

■ 図表 6　取消手数料／予約変更ができる運賃（上位クラス用運賃も同率を適用）

運賃種別		取消手数料率（取消手数料＝適月運賃×%）	
JAL	ANA	購入後～出発時刻まで	出発時刻以降
大人普通運賃	ANA FLEX	不要	20%
小児普通運賃	小児運賃		
往復割引	——		
障がい者割引	障がい者割引		
介護帰省割引	介護割引		

※事前予約不可のスカイメイト、当日シニア割引（いずれも JAL）の購入後の取消しも上表と同じ

図表 6 のポイントは次のとおりです。

Key Point ●予約変更ができる運賃の取消手数料（JAL・ANA 共通）

- **出発時刻まで**に取り消した場合➡**取消手数料**は**不要**
- **出発時刻以降**に取り消した場合
  ➡**適用運賃× 20%**の**取消手数料**が**必要**

(2) 予約変更ができない運賃の取消手数料

「予約変更ができない運賃」を適用した航空券は、運賃の種類によって取消手数料の率、適用されるタイミングが異なります。

■ 図表 7　取消手数料／予約変更ができない運賃（上位クラス用運賃も同率を適用）

<table>
<tr><th colspan="2">運賃種別</th><th colspan="5">取消手数料率（取消手数料＝適用運賃×%）</th></tr>
<tr><td rowspan="3">JAL</td><td>取消時期</td><td>購入後～搭乗日 55 日前</td><td colspan="4">搭乗日 54 日前～出発時刻まで</td><td>出発時刻以降</td></tr>
<tr><td>先得割引タイプ A・B
スーパー先得
ウルトラ先得</td><td rowspan="2">不要
※ 1</td><td colspan="4">50%
（払戻手数料を含む）</td><td rowspan="2">90%　※ 2
（払戻手数料を含む）</td></tr>
<tr><td>特便割引 1・3・7・21</td><td colspan="4">5%　※ 2
（払戻手数料を含む）</td></tr>
<tr><td rowspan="3">ANA</td><td>取消時期</td><td>購入後～搭乗日 55 日前</td><td>54 日前～45 日前</td><td>44 日前～28 日前</td><td>27 日前～14 日前</td><td>13 日前～出発時刻まで</td><td>出発時刻以降</td></tr>
<tr><td>ANA SUPER VALUE
21・28・45・55・75</td><td>不要</td><td>30%</td><td>40%</td><td>50%</td><td>60%</td><td rowspan="2">100%</td></tr>
<tr><td>ANA VALUE1・3・7
スマート U25
スマートシニア空割</td><td colspan="5">5%
（航空券購入後～出発時刻まで同率）</td></tr>
</table>

※ 1　予約の取消しのみを行い、**後日**（搭乗日の 54 日前以降）に航空券を**払い戻す**場合は、**払戻し手続き日**を基準に取消手数料が適用される。
※ 2　一部の路線に限り「払戻手数料 440 円のみを適用する」などの例外あり（詳細は省略）。

図表7のポイントをまとめると次のとおりです。

Key Point ●予約変更ができない運賃の取消手数料

- JAL の各種先得割引・特便割引、ANA の各種 SUPER VALUE
  ➡搭乗日 **55日前**までは**取消手数料**が**不要**
- JAL の取消手数料（5％／50％／90％）には**払戻手数料が含まれる**
- ANA の各種 SUPER VALUE
  ➡搭乗日が近づくにつれて取消手数料率が高くなる
- ANA の各種 VALUE
  ➡**航空券購入後から直ちに取消手数料が必要**
- 出発時刻以降の取消手数料
  ➡ JAL が 90％、ANA は 100％

では、ここまでの学習内容に従って、次の資料をもとに実際に旅客への返金額を計算してみましょう（特に明示がない限り、いずれも**普通席用**の運賃とします）。

まず「予約変更ができる運賃」を適用した航空券を取り消し、払い戻した場合の返金額の計算です。

旅客施設使用料
▶▶P392

運賃に旅客施設使用料が加算されている航空券を払い戻すに当たり、この**旅客施設使用料は全額が旅客に返金**されます。したがって、取消手数料の額を計算するときは、あらかじめ**運賃額から旅客施設使用料を差し引いて計算する**ことに注意しましょう！

【例】
正：(42,270 − 370) × 20%＝8,380円
誤：42,270 × 20%＝8,454円

【資料1】運賃額等（片道／1人当たり）

区間	運賃種別		運賃額	取消手数料
東京（羽田）－熊本	JAL	大人普通運賃	42,270円	図表6
		小児普通運賃	21,130円	
		往復割引	38,570円	

※上記運賃額には東京国際（羽田）空港の**旅客施設使用料 370円（大人）／ 180円（小児）**が含まれている。

CASE 2 普通運賃 東京（羽田）－熊本（5／25 搭乗予定）

① 大人普通運賃（JAL）を適用した航空券

普通運賃などの「予約変更ができる運賃」は、出発時刻以降に取り消した場合のみ取消手数料が必要。

5／24 に取り消し、払い戻すと
■取消手数料：不要

5／26 に取り消し、払い戻すと
■取消手数料：8,380円
(42,270 − 370) × 20%＝8,380円

■払戻手数料：440円 42,270 − 440 ＝41,830円（返金額）	■払戻手数料：440円 42,270 − 8,380 − 440 ＝33,450円（返金額）

② 小児普通運賃（JAL）を適用した航空券

小児の運賃を適用している場合でも、取消手数料の率、払戻手数料の額は大人普通運賃と同じ。

5／24に取り消し、払い戻すと	5／26に取り消し、払い戻すと
■取消手数料：不要 ■払戻手数料：440円 21,130 − 440 ＝20,690円（返金額）	■取消手数料：4,190円 (21,130 − 180) × 20%= 4,190円 ■払戻手数料：440円 21,130 − 4,190 − 440 ＝16,500円（返金額）

予約変更ができる他の運賃（往復割引を除く）を適用する場合でも、ケース2と計算手順は同じです（ANAも同じ）。

続いて「往復割引」を適用した航空券の返金額を計算してみましょう。

往復割引は「同一区間を往復すること」が適用条件の一つになっているので、往路の搭乗後に復路の予約を取り消し、払い戻すと「往復する」という条件を満たさず、割引を適用できません。この場合、搭乗済みの往路は「無割引の普通運賃」を適用したものとして返金額を計算します。

CASE 3　往復割引（JAL）　東京（羽田）－熊本（往路：5／22　復路：5／25）

出発時刻以降に取り消した場合のみ取消手数料が必要。往路の搭乗後に復路の予約を取り消し、払い戻す場合は、搭乗済みの往路は大人普通運賃（42,270円）を適用したものとして返金額を計算する。

往路の搭乗後、復路を5／23に取り消し、払い戻すと	往路の搭乗後、復路を5／26に取り消し、払い戻すと
■取消手数料：不要 ■払戻手数料：440円 (38,570 × 2) − 42,270 − 440 ＝34,430円（返金額）	■取消手数料：7,640円 (38,570 − 370) × 20%= 7,640円 ■払戻手数料：440円 (38,570 × 2) − 42,270 − 7,640 − 440 ＝26,790円（返金額）

プラスアルファ

「予約変更ができる運賃」を適用した航空券の予約を、予約便の出発時刻より前に取消し、かつ払戻しをしない場合は、その航空券は「予約事項に搭乗予定便が含まれない航空券（いわゆるオープンチケット）」として扱われる。例えば、旅客の都合により航空券の予約を取り消したものの、その後に再び搭乗する予定が見込めるような場合には、航空券を払い戻さずに（予約の取消しのみを行い）、後日搭乗日が確定した段階でその航空券を利用し、同種の運賃を適用して再予約・搭乗することが可能である（航空券の有効期間内に限る）。

プラスアルファ

往復割引の往路、復路ともに払い戻す場合は、往路と復路の2区間の払戻手数料（440円×2＝880円）がかかる。例えば、ケース3で5／20に往復ともに予約を取り消し、払い戻す場合の返金額は次のとおり。

■取消手数料：不要
■払戻手数料：880円
(38,570 × 2) − 880
＝76,260円（返金額）

国内旅行実務　国・総

次は「予約変更ができない運賃」を適用した航空券の取消し、払戻しを確認しましょう。

【資料2】運賃額等（片道／1人当たり）

区間	運賃種別		運賃額	取消手数料
東京（羽田）－熊本	JAL	特便割引3	31,470円	図表7
	ANA	ANA VALUE3	31,470円	

※上記運賃額には東京国際（羽田）空港の**旅客施設使用料370円**が含まれている。

特便割引3（JAL）、ANA VALUE 3（ANA）は、どちらも予約期限が「搭乗日3日前まで」という点は共通ですが、取消しに当たり、特便割引3は搭乗日の55日前まで取消手数料が不要であるのに対し、ANA VALUE 3は航空券の購入後から直ちに取消手数料がかかります。

CASE 4　東京（羽田）－熊本（5／25搭乗予定）

①3／31（搭乗日の55日前）に取り消し、払い戻すと

特便割引3の場合

■取消手数料：不要

■払戻手数料：440円

31,470－440

＝31,030円（返金額）

ANA VALUE3の場合

■取消手数料：1,560円

（31,470－370）×5%

＝1,555→1,560円

■払戻手数料：440円

31,470－1,560－440

＝29,470円（返金額）

②5／24（搭乗日の前日）に取り消し、払い戻すと

特便割引3の場合

■取消手数料：1,560円

（31,470－370）×5%

＝1,555→1,560円

■払戻手数料：取消手数料に含む

31,470－1,560

＝29,910円（返金額）

ANA VALUE3の場合

上記①と同じ

31,470－1,560－440

＝29,470円（返金額）

プラスアルファ

取消手数料を計算する過程で生じた10円未満の端数は10円単位に四捨五入。

プラスアルファ

JALの各種「先得」「特便割引」の場合、「予約の取消し日」と「航空券の払戻し日」が異なるときは、払戻し手続きを行った日を基準として取消手数料が適用される（前述■図表7の※1参照）。例えば、ケース4の①で予約取消し日の翌日（4/1＝搭乗日の54日前）に航空券を払い戻した場合は、1,560円の取消・払戻手数料がかかる。

③ 5 ／ 25（出発時刻以降）に取り消し、払い戻すと

特便割引 3 の場合	ANA VALUE3 の場合
■取消手数料：27,990 円 （31,470 − 370）× 90% ＝ 27,990 円 ■払戻手数料：取消手数料に含む 31,470 − 27,990 ＝ 3,480 円（返金額）	■取消手数料：31,100 円 （31,470 − 370）× 100% ＝ 31,100 円 ■払戻手数料：不要 適用運賃の 100%が取消手数料として適用され、払い戻される運賃はない。旅客施設使用料 370 円のみ返金。

プラスアルファ
適用運賃の 100%が取消手数料として収受される場合、「運賃」として払い戻されるべき金額はないので（払戻し額は 0 円なので）、払戻手数料は不要である（旅客施設使用料が適用されている航空券の場合は、この使用料のみ返金される）。

次は、スーパー先得（JAL）と ANA SUPER VALUE55（ANA）で比較してみましょう。

【資料 3】運賃額等（片道／ 1 人当たり）

区間	運賃種別		運賃額	取消手数料
大阪（関西）－札幌（新千歳）	JAL	スーパー先得	15,610 円	図表 7
	ANA	ANA SUPER VALUE55	15,610 円	

※上記運賃額には**旅客施設使用料**（関西国際空港 **440 円**／新千歳空港 **270 円**）が含まれている。

プラスアルファ
旅客施設使用料は、出発時だけでなく到着時にも適用される。資料 3 の場合、出発（関西国際空港：440 円）と到着（新千歳空港：270 円）とを合わせて 710 円の旅客施設使用料が運賃に加算されている。

スーパー先得（JAL）、ANA SUPER VALUE55（ANA）は、どちらも搭乗日 55 日前までの取消しであれば取消手数料は不要です。

スーパー先得の場合は取消手数料の率が 50%（搭乗日 54 日前～出発時刻まで）と 90%（出発時刻以降）の 2 種類なのに対し、ANA の SUPER VALUE は出発日が近づくにつれて 30%、40%…と取消手数料の率が上がります。

αプラスアルファ
予約変更ができない各種の運賃を適用した航空券を所持する旅客が、搭乗日、搭乗便の変更を希望する場合は、いったん取消し、払戻しのうえ、あらためて航空券を購入することになる（JAL、ANAともに同じ）。

αプラスアルファ
ANA SUPER VALUEを適用した航空券を搭乗日の13日前〜出発時刻までに取り消した場合の取消手数料は適用運賃の60%相当額。

CASE 5　大阪－札幌（5／25搭乗予定）

① 3／31（搭乗日の55日前）に取り消し、払い戻すと

スーパー先得の場合	ANA SUPER VALUE55の場合
■取消手数料：不要	■取消手数料：不要
■払戻手数料：440円 15,610 − 440 ＝15,170円（返金額）	■払戻手数料：440円 15,610 − 440 ＝15,170円（返金額）

② 5／24（搭乗日の前日）に取り消し、払い戻すと

スーパー先得の場合	ANA SUPER VALUE55の場合
■取消手数料：7,450円 （15,610 − 440 − 270）× 50% ＝7,450円	■取消手数料：8,940円 （15,610 − 440 − 270）× 60% ＝8,940円
■払戻手数料：取消手数料に含む 15,610 − 7,450 ＝8,160円（返金額）	■払戻手数料：440円 15,610 − 8,940 − 440 ＝6,230円（返金額）

③ 5／25（出発時刻以降）に取り消し、払い戻すと

スーパー先得の場合	ANA SUPER VALUE55の場合
■取消手数料：13,410円 （15,610 − 440 − 270）× 90% ＝13,410円	■取消手数料：14,900円 （15,610 − 440 − 270）× 100% ＝14,900円
■払戻手数料：取消手数料に含む 15,610 − 13,410 ＝2,200円（返金額）	■払戻手数料：不要 適用運賃の100%が取消手数料として適用され、払い戻される運賃はない。旅客施設使用料710円（440＋270）のみ返金。

手数料の詳細は以上のとおりです。座席予約の取消し、航空券の払戻しの取扱いは、その航空券に適用されている運賃種別によって異なります。各事例をもとに、旅客への返金額の計算手順を正しく理解しておきましょう。

なお、試験では「**eチケットお客様控**」の様式が資料として提示されることがあります。参考までに、ケース3とケース5を例にすると、eチケットお客様控にはそれぞれ図表8、9のように表示されます。**搭乗日、搭乗区間、適用運賃の種類や運賃**

額などが読み取れるようにしておきましょう。

■ 図表８　JAL　eチケットお客様控（往復割引）

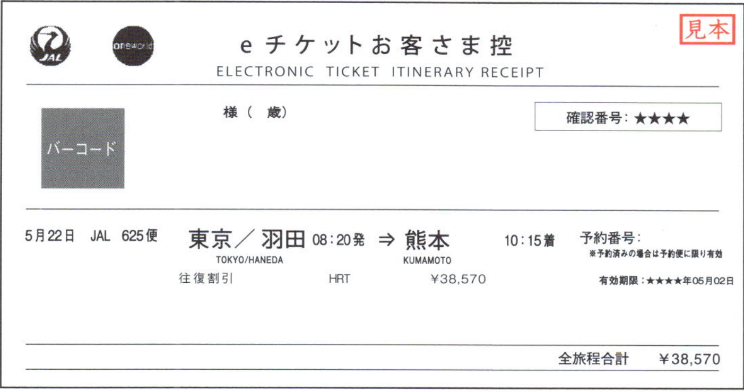

見本

eチケットお客さま控
ELECTRONIC TICKET ITINERARY RECEIPT

様（　歳）　　確認番号：★★★★

バーコード

5月22日　JAL　625便　東京／羽田 08:20発 ⇒ 熊本　10:15着　予約番号：
TOKYO/HANEDA　KUMAMOTO　※予約済みの場合は予約便に限り有効
往復割引　HRT　¥38,570　有効期限：★★★★年05月02日

全旅程合計　¥38,570

見本

eチケットお客さま控
ELECTRONIC TICKET ITINERARY RECEIPT

様（　歳）　　確認番号：★★★★

バーコード

5月25日　JAL　632便　熊本　16:00発 ⇒ 東京／羽田 17:45着　予約番号：
KUMAMOTO　TOKYO/HANEDA　※予約済みの場合は予約便に限り有効
往復割引　HRT　¥38,570　有効期限：★★★★年05月02日

全旅程合計　¥38,570

■ 図表９　ANA　eチケットお客様控（ANA SUPER VALUE）

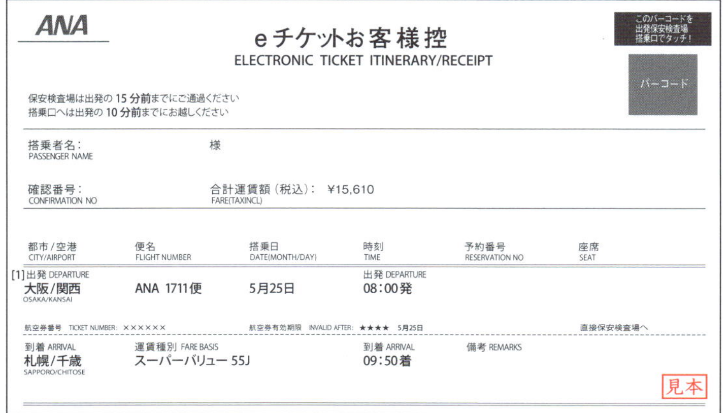

ANA

eチケットお客様控
ELECTRONIC TICKET ITINERARY/RECEIPT

このバーコードを出発保安検査場搭乗口でタッチ！

バーコード

保安検査場は出発の15分前までにご通過ください
搭乗口へは出発の10分前までにお越しください

搭乗者名：PASSENGER NAME　様

確認番号：CONFIRMATION NO　合計運賃額（税込）：FARE(TAXINCL)　¥15,610

都市／空港 CITY/AIRPORT	便名 FLIGHT NUMBER	搭乗日 DATE(MONTH/DAY)	時刻 TIME	予約番号 RESERVATION NO	座席 SEAT
[1]出発 DEPARTURE 大阪/関西 OSAKA/KANSAI	ANA 1711便	5月25日	出発 DEPARTURE 08:00発		

航空券番号 TICKET NUMBER: ××××××　航空券有効期限 INVALID AFTER: ★★★★ 5月25日　直接保安検査場へ

到着 ARRIVAL	運賃種別 FARE BASIS	到着 ARRIVAL	備考 REMARKS
札幌/千歳 SAPPORO/CHITOSE	スーパーバリュー 55J	09:50着	

見本

プラスアルファ

eチケットお客様控は、出力する端末の種類により複数の様式がある。券面表示も一律ではないが、試験対策としては「搭乗日・区間」「適用運賃の種類」「運賃額」などの記載事項が読み取れればおおよその問題に対応できる。

券面額は、旅客施設使用料を含む総額で表示されるので、図表８の券面額には東京国際（羽田）空港の旅客施設使用料が、図表９の券面額には、関西国際空港、新千歳空港の旅客施設使用料が含まれています。試験では「××空港の旅客施設使用料○○円が含まれている」などが明示されるので、読み落とすことのないように注意しましょう！

JAL & ANA　主な運賃と適用条件（抜粋）

【JAL】運賃の種類と適用条件（各クラス共通）

運賃の種類	年齢制限	予約期限	予約変更	購入期限 原則	購入期限 例外	取消手数料
大人普通運賃	12歳以上	当日	可	予約日を含め3日以内	搭乗日2日前～当日の予約→出発時刻の20分前まで	■出発時刻まで：不要 ■出発時刻以降：適用運賃の20%
小児普通運賃	12歳未満					
往復割引	12歳以上					
障がい者割引	——					
介護帰省割引	——					
特便割引1	——	前日	不可		予約日を含め3日以内に各運賃の予約期限日がある場合は予約期限日まで	■搭乗日55日前まで：不要 ■搭乗日54日前以降～出発時刻まで：適用運賃の5% ■出発時刻以降：適用運賃の90%
特便割引3	——	3日前				
特便割引7	——	7日前				
特便割引21	——	21日前				
先得割引タイプA	——	28日前				■搭乗日55日前まで：不要 ■搭乗日54日前以降～出発時刻まで：適用運賃の50% ■出発時刻以降：適用運賃の90%
先得割引タイプB	——	45日前				
スーパー先得	——	55日前				
ウルトラ先得	——	75日前				
スカイメイト	26歳未満	予約不可		出発時刻の20分前まで		上記［　］と同じ
当日シニア割引	65歳以上					

【ANA】運賃の種類と適用条件　※運賃名称の"ANA"は省略

運賃の種類	年齢制限	予約期限	予約変更	購入期限 原則	購入期限 例外	取消手数料
FLEX プレミアム運賃	12歳以上	当日	可	予約日を含め3日以内	搭乗日2日前～当日の予約→出発時刻の20分前まで	■出発時刻まで：不要 ■出発時刻以降：適用運賃の20%
小児運賃 プレミアム小児運賃	12歳未満					
障がい者割引 プレミアム障がい者割引	——					
介護割引	——					
VALUE1	——	前日	不可		予約日を含め3日以内に各運賃の予約期限日がある場合は予約期限日まで	■出発時刻まで：適用運賃の5% ■出発時刻以降：適用運賃の100%
VALUE PREMIUM3	——	3日前				
VALUE7	——	7日前				
VALUE3	——	3日前			——	
SUPER VALUE21	——	21日前		予約日を含め2日以内		■搭乗日55日前まで：不要 ■搭乗日54日前以降～出発時刻まで：適用運賃の30～60% ■出発時刻以降：適用運賃の100%
SUPER VALUE28 SUPER VALUE PREMIUM28	——	28日前				
SUPER VALUE45	——	45日前				
SUPER VALUE55	——	55日前				
SUPER VALUE75	——	75日前				
スマートU25	26歳未満	当日のみ予約可		出発時刻の20分前まで		上記［　］と同じ
スマートシニア空割	65歳以上					

Let's Try! 確認テスト

●次の各記述の正しいものには○を、誤っているものには×を記入しなさい。

チェックポイント	できたらチェック ✓
□ 1	ANA FLEX は、大人用と小児用があり、小児用は大人用の半額である。 総 令1改
□ 2	ANA FLEX の座席予約の申込みは、搭乗希望日の 355 日前の午前 9 時 30 分から受付けを開始する。 国 令2改
□ 3	旅客の都合により予約便に乗り遅れ、小児運賃（ANA）を適用した航空券を搭乗日当日に払い戻した場合の取消手数料は、運賃の約 20%相当額である。 総 平29改
□ 4	満 12 歳の小学生は、「小児普通運賃」が適用される。 総 平30
□ 5	小児運賃（ANA）の航空券を搭乗日の 2 日前に予約した場合、当該航空券の支払い期限は予約便出発時刻の 20 分前までである。 総 平28
□ 6	予約変更ができる運賃の航空券であっても、予約便の出発前までに変更･取り消しを行わなかった場合は、当該航空券を使用して他の便に振り替えることはできない。 国 令1
□ 7	先得割引タイプ A（JAL）は、搭乗日当日、出発空港において予約便のファーストクラスに空席がある場合、当日アップグレード料金を支払うことにより普通席からファーストクラスへ変更することができる。 総 令2改
□ 8	特便割引1（JAL）は、搭乗日当日予約便より前の便に空席がある場合に限り、予約の変更ができる。 総 令3改
□ 9	スマート U25（ANA）の対象年齢は、満 12 歳以上 26 歳未満である。 総 平29
□ 10	ANA SUPER VALUE の支払い期限は、予約日を含め 2 日以内である。 総 令1改
□ 11	スーパー先得（JAL）の予約期限は、搭乗日の 55 日前までである。 総 平29改
□ 12	旅客の都合により予約便に乗り遅れ、スーパー先得を適用した航空券を搭乗日の翌日に払い戻した場合、取消手数料は運賃額の 100%（払戻手数料を含む）である。 総 令1改
□ 13	ANA VALUE は、搭乗日の 75 日前に取り消しをする場合、取消手数料はかからない。 総 令1改

解答 1. ×　ANA FLEX は大人用の基本運賃で、小児用の設定はない（小児用の基本運賃は小児運賃）／ 2. ○／ 3. ○／ 4. ×　満 12 歳以上は大人に該当するので小児普通運賃は適用されない／ 5. ○／ 6. ○「予約変更が可能な運賃」を適用している場合、予約便の出発時刻前に限り、搭乗日・搭乗便の変更が可能／ 7. ○　運賃種別にかかわらず搭乗日当日のアップグレードが可能／ 8. ×　特便割引（各種）は航空券購入後の搭乗日・搭乗便の変更はできない／ 9. ○／ 10. ○　ANA SUPER VALUE（各種）の購入（支払い）期限は予約日を含め 2 日以内（予約日の翌日まで）／ 11. ○／ 12. ×　先得割引（各種）の出発時刻以降の取消手数料は適用運賃の 90%相当（払戻手数料を含む）／ 13. ×　適用運賃の 5%相当の取消手数料がかかる（航空券購入後から直ちに取消手数料が適用される）

宿泊料金

学習項目

◎基本宿泊料
◎サービス料
◎消費税・入湯税・宿泊税
◎宿泊料金の計算
◎子供料金
◎宿泊契約の変更・解除

学習ポイント

- 基本宿泊料、追加料金には、それぞれ**サービス料**がかかる。
- 基本宿泊料、追加料金と、これらにかかる**サービス料**に**消費税**が**課税**される。
- 入湯税·宿泊税や立替金にはサービス料がかからず、消費税も課税されない。
- 「子供料金」「違約金」の適用ルールを正しく理解する。

1 宿泊料金の基本

1．宿泊料金等の内訳

旅館やホテルに宿泊したときに支払う宿泊料金は、「基本宿泊料」「サービス料」「税金」などの各種料金で構成されています。

（1）基本宿泊料

後述する「サービス料」「税金」などを原則として含まない基本となる料金が**基本宿泊料**です。基本宿泊料には朝食などの飲食料が含まれているかどうかによって次のような種類があります。

① 室料のみ（1室当たり）

食事の提供がない場合は、原則として**室料（ルームチャージ）のみ**の**1室当たり**の料金が基本宿泊料になります。

② 室料＋朝食などの飲食料（1人当たり）

1泊2食（朝食・夕食）付き、1泊朝食付きなどの場合は、これらの**飲食料を含む1人当たりの料金**が基本宿泊料になります。

（2）追加料金

基本宿泊料以外に発生する料金全般を**追加料金**といいます。試験対策としては次のようなものを覚えておけばよいでしょう。

- 追加料理代（刺身舟盛りや名物料理など）
- 飲料代
- カラオケ、マージャンなどの施設利用料
- ホテル利用時のルームサービス・レストランなどでの飲食代

プラスアルファ

旅館は1泊2食付き（1人当たり）、ホテルは室料のみ（1室当たり）を基本宿泊料とするのが一般的だが、昨今は客室のみを提供する旅館や、食事付きの宿泊プランを設定しているホテルも多い。試験では、基本宿泊料に関する諸条件があらかじめ提示されるので、それらの条件に従って計算すれば正解にたどり着ける。

(3) サービス料（奉仕料）

前述の基本宿泊料と追加料金に対して 10 ～ 15%程度のサービス料が加算されます。あらかじめ「サービス料込み」の金額が提示されている場合は再度の加算は必要ありません。

(4) 税金

① 消費税

基本宿泊料、追加料金、サービス料の合計額に対して 10%の消費税が課税されます。

② 入湯税

温泉地の宿泊施設を利用する際にかかる税金です（小児を対象として課税が免除される場合があります）。

③ 宿泊税

宿泊税の制度を導入している自治体の宿泊施設を利用する際にかかる税金です。

②と③について、試験では「入湯税は１人１泊につき 150 円（●歳未満は免除）とする」または「宿泊税は宿泊者１人１泊につき××円とする」などの指示があります（特に明示がない場合は考慮しなくてよい）。

(5) 立替金

宿泊客が利用した電話代、タクシー代、土産物代、マッサージ代などをホテルや旅館が一時的に立て替え、宿泊料金と一緒に精算することがあります。これらの立替金はサービス料や課税の対象にはなりません。

Key Point ●宿泊料金等の内訳

		宿泊料金の内訳
宿泊客が支払うべき料金	宿泊料	① 基本宿泊料 （室料〈および室料＋朝食等の飲食料〉） ② サービス料（①× 10 ～ 15%程度）
	追加料金	③追加飲食（①に含まれるものを除く） ④サービス料（③× 10 ～ 15%程度）
	税金	⑤消費税（①＋②＋③＋④の合計× 10%） ⑥入湯税（温泉地のみ） ⑦宿泊税
	その他	⑧立替金（サービス料や消費税などはかからない）

用語

サービス料
人的サービスの対価として支払うのがサービス料で、実務上も 10 ～ 15%程度とされるのが一般的。諸外国の「チップ」と同じように考えればよい。

入湯税
温泉施設の入湯に対して課される税金。税額は各市町村が定めるが、おおむね１人１日当たり 150 円を標準額としている。

宿泊税
地域の観光・文化振興などを目的として、東京都、大阪府、福岡県、京都市などの自治体で導入されている税金。税額（率）は都道府県（または市町村）ごとに異なる。

サービス料の対象となるのは「基本宿泊料」と「追加料金」、消費税の課税対象となるのは「基本宿泊料や追加料金と、これら両方にかかるサービス料」です。入湯税や立替金にはサービス料はかからず、消費税も課税されないことをしっかりと確認しておきましょう。

2. 子供料金

中学生以上の宿泊客には大人料金を、**小学生以下の宿泊客**には**子供料金**を適用します。子供料金は寝具や食事の有無により、大人料金を基本として次の率によって計算します。

「子供料金」はモデル宿泊約款で定められていますが「国内旅行実務」科目の問題として出題されています。Key Point にあげた３種類の率を覚えておきましょう。

Key Point ●旅館の子供料金（モデル宿泊約款に準じる）

① 大人に準じる食事と寝具を提供した場合	大人料金の 70%
② 子供用の食事と寝具を提供した場合	大人料金の 50%
③ 食事なしで寝具のみを提供した場合	大人料金の 30%

※寝具・食事を提供しない幼児料金を設定している場合もある。
※ホテルは原則として１室当たりの室料を基本として宿泊料金を計算するが、食事付きの料金を設定している場合は上記の率を適用する。

2 宿泊料金の計算

これまでに学習した知識をもとに、実際に宿泊料金を計算してみましょう。

ケース１で示したとおり、試験でも「サービス料は10%である」「サービス料や諸税が含まれていない（または含まれている）」「入湯税は１人当たり150円」などの詳細な指示があります。これらの指示をしっかりと確認したうえで計算しましょう。

プラスアルファ

試験での出題は、ケース１に類似したワンパターンな問題がほとんど。計算手順さえ覚えてしまえば難しくない。

CASE 1 大人２人と７歳の子供１人が次の条件で温泉地の旅館に１泊した場合

- 基本宿泊料（大人１人／１泊２食付き）　20,000円
- 追加料理代（刺身の舟盛り／１皿）　5,000円
- 入湯税（１人１泊につき／12歳未満は免除とする）　150円

※基本宿泊料、追加料理代にサービス料・消費税は含まれていない。
※サービス料は10%とする。
※子供には「子供用の食事と寝具」を提供するものとする。

【基本宿泊料】
大人：20,000 × ２人＝ 40,000円
子供：20,000 × 50%＝ 10,000円
40,000円＋ 10,000円＝ 50,000円 ……………………… a

【追加料金】
追加料理代　5,000円 ……………………………………… b

【サービス料】（a＋b）× 10%
基本宿泊料（a）と追加料金（b）に対してサービス料がかかる。
（50,000 ＋ 5,000）× 10%＝ 5,500円………………………… c

【消費税】（a＋b＋c）× 10％
　基本宿泊料（a）、追加料金（b）と、これらにかかるサービス料（c）の合計額に対して消費税がかかる。
　（50,000 ＋ 5,000 ＋ 5,500）× 10％=6,050 円 …………d
【入湯税】7 歳の子供は免除
　入湯税にはサービス料、消費税はかからない。
　150 × 2 人＝ 300 円 ………………………………………e
【宿泊料金等の総額】
　a＋b＋c＋d＋e＝ 66,850 円

3 宿泊契約の変更・解除

宿泊客の自己都合による契約内容の変更・解除については、その変更または解除の時期によって**違約金**がかかる場合があります。

1．違約金の率

違約金は、**基本宿泊料**に違約金の率（料率）を乗じて算出します（サービス料、税金などは違約料の対象にならない）。

■ 図表 1　違約金（モデル宿泊約款による）

〈ホテル用〉

		不泊	当日	前日	9 日前	20 日前
一般	14 名まで	%	%	%	%	%
団体	15 ～ 99 名まで	%	%	%	%	%
団体	100 名以上	%	%	%	%	%

〈旅館用〉

	不泊	当日	前日	2日前	3日前	5日前	6日前	7日前	8日前	14日前	15日前	20日前	30日前
14 名まで	%	%	%	%	%	%	%	%	%	%	%	%	%
15 ～ 30 名まで	%	%	%	%	%	%	%	%	%	%	%	%	%
31～100名まで	%	%	%	%	%	%	%	%	%	%	%	%	%
101 名以上	%	%	%	%	%	%	%	%	%	%	%	%	%

図表 1 に示すとおり、モデル宿泊約款では違約金の具体的な料率を定めていません（空欄表示）。実務上は、各宿泊業者が社会的に妥当な範囲で個別に定めた率によって違約金を計算することになります。

国内旅行実務　国・総

違約金に関するルールについて、総合試験ではほとんど出題されたことがありませんが、国内試験では度々取り上げられています。「契約日数の短縮」「団体の人数の減員」を中心に概要を理解しておきましょう。

プラスアルファ
違約金の適用を開始する時期（××日前から…など）も個々の宿泊業者が独自に定めている。

2. 違約金の適用ルール

宿泊客の都合による契約内容の変更・解除に当たり、モデル宿泊約款では違約金の適用について次のようなルールを定めています。

(1) 契約日数が短縮した場合

契約日数が**短縮**した場合は、その短縮日数にかかわりなく、宿泊業者は**1日分**（初日）の違約金を収受します。

CASE 2 契約日数の短縮

【当初の契約日数】5日(5泊) → 契約日数の短縮 → 【変更後の契約日数】2日(2泊)

※宿泊客が宿泊業者に対して申込金を支払い、かつ違約金がかかる期間内に宿泊客が契約日数を変更したものとする。

契約日数が5日から2日へと変更されているが、短縮した日数（3日分）のうち、1日分（初日）のみ違約金の対象になる（短縮された日数にかかわらず同じ）。

ここでいう「契約日数の短縮」とは、文字どおり「契約日数が短くなる」ことを意味しています。したがって、契約のすべてを解除したときは「契約日数の短縮」には該当しません。

(2) 団体の人数が減員した場合

団体客（15名以上）の一部について契約の解除があった場合、宿泊の10日前（10日前より後に申込みを引き受けた場合には、その引き受けた日）における宿泊人数の10%に当たる人数については違約金を収受しません。

CASE 3 団体の人数の減員

【宿泊の10日前】申込人数:35名 → 人数の減員 → 【宿泊当日】申込人数:30名

35名×10%＝3.5名→（端数は切り上げ）→4名

宿泊の10日前の申込人数は35名なので、この人数の10%に当たる4名については違約金がかからない。

プラスアルファ

宿泊契約の成立後、宿泊業者が申込金を不要とする特約に応じた場合であって、その際に「契約を解除した場合には違約金の支払義務が発生する」ことを宿泊客に告知していないときは違約金の支払いは不要である。

申込金
▶▶P242
違約金
▶▶P244

ケース2で、契約日数（5日）のすべてを解除した場合は、原則として5日分が違約金の対象になります。
ただし、モデル宿泊約款で学習したとおり、「宿泊期間が3日を超えるとき」は3日間の基本宿泊料を限度として申込金の額が定められるので、実務上も3日を超える日数分の違約金を収受するケースはごくわずかだといえるでしょう。

Let's Try! 確認テスト

●次の問題に答えなさい。

できたらチェック ✓

□ 1　大人１人の基本宿泊料が１泊夕・朝食付き 10,000 円（サービス料引・税金別）の福岡県朝倉市原鶴温泉の温泉旅館に大人２人と 10 歳の子供１人で１泊する場合、宿泊客が支払うべき宿泊料金等の総額はいくらか。 総 令2改
※モデル宿泊約款により算出するものとする。
※子供は「大人に準ずる食事と寝具」を提供するものとする。
※サービス料は 10%とし、追加料金は発生しないものとする。
※入湯税は１人１泊につき 150 円（12 歳未満は免除）とする。
※宿泊税は宿泊者１人１泊につき 200 円とする。

●次の各記述の正しいものには○を、誤っているものには×を記入しなさい。

□ 2　大人１人の基本宿泊料が１泊２食付 10,000 円の旅館の場合、小学生が子供用食事と寝具の提供を受けたときの子供料金は１人 7,000 円(サービス料・消費税別)である。 国 令3改

□ 3　宿泊日の７日前に 20 名で１泊する宿泊契約をホテルと締結した団体客が、宿泊当日に契約の一部を解除し 18 名となった場合、当該ホテルは、解除となった２名分の違約金は収受しない。 国 平27

□ 4　基本宿泊料（室料）が 20,000 円、サービス料 10%を含む宿泊料金が 22,000 円のホテルのツインルームにおいて、違約金の対象となるのは、基本宿泊料の 20,000 円である。 国 平28

□ 5　旅館で子供用の食事と寝具の提供を受けたときの子供料金は、大人料金の 30%となる。 国 平30

□ 6　基本宿泊料が１室当たり 10,000 円（サービス料別）、チェックアウト時間が午前 10 時のホテルにおいて、客室を午後５時まで延長して使用したときの時間外追加料金は 10,000 円である（サービス料・消費税の計算は行わないものとする）。 国 令1改

解答 1.　33,570 円
10 歳の子供は大人料金の 70%（大人に準ずる食事と寝具の提供）
基本宿泊料　10,000 円× 2 人+（10,000 円× 70%）× 1 人＝ 27,000 円…①
サービス料　27,000 円× 10 %＝ 2,700 円…②
消費税　（27,000 円＋ 2,700 円）× 10%＝ 2,970 円…③
入湯税 150 円× 2 人＝ 300 円…④
宿泊税 200 円× 3 人＝ 600 円…⑤　①＋②＋③＋④＋⑤＝ 33,570 円
2.　×　子供用食事と寝具の提供を受けたときの子供料金は大人料金の 50%（10,000 円× 50% ＝ 5,000 円）／ 3.　○　20 名の 10%に当たる人数（20 名× 10%＝ 2 名）については違約金を収受しない／ 4.　○／ 5.　×　30%（×）→ 50%（○）／ 6.　○　超過時間は午前 10 時から午後５時までの７時間なので、追加料金は室料金の全額（P245 の欄外プラスアルファ参照）

第2章

Lesson 12

貸切バスの運賃・料金

重要度 A

学習項目

◎時間・キロ併用制運賃の計算
◎距離と時間の端数処理
◎運賃の割引
◎各種料金の適用
◎違約料

学習ポイント

●時間制運賃の対象となる時間を理解する。
●キロ制運賃の対象となる距離を理解する。
●時間と距離の端数処理を正しく理解する。
●**深夜早朝運行料金**は **22 時以降翌朝 5 時まで**の運行に適用。
●配車日の **15 日前**までは違約料はかからない。

1 貸切バスの運賃・料金

旅行中の移動手段として、航空機、鉄道とともに利用頻度が高いのが貸切バスです。貸切バスの安全な運行には「適正な運賃・料金の収受」が欠かせません。具体的な計算手順はあとで詳しく解説しますので、ここでは運賃・料金の構成を確認しましょう。

■ 図表 1　貸切バスの運賃・料金

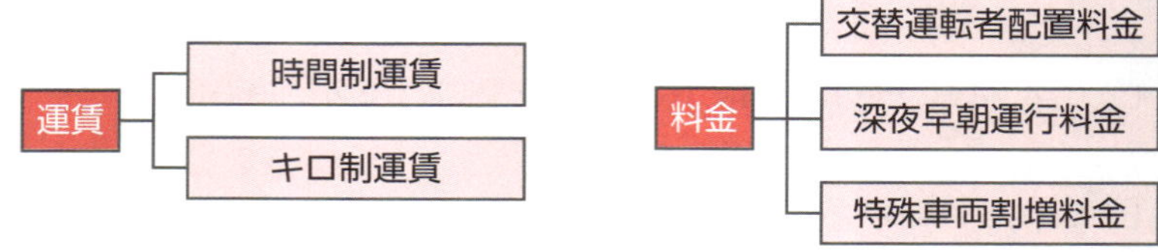

2 貸切バスの運賃

貸切バスの運賃は、地域ごとの経済情勢を考慮し、地方運輸局ごと、**車種別に公示している上限（最高）額および下限（最低）額の範囲内**で適用されます（後述の図表 2・3）。また、バス会社の営業所の所在する出発地の運賃を基礎として計算します。

1. 運賃の種類

貸切バスの運賃は、**時間制運賃**と**キロ制運賃**とで構成されています（**時間・キロ併用制運賃**）。

（1）時間制運賃

時間制運賃は、**点呼点検時間**と**走行時間**を合算した時間に1時間当たりの運賃額を乗じて計算します。

① 点呼点検時間

点呼点検時間とは、**出庫前**および**帰庫後**の**点呼・点検**にかかる時間をいいます（出庫前1時間、帰庫後1時間の合計2時間）。

2日以上にわたる運送で**宿泊を伴う**場合は、出庫前・帰庫後のほか、**宿泊場所到着後**および**宿泊場所出発前**の各1時間を点呼点検時間に含めます。

② 走行時間

走行時間とは、**出庫から帰庫までの拘束時間（回送時間を含む）**をいいます。走行時間が**3時間未満**の場合は、走行時間を**3時間として計算**します。

■ 図表2　時間制運賃／1時間当たりの運賃額の例（抜粋）

	車種	上限額	下限額
時間制運賃（1時間当たり）	大型車	7,680円	5,310円
	中型車	6,480円	4,490円
	小型車	5,560円	3,850円

（2）キロ制運賃

キロ制運賃は、**走行距離**に1キロ当たりの運賃額を乗じて計算します。走行距離とは、**出庫から帰庫までの距離（回送距離を含む）**をいいます。

■ 図表3　キロ制運賃／1キロ当たりの運賃額の例（抜粋）

	車種	上限額	下限額
キロ制運賃（1キロ当たり）	大型車	170円	120円
	中型車	150円	100円
	小型車	120円	80円

これまでに述べた「時間制運賃の対象となる時間」と「キロ制運賃の対象となる距離」を図示すると次のとおりです。

用語

出庫・帰庫
バス（車両および運転者）が営業所から出発すること（または営業所に帰ること）を、それぞれ出庫・帰庫という。

回送時間
乗車地（または降車地）の最寄りのバス会社の営業所と、旅客の乗車地・降車地までの走行時間のこと。この「回送」のための距離を回送距離という。

プラスアルファ
フェリーボートでバスを航送した場合、航送にかかる（乗船してから下船するまでの）時間は**8時間**を上限として時間制運賃の対象とする。

試験では計算に使用する運賃・料金の額が資料として提示されるので、金額を暗記する必要はありません。

国内旅行実務　国・総

用語

実車
旅客を乗車させて走行している状態（乗車地から降車地まで）をいい、観光地での待機時間など旅客が一時的に降車している状態を含む。

■ 図表4　時間制運賃・キロ制運賃（時間および距離）

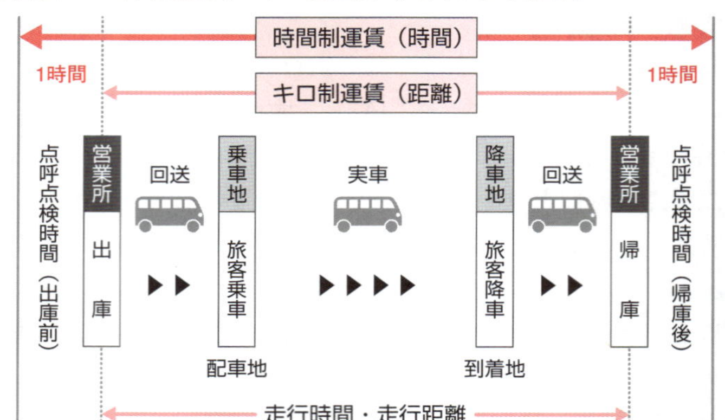

以上を踏まえ、（1）時間制運賃と（2）キロ制運賃を合算した額が貸切バスの適用運賃になります。

時間制運賃では、「走行時間」のほかに点呼点検時間も対象になるのがポイント。また、時間制運賃、キロ制運賃ともに、回送時間・回送距離を含めて計算する点に注意しましょう！

Key Point ●貸切バス運賃の計算

（1）時間制運賃＝［点呼点検時間＋走行時間（※）］×［1時間当たりの運賃額］
※回送時間を含む

（2）キロ制運賃＝［走行距離（※）］×［1キロ当たりの運賃額］
※回送距離を含む

（1）＋（2）＝適用運賃（消費税別）

2. 端数処理

走行時間、走行距離などの端数は、次の方法に従って処理します（料金を計算するときも同じです）。

Key Point ●端数処理の方法

項目	端数処理
① 走行時間	30分未満 → 切り捨て 30分以上 → **1時間**に切り上げ
② 走行距離	10キロ未満 → **10キロ単位**に切り上げ
③ 金額（消費税）	1円未満 → 1円単位に四捨五入

3. 運賃の計算

これまでに学習したルールに基づいて、実際に運賃を計算してみましょう（消費税の計算は省略します）。

CASE 1　次の条件に基づく大型車1台の運賃（日帰り）

■出庫 07：00／帰庫 23：00
■配車 07：30／降車 22：30
※07：00〜07：30および22：30〜23：00は回送時間
■走行距離：635キロ
※回送距離40キロ（20キロ＋20キロ）を含む
■運賃額（消費税別）

時間制運賃（1時間当たり）	6,000円
キロ制運賃（1キロ当たり）	150円

【時間制運賃】

点呼点検時間と走行時間を合算した時間に1時間当たりの運賃額を乗じて算出する。

点呼点検時間　2時間（出庫前1時間＋帰庫後1時間）
走行時間　16時間（出庫07：00から帰庫23：00まで）
（2時間＋16時間）×6,000円＝108,000円

【キロ制運賃】

走行距離（回送距離を含む）に1キロ当たりの運賃額を乗じて算出する。

635キロ　→　10キロ未満は10キロ単位に切り上げ
→640キロ
640キロ×150円＝96,000円

【適用運賃（時間制運賃＋キロ制運賃）】

108,000円＋96,000円＝204,000円（消費税別）

引き続き、2日以上の運送で宿泊を伴う行程の運賃を計算してみましょう。

CASE 2　次の条件に基づく大型車1台の運賃（1泊2日）

〔1日目〕
■出庫 08：15／宿泊場所到着 16：00
■配車 09：00／降車 16：00
※08：15〜09：00は回送時間

国内旅行実務　国・総

プラスアルファ
走行時間には回送時間（30分＋30分＝1時間）を含む。

貸切バスの運賃・料金は原則として消費税別で定められていますが、一般消費者に対し、対外的に示す運賃・料金は、それぞれ消費税額を含んだ額を表示することになっています。試験での消費税の取扱いは試験実施年度によって異なるため、設問文をよく読み、設定された条件に従って計算しましょう。

■走行距離：325キロ　※回送距離25キロを含む

〔2日目〕

■宿泊場所出発 09：00／帰庫 17：45

■乗車 09：00／降車 17：00

※ 17：00～17：45は回送時間

■走行距離 425キロ　※回送距離25キロを含む

■運賃額（消費税別）

時間制運賃（1時間当たり）	6,000円
キロ制運賃（1キロ当たり）	150円

【時間制運賃】

1日目と2日目の点呼点検時間と走行時間をすべて合計した時間に1時間当たりの運賃額を乗じて算出する。

〔1日目〕

点呼点検時間　2時間（出庫前1時間＋宿泊場所到着後1時間）

走行時間　7時間45分

（出庫 08：15から宿泊場所到着 16：00まで）

〔2日目〕

点呼点検時間　2時間（宿泊場所出発前1時間＋帰庫後1時間）

走行時間　8時間45分

（宿泊場所出発 09：00から帰庫 17：45まで）

（2時間＋7時間45分＋2時間＋8時間45分）

＝20時間30分

→　30分以上は切り上げ　→　21時間

21時間×6,000円＝126,000円

【キロ制運賃】

1日目と2日目の走行距離（回送距離を含む）の合計に1キロ当たりの運賃額を乗じて算出する。

〔1日目〕325キロ ｝750キロ
〔2日目〕425キロ

750キロ×150円＝112,500円

【適用運賃（時間制運賃＋キロ制運賃）】

126,000円＋112,500円＝238,500円（消費税別）

宿泊を伴う場合は、宿泊場所到着後の1時間と宿泊場所出発前の1時間も点呼点検時間として計算するのでしたね！

プラスアルファ

2日以上にわたる運送で宿泊を伴うときは、一般に乗務員の宿泊費が必要になるが、これらの運送に関連する費用（経費）は運賃とは別に旅客が実費を負担することになる。したがって、貸切バスの運賃・料金の計算に当たり、乗務員の宿泊費などを考慮する必要はない。

運送に関連する費用
▶▶P254

4. 運賃の割引

次の①または②に該当する者の団体は、運賃の割引を受けることができます（割引の対象になるのは運賃のみで、料金は対

象になりません）。

団体の種類	割引率
① **身体障害者福祉法、知的障害者福祉法、児童福祉法の適用を受ける者**	3割引
② **学校教育法による学校（大学および高等専門学校を除く）に通学または通園する者**	2割引

複数の割引条件に該当する場合は、いずれか高い率を適用します（重複して割引きの適用を受けることはできません）。

また、「車種別に計算した運賃の**下限額**」を**下回る割引はできません**。

割引後の運賃額は、「車種別に計算した運賃の**下限額**」**が限度**です。
例えば、割引前の運賃額が、そもそも下限額に基づいて計算されているような場合、割引を適用することで下限額を下回ってしまいます。このような場合は割引を適用できません。

3 貸切バスの料金

1. 料金の種類

貸切バスの運送に伴う料金は、次の（1）～（3）の3種類があります。

（1）交替運転者配置料金

次のような場合は、交替運転者配置料金を適用します。

① 法令により**交替運転者の配置が義務付けられる**場合

② 交替運転者の配置について**運送申込者と合意した**場合

交替運転者配置料金は、時間制料金とキロ制料金の2種類があり、それぞれ上限額と下限額の範囲内で計算します。

（2）深夜早朝運行料金

深夜早朝の時間帯（**22時以降翌朝5時まで**の間）に、**点呼点検時間、走行時間（回送時間を含む）**が含まれた場合は、その時間帯に対し、深夜早朝運行料金として次の①および②の割増料金を適用します。

① 時間制運賃（1時間当たりの運賃）の**2割**以内

② 交替運転者配置料金の時間制料金（1時間当たりの料金）の**2割**以内

（3）特殊車両割増料金

標準的な設備を超える特殊な設備を有するバスなどを利用する場合に、運賃の**5割**以内の割増料金を適用できます。

プラスアルファ

原則として次の運転時間および距離を超えて運行する場合には交替運転者の配置が義務付けられる（いずれも一運行当たり）。
【運転時間】
9時間まで
【実車距離】
500キロまで
（午前2時から午前4時までにかかる夜間運行の場合は400キロまで）
上記のほか、高速道路での連続運転時間や休憩時間などの複数の条件が定められている（詳細は省略）。

用語

特殊車両
例えば、展望のよい2階建て車両や、座席の一部分が対面サロン仕様になったサロンカー、車椅子での乗降に対応したリフト付きバスなどが該当する。

■ 図表5 各種料金の額

交替運転者配置料金（例）	時間制料金（1時間当たり）	上限額	下限額
		3,080円	2,130円
	キロ制料金（1キロ当たり）	上限額	下限額
		40円	30円
深夜早朝運行料金		**時間制運賃**および**交替運転者配置料金（時間制料金）**の2割以内	
特殊車両割増料金		**運賃**の5割以内	

2. 料金の計算

ケース1の行程を使って、交替運転者配置料金と深夜早朝運行料金を計算してみましょう。

CASE 3 次の条件に基づく大型車1台の料金

■交替運転者1名を配置（運転者2名）

■出庫07：00／帰庫23：00

■運賃額および料金額（消費税別）

運賃	時間制運賃（1時間当たり）	6,000円
	キロ制運賃（1キロ当たり）	150円
交替運転者配置料金	時間制料金（1時間当たり）	2,500円
	キロ制料金（1キロ当たり）	40円

※深夜早朝運行料金は「時間制運賃」および「交替運転者配置料金（時間制料金）」の2割とする。

【交替運転者配置料金】

交替運転者配置料金の「時間制料金」および「キロ制料金」の対象となる時間・距離を、それぞれ18時間、640キロとして以下のとおり計算する（ケース1の計算結果を引用する）。

〔時間制料金〕18時間×2,500円＝45,000円

〔キロ制料金〕640キロ×40円＝25,600円

〔合計〕45,000円＋25,600円＝70,600円（消費税別）

【深夜早朝運行料金】

23時に帰庫後、1時間の点呼点検時間を要するので、行程のうち、深夜早朝の時間帯（22時から翌朝5時までの間）に該当するのは22時から24時までの2時間。

〔時間制運賃の2割〕

6,000円×20%×2時間＝2,400円

〔交替運転者配置料金（時間制料金）の2割〕

プラスアルファ

交替運転者配置料金の「時間制料金」および「キロ制料金」を求めるに当たり、これらの対象となる時間・距離は「時間制運賃を求めるときの時間およびキロ制運賃を求めるときの距離」と同じである（運賃の計算結果をそのまま引用して差し支えない）。

2,500 円× 20%× 2 時間＝ 1,000 円
〔合計〕2,400 円＋ 1,000 円＝ 3,400 円（消費税別）

4 貸切バスの違約料

旅客の都合により運送契約を解除したり、**運送契約の内容を変更し、契約車両数が減少**したりする場合、これらの解除、変更の時期によって**違約料**がかかります。

Key Point ●貸切バスの違約料（貸切バス約款に準じる）

	解除の時期・変更内容	違約料
運送契約の解除の場合	配車日の 15 日前まで	不要
	配車日の 14 日前～ 8 日前まで	所定の運賃・料金の 20%相当額
	配車日の 7 日前～ 配車日時の 24 時間前まで	所定の運賃・料金の 30%相当額
	配車日時の 24 時間前以降	所定の運賃・料金の 50%相当額
運送契約の変更による 車両の減少の場合	配車車両数の 20%以上の 数の車両の減少	減少した車両について 上記区分に応じた違約料

では、実際に違約料の計算をしてみましょう。

CASE 4 違約料の計算（次の条件による場合）

- 運賃・料金の総額　200,000 円（車両 1 両当たり／消費税別）
- 配車車両数 6 両

① 配車日の 20 日前に契約を全て解除すると…
　配車日の 15 日前までは違約料は不要
② 配車日の 10 日前に契約を全て解除すると…
　(200,000 × 0.2) × 6 両＝ 240,000 円
③ 配車日の 3 日前に 2 両のみ減少する運送契約の変更をすると…
　2 ÷ 6 ＝ 0.33… ← 20%以上の減少に該当する。
　(200,000 × 0.3) × 2 両＝ 120,000 円
④ 配車日の当日に、1 両のみ減少する運送契約の変更をすると…
　1 ÷ 6 ＝ 0.16… ← 20%未満なので違約料は不要

なるほど。配車日の 15 日前までの解除や車両減少であれば、契約した車両の数に関係なく、違約料は一切かからないということですね。

Let's Try! 確認テスト

できたらチェック

□ 1	帰庫が22時の運行において、バス会社は、帰庫後の点呼点検時間に当たる1時間分の深夜早朝運行料金を収受することができる。国 平28
□ 2	法令により交替運転者の配置が義務付けられる場合、その他、交替運転者の配置について運送申込者と合意した場合には、バス会社は、交替運転者配置料金の上限額および下限額の範囲内で計算した額の交替運転者配置料金を適用する。国 令2
□ 3	バス会社は、走行時間が1時間50分の場合は、走行時間を2時間として時間制運賃を計算する。国 令3
□ 4	配車日時を8月30日の午前11時とし、1台当たりの運賃および料金を10万円とする貸切バス1台の運送契約において、8月29日の午後3時に運送契約を解除したときの違約料は5万円である（消費税の計算は行わないものとする）。国 令1改

●次の問題に答えなさい。

□ 5	配車日が8月20日、1台当たりの運賃および料金を10万円で契約した貸切バス6台の運送契約を、契約責任者の都合で8月6日に2台減車した。この場合の違約料はいくらか。国 平27改
□ 6	次の行程（日帰り）で貸切バスを利用するときの運賃について、①と②の設問に答えなさい。国 平29改 〈行程〉 ●走行時間の合計は2時間15分 ●実車距離（回送距離は含まない）は31キロ ●回送距離の合計は20キロ ① この行程においては（　　　）時間分の時間制運賃が必要である。 ② この行程においては（　　　）キロ分のキロ制運賃が必要である。

解答 1. ○　帰庫後の点呼点検時間は22時から23時までの1時間。22時以降翌朝5時までの間に点呼点検時間が含まれているので1時間分の深夜早朝運行料金を収受できる／2. ○／3. ×　走行時間が3時間未満の場合は走行時間を3時間として計算する／4. ○　配車日時の24時間前以降の解除の場合、違約料は50%（10万円×50%＝5万円）

5. 4万円
2台÷6台＝0.333…→配車車両数の20%以上の減少。配車日の14日前の減車なので、2台に対して20%相当額の違約料がかかる（10万円×20%×2台＝4万円）

6. ①5（時間分）
走行時間が3時間未満の場合は、これを3時間として計算する。走行時間3時間＋点呼点検時間2時間（出庫前1時間、帰庫後1時間）＝5時間
②60（キロ分）
31キロ（実車距離）＋20キロ（回送距離）＝51キロ→（10キロ単位に切り上げ）→60キロ

重要度 C

フェリーの運賃・料金

学習項目

◎旅客の年齢区分
◎小児旅客運賃の適用
◎自動車航送運賃
◎乗船券の払戻しと払戻手数料

学習ポイント

- 12歳以上の者は大人に区分される（小学生は小児）。
- 運賃が無料となる小児を正しく理解する。
- 自動車航送運賃には運転者1名が2等船室に乗船する場合の運賃が含まれている。
- 払戻しの条件と払戻手数料の計算方法をマスターする。

1 フェリーの運賃・料金

試験では主にフェリーの運賃・料金の適用と、乗船券の払戻しについて出題されます。

フェリー運賃・料金を適用するときの「旅客の年齢区分」は国内試験でよく取り上げられるテーマです。

1. 旅客の年齢区分と運賃・料金

(1) 旅客の年齢区分

旅客の年齢区分は、フェリー標準運送約款に基づき次のように定められ、大人には大人旅客運賃・料金、小児には小児旅客運賃・料金を適用します。

区分	年齢
① 大人	12歳以上の者（小学生を除く）
② 小児	12歳未満の者 ＊ただし、12歳の小学生は小児に区分

(2) 小児旅客運賃・料金の適用

前述のとおり、12歳未満の者（12歳の小学生も含む）は小児に区分され、小児旅客運賃・料金が適用されます。

ただし、次の①または②に該当する場合、**運賃・料金は無料**になります。

Key Point ●小児旅客運賃・料金が無料になる者

① **1歳未満**の小児
　人数に関係なく無料
② 大人に同伴されて乗船する**1歳以上の小学校に就学していない小児**（**団体**として乗船する者を除く）
　大人1人につき**小児1人**まで無料
　※2人目以降は小児旅客運賃・料金を適用

①および②いずれの場合も、**指定制の座席**や**寝台**を**小児1人で使用する場合**は、小児旅客運賃・料金を適用します。

（3）自動車航送運賃

自動車航送運賃には、**自動車の運転者1名**が**2等船室**に乗船する場合の運賃が含まれています。例えば、運転者1名と旅客30名の計31名を乗せた貸切バスを航送する場合、貸切バス1台分の自動車航送運賃（運転者1名の2等船室の運賃含む）のほかに、旅客30人の旅客運賃を支払えばよいことになります。

CASE 1 次の条件で乗船する場合に必要な運賃

大人1人、10歳の小児1人、3歳の小児1人の計3人が、乗用車1台を利用してフェリーの2等船室に乗船する場合
10歳の小児…小児旅客運賃を適用
3歳の小児……大人1人に同伴されているので無料
大人……………大人1人分の2等船室に乗船する場合の運賃は自動車航送運賃に含まれている。
必要な運賃は小児旅客運賃1人分と自動車航送運賃1台分のみ。

αプラスアルファ
例えば、幼稚園児の遠足など、未就学の小児が団体で乗船する場合は大人に同伴される場合でも無料にならない（小児旅客運賃・料金が必要）。

自動車航送
▶▶P254

αプラスアルファ
2等船室とは、いわゆる「仕切りのない大部屋」タイプが大半を占め、一般に自由席を基本としている。

マイカーのフェリーへの積卸しは運転者自身が行うことになっています。自動車は運転する人がいないと動きませんから自動車航送運賃には、あらかじめ自動車の運賃と、運転者1人分の運賃の両方が含まれていると考えればよいでしょう。

(4) 特殊手荷物運賃

旅客が乗船する区間についてフェリー会社に運送を委託する**自動二輪車（オートバイ）、原動機付自転車、自転車**などには**特殊手荷物運賃**がかかります（旅客運賃のほかに特殊手荷物運賃が必要）。

特殊手荷物
▶▶ P257、259

2. 乗船券の払戻しと払戻手数料

入鋏前（にゅうきょう）（使用を開始する前）のフェリー乗船券は払戻しが可能です。**旅客の自己都合**による払戻しの際には次の**払戻手数料**がかかります。

プラスアルファ
払戻手数料を計算する際に生じた10円未満の端数は10円単位に切り上げ。

Key Point ●乗船券の払戻手数料

船便指定の有無	払戻時期	払戻手数料
船便指定のない乗船券	乗船券の通用期間内	200円
船便が指定された乗船券	発航日の7日前まで	200円
	発航日の6日前～2日前	券面記載額の1割相当額（最低200円）
	発航日の前日～発航時刻まで	券面記載額の3割相当額（最低200円）

プラスアルファ
自動車航送券の払戻手数料も左表と同じ。

CASE 2 旅客の自己の都合により乗船券を払い戻す場合

① 券面額10,000円の船便指定のない乗船券を通用期間内に払い戻すと…払戻手数料：200円
② 券面額12,000円の船便指定のある乗船券を発航日の2日前に払い戻すと…払戻手数料：12,000 × 0.1 = 1,200円
③ 券面額15,000円の船便指定のある乗船券を発航日の当日（発航時刻前）に払い戻すと…払戻手数料：15,000 × 0.3 = 4,500円

これまで見てきたとおり、フェリーの運賃・料金は、JR、航空、貸切バスの各運賃・料金と比較すると、覚えるべき項目が少なく、また試験での出題頻度・配点も低めです。フェリー標準運送約款の学習と並行して、重要項目のみに絞って学習するのが効率的です。

国内旅行実務　国・総

Let's Try! 確認テスト

●次の各記述の正しいものには○を、誤っているものには×を記入しなさい。

できたらチェック✓

□ 1	旅客30名、運転手を含むバスの乗務員2名、添乗員1名の計33名が乗車している大型バス1台が、フェリーの2等船室を利用する場合の運賃・料金の算出方法は、「旅客30名の運賃・料金＋バスの航送料」となる。 国平22
□ 2	2等船室の旅客運賃が大人500円、1等船室の旅客運賃が大人1,000円、自動車航送運賃が5,000円のフェリーに、自動車1台、大人2人（自動車の運転者1人を含む）が1等船室に乗船する場合、この乗船に係る運賃の合計額は7,000円である。 国平30
□ 3	2等船室の旅客運賃が大人1,000円、特殊手荷物運賃が2,000円のフェリーに、手回り品として取り扱うことができない自転車の運送を伴う大人1人が乗船する場合、この乗船に係る運賃の合計額は2,000円である。 国平27
□ 4	自動二輪車を運送する運賃には、運送申込人を運送する旅客運賃が含まれる。 国令1

●次の問題に答えなさい。

□ 5	母親（自動車の運転者）と、5歳と3歳の子供各1人の計3人が、自動車1台でフェリーの2等船室（自由席）を利用して片道で乗船する場合、旅客が支払うべき運賃の総額はいくらか。 総令2改 ※フェリー標準運送約款によるものとする。 ※2等旅客運賃（片道）は、大人1人610円、小児1人310円とする。 ※自動車航送運賃（片道）は、1台3,810円とする。

解答 1. ×　自動車航送運賃にはバスの運転者1名分の旅客運賃（2等船室利用）が含まれるので、旅客32名分の運賃とバス1台の航送運賃が必要／2. ×　自動車航送運賃には、運転者1人分の旅客運賃（2等船室利用）が含まれているので、大人2人のうち、1人は旅客運賃（1等船室1,000円）を支払い、もう1人は自動車航送運賃（5,000円）を支払うことで乗船できる。1等船室利用なので、1等船室と2等船室の運賃の差額（1,000 − 500 = 500円）が必要。1,000 + 5,000 + 500 = 6,500円／3. ×　旅客が、その乗船区間について自転車の運送をフェリー会社に委託する場合は、旅客運賃（1,000円）のほかに特殊手荷物運賃（2,000円）がかかる。折りたたみが可能な自転車は規定のサイズに収まれば手回り品として客室内に持ち込むこと（あるいは受託手荷物として運送を委託すること）が可能だが、"手回り品として取り扱うことができない自転車"なので特殊手荷物として運送される。1,000 + 2,000円＝3,000円／4. ×　旅客が乗船する区間について、フェリー会社に運送を委託する自動二輪車には特殊手荷物運賃がかかる（特殊手荷物運賃には旅客運賃は含まれない）／5. 4120円　5歳と3歳の子供はいずれも小児（1歳以上の小学校に就学していない小児）に区分され、子供2人のうち1人は母親に同伴されることで無料になる（2人目のみ小児運賃310円を適用）。自動車航送運賃3,810円には運転者（大人）1人が2等船室に乗船する場合の旅客運賃が含まれるので、運転者である母親の旅客運賃は不要。310円＋3,810円＝4,120円

第3章　国内の観光資源

ここでは日本国内の観光資源について学習します。本章では、過去の試験結果を分析し「ぜひ覚えておいてほしい重要項目」に絞って簡潔に記載しています。試験では、自然、温泉、祭事・芸能などについて日本全国から幅広く出題されますので、旅行パンフレット、ガイドブック、テレビなどを通じて、毎日、少しずつ知識を積み重ねてゆくことが大切です。

凡　例

観光都市　観光都市
 自然
 温泉
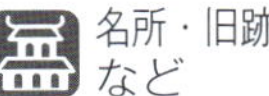 名所・旧跡など
 観光施設など
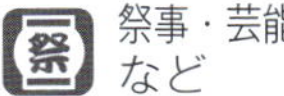 祭事・芸能など
 料理・名産品
 民芸・工芸品
世界遺産　世界遺産

＊掲載している地図は都市名等のおおよその位置を示した略図です。

第3章

Lesson 14

都道府県別観光資源

重要度 A

学習項目

◎主要観光都市
◎自然資源・温泉
◎名所・旧跡・観光施設
◎祭り・行事
◎料理・名産・民芸・工芸

学習ポイント

●観光資源は、その所属する**都道府県ごと**に整理して覚える（組み合わせ問題に対応できる）。
●その観光資源のポイント（キーワード）を覚える（文章問題に対応できる）。
●地図を使っておおよその場所を確認する（地図を使った問題に対応できる）。

北海道

雄大な大自然を中心とした魅力あふれる観光資源が多い。道内各地に空港が整備され、また青函トンネルを走る北海道新幹線で本州と結ばれている。

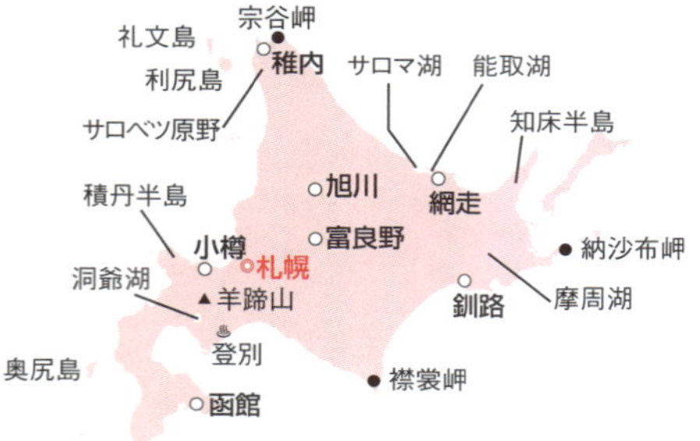

観光都市

札幌市：北海道開拓の拠点として発展した道都。主な観光資源は札幌農学校（現北海道大学）の演武場として建設された**札幌市時計台**、赤レンガの愛称で知られる**北海道庁旧本庁舎**、**クラーク博士の像**が立つ**羊ヶ丘展望台**、**藻岩山**（札幌市街を一望）、**大通公園**（さっぽろ雪まつりのメイン会場）、**大倉山展望台**（ペアリフトで頂上へ、札幌市街を一望、ジャンプ競技場は1972年の冬季オリンピック札幌大会の舞台）、白い恋人パーク、モエレ沼公園、北海道開拓の村、滝野すずらん丘陵公園、**定山渓♨**（**札幌の奥座敷**）など

函館市：**津軽海峡**に面した港町。主な観光資源は**夜景**で知られる**函館山**（津軽海峡に浮かぶ**イカ釣り船の漁火**が美しい）、**立待岬**（函館山東麓、**石川啄木の墓碑**）、**五稜郭跡**（箱館戦争の最後の舞台、五稜郭タワーから**星型の外郭**を眺望、現在は公園として整備されている）、日本最古の女子修道院・**トラピスチヌ修道院**、**函館元町**地区（**八幡坂**、二十間坂で知られる坂の街、ハリストス正教会、旧函館区公会堂、旧イギリス領事官など）、**金森赤レンガ倉庫**、**湯の川♨**など

小樽市：**北のウォール街**ともいわれ、金融・貿易の拠点として発展。主な観光資源は**小樽運河**、小樽芸術村（**似鳥美術館**など）、**天狗山**、**鰊御殿**、**朝里川♨**など

網走市：オホーツク海沿岸、冬場は**流氷**が接岸することでも知られる。主な観光資源は**能取湖**（**アッケシソウ**の群落が自生）、**天都山**（網走湖、能取湖などを一望、頂上には**オホーツク流氷館**）、モヨロ貝塚、**博物館網走監獄**など

釧路市：太平洋に面し、海霧が多く発生

することで知られる霧の街。主な観光資源は釧路の台所・和商市場、釧路川に架かる幣舞橋（欄干には四季の像）、阿寒湖（湖畔から雌阿寒岳を望む、マリモが生息）など

富良野市：ラベンダー畑と大型スキーリゾートで知られる北海道の「へそ」。主な観光資源は麓郷（ドラマ『北の国から』のロケ地）、近くにパッチワークの丘や青い池で知られる“丘のまち”美瑛町

旭川市：札幌市に次ぐ北海道第2の都市で三浦綾子『氷点』の舞台。主な観光資源は日本で一番北に位置する動物園・旭山動物園、三浦綾子記念文学館など

昭和新山（有珠山東麓の溶岩塔）、大雪山（北海道最高峰の旭岳を主峰とする）、北海道ガーデン街道（大雪から富良野市を経て十勝までの街道沿いに「大雪 森のガーデン」「風のガーデン（富良野市）」「十勝千年の森」など8つの美しい庭園が集中する観光ルート）、塩狩峠（三浦綾子『塩狩峠』の舞台）、小清水原生花園、サロベツ原野（中央にサロベツ原生花園）、洞爺湖（南方に有珠山、北方に蝦夷富士とも呼ばれる羊蹄山）、支笏湖（日本最北の不凍湖）、サロマ湖（オホーツク海沿岸に位置する北海道最大の湖、夕日が美しい）、摩周湖（世界有数の透明度と濃霧で知られる）、屈斜路湖（湖中に中島、湖畔に砂湯、美幌峠からの眺望が美しい）、礼文島（北海道の北端、高山植物が美しい「花の浮島」、北端にスコトン岬、南に利尻島）、天売島（海鳥の繁殖地、東に焼尻島）、奥尻島（江差町からフェリー、なべつる岩、地震による大津波の被害を伝える奥尻島津波館）、宗谷岬（北海道最北端、サハリンを望む、間宮林蔵の立像）、襟裳岬、積丹半島（先端に神威岬と積丹岬、付け根にはニッカウヰスキーの蒸溜所で知られる余市町）、納沙布岬（北海道最東端、根室半島先端にあり北方領土・歯舞諸島、国後島を望む、周辺に白鳥の飛来地・風蓮湖）、知床半島（半島および周辺海域が世界自然遺産「知床」世界遺産として登録）、野付湾（尾岱沼とも呼ばれ、打瀬網での北海シマエビ漁で有名）、層雲峡（石狩川の峡谷、大函・小函、銀河・流星の滝など）、天人峡、釧路湿原（日本最大の湿原でラムサール条約に登録、タンチョウ生息地）

登別♨（周辺に地獄谷、のぼりべつクマ牧場）、洞爺湖♨、層雲峡♨、温根湯♨、ウトロ♨（周辺に双美の滝とも呼ばれるオシンコシンの滝）、川湯♨（屈斜路湖と摩周湖の中間に位置）、十勝川♨、豊富♨

松前城跡（桜の名所、別名「福山城」）、大沼国定公園（函館市の周辺）

ウポポイ（民族共生象徴空間）、有島記念館（ニセコ町）、池田町ブドウ・ブドウ酒研究所（ワイン城）

さっぽろ雪まつり（2月）、あばしりオホーツク流氷まつり（2月）、YOSAKOIソーラン祭り（6月／札幌市）、まりも祭（10月）、ソーラン節、北海盆唄、江差追分

ジンギスカン、ルイベ、三平汁、石狩鍋

木彫熊

小樽運河

青森県

日本を代表する農業生産地で、なかでもりんごの生産量では日本一。作家・太宰治の出身地（五所川原市）としても知られている。

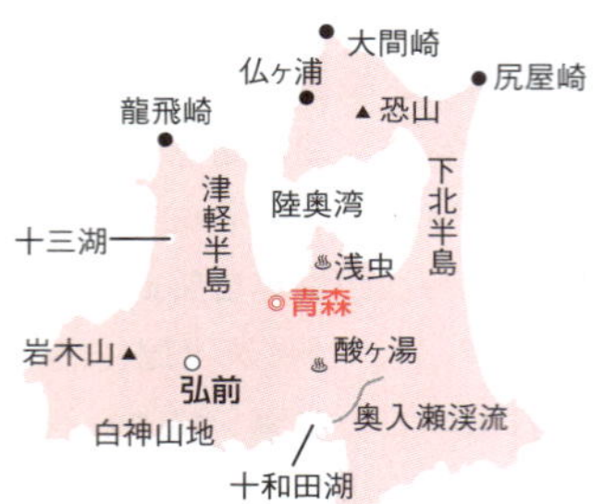

観光都市 青森市：「ねぶた」で知られる県都。主な観光資源は陸奥湾に面した**浅虫**♨、混浴のヒバ千人風呂が有名な**酸ヶ湯**♨（**八甲田山**麓）、版画家・棟方志功の作品を収蔵する**棟方志功記念館**、縄文文化を伝える**三内丸山遺跡**世界遺産など

岩木山（**津軽富士**、県最高峰）、津軽半島（先端には**龍飛崎**、日本海沿岸にはシジミの産地で有名な**十三湖**）、下北半島（海岸線の景勝地・**仏ヶ浦**、イタコの口寄せで知られる霊場・**恐山**、寒立馬が放牧される岬・**尻屋崎**、クロマグロの産地としても知られる本州最北端の地・**大間崎**、**薬研**♨、**下風呂**♨）、十和田湖（秋田との県境、湖畔に高村光太郎作「**乙女の像**」）、奥入瀬渓流（十和田湖畔の**子ノ口**から**焼山**まで流れる清流で**銚子大滝**や**阿修羅の流れ**などが見どころ）

大鰐♨（津軽藩の湯治場）、蔦♨、黄金崎不老ふ死♨

弘前城（弘前市／津軽の**小京都**・**桜**の名所）、亀ヶ岡石器時代遺跡世界遺産（つがる市）、盛美園（平川市／明治時代に造られた日本庭園、庭園に接した和洋折衷の館・盛美館）、鶴の舞橋（岩木山を背景にした優美な木橋）

太宰治記念館斜陽館（五所川原市）

青森ねぶた祭（8月）、弘前ねぷた（8月）、八戸えんぶり（2月）、黒石よされ（8月）、津軽じょんから節

じゃっぱ汁、いちご煮、けの汁、貝焼き味噌

津軽塗、こぎん刺し

秋田県

秋田新幹線こまちが首都圏と秋田市とを結び、田沢湖、角館などへのアクセスも便利。

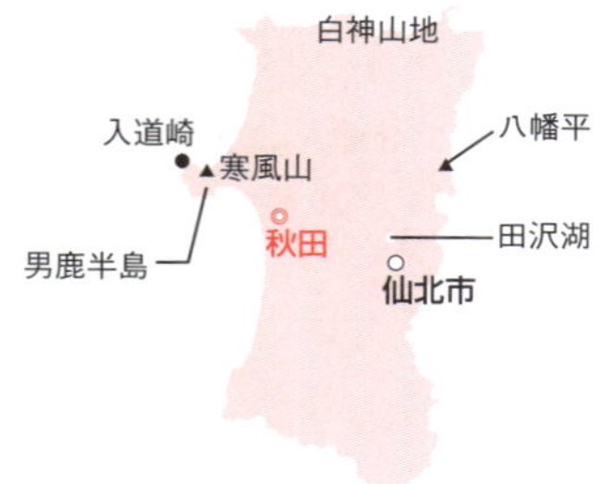

観光都市 仙北市：市のほぼ中央に水深日本一の**田沢湖**（湖畔に「**たつこ像**」）が位置する。主な観光資源は**角館**の町並み（**樺細工**で知られる「**みちのくの小京都**」、**武家屋敷**、**枝垂れ桜**）、紅葉の名所・**抱返り渓谷**、**乳頭**温泉郷（鶴ノ湯、黒湯など七湯からなる）など

男鹿市：**男鹿半島**の大部分を占め、奇祭な**まはげ**で知られる。主な観光資源は、**男鹿**温泉郷、**寒風山**、半島先端の**入道崎**など

発荷峠（十和田湖を望む）

湯瀬♨、八幡平温泉郷（岩手県境、**玉川**♨や、**後生掛**♨などからなる）

康楽館（小坂鉱山の厚生施設として建てられた芝居小屋）

竿燈まつり（8月）、なまはげ（12月／**男鹿半島**の奇習）、ドンパン節、秋田おばこ

きりたんぽ、稲庭うどん、しょっつる鍋

大館曲げわっぱ

岩手県

平泉の中尊寺、毛越寺などの史跡、『遠野物語』（柳田国男）で描かれた民話のふるさと・遠野、宮沢賢治の生地・花巻など多くの見所がある。

八幡平
岩手山
龍泉洞
盛岡
浄土ヶ浜
花巻
遠野
平泉
中尊寺
猊鼻渓

観光都市 **盛岡市**：岩手県の県都。主な観光資源は、**石川啄木記念館**、**石割桜**（盛岡地方裁判所敷地内、花崗岩の割れ目から伸びる桜の名木）、岩手公園（盛岡城旧跡）など

岩手山（**南部富士**、南麓に**小岩井農場**）、**八幡平**（秋田県にまたがる台地状の山群、絶景の山岳道路**アスピーテライン**が岩手・秋田の両県をつなぐ）、**浄土ヶ浜**（**ウミネコの繁殖地**としても知られる宮古湾の景勝地）、**北山崎**（宮古湾の北、「**海のアルプス**」の名で知られる景勝地）、**龍泉洞**（透明度の高い地底湖、「摩天楼」、「竜宮の門」などの鍾乳石）、**猊鼻渓**（**北上川**の支流、舟下り）、**厳美渓**（磐井川の渓谷、対岸からロープ伝いにかごで運ばれるだんごが名物）

繋♨（盛岡の奥座敷）、**鶯宿**♨、**花巻**♨、志戸平♨、夏油♨

中尊寺世界遺産（平泉町／松尾芭蕉の句『**五月雨の降のこしてや光堂**』に詠まれた国宝・**金色堂**、**奥州藤原氏**の栄華を伝える寺）、**毛越寺**世界遺産（平泉町／**浄土庭園**）、**南部曲り屋**（カッパ伝説と民話のふるさと・**遠野**市周辺に見られるL字型の建物）

宮沢賢治記念館（花巻市）

チャグチャグ馬コ（6月）、さんさ踊り（8月）、**南部牛追唄**

わんこそば、**南部せんべい**

秀衡塗、**南部鉄器**、小久慈焼

宮城県

食材が豊富なことで知られ、気仙沼、石巻、塩釜などの港で水揚げされるサンマ、カキ、ホヤ、農産物では仙台牛、ブランド米・ササニシキの産地。

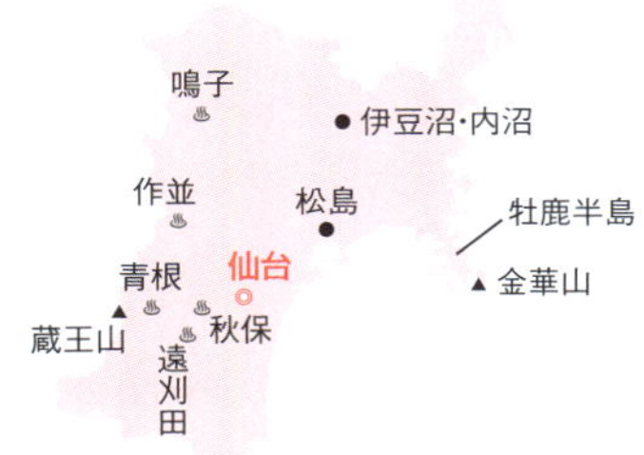

観光都市 **仙台市**：**広瀬川**が流れ、緑あふれる**杜の都**。主な観光資源は伊達家の居城であった**仙台城跡**、**瑞鳳殿**、**秋保**♨（仙台の奥座敷、温泉街を流れる名取川沿いに**磊々峡**）、**作並**♨など

伊豆沼・内沼（渡り鳥の越冬地）、**松島**（日本三景、見所は**伊達政宗**の菩提寺・**瑞巌寺**や**五大堂**など）、**巨釜・半造**（唐桑半島にある景勝地）、**牡鹿半島**（先端から霊島・**金華山**を望む）、**蔵王山**（山形県との県境、エメラルドグリーンの水をたたえた火口湖の**御釜**）

青根♨（山本周五郎が伊達騒動を描いた時代小説『**樅の木は残った**』にも登場）、**鳴子**♨（**紅葉**の名所、**鳴子こけし**の産地で「日本こけし館」がある）、**遠刈田**♨（蔵王山東麓）

塩竈神社、**多賀城碑**

仙台七夕まつり（8月）、**さんさ時雨**、**斎太郎節**

ずんだ餅、**笹かまぼこ**

鳴子こけし、雄勝硯

山形県

全国生産量の約７割を占める「さくらんぼ」の産地。県中央部には最上川が流れ、月山、鳥海山、朝日岳などの美しい山々に囲まれている。

観光都市 **酒田市**：北前船の拠点として栄えた港町。主な観光資源は**山居倉庫**（明治時代に建造された酒田米穀取引所の付属倉庫）、酒田の豪商として知られる**本間家旧本邸**、**本間美術館**など

鶴岡市：**あつみ**、**湯田川**、**湯野浜**の3つの温泉地が観光の拠点。主な観光資源は庄内藩の藩校・**致道館**、鶴岡にまつわる文化財を展示した**致道博物館**、**丙申堂**など

米沢市：**上杉氏の城下町**として発展。米沢牛の産地としても知られる。主な観光資源は上杉謙信公を祭る**上杉神社**のほか、**白布**♨、**小野川**♨など

出羽三山（**羽黒山**、**月山**、**湯殿山**）、**鳥海山**（**出羽富士**）、**蔵王山**（宮城との県境、**樹氷**の観測や蔵王スキー場が人気、山形県側の山麓には**蔵王**♨）、**最上川**（松尾芭蕉の句『**五月雨をあつめて早し…**』で知られ、古口から草薙までの**舟下り**が人気）

赤湯♨、**天童**♨（**将棋の駒**の産地）、**上山**♨（歌人・斎藤茂吉の記念館がある）、**銀山**♨

立石寺（山形市／別名「**山寺**」、松尾芭蕉の句『**閑さや岩にしみ入るせみの声**』で知られる）

祭 **花笠まつり**（8月）、**真室川音頭**

米沢牛、さくらんぼ、いも煮

天童将棋駒、紅花染

福島県

福島市を含む中通り地方、いわき市など太平洋側の浜通り地方、会津若松や喜多方などの会津地方の３地域に分けられ、それぞれ独自の文化を持つ。

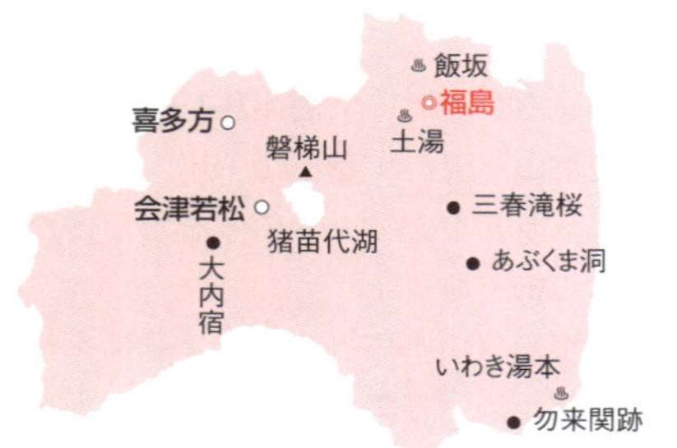

観光都市 **会津若松市**：会津藩の城下町。主な観光資源は**芦ノ牧**♨、**東山**♨、**若松城**（別称「**鶴ヶ城**」、戊辰戦争の舞台）、**飯盛山**（**白虎隊**の自刃の地、六角三層の**さざえ堂**）、會津藩校日新館など

磐梯山（**猪苗代湖**の北にある火山。山麓に**桧原湖**、**五色沼**など）、安達太良山（高村光太郎『智恵子抄』で知られる）、塩屋埼、**あぶくま洞**（鍾乳洞）

飯坂♨、**土湯**♨、磐梯熱海♨、**いわき湯本**♨（温泉施設スパリゾートハワイアンズで有名）、岳♨

大内宿（会津西街道の宿場町、近くに景勝地・**塔のへつり**）、**勿来関跡**、**白河関跡**、**喜多方**（蔵の町）、**三春滝桜**（樹齢千年余の紅枝垂桜）

野口英世記念館（猪苗代湖畔、野口英世の生家が保存されている）

祭 **相馬野馬追**（7月）

わっぱめし、こづゆ

会津塗、**三春駒**、**三春張り子**、**赤べこ**

茨城県

広大な平野部と太平洋に面した良港があり、農業・漁業が盛ん。全国産出量の９割を超える干しいもや、冬のあんこう料理も有名。

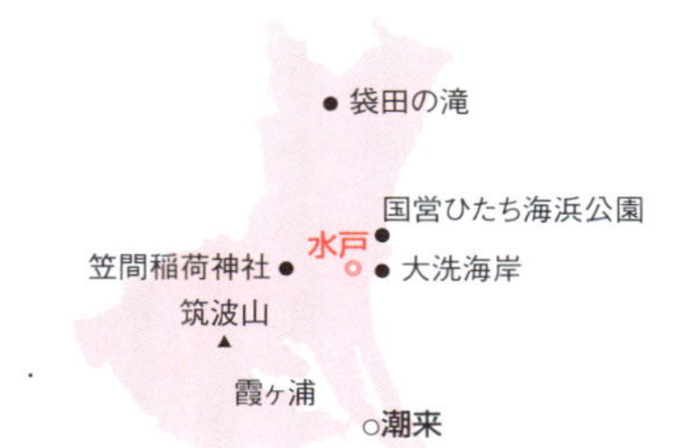

観光都市 **水戸市**：水戸徳川家の城下町として栄えた県都。主な観光資源は、**偕楽園**（徳川斉昭により開園、早春の**梅まつり**でも知られる梅の名所）、**弘道館**（旧水戸藩の藩校として創設）など

筑波山（「西の富士、東の筑波」と称される関東の名山、**ガマまつり**が開催）、**霞ヶ浦**（琵琶湖に次ぎ日本第2位の面積をもつ湖）、花貫渓谷（高萩市／汐見滝吊り橋からの景観が見事な紅葉の名所）、**袋田の滝**（久慈川支流、四段に落下するので「**四度の滝**」とも呼ばれる）、大洗海岸（民謡「**磯節**」に唄われる）、**五浦海岸**

袋田♨

竜神大吊橋（常陸太田市／竜神ダムにかかる長さ375メートルのつり橋）、**国営ひたち海浜公園**（ひたちなか市／**春のネモフィラ**、秋のコキアが美しい）、**笠間稲荷神社**、鹿島神宮、牛久大仏

水郷潮来あやめまつり（5月末～6月）、**磯節**

結城紬、**笠間焼**

栃木県

日本のほぼ中央に位置し、関東の中では最大の面積。世界遺産・日光の社寺を含む日光国立公園の指定面積の約９割が栃木県に属している。

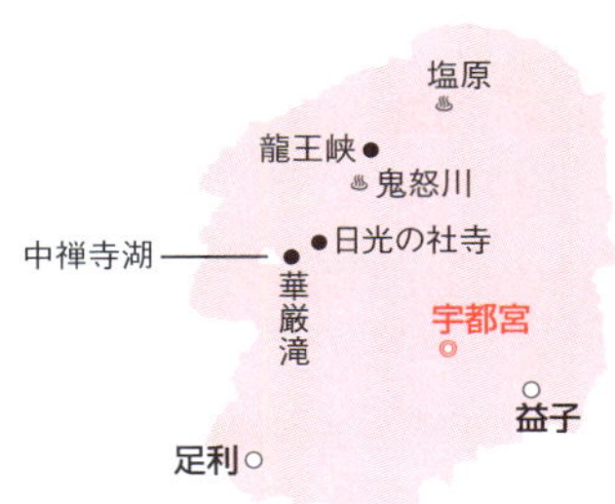

霧降高原、那須高原、龍王峡（鬼怒川上流の渓谷）、**華厳滝**（**中禅寺湖**から流れ落ちる姿が圧巻、**竜頭滝**や湯滝とともに日光三名瀑の一つ）、**戦場ヶ原**（奥日光に広がる湿原）、**いろは坂**（紅葉の名所、日光市街から中禅寺湖までのアクセスに利用される山岳道路）

那須湯本♨（那須温泉郷の中心）、**塩原**温泉郷、**湯西川**♨（**平家落人伝説**が残る）、川俣♨、**川治**♨、**鬼怒川**♨

日光の社寺 世界遺産（「日暮の門」とも呼ばれる**陽明門**、**眠り猫**、**三猿**などの彫刻が見所の**日光東照宮**、**徳川家光**の墓所・**大猷院**のある**輪王寺**、男体山を御神体山とする**二荒山神社**）、**足利学校**（日本最古の学校といわれる）

輪王寺強飯式（4月）

日光江戸村、東武ワールドスクウェア、**あしかがフラワーパーク**

かんぴょう、しもつかれ

益子焼

国内旅行実務　国・総

群馬県

ダルマの生産は全国の80%のシェア。草津、伊香保、四万などの良質な温泉が多く、これら県内の温泉は試験でも頻繁に取り上げられている。

榛名湖（**榛名山**の山頂にある湖、**ロープウェイ**が運行）、**吹割の滝**（片品川の中流）、**利根川**（度重なる氾濫から「**坂東太郎**」の異名を持つ）、**野反湖**（長野、新潟との県境に位置するダム湖）、**赤城山**、**妙義山**（榛名山、赤城山とともに上毛三山のひとつ）、**鬼押出し**（**浅間山**噴火による溶岩の高原）、**尾瀬**（群馬、福島、新潟にまたがり、中心部の**尾瀬ヶ原**は本州最大の湿原、ミズバショウの群生）

谷川♨（**谷川岳**の南麓）、猿ヶ京♨、**四万**♨、**草津**♨（**白根山**麓に位置。**湯もみ**でも知られる名湯、中心部に**湯畑**）、**老神**♨、**万座**♨、**水上**♨、**伊香保**♨（**榛名山**麓、**石段**が温泉街のシンボル、**徳冨蘆花**の小説『**不如帰**』の舞台、徳冨蘆花記念文学館、**竹久夢二**伊香保記念館）、**川原湯**♨（周辺に紅葉の名所・**吾妻渓谷**）

茂林寺（おとぎ話でも知られる『**分福茶釜**』伝説の舞台とされる）、岩宿遺跡（旧石器時代の遺跡）、少林山達磨寺（縁起だるまで知られる寺）、**富岡製糸場**（世界遺産）（富岡市）

高崎だるま市（1月）、**ヤッサ祭り**（9月）、**草津節**（♪**お湯の中にも花が咲くよ**）、八木節

コンニャク、**下仁田ねぎ**、水沢うどん

高崎だるま

草津温泉（湯畑）

埼玉県

行政、経済、文化の拠点は東北・上越・北陸新幹線が停車する大宮駅周辺（さいたま市）。観光地では小江戸・川越や秩父地方が人気。

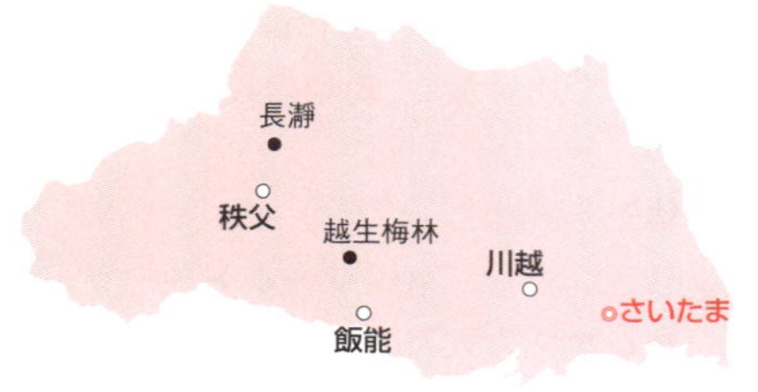

観光都市 **秩父市**：県北西部、市域の8割強が森林で自然環境に恵まれた都市。主な観光資源は12月の**秩父夜祭**で有名な**秩父神社**、春の**芝桜**で知られる**羊山公園**、標高約1,100mに位置する**三峯神社**など

川越市：**蔵造りの街並み**で知られ「**小江戸**」とも。主な観光資源は、川越大師とも呼ばれる**喜多院**、**時の鐘**、**菓子屋横丁**など

長瀞（**川下り**が人気。荒川中流の景勝地）

埼玉古墳群（さきたま古墳公園内）、**越生梅林**

鉄道博物館（さいたま市）、**ムーミンバレーパーク**（飯能市）

秩父夜祭（12月）

千葉県

房総半島が県土の大半を占め、三方が海（太平洋と東京湾）に囲まれている。東京ディズニーリゾートや成田空港があることでも知られる。

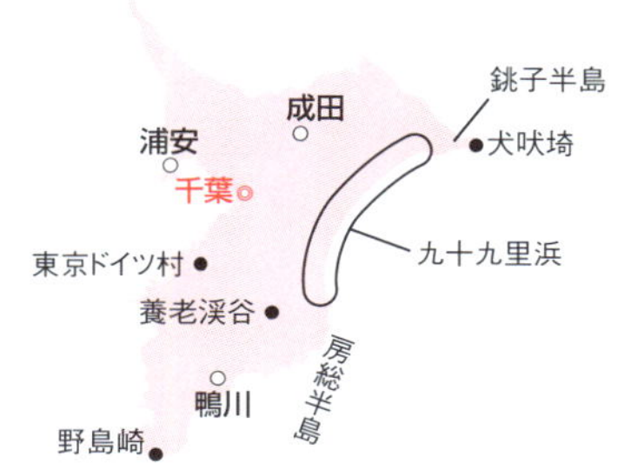

房総半島（県面積の大半を占める半島、最南端に野島崎）、養老渓谷、九十九里浜、犬吠埼（銚子半島先端の岬、犬吠埼灯台が建つ）

加曽利貝塚、誕生寺（鴨川市／**日蓮誕生の地**に建立された日蓮宗大本山）、成田山新勝寺（2月の節分会が有名）

東京ディズニーランド・ディズニーシー（浦安市）、東京ドイツ村、鴨川シーワールド

東京都

日本の首都機能を担う東京23区のほかに、多摩地方、伊豆諸島、小笠原諸島が東京都に属している。

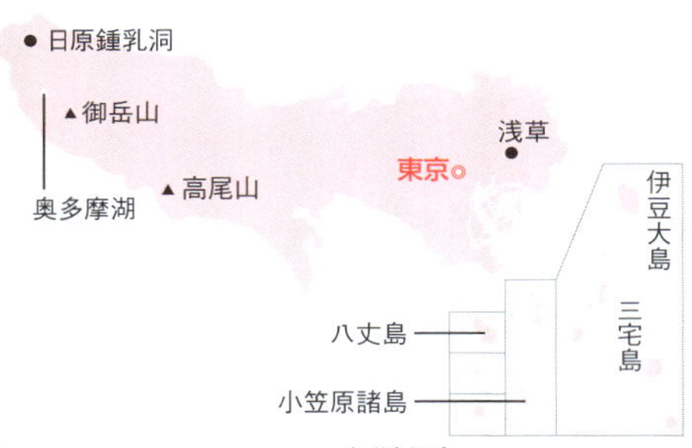

伊豆諸島（織物「黄八丈」で知られる**八丈島**、中央に**三原山**がそびえる**伊豆大島**、**雄山**の噴火で知られる**三宅島**など）、小笠原諸島世界遺産（日本列島から約1,000km南、太平洋上に浮かぶ**父島**、**母島**など30余の島々からなり、「**東洋のガラパゴス**」とも呼ばれる）、高尾山（ミシュランガイドに三ツ星の観光地として掲載、首都圏からのアクセスがよく観光客も多く訪れる）、御岳山、奥多摩湖、日原鍾乳洞

明治神宮（正月の参拝者数の多さで知られる）、浅草寺（台東区／**仲見世**と呼ばれる商店街、大きな**提灯**をつるした**雷門**、**ほおずき市**などで知られる下町文化の中心地）、神田神社、柴又帝釈天（正式には題経寺、映画『男はつらいよ』の舞台）、上野恩賜公園（台東区／桜の名所、園内には**不忍池**、西郷隆盛の像、**恩賜上野動物園**、**東京国立博物館**、国立科学博物館、ル・コルビュジエが本館を設計した**国立西洋美術館**世界遺産など）、六義園（文京区／日本庭園、江戸時代の大名・**柳沢吉保**が築庭）、史跡湯島聖堂

江戸東京博物館（墨田区／江戸東京の歴史と文化を紹介、大相撲興行で知られる両国**国技館**に隣接）、東京スカイツリー（墨田区）、レインボーブリッジ（都心部と**臨海副都心**とを繋ぐ吊り橋、新交通システム**ゆりかもめ**、首都高速道路、臨港道路が通り、遊歩道が併設された複合交通施設）、豊洲市場（江東区豊洲にある公設の卸売市場、2018年秋に築地市場より移転）、相田みつを美術館、葛西臨海公園（クロマグロの群泳で有名な葛西臨海水族園がある）、漱石山房記念館（新宿区）

神田祭（5月）、三社祭（5月）、山王祭（6月）、伊豆大島**椿まつり**（1月末～3月）

深川飯、どじょう鍋

黄八丈

神奈川県

横浜をはじめとして、鎌倉、江ノ島、箱根など首都圏から気軽に訪れることのできる観光地も多い。

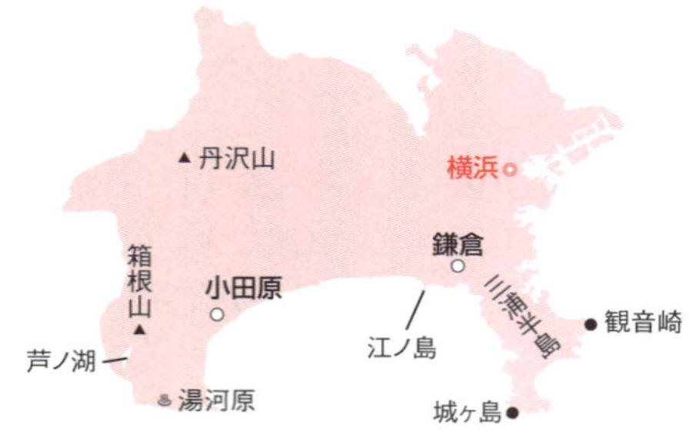

観光都市　**横浜市**：明治時代に異国への玄関口として開かれた情緒あふれる港町。主な観光資源は**山下公園**、横浜中華街、**横浜外国人墓地**、**三渓園**（日本庭園、実業家・原三渓が築庭）、横浜みなとみらい21、**横浜ベイブリッジ**など

鎌倉市：源頼朝によって鎌倉幕府が置かれた古都。主な観光資源は**国宝「舎利殿」**のある**円覚寺**、鎌倉五山第一位の**建長寺**、**大仏**で知られる**高徳院**、源頼朝によって現在の地に移築された**鶴岡八幡宮**、由比ヶ浜海岸など

江ノ島（**湘南海岸**のシンボル、**片瀬海岸**から橋で結ばれている、**江島神社**）、**三浦半島**（南端には**城ヶ島**、東端には**観音崎**）、**箱根山**（神奈川と静岡の県境、登山鉄道、ロープウェイ、ケーブルカーなどの交通網が整備、**大涌谷**、遊覧船が楽しめる**芦ノ湖**、**ススキの群生**が見られる**仙石原**など）、**丹沢山**

湯河原♨、**箱根**温泉郷（**箱根湯本**、**宮ノ下**、**強羅**、**仙石原**など、箱根町にある温泉街の総称）

小田原城、**箱根関所跡**

箱根 彫刻の森美術館

箱根大名行列（11月）

鎌倉彫、箱根寄木細工

新潟県

トップブランド「魚沼産コシヒカリ」で知られる米処。全国的に人気の高い銘酒も多く生産されている。

妙高山（**越後**富士）、**佐渡島**（**外海府海岸**の景勝地・**尖閣湾**、史跡佐渡金山、トキの森公園）、**瓢湖**（白鳥の飛来地）、**笹川流れ**（県北部の景勝地）、**親不知**（富山との県境近くにある海岸景勝地）、**清津峡**（トンネル内の見晴所と**パノラマステーション**からの峡谷美）

岩室♨（新潟の奥座敷）、**弥彦**♨、**月岡**♨、**瀬波**♨（**鮭の遡上**で知られる**三面川**に近く、**日本海に沈む夕日**が美しい）、**赤倉**♨（**妙高山**麓、温泉街から日本海、長野県の野尻湖を望む）、**越後湯沢**♨（川端康成『**雪国**』の舞台、複数のスキー場を有するウィンターリゾート）

弥彦神社（弥彦山麓）

北方文化博物館（新潟市の豪農・伊藤家の旧本邸）

長岡まつり（8月／大花火大会）、**越後獅子**、**相川音頭**、佐渡おけさ、**米山甚句**

へぎそば

無名異焼、**小千谷縮**

富山県

日本海に面し、三方を山々に囲まれている。自然に恵まれ、立山連峰、黒部峡谷など人気の観光資源を擁している。

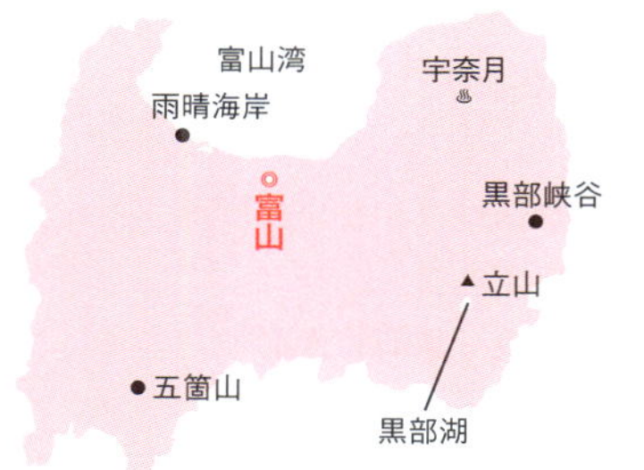

立山黒部アルペンルート（長野県にまたがり、ケーブルカー、ロープウェイ、トロリーバスなどで結ばれた山岳観光ルート、**立山**、**美女平**、**雪の大谷**で知られる**室堂**、**弥陀ヶ原**、**黒部湖**、**称名滝**などが見所）、雨晴海岸（富山湾越しに**立山連峰**の雄大な景色を望む）

宇奈月♨（**黒部峡谷**を縫うように**トロッコ電車**が運行）

五箇山の合掌造り集落世界遺産（南砺市／茅葺きの切妻屋根の家屋群）

おわら風の盆（9月／五穀豊穣を祈願、**胡弓**の伴奏、富山市八尾町）、こきりこ節

ます寿司、ホタルイカ

井波彫刻

石川県

加賀百万石の城下町・金沢市内と能登半島が観光の中心。能登半島の和倉（七尾市）、加賀市の山中・山代・片山津、小松市の粟津など温泉も豊富。

観光都市

金沢市：**加賀百万石**の城下町。主な観光資源は金沢城公園（金沢城跡）、**長町武家屋敷跡**、加賀藩主・前田利家を祭る**尾山神社**、回遊式庭園**兼六園**（雪による枝折れを防ぐ"**雪吊り**"は冬の風物詩、2本脚の**徽軫灯籠**で知られる）、**ひがし茶屋街**周辺（重要伝統的建造物群保存地区）、**近江町市場**（金沢の台所）、**金沢21世紀美術館**（作家レアンドロ・エルリッヒの現代アート『スイミング・プール』が人気）、**湯涌**♨など

小松市：小松空港を有する北陸観光の拠点都市。主な観光資源は、**粟津**♨、**安宅関跡**（歌舞伎『**勧進帳**』の舞台）、**那谷寺**（俳人・松尾芭蕉も訪れた紅葉の名所）など

輪島市：能登半島の北岸に位置する奥能登観光の拠点で**朝市**と**輪島塗**で知られる。キリコ会館、**白米千枚田**（日本海に面して広がる棚田の絶景）などが見どころ。

白山（岐阜、福井との県境にある白山信仰の霊峰。主峰は**御前峰**）、能登半島（**九十九湾**、北東端の**禄剛崎**、松本清張『**ゼロの焦点**』の舞台になった**ヤセの断崖**で知られる景勝地・**能登金剛**）、千里浜（海岸線を自動車で走行可能な**なぎさドライブウェイ**）

和倉♨、山中♨（名勝・**こおろぎ橋**）、山代♨、片山津♨

金沢百万石まつり（6月）、青柏祭（5月）、山中節

治部煮

加賀友禅、九谷焼、輪島塗、山中漆器

国内旅行実務 国・総

福井県

高級食材・越前ガニは冬の味覚の王様として全国的に名高い。永平寺、断崖絶壁の景勝地・東尋坊が観光の名所。

越前岬、**東尋坊**（とうじんぼう）（坂井市／**九頭竜川**（くずりゅう）の河口。海食でできた断崖絶壁）、**三方五湖**（みかたご）（**若狭湾**（わかさ）岸にある5つの湖）、**気比の松原**（けひ）（**敦賀湾**の奥に位置する松原）、**蘇洞門**（そとも）（奇岩、洞門が続く海岸景勝地）

芦原（あわら）♨（あわら市／東尋坊、永平寺などにも近く北陸観光の拠点）

永平寺（**曹洞宗**（そうとうしゅう）**大本山**、広大な境内に**大小70余りの堂塔**が建ち並ぶ）、丸岡城（坂井市）、一乗谷朝倉氏遺跡（いちじょうだにあさくらしいせき）

お水送り（3月）、三国節

越前ガニ

越前焼、**越前竹人形**

東尋坊

山梨県

ブドウの生産量は全国一。東京・神奈川の都市圏に隣接しながらも富士山、南アルプスなどの自然に恵まれている。戦国武将・武田信玄ゆかりの地。

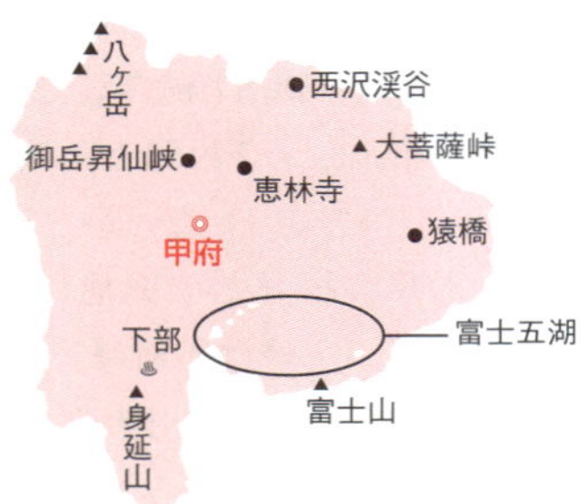

富士山（**静岡**との県境、日本最高峰）、八ヶ岳（やつがたけ）（長野県との県境、山麓に清里高原）、**身延山**（みのぶさん）（山麓に身延山**久遠寺**（くおん））、**大菩薩峠**（だいぼさつ）（中里介山（なかざとかいざん）の小説『大菩薩峠』でも知られる）、西沢渓谷、**御岳昇仙峡**（みたけしょうせんきょう）（**仙娥滝**（せんが）で知られる荒川の渓谷）、**富士五湖**〔世界遺産〕（**山中湖**、**河口湖**、**西湖**（さい）、**精進湖**（しょうじ）、**本栖湖**（もとす））、**忍野八海**（おしのはっかい）〔世界遺産〕（富士山の雪解け水が湧く8つの池）

湯村♨、**石和**（いさわ）♨、**下部**（しもべ）♨（武田信玄の隠し湯、本栖湖のそば）

恵林寺（えりんじ）（甲州市／**武田信玄**の菩提寺）、**猿橋**（さるはし）（大月市／橋脚のない木製の橋）

富士急ハイランド（富士山麓の遊園地）

信玄公祭り（4月）、**吉田の火祭り**（8月）、武田節

ほうとう

甲州水晶貴石細工、**甲州印伝**（こうしゅういんでん）

猿橋（写真提供：やまなし観光推進機構）

長野県

日本アルプスをはじめとする3,000m級の山々が連なる、まさに「日本の屋根」。温泉地の数は北海道に次ぎ国内第2位。山岳・高原リゾートも多い。

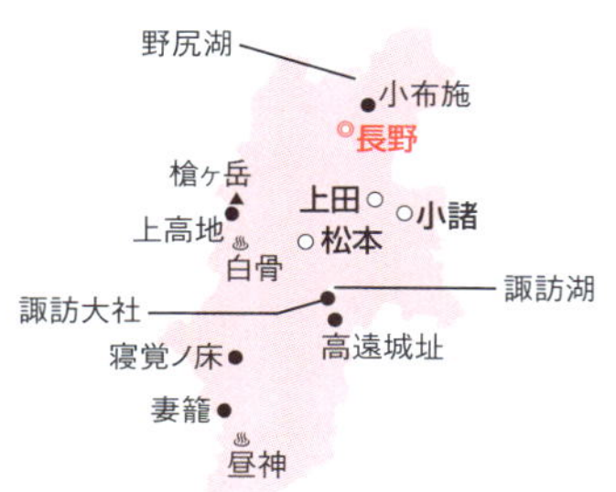

観光都市 **長野市**：1998年に冬季オリンピック開催。主な観光資源は**善光寺**（数え年で7年に一度の**御開帳**）、**川中島**古戦場など

松本市：**深志城**とも呼ばれる**松本城**の城下町。主な観光資源は**旧開智学校**、**浅間**♨（松本の奥座敷）、**白骨**♨、**上高地**（**梓川**上流の景勝地・登山口、芥川龍之介『**河童**』の舞台・**河童橋**、**大正池**など）、乗鞍高原、**槍ヶ岳**、**穂高連峰**など

上田市：**真田氏**ゆかりの地。**上田城跡公園**、**菅平高原**、**鹿教湯**♨、信州の鎌倉・**別所**♨、池波正太郎真田太平記館など

美ヶ原高原、**野尻湖**（湖畔に「**野尻湖ナウマンゾウ博物館**」）、**諏訪湖**（湖面に氷の亀裂が出現する「**御神渡り**」）、**白樺湖**（**蓼科高原**にある人造湖）、**天竜川**（諏訪湖を水源、船下りも楽しめる急流）、**千曲川**（島崎藤村の詩に“**小諸なる古城のほとり…**”と詠われた）、**寝覚ノ床**（**木曽川**上流の景勝地、**浦島太郎伝説**が残る）

湯田中♨、**渋**♨（周辺に**温泉に入るニホンザル**で有名な**地獄谷野猿公苑**）、**野沢**♨（**野沢菜漬**の発祥地）、**大町**♨、**昼神**♨（星空観測が人気）、**発哺**♨、下諏訪♨

高遠城址（伊那市／**天下第一桜**の碑）、**諏訪大社**（数え年で7年に一度**御柱祭**が開催）、**妻籠**（旧中山道の宿場町）、**懐古園**（「酔月城」とも呼ばれた小諸城の跡、桜の名所）、**小布施**（葛飾北斎と栗の町）

碌山美術館

道祖神祭り（1月／野沢♨）、**木曽節**

鳩車

岐阜県

南部の美濃地方、北部の飛騨地方からなる。観光の中心は飛騨高山と呼ばれる高山市や、下呂温泉など。

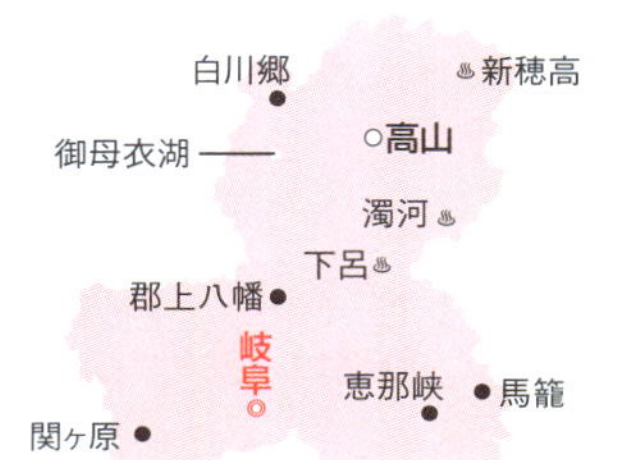

観光都市 **高山市**：**飛騨の小京都**。主な観光資源は**高山陣屋**、**飛騨民俗村・飛騨の里**、**三町筋**の古い町並み、**奥飛騨温泉郷**など

御母衣湖（樹齢500余年といわれる**荘川桜**の名所）、**長良川**（**鵜飼**が有名）、**恵那峡**

下呂♨、**濁河**♨、**新穂高**♨（**新穂高ロープウェイ**が人気、**平湯**、新平湯、栃尾、福地とともに**奥飛騨温泉郷**の一湯）

岐阜城（金華山山頂）、**関ヶ原**古戦場（徳川家康と石田三成、天下分け目の戦い）、**白川郷**の合掌造り集落（白川村荻町、**ライトアップされた雪景色**が美しい）、**馬籠**（**島崎藤村**の生地、小説『**夜明け前**』の舞台、**藤村記念館**）、郡上八幡

杉原千畝記念館

高山祭（4月、10月）、**郡上おどり**（7月～9月）、郡上節

朴葉味噌

美濃紙、**美濃焼**、**一位一刀彫**、**飛騨春慶塗**

国内旅行実務 国・総

静岡県

東西に延びた海岸線が、遠州灘、駿河湾、相模湾に面している。しらす、桜えびなど水産物の水揚げも多く、お茶の産地としても知られる。

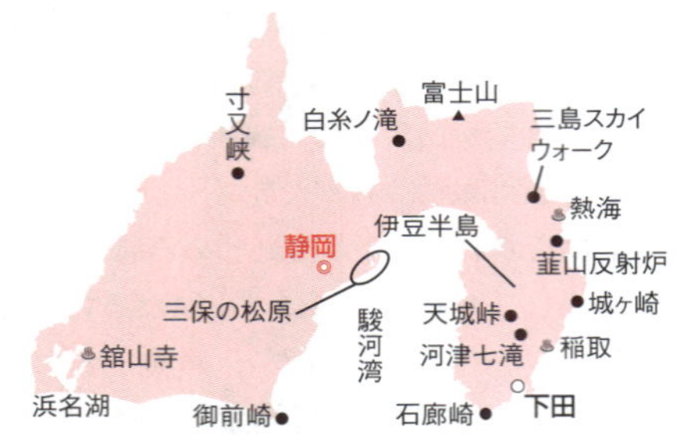

観光都市 **静岡市**：静岡県の県都。主な観光資源は**三保松原**世界遺産（**羽衣伝説**の残る景勝地）、**日本平**（富士山や駿河湾を眺望、徳川家康を祭る**久能山東照宮**とロープウェイで結ばれている）、**登呂遺跡**（弥生時代の遺跡）など

伊豆半島（最南端の**石廊崎**、水仙の群生地・**爪木崎**、**大室山**の噴火による溶岩石海岸・**城ヶ崎**、**天城峠**、**河津七滝**、『天城越え』に歌われる**浄蓮の滝**など見所多数、川端康成『**伊豆の踊子**』の舞台）、**白糸ノ滝**世界遺産（富士宮市）、**寸又峡**（**大井川**支流の渓谷、**SL**が運行、川沿いに**寸又峡**♨）、**浜名湖**（湖畔に**舘山寺**♨、**ウナギ**の養殖、周辺に井伊家の菩提寺**龍潭寺**）、**御前崎**、**初島**

♨ **熱海**♨（尾崎紅葉『**金色夜叉**』の舞台、**MOA美術館**）、**伊東**♨、**稲取**♨、**熱川**♨、**修善寺**♨（**桂川**沿いに温泉旅館、**独鈷の湯**は伊豆最古の温泉）、湯ヶ島♨、**土肥**♨、伊豆長岡♨、**下田**♨

韮山反射炉世界遺産（伊豆の国市）、富士山本宮浅間大社世界遺産（富士宮市）

箱根西麓・三島大吊橋（通称「**三島スカイウォーク**」、富士山や駿河湾の眺望、歩行者専用つり橋としては長さ日本一）

祭 **黒船祭**（5月／下田市）、ちゃっきり節

桜えび、**安倍川餅**

愛知県

中部地方の中心地。徳川家康をはじめ、多くの戦国武将を輩出している。

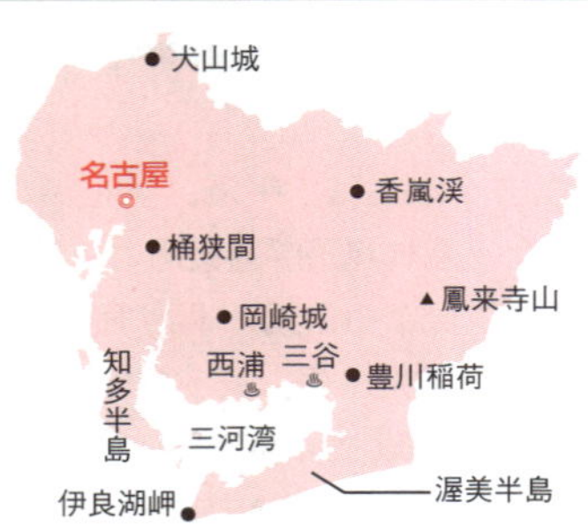

観光都市 **名古屋市**：尾張徳川家の城下町。主な観光資源は**名古屋城**（「**金の鯱鉾**」で知られる徳川家の居城）、**熱田神宮**、東山動物園、**徳川美術館**、**レゴランド・ジャパン**、リニア・鉄道館など

伊良湖岬（**渥美半島**の先端。島崎藤村『**椰子の実**』の碑）、**知多半島**（沖合いに**中部国際空港**）、日間賀島（知多半島先端の沖合い、トラフグやタコなど海の幸で知られる）、**香嵐渓**（**紅葉**の名所）、**鳳来寺山**（中腹に**鳳来寺**、山麓に**湯谷**♨）

♨ **三谷**♨、**西浦**♨（**三河湾**を一望）

犬山城（国宝・天守閣は現存のものでは最古、別名「**白帝城**」）、**豊川稲荷**（商売繁盛の神）、**岡崎城**（**徳川家康生誕の地**）、桶狭間（今川義元と織田信長の古戦場）

博物館明治村（犬山市）

祭 **国府宮はだか祭り**（旧暦1月13日）、**三河万歳**、岡崎五万石

きしめん、**ういろう**

常滑焼、**瀬戸焼**

三重県

江戸時代から伊勢神宮とその周辺を中心に発展。俳人・松尾芭蕉の出身地。

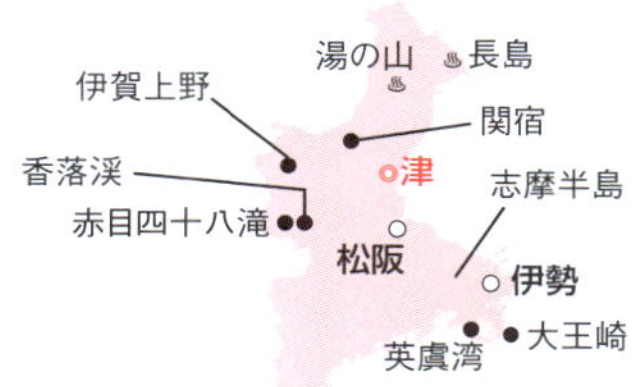

観光都市 **伊勢市**：名所・旧跡が多く、伊勢志摩国立公園の玄関口としても知られる。主な観光資源は「お伊勢さん」と呼ばれる**伊勢神宮**（内宮と外宮、別宮など125社の総称、正式名称は「神宮」、内宮前の**おはらい町**には江戸～明治期にかけての建築物が移築・再現された**おかげ横丁**がある）、**夫婦岩**のある**二見浦**など

志摩半島（南東端には**大王崎**、南部の**英虞湾**はリアス海岸の地形を活かした**真珠養殖**で有名、湾内に**賢島**が浮かぶ）、**赤目四十八滝**（名張市／周辺に紅葉の名所**香落渓**）

湯の山♨、**長島**♨（イルミネーションが人気の**なばなの里**）

伊賀上野（「**伊賀上野城**」、「**白鳳城**」とも呼ばれる上野城の城下町、俳人**松尾芭蕉の生家**とされる芭蕉翁生家があり、**伊賀忍者**の郷としても知られる）、**関宿**（東海道の宿場町）

本居宣長記念館（松阪市／国学者・本居宣長の旧宅などを保存・展示）、**志摩スペイン村**

尾鷲節

赤福餅、**松阪牛**、**手こね寿司**、**伊勢うどん**

伊賀組紐、萬古焼

滋賀県

福井、岐阜、三重、京都と接し、中央部には県土の約６分の１を占める琵琶湖（日本で最も大きな湖）がある。

観光都市 **大津市**：日本最大の湖・**琵琶湖**の沿岸に位置し、名所・旧跡が多い。主な観光資源は**最澄**が開山した天台宗総本山・**延暦寺**世界遺産（織田信長の焼き討ちにより破壊、のちに復興）、**三井寺**（正式名称は長等山園城寺、**近江八景**「**三井の晩鐘**」）、**石山寺**（紫式部が『源氏物語』を執筆したと伝えられる）、西教寺（明智光秀ゆかりの寺院）、**雄琴**♨（周辺に**近江八景**「**堅田の落雁**」で知られる**浮御堂**）など

長浜市：羽柴（豊臣）秀吉が築いた長浜城の城下町。主な観光資源は**北国街道**沿いに古い町並みが残る**黒壁スクエア**、琵琶湖北部に浮かぶ**竹生島**（**近江八景**の一つ、島中に**宝厳寺**、都久夫須麻神社）、余呉湖など

比叡山（**京都府**との境、**延暦寺**世界遺産はこの山全体を境内とする寺）、伊吹山（岐阜県との県境に位置、滋賀県最高峰）

彦根城（**井伊家**の居城、周辺に井伊家の菩提寺・**龍潭寺**）、**多賀大社**、安土城跡（近江八幡市／天下統一の拠点として織田信長が築城）、甲賀の里忍術村（甲賀市）

左義長祭（3月／近江八幡市）

鮒ずし、近江牛

信楽焼

京都府

古都・京都や宇治を中心に世界遺産、国宝、名勝に登録・指定された歴史的価値の高い神社・仏閣が多い。日本三景・天橋立も同府内に位置する。

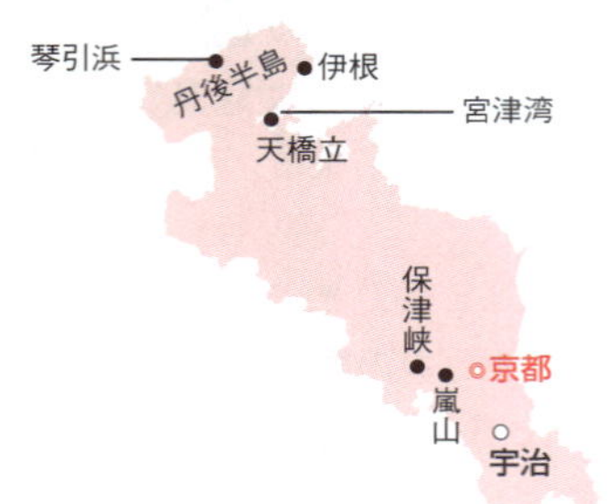

丹後半島（**日本三景**の一つ**天橋立**、**伊根の舟屋群**、**琴引浜**などが見どころ）、**保津峡**（渓流沿いに走る**トロッコ列車**、亀岡と**嵐山**の**渡月橋**を結ぶ**保津川下り**が人気）

清水寺（断崖の上に立ち「**清水の舞台**」として知られる、門前町は**三年坂**とも呼ばれる**産寧坂**）、**醍醐寺**（豊臣秀吉の「醍醐の花見」で知られる）、**仁和寺**、**西芳寺**（苔で覆われた庭園から「**苔寺**」とも）、**天龍寺**（**後醍醐天皇の冥福を祈願**して建立）、**鹿苑寺**（別名「**金閣寺**」）、**慈照寺**（別名「**銀閣寺**」）、**龍安寺**（白砂に大小15の石を配置した**石庭**）、**二条城**（徳川家康が将軍上洛の際の宿所として造営）、**平等院**（宇治市、「**鳳凰堂**」とも呼ばれる**阿弥陀堂**）、平安神宮（平安遷都1100年を記念して明治時代に創建、桓武天皇、孝明天皇が祀られている）、**伏見稲荷大社**（**千本鳥居**で有名）、京都御所（江戸時代までの皇居）、桂離宮、南禅寺

葵祭（5月／**上賀茂・下鴨神社**）、貴船祭（6月）、**祇園祭**（7月／**八坂神社**）、**京都五山送り火**（8月）、**時代祭**（10月／**平安神宮**）、**鞍馬の火祭**（10月）、宮津節

八ツ橋、千枚漬

西陣織、**御所人形**、**清水焼**

兵庫県

南北に細長く、南は瀬戸内海、北は日本海に面している。近畿地方の中では最も県土の面積が広く、自然資源に恵まれている。

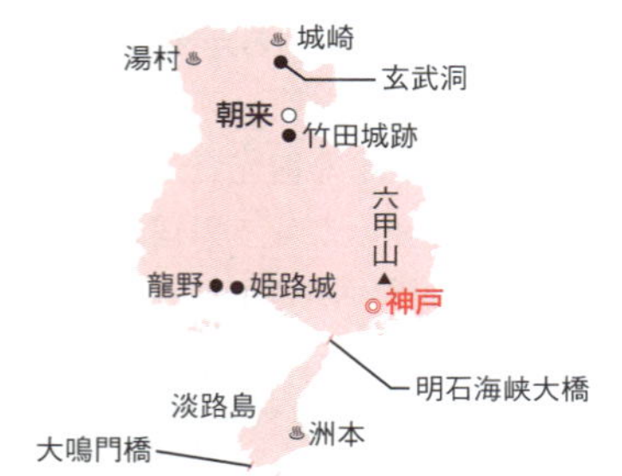

観光都市　**神戸市**：神戸港を中心に重工業地帯として発展。異国情緒あふれる町並みが人気。主な観光資源は**六甲山**（山頂からは神戸の「百万ドルの夜景」）、**有馬**♨（**六甲山麓**、**阪神の奥座敷**）、**風見鶏の館**などの**異人館**が数多く点在する**神戸北野異人館街**、ポートアイランド、南京町など

氷ノ山（**鳥取県**との県境）、**淡路島**（本州・神戸市とは**明石海峡大橋**で、四国とは**大鳴門橋**で連絡、東岸に**洲本**♨）

城崎♨（志賀直哉『**城の崎にて**』の舞台、浴衣で**外湯巡り**、近くに洞窟・**玄武洞**や**但馬の小京都・出石**）、**湯村**♨（ドラマ『**夢千代日記**』の舞台）

姫路城世界遺産（別名「**白鷺城**」）、**竹田城跡**（朝来市／雲海に包まれた姿から「**天空の城**」「日本のマチュピチュ」とも呼ばれる）、**龍野**（武家屋敷や白壁の土蔵などが残る**播磨の小京都**）

谷崎潤一郎記念館（芦屋市／『**細雪**』で知られる文豪）、**手塚治虫記念館**（宝塚市）

デカンショ節、淡路人形浄瑠璃

但馬牛、明石焼、出石皿そば

出石焼、丹波焼（「立杭焼」とも）

大阪府

江戸時代から天下の台所・大坂を中心に発展。東海道新幹線、関西国際空港、大阪港などの交通網が整備された西日本の中心地。

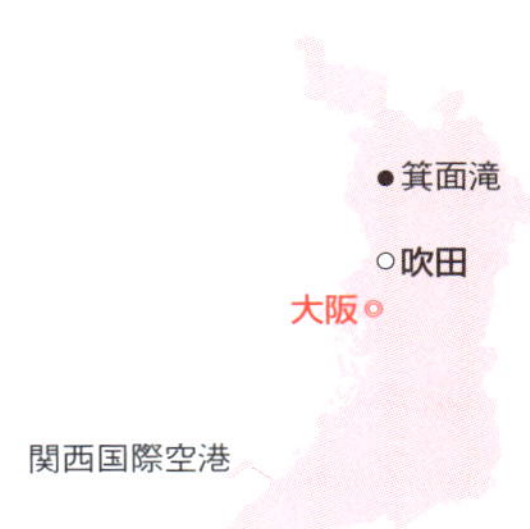

観光都市 **大阪市**：関西圏の中心地。面積の約1割を河川が占める「**水都**」でもあり、**水上バス**での遊覧も人気。主な見どころは、**大阪城（豊臣秀吉が築城）**、**道頓堀**、**通天閣**、**四天王寺**（聖徳太子が創建したとされる）、天王寺公園、住吉大社（住吉神社の総本宮）、**ユニバーサル・スタジオ・ジャパン**（映画のシーンを再現したアトラクションが人気のテーマパーク）、今宮戎神社、あべのハルカス（高層ビルのなかでは高さ日本一）、**海遊館**（ジンベイザメが見られる水族館）、造幣博物館（“桜の通り抜け”で知られる造幣局内）など

自然 **箕面滝**

史跡 仁徳天皇陵古墳 世界遺産（堺市）、太陽の塔（万博記念公園内／吹田市）

祭 今宮十日戎（1月／今宮戎神社）、四天王寺どやどや（1月）、天神祭（7月／大阪天満宮）、**岸和田だんじり祭**（9～10月）

食 てっちり

奈良県

古都・奈良として世界的に人気・知名度が高い。県内には３つの世界遺産があり、国宝や特別史跡の数は日本で最も多い。

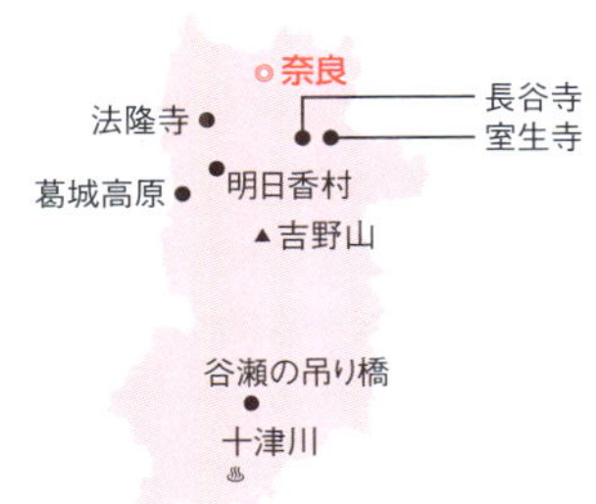

観光都市 **奈良市**：**平城京の古都**として知られ、**若草山**（別名「三笠山」）の麓に広がる**奈良公園**を中心に、世界遺産「**古都奈良の文化財**」に登録される構成資産が点在。主な観光資源は、**東大寺** 世界遺産（奈良の大仏「**盧舎那仏**」がある）、**興福寺** 世界遺産（奈良公園内の**猿沢池**の水面に映る**五重塔**が美しい）、**薬師寺** 世界遺産（**天武天皇が皇后の病気平癒を祈願**して造営）、**唐招提寺** 世界遺産（唐の僧・**鑑真**が創建。『**天平の甍**』で知られる**金堂**が有名）。**春日大社** 世界遺産（**朱塗りの社殿と回廊、釣燈籠が美しい**）、**平城宮跡** 世界遺産など

自然 **吉野山** 世界遺産（修験道の総本山・**金峯山寺** 世界遺産、千本桜で知られる**桜の名所**）、大和三山（畝傍山、天香具山、耳成山の総称、『万葉集』にも登場）、**葛城高原**

温泉 **十津川**♨（近くに日本有数の鉄線の吊り橋・**谷瀬の吊り橋**がある）

史跡 **明日香村**（**石舞台**古墳、国宝指定の壁画がある**キトラ**、**高松塚**の両古墳など飛鳥時代の史跡が多い）、**法隆寺** 世界遺産（「**斑鳩寺**」ともいい**聖徳太子**を祭る、金堂、五重塔は**世界最古の木造建築物**、近くに**藤ノ木古墳**）、**室生寺**（宇陀市／女人禁制とせず、女性にも開かれた道場で「女人高野」とも）、**長谷寺**（桜井市／四季を通じ桜、牡丹、紅葉などが美しい**花の御寺**）

祭 **若草山焼き**（1月）、**お水取り**（3月／**東大寺二月堂**で行われる法要**修二会**の行事）

食 **三輪そうめん**　工芸 **赤膚焼**

和歌山県

県土の大半が、日本最大の半島・紀伊半島に含まれる。紀伊山地、熊野川などの自然や、高野山、那智山など歴史ある観光資源が多い。

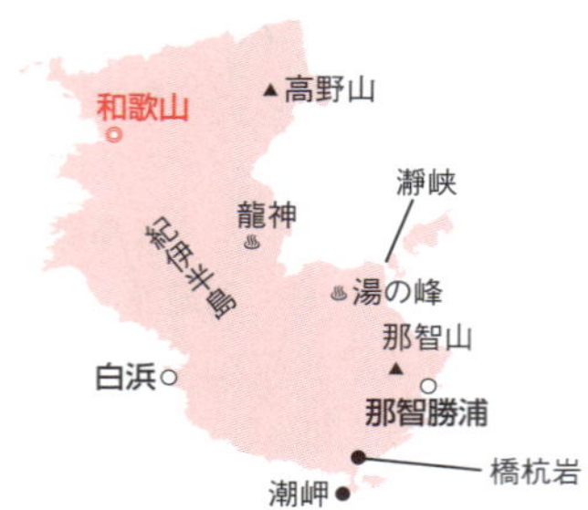

観光都市

那智勝浦町：**那智山**エリアの観光拠点。主な観光資源は**熊野那智大社**世界遺産、**青岸渡寺**世界遺産、**那智の滝**世界遺産（飛瀧神社のご神体）、**南紀勝浦**♨（眼前に海が広がる洞窟風呂・忘帰洞で知られる）など

白浜町：**白良浜**、白浜♨を有し海水浴も温泉も楽しめる。主な観光資源はパンダの多頭飼育で知られる**アドベンチャーワールド**、景勝地・**三段壁**、**南方熊楠記念館**など

高野山世界遺産（弘法大師**空海**が建立した**金剛峯寺**世界遺産を中心に110余りの山内寺院が建ち並ぶ真言宗の聖地）、**紀ノ川**（有吉佐和子『紀ノ川』）、**潮岬**（**本州最南端**）、**橋杭岩**、**瀞峡**（和歌山、奈良、三重にまたがる**熊野川**の支流）

湯の峰♨（天然の岩風呂・**つぼ湯**が有名、**熊野本宮大社**世界遺産に近く、熊野詣の旅人が参拝の前に心身を清めた）、**龍神**♨

道成寺（「安珍清姫」で知られる）、**根来寺**

那智の火祭（7月／熊野那智大社、正式名：扇祭）、**串本節**

めはりずし

紀州漆器

鳥取県

日本海に面した東西に細長い県土。県庁所在地・鳥取市を中心とした東部、倉吉市を中心とした中部、米子市、境港市を中心とした西部からなる。

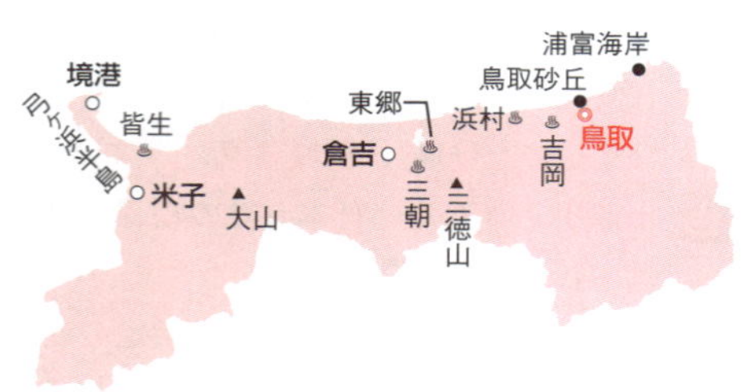

観光都市

鳥取市：池田氏の城下町として発展。日本海に面し沿岸に**鳥取砂丘**が広がる。主な観光資源は砂丘のほか、神話『因幡の白兎』の舞台とされる**白兎海岸**、**吉岡**♨、**浜村**♨など

倉吉市：鳥取県の中部に位置。主な観光資源は**関金**♨、江戸、明治期の建造物が残る玉川沿いの**白壁土蔵群**など

境港市：アジ、サバ、カニなどの豊富な水産物が水揚げされる港町。漫画家・水木しげるの出身地としても知られる。主な観光資源は**境漁港**、**水木しげる記念館**、漫画『ゲゲゲの鬼太郎』に登場する妖怪たちのブロンズ像が立ち並ぶ**水木しげるロード**など。

大山（中国地方の最高峰、志賀直哉『**暗夜行路**』に登場、別名「**伯耆富士**」、山腹に**大山寺**、西麓に桝水高原）、**三徳山**（全域が**三佛寺**境内、国宝「**投入堂**」が有名）、**浦富海岸**（菜種五島、千貫松島など）

三朝♨（高濃度のラドンを含むことで知られる）、**皆生**♨（米子市／美保湾沿い、日本トライアスロンの発祥地）、**東郷**♨（東郷池沿い、対岸に**はわい**♨）

流しびな（旧暦3月）、**貝殻節**（**浜村**♨に伝わる民謡）

二十世紀なし

因州和紙

島根県

松江市、安来市、出雲市、津和野町などを中心に観光資源が豊富。近年では世界遺産に登録された石見銀山遺跡とその周辺の人気が高い。

観光都市 **松江市**：松江藩の城下町として発展。主な観光資源は市のシンボル・**松江城**（宍道湖のそば、別名「**千鳥城**」）、松江市伝統美観指定地区の**塩見縄手**（『**怪談**』の作者・**小泉八雲旧居**、**小泉八雲記念館**、武家屋敷など）、**美保関**、**玉造**♨など

出雲市：日本海に面し、宍道湖の西側に位置する。主な観光資源は、国宝・**出雲大社**（**縁結び**の神様、神話の舞台）、**日御碕**（**塔の高さ日本一**の灯台）、立久恵峡、一畑薬師など

宍道湖（松江市の西側、湖に沈む**夕日の眺望**で知られる）、**隠岐諸島**（180余りの島々からなる群島で有人の4島は**島前**・**島後**に分けられる。隠岐島とも呼ばれ、代表的な景勝地は島前の**国賀海岸**、島後の**ローソク島**など）

三瓶♨（**三瓶山**の南麓）、**温泉津**♨ 世界遺産（大田市／**石見銀山街道**の両側に温泉街が連なる）

津和野（「**山陰の小京都**」、**武家屋敷**や**白壁の旧家**が遺り、掘り割りに泳ぐ**鯉**でも有名、**森鷗外旧宅**、表参道に約千本の鳥居が連なる**太皷谷稲成神社**）、**石見銀山遺跡** 世界遺産

足立美術館（**安来**市、**横山大観**など近代日本画を中心に展示、**日本庭園**の美しさは世界的に評価が高い）

祭 **鷺舞神事**（7月／**津和野**）、**安来節**、**関の五本松**

出雲そば

石州和紙、松江姉様

岡山県

旧国・備前、備中、美作の三国の地域からなる。山陽新幹線、岡山空港や東西・南北を走る高速道路があり、中国・四国地方の交通の中心。

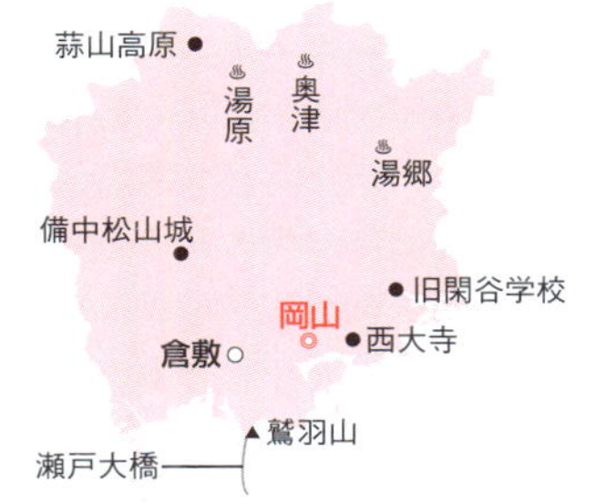

観光都市 **岡山市**：岡山城を中心として栄えた城下町。主な観光資源は**岡山城**（別名「**烏城**」）、日本三名園の一つ**後楽園**、**夢二郷土美術館**、桃太郎伝説の残る**吉備津神社**など

倉敷市：県南部の中核都市。主な観光資源は**倉敷美観地区**（**倉敷川畔の白壁の町並み**、エル・グレコ、モネ、ゴーギャンなどの作品を展示する**大原美術館**、**アイビースクエア**など）、下津井（北前船の寄港地として栄えた港町）、**鷲羽山**（展望台からは瀬戸内海・**瀬戸大橋**を一望）など

蒜山高原（**蒜山**の南麓に広がる）、満奇洞

美作三湯（足踏み洗濯が名物の**奥津**♨と、**湯郷**♨、**湯原**♨の総称）

旧閑谷学校（備前市、**日本最古の庶民学校**）、**備中松山城**（臥牛山の山頂、別称「**高梁城**」）

祭 **西大寺会陽**（2月）、**下津井節**

ままかり、吉備団子

備前焼

広島県

中国・四国地方の中心地として現在も発展を続ける広島県。世界遺産・原爆ドームを有し、被爆地ヒロシマとしても世界的にその名を知られている。

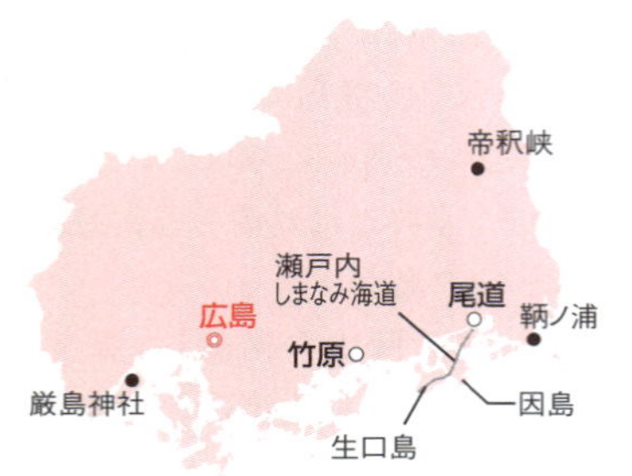

観光都市 **広島市**：世界史上初の原爆投下による被災都市としての歴史を持つ。**平和記念公園、原爆ドーム**世界遺産は恒久平和のシンボル。そのほか主な観光資源は中国杭州の西湖を模したとも伝えられる**縮景園**(しゅっけいえん)、**広島城**（別名「**鯉城**(り)」）、**湯来**(ゆき)♨など

尾道市(おのみち)：市街地は瀬戸内海に面した山肌に沿って建物が建ち並ぶ「坂の街」。**瀬戸内しまなみ海道**(かいどう)によって**愛媛県・今治市**(いまばり)と結ばれている。主な観光資源は**千光寺**(せんこう)（市街地にある千光寺山の山頂、市のシンボル）、**生口島**(いくちしま)（**平山郁夫美術館、西の日光**とも呼ばれる**耕三寺**(こうさんじ)）、**因島**(いんのしま)（かつての**村上水軍の本拠地**の一つ）など

厳島(いつくしま)（海に浮かんでいるように建つ朱塗りの社殿と大鳥居が見事な**厳島神社**世界遺産があり、**安芸**(あき)**の宮島**とも呼ばれる、**弥山**(みせん)の麓に位置する紅葉谷(もみじだに)公園は紅葉の名所）、**鞆ノ浦**(とも)（福山市／宮城道雄の名曲『春の海』の構想の舞台、**仙酔島**(せんすいじま)が浮かぶ）、**帝釈峡**(たいしゃくきょう)（紅葉の名所）

竹原（安芸の小京都）

祭 三原やっさ祭り（8月）、**ひろしまフラワーフェスティバル**（5月）

もみじまんじゅう、牡蠣(かき)

備後絣

山口県

本州の西端に位置。瀬戸内海と日本海に面し、海岸線は約1,500kmに及ぶ。

観光都市 **萩市**(はぎ)：関ヶ原の戦いで敗れた毛利輝元が築城した**萩城**（別名「**指月城**(しづき)」）の城下町。主な観光資源は**萩城跡**である**指月公園、松下村塾**(しょうかそんじゅく)世界遺産（松陰神社の境内にある**吉田松陰**(しょういん)主宰の私塾、**高杉晋作、伊藤博文**などを輩出した）、**東光寺**(とうこう)（毛利家の菩提寺）など

下関市(しものせき)：**関門海峡**(かんもん)に面し、本州最西端。主な観光資源は**川棚**(かわだな)♨、源平最後の合戦の地・**壇ノ浦**(だんのうら)**古戦場**、平家滅亡に伴い幼くして入水された**安徳天皇**を祭る**赤間神宮、角島**(つのしま)（絶景の**角島大橋**で知られる）など

長門市(ながと)：主な観光資源は**青海島**(おおみじま)（景勝地**海上アルプス**）、**金子みすゞ記念館、元乃隅**(もとのすみ)神社、長門湯本♨など

秋吉台(あきよしだい)（**日本一のカルスト台地**、地下には東洋最大級の規模を誇る鍾乳洞・**秋芳洞**(あきよしどう)、景清(かげきよ)洞、大正(たいしょう)洞がある）

湯田♨（詩人・**中原中也**(ちゅうや)の生地）

瑠璃光寺五重塔(るりこうじ)（山口市）、防府天満宮(ほうふ)（日本最古の天満宮）、**錦帯橋**(きんたいきょう)（岩国市／錦川にかかる**5連アーチの木造橋**）

祭 **先帝祭**(せんていさい)（5月／**赤間神宮**の神事）

ふく（ふぐの意）料理

萩焼、大内塗

徳島県

旧阿波国全域を県土とする。「踊るあほうに見るあほう」の阿波踊りと、鳴門の渦潮で知られる。

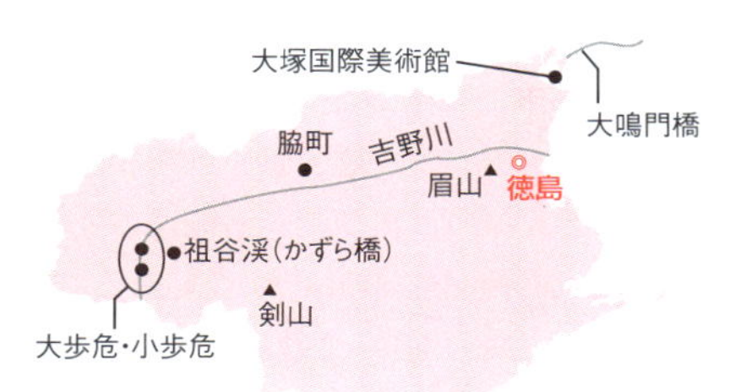

眉山（徳島市のシンボル、山頂から市内を一望）、剣山、鳴門海峡（**渦潮**で知られる兵庫県・淡路島と徳島県鳴門市の間の海峡、**大鳴門橋**がかかる）、吉野川（「四国三郎」の異名を持つ、上流に**大歩危・小歩危**）、祖谷渓（**平家落人伝説**の地、上流に**かずら橋**）

脇町うだつの町並み（重要伝統的建造物群保存地区）、阿波十郎兵衛屋敷（阿波人形浄瑠璃の上演）

大塚国際美術館（鳴門市／陶器の板に実物大の作品を忠実に再現した**陶板名画**美術館）

阿波踊り（8月）、祖谷の粉ひき唄

祖谷そば

大谷焼、阿波しじら織

かずら橋

香川県

全国 47 都道府県の中で最も面積が狭い。瀬戸内海に面し、瀬戸大橋によって本州の岡山県と結ばれている。

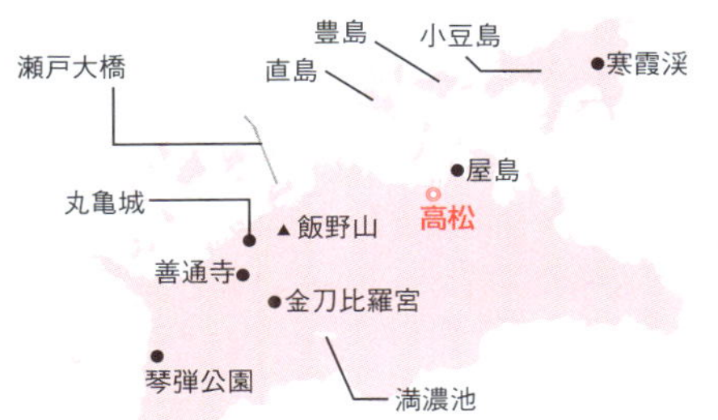

小豆島（壺井栄『**二十四の瞳**』の舞台、**壺井栄文学館**、紅葉の名所・**寒霞渓**、日本の**オリーブ栽培発祥の地**）、直島（豊島、女木島、男木島と並ぶ現代アートの島、建築家・安藤忠雄氏の設計による**地中美術館**）、屋島（源平の古戦場）、飯野山（讃岐富士）、満濃池（溜池としては日本最大級）、津田の松原

金刀比羅宮（琴平町／讃岐のこんぴらさんとして親しまれ、民謡「**金毘羅船々**」でも知られる海の神様、門前町に**日本最古の芝居小屋・金丸座**）、善通寺（弘法大師空海生誕の地）、丸亀城（別名「蓬莱城」）、栗林公園（高松市の名園）、琴弾公園（観音寺市／有明浜の白砂に描かれた**寛永通宝の銭型砂絵**で知られる）

四国水族館（宇多津町）

金刀比羅宮例大祭（10月）、金毘羅船々

讃岐うどん

丸亀うちわ

愛媛県

松山市を中心とした観光業、沿岸部での漁業、各地での農業のほか、繊維関係の製造業がさかん。中でも今治市はタオルの産地として全国的に有名。

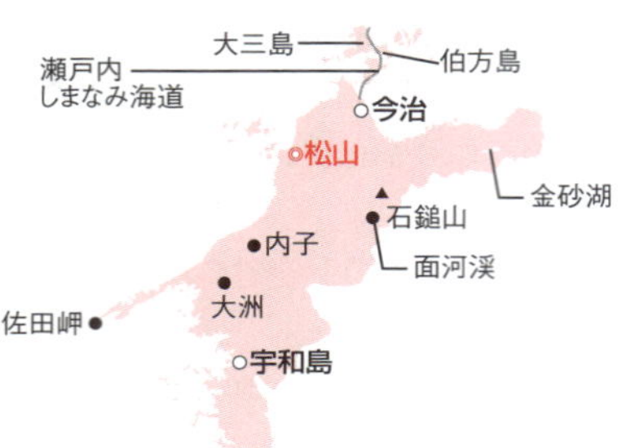

観光都市 **松山市**：瀬戸内海に面した四国最大の都市。主な観光資源は**道後**♨（夏目漱石『坊っちゃん』に登場）、**松山城**（別名「**勝山城**」）、**石手寺**、**子規記念博物館**（松山出身の俳人・正岡子規の博物館）など

今治市：**瀬戸内しまなみ海道**によって広島県・尾道市と結ばれている。主な観光資源は**鈍川**♨、**今治タオル美術館**、**大三島**（武具類が充実した宝物館を有する**大山祇神社**）、**伯方島**（製塩業で知られる）、**大島**（北東部に**村上海賊ミュージアム**、四国本土との間に**来島海峡大橋**）など

宇和島市：**闘牛**が開催されることでも知られている。主な観光資源は**宇和島城**（別名「**鶴島城**」）、**天赦園**、**滑床渓谷**など

石鎚山（西日本の最高峰、南麓には**紅葉の名所・面河渓**）、**金砂湖**、**佐田岬**（四国の**最西端**）、**大洲**（伊予の小京都）、**内子**（江戸から明治にかけての町並みが残る）

砥部焼、**伊予絣**、**今治タオル**

道後温泉本館（写真提供：松山市）
※保存修理工事前に撮影

高知県

四国の南側、太平洋に面して東西に細長い県土をもつ。日本最後の清流・四万十川や、土佐湾に注ぐ物部川など清流が多いことでも知られる。

観光都市 **高知市**：高知県の県都。幕末の志士・**坂本龍馬の出身地**。主な観光資源は、**高知城**（初代土佐藩主・**山内一豊**が築城）、**桂浜**（月の名所、**坂本龍馬像**が立つ）、**はりまや橋**（よさこい節にも歌われる市のシンボル）など

室戸岬、**足摺岬**（四国の**最南端**。四国38番札所**金剛福寺**がある、岬の入口には**ジョン万次郎**の銅像）、**竜串**（土佐清水市の景勝地、大竹・小竹と呼ばれる奇岩）、**龍河洞**（鍾乳石に埋まった弥生式土器・「**神の壺**」が有名）、**四万十川**（**日本最後の清流**ともいわれる**四国最長**の川、欄干がなく増水時には水面下に沈むように設計された**沈下橋**が架かる）、**仁淀川**、**物部川**

やなせたかし記念館（香美市／アンパンマンミュージアムなど）

よさこい祭り（8月）、**よさこい節**

皿鉢料理

坊さんかんざし

福岡県

九州の東北端に位置し、三方を響灘、玄界灘、周防灘、有明海に囲まれている。中国や朝鮮半島に近く、これら他国との交流の窓口として栄えた。

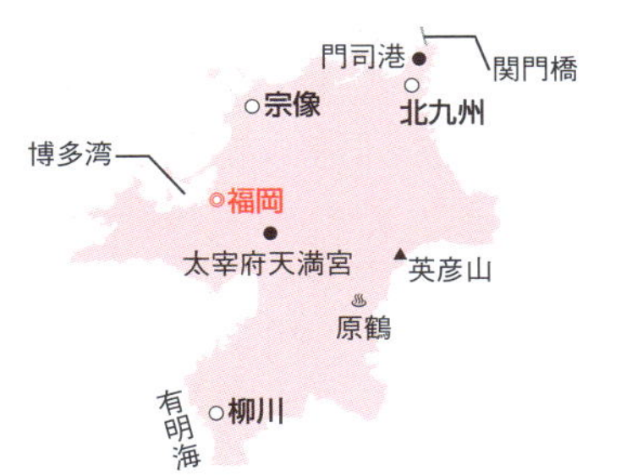

観光都市 **福岡市**：九州地方最大の都市。主な観光資源は**海の中道**（「漢委奴国王」の金印が発見された**志賀島**と九州本土をつなぐ砂州）、**筥崎宮**（**玉取祭**）、**櫛田神社**（**博多祇園山笠**）など

北九州市：門司にかかる**関門橋**により本州（下関）と結ばれた「九州の玄関口」。主な観光資源は**門司港レトロ地区**、**和布刈神社**（早鞆の瀬戸に面して立つ）、**小倉城**、**松本清張記念館**（『点と線』『砂の器』などで知られる同市出身の作家・松本清張氏の記念館）など

柳川市：**ドンコ舟**による**柳川下り**で知られる**水郷**。主な観光資源は**北原白秋記念館**、柳川藩主立花家の別邸・**御花**（庭園・**松濤園**）など

沖ノ島世界遺産（宗像市／「**神宿る島**」「**海の正倉院**」とも呼ばれる）、英彦山（大分県との県境、山全体が英彦山神宮の神域）、筑後川（熊本、福岡、佐賀、大分にかかり「筑紫次郎」の名で呼ばれる）、**博多湾**、**有明海**（海苔の養殖、**ムツゴロウ**が生息、福岡、佐賀、長崎、熊本にまたがる）

原鶴♨

太宰府天満宮（学問の神様・**菅原道真**を祭る）

玉取祭（1月／筥崎宮、別名：**玉せせり**）、**博多どんたく**（5月）、**黒田節**、炭坑節

からしめんたいこ、おきゅうと

博多織、**久留米絣**、**博多人形**

佐賀県

九州の北西部に位置し、東は福岡県、西は長崎県に接している。唐津、有田、伊万里などの陶磁器の産地として知られている。

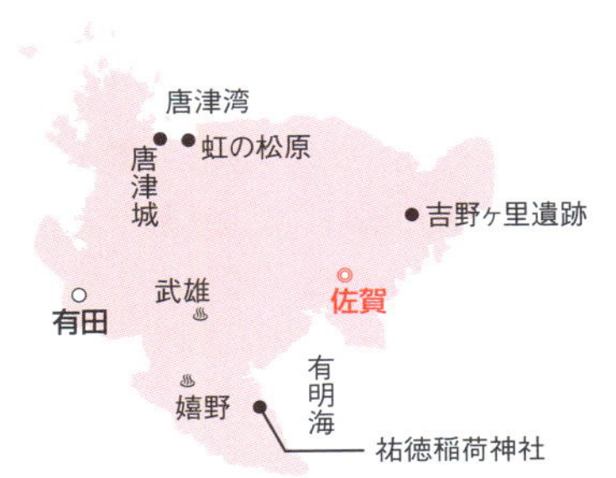

虹の松原（唐津湾沿いに広がる松林）

嬉野♨、**武雄**♨

唐津城（天守閣から**唐津湾**、**玄界灘**を望む、別名「**舞鶴城**」）、**祐徳稲荷神社**、**吉野ヶ里遺跡**（日本最大規模の弥生時代の環濠集落跡、周辺は吉野ヶ里歴史公園として整備）

唐津くんち（11月）

ムツゴロウの蒲焼

唐津焼、**有田焼**（**酒井田柿右衛門**による赤絵文化、伊万里焼とも）

国内旅行実務　国・総

42 長崎県

九州の西端部に位置し、本土以外に五島列島、壱岐島、対馬が同県に含まれる。海岸線の長さは北海道に次ぐ第２位。

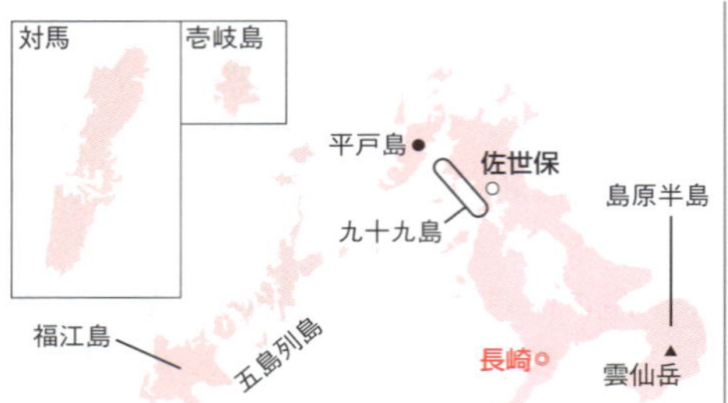

観光都市　**長崎市**：異国情緒あふれる港町。主な観光資源は平和祈念像、**稲佐山**（山頂からは市内を一望できる）、**グラバー園**（旧グラバー住宅世界遺産を中心に8つの洋館が保存されている）、**出島**（外国人居留区、鎖国時代の唯一の貿易港として栄えた地）、**大浦天主堂**世界遺産（現存する国内最古の教会堂）、**眼鏡橋**、**浦上天主堂**（原爆で被爆した「被爆マリア像」で知られる）、**端島**（**端島炭坑**世界遺産、通称**軍艦島**）など

平戸市：**平戸島**を中心とする旧平戸藩の城下町。平戸島と本土の間には平戸大橋が架かる。主な観光資源は**平戸城**、**松浦史料博物館**（旧平戸藩主・松浦家の収蔵品を展示）、平戸ザビエル記念教会など

山　**雲仙岳**（**島原半島**の中央、主峰は**普賢岳**、**仁田峠**から妙見岳間に雲仙ロープウェイ）、**壱岐島**、**対馬**（中心地厳原は**対馬藩宗家**の城下町、**朝鮮半島**に最も近い）、**五島列島**（主島・**福江島**、大小140あまりの島々からなり、**キリシタン文化**や遺唐使ゆかりの地が残る）、**九十九島**（200を超える島々からなる景勝地、遊覧船による**島巡り**）

温泉　**雲仙**♨、**小浜**♨、**島原**♨（周辺には**島原城**、武家屋敷など）

施設　**ハウステンボス**（**佐世保**市／オランダの町並みを再現したテーマパーク）

祭　**長崎くんち**（10月）、ぶらぶら節

食　**卓袱料理**、**ちゃんぽん**、**皿うどん**

工芸　べっ甲細工、古賀人形、**ビードロ**

43 熊本県

世界最大級のカルデラで知られる阿蘇山、八代海の海上にゆらめく神秘の火・不知火で知られる。天草島原の乱、西南戦争などの歴史的舞台。

観光都市　**熊本市**：肥後54万石の城下町。主な観光資源は**熊本城**（加藤清正が築城、別名「**銀杏城**」）、**夏目漱石内坪井旧居**、**水前寺公園**（東海道五十三次を模した庭園、正式名称は「水前寺**成趣園**」）など

山　**阿蘇山**（阿蘇五岳の一つ・烏帽子岳中腹には**草千里ヶ浜**、火口原には内牧♨）、**天草諸島**（天草上島・下島を中心とした島々、景勝地・**天草松島**）、**球泉洞**、**球磨川**

温泉　**杖立**♨、**山鹿**♨、**内牧**♨、**菊池**♨、**黒川**♨（田の原川沿い、**入湯手形**で湯めぐり）、**人吉**♨、**日奈久**♨（天草諸島を望む**八代海**に面した温泉。俳人・**種田山頭火**が滞在したことで知られる）

建造物　**通潤橋**（**肥後のすぐれた石工技術**により築造された**水路橋**で橋の中央から放水）

祭　火の国まつり（8月）、**山鹿灯籠まつり**（8月）、**おてもやん**、五木の子守唄

食　**辛子蓮根**

工芸　肥後象嵌、**山鹿灯籠**

大分県

別府温泉、由布院温泉などの良質な温泉が人気。温泉の湧出量、源泉総数ともに日本一を誇る。

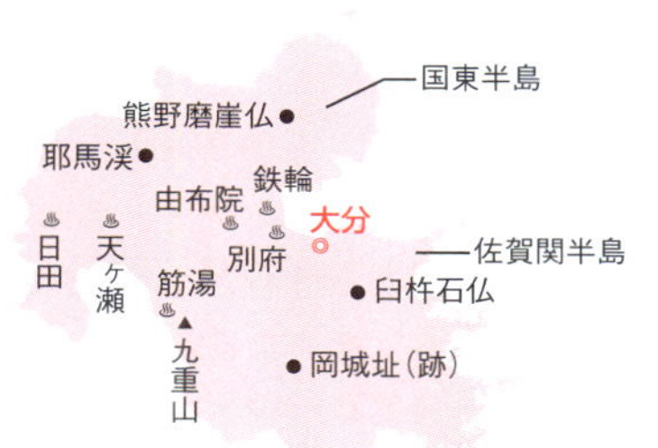

九重山（**久住山**を主峰とする火山群の総称）、**城島高原**（別府市）、**国東半島**（「けんか祭」とも呼ばれる**夏越祭り**が行われる**宇佐神宮**、**熊野磨崖仏**、**富貴寺**、**両子寺**など見所が多い）、**耶馬渓**（菊池寛『**恩讐の彼方に**』の舞台・**青ノ洞門**、下流には**耶馬渓橋**）、**佐賀関半島**（**関さば**、**関あじ**の産地）

由布院♨（**由布岳**山麓に広がる温泉、**辻馬車**による観光、**金鱗湖**周辺の散策が人気）、**別府**♨（源泉数や湧出量は日本一）、**鉄輪**♨、**天ヶ瀬**♨、**筋湯**♨

臼杵石仏（近くに**風連鍾乳洞**）、**日田の豆田町**（**江戸幕府の天領**、**商家町**の古い街並み、近くの三隈川沿いに**日田**♨）、九重“夢”大吊橋（歩行者専用のつり橋では高さ日本一）、**岡城址（跡）**

関さば・**関あじ**、**城下かれい**

小鹿田焼

熊野磨崖仏

宮崎県

九州の南東部に位置。日南海岸に沿って青島、鵜戸神宮、堀切峠、都井岬など、宮崎県を代表する観光資源が点在している。

えびの高原、**都井岬**（県**最南端**、周辺に**ソテツ**の自生林、**野生馬**が生息）、**日南海岸**（**青島**から串間まで続く海岸線、景勝地・**鬼の洗濯板**）、**高千穂峡**（阿蘇山の火山活動による溶岩流が**五ヶ瀬川**に流れだしたことで形成された峡谷、名勝・**真名井の滝**）

鵜戸神宮（日南市／**日南海岸**の鵜戸崎に位置、海食洞の中にある**朱塗りの社殿**）、**飫肥**（日南市／**飫肥城跡**を中心とした城下町の街並み）、**西都原古墳群**、**妙国寺庭園**

ひえつき節、刈干切唄

冷や汁

佐土原人形

鵜戸神宮

鹿児島県

九州新幹線の開業によりアクセスが飛躍的に向上。薩摩、大隅の二つの半島と与論島、奄美大島、種子島、屋久島など多くの離島を有する。

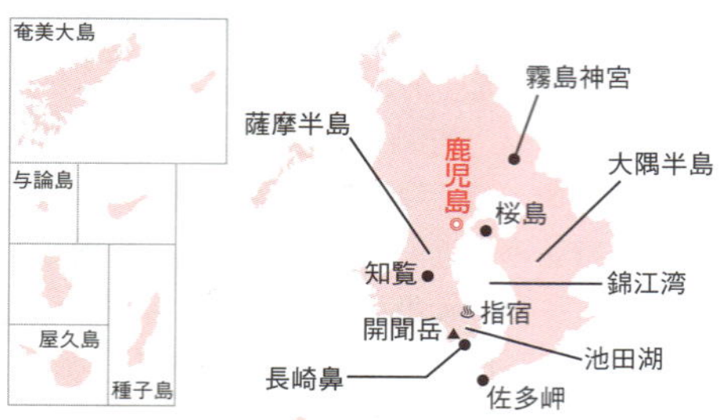

観光都市 **鹿児島市**：**西郷隆盛**らを輩出したことでも知られる県都。主な観光資源は同市のシンボル**桜島**（**北岳**を中心とした火山島で**錦江湾内**に位置、南岸に**古里**♨）、**仙巌園**（**桜島と錦江湾を借景**にした庭園、「**磯庭園**」とも呼ばれる）、**尚古集成館**（仙巌園に隣接した博物館、旧集成館機械工場【世界遺産】とも呼ばれる。**島津家**の貴重な資料を展示）など

薩摩半島（最南端の岬・**長崎鼻**、**九州最大**の淡水湖・**池田湖**、**薩摩富士**とも呼ばれる**開聞岳**、長さ日本一の砂丘**吹上浜**など）、**大隅半島**（**九州本土最南端**の岬・**佐多岬**）、**屋久島**【世界遺産】（アカウミガメの産卵で知られる**永田浜**、最高峰は**宮之浦岳**、**縄文杉**、**白谷雲水峡**）、**種子島**（**鉄砲**が伝来、**宇宙センター**）、**与論島**（鹿児島県**最南端**、毎年3月に**ヨロンマラソン**が開催、**干潮時に姿を現す百合ヶ浜**）、**奄美大島**【世界遺産】（**大島紬**の産地、**あやまる岬**）、**徳之島**【世界遺産】

指宿♨（**砂蒸し**が有名）、**霧島**温泉郷（霧島山中腹、近くに**霧島神宮**）

知覧（**薩摩の小京都**、**武家屋敷**、**特攻平和会館**）

祭 **おはら祭**（11月）、**おはら節**

かるかん、さつまあげ、**豚骨料理**

薩摩焼、**大島紬**

仙巌園（磯庭園）

沖縄県

かつての琉球王国。中国や東南アジアとの海外交易で栄え、独自の歴史と文化を持つ。太平洋戦争における激戦地で戦跡も多い。

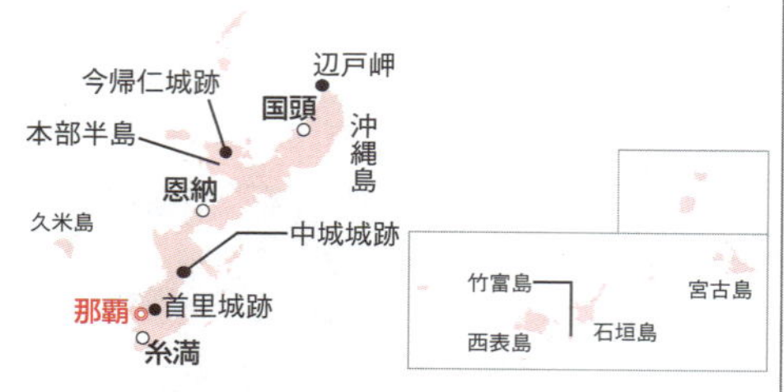

観光都市 **那覇市**：沖縄島（沖縄本島）南部に位置する県都で那覇空港や那覇港を有する県の玄関口。主な観光資源は市中心部の**国際通り**（那覇市最大の繁華街）、牧志公設市場など

琉球王国の王都として栄えた**首里**地区周辺には**首里城公園**（**守礼門**、**首里城跡**【世界遺産】、**園比屋武御嶽石門**【世界遺産】など）、琉球庭園**識名園**【世界遺産】、琉球時代の国王の陵墓**玉陵**【世界遺産】、**金城町の石畳道**（石灰岩の石畳道の両側に赤瓦屋根の民家が並ぶ）などの見どころが多い

糸満市：沖縄島最南端の都市。**摩文仁の**

丘（平和祈念公園内。沖縄戦における最後の激戦地）、**ひめゆりの塔**（沖縄戦で犠牲になった**ひめゆり学徒隊**と教師を祭った慰霊塔）など、戦争の歴史を伝える戦跡が多い

南城市：沖縄島南部の都市。主な観光資源は**斎場御嶽**世界遺産、**玉泉洞**（鍾乳洞）、**久高島**（琉球の始祖アマミキヨが降り立ったとされる神聖な島）など

恩納村：みゆきビーチ、万座ビーチなど多くの美しい海岸を有し、大型のリゾートホテルが建ち並ぶ。主な観光資源は**万座毛**（東シナ海に面した草原、天然の芝が広がる）、**琉球村**（沖縄の文化、芸能を紹介する民俗村、古い建物を移築・保存）など

国頭村：沖縄島北端の村で固有種**ヤンバルクイナ**が生息。主な観光資源は最北端の**辺戸岬**、沖縄島最高峰の**与那覇岳**、北岸の断崖絶壁**茅打バンタ**、奇岩・巨石が連なりパワースポットとして人気の**大石林山**、比地大滝など

久米島：沖縄島の西約100km。主な観光資源は**ハテの浜**、**イーフビーチ**、**上江洲家**（琉球王朝時代の士族の家）など

宮古島：**宮古諸島**の主島。主な観光資源は最東端の岬**東平安名崎**、大サンゴ礁群**八重干瀬**、宮古島と伊良部島を結ぶ**伊良部大橋**（通行無料の橋としては日本最長）など

石垣島：**八重山諸島**の主島。主な観光資源は**黒真珠の養殖**で知られる**川平湾**、**宮良殿内**（琉球の貴族屋敷を模して創建）、**唐人墓**など

竹富島：八重山諸島。石垣島から船で約10分。民謡「**安里屋ユンタ**」の発祥地で、**白砂が敷きつめられた道**、**赤瓦の民家**など、昔ながらの八重山の風景を見ることができる。水牛車での島めぐりも人気

西表島世界遺産：八重山諸島。**イリオモテヤマネコ**が生息することでも知られる。浅瀬を水牛車で渡り隣の小島**由布島**まで行くことができる。主な観光資源は**マングローブの群生**でも知られる**仲間川**、**マリユドゥの滝**、**カンピレーの滝**などがある**浦内川**など

波照間島：八重山諸島。有人島としては**日本最南端**

与那国島：八重山諸島。日本最西端の島でダイバーに人気

今帰仁城跡世界遺産（本部半島／**寒緋桜の名所**）、**古宇利大橋**（今帰仁村の古宇利島と名護市の屋我地島を結ぶ）、**中城城跡**世界遺産、**旧海軍司令部壕**（豊見城市／那覇市との市境、旧日本海軍によって掘られた地下陣地の跡）、**備瀬のフクギ並木道**

海洋博公園（本部半島／沖縄国際海洋博覧会の跡地、園内の**沖縄美ら海水族館**が人気）、**DMMかりゆし水族館**（豊見城市）

那覇ハーリー（5月）、**エイサー**（旧暦7月）、糸満ハーレー（旧暦5月）、**谷茶前節**、**安里屋ユンタ**

ラフテー、**チャンプルー**、ちんすこう、さーたーあんだぎー、**ソーキそば**

壺屋焼、**紅型**、**芭蕉布**、宮古上布

万座毛

第3章 Lesson 15 重要度 A

世界遺産・国立公園・ラムサール条約湿地

学習項目

◎世界遺産
◎国立公園
◎ラムサール条約湿地

学習ポイント

- **世界遺産**として登録されている物件の**名称**と、各物件の主な**構成資産**を覚える。
- 国立公園に属する主な観光資源を覚える。
- ラムサール条約に登録されている湿地（登録湿地）を覚える。
- 世界遺産、国立公園、ラムサール条約湿地が**属する都道府県**を整理する（複数の都道府県にまたがるものもあるので注意が必要）。

1 世界遺産

世界遺産は「文化遺産」「自然遺産」「複合遺産」の３つに分類されています。

国際連合教育科学文化機関（ユネスコ）総会で採択された世界遺産条約（正式には「世界の文化遺産及び自然遺産の保護に関する条約」）に基づき、日本国内では次の物件が世界遺産リストに登録されています。

■ 図表１　日本の世界遺産登録物件一覧と主な構成資産（登録年度順）
＊過去の試験で「登録の順序」が問われたこともあるため、おおよその順番を覚えておくのが望ましい。

	登録名	都道府県	登録年度	分類
(1)	**法隆寺地域の仏教建造物**	奈良	1993年	文化
	聖徳太子（厩戸皇子（うまやどのおうじ））ゆかりの法隆寺（世界最古の木造建築物）と法起寺			
(2)	**姫路城**	兵庫	1993年	文化
	白壁で統一された優美な外観（白鷺城）			
(3)	**屋久島**	鹿児島	1993年	自然
	縄文杉をはじめとする樹齢千年以上の屋久杉原生林			
(4)	**白神山地**	青森・秋田	1993年	自然
	世界最大級のブナの原生林、天然記念物クマゲラが生息			
(5)	**古都京都の文化財**	京都・滋賀	1994年	文化
	京都市・宇治市（京都府）、大津市（滋賀県）に点在する17の社寺および城 賀茂別雷神社（かもわけいかづち）（上賀茂神社）、賀茂御祖神社（かもみおや）（下鴨神社）、教王護国寺（東寺）、清水寺、延暦寺（滋賀・大津市）、醍醐寺、仁和寺、平等院、宇治上神社、高山寺、西芳寺（苔寺）、天龍寺、龍安寺、鹿苑寺（金閣寺）、本願寺（西本願寺）、二条城、慈照寺（銀閣寺）			

	登録名	都道府県	登録年度	分類
(6)	**白川郷・五箇山の合掌造り集落**	岐阜・富山	1995 年	文化
	白川郷（岐阜・白川村荻町）、五箇山（富山・南砺市）の茅葺き合掌造り家屋			
(7)	**原爆ドーム**	広島	1996 年	文化
	原爆投下による惨禍を後世に伝える			
(8)	**厳島神社**	広島	1996 年	文化
	厳島（宮島）の北部、瀬戸内海の入り江に建つ朱塗りの社殿･大鳥居が印象的な神社（前面の海および背後の弥山（みせん）原始林を含む）			
(9)	**古都奈良の文化財**	奈良	1998 年	文化
	東大寺（現在は分離されている正倉院を含む）、興福寺、春日大社、春日山原始林、元興寺、薬師寺、唐招提寺、平城宮跡			
(10)	**日光の社寺**	栃木	1999 年	文化
	日光東照宮、二荒山神社、輪王寺の 2 社 1 寺に属する 103 棟の建造物群と、これらを取り巻く遺跡（文化的景観）			
(11)	**琉球王国のグスク及び関連遺産群**	沖縄	2000 年	文化
	琉球王国の歴史的建造物 【今帰仁村】今帰仁城跡（なきじんじょう）　【うるま市】勝連城跡（かつれんじょう） 【読谷村】座喜味城跡（ざきみじょう）　【北中城村】中城城跡（なかぐすくじょう） 【南城市】斎場御嶽（せーふぁうたき） 【那覇市】首里城跡、園比屋武御嶽石門（そのひゃんうたきいしもん）、玉陵（たまうどぅん）、識名園			
(12)	**紀伊山地の霊場と参詣道**	三重・奈良・和歌山	2004 年	文化
	「**吉野・大峯**」「**高野山**」「**熊野三山**」の三霊場と参詣道 【吉野・大峯】吉野山、金峯山寺など 【高野山】金剛峯寺、慈尊院など 【熊野三山】熊野本宮大社、熊野速玉大社、熊野那智大社、青岸渡寺、那智の滝、那智原始林、補陀洛山寺など			
(13)	**知床**	北海道	2005 年	自然
	知床岬、羅臼岳、知床五湖、カムイワッカ湯の滝、カムイワッカの滝、フレペの滝、羅臼温泉など			
(14)	**石見銀山遺跡とその文化的景観**	島根	2007 年	文化
	銀鉱山跡と鉱山町、石見銀山街道、周辺の港と港町（温泉津（ゆのつ）の温泉街を含む）など			
(15)	**小笠原諸島**	東京	2011 年	自然
	独自の進化を遂げた固有の動植物が生息する「東洋のガラパゴス」 聟島（むこじま）列島、父島列島（一部の海域を含む）、母島列島（一部の海域を含む）、西之島、北硫黄（いおう）島、南硫黄島の全域（父島、母島は一部地域）			

<table>
<tr><th></th><th>登録名</th><th>都道府県</th><th>登録年度</th><th>分類</th></tr>
<tr><td rowspan="2">(16)</td><td>平泉－仏国土（浄土）を表す建築・庭園及び考古学的遺跡群－</td><td>岩手</td><td>2011 年</td><td>文化</td></tr>
<tr><td colspan="4">仏国土（浄土）が表現された奥州藤原氏ゆかりの地
中尊寺（金色堂）、毛越寺（浄土庭園）、観自在王院跡（かんじざいおういんあと）、無量光院跡（むりょうこういんあと）、金鶏山（きんけいざん）</td></tr>
<tr><td rowspan="2">(17)</td><td>富士山－信仰の対象と芸術の源泉</td><td>静岡・山梨</td><td>2013 年</td><td>文化</td></tr>
<tr><td colspan="4">古くから信仰を集め、壮麗な姿から数多くの芸術作品にも描かれた富士山の山域および周辺の神社・湖沼など
富士山域（山頂の信仰遺跡群、大宮・村山口登山道、須山口登山道、須走口登山道、吉田口登山道、北口本宮冨士浅間神社、西湖、精進湖、本栖湖）、富士山本宮浅間（せんげん）大社、山中湖、河口湖、忍野八海、白糸ノ滝、三保松原など</td></tr>
<tr><td rowspan="2">(18)</td><td>富岡製糸場（とみおかせいしじょう）と絹産業（きぬさんぎょう）遺産群</td><td>群馬</td><td>2014 年</td><td>文化</td></tr>
<tr><td colspan="4">養蚕・製糸に関する技術革新および国際的な技術交流により、世界の絹産業の発展と絹の大衆化をもたらした産業遺産の集合体
富岡製糸場、田島弥平旧宅、高山社跡（たかやましゃあと）、荒船風穴（あらふねふうけつ）</td></tr>
<tr><td rowspan="2">(19)</td><td>明治日本の産業革命遺産
製鉄・製鋼、造船、石炭産業</td><td>福岡・佐賀
長崎・熊本
鹿児島・山口
岩手・静岡</td><td>2015 年</td><td>文化</td></tr>
<tr><td colspan="4">幕末から明治にかけて日本の近代化に大きな影響を与えた重工業分野（製鉄・製鋼、造船、石炭の各産業）に関連する産業遺産群
◆構成資産は 8 県 11 市に分布する全 23 件（現在も稼働中の物件を含む）
【福岡県大牟田市、熊本県荒尾市・宇城市】三池（みいけ）炭鉱（宮原坑、万田坑、専用鉄道敷跡）・三池港、三角西（旧）港
【福岡県北九州市・中間市】官営八幡（やはた）製鐵所（旧本事務所、修繕工場、旧鍛冶工場）、遠賀川水源地ポンプ室
【佐賀県佐賀市】三重津（みえつ）海軍所跡
【長崎県長崎市】小菅修船場跡、三菱長崎造船所（第三船渠、ジャイアント・カンチレバークレーン、旧木型場、占勝閣（せんしょうかく））、高島炭坑（北渓井坑跡）、端島炭坑（通称：軍艦島）、旧グラバー住宅
【鹿児島県鹿児島市】旧集成館（反射炉跡、機械工場、旧鹿児島紡績所技師館）、寺山炭窯跡、関吉の疎水溝（そすいこう）
【山口県萩市】萩反射炉、恵美須ヶ鼻（えびすがはな）造船所跡、大板山たたら製鉄遺跡、萩城下町、松下村塾
【静岡県伊豆の国市】韮山（にらやま）反射炉（幕府直営の反射炉）
【岩手県釜石市】橋野鉄鉱山・高炉跡</td></tr>
</table>

	登録名	都道府県	登録年度	分類
(20)	**国立西洋美術館**	東京	2016 年	文化
	上野恩賜公園（台東区）にある西洋美術作品を専門とした美術館で、日本で唯一のル・コルビュジエの設計による建築物 ※ 7 か国（フランス、ベルギー、ドイツ、スイス、日本、インド、アルゼンチン）にまたがって登録されている **「ル・コルビュジエの建築作品－近代建築運動への顕著な貢献－」** の構成資産の一つ			
(21)	**「神宿る島」宗像・沖ノ島と関連遺産群**	福岡	2017 年	文化
	日本列島と朝鮮半島の間に浮かぶ沖ノ島を中心とする古代祭祀・宗像信仰にまつわる史跡で、島全体がご神体とされる沖ノ島は、現在も女人禁制 沖ノ島（宗像大社沖津宮）、小屋島、御門柱、天狗岩、宗像大社沖津宮遙拝所、宗像大社中津宮、宗像大社辺津宮（以上宗像市）、新原・奴山古墳群（福津市）など			
(22)	**長崎と天草地方の潜伏キリシタン関連遺産**	長崎・熊本	2018 年	文化
	江戸時代の禁教政策のなか、密かにキリスト教の信仰を継続した「潜伏キリシタン」による独特の文化的伝統を物語る遺産群 【長崎県】原城跡（南島原市）、春日集落と安満岳（平戸の聖地と集落／平戸市）、中江ノ島（平戸の聖地と集落／平戸市）、外海の出津集落（長崎市）、外海の大野集落（長崎市）、黒島の集落（佐世保市）、野崎島の集落跡（小値賀町）、頭ヶ島の集落（新上五島町）、久賀島の集落（五島市）、奈留島の江上集落（江上天主堂とその周辺／五島市）、大浦天主堂（長崎市） 【熊本県】天草の﨑津集落（天草市）			
(23)	**百舌鳥・古市古墳群－古代日本の墳墓群－**	大阪	2019 年	文化
	古代日本の政治文化の中心地で、海上貿易の拠点であった大阪湾にほど近い平野部に築造された 45 件 49 基からなる古墳群（鍵穴型の独特な形状をした大規模な前方後円墳と多数の小中墳墓が群をなす） 【百舌鳥古墳群（大阪府堺市）】 仁徳天皇陵古墳（日本最大の前方後円墳）、履中天皇陵古墳など 【古市古墳群（大阪府羽曳野市／藤井寺市）】 応神天皇陵古墳（日本第 2 位の規模を誇る前方後円墳）など			
(24)	**奄美大島、徳之島、沖縄島北部及び西表島**	鹿児島・沖縄	2021 年	自然
	日本列島の南端部に位置する琉球列島の島々のうち、中琉球の奄美大島、徳之島、沖縄島北部と、南琉球の西表島の 4 地域からなる アマミノクロウサギ（奄美大島、徳之島）、ヤンバルクイナ（沖縄島北部）、イリオモテヤマネコ（西表島）など、世界的に重要な絶滅危惧種・固有種の生息・生育地			

国内旅行実務　国・総

	登録名	都道府県	登録年度	分類
(25)	**北海道・北東北の縄文遺跡群**	北海道・青森 岩手・秋田	2021年	文化
	約1万5千年前から1万年以上にわたり、採集・漁労・狩猟を基盤として定住した縄文時代の人々の生活の在り方、精神文化を今に伝える全17件の縄文遺跡群 【北海道】垣ノ島（かきのしま）遺跡（函館市）、北黄金（きたこがね）貝塚（伊達市）、大船（おおふね）遺跡（函館市）、入江（いりえ）貝塚（洞爺湖町）、高砂（たかさご）貝塚（洞爺湖町）、キウス周堤墓（しゅうていぼ）群（千歳市） 【青森県】大平山元（おおだいやまもと）遺跡（外ヶ浜町）、田小屋野（たごやの）貝塚（つがる市）、三内丸山遺跡（青森市）、二ツ森（ふたつもり）貝塚（七戸町）、小牧野（こまきの）遺跡（青森市）、大森勝山（おおもりかつやま）遺跡（弘前市）、亀ヶ岡石器時代遺跡（つがる市）、是川（これかわ）石器時代遺跡（八戸市） 【岩手県】御所野（ごしょの）遺跡（一戸町） 【秋田県】伊勢堂岱（いせどうたい）遺跡（北秋田市）、大湯（おおゆ）環状列石（鹿角市）			

(13)
(25)
(4)
(16)
(10)
(1)(9)(5)
(18)
(22)
(14)
(21)
(20)
(6)
(17)
(2)
(23)
(12)
(8)
(7)
(19)
(15)
(3)
(11)
(24)

2 国立公園

国立公園とは「日本の風景を代表するに足りる傑出した自然の風景地」であって、**自然公園法**に基づき**環境大臣**が指定したものをいいます。

本試験では、国立公園と観光資源とを組み合わせた問題がしばしば出題されています。ここでは、日本国内のすべての国立公園の名称と、その公園に含まれる代表的な観光資源を紹介します（各資源の詳細は、Lesson14の都道府県別観光資源も参照のこと）。

■ 図表2　国立公園一覧および主な観光資源

	名称（都道府県）	公園に含まれる主な観光資源
(1)	**利尻礼文サロベツ（北海道）**	利尻島、礼文島、サロベツ原野
(2)	**知床（北海道）**	知床岬、知床五湖、羅臼岳、羅臼温泉、カムイワッカ湯の滝、カムイワッカの滝、フレペの滝
(3)	**阿寒摩周（北海道）**	雌阿寒岳、雄阿寒岳、阿寒湖、摩周湖、屈斜路湖、神の子池、砂湯、美幌峠、川湯温泉、硫黄山（アトサヌプリ）、オンネトー
(4)	**釧路湿原（北海道）**	釧路湿原、釧路川
(5)	**大雪山（北海道）**	旭岳、十勝岳、層雲峡、天人峡、然別湖
(6)	**支笏洞爺（北海道）**	支笏湖、洞爺湖、羊蹄山、有珠山、昭和新山、登別温泉、定山渓温泉
(7)	**十和田八幡平（青森・岩手・秋田）**	十和田湖、奥入瀬渓流、八甲田山、八幡平、岩手山、酸ヶ湯温泉、蔦温泉、乳頭温泉郷、後生掛温泉、玉川温泉
(8)	**三陸復興（青森・岩手・宮城）**	蕪島、種差海岸、階上岳、小袖海岸、北山崎、浄土ヶ浜、碁石海岸、巨釜・半造、牡鹿半島、金華山
(9)	**磐梯朝日（山形・福島・新潟）**	出羽三山（羽黒山、月山、湯殿山）、朝日連峰、飯豊連峰、磐梯山、磐梯高原、安達太良山、猪苗代湖、五色沼、桧原湖、土湯温泉
(10)	**日光（福島・栃木・群馬）**	白根山、男体山、那須岳、日光東照宮、輪王寺、二荒山神社、華厳滝、中禅寺湖、戦場ヶ原、川治温泉、湯西川温泉、鬼怒川温泉、那須湯本温泉、塩原温泉郷
(11)	**尾瀬（福島・栃木・群馬・新潟）**	尾瀬沼、尾瀬ヶ原、至仏山、燧ヶ岳、田代山、帝釈山
(12)	**上信越高原（群馬・新潟・長野）**	白根山、浅間山、鬼押出し、志賀高原、草津温泉、四万温泉、万座温泉、野反湖、清津峡
(13)	**妙高戸隠連山（長野・新潟）**	飯縄（いいづな）山、妙高山、黒姫山、戸隠山、野尻湖、赤倉温泉
(14)	**秩父多摩甲斐（埼玉・東京・山梨・長野）**	雲取山、奥多摩湖、御岳山、日原鍾乳洞、御岳昇仙峡、大菩薩峠、西沢渓谷

	名称（都道府県）	公園に含まれる主な観光資源
(15)	小笠原（東京）	父島、母島
(16)	富士箱根伊豆（東京・神奈川・山梨・静岡）	富士山、富士五湖、芦ノ湖、伊豆諸島、石廊崎、城ヶ崎、箱根温泉郷、熱川温泉
(17)	中部山岳（新潟・長野・富山・岐阜）	白馬岳、乗鞍岳、槍ヶ岳、穂高岳、焼岳、立山黒部アルペンルート、上高地（大正池、河童橋）、平湯温泉、新穂高温泉、白骨温泉
(18)	白山（富山・石川・福井・岐阜）	御前峰、大汝峰、剣ヶ峰、千蛇ヶ池
(19)	南アルプス（山梨・長野・静岡）	赤石岳、仙丈ヶ岳、北岳、甲斐駒ヶ岳
(20)	伊勢志摩（三重）	英虞湾、二見浦、大王崎、伊勢神宮
(21)	吉野熊野（三重・奈良・和歌山）	吉野山、熊野三山（熊野本宮大社、熊野速玉大社、熊野那智大社）、青岸渡寺、那智の滝、瀞峡、潮岬、南紀勝浦温泉、湯の峰温泉、川湯温泉
(22)	山陰海岸（京都・兵庫・鳥取）	浦富海岸、鳥取砂丘、玄武洞、城崎温泉
(23)	瀬戸内海（大阪・兵庫・和歌山・岡山・広島・山口・香川・徳島・愛媛・福岡・大分）	六甲山、淡路島、鷲羽山、鞆ノ浦、因島、生口島、厳島、鳴門海峡、小豆島、屋島、大三島、佐田岬
(24)	大山隠岐（鳥取・島根・岡山）	大山、三徳山（三佛寺）、三瓶山、蒜山高原、日御碕、美保関、隠岐諸島、出雲大社
(25)	足摺宇和海（愛媛・高知）	足摺岬、竜串、見残し、滑床渓谷
(26)	西海（長崎）	平戸島、九十九島、五島列島
(27)	雲仙天草（長崎・熊本・鹿児島）	雲仙岳、仁田峠、天草五橋、高舞登山、雲仙温泉
(28)	阿蘇くじゅう（熊本・大分）	阿蘇山、草千里ヶ浜、菊池渓谷、やまなみハイウェイ、九重山、久住高原、由布岳、内牧温泉
(29)	霧島錦江湾（宮崎・鹿児島）	霧島山、桜島、開聞岳、えびの高原、池田湖、佐多岬、長崎鼻、霧島温泉郷
(30)	屋久島（鹿児島）	宮之浦岳、永田浜、口永良部島
(31)	奄美群島（鹿児島）	奄美大島、徳之島、与論島、沖永良部島、喜界島
(32)	やんばる（沖縄）	与那覇岳、大石林山、辺戸岬、茅打バンタ、比地大滝、塩屋湾
(33)	慶良間諸島（沖縄）	慶良間諸島の島々（渡嘉敷島、座間味島、阿嘉島、慶留間島など）および周辺海域
(34)	西表石垣（沖縄）	西表島、石垣島、竹富島、小浜島、波照間島

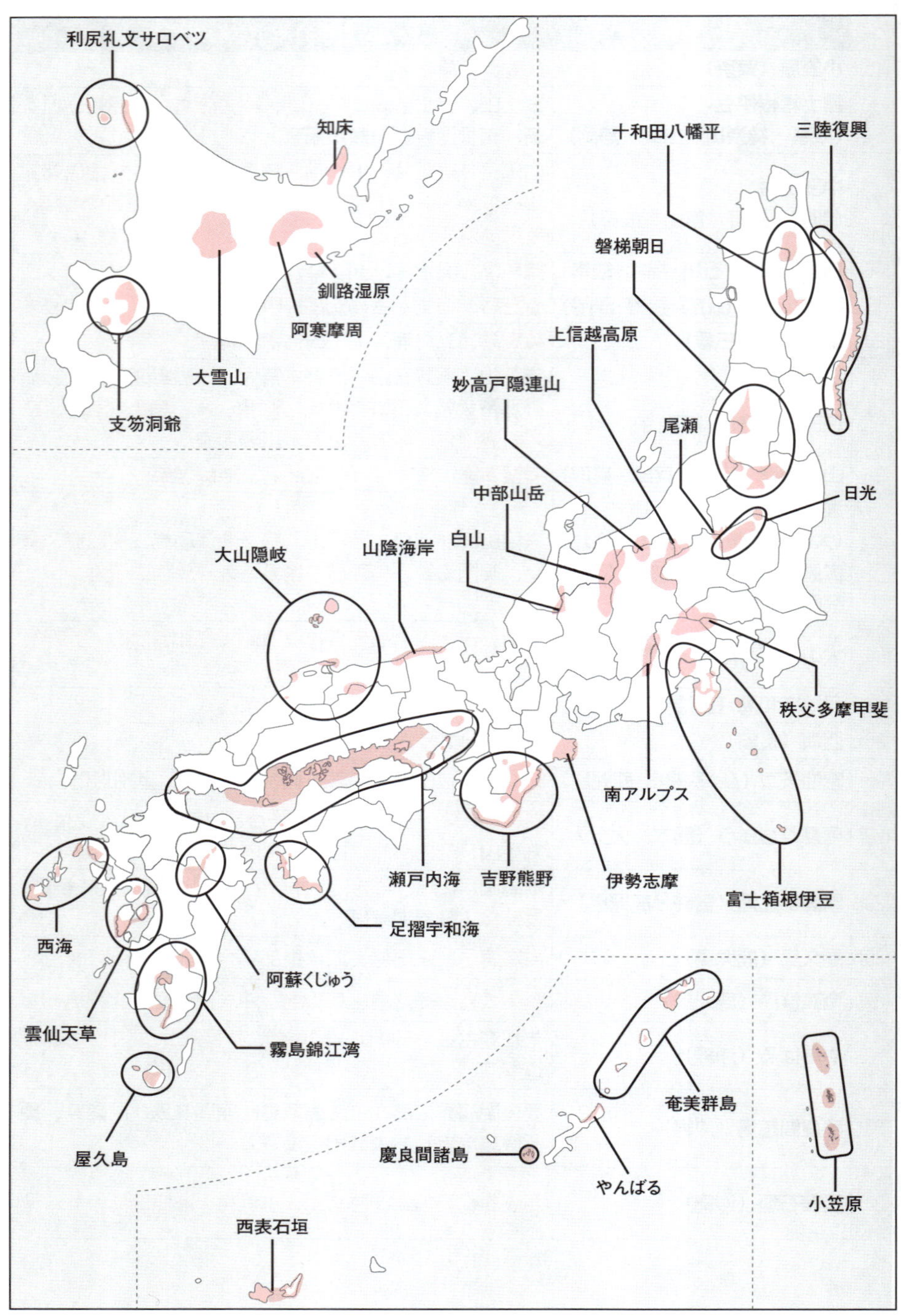
利尻礼文サロベツ
知床
十和田八幡平
三陸復興
磐梯朝日
釧路湿原
阿寒摩周
上信越高原
大雪山
妙高戸隠連山
支笏洞爺
尾瀬
中部山岳
日光
白山
大山隠岐
山陰海岸
秩父多摩甲斐
南アルプス
瀬戸内海
吉野熊野
伊勢志摩
富士箱根伊豆
足摺宇和海
西海
阿蘇くじゅう
雲仙天草
霧島錦江湾
奄美群島
屋久島
慶良間諸島
やんばる
小笠原
西表石垣

3 ラムサール条約湿地

ラムサール条約（正式には「特に水鳥の生息地として国際的に重要な湿地に関する条約」）は、国際的に重要な湿地およびそこに生息・生育する動植物の保全を促進することを目的として、イランの都市･ラムサールで採択された国際条約です。日本国内では、次のような多くの湿地が条約湿地として登録されています。

■ 図表３　ラムサール条約湿地（都道府県順）

名称（所在地）	名称（所在地）
クッチャロ湖（北海道）	瓢湖（新潟）
サロベツ原野（北海道）	佐潟（新潟）
濤沸湖（北海道）	立山弥陀ヶ原・大日平（富山）
雨竜沼湿原（北海道）	片野鴨池（石川）
野付半島・野付湾（北海道）	中池見湿地（福井）
阿寒湖（北海道）	三方五湖（福井）
宮島沼（北海道）	東海丘陵湧水湿地群（愛知）
風蓮湖・春国岱（北海道）	藤前干潟（愛知）
釧路湿原（北海道）	琵琶湖（滋賀）
霧多布湿原（北海道）	円山川下流域・周辺水田（兵庫）
厚岸湖・別寒辺牛湿原（北海道）	串本沿岸海域（和歌山）
ウトナイ湖（北海道）	中海（鳥取・島根）
大沼（北海道）	宍道湖（島根）
仏沼（青森）	宮島（広島）
伊豆沼・内沼（宮城）	秋吉台地下水系（山口）
蕪栗沼・周辺水田（宮城）	東よか干潟（佐賀）
化女沼（宮城）	肥前鹿島干潟（佐賀）
志津川湾（宮城）	荒尾干潟（熊本）
大山上池・下池（山形）	くじゅう坊ガツル・タデ原湿原（大分）
涸沼（茨城）	藺牟田池（鹿児島）
尾瀬（福島・群馬・新潟）	屋久島永田浜（鹿児島）
奥日光の湿原（栃木）	久米島の渓流・湿地（沖縄）
渡良瀬遊水地（茨城・栃木・群馬・埼玉）	慶良間諸島海域（沖縄）
芳ヶ平湿地群（群馬）	漫湖（沖縄）
谷津干潟（千葉）	与那覇湾（沖縄）
葛西海浜公園（東京）	名蔵アンパル（沖縄）

2022年はここに注目！　見逃せない旬の観光スポット

長野県の伝統行事「善光寺御開帳」と「御柱祭」が開催

2022年春、長野県では伝統行事「善光寺御開帳」と「御柱祭」が行われます。両行事はいずれも数えで7年に一度の開催で知られ、同一年に実施されるのは戦後初です（新型コロナウイルスの影響で善光寺御開帳が1年延期となったことによる）。

- **善光寺御開帳（4/3～6/29）**

無宗派寺院として全国から多くの参拝者が訪れる善光寺（長野市）。「御開帳」は、普段は御宝庫に安置されている秘仏の本尊を模した「前立本尊」を公開するもので、本堂前に立てられた「回向柱」に触れることで功徳が得られるとされる。

- **御柱祭（4/2～6/15）**

諏訪湖を中心に南北4つの宮からなる諏訪大社（諏訪市、茅野市、下諏訪町）の神事で、正式には「式年造営御柱大祭」という。山から切り出した巨木に大勢の氏子が乗って急斜面を駆け下る壮大な**木落し**で知られる。

瀬戸内国際芸術祭2022開催

3年に一度開催され、**瀬戸内海の島々**を舞台に多くの観光客を集めている現代アートの祭典。5回目を迎える2022年は**地中美術館**でも知られる直島、豊島、女木島、男木島、小豆島（いずれも**香川県**）、犬島（岡山県）などを主要な舞台として春・夏・秋の3シーズンにわたり開催予定です。

2022年大河ドラマ『鎌倉殿の13人』

2022年度の大河ドラマは、鎌倉幕府の初代将軍**源頼朝**と、頼朝の死後、合議制で幕府の政治を動かした**北条義時**ら13人の重臣を描いた『**鎌倉殿の13人**』。物語の主要な舞台である鎌倉市、伊豆の国市に大河ドラマ館がオープンしています。

- **鎌倉市**（神奈川県）：源頼朝によって鎌倉幕府が開かれた古都。主な見どころは高徳院（鎌倉大仏殿）、由比ヶ浜海岸、頼朝が現在の地に移築し、礎を築いたとされる鶴岡八幡宮など。
- **伊豆の国市**（静岡県）：主人公・北条義時の出生地。義時が建立した**北條寺**、頼朝の伊豆配流の地ともされる蛭ヶ小島（蛭ヶ島公園）などドラマの登場人物ゆかりの地のほか、伊豆長岡温泉、韮山反射炉（世界文化遺産「**明治日本の産業革命遺産**」の構成資産）などの見どころがある。

2021年登録の世界遺産を要チェック！

2021年にオンライン開催された第44回世界遺産委員会において、①奄美大島、徳之島、沖縄島北部及び西表島（鹿児島県・沖縄県）および②北海道・北東北の縄文遺跡群（北海道、青森県、秋田県、岩手県）の2件が新たに登録されました（②は2021年度の総合試験で出題）。特に国内試験では登録年度の**翌年**の試験で取り上げられることが多いので、概要を押さえておきましょう（詳細はP453～454参照）。

※2022年に世界遺産登録を目指す候補物件（日本国内）はありません。

ここも注目！その他もろもろ

- 2022年は文豪**森鷗外**（1862～1922）の没後100年（生誕160年）に当たり、半生を過ごした東京都文京区や出生地の島根県津和野町など鷗外ゆかりの地では、記念事業、特別展・企画展などが開催されています。
- 霧島神宮（**鹿児島県霧島市**）の本殿など3つの社殿が**国宝**に指定されました（2022年2月）。傾斜地を利用した荘厳な景観や、琉球、東アジア文化が影響する極彩色の龍柱などが高く評価されたものです。

第 4 編

海外旅行実務

Contents

出題分析と試験対策

出題分析表（問題数）

	分 野 名	2017年度	2018年度	2019年度	2020年度	2021年度
OAG	・航空会社・都市・空港コード	2	2	2	2	2
	・時刻表の読み取り	1	1	−	−	−
	・時差、所要時間、最低乗継時間	3	3	3	3	2
鉄道		−	−	−	1	1
その他（※）		2	2	2	2	2
語学（英語）		8	8	8	8	8
国際航空運賃		8	8	8	8	8
旅券法令		4	4	4	4	4
外国人の出入国		1	1	1	1	1
税関・検疫		3	3	3	3	3
査証・電子渡航認証		−	−	1	−	1
海外観光資源		20	20	20	20	20
合 計		52問	52問	52問	52問	52問

※その他…2017年度・2018年度・2019年度：シェンゲン協定・通貨／クルーズ
2020年度：クルーズ／ホテル　2021年度：クルーズ・宿泊／液体物の機内持込み

配点

海外地理以外	32問×5点＝160点
海外地理	20問×2点＝40点
合 計	200点

試験対策

配点表のとおり、『海外旅行実務』の満点は「200点」です。他の科目（旅行業法、約款、国内旅行実務）は、すべて100点満点であるのに対し、『海外旅行実務』だけは200点満点なので、合格基準点が120点（6割）であることは認識しておく必要があります。さらに、出題数（52問）も他の科目と比べて多いので、例年、“時間が足りず、解けない問題があった”という受験生の声が目立ちます。試験直前期に入ったら、時間配分にも気をつけながら、過去の試験問題などを解くことをおすすめします。

学習上の具体的な対策としては、「OAG」「国際航空運賃」などの分野は、「資料の読み取り」や「計算手順」など理解すべきポイントを押さえることで、一定のレベルに達することができます。したがって、集中的な学習で基礎知識を固めることが攻略の近道です。これに対して、「語学（英語）」や「海外観光資源」のように、出題の的が絞りにくい（どこから何が出るのかを予測しにくい）ものは、ある一時期の集中的な学習よりも、他の分野と並行し、時間をかけて取り組むべき分野といえます。特にこれらの分野が苦手な方は、継続的な学習を心がけましょう。

第1章　旅行実務

この章では、世界の都市や空港の略号（コード）、国際線の飛行機の時刻表の見方、時差の計算、ホテル・クルーズの知識、海外旅行保険、旅行英語など、海外旅行における実務について学習します。この分野の特徴の一つに、資料の読み取りがあります。資料のどこに何が書いてあるのかを把握することが大切です。

OAG

学習項目

◎航空会社・都市・空港コード
◎ OAG の見方

学習ポイント

● 航空会社・都市・空港コードを覚える。
● フライト・スケジュールの見方を把握する。
● MCT（最低乗継時間）を理解する。
● MCT に適合する乗継便を確認する。

プラスアルファ
航空会社・都市・空港コードは、毎年2問程度出題されている。完全なる**"暗記物"**であるこの分野は、一気に覚えるのが難しいので、時間をかけて、1つでも多くのコードを覚えよう。

1 航空会社・都市・空港コード

本書では、世界の航空会社・都市・空港コードのうち、日本からの旅行において主要と考えられるもの、過去に出題されたことのあるものを抜粋して掲載します。

1. 航空会社コード

試験では、「航空会社コード」と「航空会社名」の"組み合わせが正しいかどうか"を判断させる問題が出題されています。

■ 図表1　航空会社コード（主なもの）

コード	航空会社名		国籍
AA	アメリカン航空	American Airlines	アメリカ
AC	エア・カナダ	Air Canada	カナダ
AF	エール・フランス	Air France	フランス
AI	エア・インディア	Air India	インド
AM	アエロメヒコ航空	Aeromexico	メキシコ
AY	フィンランド航空	Finnair	フィンランド
AZ	アリタリア - イタリア航空	Alitalia	イタリア
BA	ブリティッシュ・エアウェイズ	British Airways	イギリス
BI	ロイヤルブルネイ航空	Royal Brunei Airlines	ブルネイ
BR	エバー航空	EVA Airways	台湾
BX	エアプサン	Air Busan	韓国
CA	中国国際航空	Air China	中国
CI	チャイナ・エアライン	China Airlines	台湾
CX	キャセイパシフィック航空	Cathay Pacific Airways	中国（香港）
CZ	中国南方航空	China Southern Airlines	中国

コード	航空会社名		国籍
DL	デルタ航空	Delta Air Lines	アメリカ
EK	エミレーツ航空	Emirates	アラブ首長国連邦
ET	エチオピア航空	Ethiopian Airlines	エチオピア
EY	エティハド航空	Etihad Airways	アラブ首長国連邦
FJ	フィジー・エアウェイズ	Fiji Airways	フィジー
GA	ガルーダ・インドネシア航空	Garuda Indonesia	インドネシア
GK	ジェットスター・ジャパン	Jetstar Japan	日本
HA	ハワイアン航空	Hawaiian Airlines	アメリカ
HY	ウズベキスタン航空	Uzbekistan Airways	ウズベキスタン
IB	イベリア航空	Iberia	スペイン
JL	日本航空	Japan Airlines	日本
JQ	ジェットスター航空	Jetstar Airways	オーストラリア
KE	大韓航空	Korean Air	韓国
KL	KLM オランダ航空	KLM Royal Dutch Airlines	オランダ
LH	ルフトハンザ・ドイツ航空	Lufthansa German Airlines	ドイツ
LO	LOT ポーランド航空	LOT Polish Airlines	ポーランド
LX	スイス・インターナショナル・エアラインズ	Swiss International Airlines	スイス
MH	マレーシア航空	Malaysia Airlines	マレーシア
MM	ピーチ・アビエーション	Peach Aviation	日本
MS	エジプト航空	Egyptair	エジプト
MU	中国東方航空	China Eastern Airlines	中国
NH	全日本空輸	All Nippon Airways	日本
NX	マカオ航空	Air Macau	中国（マカオ）
NZ	ニュージーランド航空	Air New Zealand	ニュージーランド
OM	MIAT モンゴル航空	MIAT-Mongolian Airlines	モンゴル
OS	オーストリア航空	Austrian Airlines	オーストリア
OZ	アシアナ航空	Asiana Airlines	韓国
PK	パキスタン国際航空	Pakistan International Airlines	パキスタン
PR	フィリピン航空	Philippine Airlines	フィリピン
QF	カンタス航空	Qantas Airways	オーストラリア
QR	カタール航空	Qatar Airways	カタール
RA	ネパール航空	Nepal Airlines	ネパール
SA	南アフリカ航空	South African Airways	南アフリカ
SB	エアカラン（エア・カレドニア・インターナショナル）	Aircalin（Air Caledonie International）	ニューカレドニア（フランス領）
SK	スカンジナビア航空	SAS Scandinavian Airlines	デンマーク・ノルウェー・スウェーデン
SQ	シンガポール航空	Singapore Airlines	シンガポール
SU	アエロフロート・ロシア航空	Aeroflot Russian Airlines	ロシア
TG	タイ国際航空	Thai Airways International	タイ
TK	ターキッシュ・エアラインズ	Turkish Airlines	トルコ
UA	ユナイテッド航空	United Airlines	アメリカ
UL	スリランカ航空	SriLankan Airlines	スリランカ
VN	ベトナム航空	Vietnam Airlines	ベトナム
ZH	深圳航空	Shenzhen Airlines	中国

プラスアルファ
コードは、英語名に由来するものが多いが、なかには規則性のないものもある。

2. 都市コード・空港コード

主要な「都市コード」と「空港コード」を覚えましょう。都市コードと空港コードが異なる場合や、都市によっては、空港が複数ある場合もあります。また、試験では都市や空港が属する国が問われることがありますので、あわせて覚えましょう。

■ 図表2　都市コード・空港コード（主なもの）

コード	都市名・空港名	国
ADL	アデレード	オーストラリア
AKL	オークランド	ニュージーランド
AMS	アムステルダム	オランダ
ANC	アンカレジ	アメリカ
ANK	アンカラ	トルコ
ATH	アテネ	ギリシャ
ATL	アトランタ	アメリカ
AUH	アブダビ	アラブ首長国連邦
BCN	バルセロナ	スペイン
BER	ベルリン	ドイツ
BJS	北京	中国
	・PEK：北京首都国際空港 ・PKX：北京大興国際空港	
BKK	バンコク	タイ
BNE	ブリスベン	オーストラリア
BOM	ムンバイ	インド
BOS	ボストン	アメリカ
BRU	ブリュッセル	ベルギー
BUD	ブダペスト	ハンガリー
CAI	カイロ	エジプト
CAN	広州	中国
CBR	キャンベラ	オーストラリア
CHC	クライストチャーチ	ニュージーランド
CHI	シカゴ	アメリカ
	・ORD：オヘア国際空港	
CJU	済州島	韓国
CNS	ケアンズ	オーストラリア
CNX	チェンマイ	タイ
CPH	コペンハーゲン	デンマーク
DAD	ダナン	ベトナム
DEL	デリー	インド
DEN	デンバー	アメリカ

コード	都市名・空港名	国
DFW	ダラス／フォートワース	アメリカ
DLC	大連	中国
DPS	デンパサール	インドネシア
DTT	デトロイト	アメリカ
DUB	ダブリン	アイルランド
DUS	デュッセルドルフ	ドイツ
DXB	ドバイ	アラブ首長国連邦
FRA	フランクフルト	ドイツ
FUK	福岡	日本
GVA	ジュネーブ	スイス
HAM	ハンブルク	ドイツ
HAN	ハノイ	ベトナム
HEL	ヘルシンキ	フィンランド
HKG	香港	中国
HKT	プーケット	タイ
HNL	ホノルル （ダニエル・K・イノウエ国際空港）	アメリカ・オアフ島
HOU	ヒューストン	アメリカ
ISB	イスラマバード	パキスタン
IST	イスタンブール	トルコ
JKT	ジャカルタ	インドネシア
	・CGK：スカルノハッタ空港	
JNB	ヨハネスブルク	南アフリカ
KHH	高雄	台湾
KOA	コナ （エリソン・オニヅカ・コナ国際空港）	アメリカ・ハワイ島
KUL	クアラルンプール	マレーシア
KWI	クウェート	クウェート
KWL	桂林	中国
LAS	ラスベガス	アメリカ
LAX	ロサンゼルス	アメリカ
LED	サンクト・ペテルブルク	ロシア
LIS	リスボン	ポルトガル

コード	都市名・空港名	国
LON	ロンドン	イギリス
	・LHR：ヒースロー空港 ・LGW：ガトウィック空港	
MAD	マドリード	スペイン
MEL	メルボルン	オーストラリア
MEX	メキシコ・シティ	メキシコ
MIA	マイアミ	アメリカ
MIL	ミラノ	イタリア
MNL	マニラ（メトロ・マニラ）	フィリピン
MOW	モスクワ	ロシア
	・SVO：シェレメチェヴォ国際空港	
MRS	マルセイユ	フランス
MSY	ニューオリンズ	アメリカ
MUC	ミュンヘン	ドイツ
NAN	ナンディ	フィジー
NAP	ナポリ	イタリア
NCE	ニース	フランス
NGO	名古屋	日本
NYC	ニューヨーク	アメリカ
	・JFK：ジョン・エフ・ケネディ国際空港 ・EWR：ニューアーク・リバティ国際空港 ・LGA：ラ・ガーディア空港	
OOL	ゴールドコースト	オーストラリア
ORL	オーランド	アメリカ
OSA	大阪	日本
	・KIX：関西国際空港	・ITM：伊丹空港
OSL	オスロ	ノルウェー
PAR	パリ	フランス
	・CDG：シャルル・ド・ゴール空港 ・ORY：オルリー空港	
PEN	ペナン	マレーシア
PER	パース	オーストラリア
PHL	フィラデルフィア	アメリカ
PNH	プノンペン	カンボジア
PRG	プラハ	チェコ
PUS	釜山（プサン）	韓国
REP	シェムリアップ	カンボジア
RGN	ヤンゴン	ミャンマー
RIO	リオ・デ・ジャネイロ	ブラジル
ROM	ローマ	イタリア
	・FCO：フィウミチーノ空港	

コード	都市名・空港名	国
SAN	サンディエゴ	アメリカ
SAO	サンパウロ	ブラジル
SEA	シアトル	アメリカ
SEL	ソウル	韓国
	・ICN：仁川（インチョン）国際空港 ・GMP：金浦（キンポ）国際空港	
SFO	サンフランシスコ	アメリカ
SGN	ホーチミン・シティ	ベトナム
SHA	上海	中国
	・SHA：虹橋（ホンチャオ）国際空港 ・PVG：浦東（プドン）国際空港	
SIA	西安	中国
	・XIY：西安咸陽空港	
SIN	シンガポール	シンガポール
SJC	サンノゼ	アメリカ
SPK	札幌	日本
SPN	サイパン	北マリアナ諸島
STO	ストックホルム	スウェーデン
SVQ	セビリア	スペイン
SYD	シドニー	オーストラリア
TPE	台北	台湾
	・TPE：桃園国際空港	・TSA：松山空港
TYO	東京	日本
	・NRT：成田国際空港	・HND：羽田空港
VCE	ベニス（ベネチア）	イタリア
VIE	ウィーン	オーストリア
WAS	ワシントンD.C.	アメリカ
	・IAD：ダレス国際空港 ・DCA：ロナルド・レーガン・ナショナル空港	
WAW	ワルシャワ	ポーランド
WLG	ウェリントン	ニュージーランド
YEG	エドモントン	カナダ
YMQ	モントリオール	カナダ
YQB	ケベック・シティ	カナダ
YTO	トロント	カナダ
	・YYZ：レスター・B・ピアソン国際空港	
YVR	バンクーバー	カナダ
YYC	カルガリー	カナダ
YYJ	ビクトリア	カナダ
ZRH	チューリヒ	スイス

プラスアルファ
試験で出題される資料は、「OAG Flight Guide-Worldwide」という書籍に掲載されている。

2 OAG（全世界版航空時刻表）の見方

世界各都市の国際線の時刻表などがまとめて掲載されている OAG（オーエージー）（Official Airline Guide）の見方を学習します。

1. フライト・スケジュール

次の資料1を使って時刻表の見方を確認しましょう。

■資料1　OAG（抜粋）

①
From **Tokyo TYO**

London, UK LON 5938mls/ 9554km GMT
LHR-Heathrow Apt

②

days	validity	depart		arrive		flight	stops	equip	cabin	
MTWTFSS		0945	HND3	1325	LHR5	BA008	-	777	FCY	
MTWTFSS		0945	HND3	1325	LHR5	*JL7083	-	772	FCY	
MTWTFSS		1130	HND3	1510	LHR3	JL043	-	77W	FCY	ケース1
MTWTFSS		1130	HND3	1510	LHR3	*BA4603	-	773	FCY	
MTWTFSS		1140	HND3	1525	LHR2	NH211	-	77W	FCY	
MTWTFSS		1235	HND3	1610	LHR5	BA006	-	777	FCY	
MTWTFSS		1235	HND3	1610	LHR5	*JL7081	-	772	FCY	ケース2
M••••S•		1310	HND3	2105	LHR4	SU263	1	*	CY	
SU 263 Equipment 77W-SVO-321										
connections		depart		arrive		flight				
MTWTFSS		1105	NRT1	1550	ZRH	LX161	-	343	FCY	ケース3
		1700	ZRH	1750	LHR2	LX326	-	320	FCY	
•TW•F•S		1310	NRT1	1735	SVOD	SU261	-	333	CY	
		1950	SVOD	2105	LHR4	SU2584	-	321	CY	
③	④	⑤				⑥	⑦	⑧	⑨	

OAG Aviation提供

① 目的地など

資料1の出発地は東京（Tokyo／TYO）で、目的地はロンドン（London／LON）です。その他、この欄には、出発都市からの距離や時差（GMT）に関する情報が表示されています。

GMT
▶▶P479

② 直行便と乗継便

connectionsより下が**乗継便**、それより上が**直行便**の運航スケジュールです。乗継便の欄には、目的地まで2つ以上の便を乗り継ぐ場合の情報が表示されています。

プラスアルファ
試験では、フライト・スケジュールをもとに**飛行所要時間**を求める問題が出題されることもある。次のLesson2で学習する時差との相互理解が必要である。

③ 運航曜日（days）

運航曜日の頭文字が、月曜日から順に横7列で表示されます。

「・」となっている場合、その曜日は運航しないことを意味します。

Key Point ●運航期間の表示〈例〉

月	火	水	木	金	土	日
M	T	W	T	F	S	S

M · W · F S ·	← 月、水、金、土に運航する。
· T · T · · S	← 火、木、日に運航する。

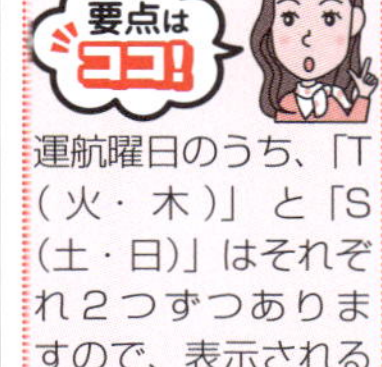

運航曜日のうち、「T（火・木）」と「S（土・日）」はそれぞれ2つずつありますので、表示される位置で曜日を判断します。

④ 運航期間（validity）

OAGは毎月発売されています。④には、各発売期間中に有効な運航期間が表示されます。

Key Point ●運航期間の見方〈例〉

- Until 16Jun → 6月16日まで
- From 17Jun → 6月17日から
- 24May - 14June → 5月24日から6月14日まで
- 1Aug Only → 8月1日のみ

月と曜日の英語表記 ▶▶P517

資料1のように、この欄に何も表示されていない場合は、発売期間中、③の欄の曜日はつねに運航することを意味します。

⑤ 出発（depart）・到着（arrive）の「時刻」と「空港」

出発時刻・空港、到着時刻・空港の順で表示されます。時刻は各都市の現地時間です。時刻の後ろに「＋1」とある場合、最初に出発した日の翌日に到着（または出発）することを意味します。また、空港に複数のターミナルがある場合、空港コードの後ろにターミナルコードが表示されます。

プラスアルファ

「＋2」（翌々日）や「－1」（前日）などもある。

Key Point ●到着日の見方〈例〉

6月10日に東京を出発する場合

1800 NRT2 0050＋1 SIN1 JL711

6月10日の18：00に成田国際空港の第2ターミナルから出発し、6月11日（東京出発日の翌日）の00：50にシンガポール空港の第1ターミナルに到着する。

0005 HND3 1615 −1 SFO1 JL002

6 月 10 日の 00：05 に羽田空港の第 3 ターミナルから出発し、6 月 **9 日**（東京出発日の**前日**）の 16：15 にサンフランシスコ空港の第 1 ターミナルに到着する。

⑥ 便名（flight）

航空会社コードと便の番号が表示されています。便名の左上に「★」が付いている場合（例：★JL7083）は、その便が**コードシェア便**（共同運航便）として**他社の機材および乗務員で運航する便**であることを意味します。

コードシェア便
▶▶ P218

⑦ 寄港地（stops）

目的地に向かう途中で**他の空港に寄る**ことを**寄港**（きこう）といいます。寄港する場合は、その回数に応じて「1」や「2」などの数字が表示され、寄港しない場合（ノンストップ）は、「−」と表示されます。

プラスアルファ
直行便でも、給油などのために寄港することがある。

⑧ 使用機材（equip）

航空便の使用機材を表す数字などが記載されています。この欄に「★」が表示されている場合は、寄港地で使用する機材が変わることを意味し、その詳細が次の行に記載されます。

⑨ サービスクラス（cabin）

航空便に設定されている**クラス**（客室）が表示されています。F、C、Y はそれぞれ次のクラスを意味します。

- F ＝ファーストクラス
- C ＝ビジネスクラス
- Y ＝エコノミークラス

以上をふまえ、資料 1 の情報を読み取りましょう。まずは、直行便です。

プラスアルファ
資料 1 で JL043 便の下に記載されている BA4603 便も、★マークが付いているのでコードシェア便である。JL043 便と BA4603 便は、運航曜日・期間、出発および到着時刻、利用するターミナルなどが一致している。このことから、BA4603 便は、JL043 便の機材・乗務員で運航する（JL と BA が共同で運航する）ことがわかる（2 便の使用機材の表示の違いは考慮不要。JL043 便の「77W」で運航される）。

CASE 1 直行便

MTWTFSS 1130 HND3 1510 LHR3 JL043 - 77W FCY

- 運航期間／曜日：全ての曜日（発売期間中は毎日運航）
- 便名：日本航空 043 便
- 出発空港／時刻：羽田空港　第 3 ターミナル　11：30
- 到着空港／時刻：ヒースロー空港　第 3 ターミナル　15：10
- 使用機材：77W（ボーイング社 777-300ER）
- クラス：ファースト・ビジネス・エコノミーの各クラス

次も直行便ですが、寄港地で機材が変わるケースです。

CASE 2 直行便

```
M••••S•        1310  HND3  2105  LHR4  SU263  1 *  CY
      SU 263 Equipment 77W-SVO-321
```

- 運航期間／曜日：発売期間中は毎週月・土曜日に運航
- 便名：アエロフロート・ロシア航空 263 便
- 出発空港／時刻：羽田空港　第３ターミナル　13：10
- 到着空港／時刻：ヒースロー空港　第４ターミナル　21：05
- 寄港：１回
- 使用機材：SU263 便の機材は、モスクワ（ロシア）のシェレメチェヴォ国際空港で、77W から 321 に変わる。
- クラス：ビジネスクラスとエコノミークラス

プラスアルファ
ケース２の使用機材「77W」はボーイング社の 777-300ER 型機を、「321」はエアバス社の A321 型機を意味する。

続いて、connections 欄の乗継便を見てみましょう。本文では、便の運航期間・曜日、出発・到着に関する情報を確認します。

CASE 3 乗継便

```
MTWTFSS    1105  NRT1  1550  ZRH   LX161  - 343 FCY
           1700  ZRH   1750  LHR2  LX326  - 320 FCY
```

- 運航期間／曜日：全ての曜日（発売期間中は毎日運航）

【1 行目の便】スイス・インターナショナル・エアラインズ 161 便
成田国際空港　第１ターミナル　11：05　出発
チューリヒ空港　15：50　到着

【2 行目の便】スイス・インターナショナル・エアラインズ 326 便
チューリヒ空港　17：00　出発
ヒースロー空港　第２ターミナル　17：50　到着

「乗継便」の場合は、最初の便の出発時刻と、最終目的地への到着時刻が**太字**で表示されます。ケース３では、NRT を出発する時刻（**1105**）と LHR に到着する時刻（**1750**）が太字になっていますね。

プラスアルファ
ケース３の便の使用機材、クラスは次のとおり。
LX161（寄港なし）
使用機材は 343、クラスはファースト、ビジネス、エコノミー。
LX326（寄港なし）
使用機材は 320、クラスはファースト、ビジネス、エコノミー。

2. MCT（Minimum connecting times）

航空便を乗り継ぐとき、敷地が広い空港では想像以上に時間を要することがあります。また、ロンドンのヒースロー空港とガトウィック空港のように離れた位置にある空港間を乗り継ぐこともあります。このようなことを考慮して、航空便を乗り継ぐ際に最低限必要とされる乗継時間があらかじめ定められています。この乗継時間のことを、**ミニマム・コネクティング・タイム**、略して、**MCT**（エムシーティー）**（最低乗継時間）**といいます。

■資料 2　OAG　Minimum connecting times（抜粋）

London, United Kingdom	LON
LHR (Heathrow)	
Terminal 2	1hr
Terminal 3 International to International	1hr 10mins
Terminal 4 International to International	1hr
Terminal 5	1hr
Terminal 2 to 3	1hr 15mins
Terminal 2 to 4	1hr 30mins
Terminal 2 to 5	1hr 30mins
Terminal 3 to 2	1hr 15mins
Terminal 3 to 4	1hr 30mins
LGW (Gatwick)	
South Terminal	
Domestic to Domestic	40mins
Domestic to International	45mins
Channel Islands to Domestic	50mins
International to Domestic	1hr
International to International	55mins
Inter-airport LHR to/from LGW	2hr 30mins

OAG Aviation提供

プラスアルファ
"mins" は「分」(minutes)、"hr" は「時間」(hour) を意味する。

P468 資料 1 に記載されている乗継便は、すべて MCT を満たしています。

資料 2 には、ロンドンの LHR（ヒースロー空港）と LGW（ガトウィック空港）に関する情報が記載されています。同じ空港内での乗り継ぎのパターンには、次の 4 つがあります。

Key Point　● MCT の見方

- Domestic to Domestic：国内線どうしの乗り継ぎ
- Domestic to International：国内線から国際線への乗り継ぎ
- International to Domestic：国際線から国内線への乗り継ぎ
- International to International：国際線どうしの乗り継ぎ

資料 2 の「LHR（Heathrow）」の欄を見てみましょう。この空港はターミナルが複数あるため、ターミナルごとに、またターミナル間の移動が必要な乗り継ぎについて、それぞれ MCT が定められています。なお、資料の一番下の欄にある **Inter-airport LHR to/from LGW** は、**ヒースロー空港とガトウィック空港間の移動を要する乗り継ぎ**を意味します。

プラスアルファ
資料 2 の LHR の Terminal 2 には、第 2 ターミナル内で航空便を乗り継ぐ場合の MCT が、Terminal 2 to 3 には、第 2 ターミナルから第 3 ターミナルへ移動して乗り継ぐ場合の MCT が表示されている。

3. MCT に適合する乗り継ぎ

航空便を乗り継ぐ際には、「最低乗継時間」（MCT）を満たさなければなりません。ここでは、次の資料 3 と資料 4 を使って MCT に適合する乗り継ぎを学習します。

■資料３　OAG（抜粋）

From Tokyo TYO

Paris PAR 6033mls/ 9707km GMT+1
CDG-C. de Gaulle

MTWTFSS	**0030**	HND$_3$	**0530**	CDG$_{2E}$	**AF293**	-	772	FCY
MTWTFSS	**1040**	HND$_3$	**1515**	CDG$_1$	**NH215**	-	777	FCY
MTWTFSS	**1050**	HND$_3$	**1540**	CDG$_{2E}$	**JL045**	-	77W	FCY
MTWTFSS	**1210**	NRT$_1$	**1655**	CDG$_{2E}$	**AF275**	-	77W	FCY
•TW•F•S Until 23Dec	**1310**	NRT$_1$	**2100**	CDG$_{2C}$	**SU261**	1	*	CY
SU 261 Equipment 333-SVO-320								
M••T•SS	**1340**	HND$_3$	**1825**	CDG$_{2E}$	**AF279**	-	772	FCY
MTWTFSS	**1505**	NRT$_2$	**1940**	CDG$_{2E}$	**JL415**	-	788	CY

From Paris PAR

Marseille MRS 410mls/ 659km GMT+1
MRS-Provence Apt, XRF-Marseille R

MTWTF•S Until 30Dec	**1530**	ORY$_W$	**1645**	MRS$_4$	**AF6026**	-	321	FCY
MTWTFSS	**1555**	CDG$_{2F}$	**1715**	MRS$_4$	**AF7666**	-	320	FCY
MTWTF••	**1715**	ORY$_W$	**1830**	MRS$_4$	**AF6036**	-	319	FCY
••••••S	**1730**	ORY$_W$	**1845**	MRS$_4$	**AF6036**	-	320	FCY
MTWTF•• Until 19Dec	**1745**	ORY$_W$	**1900**	MRS$_4$	**AF6038**	-	319	FCY
MTWTF•S Until 30Dec	**1815**	ORY$_W$	**1930**	MRS$_4$	**AF6040**	-	320	FCY
•••••S•	**1820**	ORY$_W$	**1935**	MRS$_4$	**AF6040**	-	319	FCY
•••••SS	**1830**	CDG$_{2F}$	**1950**	MRS$_4$	**AF7668**	-	319	FCY
MTWTF••	**1840**	CDG$_{2F}$	**2000**	MRS$_4$	**AF7668**	-	319	FCY
MTWTF•S	**1845**	ORY$_W$	**2000**	MRS$_4$	**AF6042**	-	319	FCY
MTWTF•• Until 19Dec	**2040**	ORY$_W$	**2155**	MRS$_4$	**AF6050**	-	320	FCY
••••••S	**2050**	ORY$_W$	**2205**	MRS$_4$	**AF6050**	-	320	FCY
••••••S	**2130**	ORY$_W$	**2245**	MRS$_4$	**AF6054**	-	319	FCY
MTWTFSS	**2145**	CDG$_{2F}$	**2305**	MRS$_4$	**AF7670**	-	319	FCY

■資料４　OAG（抜粋）

Minimum connecting times

Paris, France **PAR**

SWISS flights (except to/from Nice) and all Air France flights between Geneva and France are domestic.

CDG (Charles de Gaulle)

Aerogare 1	
Domestic to Domestic	**1hr 30mins**
Domestic to International	**1hr 30mins**
International to Domestic	**1hr 30mins**
International to International	**1hr 30mins**
Aerogare 2 A/B/C/D/E/F/G	
Domestic to Domestic	**1hr 30mins**
Domestic to International	**1hr 30mins**
International to Domestic	**1hr 30mins**
International to International	**1hr 30mins**
Between Aerogare 1 and Aerogare 2 A/B/C/D/E/F	
Domestic to Domestic	**2hr**
Domestic to International	**2hr**
International to Domestic	**2hr**
International to International	**2hr**
Inter-airport CDG to/from ORY	
Domestic to Domestic	**3hr**
Domestic to International	**3hr**
International to Domestic	**3hr**
International to International	**3hr**

OAG Aviation提供

CASE 4　MCTの適合（同じ空港内での乗り継ぎ）

東京－パリ－マルセイユの旅程で、11月12日（水）に、東京－パリ間で全日本空輸（NH）215便を利用し、当日中にパリのシャルル・ド・ゴール空港で、マルセイユ行の便に乗り継ぐ場合、Minimum connecting timesに適合する航空便のうち、最も早いマルセイユ行の便は？

【手順１】東京－パリ間の指定の便を探す（資料３の左側参照）。
NH215便　HND$_3$　10：40発　→　CDG$_1$　15：15着

プラスアルファ

資料４の上部に、「SWISS flights (except to/from ～ domestic.」という記載がある。これは、"ジュネーブとフランス間を運航するスイス・インターナショナル・エアラインズの便（ニース発着便を除く）およびすべてのエール・フランスの便は国内線扱いとする。"という例外規定である。
MCTの適用に例外がある場合、上記のような記載があるので、試験でも必要に応じてこの部分を確認すること。

プラスアルファ

Aerogareは、フランス語で「(エア）ターミナル」を意味する。よって、Aerogare1は、"第1ターミナル"となる。

　この便は、パリのシャルル・ド・ゴール空港の第 1 ターミナル（CDG$_1$）に 15：15 に到着する。

【手順 2】パリでの乗り継ぎターミナルを確認する（資料 3 の右側参照）。

　シャルル・ド・ゴール空港（CDG）内でマルセイユ行の便に乗り継ぐ場合、資料 3（右側）より、ターミナルはすべて「2F」と記載されていることから、シャルル・ド・ゴール空港の第 2 ターミナル F から出発することがわかる。

【手順 3】MCT を確認する（資料 4 参照）。

　シャルル・ド・ゴール空港での乗り継ぎのターミナルは、手順 1 より、パリ着が「第 1 ターミナル」、手順 2 より、パリ発（マルセイユ行）が「第 2 ターミナル F」とわかった。「第 1 ターミナル」と「第 2 ターミナル F」間の乗り継ぎであって、なおかつ「東京－パリ（国際線）」から「パリ－マルセイユ（国内線）」に乗り継ぐ場合の MCT は、資料 4 の次の欄を参照する。

Between Aerogare 1 and Aerogare 2 A/B/C/D/E/F	
International to Domestic	**2hr**

　資料より、この場合の MCT は 2 時間である。

【手順 4】MCT に適合するマルセイユ行の最も早い航空便を確認する（資料 3 の右側参照）。

　手順 3 で確認したとおり、パリ発マルセイユ行の航空便は、NH215 便がパリに到着する 15：15 の 2 時間後以降に出発する便でなければならない。

　15：15（パリ到着時刻）＋ 2：00（MCT）＝ 17：15 → 17 時 15 分

15:15着　パリ　17時15分以降に出発する便は?
東京　マルセイユ
2時間（MCT）

　資料 3（右側）より、11 月 12 日（水）の 17 時 15 分以降にパリのシャルル・ド・ゴール空港から出発するマルセイユ行の航空便のうち、最も早い便は、18：40 発の AF7668 便である。

　続いて、パリでの乗り継ぎが異なる空港間であるケースを確認します。ケース 4 と同様に、資料 3 と資料 4 を使用します。

プラスアルファ
ターミナルを移動して乗り継ぐ場合の MCT は、空港によっては、P472 の資料 2 の「Terminal 2 to 3」のように表示される。

プラスアルファ
同じ空港内での乗り継ぎのパターンは様々。例えば、第1ターミナル（Aerogare1）内で乗り継ぐ場合の MCT は、資料 4「Aerogare1」に記載されている。

資料 3（右側）のうち、17 時 15 分以降にシャルル・ド・ゴール空港から出発するマルセイユ行の便は、次の 3 便です。
① 18：30 発 AF7668
② 18：40 発 AF7668
③ 21：45 発 AF7670

ケース 4 は 11 月 12 日「水曜日」に搭乗するという設定なので、この条件に合う便は、②と③に絞られます（①は運航曜日が土日のみなので条件に合わない）。②と③のうち、出発時間がより早い②の便がこのケースの答えとなります。

CASE 5 MCTの適合（異なる空港間の乗り継ぎ）

東京－パリ－マルセイユの旅程で、11月12日（水）に、東京－パリ間で全日本空輸（NH）215便を利用し、パリのシャルル・ド・ゴール空港からオルリー空港に移動し、当日中にオルリー空港からマルセイユ行の便に乗り継ぐ場合、Minimum connecting timesに適合する航空便のうち、最も早いマルセイユ行の便は？

【手順1】東京－パリ間の指定の便を探す（資料3の左側参照）。

NH215便　HND_3　10：40発　→　CDG_1　15：15着

この便は、パリのシャルル・ド・ゴール空港の第1ターミナル（CDG_1）に15：15に到着する。

【手順2】MCTを確認する（資料4参照）。

シャルル・ド・ゴール空港とオルリー空港間で、国際線から国内線に乗り継ぐ場合のMCTは、資料4の次の記載により、3時間とわかる。

Inter-airport CDG to/from ORY	
International to Domestic	3hr

【手順3】MCTに適合するマルセイユ行の最も早い航空便を確認する（資料3の右側参照）。

手順2で確認したとおり、パリ発マルセイユ行の航空便は、NH215便がパリに到着する15：15の3時間後以降に出発する便でなければならない。

15：15（パリ到着時刻）＋3：00（MCT）＝18：15→ 18時15分

資料3（右側）より、11月12日（水）の18時15分以降にパリのオルリー空港から出発するマルセイユ行の航空便のうち、最も早い便は、18：15発のAF6040便である。

以上、ここでは「同じ空港内」での乗り継ぎと「異なる空港間」での乗り継ぎのケースを使ってMCTの適合を確認しました。いずれのケースも、最初に搭乗する便が**到着する**時刻・空港（ターミナル）と、乗継便が**出発する**時刻・空港（ターミナル）、さらに、その乗り継ぎパターンに合うMCTを資料から読み取ることがポイントとなります。必要な情報を正確に読み取ることができるよう、資料の見方に慣れておきましょう。

プラスアルファ

シャルル・ド・ゴール空港とオルリー空港間の乗り継ぎのように、異なる空港間で航空便を乗り継ぐ場合には、空港間の移動時間が考慮されているため、同じ空港内での乗り継ぎより、MCTが長めに設定されていることが多い。

●次の設問について該当するものを、選択肢からすべて選びなさい。

□ 1　次の国名と都市コードとの組み合わせのうち、2 つの都市コードの両方が当該国の都市として存在している組み合わせをすべて選びなさい。 総 令2

a．カンボジア　－　PNH　－　REP
b．トルコ　－　ANK　－　IST
c．ブラジル　－　RIO　－　SAN

□ 2　次の国名と都市コードとの組み合わせのうち、2 つの都市コードの両方が当該国の都市として所在しているものをすべて選びなさい。 総 平30

a．カナダ　－　YVR　－　YYC
b．スイス　－　GVA　－　ZRH
c．タイ　－　BKK　－　CNX

□ 3　次の航空会社コードと航空会社名との組み合わせのうち、正しいものをすべて選びなさい。 総 平30

a．AC　－　Air China
b．CA　－　China Airlines
c．CX　－　Cathay Pacific Airways

□ 4　次の航空会社コードと航空会社名との組み合わせのうち、正しいものをすべて選びなさい。 総 令3

a．QR　－　Qatar Airways
b．SB　－　Aircalin（Air Caledonie International）
c．VN　－　Vietnam Airlines

□ 5　東京発パリ行の航空便に関する次の記述のうち、誤っているものをすべて選びなさい。
総 平28　＊資料 1 参照。

a．出発日の翌日にパリに到着する便は、エールフランスのみである。
b．羽田発と成田発の便があるのは、日本航空のみである。
c．SU261 便は、モスクワで機材を変更する。
d．月・木・土曜日発のアエロフロート ロシア航空は乗り継ぎ便のみの運航である。

□ 6　10 月 11 日（日）に、東京発の航空機でロンドンを経由して、当日中にそれぞれの目的地に乗り継ぐ場合、OAG Minimum connecting times に適合しているものをすべて選びなさい。（すべての乗継便は、10 月 11 日に運航しているものとする。）
総 令2改　＊資料 2 参照。

	東京～ロンドン 便名（着ターミナル、着時刻）	最終目的地	乗り継ぎ 便名（発ターミナル、発時刻）
a．	JL041　（LHR5 06：25）	エディンバラ（EDI）	BA1432（LHR5 07：30）
b．	BA008　（LHR5 13：10）	ダブリン（DUB）	BA5907（LGW　15：15）
c．	NH211　（LHR2 16：10）	ニース（NCE）	BA356　（LHR5 17：45）

〔資料 1〕 OAG（抜粋）

From **Tokyo TYO**

Paris PAR 6033mls/9707km GMT+2
CDG-C. de Gaulle

days validity	depart		arrive		flight	stops	equip	cabin
M••••SS	**0735**	HND3	**1250**	CDG2E	**AF279**	-	772	FCY
MTWTFSS	**1035**	HND3	**1610**	CDG2E	**JL045**	-	77W	FCY
MTWTFSS	**1100**	NRT1	**1625**	CDG2E	**AF275**	-	77W	FCY
MTWTFSS	**1105**	HND3	**1625**	CDG1	**NH215**	-	788	FCY
MTWTFSS	**1140**	NRT2	**1710**	CDG2E	**JL415**	-	788	CY
•TW•F•S	**1200**	NRT1	**2050**	CDG2C	**SU261**	1	*	CY
SU 261 Equipment 333-SVO-320								
MTWTFSS	**2255**	HND3	**0430**+1	CDG2E	**AF293**	-	77W	FCY
connections	depart		arrive		flight			
MTWTFSS	**1025**	NRT1	1550	ZRH	**LX161**	-	343	FCY
	1650	ZRH	**1805**	CDG1	***LX656**	-	100	FCY
M••••S•	**1200**	NRT1	1610	SVOD	**SU263**	-	333	CY
	1845	SVOE	**2140**	CDG2E	***SU4456**	-	319	CY
•••T•••	**1200**	NRT1	1610	SVOD	**SU265**	-	333	CY
	1845	SVOE	**2140**	CDG2E	***SU4456**	-	319	CY
MTWT•SS	**1235**	NRT2	1710	LHR5	**BA006**	-	777	CY
	2035	LHR5	**2250**	CDG2A	**BA326**	-	319	CY
••••F••	**1235**	NRT2	1710	LHR5	**BA006**	-	777	CY
	2040	LHR5	**2255**	CDG2A	**BA326**	-	319	CY

OAG Aviation提供

〔資料 2〕 OAG（抜粋）

Minimum connecting times

London, United Kingdom	**LON**
Flights to the Rep. of Ireland and Channel Islands are domestic. Flights from these points are international.	
LHR (Heathrow)	
Terminal 2	**1hr**
Terminal 3	
International to International	**1hr 10mins**
Terminal 4	
International to International	**1hr**
Terminal 5	**1hr**
Terminal 2 to 3	**1hr 15mins**
Terminal 2 to 4	**1hr 30mins**
Terminal 2 to 5	**1hr 30mins**
LGW (Gatwick)	
South Terminal	
Domestic to Domestic	**40mins**
Domestic to International	**45mins**
Channel Islands to Domestic	**50mins**
International to Domestic	**1hr**
International to International	**55mins**
Inter-airport LHR to/from LGW	**2hr 30mins**
Inter-airport LHR to/from LTN	**3hr 25mins**
Inter-airport LHR to LCY	**3hr 30mins**

CAG Aviation提供

解答 1. a、b　a．PNH（プノンペン）、REP（シェムリアップ）＝カンボジア。b．ANK（アンカラ）、IST（イスタンブール）＝トルコ。c．RIO（リオ・デ・ジャネイロ）はブラジルの都市だが、SAN（サンディエゴ）はアメリカの都市。

2. a、b、c　a．YVR（バンクーバー）、YYC（カルガリー）＝カナダ。b．GVA（ジュネーブ）、ZRH（チューリヒ）＝スイス、c．BKK（バンコク）、CNX（チェンマイ）＝タイ。

3. c　AC は Air Canada（エア・カナダ）の航空会社コード。Air China（中国国際航空）の航空会社コードは CA なので、a は誤り。CA は前述のとおり、Air China の航空会社コードであり、China Airlines（チャイナ・エアライン）の航空会社コードは CI なので、b も誤り。

4. a、b、c　QR は Qatar Airways（カタール航空）、SB は Aircalin（Air Caledonie International）（エアカラン〔エア・カレドニア・インターナショナル〕）、VN は Vietnam Airlines（ベトナム航空）の航空会社コードなので、すべて正しい。

5. b　a．arrive 欄のパリ到着時刻の後ろに、**出発日の翌日到着**を意味する「＋1」が表示されているのは、エールフランスの便（AF293）のみなので正しい。b．AF279 便と AF293 便の出発空港は“HND”（羽田空港）で、AF275 便の出発空港は“NRT”（成田空港）である。**エールフランスにも、羽田発と成田発の便がある**ので誤り。c．アエロフロート ロシア航空（SU）261 便の stops 欄に“1”とあるため、パリへ向かう途中で 1 回寄港する。また、equip 欄に、“★”があり、すぐ下の行に“SU 261 Equipment 333-SVO-320”と記載されているので、正しい。d．直行便の SU261 便は、「火、水、金、日」に運航。乗り継ぎ便の上から 2 段目の SU263/4456 便は「月、土」、乗り継ぎ便の上から 3 段目の SU265/4456 便は「木」に運航。月、木、土曜日発の SU 便は、乗り継ぎ便のみの運航なので正しい。

6. a、c　a．「LHR5」（Terminal 5）内での乗り継ぎの場合、MCT は 1 時間。6：25＋1：00＝7：25 なので、LON 発は 7 時 25 分以降でなければならない。BA1432 便は 7：30 発なので○。b．「LHR→LGW」（Inter-airport LHR to/from LGW）の場合、MCT は 2 時間 30 分。13：10＋2：30＝15：40 なので、LON 発は 15 時 40 分以降でなければならない。BA5907 便は 15：15 発なので×。c．「LHR2→LHR5」（Terminal 2 to 5）の場合、MCT は 1 時間 30 分。16：10＋1：30＝17：40 なので、LON 発は 17 時 40 分以降でなければならない。BA356 便は 17：45 発なので○。以上により、a、c が適合する。

●第1章●

Lesson 2

時差と飛行所要時間

重要度 A

学習項目

◎時差の概要
◎「時差表」の見方
◎現地時間の計算
◎飛行所要時間の計算

学習ポイント

●時差の基礎知識を把握する。
●「時差表」の見方を把握する。
●夏時間（DST）とその実施期間を理解する。
●２都市間の時差計算を理解する。
●現地時間の計算を理解する。
●飛行所要時間の計算を理解する。

1 時差の概要

試験では、時差に関する問題が毎年出題されています。「時差の概要」と、試験で提示される「時差表」の見方を学習します。

■ 図表１　世界の標準時間と日付変更線（略図）

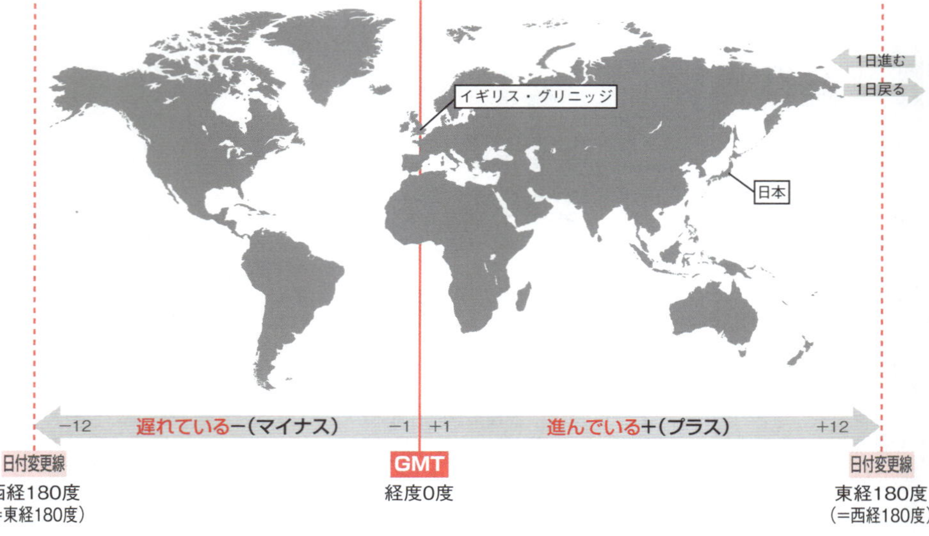

1. 時差の基礎知識

(1) 世界の標準時間

時差は、イギリスのロンドン郊外にある**グリニッジ天文台跡を通る経度0度**の線上を**世界の標準時間**として考えます。この時間のことをグリニッジ標準時（Greenwich Mean Time：**GMT**（ジーエムティー））といいます。世界は、GMTを0（ゼロ）として、そこから経度15度ごとに東西それぞれ12（合計で24）の時間帯に分けられています。各都市の時間は、図表1にあるとおり、経度0度の線から**西側**（地図上では左）ではGMTより**遅れて**おり、**東側**（地図上では右）ではGMTより**進んでいます**。

日本は、東経135度の線上（兵庫県明石市などを通る）の時間を標準時間としていますので、135度÷15度＝9（時間）より、GMT＋9、つまり、GMTより9時間進んでいることになります。

海外旅行先から日本に電話をするときは、日本が今何時かを知っておきたいところですね。また、国際線の出発・到着時刻は、各都市の現地時間で表示されることが多いので、便の「飛行所要時間」を考える際にも、時差を考慮する必要があります。

(2) 日付変更線

1日は24時間なので、図表1の**「日付変更線（ひづけへんこうせん）」**を基準に日付を切り替えることになっています（図表の左右にある日付変更線は同じものです）。日付の切り替えは、例えば、日本からアメリカ方面に日付変更線を越える場合は、日付が**戻り**、逆のルートの場合は、**進みます**。

CASE 1　日付の変更

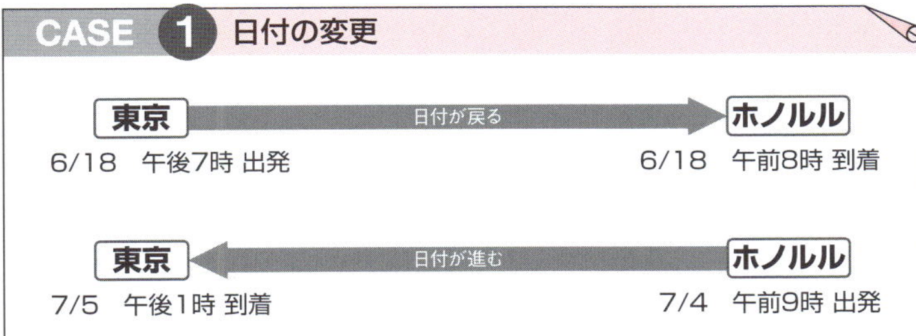

プラスアルファ

夜に東京を出発して、飛行機に数時間乗っていたにもかかわらず、同じ日の朝にホノルルに到着することがある。これは、西から東に日付変更線を越えたことにより、日付が戻るためである。

2. 時差表（International Time Calculator）の見方

試験では、Lesson1で学習した「OAG」に掲載されている**時差表**が資料として提示されます。時差表は、英語で表記される**国ごと**に、AからZの順で記載されています。次の資料1は、そのうちのいくつかを抜粋したものです。

海外旅行実務　総

■資料1 OAG International Time Calculator（抜粋）

A	Hours ±GMT	DST ±GMT	Daylight saving time DST (period)
Argentina	-3		
Australia**			
Lord Howe Island	+10.30	+11	03 Oct 21 - 03 Apr 22
Capital Territory, NSW (excluding Lord Howe Island and Broken Hill), Victoria	+10	+11	03 Oct 21 - 03 Apr 22
Northern Territory	+9.30		
Queensland	+10		
South Australia, Broken Hill	+9.30	+10.30	03 Oct 21 - 03 Apr 22
Western Australia	+8		
Tasmania	+10	+11	03 Oct 21 - 03 Apr 22
Austria	+1	+2	27 Mar 22 - 30 Oct 22
Azerbaijan	+4		

C	Hours ±GMT	DST ±GMT	Daylight saving time DST (period)
Cambodia	+7		
Cameroon	+1		
Canada**			
Newfoundland Island (excluding Labrador)	-3.30	-2.30	13 Mar 22 - 06 Nov 22
Atlantic Area including Labrador	-4	-3	13 Mar 22 - 06 Nov 22
Eastern Time	-5	-4	13 Mar 22 - 06 Nov 22
Central Time except Saskatchewan	-6	-5	13 Mar 22 - 06 Nov 22
Mountain Time Zone	-7	-6	13 Mar 22 - 06 Nov 22
Pacific Time	-8	-7	13 Mar 22 - 06 Nov 22
Atlantic Areas not observing DST	-4		
Eastern Areas not observing DST	-5		
Saskatchewan	-6		
Mountain Areas not observing DST	-7		
China	+8		
Chinese Taipei	+8		
Czech Republic	+1	+2	27 Mar 22 - 30 Oct 22

G	Hours ±GMT	DST ±GMT	Daylight saving time DST (period)
Germany	+1	+2	27 Mar 22 - 30 Oct 22
Ghana	GMT		
Gibraltar	+1	+2	27 Mar 22 - 30 Oct 22
Greece	+2	+3	27 Mar 22 - 30 Oct 22
Guam	+10		

J	Hours ±GMT	DST ±GMT	Daylight saving time DST (period)
Jamaica	-5		
Japan			
Jordan	+2	+3	25 Mar 22 - 28 Oct 22

K	Hours ±GMT	DST ±GMT	Daylight saving time DST (period)
Kenya	+3		
Korea Republic of	+9		
Kuwait	+3		

N	Hours ±GMT	DST ±GMT	Daylight saving time DST (period)
Nepal	+5.45		
Netherlands	+1	+2	27 Mar 22 - 30 Oct 22
New Caledonia	+11		
New Zealand**			
Mainland except Chatham Island	+12	+13	26 Sep 21 - 03 Apr 22
Chatham Islands	+12.45	+13.45	26 Sep 21 - 03 Apr 22
Northern Mariana Islands	+10		
Norway	+1	+2	27 Mar 22 - 30 Oct 22

P	Hours ±GMT	DST ±GMT	Daylight saving time DST (period)
Pakistan	+5		
Palau	+9		
Panama	-5		
Paraguay	-4	-3	03 Oct 21 - 25 Mar 22
Peru	-5		
Philippines	+8		
Pitcairn Islands	-8		
Poland	+1	+2	27 Mar 22 - 30 Oct 22
Portugal**			
Mainland and Madeira	GMT	+1	27 Mar 22 - 30 Oct 22
Azores	-1	GMT	27 Mar 22 - 30 Oct 22

S	Hours ±GMT	DST ±GMT	Daylight saving time DST (period)
South Africa	+2		
South Sudan	+2		
Spain**			
Mainland, Balearics, Melilla, Ceuta	+1	+2	27 Mar 22 - 30 Oct 22
Canary Islands	GMT	+1	27 Mar 22 - 30 Oct 22
Sri Lanka	+5.30		
Sudan	+2		

T	Hours ±GMT	DST ±GMT	Daylight saving time DST (period)
Tajikistan	+5		
Tanzania United Republic of	+3		
Thailand	+7		
Timor-Leste	+9		
Togo	GMT		
Tonga	+13		
Trinidad and Tobago	-4		
Tunisia	+1		
Turkey	+3		

U	Hours ±GMT	DST ±GMT	Daylight saving time DST (period)
United Arab Emirates	+4		
United Kingdom	GMT	+1	27 Mar 22 - 30 Oct 22
United States Minor Outlying Islands**			
Johnston Atoll	-10		
Midway Island	-11		
Wake Island	+12		
USA**			
Eastern Time except Indiana	-5	-4	13 Mar 22 - 06 Nov 22
Central Time	-6	-5	13 Mar 22 - 06 Nov 22
Mountain Time except Arizona	-7	-6	13 Mar 22 - 06 Nov 22
Mountain Time Zone - Arizona	-7		
Pacific Time	-8	-7	13 Mar 22 - 06 Nov 22
Alaska	-9	-8	13 Mar 22 - 06 Nov 22
Aleutian Islands	-10	-9	13 Mar 22 - 06 Nov 22
Hawaiian Islands	-10		
Uruguay	-3		
Uzbekistan	+5		

V	Hours ±GMT	DST ±GMT	Daylight saving time DST (period)
Vanuatu	+11		
Venezuela	-4		
Viet Nam	+7		
Virgin Islands, British	-4		
Virgin Islands, US	-4		

OAG Aviation提供

このうち U の欄に記載される「USA」の欄の 1 行目を例に①～④の見方を確認します。

■ 図表 2　時差表　USA（抜粋）

U	Hours ±GMT	DST ±GMT	Daylight saving time DST (period)
USA★★			
Eastern Time except Indiana	-5	-4	13Mar 22-06 Nov22
①	②	③	④

Key Point ●時差表の見方

① 国名／エリア：アメリカ／東部（インディアナ州は除く）
② 夏時間実施期間以外の GMT との時差：－ 5
③ **夏時間実施期間中**の GMT との時差：－ 4
④ 夏時間実施期間：2022 年 3 月 13 日～ 11 月 6 日

アメリカのように国土が東西に広い国では、一つの国の中に**複数の時間帯**（**エリア**）が存在することがあります。これを表す記号として、国名の右上に「★★」がついています。①はボストンやニューヨークなどアメリカの東部（インディアナ州は除く）に関する情報です。次に、U の部分の右側に記載されている**「DST」**とは“Daylight saving time”の略で、**夏時間**を意味します。「夏時間」とは、日照時間を有効に活用するため、一定の期間、時間を**1 時間**（一部の地域では 30 分）**進める**ことをいいます。時差表では、④の欄に夏時間を実施する期間が、③の欄にその期間中における GMT との時差が表示されます。

3. 複数の時間帯がある国

資料 1 の　　　部分のように、エリアの表記が複数行にわたる場合、そのエリアの最後の行に GMT との時差が表示されます。例えば、　　　部分は、「Capital Territory」から「Victoria」までの 3 行が一つのエリアであり、このエリアには、「Victoria」の行に表示されている「＋ 10」または「＋ 11（DST）」が適用されます。

なお、試験では、**都市名**で出題されるため、次の図表 3 を参考に各エリアに属する主な都市を確認しておきましょう。

プラスアルファ
実際の時差表は A ～ Z で構成されているが、試験では、設問に必要な欄の資料が提示されるので、時差の数値を覚えておく必要はない。

「－ 5」は“GMT より 5 時間遅れている”、「－ 4」は“GMT より 4 時間遅れている”ことを意味します。

プラスアルファ
夏時間を実施するかどうかは国や地域によって異なる（夏時間を実施しない国は③と④の欄が空欄になっている）。また、夏時間の「実施期間」も国によって異なり、北半球では 3 月～ 11 月頃、南半球では、9 月～翌年 4 月頃の間で設定される。

プラスアルファ
中国（China）も東西に広いが、国として「＋ 8」で統一されている。

■ 図表３　エリア区分（主なもの）

	エリア	主な都市・地域
USA（アメリカ）	Eastern Time except Indiana（東部：インディアナ州は除く）	ボストン、ニューヨーク、ワシントン D.C.、マイアミ、アトランタ、デトロイト
	Central Time（中央部）	シカゴ、ダラス、ミネアポリス、ニューオリンズ、ヒューストン
	Mountain Time except Arizona（山岳部：アリゾナ州は除く）	デンバー、ソルト・レーク・シティ
	Pacific Time（太平洋側）	ロサンゼルス、サンフランシスコ、サンノゼ、シアトル、ラスベガス、ポートランド
	Hawaiian Islands（ハワイ諸島）	ホノルル、コナ
Canada（カナダ）	Atlantic Area including Labrador（大西洋側）	ハリファックス、プリンス・エドワード島
	Eastern Time（東部）	オタワ、トロント、ケベック・シティ、モントリオール
	Central Time except Saskatchewan（中央部：サスカチュワン州は除く）	ウィニペグ
	Mountain Time Zone（山岳部）	カルガリー、ジャスパー、エドモントン
	Pacific Time（太平洋側）	バンクーバー、ビクトリア
Australia（オーストラリア）	Capital Territory, NSW, Victoria ＊一部省略（首都近郊、ニューサウスウェールズ州、ビクトリア州）	キャンベラ、シドニー、メルボルン
	Northern Territory（ノーザン·テリトリー）	ダーウィン、アリス・スプリングス
	Queensland（クイーンズランド州）	ケアンズ、ブリスベン、ゴールドコースト
	South Australia, Broken Hill（南オーストラリア州、ブロークンヒル）	アデレード
	Western Australia（西オーストラリア州）	パース

よくある質問

「オランダ」は時差表のどの欄を見ればいいのですか？

「オランダ」（ネーデルラント）は英語で "Netherlands" と書くので、「N」の欄を探してください。下表にあるような、英語表記ではわかりにくい国は、注意が必要ですね。

英語表記	国名（主な都市）	英語表記	国名（主な都市）
Belgium	ベルギー（ブリュッセル）	Philippines	フィリピン（メトロ·マニラ）
Czech Republic	チェコ（プラハ）	Russian Federation	ロシア（モスクワ）
Egypt	エジプト（カイロ）	Switzerland	スイス（ベルン）
Germany	ドイツ（ベルリン）	Thailand	タイ（バンコク）
Greece	ギリシャ（アテネ）	Turkey	トルコ（イスタンブール）
Mongolia	モンゴル（ウランバートル）	United Arab Emirates	アラブ首長国連邦（ドバイ）
Netherlands	オランダ（アムステルダム）	United Kingdom	イギリス（ロンドン）
Northern Mariana Islands	北マリアナ諸島（サイパン）	Viet Nam	ベトナム（ハノイ）

2 時差の計算

試験では、時差計算の応用として「現地時間」と「飛行所要時間」に関する問題が出題されています。

1. 現地時間の計算

次のケースをもとに「現地時間」の計算を学習します。ここでのポイントは、**2 都市間の時差計算**です。時差表は、P480 の資料 1 を使用します。

CASE 2 現地時間の計算（1）「東京」と「アムステルダム」

東京が「11 月 25 日午前 10 時」のときのアムステルダムの現地時間は？

【手順 1】時差表（資料 1）から「東京」と「アムステルダム」の GMT 数値を探す。

- 東京　Japan　GMT ＋ 9
- アムステルダム　Netherlands　GMT ＋ 1 ※

※ 11 月 25 日は夏時間実施期間ではない。

【手順 2】GMT 数値の「大きいほう」から「小さいほう」を引く。

（GMT ＋ 9）－（GMT ＋ 1）＝ 9 －（＋ 1）＝ 9 － 1 ＝＋ 8

東京とアムステルダムの時差は 8 時間である。

- 東京は、アムステルダムより 8 時間進んでいる。
- アムステルダムは、東京より 8 時間遅れている。

【手順 3】アムステルダムの現地時間を求める。

東京の現地時間（11 月 25 日午前 10 時）から、8 時間を引く。

10：00 － 8：00（8 時間）＝ 2：00

以上により、東京が 11 月 25 日午前 10 時のとき、アムステルダムは「11 月 25 日午前 2 時」となる。

"アムステルダム"は、オランダの都市（首都）ですね。試験では、「都市名」が出題されますので、時差表から、その都市が属する「国」の GMT 数値を探すことになります。

プラスアルファ

日本は夏時間を実施していないので、GMT との時差は、**年間を通して「＋ 9」**である。

プラスアルファ

アムステルダムは、東京より 8 時間遅れているので、東京の現地時間から 8 時間を引く（東京の現地時間の 8 時間前がアムステルダムの現地時間）。

海外旅行実務
総

続いて、次のケースの現地時間を求めましょう。

CASE 3 現地時間の計算（2）「東京」と「シカゴ」

東京が「6 月 21 日午前 10 時」のときのシカゴの現地時間は？

【手順 1】時差表（資料 1）から「東京」と「シカゴ」の GMT 数値を探す。

- 東京　　Japan　　GMT ＋ 9
- シカゴ　USA：Central Time　GMT － 5※

※ 3 月 13 日から 11 月 6 日まで夏時間。

【手順 2】GMT 数値の「大きいほう」から「小さいほう」を引く。

(GMT ＋ 9) － (GMT － 5) ＝ 9 － (－ 5) ＝ 9 ＋ 5 ＝＋ 14

東京とシカゴの時差は 14 時間である。

- 東京は、シカゴより 14 時間進んでいる。
- シカゴは、東京より 14 時間遅れている。

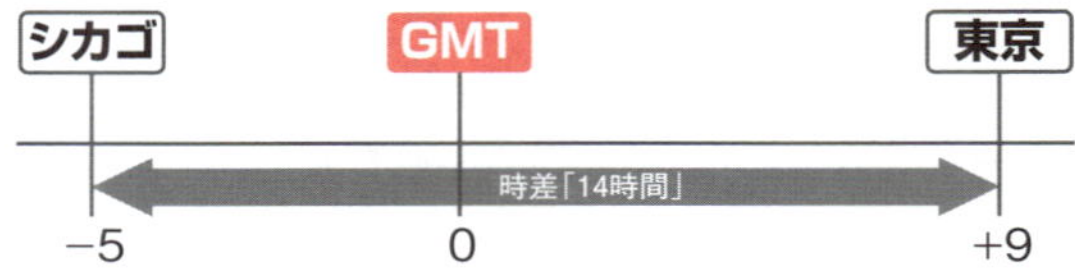

【手順 3】シカゴの現地時間を求める。

東京の現地時間（6 月 21 日午前 10 時）の 14 時間前の時間を求める。この場合、「14 時間前」を、「12 時間前」と「2 時間前」に分けて考えると理解しやすい。つまり、6 月 21 日の午前 10 時の「12 時間前」は、前日 6 月 20 日の午後 10 時であり、さらにその「2 時間前」は、午後 8 時である。

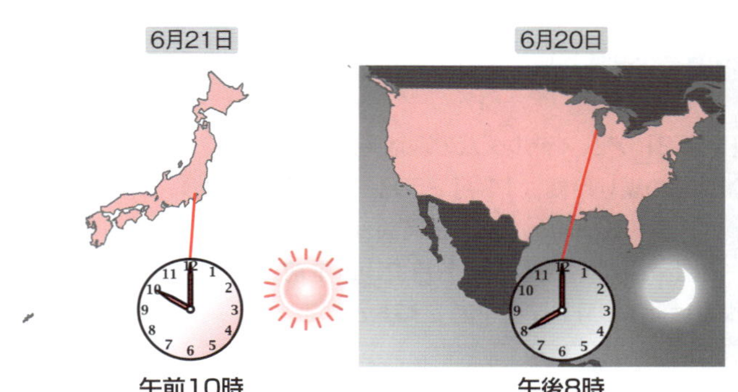

以上により、東京が 6 月 21 日午前 10 時のとき、シカゴは「6 月 20 日午後 8 時」となる。

プラスアルファ

ケース 3 の場合は、10：00－14：00（14 時間）の計算では求めにくいので、東京の現地時間の「14 時間前」を考えるとよい。

2. 飛行所要時間の計算

試験では、フライト・スケジュールをもとに、航空便の「飛行所要時間」（以降、「所要時間」とする）を求める問題が出題されています。所要時間を求める際も各都市の時差を考慮する必要があります。

では、P480 の資料 1 および次の資料 2 を使用して、ケース 4 とケース 5 を例に所要時間の計算手順を確認しましょう。まずは、**直行便**の所要時間です。

■資料 2　フライト・スケジュール（例）

From **Tokyo TYO**

Los Angeles LAX

MTWT·SS	**1625**	HND3	**0941**	LAXB	**DL6**	- 333	CY
MTWT·SS	**1625**	HND3	**0941**	LAXB	***VN3028**	- 333	FCY
MTWTFSS	**1710**	NRT2	**1050**	LAXB	**JL062**	- 77W	FCY
MTWTFSS	**1710**	NRT2	**1050**	LAXB	***AA8408**	- 77W	FCY
connections	depart		arrive		flight		
MTWTFSS	**1740**	NRT1	**1015**	YVRM	**AC004**	- 77W	CY
MTWTFSS	**1140**	YVRM	**1427**	LAX2	**AC552**	- E90	CY

CASE 4　所要時間の計算（1）直行便

3 月 20 日（火）に成田国際空港の第 2 ターミナルを出発する日本航空のロサンゼルス行の直行便の所要時間は？

【手順 1】フライト・スケジュール（資料 2）から指定の便を探す。

成田国際空港の第 2 ターミナルから出発する日本航空の直行便は JL062 便（火曜日運航あり）で、出発時刻と到着時刻は次のとおり（JL062 便と AA8408 便はコードシェアで運航）。

JL062 便　NRT　17：10 発 － LAX　10：50 着

【手順 2】時差表（資料 1）から「東京」と「ロサンゼルス」の GMT 数値を探す。

- 東京　Japan　GMT ＋ 9
- ロサンゼルス　USA：Pacific Time　GMT － 7※

※ 3 月 13 日から 11 月 6 日まで夏時間。

プラスアルファ

成田国際空港の所在地は千葉県であるが、都市コードは「TYO」なので、本文の解説も「東京」とする。

都市コード

▶▶ P466、467

海外旅行実務　総

所要時間は、本文で解説する「GMTにあわせる方法」で計算するのが一般的ですが、出発地もしくは到着地の各現地時間にあわせる方法で計算することもできます。

【手順3】出発時刻と到着時刻を「GMT」にあわせる。

東京の「出発時刻」とロサンゼルスの「到着時刻」は、それぞれの都市の現地時間なので、この両時刻をGMTにあわせる。この場合、各都市のGMT数値が「+」か「−」かによって、次の計算を行う。

> ① GMTより進んでいる都市（GMT数値が+）は、現地時間からGMT数値を引く（マイナスする）。
> ② GMTより遅れている都市（GMT数値が−）は、現地時間にGMT数値を足す（プラスする）。

東京は「+9」なので①の計算を、ロサンゼルスは「−7」なので②の計算をそれぞれ行う。

東京発　　　　17：10 − 9：00（9時間）＝8：10
ロサンゼルス着　10：50 + 7：00（7時間）＝17：50

【手順4】「到着時刻」から「出発時刻」を引く。

17：50 − 8：10 ＝ 9：40 → 9時間40分

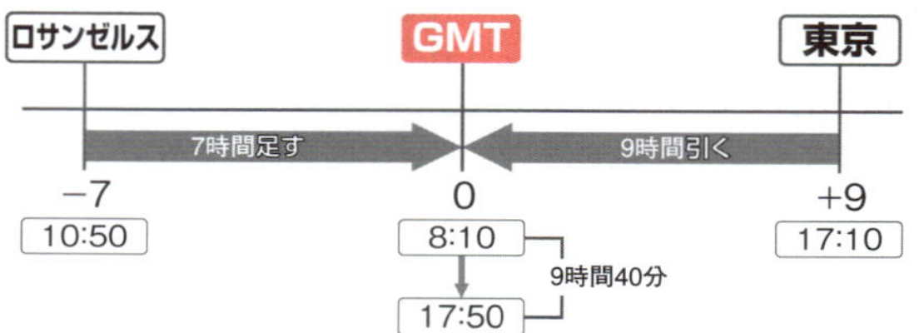

以上により、このケースの所要時間は、「**9時間40分**」となる。

プラスアルファ

「GMTにあわせる」とは、GMT、つまり「0（ゼロ）」にあわせるということ。東京の「+9」はGMTより9時間進んでいるので、9時間を引く、ロサンゼルスの「−7」は、GMTより7時間遅れているので、7時間を足すことで、いずれもGMTにそろったことになる。

プラスアルファ

ケース4【手順3】の①および②は、現地時間から**「+」または「−」を含めたGMT数値**を引く（**現地時間 − GMT数値**）という計算式で覚えてもよい。
東京発
17：10 −（+9）＝
17：10 − 9：00
(時間) ＝ 8：10
ロサンゼルス発
10：50 −（−7）＝
10：50 + 7：00
(時間) ＝ 17：50

次に、**乗継便**の所要時間を計算しましょう。引き続き、P480の資料1および前ページの資料2を使用します。

CASE 5　所要時間の計算（2）乗継便

3月20日（火）に成田国際空港をAC004便で出発し、バンクーバーでAC552便に乗り換えてロサンゼルスまで行くときの、乗継時間を除いた所要時間は？

【手順1】フライト・スケジュール（資料2）から指定の便を探す。

条件に合う便は、資料2のconnections欄に記載されている便である。この便の出発時刻と到着時刻は次のとおり。

AC004便　NRT　**17：40**発 − YVR　10：15着
AC552便　YVR　11：40発 − LAX　**14：27**着

【手順2】時差表（資料1）から「東京」「バンクーバー」「ロサンゼルス」のGMT数値を探す。

- 東京　Japan　GMT＋9
- バンクーバー　Canada：Pacific Time　GMT－7（夏時間）
- ロサンゼルス　USA：Pacific Time　GMT－7（夏時間）

【手順3】出発時刻と到着時刻を「GMT」にあわせる。

AC004便　東京発　17：40－9：00（9時間）＝8：40
　　バンクーバー着　10：15＋7：00（7時間）＝17：15

※AC552便のバンクーバーとロサンゼルスはいずれも「GMT－7」なので、時差をあわせるための上記の計算を行う必要はない（資料の時刻のまま次の手順の計算をする）。仮に2都市の時差が異なる場合は、AC004便と同様の手順でGMTにあわせる計算を行う。

【手順4】「到着時刻」から「出発時刻」を引く。

AC004便　17：15－8：40＝8：35
AC552便　14：27－11：40＝2：47

【手順5】「AC004便」と「AC552便」の所要時間を合算する。

8：35＋2：47＝11：22→11時間22分

ケース5の【手順4】のように、“分の位”が単純に引けないときは、“時間の位”から1時間（60分）借ります。AC004便の場合は、17時間から1時間（60分）借りて、60分＋15分＝75分とし、そこから40分を引きます（75－40＝35）。

~~17：15~~
16：75
－）　8：40
8：35

あわせて、ケース5の計算を簡略化した方法がありますので、ここで確認しておきましょう。

CASE 6　所要時間の計算（3）乗継便　＊事例はケース5と同じ

資料2を見ると、出発地である「NRT」と最終的な到着地である「LAX」の時刻は、いずれも**太字**で記載されている。この2都市の時刻をもとに所要時間を計算する。

※【手順1】はケース5と同じなので、省略する。

【手順2】時差表（資料1）から「東京」と「ロサンゼルス」のGMT数値を探す。

- 東京　Japan　GMT＋9
- ロサンゼルス　USA：Pacific Time　GMT－7（夏時間）

【手順3】東京の出発時刻とロサンゼルスの到着時刻を「GMT」にあわせたうえで、到着時刻から出発時刻を引く。これにより、乗継時間を含めた所要時間がわかる。

東京発　17：40－9：00（9時間）＝8：40
ロサンゼルス着　14：27＋7：00（7時間）＝21：27
21：27－8：40＝12：47

ケース5は、便ごとに所要時間を算出するという原則的な方法、ケース6は、資料の見方（太字）を活用する方法で解説しています。本文の記載どおり、いずれの方法であっても結果は同じですので、計算しやすい方法で学習をお進めください。

海外旅行実務　総

【手順 4】バンクーバーでの乗継時間を算出する（同都市での乗り継ぎなので、時差を考慮する必要はない）。

11：40 − 10：15 = 1：25

【手順 5】手順 3 で求めた時間から手順 4 の乗継時間を引く。

12：47 − 1：25 = 11：22 → 11 時間 22 分

以上により、ケース 5 の結果と同じく、乗継時間を除いた所要時間は「**11 時間 22 分**」となる。

なお、ケース 5 とケース 6 では、**乗継時間を除いた**所要時間を求めました。ただし、試験では乗継時間を**含めた**所要時間を求める問題が出ることもありますので、その場合は、ケース 6 の【手順 3】で算出した時間（12 時間 47 分）が答えとなります。

試験で乗継便が出題される場合は、“乗継時間を含めるかどうか”が明記されますので、その指示に従って計算してください。

現地時間の計算（GMT にあわせる方法）

この Lesson の **2 時差の計算**「1. 現地時間の計算」（ケース 2 およびケース 3）では、東京の時間を基準として他の 1 都市の現地時間を求める計算を学習しました。現地時間の求め方としては、そこで学習したとおり、2 都市間の時差をもとに計算する方法が原則的なやり方ですが、これ以外の計算方法として「GMT にあわせる方法」があります。特に、試験でよく出題される複数の都市の現地時間を同時に求める設問の場合には、計算が比較的単純なこの方法を活用することもおすすめです。

では、次の例題をもとに「GMT にあわせる方法」による現地時間の求め方を解説します。

例題：東京が「6 月 21 日午前 10 時」のとき、次の①〜④の各都市の現地時間は？
①ナイロビ　②ハノイ　③ケアンズ　④シカゴ

【手順 1】東京の現地時間を GMT にあわせる。

東京は「GMT ＋ 9」。GMT より 9 時間進んでいるので、東京の現地時間（午前 10 時）から GMT 数値である 9（時間）を引く。これにより、GMT（グリニッジ標準時）が午前 1 時とわかる。

10：00 −（＋ 9）= 10：00 − 9：00（時間）= 1：00 → GMT 6/21 の午前 1 時

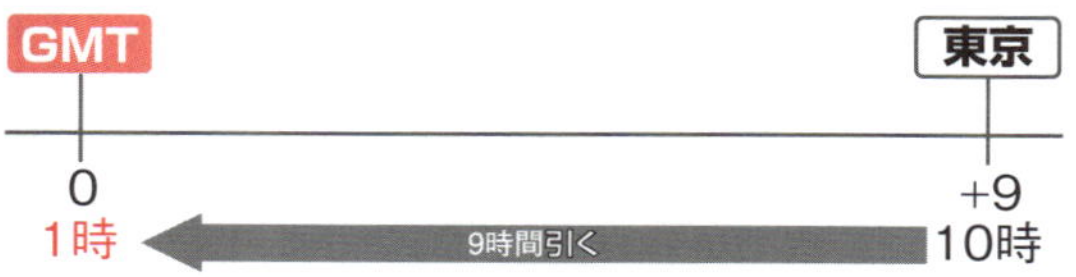

【手順 2】時差表（P480 の資料 1）から各都市の GMT 数値を探す（結果は、下表【手順 2】の欄参照)。

【手順 3】各都市の現地時間を求める。

手順 1 で確認した GMT（6/21 の午前 1 時）に、各都市の GMT 数値をそのままプラスまたはマイナスして、各都市の現地時間を求める。この場合、GMT 数値が「＋」の都市はその数値を足し、GMT 数値が「－」の都市はその数値を引く（「＋」の都市は、GMT より進んでいる時間をそのまま足し、「－」の都市は、GMT より遅れている時間をそのまま引く）。

	【手順 2】GMT 数値	【手順 3】現地時間の計算
① ナイロビ	Kenya　GMT＋3	1：00＋3：00（時間）＝4：00
② ハノイ	Viet Nam　GMT＋7	1：00＋7：00（時間）＝8：00
③ケアンズ	Australia：Queensland GMT＋10	1：00＋10：00（時間）＝11：00
④シカゴ	USA：Central Time GMT－5（夏時間）	1:00－5:00（時間）＝－4:00（※） 24：00－4：00＝20：00（6/20）

※シカゴの 1：00－5：00＝－4：00 のように結果がマイナスになる場合は、日付が前日になることを意味する。この場合は、前日の 24 時から 4 時間を引くことでシカゴの現地時間が求められる（1 時の 5 時間前＝24 時の 4 時間前）。

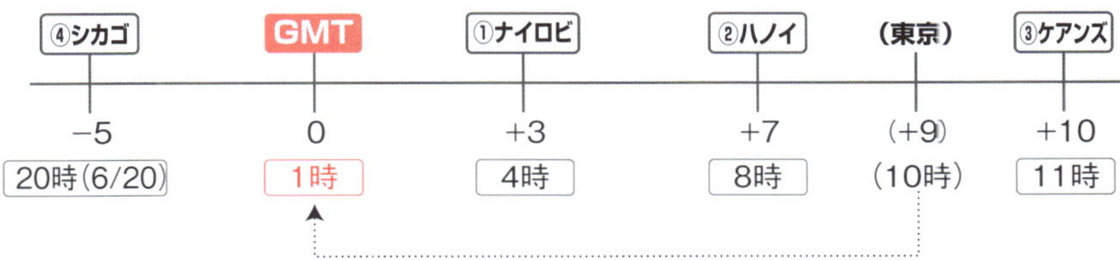

以上により、東京が 6 月 21 日午前 10 時のとき、①ナイロビは同日の午前 4 時、②ハノイは同日の午前 8 時、③ケアンズは同日の午前 11 時、④シカゴは前日 6/20 の午後 8 時であることがわかります。

ここで解説した計算は、基準となる時間（ここでは東京の現地時間）を GMT にあわせたうえで、各都市の GMT 数値をもとに現地時間を求める方法です。もちろん、この Lesson の本編（ケース 2 およびケース 3）で学習した「2 都市間の時差」を使って、都市ごとに現地時間を計算する方法で求めても結果は同じですので、いずれか計算しやすい方法で学習をお進めください。

Let's Try! 確認テスト

●次の設問について該当するものを、選択肢から 1 つ選びなさい。

□ 1　東京が 10 月 1 日正午のとき、次の各都市の現地時間のうち、誤っているものはどれか。総平26改 ＊ P480 資料 1 参照。

a．アトランタ（ATL）　9 月 30 日　午後 11 時
b．クライストチャーチ（CHC）　10 月　1 日　午後　3 時
c．ドバイ（DXB）　10 月　1 日　午前　7 時
d．イスタンブール（IST）　10 月　1 日　午前　6 時

□ 2　次の組み合わせのうち、都市（A）が 10 月 30 日 13 時（午後 1 時）のとき、都市（B）の現地時刻が誤っているものはどれか。総令3改 P480 資料 1 参照。

	都市（A）		都市（B）	都市（B）の現地時刻
a．	グアム（GUM）	－	ホノルル（HNL）	10 月 29 日 17 時(午後 5 時)
b．	コロンボ（CMB）	－	シドニー（SYD）	10 月 30 日 17 時 30 分（午後 5 時 30 分）
c．	ラスベガス（LAS）	－	ワシントン D.C.（WAS）	10 月 30 日 16 時(午後 4 時)
d．	マドリード（MAD）	－	ブエノスアイレス（BUE）	10 月 30 日 8 時（午前 8 時）

●次の設問について該当するものを、選択肢からすべて選びなさい。

□ 3　時差に関する次の記述のうち、誤っているものをすべて選びなさい。総平27 ＊ P480 資料 1 参照。

a．ゴールドコースト（OOL）は、夏時間（DST）を採用している。
b．ロンドン（LON）とリスボン（LIS）の間には、年間を通じて時差はない。
c．西安（SIA）と台北（TPE）との時差は 1 時間である。

●次の設問について該当するものを、選択肢から 1 つ選びなさい。

□ 4　東京（NRT）～バンクーバー（YVR）間を次の便を利用して往復した場合、往路、復路の所要時間の組み合わせのうち、正しいものはどれか。総令1改 ＊ P480 資料 1 参照。

往路 JL018　11 月 1 日 東京　18：40 発 バンクーバー 11：45 着
復路 JL017　11 月 7 日 バンクーバー　12：40 発 東京　16：25 + 1 着

	往路		復路
a．	9 時間 05 分	－	10 時間 45 分
b．	10 時間 05 分	－	10 時間 45 分
c．	9 時間 05 分	－	11 時間 45 分
d．	10 時間 05 分	－	11 時間 45 分

解答 1．b　東京の時間をGMTにあわせて計算する。東京は「＋９」。東京の正午（12時）は、12：00－（＋９）＝12：00－９：00（時間）＝３：00より、GMTは10/1の午前３時。a．アトランタ（アメリカ:USA「Eastern Time except Indiana」）は「－４」（夏時間）なので、３：00－４：00（時間）＝－１：00。24：00（前日）－１：00（時間）＝23：00（9/30の午後11時）。b．クライストチャーチ（ニュージーランド：New Zealand「Mainland except Chatham Island」）は、「＋13」（夏時間）なので、3:00＋13:00（時間）＝16:00（10/1の午後４時）。よってbが誤り。c．ドバイ（アラブ首長国連邦:United Arab Emirates）は「＋４」なので、３：00＋４：00（時間）＝７：00（10/1の午前７時）。d．イスタンブール（トルコ：Turkey）は「＋３」なので、３：00＋３：00（時間）＝６：00（10/1の午前６時）。
2．b　a．グアム（Guam）は「＋10」、ホノルル（アメリカ：USA「Hawaiian Islands」）は「－10」なので、２都市間の時差は20時間（10－（－10）＝10:00＋10:00＝20時間）。ホノルルはグアムより20時間遅れているので、グアムが10/30 13時のとき、ホノルルの時刻はその20時間前となる。20時間前を12時間前と８時間前に分けて考えると、10/30 13時（午後１時）の12時間前は10/30の午前１時、その８時間前は10/29の17時なので、aは正しい。b．コロンボ（スリランカ:Sri Lanka）は「＋5.30」、シドニー（オーストラリア:Australia「NSW」）は「＋11」（夏時間）なので、２都市間の時差は５時間30分（11－（＋5:30）＝11:00－5:30＝５時間30分）。シドニーはコロンボより５時間30分進んでいるので、コロンボが10/30 13時のとき、シドニーの時刻はその５時間30分後となる。10/30 13時の５時間30分後（13:00＋５：30＝18：30）は、10/30の18時30分なので、bは誤り。c．ラスベガス（アメリカ：USA「Pacific Time」）は「－７」（夏時間）、ワシントンD.C.（アメリカ：USA「Eastern Time except Indiana」）は「－４」（夏時間）なので、２都市間の時差は３時間（－４－（－７）＝－４：00＋７：00＝３時間）。ワシントンD.C.はラスベガスより３時間進んでいるので、ラスベガスが10/30 13時のとき、ワシントンD.C.の時刻はその３時間後となる。10/30 13時の３時間後（13：00＋３：00＝16：00）は、10/30の16時なので、cは正しい。d．マドリード（スペイン:Spain「Mainland」）は「＋２」（夏時間）、ブエノスアイレス（アルゼンチン:Argentina」）は「－３」なので、２都市間の時差は５時間（２－（－３）＝２：00＋３：00＝５時間）。ブエノスアイレスはマドリードより５時間遅れているので、マドリードが10/30 13時のとき、ブエノスアイレスの時刻はその５時間前となる。10/30 13時の５時間前（13:00－5:00＝８：00）は、10/30の８時なので、dは正しい。
3．a、c　a．ゴールドコースト（オーストラリア：Australia「Queensland」）は、DSTに関する表示がないので夏時間は採用していない。b．ロンドン（イギリス：United Kingdom）、リスボン（ポルトガル：Portugal「Mainland」）ともに「GMT」で、DST実施期間中もロンドン、リスボンともに「＋１」で、DST実施期間も同じなので、この２都市間には年間を通じて時差はない。c．西安（中国:China）と台北（台湾:Chinese Taipei）はいずれも年間を通じて「＋８」なので、この２都市間に時差はない。よってa、cが誤り。
4．a　【往路】東京（Japan）は「GMT＋９」、バンクーバー（カナダ：Canada「Pacific Time」）は「GMT－７」（11/1は夏時間）。GMTにあわせた東京の出発時刻は18:40－9:00（時間）＝９：40で、バンクーバーの到着時刻は11：45＋７：00（時間）＝18：45。18：45－９：40＝９：05→９時間05分
【復路】復路は11/7なので、バンクーバーは「GMT－８」になる点に注意。GMTにあわせたバンクーバーの出発時刻は12:40＋8:00（時間）＝20:40、東京の到着時刻は16:25＋24:00（翌日着なので１日分を足す）＝40：25。40：25－９：00（時間）＝31：25。31：25－20：40＝10：45→10時間45分

海外旅行実務 総

●第1章●

重要度 B

ホテル・クルーズ・鉄道パス・海外旅行保険

学習項目

◎ホテル
◎クルーズ
◎ヨーロッパの鉄道パス
◎海外旅行保険

学習ポイント

- ホテルの「料金プラン」、「客室タイプ」、「朝食形態」、「レストランのスタッフ」に関する用語を理解する。
- クルーズに関する用語を理解する。
- 「ユーレイルグローバルパス」の概要を把握する。
- 旅行者が任意で加入する「海外旅行保険」の概要を把握する。

図表１のうち、別称が出題されたこともありますので、あわせて覚えておきましょう。

1 ホテル

ホテルの「料金プラン」「客室タイプ」「朝食形態」「レストランのスタッフ」について学習します。

1. 料金プラン

ホテルの料金プラン（ミールプラン）は、食事条件の違いによって次のような名称で呼ばれています。

■ 図表１　ホテルの料金プラン

料金に含まれるもの 名称	室料	朝食	昼食	夕食	備考
① ヨーロピアン・プラン (European Plan)	●	／	／	／	室料のみの料金。
② コンチネンタル・プラン (Continental Plan)	●	●	／	／	室料＋朝食込みの料金。 ※イギリス式では B & B（Bed & Breakfast）と呼ぶ。
③ モディファイド・アメリカン・プラン (Modified American Plan)	●	●	△ いずれか 一方		室料＋朝食＋昼食または夕食込みの料金。 別称 ハーフ・ペンション／ハーフ・ボード Half Pension ／ Half Board
④ アメリカン・プラン (American Plan)	●	●	●	●	室料＋３食込みの料金。 別称 フル・ペンション／フル・ボード Full Pension ／ Full Board
⑤ オール・インクルーシブ・プラン (All Inclusive Plan)	室料＋３食＋スポーツなどのアクティビティやリラクゼーション施設などの利用料込み。滞在中にかかる費用のほとんどが含まれている料金プランで、クルーズや島などのリゾート地での宿泊に適用されることが多い。				

2. 客室タイプ

ホテルの客室には、定員1人用の「シングルルーム」(Single Room)、2人用の「ツイン/ダブルルーム」(Twin/Double Room)、3人用の「トリプルルーム」(Triple Room)があります。また、これ以外に次のような客室もあります。

■ 図表2　その他の客室タイプ

名称	概要
① ジャーマンツイン (German Twin)	1つのヘッドボード（ベッドの頭部側にある板）に2つのマットレスを並べたベッドがあるツインルーム。
② スタジオルーム (Studio Room)	ソファ兼ベッド（スタジオベッド）が備えられている部屋。
③ スイートルーム (Suite Room)	寝室のほかに、リビングやダイニングなどが備えられている豪華な客室。ホテルの最上階にある客室は「ペントハウス」(Pent House) とも呼ばれる。
④ コネクティングルーム (Connecting Room)	隣り合う客室が内部のドアでつながっている部屋。廊下に出ることなく部屋を内部で行き来できるため、家族やグループでの宿泊に適している。
⑤ アジョイニングルーム (Adjoining Room) 301 302	隣または向かいなどの近接する部屋。上記④のように部屋の内部で行き来することはできないが、グループなどが複数の部屋に分かれて宿泊する場合に便利。
⑥ 身体障がい者専用客室 (ADA Room)	アメリカ障がい者法に基づいて設置されている身体障がい者専用の部屋。

プラスアルファ

個人の正規料金を、一般に、「ラックレート」(Rack Rate) という。これ以外に次のような割引料金を設定しているホテルがある。

- グループレート (Group Rate)：団体客向けの割引料金。
- コーポレートレート (Corporate Rate)：ホテルが契約する特定の企業向けの割引料金。
- ラン・オブ・ザ・ハウスレート (Run of the House Rate = 略して ROH)：部屋の階数や眺望などの諸条件が指定できないことを条件に、チェックイン時に空いている部屋が割り当てられるため、割引料金で提供される。

プラスアルファ
イギリスの朝食形態である**「イングリッシュ・ブレックファスト」**は、②のアメリカン・ブレックファストと同様にボリュームのある朝食で、②のメニューにフライド・トマト、フライド・マッシュルーム、ビーンズ（豆）料理が加わることもある。

3. 朝食形態

ホテルの朝食には次のような種類があります。

① **コンチネンタル・ブレックファスト**
(Continental Breakfast)：パンにコーヒーまたは紅茶などの飲み物がつく**簡易な**朝食。これに、チーズやフルーツなど**火を通さない**コールドミールやジュースが加わることもある。

② **アメリカン・ブレックファスト**
(American Breakfast)：①のメニューに加えて、卵料理や肉料理など**火を通した**ホットミール、サラダ、デザートなどが提供される**ボリュームのある**朝食。

4. レストランのスタッフに関する用語

海外で食事をする際に使われるレストランのスタッフについて、次の用語を覚えておきましょう。

■ 図表３　レストランのスタッフに関する用語

名称	概要
ディレクトール（Directeur）	レストランの総支配人。
メートル・ドテル（Maître d' hôtel）	フランス語でレストランの給仕長（接客全般の責任者）を意味する。英語では、**ヘッド・ウェイター**（Head Waiter）という。クルーズ船で業務を行う場合は、メートル・ディー（Maître d'）と略されることがある。
ソムリエ（Sommelier）	フランス語でワインの保管から客へのアドバイスなどを行うワインの取扱い責任者を意味する。英語では、**ワイン・スチュワード**（Wine Steward）という。クルーズ船で業務を行う場合は、英語名が使用されることが多い。

2 クルーズ

主に観光を目的とした船の旅を「クルーズ」といいます。クルーズに関する次の用語を覚えておきましょう。

■ 図表4　クルーズに関する用語

用語	概要
フライ＆クルーズ (Fly & Cruise)	日本と海外のクルーズ出発地との間は飛行機（Fly）で移動し、現地で乗船（Cruise）する旅行形態。 例　日本から飛行機でギリシャまで行き、ギリシャから出港するエーゲ海クルーズに参加する旅行。
キャプテン (Captain)	船長。クルーズ船の総指揮官であり、最高責任者。コマンダー（Commander）ともいう。
スタッフ・キャプテン (Staff Captain)	副船長。バイス・キャプテン（Vice Captain）ともいう。
チーフ・エンジニア (Chief Engineer)	機関長。エンジン、発電機などの運転や整備にかかわる機関士や操機手を指揮する機関部門の責任者。
クルー (Crew)	乗組員。なかでも、航海士、機関士、通信士、船医といった**上級乗組員**はオフィサー（Officer）と呼ばれる。
パーサー (Purser)	船内の金銭管理や接客、CIQ（税関、出入国審査、検疫の略称）の手続きなどを担当する事務員。**チーフ・パーサー**（Chief Purser）は事務員の最高責任者をいう。
クルーズ・ディレクター (Cruise Director)	船内のイベントなどの企画および実施の最高責任者。
ホテル・ディレクター (Hotel Director)	クルーズ船のホテル部門の最高責任者。ホテル・マネージャー（Hotel Manager）ともいう。
テーブル・スチュワード (Table Steward)	ダイニングレストランでのテーブル付きのウェイター。座席や時間が指定されるシーティングの場合は、一般的に、毎回、同じテーブル・スチュワードが担当する。
レセプション (Reception)	ホテルのフロントに該当する部門。郵便物の発送、遺失物の問い合わせなど乗客の各種相談や問い合わせに対応する。
コンシェルジュ (Concierge)	乗客の各種相談や船内でのイベントやレストランの案内・予約などを行う。

用語	概要
デイリー・プログラム (Daily Program)	その日のイベントなどが記載されている船内新聞。
ドレス・コード (Dress Code)	夕方以降（主に、夕食時やパーティーで）の服装指定。「カジュアル」、「セミフォーマル」(インフォーマル)、「フォーマル」の 3 タイプがある。
ガラ・パーティー (Gala Party)	クルーズ中に開かれる最も盛大なパーティー。その他の船内で開催されるパーティーとしては、出港時にプロムナード・デッキで行われる「**セイルアウェイ・パーティー**」(Sailaway Party)、出港当日または翌日の夜に行われる船長の主催の歓迎パーティー「**ウェルカム・パーティー**」(Welcome Party)、下船前夜または前々夜に開かれるお別れパーティー「**フェアウェル・パーティー**」(Farewell Party) などがある。
デッキ・プラン (Deck Plan)	**船内の見取り図**。各階層（デッキ）ごとに船室やレストランなどの配置が表示されている。
リド (Lido)	デッキ後部のプールなどがある部分。
ギャングウェイ (Gangway)	乗下船の際に使用する取り外し式のタラップ。
ポート・チャージ (Port Charge)	入港料、水先料、曳船(えいせん)料、岸壁使用料など船が入出港する際に必要となる諸費用。
ポート・サイド (Port Side)	船の左舷(さげん)（船の左側の側面)。
スターボード・サイド (Starboard Side)	船の右舷(うげん)（船の右側の側面)。
ライフボート・ドリル (Lifeboat Drill)	非常時の緊急避難訓練。旅客が 24 時間以上船内にいることが予定される航海を行う船舶では、出港前または出港後直ちに訓練の実施が義務付けられている。
ショア・エクスカーション (Shore Excursion)	乗客のための**寄港地での観光旅行**（オプショナルツアー)。
ナロー・ボート (Narrow Boat)	石炭の運搬用に使用されていた小型船を改造したホテルボート。ヨーロッパのリバークルーズなどで使用されている。
テンダー・ボート (Tender Boat)	船が接岸できないときに使用する上陸用の小型ボート。

3 ヨーロッパの鉄道パス

ヨーロッパの各国にまたがって鉄道を利用する場合は、周遊券が便利です。ここでは、ヨーロッパの主要な国鉄などを利用できる周遊券「**ユーレイルグローバルパス**」を取り上げます。

1. パスの通用期間

ユーレイルグローバルパスには、利用可能な期間（通用期間）であれば**毎日**利用できる「通用日連続タイプ」と、あらかじめ定められた**有効期間内で利用日を選んで**利用する「フレキシータイプ」の2種類があります。各タイプの通用期間は次のとおりです。

①通用日連続タイプ
- 15日、22日、1か月、2か月、3か月

②フレキシータイプ
- 1か月間の有効期間内で4日または5日または7日
- 2か月間の有効期間内で10日または15日

大人料金は28歳～59歳の旅行者に適用されます。12歳～27歳の旅行者には**ユース割引**が、60歳以上の旅行者には**シニア割引**が適用されます。なお、4歳未満の子供は、原則として無料です。また、大人料金を適用したパスを所持する者に同伴される4歳～11歳の子供は、大人1名につき2人までは無料です（子供用のパスが発行されます）。

2. パスの代金に含まれているもの・いないもの

パスの代金には、「運賃」や「特急料金」が含まれています。これに対して、「座席指定料金」、「**寝台料金**」、「クシェット（簡易寝台）料金」、「食事」、「別送手荷物料金」は**含まれていません**。

4 海外旅行保険

「海外旅行保険」とは、海外旅行に参加する旅行者が任意で加入する保険で、保険による補償の対象期間中のケガや病気、携行品の損害などを補償するものをいいます。特に、海外では国

ヨーロッパの列車
▶▶P501

プラスアルファ
「ユーレイルグローバルパス」は、イギリス、フランス、イタリア、ドイツ、スペイン、スイスなどヨーロッパの主要国で利用することができる。

プラスアルファ
大人に同伴される12歳未満の子供が、座席や寝台を単独で使用する場合には、別途、座席指定料金や寝台料金が必要となる。

用語
海外旅行保険
正式名称は「海外旅行傷害保険」であるが、多くの保険会社が「海外旅行保険」という名称で販売している。

によって医療事情が異なり、治療費なども日本と比べて高額となるケースがあります。万が一の事故や病気などに備えるために、多くの旅行業者が海外旅行保険の加入をすすめています。ここでは、海外旅行保険の主な補償内容を学習します。

被保険者
保険による補償の対象となる者。ここでは、海外旅行に参加する「旅行者」を意味する。

1. 補償の対象期間（責任期間）

「海外旅行保険」による補償の対象期間（以降、責任期間とする）は、被保険者（以降、旅行者とする）が**海外旅行を目的として住居を出発し、住居に帰着するまで**の間です。したがって、海外旅行を目的として「自宅から空港へ向かう途中」や「空港から自宅へ帰る途中」、また、「空港近くでの前泊中や後泊中」などもこの期間に含まれるため、日本国内で生じた事故や損害などについても補償の対象となります。

補償項目の名称や補償内容などは、保険会社によって異なります。また、同じ保険会社であっても時期によってその内容が改正されることもあります。
本書は、ジェイアイ傷害火災保険（株）の保険約款等に基づく解説とし、なおかつ、保険会社各社でおおむね共通しているものを中心に取り上げます。

2. 旅行者の生命・身体に対する補償

旅行者の生命や身体に対する補償には次のものがあります。

■ 図表5　生命・身体に対する補償（主なもの）

補償項目
① **傷害死亡【傷害死亡保険金】**：責任期間中の事故によるケガが原因で、事故発生日を含めて180日以内に死亡した場合
② **傷害後遺障害【傷害後遺障害保険金】**：責任期間中の事故によるケガが原因で、事故発生日を含めて180日以内に身体に後遺障害が生じた場合
③ **治療・救援費用【治療・救援費用保険金】**：責任期間中の事故によるケガや病気により、治療費用や救援費用が発生した場合（ケガの場合は事故発生日を含めて、病気の場合は治療開始日を含めて180日以内に要した費用）

ケガや病気の原因が次の事由による場合、図表5の**保険金は支払われません。**
〔①～③に共通〕
- 故意、重大な過失
- けんか、自殺、犯罪行為
- 戦争などの事変

〔②③に共通〕
- 「頸部症候群（むちうち症）」や「腰痛」で他覚症状がないもの

なお、図表5③の「治療費用」および「救援費用」としては、主に次の費用が保険金の支払い対象となります（ただし、支払われる費用には、人数や日数などの上限があります）。

■ 図表6　治療費用として支払われるもの（主なもの）

- 診療費、入院費関係（処置費、薬剤費なども含む）
- 義手、義足の修理費
- 入院、通院のための交通費
- 治療のために必要な**通訳雇入費**
- 保険金請求のために必要な医師の診断書の費用
- 通信費、身の回り品購入費

■ 図表7　救援費用として支払われるもの（主なもの）

- 捜索救援費用
- 救援者の現地までの航空機等の**往復運賃**
- 救援者の現地および現地までの行程における宿泊施設の客室料
- 治療継続中の旅行者を日本の病院などへ移送する費用
- 救援者の渡航手続費（旅券印紙代、査証料など）
- **救援者、旅行者**の現地交通費、通信費、身の回り品購入費
- 救援のために必要な**通訳雇入費**

用語

救援
旅行者の捜索や看護などを行うために、旅行者の親族およびその代理人が現地へ赴（おもむ）くこと。

図表6と図表7にある「通訳雇入費」とは、文字どおり、現地で通訳を雇う際に必要となる費用のことです。
海外での医療に関する専門用語は難しく、現地で通訳を必要とするケースが多いため、「通訳雇入費」も保険で補償される費用に含まれています（ただし、図表7の「救援のために必要な通訳雇入費」は、保険会社によっては、補償の対象に含まれない場合があります）。

3. 個人賠償・携行品に対する補償

続いて、旅行者の生命や身体以外に対する補償です。ここでは、「個人賠償責任」と「携行品損害」を学習します。

「個人賠償責任」の概要は次表のとおりです。

■ 図表8　個人賠償責任（概要）

補償項目	保険の対象範囲・物品（保険が支払われる主なもの）
個人賠償責任【賠償責任保険金】：責任期間中の偶然な事故により、他人にケガを負わせたり、他人の物を壊したり、紛失したことなどにより損害を与え、旅行者が法律上の損害賠償責任を負った場合 ●以下を原因とする損害については、**賠償責任保険金は**支払われない。 ・故意（「過失」は支払いの対象） ・同居する親族、同一旅行行程の親族に対する損害賠償責任	・滞在する宿泊施設の客室、客室内の動産（客室外のセイフティボックスおよび客室のキーを含む）。 例 **ホテルの客室を水浸しにしてしまった場合** ・賃貸業者（レンタル業者）より保険契約者または旅行者が直接借り入れた旅行用品、生活用品 例 **賃貸業者から有償で借りたスーツケース** ・損害防止費用、緊急措置費用、訴訟費用、弁護士報酬、和解・仲裁・調停費用（支出する際に事前に保険会社の書面による同意が必要）

海外旅行実務　総

続いて、旅行者の手荷物（携行品）に対する損害である「携行品損害」についてです。この概要は次表のとおりです。

■ 図表９ 携行品損害（概要）

補償項目	保険の対象範囲・物品（保険が支払われる主なもの）
携行品損害【携行品損害保険金】：責任期間中の盗難、破損、火災などの偶然な事故により、旅行者の携行品に損害を受けた場合 ●「携行品」とは、旅行者が所有する物で、かつ、携行する身の回り品をいう（主なものは右記のとおり）。旅行開始前に**賃貸業者以外**の他人から**無償で**借りた物も含む。 ●以下を原因とする損害については、**携行品損害保険金は**支払われない。 • 故意または重大な過失 • 携行品の自然の消耗、性質による変色、欠陥 • すり傷など機能に支障がない外観上の損傷 • 旅行開始前に賃貸業者から**有償で**借りた物 • 置き忘れ、紛失（※）	下記の１個、１組または１対あたり１０万円（②は５万円）を限度として損害額が支払われる。 ① カメラ、ビデオカメラ、カバン、時計、衣類、携帯電話 ② 鉄道・船舶・航空機の乗車船券（定期券は除く）、航空券、宿泊券 ③ 旅券類 「旅券」または「渡航書」を取得した際に要した次の費用などが損害額となる。 • 発給地へ赴（おもむ）く旅行者の交通費 • 領事官に納付した発給手数料、電信料 • 発給地における旅行者の宿泊施設の客室料 ④ 自動車または原動機付自転車の運転免許証 国または都道府県に納付した**再発給手数料**が損害額となる。

※ ジェイアイ傷害火災保険（株）では、海外に限り、「旅券」の置き忘れおよび紛失も補償の対象となる。

旅券（パスポート）
▶▶P584

渡航書（帰国のための渡航書）
▶▶P597

用語

トラベラーズチェック（TC）
旅行者が海外で支払いの手段として使用する**「旅行小切手」**のこと。

なお、図表９の「携行品損害」について、次の物品は補償の対象から除外されています。したがって、これらの物品に損害が発生したとしても、**携行品損害保険金は支払われません**。

Key Point ●携行品損害の補償の対象にならない物品（主なもの）

現金（通貨）、小切手（トラベラーズチェックを含む）、定期券、**クレジットカード**、自動車、サーフィンなどのスポーツ用具、義歯、**コンタクトレンズ**、データなどの無体物

ヨーロッパの列車（主なもの）

ヨーロッパの主な列車は次表のとおりです。鉄道に関する問題は、「旅行実務」の分野のほかに、「海外の観光資源（海外地理）」の分野でも出題されることがあります。P674の「合格エッセンス」もあわせて目を通しておきましょう。

列車名	運行区間など
●**ユーロスター**（**EUROSTAR**）	**ロンドン－パリ、ロンドン－（ブリュッセル）－アムステルダム**などを結ぶ国際高速列車
【主な発着駅（始発終着駅）】 ・ロンドン：セント・パンクラス駅 ・パリ：パリ北駅	・ブリュッセル：ブリュッセル南駅 ・アムステルダム：アムステルダム中央駅
●**TGV**（Train à Grand Vitesse）	**フランス**の超高速列車。フランス国外路線もある。サービス重視型の列車**「イヌイ」**（inOui）、価格重視型（低価格）の列車「ウィゴ」（Ouigo）などがある。
●**TGV リリア**（Lyria）	フランス国鉄とスイス連邦鉄道が共同で運行する高速鉄道。パリとスイスの各都市を運行している。
●**タリス**（**THALYS**）	**フランス、ベルギー、オランダ、ドイツ**を結ぶ国際高速列車。ワインレッドを基調とする列車は“ルージュトレイン”の愛称で親しまれている。
●**インターシティ・エクスプレス**（InterCity Express：**ICE**）	**ドイツ**の高速列車。ドイツ国外路線もある。
●**レ フレッチェ**（Le Frecce）	**イタリア**の高速列車の総称。車体の赤色が特徴的で、“赤い矢”という意味の列車「フレッチャロッサ」（Frecciarossa）などが運行している。
●**イタロ**（**ITALO**）	ローマ、ミラノ、フィレンツェ、ベネチア、ナポリ、トリノ、ボローニャなど**イタリア**の主要都市を結ぶ高速列車。
●**アヴェ**（**AVE**）	**マドリード**を起点にバルセロナ、バレンシア、コルドバ、セビリアなど**スペイン**の主要都市を結ぶ高速列車（AVEはスペイン語で“鳥”を意味する）。
●**トレンオテル**（Trenhotel）	スペイン国内と周辺諸国を結ぶ夜行列車で、ホテル並みの設備と食事が提供される。国際区間では「ルシタニア」（Lusitania）などが運行している。
●**セロ（テッロ）**（Thello）	パリ－ミラノ－ベネチア間を運行する寝台列車。
●**エーベーベー・ナイトジェット**（ÖBB Nightjet）	オーストリアを中心に、ドイツ、スイス、イタリアなどの主要都市を運行する寝台列車。

Let's Try! 確認テスト

●次の各記述の正しいものには○を、誤っているものには×を記入しなさい。

チェックポイント	できたらチェック
ホテル	□ 1「イングリッシュ ブレックファスト」とは、パンとコーヒーまたは紅茶の簡単な朝食のことをいう。 総 平 28
	□ 2「コネクティングルーム」とは、客室間を相互に往来できるように内部のドアでつながっている隣り合わせの部屋のことをいう。 総 令 2
	□ 3「ADA room」とは、アメリカにおいて身体障がい者用客室のことをいう。 総 平 28
クルーズ	□ 4「スターボード・サイド」とは、船首に向かって右舷（進行方向の右側）をさす。 総 令 3
	□ 5 ライフボート・ドリル（Life Boat Drill）とは、旅客が 24 時間以上船内にいることが予定される航海を行う船舶に、出港前または出港後直ちに実施することが義務付けられている非常時の緊急避難訓練のことをいう。 総 平 30
	□ 6 ドレスコード（Dress Code）とは、夕方からの船内ナイトライフの服装基準のことをいう。 総 令 2
鉄道パス	□ 7 ユーレイルグローバルパスとは、ヨーロッパの主要な鉄道を利用できるパスで、この代金には寝台料金も含まれる。 総 平 19 改
鉄道	□ 8 ロンドンのウォータールー駅は、EUROSTAR の発着駅である。 総 平 27
海外旅行保険	□ 9 帰国後の帰宅の際に旅行者が使用する JR 乗車券は、海外旅行保険による携行品損害保険金の支払い対象とならない。 総 平 26 改
	□ 10 旅行出発前に旅行のためにレンタル業者から有償で借りたスーツケースは、海外旅行保険による携行品損害保険金の支払い対象とならない。 総 平 26 改

解答 1. ×　「コンチネンタル ブレックファスト」が正しい／ 2. ○／ 3. ○／ 4. ○／ 5. ○／ 6. ○／ 7. ×　寝台料金は含まれていない／ 8. × EUROSTAR のロンドンの発着駅はセント・パンクラス駅／ 9. ×　「帰国後の帰宅の際」（帰宅途中）は海外旅行保険による責任期間中である。また、JR 乗車券は補償対象品なので、この場合、携行品損害保険金の支払い対象となる／ 10. ○　レンタル業者（賃貸業者）から有償で借りた旅行用品は、「携行品損害保険金」の支払い対象ではない（一般的には、個人賠償責任の補償対象となる）

●第1章●

Lesson 4

旅行英語

重要度 B

学習項目
◎試験の頻出単語や慣用表現
◎旅行業界特有の用語

学習ポイント
●旅行業務取扱管理者として関わる各種契約や、海外旅行の企画·手配の際によく使われる英語を覚える。

旅行業務取扱管理者試験の語学（英語）の分野では、例年、長文読解の形式で2つのテーマから出題され、主に英文の内容を正しく読み取る力が求められます。その難易度は、実用英語技能検定（英検）2級〈高校卒業程度〉のレベルとされており、内容面では「現地ツアーの案内（予約や取消し等の規定）」「運送機関（クルーズ、鉄道等）を利用する際の条件書」「各種契約書」などから多く出題されます。

以下、試験でよく出る単語（赤字）や過去に出たことのある単語、参考になりそうな旅行業界特有の用語を集めましたので、これらに親しんでおきましょう。

※「試験でよく出る単語」には、表中右の 名 動 形 副 を含みます。

【凡例】名 名詞 動 動詞 形 形容詞 副 副詞

1．試験でよく出る単語や旅行業界特有の用語など

aboard	（乗り物に）乗って ／ All aboard. 搭乗（乗船・乗車）してください
abroad	外国へ、外国に ／ go abroad 外国に行く
accommodate	（宿泊施設等が）収容する、提供する ／ 名 accommodation ＝宿泊施設
accompany	…に同伴する ／ accompanied baggage 旅客とともに運送する荷物
account	①会計、勘定 ／ personal account 個人口座 ②…を説明する（～ for）
administration	管理、管理局 ／ administration fee 管理手数料
admission	入場 ／ admission fee 入場料、free admission 無料での入場
advance	①…を進める、進む ②前もっての ／ advance payment 前払い
air	空気、空中 ／ by air 飛行機で、airfare 航空運賃、airsick 飛行機に酔った
allocate	割り当てる ／ 名 allocation ＝割当て、割り当てられたもの
allot	割り当てる ／ 名 allotment ＝ホテルの客室や航空座席の割当て
allowance	割当量、手当て ／ free baggage allowance 無料手荷物許容量
alter	変更する ／ 名 alteration ＝変更 ／ 形 名 alternative ＝代替の、代替案
amend	修正する ／ 名 amendment ＝修正、変更
amount	額、総額 ／ deposit amount 入金額、amount of fare 運賃額
applicable	適切な、適用される ／ if applicable 該当する場合

海外旅行実務 総

apply	申し込む、申請する、…に適用される（〜 to）／名 application ＝申込み
approximate	おおよその、概算の ／副 approximately ＝おおよそ
arrange	手配する ／名 arrangement ＝手配
ashore	岸へ、陸上に ／ go ashore（船から）上陸する
assign	…を割り当てる、指定する ／名 assignment ＝割当て（られること）
authorize	正式に許可する、認可する ／形 authorized ＝公認の、認可された
available	役立つ、利用可能な ／名 availability ＝利用できること、予約状況
avoid	…を避ける ／名 avoidance ＝回避、避けること
baggage	手荷物（米）＝ luggage（英）／ baggage claim（空港の）手荷物受取所
balance	残金、収支 ／ pay the balance 残金を支払う
bank	①銀行 ／ bank transfer 銀行振込み ②川岸 ③（飛行機の旋回時の）傾斜
binding	拘束力のある、義務的な ／ a binding contract 拘束力のある契約
board	①搭乗（乗船、乗車）した状態 ②（飛行機、船、列車などに）乗り込む
boarding	搭乗、乗船、乗車 ／ boarding pass 搭乗券、boarding list 乗客名簿
book	①予約する ／名 booking ＝予約、帳簿記入 ②本、聖書（the Book）
bound	①…行きで ／ bound for Tokyo 東京行きの ②限界、範囲 ③跳ねる
cabin	船室、（飛行機の）客室 ／ cabin attendant 客室乗務員
cancel	取り消す ／名 cancellation ＝取消し ／ cancellation fee 取消料
carrier	①運送会社（通常は航空会社、船会社をいう）②保菌者 ／動 carry ＝運ぶ
certify	証明する ／名 certificate ＝証明書
coach	長距離用大型バス（英）＝ bus（米）※ motor coach ともいう
commence	…を開始する、始める ／名 commencement ＝開始
commission	手数料 ／形 commissionable ＝手数料が含まれる、手数料が支払われる
compensation	損害賠償、補償 ／ compensation for damages 損害賠償（金）
complimentary	無料の、優待の ／ a complimentary ticket 優待券
confirm	確認する、確かにする ／名 confirmation slip ＝ホテルなどの予約確認書
contract	①契約 ／ conclusion of a contract 契約の締結 ②…と契約を結ぶ
cost	①費用、原価 ②（ある金額が）かかる
crew	乗組員、全乗務員 ／ cockpit crew 運航乗員、cabin crew 客室乗員
customs	税関 ／ customs clearance 通関、customs declaration 税関申告
declare	（税関などで）申告する ／名 declaration ＝申告
delay	①遅延、遅滞 ／ without delay 遅滞なく、すぐに ②遅らせる
delegate	代表、派遣団員 ／名 delegation ＝代表団
depart	出発する ／名 departure ＝出発 ／ departure time 出発時間
deposit	①予約金、保証金 ／ safety-deposit box 貸金庫 ②（金庫などに）預ける
deviate	離脱する、それる、外れる ／名 deviation ＝（ツアーなどからの）途中離団

disembark	（船、飛行機から）降りる、入国する（⇔ embark 乗り込む）
due（2．も参照）	支払い期限が来た（＝ payable）／ the due date 支払期日
duration	継続（時間）、所要（時間）、旅行期間
duty	税金、義務、勤務／ customs duties 関税、duty-free 免税の
E/D card	（＝ Embarkation ＆ Disembarkation card）出入国記録カード
effective	有効な／ The fare will be effective from May 1. その運賃は5月1日以降有効
embassy	大使館 ※ ambassador 大使
emigrate	（他国へ）移住する／名 emigration ＝（他国への）移住
empty	①空の／ empty run 回送 ②空にする、あける
enter	…に入る、加入する／名 entry ＝入国、参加／ entry visa 入国査証
estimate	①見積り、概算 ②見積もる、概算する
exceed	超過する／名 excess ＝超過、過剰／ excess baggage 超過手荷物
exclusive	上流の、高級な、排他的な／副 exclusively ＝独占的に、排他的に
excursion	小旅行、遠足／ shore excursions（クルーズでの）寄港地における観光
exhibit	展示する／名 exhibition ＝展示、展示会
expense	経費、費用／ traveling expenses 旅費
expire	満了する、終了する／名 expiry ＝満了、（期間の）終了
facility	施設（通常は facilities と複数形で用いる）、設備
fare	（船、電車、バスなどの）運賃、料理／ a bill of fare メニュー
fee	（入場、入会などの）手数料、報酬／ parking fee 駐車料金
flag carrier	国を代表する航空会社 ※national carrier ともいう
form	書式、用紙／ fill in the form 用紙に記入する
freight	運送貨物、貨物輸送／名 freighter 貨物船、貨物輸送機
gratuity	心付け、チップ／ No gratuities accepted. お心付けは辞退いたします
guarantee	①保証、保証人、保証となるもの、保証書 ②保証する
guide	①案内人 ②…を案内する／ guided tour 案内人が同行するツアー
handling	取扱い、操作／ handling fee 取扱手数料
hospitality	（他人や客を）手厚くもてなすこと、歓待、厚遇
hub	中心（ハブ空港＝航空ネットワークを形成する“拠点となる空港”のこと）
identity	本人であることを証明できること／ identity（＝ ID）card 身分証明書
immediate	即座の、近い／副 immediately ＝すぐに、早急に
immigration	出入国管理、移住／ clear immigration 入国審査を受ける
incentive	①奨励的な、刺激的な／ incentive tour 報奨旅行 ②報奨物、刺激
incidental charge	ホテル滞在時の宿泊料金以外の付加的料金（ルームサービスなど）
inclusive	包括的な／ inclusive tour 包括旅行、inclusive of …を含めて、…込みで
incur	（ある行為の結果として）負担する、（不快な結果を）招く

海外旅行実務 総

inspect	視察する ／ 名 inspection ＝視察 ／ baggage inspection 手荷物検査
interline	〈航空用語〉連帯輸送の、航空会社相互間の
invoice	①請求書、送り状 ②請求書や送り状を提出する
issue	①発行 ②発行する、刊行する ／ issue an invoice 請求書を発行する
itinerary	旅程 ／ Tour itinerary may be changed. 旅行日程は変更されることがある
journey	旅行、行程、行路 ／ break one's journey 途中下車する
knowledgeable	知識のある、もの知りの ／ 名 knowledge ＝認識、知識
land	①陸、陸地、旅行業界における地上手配部門 ②上陸する
launch	①ランチ（原動機付きの小艇）②進水する、（ある活動を）始める
layover	（乗り継ぎの）時間待ち ／ layover period 乗り継ぎの待ち時間
legal	適法の、正当な（⇔ illegal 違法の）／ legal right 法律に基づく権利
length	期間、長さ、（縦横の）縦 ／ length of stay 滞在期間
liability	責任（＝ responsibility）、負担、債務 ／ liability for damages 損害賠償責任
load	①荷、積荷、（心の）重荷 ／ load factor 航空便の座席利用率 ②積む
local	場所の、地方的な ／ local currency 現地通貨、local time 現地時間
locate	さがし出す、突きとめる、置く、設ける ／ 名 location ＝位置
Lost & Found	手荷物苦情処理窓口（米）＝ lost property office（英）
luxury	①豪華、贅沢 ②高級の、贅沢の ／ 形 luxurious ＝豪華な、贅沢な
marital	夫婦の、結婚の ／ marital status 婚姻状況（未婚・既婚などの区別）
materialize	…を具体化する、実現する、〈旅行業界用語〉ツアーが成立する
meet	出会う、出迎える ／ meeting service ＝出迎えサービス
minister	大臣、公使 ／ Prime Minister 総理大臣、Minister of Foreign Affairs 外務大臣
miss	失敗する、損なう ／ missed flight 搭乗便への乗り遅れ
modify	緩和する、…を修正する
nation	国民、国家 ／ 形 national ＝国民の、国家の、名 nationality ＝国籍
net	①網 ②正味の、純益の ／ a net price 正価（掛け値のない価格）
non-refundable	払い戻しできない ／ The deposit is non-refundable. 予約金は返金不可
no-show	予約したまま、取り消さず、当日その場に現れない人またはその行為
note	注意点 ／ 動 Please note that ～ ＝…ということにご注意ください
notice	注意、情報 ／ a minimum of 24 hours notice 最低 24 時間前の予告
notify	通知する、知らせる ／ 名 notification ＝（正式な）通知、通知書
occasion	場合、場所、機会 ／ 形 occasional ＝時折の、副 occasionally ＝時折
occupancy	占有、ホテルの部屋やトイレなどを使用している状態（⇔ vacancy 空き）
occupy	占領する、使用する ／ 名 occupation ＝占有、職業
occur	…が起こる、生じる ／ If anything should occur, 万が一の場合には
offer	…を申し出る、差し出す、…を売りに出す

off-line carrier	〈航空用語〉その国に就航していない航空会社（⇔ on-line carrier）
onboard	①飛行機、船、列車などで提供される ②機内（船内、車内）の
option	選択、選択肢、随意 ／ 形 optional ＝任意の、随意の
organize	…を組織する、…を計画する ／ 名 organizer ＝（ツアーなどの）主催者
outbound	①外国向けの（⇔ inbound 本国向けの）②海外旅行業務
overseas	海外（から）の、海外向けの ／ make an overseas call 国際電話をかける
package	一括して販売されるもの（例えば、クルーズに含まれる食事や座席等一式）
participant	参加者、関係者 ／ the number of participants 参加者の人数
party	①グループ、一行 ／ a party of five 五人連れ ②パーティー
passenger	旅客、船客、乗客 ／ passenger plane 旅客機
permit	…を許可する、許す ／ 名 permission ＝許可
pick up	①迎えに行く、引き取る ②出迎えの ／ 名 pickup and drop-off ＝送迎
pier	桟橋、埠頭
policy	方針、手段、政策 ／ cancellation policy 取消し規定
portage	運搬、持運び、運搬費 ／ 名 porter ＝（空港、駅などの）ポーター
prior	…より先に（～ to） ／ 名 priority ＝より重要であること
prohibit	…を禁じる、差し止める
proof	証拠、証明、立証 ／ proof of residency 居住（していることの）証明
property	財産、所有物、不動産 ／ personal property 身の回り品
purchase	①購入する、…を買う ②購入、買物 ／ a good purchase 得な買物
quarantine	検疫 ／ quarantine station 検疫所、animal quarantine 動物検疫
queue	（順番を待つ人の）列 ／ join the boarding queue 搭乗待ちの列に加わる
quote	見積もる、…を引用する ／ 名 quotation ＝見積り、見積額、引用
rack	（列車などの）棚、荷物入れ ／ roof rack（自動車の）屋根上の荷台
rate	割合、相場、値段 ／ rack rate ホテルの公示宿泊料金（個人の正規料金）
reception	受領、受け入れること、受付 ／ the reception desk 受付
reconfirm	（予約を）再確認する
reference	照合、（身元などの）証明書 ／ 動 refer ＝言及する、…をさす（～ to）
refund	返金、払戻し ／ No refund will be given. 返金はありません
regarding	…に関して、…について（＝ in regard to または with regard to）
registration	登録、登記 ／ registration form 登録票、参加申込書
regulate	規制する、調整する ／ 名 regulation ＝規則、規制
reimburse	払い戻す、弁償する
relevant	関連のある、適切な
remain	残る、留まる、滞在する ／ 形 remaining ＝残りの
remit	送る、送金する ／ 名 remittance ＝送金、送金額

render	（サービスなどを）提供する、与える、（計算書などを）提出する
represent	…を代表する、…を示す、…を表す ／ 名 representative ＝代表者
require	…を必要とする、要求する ／ 名 requirement ＝必要条件
reserve	予約する、取っておく ／ 名 reservation ＝（席などの）予約
resident	①居住者 ②在住の、住込みの ／ 名 residency ＝居住していること
restrict	…を制限する、…に限定する ／ 名 restriction ＝制限、制限するもの
retailer	小売業者（⇔ wholesaler 卸売業者）
room	部屋、場所、余地 ／ make room for（…に）場所をあける
seat	①座席、椅子 ②（人を）腰掛けさせる ／ seat assignment 座席の指定
settle	勘定を払う、（動かないように）…を置く ／ 名 settlement ＝精算
sightseeing	観光、見物 ／ full-day sightseeing 終日観光
speciality	特産品、専門、得意（英）＝ specialty（米）
specify	…を明示する、特定する ／ the date and time specified 指定された日時
spouse	配偶者
standby	空席待ちの、代替の ／ on a standby basis 空席待ちで
statement	明細書、計算書 ／ account statement 利用明細
stateroom	（客船車の）個室、客室（＝ cabin）
status	身分、地位、状況（手配においては主に予約の）
stopover	途中下車、〈航空用語〉途中降機
submit	提出する、提示する
suburb	郊外、市外 ／ a suburb of London ロンドン郊外
supplier	供給者、旅行サービス提供機関 ／ 動 supply ＝…を供給する、与える
tariff	（鉄道や宿泊施設などの）運賃表・料金表、関税表
technical landing	〈航空用語〉給油や整備などの目的で着陸すること
technical visit	〈旅行業界用語〉業界視察旅行（工場視察など）
term	（代金などの支払いの）期日、条件 ／ Terms and Conditions 契約条件
through check	乗り換えがあっても旅客の手荷物を目的地まで通しで託送すること
tour	観光、視察目的の旅行 ／ 名 tourist ＝観光客、旅行客
tourism	旅行事業、観光事業
tour operator	〈旅行業界用語〉手配代行者（＝ land operator）
transfer	移動、旅行者の発着地（空港など）とホテル間の移動・送迎
transit	通過、乗り継ぎ、通行 ／ a transit passenger 乗継客
transport	①輸送、運送（英）＝ transportation（米）②…を運ぶ、…を輸送する
travel component	〈旅行業界用語〉旅行素材（宿泊や送迎、ガイド、レストランなど）
turbulence	乱気流、大荒れ、動乱
unaccompanied	同伴者のいない ／ unaccompanied baggage〈航空用語〉別送品

upper	さらに上の、上位の、上流の／upper deck（航空機内の）2階席
vacant	空いている（⇔ occupied 使用中の）／vacant seat 空席
vaccination	ワクチン接種、予防接種
valid	有効な、正当な（⇔ invalid 無効な）／名 validity ＝有効性、効力
validate	有効にする、確認する／名 validation ＝検証、確認
vary	異なる、変わる／形 various ＝さまざまな、多数の
vehicle	車両、乗物／recreational vehicle RV車
vessel	船（＝ ship）／a fleet of vessels 保有船（会社が保有する船全体をいう）
voucher	バウチャー（旅行サービスの提供を受けるための引換券）、証拠物件
voyage	（船や飛行機による）旅／a voyage round the world 世界一周の旅
waive	（権利などを）放棄する／名 waiver ＝免除、（権利・要求などの）放棄
warrant	①正当な理由、認可証 ②保証する、請け合う
wharf	埠頭、波止場／Fisherman's Wharf（※米国サンフランシスコの観光地）
wholesale	ホールセール商品（旅行業者が他の旅行業者に販売を委託する募集型企画旅行）
wholesaler	委託旅行業者（ホールセール商品の販売を他の旅行業者に委託する旅行業者）

2．試験でよく出る慣用表現

at the discretion of	〈判断〉Tips are paid at the discretion of the customer. チップは顧客の判断によって支払われる。
be entitled to	〈権利〉Customers confronted with delay are entitled to a refund. 遅延に遭遇した顧客は、返金を受ける権利を有する。
be liable for	〈責任〉We shall not be liable for any damages caused by weather conditions or other Act of God. 私たちは、気象条件や不可抗力によって生じた損害に対して法的な責任をもたない。
be required to	〈必要〉A minimum deposit of 50% of the admission fees will be required to confirm the booking for the groups. 入場料の50%の最低保証金額が、グループの予約を確定するために必要である。
(be) subject to	〈①条件〉Bookings are made subject to availability. 空きがあることを条件に、予約がなされる。 〈②可能性がある〉The discount rates are subject to change. 割引率は変更されることがある。
due to（1．も参照）	〈①原因〉Flights were canceled due to bad weather. 悪天候により航空便がキャンセルされた。 〈②予定〉Chartered flights are due to depart at the time booked. チャーター便は予約した時間に出発することになっている。
reserve（または have） the right to	〈権利〉The company reserves the right to alter itineraries or to cancel all or any part of the tours. 会社は、日程を変更する、あるいはツアーの全部または一部を取りやめる権利を有する。

海外旅行実務 総

以上の単語や慣用表現に慣れたところで、英語の過去問題（総合試験実施団体のホームページに掲載）を解いてみましょう。長文を読む際は、設問文や選択肢の記述が日本語で書かれているので、それらも参考にしながら文章の要旨をつかみます。わからない単語があれば、辞書で調べましょう。英語を読むことに慣れるほど、知っている単語が多いほど、長文全体の概要をイメージしやすくなり、試験本番でも問題がグンと解きやすくなるといえます。

Key Point ●過去の試験で問われた論点の例（※出題はいずれも四肢択一形式）

①類義語 下線部を別の「最も近い意味の単語や語句」に置き換える	**【問題】**英文の内容から、下線部と最も近い意味となる語句は何か。 **【英文】**A binding contract will also come into existence by communicating acceptance electronically. **【答え】**take effect（【英文】の訳：電子的方法で申込みを受け付ける旨を伝えることによっても、拘束力のある契約が成立する。）
②類義表現 if で始まる条件節を、別の「最も近い意味の表現」に置き換える	**【問題】**下線部について、英文の内容から最も近い意味となるものは何か。 **【　英　文　】**If reservations are made within 30 days of departure, you must pay in full at the time of booking. **【答え】**Provided reservations are made within 30 days of departure, または Should reservations be made within 30 days of departure, （【英文】の訳：もし予約が出発の 30 日以内になされたなら、予約時に全額支払わなければならない。）
③穴埋め 慣用表現に用いられる単語を問う	**【問題】**英文の内容から、（　Ⓐ　）に入る単語は何か。 **【英文】**Reservations for the shore excursions are made on a（　Ⓐ　)-come-（　Ⓐ　）-served basis. **【答え】**first（【英文】の訳：寄港地での観光の予約は、先着順だ。）
④多義語 複数の意味をもつ単語 right について、同じ用法の英文を問う	**【問題】**次の㋐～㋓のうち、下線部と同じ意味で使われているのはどれか。 ㋐ She came in at the right time. ㋑ You can see the tower on your right. ㋒ We have a right to ask questions. ㋓ The bus went right up to the top of the hill. **【英文】**The same principle applies to air passenger rights. **【答え】**㋒（【英文】の訳：同じ原則が、旅客権利に適用される。） ※問題に使われている right の意味は、以下のとおり。 ㋐〈正しい〉彼女はちょうどいい時に来た。 ㋑〈右に〉あなたの右にタワーが見えます。 ㋒〈権利〉我々には質問する権利がある。 ㋓〈ずっと〉バスが丘の上へとずっと上っていった。

第2章 国際航空運賃

この章では、国際線の運賃計算について学習します。本書では、計算に必要な用語や基本的な計算手順を学習したのち、旅程に従って実際に運賃を計算していきます。アルファベットや数字、聞き慣れない用語が多いため、習得に少し時間を要する分野ではありますが、覚えるべき手順はいたってシンプルですので、何度も読み込んで知識を定着させましょう。

※本章で資料として掲載する規則や運賃額は、現在有効なものとは限りません。また、解説の都合上、実在しない航空会社の規則や運賃額などを使用している箇所もありますが、学習上、不都合はありません（試験では解答に必要な資料が提示されるため、実際に有効な規則や運賃額を暗記する必要はありません）。

重要度 A

国際航空運賃の基礎知識

学習項目

◎運賃の種類
◎年齢区分
◎ IATA エリア
◎グローバルインディケーター
◎旅程に関する用語
◎旅行形態

学習ポイント

●運賃の種類（「普通運賃」「特別運賃」）を把握する。
●国際線における**年齢区分**を把握する。
●**旅程**の見方や用語を理解する。
●**「途中降機」**と**「乗り継ぎ」**の違いを理解する。
●「往復旅行」「周回旅行」「オープンジョー」の特徴を把握する。
●サーフィスの**みなし計算**を理解する。

1 用語などの基礎知識

1．運賃の種類

国際線の運賃は、各航空会社が、運賃を適用する際の規則や運賃額を定める**キャリア運賃**が主流です。試験では、日本発の運賃として、日本航空（JAL または JL）と全日本空輸（ANA または NH）のキャリア運賃が出題されていますので、本書でもこの2社の運賃を中心に解説します。キャリア運賃は、次のとおり、「普通運賃」と「特別運賃」に大別されます。

（1）普通運賃

運賃額は特別運賃よりも高めに設定されていますが、最長旅行期間が長いなど条件が緩やかな運賃です。

（2）特別運賃

普通運賃と比較すると、予約や購入期限などの条件に制約が多い代わりに、運賃額が低めに設定されている運賃です。航空会社ごとに適用規則が異なる様々な種類の特別運賃があります。試験対策としては、次の特別運賃を覚えておきましょう。

用語

キャリア
航空業界などでは、「Carrier」＝“運ぶ人”という意味から、航空会社のことをキャリアと呼ぶ。

用語

最長旅行期間
旅行可能な最長の期間のこと。国際運送約款で定められている航空券の「有効期間」と同じ意味。
▶▶ P207

■ 図表1　特別運賃の種類（主なもの）

種　類	概　要
ペックス運賃	航空会社が独自に設定する個人向けの回遊旅行用の運賃。JALの「Standard（スタンダード）」や「Saver（セイバー）」など、ANAの「Basic（ベーシック）」や「Value（バリュー）」などがこれに該当する。
IT運賃	旅行会社のパッケージツアー用の運賃で、航空旅行に宿泊や観光などを組み合わせることを条件に運賃が低く設定されている。

2. 運賃の適用

国際線の運賃は、航空券の第一区間の**旅行開始日**に適用される、**航空券の発券日に有効な運賃**を使用します。したがって、航空券の発券日から旅行開始日までの間に運賃額が改定（変更）されたとしても、**運賃の差額調整は行われず**、発券日に有効な運賃が適用されます。

3. クラス

運賃を設定するに当たり、座席の仕様や機内食の内容など、各種サービスに格差を設けています。この**サービスの等級**を一般に**クラス**と呼びます。国際線では、主に「**ファーストクラス**」、「**ビジネスクラス**」、「**プレミアムエコノミークラス**」、「**エコノミークラス**」といったクラスごとに運賃が設定されています。クラスを示すコードは航空会社や路線などによって使い分けられていますが、各クラスの主なコードは次のとおりです。

Key Point ●クラスの名称と主なコード

クラスの名称	予約コード
ファーストクラス	F
ビジネスクラス	C・J
プレミアムエコノミークラス	W
エコノミークラス	Y・M

プラスアルファ
運賃の適用に関する規定は、若干の文言の違いはあるが、国際運送約款の「適用運賃」で学習した内容と同じ。
▶▶P212

プラスアルファ
JALとANAの一部の路線には、通常のエコノミークラスより座席が広く、食事などに追加のサービスがつく**「プレミアムエコノミー」**というクラスが設定されている。

4. 年齢区分

国際線の運賃は、旅行開始日当日の年齢を基準に、「大人」「小児」「幼児」に分けられています。このうち、小児および幼児については、大人に同伴される小児および幼児の区分を覚えておきましょう。

Key Point ●国際線の年齢区分

区　分	年　齢	適用運賃
大人（Adult）	12歳以上 ＊12歳の小学生を含む	① 大人運賃
小児（Child）	2歳以上 12歳未満	② 小児運賃 ＝大人運賃の **75%**
幼児（Infant）	2歳未満	座席を使用しない場合 ③ 幼児運賃 ＝大人運賃の **10%**
		座席を使用する場合 小児運賃（②と同じ）

航空券は年齢にかかわらず、1人につき1枚発行されます。座席を使用しない幼児の分も航空券は発行されます。

JAL、ANAともに、大人1人が同伴できる幼児は2人までと定めています。そのうち、**幼児運賃が適用**されるのは、大人が同伴する**幼児1人**に限られています。したがって、大人1人が幼児2人を同伴する場合、1人の幼児には「幼児運賃」が適用されますが、もう1人の幼児には、座席を使用する幼児として「小児運賃」が適用されます。

プラスアルファ

一部、「小児」に大人運賃の100%（大人運賃と同額）が適用される運賃もある。

5. IATAエリアとグローバルインディケーター

国際線を運航する航空会社の多くは、IATAという国際組織に加盟しています。国際航空運賃は、IATAエリアと呼ばれる3つの地区ごとに、さらに、グローバルインディケーター（Global Indicator：略してGI）と呼ばれる**飛行ルート**（経路）ごとに運賃などが細かく定められています。ここでは「IATAエリア」と「グローバルインディケーター」の概要を確認しましょう。

用語

IATA
国際航空運送協会（International Air Transport Association）の略。航空サービスに関する基準などを調整し、管理する国際組織。

(1) IATA エリア

IATA エリアとは次の TC1（AREA1）～ TC3（AREA3）の 3 つのエリアをいいます。

> **プラスアルファ**
> IATA エリアの「TC」とは、(IATA Tariff Coordinating Conference Area：IATA 運賃調整会議エリア）の略。

■ 図表 2　IATA エリア

第 1 地区：TC1	南北アメリカ大陸、近隣諸島（ハワイ諸島を含む）他
第 2 地区：TC2	ヨーロッパ、中東、アフリカ、近隣諸島他
第 3 地区：TC3	日本、東南アジア、南アジア亜大陸、オセアニア他

■ 図表 3　IATA AREAS OF THE WORLD（資料提供：（株）オーエフシー）

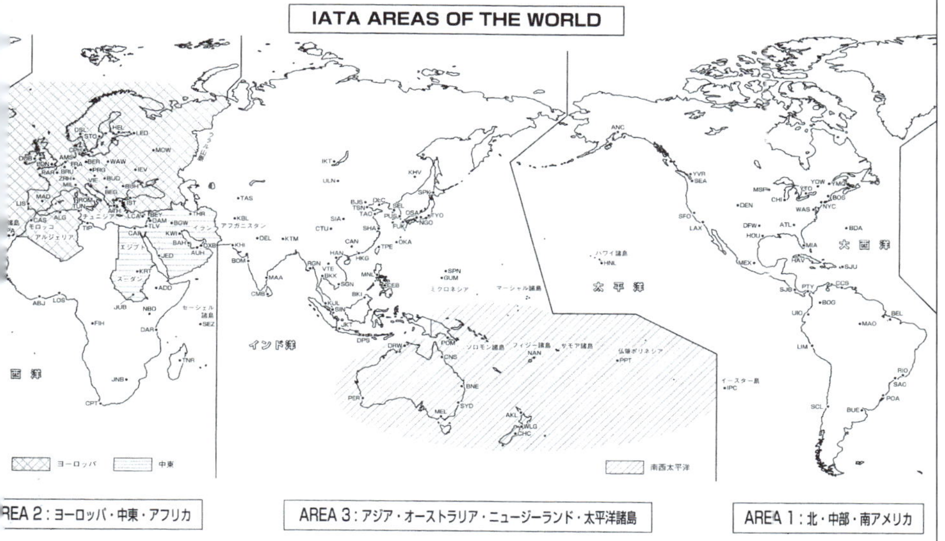

(2) グローバルインディケーター（GI）

例えば、日本からヨーロッパに行く場合には、シベリア上空を飛行するルート、東南アジアを経由するルート、さらには、アメリカを経由するルートもあります。運賃は、飛行ルートごとに異なります。試験対策としては、旅程に日本が入る GI のうち、次の 5 つを覚えておきましょう。

TC1 ～ TC3 の数字は、実際の旅行の順番に関係なく、数字の小さい順に「1→2→3」の順で表示します。ただし、図表４の⑤は、④と区別するため、例外的に TC213 と表示されます。

■ 図表４　旅程に日本が含まれる主な GI

GI		旅程例	TC
① PA（Pacific）太平洋経由		東京－ニューヨーク	TC13
② TS（Trans Siberia）シベリア回り		東京－パリ	TC23
		東京－モスクワ－パリ	
③ EH（Eastern Hemisphere）	東半球	東京－シンガポール	TC3
	南回り	東京－シンガポール－パリ	TC23
④ AT（Atlantic）大西洋経由		東京－パリ－ニューヨーク	TC123
⑤ AP（Atlantic and Pacific）大西洋と太平洋経由		東京－ニューヨーク－パリ	TC213

6. 旅程に関する用語

試験では、次のような旅程が提示されますので、用語とともに見方を確認しましょう。

（1）旅程の見方

■ 図表５　旅程

①出発都市		到着都市	②便名	③出発日	④出発時刻	到着時刻
TOKYO（HND）	－	PARIS（PAR）	JL045	05DEC(金)	1050	1540
PARIS（PAR）	－	ROME（ROM）	AF1304	06DEC(土)	1355	1600
ROME（ROM）	－	LONDON(LON)	BA549	20DEC(土)	1125	1310
LONDON(LON)	－	TOKYO（HND）	JL7082	23DEC(火)	1045	0730+1

※ LON を折り返し地点とする旅程。

プラスアルファ
日本国内の都市については、（　）内に空港コードが記載されるケースが多い。

都市コード・空港コード
▶▶P466、467
航空会社コード
▶▶P464、465

プラスアルファ
図表５の**旅程全体の出発日（旅行開始日）**は12月5日（金）である。

① 出発都市・到着都市

各搭乗区間の出発と到着の都市が記載されています。都市名は英語表記となっており、（　）内にはその都市または空港のコードが表示されます。

② 便名

利用する便名が、航空会社コードと数字などの組み合わせで表示されます。

③ 出発日

各区間の出発日が、日・月・曜日の順番で記載されています。月と曜日については、次の略称も正しく覚えておきましょう。

月		
1月：January = JAN	2月：February = FEB	3月：March = MAR
4月：April = APR	5月：May = MAY	6月：June = JUN
7月：July = JUL	8月：August = AUG	9月：September = SEP
10月：October = OCT	11月：November = NOV	12月：December = DEC

曜日		
日：Sunday = SUN	月：Monday = MON	火：Tuesday = TUE
水：Wednesday = WED	木：Thursday = THU	金：Friday = FRI
土：Saturday = SAT		

④ 出発時刻・到着時刻

航空機が都市を出発する時刻と到着する時刻が記載されています。これらの時刻は、各都市の**現地時間**で表示されます。

また、図表5の一番下にあるロンドン－東京間の到着時刻0730の後ろに付いている**「＋1」は翌日の到着**を意味しています。したがって、ロンドン－東京間は、12月23日（火）の10：45にロンドンを出発し、**翌日**12月24日（水）の7：30に東京に到着することがわかります。

(2) 旅程上の地点の名称・用語

図表5にある都市は、東京、パリ、ローマ、ロンドンです。これらの都市（地点）にはそれぞれ名称があります。運賃を計算する際に必要となる用語とあわせて覚えておきましょう。

① 始発地・終着地

「始発地」とは、**旅行を開始する都市（全旅程の最初の地点）**をいい、「終着地」とは、**旅行を終了する都市（全旅程の最後の地点）**をいいます。図表5の場合、最初の東京が「始発地」で、最後の東京が「終着地」となります。

② 始点・終点

「始点」とは、「往路」または「復路」を**開始する地点**をいい、「終点」とは、「往路」または「復路」が**終了する地点**をいいます。

国際線の運賃は、「往路」と「復路」のように大きな旅程区間に分けて計算します。この場合に、**往路**の始点から終点までを**往路のフェアコンポーネント**、**復路**の始点から終点までを**復路**

用語

フェアコンポーネント（Fare Component）
運賃をまとめて計算する旅程区間のこと。往路の計算区間のことを「往路のフェアコンポーネント」、復路の計算区間のことを「復路のフェアコンポーネント」という。

のフェアコンポーネントといいます。

③ **折り返し地点**

旅程が途切れることなく、最終的に始発地に戻ってくる旅程で、往路と復路の折り返しとなる地点のことを**折り返し地点**といいます。図表5は、表下の※にあるとおり、**ロンドン**が折り返し地点となります。

④ **中間地点**

始点、終点、折り返し地点**以外の**経由地のことを中間地点といいます。中間地点は、滞在時間によって、さらに、次の地点に分けられます。

「乗り継ぎ」と「途中降機」は、運賃を計算するうえで重要な部分ですので、違いをしっかりと理解しておきましょう。

Key Point ●「乗継地点」と「途中降機地点」

- **乗継地点**（のりつぎ）：都市での滞在時間が**24時間以内**（24時間ちょうども含む）である航空機の乗り換えのことを**「乗り継ぎ」**（Non Stopover）といい、乗り継ぎを行う地点のことを**乗継地点**という。
- **途中降機地点**（とちゅうこうき）：都市での滞在時間が**24時間を超える**航空機の乗り換えのことを**「途中降機」**（Stopover）といい、途中降機を行う地点のことを**途中降機地点**という。

プラスアルファ

「乗継地点」と「途中降機地点」は、どちらも航空機を“乗り換えて”他の都市に向かうという点で共通していることから、この両方を指して、**「乗換（のりかえ）地点」**ともいう。

図表5では、**パリ**と**ローマ**が往路の中間地点に該当します。中間地点は、都市での滞在時間によって、次のとおり、「乗継地点」または「途中降機地点」に区分されます。

CASE 1　中間地点での滞在時間

パリ
12月5日　15:40　着
↓
12月6日　13:55　発

24時間以内＝**乗継地点**

ローマ
12月6日　16:00　着
↓
12月20日　11:25　発

24時間を超えている＝**途中降機地点**

プラスアルファ

パリは、到着日と出発日が異なるが、到着時刻から出発時刻までの間が24時間以内なので、「乗継地点」とわかる。

以上により、図表5の旅程の各地点の名称は次のとおりです。

■ 図表6

2 旅行形態と適用運賃

運賃計算上の旅行は「片道旅行」、「往復旅行」、「周回（しゅうかい）旅行」、「オープンジョー」の4つの形態に大別されます。各旅行形態の特徴を理解しましょう。

1. 片道旅行

出発した国と異なる国の都市で終わる往路だけの旅行を「片道旅行」（One Way Trip：OW）といいます。この旅行は、運賃表に記載される片道運賃を使って運賃を計算します。

CASE 2 片道旅行

TYO ──→ LON ──→ ROM

プラスアルファ
これまでの試験で片道旅行が出題されたことはないので、これ以外の旅行形態を中心に押さえておくとよい。

2. 往復旅行・周回旅行

始発地（旅行を開始する都市）**と終着地**（旅行を終了する都市）**が同じで、旅程が連続している場合、**「往復旅行」（Round Trip：RT）または「周回旅行」（Circle Trip：CT）のいずれかに該当します。

「往復旅行」や「周回旅行」のように、旅程が途切れることなく、最終的に始発地に戻ってくる旅行は、次のケース3のようにある都市を折り返し地点として、**その前後で旅程を「往路」と「復路」に分けて運賃を計算します。**この場合、運賃表に記載される往復運賃の半額（HRT）を使って運賃を計算します。

用語
往復運賃の半額
1/2直行往復運賃（Half Round Trip Fare）という。本書では、HRTと略す。

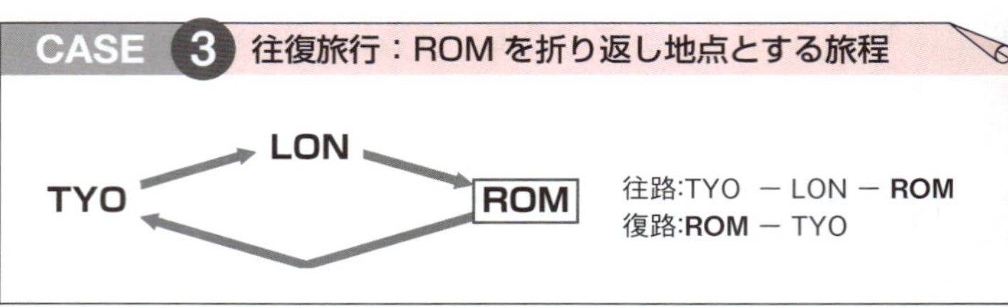

折り返し地点をどの都市にするのかは、どうやって決めるのですか。

折り返し地点は、本来、どの都市であっても構いません。一般的には、往路と復路に分けるに当たって運賃が最も安くなる都市を折り返し地点とするケースが多いようです。試験では、**あらかじめ折り返し地点が設定されている**か、運賃を適用するための**規則から該当する都市を絞り込む**ことができるので、その指示や規則に従って運賃を計算します。

3. サーフィスを含む旅行

旅程の一部を、**列車やバスなどの交通手段（地上運送）**で移動することがあります。航空機以外の交通手段で移動する区間のことを**サーフィス**（Surface）といい、このサーフィスを含む旅程については、**その部分を運賃計算に含めるかどうか**で、次の2つに分類されます。

(1) オープンジョー

サーフィス部分を運賃計算に**含めず**、**サーフィス部分で旅程を「往路」と「復路」に分けて運賃を計算する**（航空機で移動する区間のみの運賃を求める）旅行形態を**「オープンジョー」**といいます。この旅行も、**往復運賃の半額（HRT）**を使って運賃を計算します。

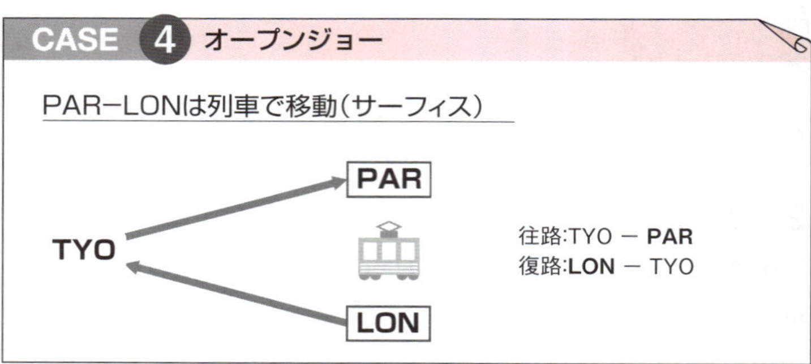

プラスアルファ

ケース4のように、1区間のみにサーフィスがある旅行を「シングルオープンジョー」という。下図のようにサーフィスが2区間（PAR－LONとOSA－TYO）ある旅行は、「ダブルオープンジョー」と呼ばれる。

例 ダブルオープンジョー

TYO ⟶ PAR
OSA ⟵ LON

(2) みなし計算

サーフィス部分を航空旅行とみなし、この部分も**含めて**運賃を計算する方法があります。このような計算を**みなし計算**といいます。みなし計算をする場合、**すべてを航空機に乗ったものとして計算します**ので、旅程が連続しており、最終的に始発地に戻ってくる旅行となります。したがって、旅行形態としては、先述2. で学習した**「往復旅行」**または**「周回旅行」**のいずれかに該当します。

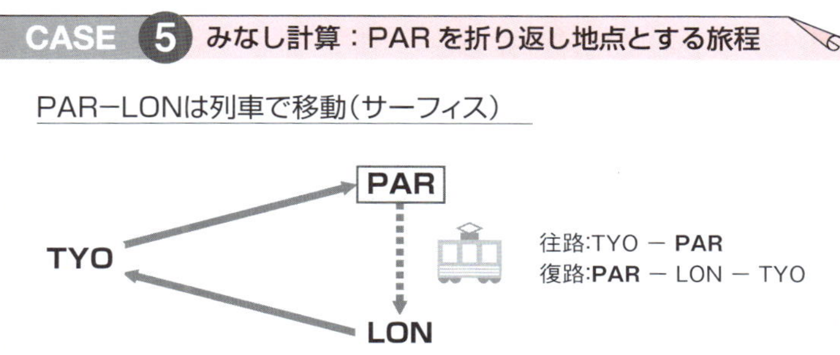

なお、試験では、サーフィス部分を含めて計算するかどうかが、下記のような方法であらかじめ指定されます。

- サーフィス部分を**含めない**（**除外する**）場合：旅行形態が「オープンジョー」である旨が明示されます。
- サーフィス部分を**含める**場合：「PARを折り返し地点とする」など、1都市が折り返し地点として指定されます。

本文にあるとおり、試験では、サーフィス部分を含めて計算するかどうかがあらかじめ指定されるので、その指示に従って計算します（自らでいずれかを選択する必要はありません）。

燃油特別付加運賃（燃油サーチャージ）

燃油特別付加運賃とは、航空燃油費の高騰による費用の増加の一部を旅客に負担してもらうために、航空運賃に追加して徴収される運賃です。試験で出題される場合は、下記のような資料が提示されますので、金額などを覚えておく必要はありません（この額は、2か月ごとに見直されます）。

例：ANA　燃油特別付加運賃2022年2月1日～3月31日購入分（抜粋）

適用路線および設定額（一旅客一区間片道当たり）

路線	設定額
日本＝欧州・北米（ハワイを除く）・中東・オセアニア	19,300円
日本＝ハワイ・インド・インドネシア	12,100円
日本＝タイ・シンガポール・マレーシア・ミャンマー・カンボジア	9,400円
日本＝ベトナム・グアム・フィリピン	5,500円
日本＝東アジア（韓国を除く）	5,000円
日本＝韓国・ロシア（ウラジオストク）	1,700円

表中の額は一旅客一区間片道当たりの運賃です。例えば、東京－パリ（欧州）を**往復する**場合、19,300円×2区間（往復分）＝38,600円がかかるという計算になります。この運賃は、座席を使用しない2歳未満の者以外の**すべての旅客を対象**に、大人・小児・幼児ともに同じ額が適用されます。また、この運賃には、取消手数料や払戻手数料は適用されませんので、航空券を購入した後に払い戻しをする場合には、全額が払い戻されます。

eチケットお客様控の見方

eチケット（電子航空券）は、旅客の情報（氏名、出発日、搭乗区間、便名、運賃額など）が、航空会社の予約端末上で記録、管理され、旅客には、航空券を購入した証明としてeチケットお客様控が発行されます。

過去の試験では、eチケットお客様控に記載される旅程表や運賃計算情報が資料として提示されたことがありますので、参考として、見方を確認しておきましょう。なお、eチケットお客様控の様式は、出力する端末などによって異なりますが、どのような様式であっても搭乗日時や区間など解答に必要な情報は記載されています。

eチケットお客様控　（抜粋）

旅程表 ITINERARY

出発／到着日時 DATE TIME	都市（ターミナル） CITY（TERMINAL）	航空会社／便名／クラス AIRLINE/FLIGHT/CLS
05DEC（FRI） 1050 05DEC（FRI） 1540	TOKYO/HANEDA(3) PARIS/CHARLES DE GAULLE(2E)	JAPAN AIRLINES JL045 / C
06DEC（SAT） 1355 06DEC（SAT） 1600	PARIS/CHARLES DE GAULLE(2F) ROME/FIUMICINO(1)	AIR FRANCE AF1304/ C
20DEC（SAT） 1125 20DEC（SAT） 1310	ROME/FIUMICINO(3) LONDON/HEATHROW(5)	BRITISH AIRWAYS BA549 / C
23DEC（TUE） 1045 24DEC（WED）0730	LONDON/HEATHROW(5) TOKYO/HANEDA(3)	JAPAN AIRLINES JL7082 / C (OPERATED BY BRITISH AIRWAYS)

—(1)

運賃計算情報 FARE CALCULATION　05DEC＊＊ TYO JL ×／PAR AF ROM BA LON M5450.00 JL TYO 5250.00 NUC10700.00END ROE100.000000　—(2)

（1）旅程表

上記の旅程表は、P516の ■ 図表5と同じ内容です。上記の（1）の部分を使って見方を確認しましょう。

①出発／到着日時	②都市（ターミナル）	③航空会社／便名／クラス
12月23日（火）10：45発	ロンドン／ヒースロー空港（5）	日本航空JL7082便／ビジネスクラス（ブリティッシュ・エアウェイズの機材・乗務員で運航）
12月24日（水）7：30着	東京／羽田空港（3）	

① 出発／到着日時

eチケットお客様控の旅程表では、出発日と到着日の両方が表示されます。上記のロンドン－東京間の場合、ロンドンを出発する日は12/23で、東京に到着する日は12/24であることがわかります。なお、P516の ■ 図表5は、出発日のみの表記であるため、東京に到着する日は、到着時刻である「0730＋1」によって12/24と判断しますが、eチケットお客様控の旅程表では、東京に到着する日があらかじめ記載されているという違いがあります。

② 都市（ターミナル）

出発する都市と到着する都市が表示されます。一つの都市に空港が複数ある場合には、空港名も表示され、あわせて空港内に複数のターミナルがある場合には、（　）内にターミナルを表す英数字が表示されます。

③ 航空会社 / 便名 / クラス

利用する航空会社名や便名などが表示されます。"OPERATED BY ～"は、他の航空会社と共同で運航するコードシェア便（共同運航便）を意味しており、JL7082 便は、JAL が自社の便名で販売していますが、実際には、ブリティッシュ・エアウェイズの機材および乗務員によって運航される便となります。

(2) 運賃計算情報（FARE CALCULATION）欄

（2）の欄には、旅行開始日、搭乗区間、航空会社、運賃計算の結果などが表示されます。主な見方は次のとおりです。

```
05DEC＊＊   TYO JL ×／PAR AF ROM BA LON  M5450.00 JL TYO 5250.00 NUC10700.00END ROE100.000000
   ①          ②                          ③               ④          ⑤                ⑥
```

①旅行開始日

12 月 5 日が旅行開始日です。＊＊には西暦の下 2 桁が表示されます。

②搭乗区間と航空会社

第一区間は TYO － PAR で JL を利用することが分かります（PAR の前にある×／は PAR が乗継地点であることを意味しています）。なお、利用する航空会社が決まっていないときは、航空会社の部分に「YY」と表示されます。

③往路の運賃

③までが往路の運賃計算に関する情報です。したがって、この旅程は、③の前に表示される「LON」を折り返し地点として往路と復路に分けて運賃を計算していることが分かります。M の表示や運賃額の詳細は Lesson6 以降で学習します。

④復路の運賃

復路である LON － TYO 間の運賃額が表示されます。

⑤全旅程の運賃

③往路の運賃（5450.00）＋④復路の運賃（5250.00）の合計額（10700.00）が表示されます。

⑥換算率

運賃は NUC という単位で求められており、その額を日本円に換算するときの換算率が表示されます。⑥の表示は、1NUC ＝ 100 円とする換算率を意味しています。この詳細も Lesson6 以降で学習します。

このほか、運賃計算情報欄では次のような記号や英語の頭文字によって表される運賃や料金があります。

記号・頭文字	意味	参照ページ
×／	乗継地点	▶▶P518、F539
／－	オープンジョー	▶▶P520、F543
／／	サーフィスのみなし計算	▶▶P520、F546
E／	TPM Deduction	▶▶P534
Q	Q サーチャージ（追加運賃）	▶▶P565
S	途中降機料金	▶▶P565

●下の旅程をもとに、次の各記述の正しいものには○を、誤っているものには×を記入しなさい。

□ 1	この旅程の旅行開始日は 11 月 13 日（月）である。予想
□ 2	BKK および SIN はいずれも乗継地点である。予想
□ 3	この旅程のグローバルインディケーターは、TS である。予想
□ 4	日本発の航空便は羽田空港から出発し、日本着の航空便は成田国際空港に到着する。予想
□ 5	NH6254 便が TYO に到着するのは、SIN を出発した日の翌日である。予想

旅　程

				発	着
TOKYO（HND）	− BANGKOK（BKK）	NH849	13NOV（月）	0030	0535
BANGKOK（BKK）	− HO CHI MINH CITY（SGN）	TG550	13NOV（月）	0745	0915
HO CHI MINH CITY（SGN）	− SINGAPORE（SIN）	VN655	21NOV（火）	1420	1725
SINGAPORE（SIN）	− TOKYO（NRT）	NH6254	06DEC（水）	2355	0730 +1

※ SGN を折り返し地点とする旅程である。

解答 1. ○／2. ×　BKK は 11/13 の 5：35 に到着し、同日の 7：45 に出発しているので、滞在時間は 24 時間以内。SIN は 11/21 の 17：25 に到着し、12/6 の 23：55 に出発しているので、滞在時間は 24 時間を超えている。よって、BKK は乗継地点であるが、SIN は途中降機地点である／3. ×　「EH」が正しい／4. ○　日本発の NH849 便は、羽田空港（HND）から出発し、日本着の NH6254 便は成田国際空港（NRT）に到着する／5. ○　12/6 に SIN を出発し、12/7 に TYO に到着するので、TYO 到着は SIN 出発の翌日（TYO 着の「＋ 1」は翌日の到着を意味する）

運賃計算の基礎知識

学習項目

◎規則表・運賃表の見方
◎周回旅行の計算
◎オープンジョーの計算
◎サーフィスのみなし計算

学習ポイント

- 「規則表」、「運賃表」の見方を理解する。
- W（週末）・X（平日）の適用を理解する。
- 「マイレージ計算」、「HIP チェック」を理解する。
- みなし計算をするサーフィスの「HIP チェック」の取扱いを理解する。
- 計算手順を理解する。

1 規則表と運賃表の見方

国際航空運賃は、Lesson5 の **1 用語などの基礎知識**「1. 運賃の種類」で学習したとおり「普通運賃」と「特別運賃」に大別されますが、いずれの運賃であっても、運賃ごとに、**各運賃を適用する際の条件にあたる「規則」が設けられています**。運賃額を計算する際には、この規則に記載されている情報の読み取りが必要となります。

次のページの資料１は、**普通運賃**の規則のうち、**運賃を計算する際に必要となる項目のみ**を抜粋したものです。運賃計算の基礎知識として、まずは、「規則表」と「運賃表」の見方を確認しましょう。

規則表の各項目の詳細は、Lesson7「特別運賃」で学習します。ここでは、運賃を計算する際に必要な知識が習得できれば十分です。

1. 規則表の見方

では、資料1を例に次の①〜⑥を確認しましょう。

■資料1　東南アジア行　エコノミークラス普通運賃　規則表（抜粋）

①	名称・運賃種別	エコノミークラス普通運賃
②	目的地	東南アジア
③	適用旅客・人数	個人
④	クラス・旅行形態	エコノミークラス往復、周回、オープンジョー
⑤	適用期間 運賃	詳細は運賃表参照 ウィークエンド（W）・ウィークデイ（X）運賃の適用： 往路：日本国内の最終地点を出発する曜日を基準とし、1/2往復運賃を適用する 復路：最終国際線区間を出発する曜日を基準とし、1/2往復運賃を適用する
⑥	運賃計算例外規定	なし

	ウィークエンド（W）	ウィークデイ（X）
往路出発	日・月	火〜土
復路出発	金・土	日〜木

規則に記載される内容は運賃ごとに異なりますが、試験では資料として規則表が提示されますので、そこから必要な情報を読み取ればよく、個々の内容を暗記する必要はありません。

プラスアルファ
目的地に関する具体的な都市名は、資料2の「運賃表」に記載されている。

クラス
▶▶P513
旅行形態
▶▶P519〜521

① 名称・運賃種別

運賃の名称が記載されています。また、資料1には記載されていませんが、運賃を判別するためのコード（英数字からなるコード）が表示されることもあります。

② 目的地

運賃を適用することができる国名や地域名が記載されています。資料1は“東南アジア”を目的地とする旅程であることが条件となります。

③ 適用旅客・人数

この欄に“個人”と記載されている場合は、大人旅客1人からこの運賃を適用することができます。

④ クラス・旅行形態

利用可能なクラスと旅行形態が記載されています。資料1の場合、“エコノミークラス”を利用する、往復旅行、周回旅行、オープンジョーであれば適用が可能です（片道旅行は適用不可）。

⑤ 適用期間・運賃

適用する運賃額を判断するための基準が記載されています。基準は運賃の種類によって異なりますが、主に「W（週末）運賃・X（平日）運賃」や「シーズナリティ（適用期間）」に関することが記載されます。このうち、資料1では「**W運賃・X運賃**」が設定されていますので、あわせて確認しましょう（シーズナリティの詳細はLesson7「特別運賃」で学習します）。

【W運賃・X運賃】

運賃によっては、出発する**曜日**によって運賃額に差を設けているものがあり、この運賃額の違いを区別するために、下記のようにW運賃・X運賃といった名称が用いられています。

●W運賃とX運賃の呼び方

- W運賃　＝週末（ウィークエンド）運賃
- X運賃　＝平日（ウィークデイ）運賃

資料1の⑤の欄には、W運賃（週末）またはX運賃（平日）を適用するに当たり、**どの地点を出発する曜日を基準とするのか**、また、**何曜日がWまたはXに該当するのか**といった基準が記載されています。例えば、資料1の場合は、次のようにW・Xを判別します。

CASE 1　W運賃・X運賃の判別

TYO － JKT － KUL － SGN － BKK － TYO
　　【火】　【木】　【月】　【水】　【金】

＊KUL が折り返し地点

往路：日本国内の最終地点を出発する曜日
→ TYOを出発する曜日＝火曜日→ X運賃

復路：最終国際線区間を出発する曜日
→ BKKを出発する曜日＝金曜日→ W運賃

⑥ 運賃計算例外規定

この欄には、以降で学習する「マイレージ計算」や「HIPチェック」という計算手順が必要であるかどうかが書かれています。資料1ではこの欄に“**なし**”と記載されています。これは、**例外規定はない＝原則どおり**であることを意味しますので、この場合は、必要に応じて、「**マイレージ計算**」と「**HIPチェック**」

「W・X」や「シーズナリティ」の設定の有無は、運賃によって異なります（すべての運賃に設定されているわけではありません）。⑤の欄に基準が記載されていれば、設定あり、⑤の欄に記載がなければ、設定なしと判断します。

プラスアルファ

航空便の利用者が多い曜日がW運賃に設定されているので、運賃額は、W運賃のほうがX運賃より高く設定されている。

プラスアルファ

試験で提示される資料では、⑥の「運賃計算**例外**規定」欄の項目名が「**運賃計算規定**」と表示されることがある。この違いは『例外』となる規則が書かれているのか、適用する規則がそのまま書かれているのかである。次の2つは同じ内容を意味する。

- 「運賃計算例外規定」：なし。
- 「運賃計算規定」：マイレージ計算（距離計算）、HIPチェックを適用する。

という手順を踏んで運賃を計算します。

2. 運賃表の見方

続いて、次の資料2を使って運賃表の見方を学習しましょう。

■資料2　東南アジア行　エコノミークラス普通運賃　運賃表（抜粋）

往復運賃（単位：千円）

	出発地		東京・名古屋・大阪・札幌・福岡							
①	目的地		BKK バンコク		HKT プーケット		SIN シンガポール		JKT ジャカルタ	
②	W・X		W	X	W	X	W	X	W	X
③	適用期間	4/1～3/31	433	405	443	415	464	436	527	499

④（運賃額の欄）

出発地と目的地が逆方向の旅程であっても資料2の運賃を適用します。
例えば、東京発→バンコク行、バンコク発→東京行のいずれの旅程にも資料2の運賃表を適用することになります。

① 出発地・目的地

出発地が「東京・名古屋・大阪・札幌・福岡」、目的地が「バンコク・プーケット・シンガポール・ジャカルタ」である旅程用の運賃表です。なお、東京発と東京着のいずれの方向の旅程にもこの運賃表を適用して運賃を計算します。

② W・X

資料2の運賃にはW運賃・X運賃が設定されており、それぞれの額が記載されています。資料1の⑤に記載される基準によってW運賃かX運賃かを判断し、その結果に従って、運賃表で具体的な運賃額を確認します。

③ 適用期間（シーズナリティ）

この運賃表は「4/1～3/31」まで、つまり通年同額で設定されています。

④ 運賃額

資料2の表の右上に往復運賃と記載されていますので、この運賃は往復運賃です。旅行形態が、**往復旅行、周回旅行、オープンジョー**の場合、往復運賃の半額（**1/2直行往復運賃**＝HRT）を使って運賃を計算します。

HRT
▶▶P519

なお、この資料の運賃額の単位は表の右上に記載されているとおり**「千円」**です。したがって、例えば、東京－バンコクのW運賃「433」は、433,000円を意味します。

プラスアルファ
運賃表は、資料2のように「千円単位」で表示されるもの以外に、「円単位」で表示されるものもある。

日本発の運賃表は、前述のとおり、日本円で表示されることが一般的です。この運賃を**出発国通貨建て運賃**といい、日本発の場合は **JPY**（**日本円**）で運賃額が表示されます。ただし、世界には様々な通貨が存在することから、実際の国際航空運賃の計算は、**NUC** と呼ばれる世界共通の単位を使い、それを自国の通貨に換算して運賃を収受します。NUC と換算率の関係や計算式を理解しておきましょう。

● NUC（エヌユーシー）建て運賃

NUC（**N**eutral **U**nit of **C**onstruction）とは、**国際線の運賃を計算するために設けられている世界共通の単位**です。国際線の運賃計算は、世界共通で NUC の額で行います。**NUC の最小単位は小数点第2位（0.01）**で、計算の過程で生じる**小数点第3位以下の端数**は、その都度、すべて**切り捨て**ます。

例　NUC4296.02 × 1.15（15%）＝ 4940.423
　→小数点第3位以下**切り捨て**→ 4940.423 → NUC4940.42

●換算率

NUC を自国の通貨額に換算する際に、日本発の場合、NUC 額が日本円でいくらになるのかという計算を行うわけですが、その際に用いる「換算率」のことを **ROE**（アールオーイー）（**R**ate **o**f **E**xchange）といいます（**NUC × ROE ＝ JPY**）。実際の ROE は、105.879156 のように細かい数値ですが、過去の試験では、計算しやすいように **1NUC ＝ 100 円**で出題されていますので、本書も試験と同じ換算率で解説します。

なお、日本円に換算したときの**最小単位は 100 円**です。最終的な運賃額を算出する段階で端数が出た場合、**100 円未満の端数を 100 円単位に切り上げ**ます。

例　NUC5367.40 × ROE100.000000 ＝ JPY536740
　→ 100 円単位に**切り上げ**→ JPY536800

2　周回旅行の計算

では、実際に運賃を計算しながら、運賃計算の基礎知識を学習しましょう。計算にはいくつかの手順がありますので、次のケースを例に計算の基本的な流れを理解しましょう。

プラスアルファ
NUC は、国際線の運賃を計算するために設けられている架空の単位であり、この紙幣や通貨は存在しない。

NUC 額を日本円に換算するときの計算式は、本文に記載されるとおり、NUC × ROE ＝ JPY となります。逆に、日本円で表示される運賃から NUC 額を算出するときの計算式は、**JPY ÷ ROE ＝ NUC** となります。
試験で、日本円の運賃表が提示され、その額から NUC 額を求める場合は、上記の赤字の計算式を使います。
例えば、433,000 円で、ROE100（小数点以下省略）の場合は、
JPY433000 ÷ ROE100 ＝ NUC4330.00 となります。

CASE 2 周回旅行の計算

〔適用条件〕

1．旅　程：

				発	着
TOKYO（NRT）	− BANGKOK（BKK）	UC707	10AUG（日）	1800	2240
BANGKOK（BKK）	− PHUKET（HKT）	UC5911	11AUG（月）	0750	0910
PHUKET（HKT）	− SINGAPORE（SIN）	SQ5053	16AUG（土）	1455	1740
SINGAPORE（SIN）	− JAKARTA（JKT）	GA831	19AUG（火）	1520	1620
JAKARTA（JKT）	− TOKYO（NRT）	UC726	23AUG（土）	2205	0715＋1

2．クラス・人員　：エコノミークラス・大人１名

3．適用運賃　　　：東南アジア行　エコノミークラス普通運賃

4．運賃計算上の折り返し地点：SIN

5．各区間の TPM と MPM：

・各区間 TPM　　TYO − 2869（EH）− BKK − 424 − HKT − 610 − SIN − 557 − JKT − 3612（EH）− TYO

・MPM　　TYO − BKK　3442（EH）　TYO − HKT　3900（EH）
TYO − SIN　3974（EH）　TYO − JKT　4334（EH）

■資料３　東南アジア行　エコノミークラス普通運賃

規則表（抜粋）

<table>
<tr><td>適用期間
運賃</td><td>詳細は運賃表参照
ウィークエンド（W）・ウィークデイ（X）運賃の適用：
往路：日本国内の最終地点を出発する曜日を基準とし、1/2 往復運賃を適用する
復路：最終国際線区間を出発する曜日を基準とし、1/2 往復運賃を適用する
<table><tr><td></td><td>ウィークエンド（W）</td><td>ウィークデイ（X）</td></tr><tr><td>往路出発</td><td>日・月</td><td>火〜土</td></tr><tr><td>復路出発</td><td>金・土</td><td>日〜木</td></tr></table></td></tr>
<tr><td>運賃計算例外規定</td><td>なし</td></tr>
</table>

運賃表（抜粋）

往復運賃（単位：千円）

出発地		東京・名古屋・大阪・札幌・福岡							
目的地		BKK バンコク		HKT プーケット		SIN シンガポール		JKT ジャカルタ	
W・X		W	X	W	X	W	X	W	X
適用期間	4/1 〜 3/31	433	405	443	415	464	436	527	499

資料３は、**1 規則表と運賃表の見方**で使用した資料１と資料２と同じものです（規則表は一部を抜粋）。運賃を計算する前提として、資料３の**「運賃計算例外規定」**欄を確認します。この

欄には“なし”と記載されていますので、原則どおり、必要に応じて、「マイレージ計算」と「HIPチェック」を行います。まずは「マイレージ計算」の手順から学習しましょう。

1．マイレージ計算

国際線の運賃は、例えば、「C」を折り返し地点とするA－B－C－Aという旅程（往路A－B－C、復路C－A）では、往路も復路も同じ**A－C間**の運賃を適用するというのが原則的な考え方です（**通し運賃**）。しかし、無条件で、往路と復路にA－C間の運賃を適用するとなると、往路では「B」を経由している分、A－C間でどこも経由しない復路より得をしているとも考えられます。したがって、国際航空運賃の計算では、実際に**飛行する距離（Mileage）**に応じて運賃を算出する**マイレージシステム**を採用しています。この方法による計算のことを「マイレージ計算」（**距離計算**）といいます。

折り返し地点
▶▶P518

（1）マイレージ計算の手順

【手順1】マイレージ計算の要否を確認する。

まずは、**マイレージ計算の対象となる旅程**を確認しましょう。旅程を「往路」と「復路」の2つに分けて計算する場合、それぞれに対して**マイレージ計算が必要かどうかを確認します**。先ほどのA－B－C－Aの場合、往路A－B－Cのように途中で1都市でも経由している場合、A－C間の運賃をそのまま適用してよいかどうかを確認するために、**マイレージ計算を行わなければなりません**。これに対して、復路C－Aは、どこも経由していないのでマイレージ計算を行う必要はなく、A－C間の運賃をそのまま適用することができます。ケース2の場合、次のように考えます。

経由する都市が「乗継地点」「途中降機地点」いずれの場合であっても（つまり滞在する時間に関係なく）、マイレージ計算の対象となります。

乗継地点・途中降機地点
▶▶P518

CASE 2-1　マイレージ計算【手順1】

ケース2〔適用条件〕に「4．運賃計算上の折り返し地点：SIN」とあるので、この旅程は「往路」と「復路」を次のように分けて計算する。

往路：TYO － BKK － HKT － SIN

復路：SIN － JKT － TYO

この場合、往路、復路ともに経由地があるので、いずれもマイレージ計算を行わなければならない。

海外旅行実務　総

【手順2】「STPM（TPMの合計）」と「MPM」を比較する。

次の3つの用語を理解したうえで、ケース2を使って手順を確認しましょう。

Key Point ●マイレージ計算上の用語

① **TPM**（ティーピーエム）（**T**icketed **P**oint **M**ileage）
：2都市間の最も短い飛行距離

② **STPM**（エスティーピーエム）（The **S**um of **T**icketed **P**oint **M**ileages）
：**TPMの合計**

③ **MPM**（エムピーエム）（**M**aximum **P**ermitted **M**ileage）
：「往路」または「復路」の**両端の2都市間**を結ぶ**最短の飛行距離を20%増しにした数値（距離）**

マイレージ計算は、**「STPM」と「MPM」を比較**し、その結果、次のルールに基づいて**運賃**に対する**割増しの有無**を判断します。

Key Point ●割増しの判断基準

① STPM ≦ MPM → 割増し不要
② STPM ＞ MPM → **割増しが必要**

では、ケース2の旅程でこの手順を確認しましょう。

CASE 2-2 マイレージ計算【手順2】

与えられた資料から「STPM」と「MPM」を求め、それらの数値を比較する。ケース2の「STPM」は、〔適用条件〕5の「各区間TPM」をもとに算出し、「MPM」は〔適用条件〕5の「MPM」を参照する。

往路　TYO − BKK − HKT − SIN

TYO − BKK − HKT − SINのSTPMは、2869＋424＋610より3903である。この数値とTYO − SINのMPM3974を比較する。

STPM3903 ＜ MPM3974

STPMがMPM以内なので、往路は割増しが不要である。

プラスアルファ
STPMのThe Sumは"合計"を意味するので、The Sum of Ticketed Point MileagesでTPMの合計を意味する。

STPMがMPM以内であれば割増しは不要です。つまり、実際の飛行距離が、両端の2都市間の距離＋20%分（MPM）までであれば、途中で寄り道（経由）したとしても、運賃に対する割増しは不要ということです。

プラスアルファ
TPMの合計（STPM）は、あらかじめ資料として提示されることもある。

各区間のTPMの合計
▶▶P540

試験では、**電卓は使用できません**。したがって、試験日が近くなってきたら、手計算での学習に切りかえましょう。

復路　SIN − JKT − TYO
SIN − JKT − TYO の STPM と TYO − SIN の MPM を比較する。
STPM4169（557 + 3612）> MPM3974
STPM が MPM を超えているので、復路には割増しが必要である。

【手順3】割増率を決定する。

割増率は、5%、10%、15%、20%、25%の5つがあります。STPM が MPM を何%超えているのかを STPM ÷ MPM の計算によって求め、次のように割増率を決定します。

Key Point ●割増率（STPM ÷ MPM の結果）

① 1.00 を超え、1.05 以下の場合 → **5%**（× 1.05）
② 1.05 を超え、1.10 以下の場合 → **10%**（× 1.10）
③ 1.10 を超え、1.15 以下の場合 → **15%**（× 1.15）
④ 1.15 を超え、1.20 以下の場合 → **20%**（× 1.20）
⑤ 1.20 を超え、1.25 以下の場合 → **25%**（× 1.25）
※「以下」とはその数値を含んでそれより下をいう。

では、ケース2の**復路**を例にこの手順を確認しましょう。

CASE 2-3 マイレージ計算【手順3】

STPM4169 ÷ MPM3974 = 1.04906…
1.04 は、1.00 を超えて 1.05 以下なので、割増率は 5%となる。

この結果、**往路は割増し不要**で、**復路は運賃に対して5%の割増しが必要**であることがわかりました。マイレージ計算の手順は以上です。手順1～手順3を繰り返し読んで、流れを理解しておきましょう。本来の計算の流れとしては、次にHIPチェックの確認に進むのですが、ここでマイレージ計算に関する特例を2つ学習しておきます。これまでのケース2の旅程はこれらの特例には該当しませんので、一旦、ケース2とは切り離して、次の（2）を確認しましょう。

プラスアルファ
割増率は、規則上、小数点第5位までを求めることになっているが、試験では、小数点第2位までの計算で割増率が判別できる問題が多い。例えば、「1.10」ちょうどで割り切れるときの割増率は「10%」であるが、「1.10」まで計算してもまだ割り切れない（余りが出る）ときは、1.10を超えている(ただし1.15以下）ことが明らかなので割増率は「15%」となる。

(2) マイレージ計算の特例

マイレージ計算には次のような特例があります。

① TPM Deduction（ディダクション） ーマイル控除の特例ー

特定の区間内で、**指定された地点を経由**する場合、**STPM から一定のマイル数を引く**ことができるという特例です。この特例を適用する場合、STPM から一定のマイル数を引いた後の数値と、MPM とを比較することができます。

■ 図表1　TPM Deduction Table（抜粋）

Between	And	Via	Mileage Deduction
Area3 （両端が南アジア亜大陸である場合は除く）	Area3	(to/from BOM) DEL	700

「Between」と「And」は旅程の**両端**（往路の両端または復路の両端）を指しているので、**両端がエリア3（TC3）どうし**（南アジア亜大陸は除く）の旅程がこれに該当します。さらに、「Via」に記載されているとおり、BOM を始点または終点として「デリー」を経由することが条件となります。したがって、**TC3 − TC3** の間（BOM が始点または終点）で、**デリーを経由**する旅程の場合は、STPM から**700 マイルを引いた数値でマイレージ計算を行います**。例えば、次のケースがこれに該当します。

CASE 3 「BOM」を折り返し地点とする旅程

TYO − 2869 − BKK − 1824 − DEL − 708 − BOM − 2250 − KUL − 3338 − TYO ＊数値は各区間の TPM。TYO − BOM の MPM は 5041。

「往路」では、TYO（TC3）と BOM（TC3）の間（BOM が往路の終点）で DEL を経由しているので、TYO − BKK − DEL − BOM の STPM から **700 マイルを引く（復路は特例に該当しないため控除不可）**。

5401（2869 + 1824 + 708）　− 700　＝4701

よって、往路のマイレージ計算では、4701 と、TYO − BOM の MPM を比較する。

STPM4701 ＜ MPM5041

STPM が MPM 以内なので、往路は割増しが不要である。

プラスアルファ
TPM Deduction は、Extra Mileage Allowance とも呼ばれ、運賃計算情報欄では、Extra 〜の頭文字をとって、E／DEL のように表示される。
運賃計算情報欄 ▶▶P523

プラスアルファ
「南アジア亜大陸」とは、アフガニスタン、パキスタン、インド、ネパール、ブータン、バングラデシュ、スリランカ、モルディブの8カ国を指す。往路の両端または復路の両端がいずれもこれらの国の都市である場合、図表1の特例を適用することはできない。

TC ▶▶P515

プラスアルファ
ケース3の往路は、− 700 をすることで STPM4701 ＜ MPM5041 となるため、割増しは不要。− 700 をしないと、STPM5401 ＞ MPM5041 となり、割増しが必要という誤った結果につながるので、注意が必要。

② Specified Routing（スペシファイド ルーティング） －マイレージ計算不要の特例－

特定の区間内で、**指定された地点のみを経由する**場合、**マイレージ計算を行うことなく、両端の運賃を適用する**ことができるという特例です。

■ 図表2 Specified Routing Table（抜粋）

Between	And	Via
SEA	JAPAN	LAX ／ SFO

図表2の場合、**両端がシアトルと日本**である旅程がこれに該当します（旅行の向きは「日本→シアトル」、「シアトル→日本」のいずれであっても該当する）。さらに、「**Via**」の都市を経由していることが条件となります。「LAX」と「SFO」の間にある「/」は、“**or**” のことで**または**という意味です。したがって、「シアトル」と「日本」との間で、「ロサンゼルス**または**サンフランシスコ」の**いずれか1都市のみを経由**する旅程の場合、**マイレージ計算を行うことなく**、両端の直行運賃を適用することができます。例えば、次のケースがこれに該当します。

CASE 4 「SEA」を折り返し地点とする旅程

TYO － LAX － SEA － SFO － HNL － TYO

「往路」ではTYOとSEAの間でLAXのみを経由しているので、マイレージ計算を行うことなく、TYO － SEA間の直行運賃を適用することができる。「復路」ではSEAとTYOの間でSFOを経由しているが、指定された経由地ではないHNLも経由しているので、この場合、特例の適用を受けることはできない。したがって、復路では原則どおりマイレージ計算を行わなければならない。

マイレージ計算の特例については以上です。

2. HIPチェック

続いて、「HIPチェック」の手順を学習します。

「往路」または「復路」の中間で経由する**途中降機地点**行の運賃に、両端の2都市間の運賃より**高い**運賃がある場合、「往路」または「復路」には、その**途中降機地点行の高額な運賃を適用しなければなりません**。この場合、その地点のことを **HIP**（ヒップ）

TPM DeductionやSpecified Routingに該当するケースは、本文の事例以外にもありますが、考え方は同じです。試験では図表1や図表2のような資料があらかじめ提示されるので、その指示に従いましょう。

プラスアルファ

Viaの欄に表示される記号には、図表2の「/」のほかに、「－」がある。「－」は“and” と“or” の両方を意味する。例えば、Viaの欄に「SHA － OSA」と表示されているときは、上海と大阪の両方を経由する場合（and）、上海か大阪のどちらか1都市だけを経由する場合（or）のいずれのパターンでもよい。

海外旅行実務 総

途中降機地点行に複数の高額な運賃がある場合、その中で**最も高い運賃**を適用する。

マイレージ計算は、中間地点が「乗継地点」であっても行いますが、HIPチェックでは、**乗継地点は対象外**です。

プラスアルファ

マイレージ計算の特例「Specified Routing」に該当する旅程では、**HIPチェックも不要。**

マイレージ計算の結果、割増しがあって、さらにHIPチェックの結果、HIPがある場合は、HIFに対して割増率を掛けるのですね！しっかり覚えておくようにします。

(Higher Intermediate Point)、その地点行の運賃のことを**HIF**(Higher Intermediate Fare) といいます。「往路」または「復路」の中間に、両端の2都市間の運賃より高い運賃があるかどうかを見つけるためのチェックを**HIPチェック**といいます。

(1) HIPチェックの対象となる地点

HIPチェックの対象となるのは、経由する都市のうち、**24時間を超えて滞在する途中降機地点**です。**乗継地点 (24時間以内の滞在地点) はチェックの対象ではありません。**「往路」または「復路」の両端の2都市間の運賃と、「往路の**始点**」または「復路の**終点**」と各途中降機地点間の運賃とを比較します。

CASE 5　HIPチェックの対象（折り返し地点C）

A－B－[C]－D－A　　＊BとDは途中降機地点とする。

往路は、両端であるA－Cと、往路の始点－途中降機地点であるA－Bとを比較して、復路は、両端であるA－Cと、復路の終点－途中降機地点のA－Dとを比較して、それぞれHIPチェックを行う。

(2) HIPチェックに使用する運賃

HIPチェックは、「往路」「復路」のそれぞれに適用する運賃で行います。例えば、運賃にW（週末）とX（平日）が設定されている場合、HIPチェックにも同じ水準の運賃を使用します。

CASE 6　HIPチェックに使用する運賃（W・Xの場合）

- 往路にX運賃を適用する場合
  → 往路のHIPチェックは**X運賃**で行う。
- 復路にW運賃を適用する場合
  → 復路のHIPチェックは**W運賃**で行う。

(3) その他の注意点

① **往復運賃**でチェックする。

往復運賃の半額(HRT)を適用する旅程であっても、HIPチェックの段階ではわざわざ往復運賃を半額にする必要はありません。

② **割増しはHIFに対して行う。**

マイレージ計算の結果、運賃に割増しが必要で、なおかつ、HIPチェックの結果、両端の2都市間の運賃より高額な運賃

（HIF）があった場合、**HIFに対して**、割増しを行います。

　では、P530のケース2の旅程をもとにHIPチェックの基本手順を確認しましょう。

CASE 2-4 HIPチェック

往路　TYO－BKK－HKT－SIN

　中間地点である「BKK」と「HKT」のうち、「HKT」（途中降機地点）がHIPチェックの対象となる（「BKK」は乗継地点なので対象外）。往路の両端であるTYO－SINと、TYO－HKTの往復運賃（RT）を比較する。往路には、TYO－BKK間の「日曜日」を基準としてW運賃を適用するので、HIPチェックもWで行う。

　　TYO－HKT　443,000円（W）

　　TYO－SIN　464,000円（W）…両端

　両端のTYO－SINの運賃のほうが高く、中間にこれより運賃が高い地点はない（＝HIPなし）ので、往路にはTYO－SINのHRT（往復運賃の半額）を適用する。

　　464,000円×1/2＝232,000円

復路　SIN－JKT－TYO

　中間地点である「JKT」は途中降機地点なので、HIPチェックの対象となる。復路の両端であるTYO－SINと、TYO－JKTの往復運賃を比較する。なお、復路には、JKT－TYO間の「土曜日」を基準としてW運賃を適用するので、HIPチェックもWで行う。

　　TYO－SIN　464,000円（W）…両端

　　TYO－JKT　527,000円（W）←HIF

　両端であるTYO－SINの運賃より、途中降機地点であるJKT行の運賃の方が高い（HIPあり）。この場合のJKTをHIP、TYO－JKTの運賃をHIFという。よって、復路にはTYO－JKTのHRTを適用する。なお、P533ケース2－3マイレージ計算【手順3】で確認したとおり、復路には5%の割増しが必要なので、TYO－JKTのHRTを5%割増しする。

　　527,000円×1/2＝263,500円

　　263,500円×1.05＝276,675円

ケース2の旅程より、「BKK」は、滞在が24時間以内なので乗継地点、「HKT」と「JKT」は24時間を超えて滞在しているので途中降機地点であることがわかります。

プラスアルファ

復路は、SIN→JKT→TYOと、SINからTYOに向かう旅行だが、運賃は、TYO発SIN行、TYO発JKT行を適用する。つまり、往路・復路のいずれにも日本発の運賃を適用する。

HIFがある場合の割増しの計算は**HIFに対して**行うのでしたね。具体的には**HIFを半額にしてHRTを求め、それに割増率をかけます。**

海外旅行実務　総

(4) みなし計算をするサーフィスの取扱い

みなし計算
▶▶ P520

　みなし計算をする旅程では、**サーフィス**が「往路」または「復路」のどこに含まれているとしても（**中間**または**端**の違いにかかわらず）、サーフィスの「開始地点に到着した時刻」から「終了地点を出発する時刻」までの間が**24時間を超える場合に限り**、サーフィスの都市も**HIPチェックの対象**となります。なお、みなし計算をするサーフィスであっても、HIPチェックそのものは、前述の（2）や（3）の規則に従って行います。

CASE 7　サーフィス（LON－PAR）が中間にある場合（往路）

　LONに到着した時刻からPARを出発する時刻までの間が**24時間を超える場合**、LON、PARともにHIPチェックの対象となる。この場合、往路ではTYO－LON、TYO－PAR、TYO－AMSの各運賃を対象にHIPチェックを行う。

みなし計算をするサーフィスのHIPチェックは、後述ケース10の往路の運賃【手順2】で具体的に解説しています。▶▶ P545

CASE 8　サーフィス（LON－PAR）が端にある場合（往路）

TYO － LON … PAR － TYO
往路　　復路

　LONに到着した時刻からPARを出発する時刻までの間が**24時間を超える場合**、LONはHIPチェックの対象となる（もう一方のサーフィスの都市であるPARは、フェアコンポーネントの端の都市である）。この場合、往路ではTYO－LON、TYO－PARの各運賃を対象にHIPチェックを行う。

3. 全旅程の運賃

旅程に応じて必要なマイレージ計算やHIPチェックを行ったのち、全旅程の最終的な運賃額を計算します。

CASE 2-5 最終的な運賃の算出

232,000円（往路）＋276,675円（復路）＝508,675円
508,675円→100円単位に切り上げ→508,700円

以上でケース2の運賃額の算出は終わりです。

最後に、このケースの運賃計算の結果がeチケットお客様控の「運賃計算情報」欄にどのように表示されるかを確認します。

■ 図表3　ケース2の運賃計算情報欄（抜粋）

10AUG＊＊ TYO UC ×／BKK UC HKT SQ SIN M2320.00 GA
（旅行開始日）（①乗継地点）（②往路の運賃）
JKT UC TYO 5M TYOJKT2766.75 NUC5086.75END ROE100.000000
（③復路の運賃）（④全旅程の運賃）

①乗継地点

乗継地点である都市の前には×／が表示されます。途中降機地点である都市の前には何も表示されません。

②往路の運賃

「M」＝**マイレージ計算の結果、割増し不要**

「2320.00」＝往路の運賃額（NUC）

③復路の運賃

「5M」＝**5%の割増し**

「TYOJKT」＝HIFであるTYO－JKTの運賃を適用

「2766.75」＝復路の運賃額（NUC）

④全旅程の運賃

②2320.00と③2766.75を合計したものが全旅程の運賃（NUC）として最後に表示されます。この全旅程の運賃を日本円に換算すると次の運賃額になります（換算率は100円とする）。

NUC5086.75×ROE100.000000＝JPY508675
→100円単位に切り上げ→508,700円

プラスアルファ

ケース2の旅程は、始発地と終着地が同じ（TYO）で、往路と復路のGIも同じ（EH）だが、復路のみに割増し（5%）とHIP（JKT）がある。この場合、**旅行形態は「周回旅行」**となる。ただし、「往復旅行」と「周回旅行」の計算手順は同じなので、**計算を行う際にこれらの違いを意識する必要はない**（いずれの旅行形態であっても同じ手順で計算する）。

往復旅行・周回旅行
▶▶P519

運賃計算情報欄
▶▶P523

プラスアルファ

マイレージ計算の結果の表示は、割増しの有無や割増率によって次のように異なる（**マイレージ計算を行う必要のない旅程の場合、下記の表示はない**）。

- 割増し不要→M
- 5%の割増し→5M
- 10%の割増し→10M
- 15%の割増し→15M
- 20%の割増し→20M
- 25%の割増し→25M

オープンジョー
▶▶P520

3 オープンジョーの計算

今度はオープンジョーの計算をしましょう。旅行形態がオープンジョーである場合、列車やバスなどの**地上運送を利用する区間（サーフィス）の距離は含めず**に、サーフィス部分で旅程を「往路」と「復路」に分けて運賃を計算します。

CASE 9 オープンジョーの計算

〔適用条件〕

1. 旅　程：

				発	着
TOKYO（HND）	− NEW YORK（NYC）	JL006	25OCT（土）	1145	1130
NEW YORK（NYC）	− MIAMI（MIA）	AA1467	25OCT（土）	1550	1905
MIAMI（MIA）	− ATLANTA（ATL）	地上運送機関利用			
ATLANTA（ATL）	− LOS ANGELES(LAX)	DL65	05NOV（水）	1630	1821
LOS ANGELES(LAX)	− TOKYO（NRT）	JL061	13NOV（木）	1255	1655+1

2. クラス・人員　：エコノミークラス・大人１名
3. 適用運賃　　　：米国行　JAL　エコノミークラス普通運賃　Flex Y
4. 運賃計算上の折り返し地点と旅行形態：
   往路の終点をMIA、復路の始点をATLとするオープンジョー
5. 各区間のTPMとMPM
   ・各区間TPM：TYO − 6723（PA）− NYC − 1092 − MIA − 596 − ATL − 1943 − LAX − 5458（PA）− TYO
   ・MPM　　　：TYO − NYC　8067（PA）　TYO − MIA　8938（PA）
   　　　　　　TYO − ATL　8223（PA）　TYO − LAX　6549（PA）

〔参考〕各区間のTPMの合計

TYO → NYC → MIA　7815
TYO → NYC → MIA → ATL　8411
TYO → NYC → MIA → ATL → LAX　10354
NYC → MIA → ATL → LAX → TYO　9089
MIA → ATL → LAX → TYO　7997
ATL → LAX → TYO　7401

■資料4　米国行　JAL　エコノミークラス普通運賃 Flex Y

規則表（抜粋）

<table>
<tr><td>適用期間
運賃</td><td>運賃額詳細は運賃表参照
ウィークエンド（W）・ウィークデイ（X）運賃の適用：
往路・復路各方向の太平洋横断区間を出発する曜日に適用される1/2往復運賃をそれぞれ適用する
<table><tr><td></td><td>ウィークエンド（W）</td><td>ウィークデイ（X）</td></tr><tr><td>往路出発</td><td>土～月</td><td>火～金</td></tr><tr><td>復路出発</td><td>金・土</td><td>日～木</td></tr></table></td></tr>
<tr><td>運賃計算例外規定</td><td>なし</td></tr>
</table>

運賃表（抜粋）

往復運賃（単位：千円）

出発地		東京					
目的地		LAX　ロサンゼルス		NYC　ニューヨーク ATL　アトランタ		MIA　マイアミ	
W・X		W	X	W	X	W	X
適用期間	10/1～3/31	829	769	1102	1042	1144	1084

では、運賃を計算していきましょう。

【旅程の確認】

適用条件4に記載されるとおり、この旅程は、往路の終点をMIA、復路の始点をATLとするオープンジョーなので、航空機を利用しないサーフィス（MIA－ATL間）の距離を含めずに運賃を計算する。

往路：TYO－NYC－MIA
復路：ATL－LAX－TYO

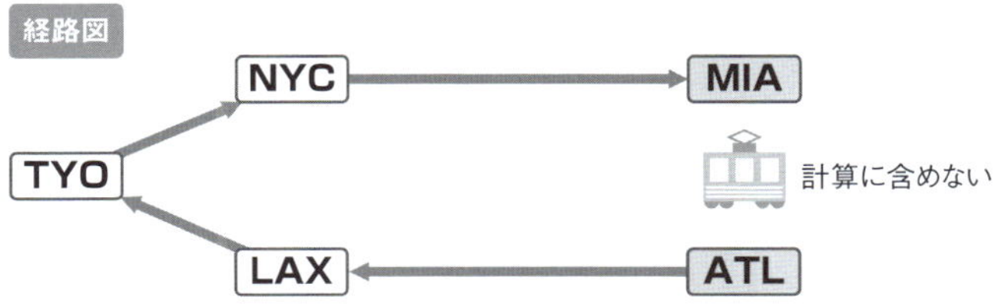

【W・Xの確認】

規則表の基準を適用する。

往路：往路の太平洋横断区間（TYO－NYC）を出発する曜日
→10月25日「土曜日」→W運賃

復路：復路の太平洋横断区間（LAX－TYO）を出発する曜日
→11月13日「木曜日」→X運賃

プラスアルファ
試験でも適用条件や設問文などで「折り返し地点」や「旅行形態」があらかじめ提示される。

往路の運賃 TYO － NYC － MIA

資料４の規則表「運賃計算例外規定」欄の“なし”の記載により、必要に応じて、「マイレージ計算」と「HIP チェック」を行う（復路も同様）。

【手順 1】マイレージ計算

経由地があるので、マイレージ計算を行う。

〔参考〕より、往路の STPM は 7815。

適用条件 5 より TYO － MIA の MPM は 8938。

STPM7815 < MPM8938 → 割増し不要

【手順 2】HIP チェック

旅程より、往路で経由する「NYC」での滞在時間は 24 時間以内であることがわかる。したがって「NYC」は乗継地点であり、HIP チェックの対象とはならない。往路唯一の経由地が HIP チェックの対象ではないことから、往路では、HIP チェックを行う必要はなく、両端の TYO － MIA の運賃を適用する。

【手順 3】往路の運賃

TYO － MIA（W）の HRT が往路の運賃となる。

1,144,000 円× 1/2 = 572,000 円

復路の運賃 ATL － LAX － TYO

【手順 1】マイレージ計算

経由地があるので、マイレージ計算を行う。

〔参考〕より、復路の STPM は 7401。

適用条件 5 より TYO － ATL の MPM は 8223。

STPM7401 < MPM8223 → 割増し不要

【手順 2】HIP チェック

旅程より、復路で経由する「LAX」は滞在時間が 24 時間を超えているので、途中降機地点であり HIP チェックの対象となる（HIP チェックを行う）。復路の両端である TYO － ATL と、途中降機地点行の TYO － LAX の運賃を比較する。なお、復路には X 運賃を適用するので、HIP チェックも X で行う。

TYO － ATL　1,042,000 円（X）…両端

TYO － LAX　769,000 円（X）

両端である TYO － ATL の運賃のほうが高いので、復路にはこの運賃を適用する（HIP なし）。

【手順 3】復路の運賃

TYO － ATL（X）の HRT が復路の運賃となる。

1,042,000 円× 1/2 = 521,000 円

規則に「マイレージ計算」または「HIP チェック」を行う旨が記載されている場合であっても、旅程によっては、これらを行う必要がないケースもあります。例えば、TYO － NYC のように、直行の旅程の場合は、経由地がないので、「マイレージ計算」と「HIP チェック」はいずれも不要です。また、本文の復路のように、経由地がある旅程の場合、「マイレージ計算」は必要ですが、仮に、その経由地が途中降機地点でないときは、「HIP チェック」が不要となるケースもあります。このように、規則上は「マイレージ計算」や「HIP チェック」を行うとする運賃であっても、旅程ごとにそれらの要否を判断して、必要に応じて行うと理解しておきましょう。

全旅程の運賃

「往路」と「復路」の運賃を合計したものが、全旅程の最終的な運賃となる。

572,000円（往路）＋521,000円（復路）＝1,093,000円

このケースの計算結果は、次のように表示されます。

■ 図表4　ケース9の運賃計算情報欄（抜粋）

250CT＊＊　TYO　JL　×／NYC　AA　MIA　M5720.00　／－ATL
（×／：乗継地点、M5720.00：往路の運賃、／－：オープンジョー）

DL　LAX　JL　TYO　M5210.00　NUC10930.00END　ROE100.000000
（M5210.00：復路の運賃、NUC10930.00：全旅程の運賃）

プラスアルファ
／－はその旅程がオープンジョーであり、この表示の前後で、旅程を「往路」と「復路」に分けて運賃を計算していることを意味する。

4　サーフィスのみなし計算

ケース9では、オープンジョー（サーフィスの距離を含めない）の運賃を計算しました。次は、サーフィスの距離を含めて計算する旅程を見てみましょう。

CASE 10　サーフィスのみなし計算

〔適用条件〕

1．旅　程：

				発	着
TOKYO（HND）	－ FRANKFURT(FRA)	NH223	10JAN（金）	1120	1540
FRANKFURT(FRA)	－ MADRID（MAD）	LH1122	11JAN（土）	1645	1920
MADRID（MAD）	－ LONDON（LON）	地上運送機関利用			
LONDON（LON）	－ DUBLIN（DUB）	BA836	19JAN（日）	1330	1450
DUBLIN（DUB）	－ PARIS（PAR）	AF1617	07FEB（金）	0915	1210
PARIS（PAR）	－ TOKYO（HND）	NH216	07FEB（金）	1930	1525＋1

2．クラス・人員　：エコノミークラス・大人1名

3．適用運賃　　　：ヨーロッパ行　ANA　エコノミークラス普通運賃　Full Flex Plus Y

4．運賃計算上の折り返し地点：LON

5．各区間のTPMとMPM

・各区間TPM：TYO－5928（TS）－FRA－884－MAD－786－LON－293－DUB－493－PAR－6194（TS）－TYO

・MPM　：TYO－FRA　7113　TYO－MAD　8154　TYO－LON　7456　TYO－DUB　7687　TYO－PAR　7432

海外旅行実務 総

〔参考〕各区間の TPM の合計

TYO → FRA → MAD　6812
TYO → FRA → MAD → LON　7598
TYO → FRA → MAD → LON → DUB　7891
TYO → FRA → MAD → LON → DUB → PAR　8384
FRA → MAD → LON → DUB → PAR → TYO　8650
MAD → LON → DUB → PAR → TYO　7766
LON → DUB → PAR → TYO　6980
DUB → PAR → TYO　6687

■資料 5　ヨーロッパ行　ANA　エコノミークラス普通運賃 Full Flex Plus Y

規則表（抜粋）

<table>
<tr><td>適用期間
運賃</td><td>運賃表詳細は運賃表参照
ウィークエンド（W）・ウィークデイ（X）運賃の適用：
往路：日本国内の最終地点を出発する曜日を基準とし、1/2 往復運賃を適用する
復路：ヨーロッパ内の最終地点を出発する曜日を基準とし、1/2 往復運賃を適用する
<table><tr><td></td><td>ウィークエンド（W）</td><td>ウィークデイ（X）</td></tr><tr><td>往路出発</td><td>土～月</td><td>火～金</td></tr><tr><td>復路出発</td><td>金・土</td><td>日～木</td></tr></table></td></tr>
<tr><td>運賃計算例外規定</td><td>なし</td></tr>
</table>

運賃表（抜粋）

往復運賃（単位：千円）

出発地		東京・名古屋・大阪			
目的地		LON　ロンドン　FRA　フランクフルト PAR　パリ　MAD　マドリード		DUB　ダブリン	
W・X		W	X	W	X
適用期間	10/1 ～ 3/31	670	640	720	690

【旅程の確認】

旅程のうち、MAD － LON 間は地上運送機関を利用する区間であるが、適用条件４で LON が折り返し地点に指定されているので、この場合は、サーフィスである MAD － LON 間の距離も含めて（この区間を往路の一部として）運賃を計算する（サーフィスのみなし計算）。

往路：TYO － FRA － MAD － LON
復路：LON － DUB － PAR － TYO

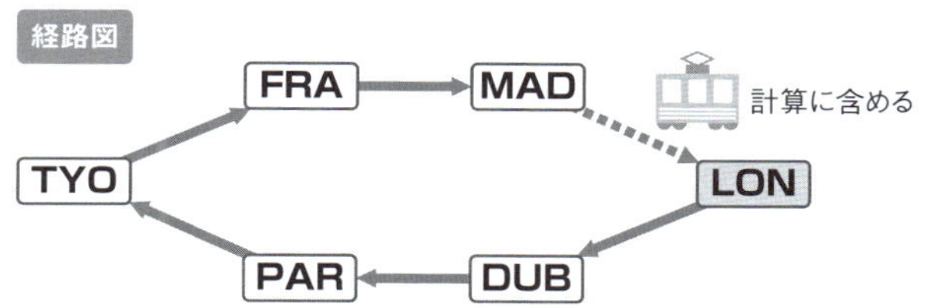

【W・X の確認】

規則表の基準を適用する。

往路：日本国内の最終地点（TYO）を出発する曜日

→1月10日「金曜日」→X運賃

復路：ヨーロッパ内の最終地点（PAR）を出発する曜日

→2月7日「金曜日」→W運賃

往路の運賃　TYO − FRA − MAD − LON

資料5の規則表「運賃計算例外規定」欄の“なし”の記載により、必要に応じて､「マイレージ計算」と「HIP チェック」を行う（復路も同様）。

【手順1】マイレージ計算

経由地があるので、マイレージ計算を行う。

〔参考〕より、往路の STPM は 7598。

適用条件5より TYO − LON の MPM は 7456。

STPM7598 > MPM7456 → 割増しが必要

7598 ÷ 7456 = 1.01… → 5%の割増し

【手順2】HIP チェック

- FRA：途中降機地点 → HIP チェックの対象
- MAD − LON（サーフィス）：「MAD に到着した時刻」から「LON を出発する時刻」までの時間が 24 時間を超えているので、両都市とも HIP チェックの対象となる。

途中降機地点および HIP チェックの対象となるサーフィスの都市があるので､HIP チェックを行う。往路には X 運賃を適用するので､HIP チェックも X で行う。

TYO − FRA　640,000円（X）

TYO − MAD　640,000円（X）

TYO − LON　640,000円（X）…両端

両端である TYO − LON の運賃より高い運賃はないので、往路にはこの運賃を適用する（HIP なし）。

【手順3】往路の運賃

TYO − LON（X）の HRT の 5%割増しが往路の運賃となる。

640,000円× 1/2 = 320,000円

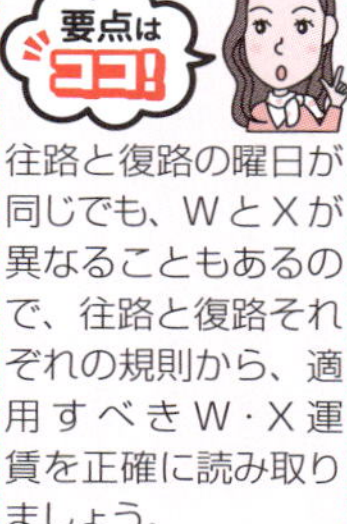

往路と復路の曜日が同じでも、WとXが異なることもあるので、往路と復路それぞれの規則から、適用すべきW・X運賃を正確に読み取りましょう。

割増率
▶▶P533

みなし計算をするサーフィスのHIPチェック
▶▶P538

320,000円× 1.05 = 336,000円

復路の運賃　LON － DUB － PAR － TYO

【手順 1】マイレージ計算

経由地があるので、マイレージ計算を行う。

〔参考〕より、復路の STPM は 6980。

適用条件 5 より TYO － LON の MPM は 7456。

STPM6980 ＜ MPM7456 → 割増し不要

【手順 2】HIP チェック

- DUB：途中降機地点 → HIP チェックの対象
- PAR：乗継地点 → HIP チェックの対象ではない

途中降機地点があるので、HIP チェックを行う。復路には W 運賃を適用するので、HIP チェックも W で行う。

TYO － LON　670,000円（W）…両端

TYO － DUB　720,000円（W）← HIF

両端である TYO － LON の運賃よりも、TYO － DUB の運賃の方が高いので、DUB が HIP であり、復路には TYO － DUB の運賃（HIF）を適用する。

【手順 3】復路の運賃

TYO － DUB（W）の HRT が復路の運賃となる。

720,000円× 1/2 = 360,000円

全旅程の運賃

「往路」と「復路」の運賃を合計したものが、全旅程の最終的な運賃となる。

336,000円（往路）＋ 360,000円（復路）＝ 696,000円

このケースの計算結果は、次のように表示されます。

■ 図表 5　ケース 10 の運賃計算情報欄（抜粋）

```
10JAN ＊＊  TYO  NH  FRA  LH  MAD／／LON  5M3360.00  BA  DUB  AF
                                 みなし計算   往路の運賃
×／PAR NH TYO  M TYODUB3600.00  NUC6960.00END ROE100.000000
               復路の運賃        全旅程の運賃
```

プラスアルファ

／／は、サーフィスのみなし計算（サーフィスである MAD － LON 間を運賃計算に含めている）ことを意味する。

運賃計算の流れ

【旅程】（運賃によっては【W・X】や【シーズナリティ】）を確認する。

＊シーズナリティの詳細はLesson7で学習する。

↓

規則表より、マイレージ計算（距離計算）およびHIPチェックの要否を確認する。

※ マイレージ計算またはHIPチェックが必要となる場合は、下記の各手順に従って行う。マイレージ計算とHIPチェックがいずれも不要な場合は、往路・復路の運賃の算出に進む。

往路	復路
マイレージ計算	マイレージ計算

Point！ ※規則表に不要とある場合、マイレージ計算は不要（行わない）。

・中間で１都市でも経由している場合（途中降機地点・乗継地点のいずれであっても）、マイレージ計算を行う。
・STPMとMPMを比較し、STPM＞MPM（STPMがMPMを超えている）の場合、割増しが必要。
・割増率の算出はSTPM÷MPMにより行う。
・割増率は5%（×1.05）、10%（×1.10）、15%（×1.15）、20%（×1.20）、25%（×1.25）のいずれかが適用される。

↓

往路	復路
HIPチェック	HIPチェック

Point！ ※規則表に不要とある場合、HIPチェックは不要（行わない）。

・中間にある途中降機地点行の運賃を対象に行う。
・往路・復路のそれぞれに適用する運賃（W・Xやシーズナリティ）を使用する。
・両端の運賃より高い途中降機地点（HIP）行の運賃（HIF）がある場合、その運賃を適用する（高い地点がない場合は両端の運賃を適用する）。
・割増しが必要な場合、HIFの半額（HRT）に割増率をかける。

↓

往路	復路
往路の運賃を算出する。	復路の運賃を算出する。

※必要に応じて、「特定便（日）加算額」や「途中降機料金」などの算出が加わる。

↓

「往路の運賃」と「復路の運賃」を合計する。

海外旅行実務 総

●下記の適用条件および資料をもとに、次の問いに答えなさい。

□ 1	この旅程の往路の運賃額を求めなさい。予想
□ 2	この旅程の復路の運賃額を求めなさい。予想
□ 3	この旅程に適用すべき最終的な運賃額を求めなさい。予想

〔適用条件〕

1．旅　程：

				発	着
TOKYO(NRT)	− LOS ANGELES(LAX)	NH006	01MAR（日）	1705	0950
LOS ANGELES(LAX)	− HOUSTON(HOU)	UA1169	01MAR（日）	1248	1755
HOUSTON(HOU)	− BOSTON(BOS)	UA1634	16MAR（月）	1255	1750
BOSTON(BOS)	− SAN FRANCISCO(SFO)	UA1523	26MAR（木）	1505	1848
SAN FRANCISCO(SFO)	− TOKYO(NRT)	NH7013	30MAR（月）	1110	1410+1

2．クラス・人員　：エコノミークラス・大人１名

3．適用運賃　　　：米国行　ANA　エコノミークラス普通運賃　Full Flex Plus Y

4．運賃計算上の折り返し地点：HOU

5．各区間の TPM と MPM

・各区間 TPM：TYO − 5458（PA）− LAX − 1383 − HOU − 1602 − BOS − 2698 − SFO − 5130（PA）− TYO

・MPM　　　：TYO − LAX　6549（PA）　TYO − HOU　7989（PA）
TYO − BOS　8040（PA）　TYO − SFO　6156（PA）

〔資料〕　米国行　ANA　エコノミークラス普通運賃 Full Flex Plus Y

規則表（抜粋）

<table>
<tr><td>適用期間運賃</td><td>運賃額詳細は運賃表参照
ウィークエンド（W）・ウィークデイ（X）運賃の適用：
往路・復路各方向の太平洋区間を出発する曜日に適用される 1/2 往復運賃をそれぞれ適用する
<table><tr><td></td><td>ウィークエンド（W）</td><td>ウィークデイ（X）</td></tr><tr><td>往路出発</td><td>土〜月</td><td>火〜金</td></tr><tr><td>復路出発</td><td>金・土</td><td>日〜木</td></tr></table></td></tr>
<tr><td>運賃計算例外規定</td><td>なし</td></tr>
</table>

運賃表（抜粋）

往復運賃（単位：千円）

出発地		東京・名古屋・大阪					
目的地		BOS ボストン		HOU ヒューストン		LAX ロサンゼルス SFO サンフランシスコ	
W・X		W	X	W	X	W	X
適用期間	10/1 ～ 3/31	904	784	815	695	681	561

解答

1．407,500円
〔往路〕TYO － LAX － HOU
・W・X：3/1（日）→ W 運賃
・マイレージ計算：STPM6841（5458 ＋ 1383）＜ MPM7989（TYO － HOU）
→割増し不要
・HIP チェック：往路で経由する LAX は乗継地点なので、HIP チェックは不要。
【往路の運賃】
TYO － HOU（W）の HRT → 815,000 円× 1/2 ＝ 407,500 円
2．470,400円
〔復路〕HOU － BOS － SFO － TYO
・W・X：3/30（月）→ X 運賃
・マイレージ計算：STPM9430（1602 ＋ 2698 ＋ 5130）＞ MPM7989（TYO － HOU）
STPM9430 ÷ MPM7989 ＝ 1.18 → 20%の割増し
・HIP チェック：復路で経由する BOS、SFO はいずれも途中降機地点である。
TYO － HOU（X）695,000 円 …両端
TYO － BOS（X）784,000 円 ← HIF
TYO － SFO（X）561,000 円
【復路の運賃】
TYO － BOS（X）の HRT → 784,000 円× 1/2 ＝ 392,000 円
392,000 円× 1.20（20%割増し）＝ 470,400 円
3．877,900円
【往路＋復路】407,500 円＋ 470,400 円＝ 877,900 円

●第2章● Lesson 7

特別運賃

重要度 A

学習項目

◎規則表・運賃表の見方
◎特別運賃の計算

学習ポイント

- 規則表・運賃表の見方を把握する。
- シーズナリティ、W・X運賃の適用を理解する。
- 「予約・発券期限」、「必要旅行日数」、「最長旅行期間」の数え方を理解する。
- 特定便などの加算を理解する。
- 途中降機の数え方を理解する。
- 運賃の「結合」を理解する。

1 特別運賃の規則表と運賃表の見方

ここからは、特別運賃について詳しく学習します。特別運賃における運賃算出のための手順は、Lesson6で学習した内容とおおむね同じです。特別運賃の試験対策としては、計算手順の理解のほかに、「規則表」の詳細な読み取りが重要な鍵を握ります。規則表のうち、運賃を計算する際に必要となる項目については、Lesson6の1**規則表と運賃表の見方**で、普通運賃を使って学習しましたが、ここでは、特別運賃の規則を使って、その他の項目についても詳しく学習します。

では、次の資料1の①～⑭を使って見方を確認しましょう。

資料1は、①に記載されているとおり、Value Plus Eという名称の運賃の規則です。また、②に記載されているとおり、「米国（ハワイを除く）」と「カナダ」を目的地とする旅程に適用することができる運賃であることがわかります。

プラスアルファ

特別運賃は、試験では「割引運賃」という名称で出題されることがある。

特別運賃の種類
▶▶P513

規則表の各項目の記載内容は、**運賃の種類ごとに異なります**が、**見方は共通**なので、"どのあたりに""どんなことが"書いてあるのかを把握しておきましょう。

■資料1　米国・カナダ行　ANA Value Plus E　規則表　OFCタリフ（抜粋）

①	名称・運賃種別	Value Plus E
②	目的地	米国（ハワイを除く）・カナダ（PA）
	適用旅客・人数	個人
	クラス・旅行形態	エコノミークラス往復、周回、オープンジョー

③	適用期間 運賃	詳細は運賃表参照　特定便利用の場合、往路、復路それぞれにつき特定便加算額をQ サーチャージとして追加する。 シーズナリティの適用： 往路：往路の最初の国際線搭乗日を基準として往路の旅程に適用する 復路：復路の最後の国際線搭乗日を基準として復路の旅程に適用する ウィークエンド（W）・ウィークデイ（X）運賃の適用：往路・復路各方向の太平洋区間を出発する曜日に適用される 1/2 往復運賃をそれぞれ適用する （表）｜ウィークエンド（W）｜ウィークデイ（X） 往路出発｜土～月｜火～金 復路出発｜金・土｜日～木
④	予約・発券	① 予約クラス：“E” ② 予約は旅行開始の 7 日前までに行う ③ 発券は予約完了後 72 時間以内。ただし、旅行開始の 7 日前までに行う
⑤	必要旅行日数	2 日発・開始 復路の太平洋横断旅行は、往路の太平洋横断旅行出発後 2 日目以降
⑥	最長旅行期間	21 日発・開始
⑦	途中降機	第 1 地区内にて往路・復路各 1 回無料で可
⑧	乗り換え	① 日本国内で往路・復路各 1 回可 ② 第 1 地区内で往路・復路各 2 回可
⑨	経路規定	① 全旅程全日空（NH）に限る ② 日本発着国際線区間は全日空（NH）の NH プレミアムエコノミーサービス提供便に限る ③ 米国内（ハワイを除く）はユナイティッド航空（UA）、アラスカ航空（AS）、ジェットブルー（B6）の利用も可
⑩	運賃計算例外規定	なし
⑪	結合運賃	「Value Plus E」と「Value V/W/S」運賃間を含む結合可能な 1/2NH 往復運賃 予約・発券、必要旅行日数、最長旅行期間、取り消し・払い戻しについては結合されるより厳しい運賃規則が全旅程に適用される。ただし、適用期間 運賃、途中降機、乗り換え、経路規定、運賃計算例外規定、予約変更・経路変更については、フェアコンポーネント（運賃計算区間）ごとの規則が適用される。
⑫	小幼児運賃	小児は大人運賃の 75%、幼児は大人運賃の 10%
⑬	予約変更 経路変更	不可
⑭	取り消し 払い戻し	出発前 大人 30,000 円、小児 22,500 円を取り消し手数料として収受し、残額を払い戻す 出発後 払い戻し不可

資料提供：（株）オーエフシー

■資料 2　運賃表（抜粋）

【往路】　往復運賃（単位：千円）

目的地		LAX　ロサンゼルス SEA　シアトル YVR　バンクーバー	
W・X		W	X
適用期間	10/1 ～ 12/22	318	258
	12/23 ～ 12/28	378	318

【復路】　往復運賃（単位：千円）

目的地		LAX　ロサンゼルス SEA　シアトル YVR　バンクーバー	
W・X		W	X
適用期間	10/1 ～ 12/31	318	258
	1/1 ～ 1/8	378	318

資料１の③には、W運賃・X運賃の基準も記載されています。この考え方は、Lesson6で学習した内容と同じです。したがって、ここでは詳しい解説は省略します。
▶▶P527

③ 適用期間・運賃

この欄には、適用する運賃額を判断するための基準が記載されています。基準となるものは運賃の種類などによって異なりますが、ここでは、シーズナリティの基準を確認します。

【シーズナリティ】

シーズナリティとは、運賃を適用する期間（**適用期間**）のことで、資料２の【往路】の「10/1～12/22」や「12/23～12/28」のような期間をいいます。このように期間によって運賃額が異なる場合は、資料１の③に記載されるシーズナリティの適用基準に従って、適用すべき運賃額を判断します。資料１の③には、往路と復路で異なる基準が記載されています。この場合、往路は、**往路の基準**に従って資料２**【往路】の運賃表**から、復路は、**復路の基準**に従って資料２**【復路】の運賃表**から、それぞれに適用すべき運賃額を判断します。

プラスアルファ
資料１の③の欄に、"特定便利用の場合…"という記載がある。これは特定の便に搭乗する際に必要となる加算を意味している（この詳細は後ほど学習する）。

では、具体的な例を見てみましょう。W運賃・X運賃の適用もふまえて往路と復路の各運賃を確認します。

CASE 1　シーズナリティとW運賃・X運賃の基準

● 往路：TYO－SEA　TYO発　12月24日（土）

往路の最初の国際線搭乗日は12月24日なので、資料２【往路】の「12/23～12/28」の運賃を適用する。また、往路は土曜日の出発なので、資料１の③の表より、W運賃を適用することがわかる。したがって、【往路】の「12/23～12/28」のW運賃378,000円のHRT（×1/2）である189,000円が往路の運賃となる。

● 復路：SEA－TYO　SEA発　12月29日（木）

復路の最後の国際線搭乗日は12月29日なので、資料２【復路】の「10/1～12/31」の運賃を適用する。また、復路は木曜日の出発なので、資料１の③の表より、X運賃を適用することがわかる。したがって、【復路】の「10/1～12/31」のX運賃258,000円のHRT（×1/2）である129,000円が復路の運賃となる。

プラスアルファ
シーズナリティの基準は、「往路と復路で異なる」場合と「全旅程で共通する」場合の２種類があるが、**W運賃・X運賃の基準**は、必ず「往路と復路で異なる」ので、この違いに注意が必要である（シーズナリティが全旅程で共通であっても、W運賃・X運賃は必ず往路と復路のそれぞれで確認しなければならない）。

この運賃では往路と復路のそれぞれでシーズナリティを判断しました。これに対して、運賃の種類によっては、シーズナリティの適用基準を"往路の国際線出発日を基準として全旅程に適用

する”とするものもあります。これは、**往路と復路に同じシーズナリティを適用する**ことを意味します。この場合は、**往路と復路のいずれの計算においても、往路の国際線出発日**が該当する**同じ期間の運賃を適用**します。

④ 予約・発券

航空券の「予約」や「発券」に関する規則が記載されています。「予約期限」は、資料1の「予約・発券」欄の②を参照して次のように数えます。

CASE 2 予約期限

〔旅行開始日〕6月8日

“予約は旅行開始の7日前までに行う”とあるので、旅行開始日の前日（6月7日）を1日目（1日前）としてさかのぼって、7日目（7日前）に当たる**「6月1日」**までに予約を完了しなければならない。

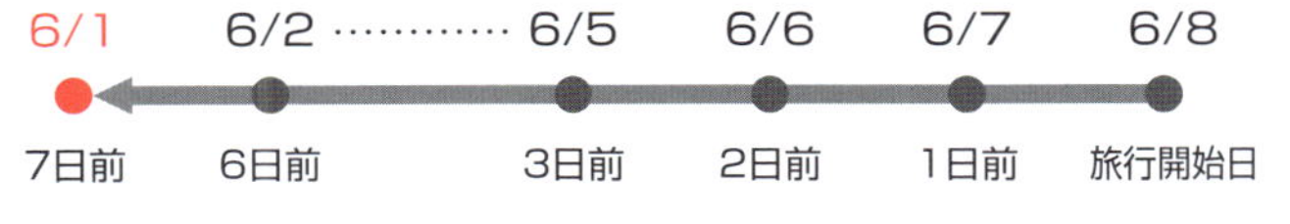

次に「発券期限」です。資料1の場合、「予約・発券」欄の③を参照して、次のように数えます。

CASE 3 発券期限

〔予約完了日〕5月30日 〔旅行開始日〕6月8日

この場合、“予約完了後72時間以内”と“旅行開始の7日前”のうち、いずれか早い日（時間）が期限となる。

ⓐ 予約完了後72時間以内 → 6月2日

ⓑ 旅行開始日の7日前 → **6月1日**

ⓑのほうが早いので、この場合は**「6月1日」**が発券期限となる。

ⓑ ⓐ

5/30 5/31 6/1 6/2 … 6/5 6/6 6/7 6/8

予約日 24時間 48時間 72時間

7日前 6日前 … 3日前 2日前 1日前 旅行開始日

プラスアルファ

資料1の「予約･発券」欄①予約クラスには、この運賃を適用する場合の予約コードが記載されている。

プラスアルファ

“予約は旅行開始の1ヵ月前まで”の場合、1ヵ月前の同一日が予約期限となる。

【例1】

旅行開始日：6月8日

↓

予約期限：5月8日

旅行開始日が月の末日であるときは、1ヵ月前の**月の末日**が予約期限となる。

【例2】

旅行開始日：5月31日

↓

予約期限：4月30日

（4月の末日は30日）

プラスアルファ

例えば、5月30日の午後2時に予約を完了した場合、厳密には、6月2日の午後2時が72時間以内の期限となる。試験で予約完了日のみが明記され、時刻の指定がない場合には、時刻を考慮せず、単に「日」で判断すればよい。

「予約期限」「発券期限」の起算日は、"旅行開始の…"や"最初の国際線搭乗日の…"など、運賃によって文言が異なるので、規則表を正しく読み取りましょう。

⑤ 必要旅行日数

必要旅行日数とは、**旅行に最低限必要とされる日数**のことで、どんなに短くてもこの日数を満たす旅程でなければ、運賃を適用することはできません。必要旅行日数は次のように数えます。

CASE 4 - 1　必要旅行日数（原則）

【旅程】OSA　－　TYO　－　NYC　－　LAX　－　OSA
6/7発　6/8発
＊NYC を折り返し地点とする。

"2 日発・開始　復路の太平洋横断旅行は、往路の太平洋横断旅行出発後 2 日目以降" とあるので、往路の太平洋横断旅行出発日（TYO を出発する日）である 6 月 8 日の翌日（**6 月 9 日**）を 1 日目として数え、2 日目に当たる「**6 月 10 日**」が必要旅行日数を満たす日となる。

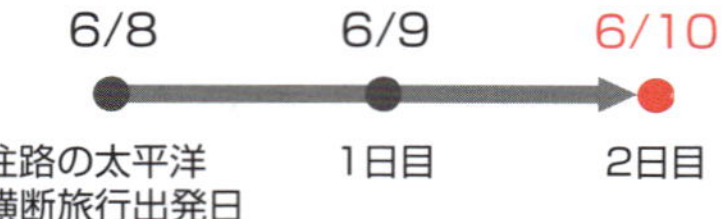

上記の旅程の場合、必要旅行日数を満たす 6 月 10 日の午前 0 時 01 分以降であれば、復路の太平洋横断旅行の開始地点である LAX からの旅行を開始することができる。

「**必要旅行日数**」は、"**往路の太平洋横断旅行出発日**"である 6/8 を基準としますが、以降のケース 5 で学習する「**最長旅行期間**」は、"**旅行開始日**"である 6/7 が基準となります。この違いを正しく理解しておきましょう。

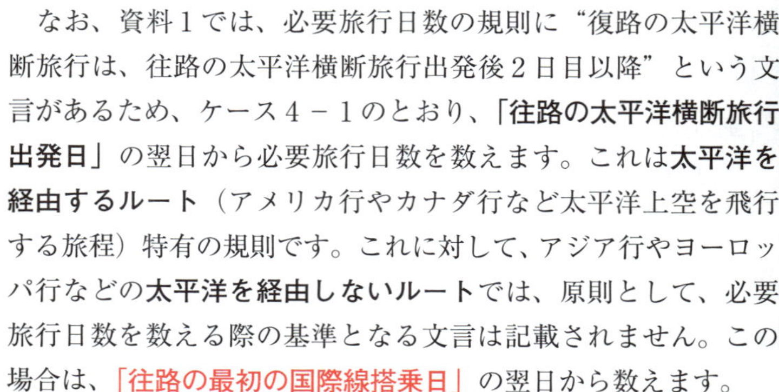

なお、資料1では、必要旅行日数の規則に"復路の太平洋横断旅行は、往路の太平洋横断旅行出発後2日目以降"という文言があるため、ケース4－1のとおり、「**往路の太平洋横断旅行出発日**」の翌日から必要旅行日数を数えます。これは**太平洋を経由するルート**（アメリカ行やカナダ行など太平洋上空を飛行する旅程）特有の規則です。これに対して、アジア行やヨーロッパ行などの**太平洋を経由しないルート**では、原則として、必要旅行日数を数える際の基準となる文言は記載されません。この場合は、「**往路の最初の国際線搭乗日**」の翌日から数えます。

必要旅行日数を満たす日の午前0時01分以降であれば、太平洋を経由するルートの場合は、「**復路の太平洋横断旅行**」を、太平洋経由以外のルートの場合は、「**日本国外の最後の途中降機地点（復路に途中降機地点がない場合は、復路の開始地点）からの旅行**」をそれぞれ開始することができます。

また、必要旅行日数の規則には、例外的に、次のような条件が設けられているものもあります。

CASE 4-2 必要旅行日数（例外）

【必要旅行日数】3日発・開始
復路の太平洋横断旅行は、往路の太平洋横断旅行の出発後3日目以降。ただし、北米内で土曜日の滞在が含まれていること。

【旅程】OSA － TYO － NYC － LAX － OSA
6/8(火)発
＊NYCを折り返し地点とする。

“3日発·開始”のほかに、“北米内で土曜日の滞在が含まれること”という条件がある。この場合は、次のⓐとⓑのうち、いずれか遅い日が必要旅行日数の満了日となる。

ⓐ　3日発・開始 → 6月11日（金）
ⓑ　北米に到着した週の最初の土曜日の翌日（日曜日）
　→ 6月13日（日）

ⓑのほうが遅いので、この場合は「6月13日（日)」が必要旅行日数を満たす日であり、この日の午前0時01分以降であれば、復路の太平洋横断旅行の開始地点であるLAXからの旅行を開始することができる。

ケース4-2は、Sundayルールと呼ばれる必要旅行日数の例外的な規則です。ケース4-2の場合は、**北米に到着した週の最初の土曜日までは必ず現地に滞在していなければなりません**（土曜日までは復路の太平洋横断旅行を出発することができない）。この例外的な規則を適用する運賃は、北米以外の方面もありますが、本文で確認したとおり、ルールを理解していれば特に難しくありません。試験では、提示される資料によく目を通して、条件を見落とさないように注意しましょう。

⑥ 最長旅行期間

⑤で確認した必要旅行日数とは、旅行に最低限必要とされる日数のことでした。これに対して、旅行可能な最長の期間が**最長旅行期間**です。最長旅行期間は次のように数えます。

CASE 5 最長旅行期間

【旅程】OSA － TYO － SFO － OSA
6/7発　6/8発
＊SFOを折り返し地点とする。

“21日発・開始”とあるので、旅行開始日（OSAを出発する日）である6月7日の翌日（6月8日）を1日目として数え、21日目に当たる「6月28日」が最長旅行期間の満了日となる。

プラスアルファ
最長旅行期間が「○ヵ月発・開始」の場合、○ヵ月後の同一日が最長旅行期間満了日となる。
【例1】「1ヵ月発·開始」
旅行開始日：6月7日
↓
最長旅行期間満了日：
7月7日
【例2】「12ヵ月発·開始」
旅行開始日：
2021年9月13日
↓
最長旅行期間満了日：
2022年9月13日

海外旅行実務　総

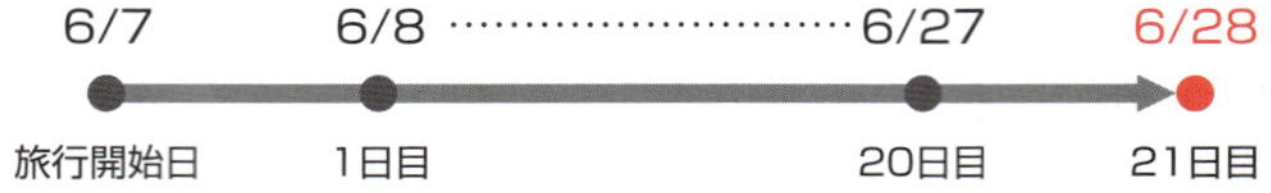

この旅程の場合、最長旅行期間を満了する6月28日の24時までに、**日本国外の最後の途中降機地点**からの旅行を開始しなければならない。このケースには折り返し地点SFOと復路の終点OSAの間に途中降機地点がないので、最長旅行期間満了日の24時までにSFOからの旅行を開始しなければならない。

なお、旅行開始日が月の末日であるときは、○ヵ月後の**月の末日**が満了日となる。
【例3】「1ヵ月発・開始」
旅行開始日：6月**30**日
↓
最長旅行期間満了日：
7月**31**日

乗り継ぎ・途中降機
▶▶P518

⑦ 途中降機

都市での滞在時間が**24時間を超える**ことを**「途中降機」**といいます。特別運賃には、途中降機に回数の制限を設けているものがあり、さらに、**途中降機を行った回数に対して、料金（途中降機料金）が加算される**ことがあります。「途中降機の数え方」と「途中降機料金の算出」は、後ほど詳しく学習します。

プラスアルファ
⑦の途中降機の欄に“制限なし”と記載されている場合は、途中降機の回数や都市に制限がなく、途中降機料金は不要である。

⑧ 乗り換え

「乗り換え」とは、都市での**滞在時間にかかわらず、航空機を乗り換えること全般**をいいます（「途中降機」と「乗り継ぎ」のいずれも乗り換えに含まれます）。運賃によっては、乗り換えの回数に制限を設けており、このうち「途中降機」については、上記⑦の規則により、途中降機料金が加算されることがあります。

⑨ 経路規定

この運賃を適用する場合に利用が可能な航空会社、**コードシェア便の利用の可否**、便名や区間の指定などが記載されます。

プラスアルファ
試験では、⑩の例外規定“なし”の記載が、わかりやすいように「**行う**」や「**適用する**」に置き換えられて表示されることがあるので、資料の文言を正確に読み取ること。

⑩ 運賃計算例外規定

「運賃計算例外規定」の欄には、「マイレージ計算」や「HIPチェック」に関する規則が記載されます。資料1の⑩には“なし”と記載されています。この場合、**例外規定がない**ことを意味するので、原則どおり、必要に応じて、「マイレージ計算」と「HIPチェック」を行います。また、この欄に**不要**である旨が記載されている場合には、マイレージ計算やHIPチェックを**行う必要はありません**。例えば、“マイレージ計算およびHIPチェックは不要”と記載されている場合は、マイレージ計算とHIPチェックはいずれも不要です。一方、**“HIPチェックは不要”とだけ記**

プラスアルファ
資料によっては、「運賃計算例外規定」欄のマイレージ計算とHIPチェックが次のように記載されることがある。
・マイレージ計算
　＝距離計算・マイレージサーチャージ
・HIPチェック
　＝ハイヤーインターミディエイト運賃チェック

載されている場合は、HIPチェックは不要ですが、**マイレージ計算は必要に応じて行わなければなりません**。

⑪ 結合運賃

最終的な全旅程の運賃は、往路と復路の運賃額を別々に算出し、その運賃額を合算して求めます。この場合、運賃の種類によっては、**往路と復路に異なる種類の運賃を適用（結合）することも可能**です。⑪の欄には、結合が可能な運賃の種類や、異なる種類の運賃を結合する際の規則が記載されます。

資料1の⑪の1行目の記載により、**「Value Plus E」は「Value V/W/S」と結合が可能**であることがわかります。試験でもこの部分の記載を確認して、運賃の結合が可能かどうかを判断します。次に、この欄の2行目以降には、運賃を結合する場合に、どの運賃の規則を適用するのかといった取扱い方が記載されており、規則の項目によって、「**より厳しい**規則を**旅程全体**に適用するもの」と「**往路・復路のフェアコンポーネントごと**に規則を適用するもの」に分かれています。資料1の⑪の場合は、次の取扱い方に基づき、規則を適用します。

Key Point ●規則の項目別の取扱い方（例：資料1）

より厳しい規則を**旅程全体**に適用する項目【　】内はより厳しい規則
●予約・発券【より早い期限】
●必要旅行日数【より長い期間】
●最長旅行期間【より短い期間】
●取り消し・払い戻し【より高額な手数料。ただし、払い戻し不可があればそれを優先】

往路・復路のフェアコンポーネントごとに規則を適用する項目
●適用期間　運賃
●途中降機
●乗り換え
●経路規定
●運賃計算例外規定
●予約変更・経路変更

では、各項目の具体的な規則を確認しましょう。ここでは、**往路に「Value Plus E」を**、**復路に「Value V」を**適用して運賃を結合する例を見てみましょう。次の各ケースでは、資料1「Value Plus E」とともに、「Value V」の規則を抜粋して解説します。まず、「より厳しい規則を旅程全体に適用する項目」の事例です。

マイレージ計算
▶▶P531
HIPチェック
▶▶P535

プラスアルファ
結合は、「特別運賃」どうしに限らず、「普通運賃」＋「特別運賃」であっても可能な場合がある。

フェアコンポーネント
▶▶P517

試験で提示される資料も、資料1の⑪のように、「結合可能な運賃の種類」や、「結合した場合の規則の取扱い方」が記載されていますので、**これらを暗記しておく必要はありません**。提示される資料の文言をよく読み、項目別の取扱い方を確認しましょう。

プラスアルファ
ケース6の必要旅行日数は、「Value V」に土曜日の滞在を含むとするSundayルールが設定されているが、日数で比較して“3日発・開始”のほうがより長いことが明らかなので、単純に日数がより長い「Value V」の必要旅行日数を適用すると判断して構わない。ただし、例えば、一方が“5日発・開始”で、もう一方が“3日発・開始＋Sundayルールあり”の場合、旅程によっては、Sundayルールありの後者の必要旅行日数満了日のほうがより遅い日になることがあるので、この場合は、両運賃の具体的な必要旅行満了日を確認したうえで、日数がより長い規則を判断する。

CASE 6　より厳しい規則を旅程全体に適用する項目

	Value Plus E	Value V
予約・発券	予約は旅行開始の7日前まで	予約は旅行開始前まで
必要旅行日数	2日発・開始	3日発・開始 ただし、北米内で土曜日の滞在が含まれていること
最長旅行期間	21日発・開始	1ヵ月発・開始

予約期限は、期限がより早い「Value Plus E」の規則を、必要旅行日数は期間がより長い「Value V」の規則を、最長旅行期間は期間がより短い「Value Plus E」の規則を、旅程全体に（つまり、往路にも復路にも）同じ規定を適用する。

次に、運賃計算例外規定の項目をもとに、「往路・復路のフェアコンポーネントごとに規則を適用する項目」の事例を見てみましょう。

CASE 7　往路・復路のフェアコンポーネントごとに規則を適用する項目

	Value Plus E	Value V
運賃計算例外規定	なし	距離計算、HIPチェックは適用しない

「Value Plus E」の規則は、“なし”で、例外規定がないという意味なので、「Value Plus E」を適用する往路の運賃計算では、原則どおり、必要に応じて、マイレージ計算（距離計算）やHIPチェックを行う。一方、「Value V」を適用する復路の運賃計算では、マイレージ計算やHIPチェックを行う必要はない。

⑫ 小幼児運賃

小児・幼児
▶▶P514

大人に同伴される「小児」と「幼児」に適用される運賃の率が記載されています。ここでいう「幼児」とは、座席を使用しない幼児を指しています（座席を使用する幼児には、小児運賃が適用されます）。

⑬ 予約変更・経路変更

「予約変更」とは、航空券に記載されている都市（チケティッドポイント）の変更をともなわない予約の変更のことで、搭乗日、途中降機の回数、航空会社の変更などがこれに当たります。「経路変更」とは、航空券に記載されている都市の変更をともなうもので、経路そのものが変更になることをいいます。資料1には、**“不可”** とあるため、「予約変更」や「経路変更」は、**一切認められていない**ことがわかります。「予約変更」や「経路変更」が認められる運賃の場合、⑬の欄に、手数料などが記載されます。

⑭ 取り消し・払い戻し

「取り消し」とは、予約を取り消すことをいい、その結果、航空券を払い戻すことを「払い戻し」といいます。⑭の欄には、「取り消し」や「払い戻し」に関する取扱い上の規則や手数料などが記載されます。資料1の場合、**出発前**であれば所定の取り消し手数料を支払うことで払戻しが可能ですが、**出発後**は払戻しが不可という規則になっています。

⑭の「出発前」と「出発後」は、**旅客自身が出発する前**なのか、**出発した後**なのかで判断するのであって、実際に航空便が出発する前か出発した後かで判断するのではありません。例えば、航空券に記載されている最初の航空便が実際に出発したものの、旅客がその便に搭乗していなければ、旅客は航空券の使用を開始していないのでこの場合は、「出発前」に該当します。

Key Point ●出発前・出発後

- **出発前**：**旅客が旅行を開始する前**（航空券の使用を開始する前）に一切の旅行を中止し、航空券に記載される**全区間を取り消す**場合（取り消しの連絡を行わずに予約便に搭乗しない場合も含む）。
- **出発後**：**旅客が旅行を開始した後**（航空券の一部でも使用を開始した後）、途中で旅行を中断し、航空券に記載される**以降の区間を取り消す**場合。

2 JAL特別運賃の計算

まずは、JAL（JL）の運賃を往路と復路で結合する事例をもとに、特別運賃の計算手順や規則を学習します。

1. 運賃計算

資料を参照のうえ、次の旅程の運賃を計算しましょう。

海外旅行実務
総

CASE 8　JAL 特別運賃の計算

〔適用条件〕

1．旅　程：

		便名 / クラス		発	着
TOKYO（HND）	－ PARIS（PAR）	JL045/B	15APR（水）	1040	1615
PARIS（PAR）	－ MADRID（MAD）	AF1400	15APR（水）	2100	2310
MADRID（MAD）	－ NICE（NCE）	IB8726	19APR（日）	1005	1200
NICE（NCE）	－ LONDON（LON）	BA341	25APR（土）	0735	0850
LONDON（LON）	－ TOKYO（HND）	JL042/L	11MAY（月）	0940	0525+1

2．クラス・人員　：エコノミークラス・大人 1 名

3．適用運賃　　　：ヨーロッパ行　JAL　Standard B・Saver L

4．運賃計算上の折り返し地点：LON

5．各区間の TPM と MPM

・各区間 TPM：TYO － 6194（TS）－ PAR － 664 － MAD － 595 － NCE － 641 － LON － 6214（TS）－ TYO

・MPM　　　　：TYO － PAR　7432（TS）　TYO － MAD　8154（TS）
TYO － NCE　7486（TS）　TYO － LON　7456（TS）

6．予約完了日・発券日：3 月 26 日

■資料 3　ヨーロッパ行　JAL Standard B・Saver L
規則表　OFC タリフ（抜粋）

<table>
<tr><td>名称・運賃種別</td><td>Standard B</td><td>Saver L</td></tr>
<tr><td>目　的　地</td><td colspan="2">ヨーロッパ（TS）</td></tr>
<tr><td>適用旅客・人数</td><td colspan="2">個人</td></tr>
<tr><td>クラス・旅行形態</td><td colspan="2">エコノミークラス往復、周回、オープンジョー</td></tr>
<tr><td rowspan="3">適用期間
運　　賃</td><td colspan="2">詳細は運賃表参照　特定便利用の場合、往路、復路それぞれにつき特定便加算額を Q サーチャージとして追加する。</td></tr>
<tr><td></td><td>シーズナリティの適用：
往路：往路の国際線出発日を基準として往路の旅程に適用する
復路：復路のヨーロッパ内の最終地点の出発日を基準として復路の旅程に適用する</td></tr>
<tr><td colspan="2">ウィークエンド（W）・ウィークデイ（X）運賃の適用：
往路：日本国内の最終地点を出発する曜日を基準とし、1/2 往復運賃を適用する
復路：ヨーロッパ内の最終地点を出発する曜日を基準とし、1/2 往復運賃を適用する
<table>
<tr><td></td><td>ウィークエンド（W）</td><td>ウィークデイ（X）</td></tr>
<tr><td>往路出発</td><td>土～月</td><td>火～金</td></tr>
<tr><td>復路出発</td><td>金・土</td><td>日～木</td></tr>
</table>
<table>
<tr><td></td><td>ウィークエンド（W）</td><td>ウィークデイ（X）</td></tr>
<tr><td>往路出発</td><td>土・日</td><td>月～金</td></tr>
<tr><td>復路出発</td><td>金・土</td><td>日～木</td></tr>
</table></td></tr>
<tr><td>予約・発券</td><td>① 予約クラス“B”
② 発券は予約完了後 7 日以内</td><td>① 予約クラス“L”
② 予約は最初の国際線搭乗日の 7 日前までに行う
③ 発券は以下の期限までに行う
・予約が最初の国際線搭乗日の 29 日以前：予約完了後 7 日以内。
・予約が最初の国際線搭乗日の 28 ～ 7 日前：予約完了後 3 日以内。ただし、最初の国際線搭乗日の 7 日前まで。</td></tr>
</table>

必要旅行日数	制限なし	3日発・開始。ただし復路のヨーロッパ内最終地点の出発は最初の日曜以降
最長旅行期間	12ヵ月発・開始	
途中降機	ヨーロッパ内で往路・復路各2回可（1回につき10,000円）。ただし、ヘルシンキ・マドリードでの途中降機は無料で可。	ヨーロッパ内で往路・復路各1回可（1回につき10,000円）。ただし、ヘルシンキ・マドリードでの途中降機は無料で可。
乗り換え	① 日本国内で往路・復路各1回可 ② ヨーロッパ内で往路・復路各3回可	② ヨーロッパ内で往路・復路各1回可
経路規定	① 日本発着国際線区間は、日本航空（JL）に限る ② フェアコンポーネント内のサーフィスセクターは不可	
運賃計算例外規定	HIPチェックは行わない	距離計算、HIPチェックは行わない
結合運賃	「Standard B」と「Saver L」運賃間を含む結合可能な1/2JL往復運賃 発券、必要旅行日数、最長旅行期間、取り消し・払い戻しについては結合されるより厳しい運賃規則が全旅程に適用される。ただし、予約、適用期間 運賃、途中降機、乗り換え、経路規定、運賃計算例外規定、予約変更・経路変更については、フェアコンポーネント（運賃計算区間）ごとの規則が適用される。	
小幼児運賃	小児は大人運賃の75%、幼児は大人運賃の10%	

資料提供：（株）オーエフシー

「Standard B」運賃表（抜粋）

往復運賃（単位：千円）

出発地		東京・名古屋・大阪			
目的地		PAR パリ LON ロンドン MAD マドリード		BHX バーミンガム NCE ニース	
W・X		W	X	W	X
適用期間	4/1～9/30	434	394	439	399

「Saver L」運賃表（抜粋）

【往路】

往復運賃（単位：千円）

出発地		東京・名古屋・大阪			
目的地		PAR パリ LON ロンドン MAD マドリード		BHX バーミンガム NCE ニース	
W・X		W	X	W	X
適用期間	4/1～4/26	157	137	162	142
	4/27・4/30	197	177	202	182
	4/28～4/29	217	197	222	202
	5/1～5/31	157	137	162	142

【復路】

往復運賃（単位：千円）

出発地		東京・名古屋・大阪			
目的地		PAR パリ LON ロンドン MAD マドリード		BHX バーミンガム NCE ニース	
W・X		W	X	W	X
適用期間	4/1～5/3	157	137	162	142
	5/4～5/5	217	197	222	202
	5/6～5/31	157	137	162	142

用語

追加運賃（Qサーチャージ）
資料４の特定便加算など、運賃に対して加算する額のことを、実務上では、Qサーチャージと呼ぶ（加算額は、運賃計算情報欄ではQと表示される）。

■資料４　特定便加算額（抜粋）

往路・復路が下記の特定便に該当する場合、追加運賃を加算する。

路線		便名	予約クラス	追加運賃
羽田	パリ ロンドン	JL041/042 JL045/046 JL7083	B	10,000円
			L	5,000円

最初に、「旅程」、「運賃の種類」、「W・X」を確認します。

【旅程】

適用条件４に記載されるとおり、この旅程はLONを折り返し地点として、次のように「往路」と「復路」に分けて運賃を計算する。

往路：TYO（HND）－PAR－MAD－NCE－LON
復路：LON－TYO（HND）

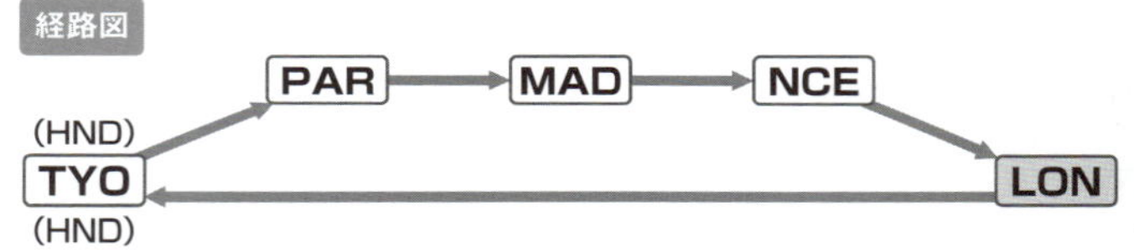

【運賃の種類】

適用条件1.旅程の“便名／クラス”の列（便名の後ろ）に、往路の予約クラスは「B」、復路の予約クラスは「L」と記載されている。運賃には、名称の最後に「予約クラス」を意味するアルファベットが表示されているので、指定された予約クラスと同じアルファベットが付いている運賃が、往路・復路に適用する運賃となる（資料３「予約・発券」欄の①にも同じ予約クラスが記載されている）。したがって、往路と復路に適用する運賃は次のとおりである。

往路：予約クラスB → Standard B運賃
復路：予約クラスL → Saver L運賃

プラスアルファ
試験では、「予約クラス」がこのケースのように適用条件に明記されるほか、設問文に“往路にStandard B運賃、復路にSaver L運賃を適用した場合～”と記載されることもある。

プラスアルファ
このケースは、往路に「Standard B」、復路に「Saver L」という異なる種類の運賃を結合する事例である。

【W・X】

往路と復路で異なる種類の運賃を結合する場合、資料３「結合運賃」欄の記載により、「適用期間・運賃」は、往路・復路のフェアコンポーネントごとに、それぞれの規則に従う。つまり、往路のW・XはStandard Bの規則、復路のW・XはSaver Lの規則でそれぞれ確認する。

往路（Standard B）：日本国内の最終地点（TYO）を出発する曜日
　→４月15日「**水曜日**」→X運賃
復路（Saver L）：ヨーロッパ内の最終地点（LON）を出発する曜日
　→５月11日「**月曜日**」→X運賃

往路の運賃　TYO（HND）－ PAR － MAD － NCE － LON　Standard B

往路には「Standard B」を適用するので、Standard B の「運賃計算例外規定」欄を確認する。"HIP チェックは行わない"と記載されているので、往路では、HIP チェックは不要で、必要に応じて、マイレージ計算のみを行えばよい。

【手順 1】マイレージ計算

適用条件 5 より、往路の STPM は 8094（6194 ＋ 664 ＋ 595 ＋ 641）。

適用条件 5 より、TYO － LON の MPM は 7456。

STPM8094 ＞ MPM7456 → **割増しが必要**

8094 ÷ 7456 ＝ 1.08… → 10%の割増し

【手順 2】往路の運賃

TYO － LON（Standard B：X 運賃）の HRT の 10%割増しが往路の運賃となる。

394,000 円× 1/2 = 197,000 円　　197,000 円× 1.10 = 216,700 円

【手順 3】特定便加算額

日本発着の国際線が特定の便に該当する場合、資料 4 の「特定便加算額」という追加運賃が必要になる。加算が必要とされる路線の便に該当する場合は、運賃に所定の額を加算する。

往路の日本発の国際線である東京（羽田）－パリ間の JL045 便は、資料 4 に記載されている特定便に該当する。資料 4 は、運賃の「予約クラス」によって加算額が異なり、往路に適用する「Standard B」の予約クラスは「B」なので、往路では 10,000 円の加算が必要となる。

【手順 4】最終的な往路の運賃

手順 1 ～ 3 で求めた額を合計する。

216,700 円+ 10,000 円= 226,700 円

復路の運賃　LON － TYO（HND）　Saver L

復路に適用する「Saver L」は、資料 3 の「適用期間・運賃」欄に、シーズナリティの適用に関する規則が記載されているので、復路のシーズナリティを確認する。

【シーズナリティ】復路のヨーロッパ内の最終地点（LON）の出発日

→ 5 月 11 日→資料 3「Saver L」の【復路】5/6 ～ 5/31 の運賃

続いて、Saver L の「運賃計算例外規定」欄を確認する。"距離計算、HIP チェックは行わない"と記載されているので、復路では、マイレージ計算と HIP チェックを行う必要はない（復路 LON － TYO には経由地がないので、規則の記載にかかわらず、元々、いずれも不要）。

往路に適用する「Standard B」には、シーズナリティが設定されていないので（4/1 ～ 9/30 は同額）、往路の運賃計算では、シーズナリティの確認は不要です（シーズナリティの確認が必要なのは Saver L を適用する復路のみとなります）。

プラスアルファ

試験で「特定便加算額」が出題される場合、資料 4 のような資料が提示されるので、区間や便名、金額を覚えておく必要はない。

プラスアルファ

復路は直行の旅程であり、経由地がないので、「運賃計算例外規定」欄の記載にかかわらず、マイレージ計算および HIP チェックは不要。

海外旅行実務　総

【手順 1】復路の運賃

TYO − LON（Saver L：【復路】5/6 ～ 5/31：X 運賃）の HRT が復路の運賃となる。

137,000 円× 1/2 = 68,500 円

【手順 2】特定便加算額

復路の日本着の国際線であるロンドン−東京（羽田）間の JL042 便は、資料 4 に記載されている特定便に該当する。復路に適用する「Saver L」の予約クラスは「L」なので、復路では 5,000 円の加算が必要となる。

【手順 3】最終的な復路の運賃

手順 1 と手順 2 で求めた額を合計する。

68,500 円+ 5,000 円= 73,500 円

資料 4 の「特定便加算額」に該当する路線（区間）は、**羽田発**−パリ・ロンドン行およびパリ・ロンドン発−**羽田行**です。例えば、**成田発**−パリ行のように資料 4 の路線に該当しない場合は特定便加算が不要です。特定便加算の要否は、まずは路線が該当するかを確認し、該当する場合は便名を確認するとよいでしょう。

全旅程の運賃

最終的な「往路の運賃」と「復路の運賃」を合計したものが、全旅程の運賃となる。

226,700 円（往路）+ 73,500 円（復路）= 300,200 円

普通運賃を適用する場合、計算は以上で終了です。しかし、特別運賃を適用する場合には、**途中降機料金**が必要となることがあるので、その確認をしなければなりません。

「途中降機料金」は、次のルールに従って算出した途中降機の**回数**に対して、規則表の「途中降機」欄に記載される金額を乗じて求めます。

Key Point ●途中降機の数え方

① **往路・復路のそれぞれ**で回数を数える。
② 滞在時間が **24 時間を超える** 1 都市を 1 回と数える。
③ 往路および復路の**両端の都市**は回数に**含めない**。
④ **みなし計算をするサーフィス**は、次の 2 つの条件を満たす場合に限り、**2 都市をあわせて 1 回**と数える。
- サーフィスが**中間**にある。
- サーフィスの「開始地点に到着した時刻」から「終了地点を出発する時刻」までの間が **24 時間を超える**。

プラスアルファ

みなし計算をするサーフィスは、**「HIP チェック」**の規則では、**中間、端いずれの場合であっても 24 時間を超えていればチェックの対象**となる。一方、**「途中降機の数え方」**の規則では、**中間にあり、**かつ、**24 時間を超えるサーフィスのみが回数の対象**になる（中間にある 24 時間以内のサーフィスや、端にあるサーフィスは対象外）。

では、ケース 8 の「途中降機料金」を計算します。

途中降機料金

往路と復路で異なる種類の運賃を結合する場合、資料 3「結合運賃」欄の記載により、「途中降機」は、往路・復路のフェアコンポーネントごとに、それぞれの規則に従う。

往路　TYO − PAR − MAD − NCE − LON　Standard B

Standard B の「途中降機」欄より、"ヨーロッパ内で往路・復路各 2 回可（1 回につき 10,000 円）" なので、1 回につき 10,000 円を支払うことで、往路では 2 回まで途中降機が可能である。

- 両端（TYO と LON）は回数に含めない。
- PAR …滞在時間は 24 時間以内。→乗り継ぎ
- MAD…滞在時間は 24 時間を超えているが、「途中降機」欄の "ヘルシンキ・マドリードでの途中降機は無料で可" の記載により、この都市に対する途中降機料金は不要。
- NCE …滞在時間が 24 時間を超えている。→ 1 回

MAD での途中降機は無料なので、往路では、NCE での 1 回の途中降機に対して、途中降機料金が必要となる（1 回につき 10,000 円）。

10,000 円× 1 回＝ 10,000 円

復路　LON − TYO　Saver L

Saver L の「途中降機」欄より、"ヨーロッパ内で往路・復路各 1 回可（1 回につき 10,000 円）" なので、1 回につき 10,000 円を支払うことで、復路では 1 回の途中降機が可能である。

復路の両端である LON と TYO は途中降機の回数に含めないので、復路では途中降機を行っていない。したがって、復路では途中降機料金は不要である。

「途中降機」は、往路・復路ごとに規則を適用しますので、往路は「Standard B」の「途中降機」欄を、復路は「Saver L」の「途中降機」欄を参照します。運賃の種類によっては、途中降機の回数や途中降機料金の金額が異なる場合がありますので、規則の正確な読み取りを心がけましょう。

プラスアルファ

復路のように直行の旅程であれば、経由地がないのは明らかなので、「途中降機」欄の確認は省略して、途中降機料金は不要と判断してよい。

全旅程の運賃・料金

以上により、途中降機料金を含めた全旅程に適用される大人 1 人当たりの運賃・料金は、次のとおりとなる。

300,200 円＋ 10,000 円＝ 310,200 円

このケースの計算結果は、次のように表示されます。

運賃計算情報欄 ▶▶ P523

■ 図表 1　ケース 8 の運賃計算情報欄（抜粋）

15APR＊＊　TYO　JL　X／PAR（乗継地点）　Q100.00（往路の特定便加算額）　AF　MAD　IB　NCE　S100.00（途中降機料金）　BA　LON　10M2167.00（往路の運賃）
JL　TYO　Q50.00（復路の特定便加算額）　685.00（復路の運賃）　NUC3102.00（全旅程の運賃・料金）END　ROE100.000000

仮に、「NCE」を折り返し地点として計算した場合、往路の割増しが不要で、途中降機料金も不要なため、「LON」を折り返し地点とするよりも運賃が安くなりますが、試験では、このケース同様に、運賃や折り返し地点があらかじめ設定されていますので、その指示に従って計算しましょう。

なお、このケースは、往路にStandard B、復路にSaver Lを適用し、「LON」を折り返し地点とする例で運賃を計算しましたが、同じ運賃を使って「NCE」を折り返し地点として計算することも可能です（往路：TYO － PAR － MAD － NCE 復路：NCE － LON － TYO）。

しかし、「PAR」と「MAD」はいずれも折り返し地点とすることはできません。復路に適用するSaver Lの「乗り換え」の規則は、“ヨーロッパ内で往路・復路各1回可”であり、「PAR」や「MAD」を折り返し地点とする場合、復路での乗り換えが規則の回数を超えてしまうので、これらの都市を折り返し地点として、復路にSaver Lを適用することはできません（**旅程の条件が一つでも規則に合致しない場合は、その運賃を適用することができません**）。

2. 小幼児運賃

では、ケース8で求めた大人の運賃・料金をもとに、資料3の「小幼児運賃」欄を参照し、小幼児運賃を計算してみましょう。

小児は大人運賃の75%、幼児は大人運賃の10%

小児および幼児の運賃・料金は、大人の「運賃」と「途中降機料金」のそれぞれに小幼児の率を乗じて算出した額を合算する、というのが本来の計算方法です。ただし、試験では、運賃と途中降機料金を合算した大人の運賃・料金に対して、一括で小幼児の率を乗じる計算が出題されています。

小児：310,200円×0.75 ＝ 232,650円

→100円単位に切り上げ→232,700円

幼児：310,200円×0.1 ＝ 31,020円

→100円単位に切り上げ→31,100円

3. 規則の確認

ケース8は、元々、往路に「Standard B」（予約クラス：B）を、復路に「Saver L」（予約クラス：L）を適用するという設定なので、各運賃の規則の条件をすべて満たしていることは明らかですが、参考として、「Standard B」と「Saver L」の規則のうち「発券期限」、「必要旅行日数」、「最長旅行期間」を確認しておきましょう。

■ 図表2　カレンダー

3月

日	月	火	水	木	金	土
1	2	3	4	5	6	7
8	9	10	11	12	13	14
15	16	17	18	19	20	21
22	23	24	25	26	27	28
29	30	31				

4月

日	月	火	水	木	金	土
			1	2	3	4
5	6	7	8	9	10	11
12	13	14	15	16	17	18
19	20	21	22	23	24	25
26	27	28	29	30		

① **発券期限**（P560 資料3「予約・発券」欄参照）

P560の適用条件6より、「予約完了日」は3月26日です。この場合の各運賃の規則を満たす日は次のとおりです。

Standard B：予約完了後7日以内＝4月2日
Saver L：　予約完了後3日以内＝3月29日
　　　　　最初の国際線搭乗日の7日前＝4月8日

予約完了日である3/26は、最初の国際線搭乗日（4/15）の20日前（4/14から数えて20日目）に当たるので、Saver Lは、「予約が最初の国際線搭乗日の28～7日目」の部分に記載される上記の規則を適用します。

上記のうち、**より厳しい**（発券期限の場合は、**より早い**）規則は、Saver Lの発券期限「予約完了後3日以内」なので、**3月29日**が発券期限となります。このケースでは予約日と同じ3月26日に発券していますので、規則に合致しています。

② **必要旅行日数**（P561 資料3「必要旅行日数」欄参照）

Standard B：制限なし
Saver L：3日発・開始。ただし復路のヨーロッパ内最終地点の出発は最初の日曜以降

Standard Bには必要旅行日数の制限がありません。つまり、旅行に最低限必要とされる日数の定めはないという意味です。この場合の**より厳しい**（必要旅行日数の場合は、**より長い**）規則は、Saver Lであり、この規則を**旅程全体に**適用します。

「3日発・開始」に当たる日は、往路の最初の国際線搭乗日である4月15日の翌日（**4月16日**）を1日目として数えて3日目に

プラスアルファ
試験でも図表2のようなカレンダーが提示されることがあるので、期日などを数える際にはぜひ活用しよう。

プラスアルファ
Saver Lの発券期限は、「予約完了後3日以内（3/29）」と「最初の国際線搭乗日の7日前（4/8）」で、このうち、より早い日は3/29である。本来であれば、この3/29と、Standard Bの「予約完了後7日以内（4/2）」を比べてより早い日を確認するという流れになるが、最初から4/2、3/29、4/8をまとめて比較して**最も早い3/29**を発券期限と判断してよい。

プラスアルファ
往路にも復路にも同じ種類の運賃を適用する場合は、規則も1種類だけなので、本文のように、複数の規則を見比べてより厳しい条件はどちらかを考慮する必要はない。

本文の③最長旅行期間は、いずれの運賃も「12ヵ月発・開始」ですので、この規則を旅程全体に適用します。
しかし、例えば、最長旅行期間を「3ヵ月発・開始」と「1ヵ月発・開始」とする運賃を結合する場合（規則が異なる運賃を結合する場合）は、**より厳しい**（最長旅行期間の場合は、**より短い**）**「1ヵ月発・開始」**の規則を**旅程全体**に適用することになります。

当たる4月18日です。「復路のヨーロッパ内最終地点の出発は最初の日曜」に当たる日は、**ヨーロッパに到着後最初の日曜日**である4月19日です。この場合、遅いほうの**4月19日**が必要旅行日数満了日となります。**この日の0時01分以降**であれば、復路の開始地点（ヨーロッパ内最終地点）であるLONからの旅行を開始することができます。このケースでは、LONからの旅行を5月11日に開始しているので、規則に合致しています。

③ **最長旅行期間**（P561資料3「最長旅行期間」欄参照）

Standard B：12ヵ月発・開始　／Saver L：12ヵ月発・開始

Standard BとSaver Lの規則はいずれも「12ヵ月発・開始」であり、この規則を**旅程全体に**適用します。

最長旅行期間満了日は、旅行開始日である4月15日の12ヵ月後の同一日に当たる**翌年の4月15日**です。**この日の24時まで**に、復路の開始地点であるLONからの旅行を開始しなければなりません。このケースでは、LONからの旅行を、旅行開始日と同じ年の5月11日に開始しているので、規則に合致しています。

3 ANA特別運賃の計算

続いて、ANA（NH）の運賃の結合を学習します。先ほどのケース8では、往路と復路に適用する運賃の種類があらかじめ決まっていましたが、ここでは、**規則や適用条件に合う（適用可能な）運賃のうち、一番安い運賃**を使って計算する手順を学習します。以降で学習する各ケースの計算は、いずれも次の条件および資料に従って行います。

【条件】
1. 規則に合致する最も安価な運賃を算出する。
2. 適用する運賃は、下記3種類のいずれかとする。
   ANA「Flex B」・「Basic M」・「Basic U」
3. クラス・人員：エコノミークラス・大人1名
4. 往復とも全クラス空席があるものとする。

■資料5　米国・カナダ行　ANA Flex B・Basic M・Basic U 規則表　OFCタリフ（抜粋）

<table>
<tr><td>名称・運賃種別</td><td>Flex B</td><td>Basic M</td><td>Basic U</td></tr>
<tr><td>目的地</td><td colspan="3">米国（ハワイを除く）・カナダ（PA）</td></tr>
<tr><td>適用旅客・人数</td><td colspan="3">個人</td></tr>
<tr><td>クラス・旅行形態</td><td colspan="3">エコノミークラス往復、周回、オープンジョー</td></tr>
<tr><td rowspan="3">適用期間
運賃</td><td colspan="3">詳細は運賃表参照　特定便利用の場合、往路、復路それぞれにつき特定便加算額をQサーチャージとして追加する。</td></tr>
<tr><td colspan="2"></td><td>シーズナリティの適用：
往路：往路の最初の国際線搭乗日を基準として往路の旅程に適用する
復路：復路の最後の国際線搭乗日を基準として復路の旅程に適用する</td></tr>
<tr><td colspan="3">ウィークエンド（W）・ウィークデイ（X）運賃の適用：往路・復路各方向の太平洋区間を出発する曜日に適用される 1/2 往復運賃をそれぞれ適用する<table><tr><td></td><td>ウィークエンド（W）</td><td>ウィークデイ（X）</td></tr><tr><td>往路出発</td><td>土～月</td><td>火～金</td></tr><tr><td>復路出発</td><td>金・土</td><td>日～木</td></tr></table></td></tr>
<tr><td>予約・発券</td><td>① 予約クラス“B”
② 予約は旅行開始前までに行う</td><td>① 予約クラス“M”</td><td>① 予約クラス U”
② 予約は旅行開始の 7 日前までに行う</td></tr>
<tr><td>必要旅行日数</td><td>制限なし</td><td colspan="2">2 日発・開始
復路の太平洋横断旅行は、往路の太平洋横断旅行出発後の 2 日目以降</td></tr>
<tr><td>最長旅行期間</td><td>6 ヵ月発・開始</td><td>3 ヵ月発・開始</td><td>2 ヵ月発・開始</td></tr>
<tr><td>途中降機</td><td>北米内で
往路・復路各 4 回可（無料で 1 回、さらに 10,000 円で 3 回可）</td><td>往路・復路各 1 回無料で可</td><td>往路・復路各 1 回無料で可
旅程にハワイが含まれている場合は、乗り換えの規則も参照のこと</td></tr>
<tr><td>乗り換え</td><td colspan="2">① 日本国内で往路・復路各 1 回可
② 第 1 地区内で往路・復路各 4 回可</td><td>② 第 1 地区内で往路・復路各 3 回可。旅程にホノルルが含まれる場合は片道につき 30,000 円（小幼児割引不可）の「ハワイサーチャージ」が（途中降機する、しないに関わらず）加算される</td></tr>
<tr><td>経路規定</td><td colspan="3">① 全旅程全日空（NH）に限る
② 米国内はユナイテッド（UA）、アラスカ航空（AS）、ジェットブルー（B6）の利用も可</td></tr>
<tr><td>運賃計算例外規定</td><td colspan="2">なし</td><td>距離計算、HIP チェックは適用しない</td></tr>
<tr><td>結合運賃</td><td colspan="3">「Flex B」、「Basic M」、「Basic U」運賃間を含む結合可能な 1/2NH 往復運賃
予約・発券、必要旅行日数、最長旅行期間、取り消し・払い戻しについては結合されるより厳しい運賃規則が全旅程に適用される。ただし、適用期間 運賃、途中降機、乗り換え、経路規定、運賃計算例外規定、予約変更・経路変更については、フェアコンポーネント（運賃計算区間）ごとの規則が適用される。</td></tr>
</table>

予約変更 経路変更	出発前／出発後 無料で可	1回につき15,000円で可	1回につき30,000円で可
	すでに予約が入っている便の出発時刻までに変更手続きを行うこと		ただし、全旅程出発前の変更は、航空券の購入期限までに手続きを行うこと
取り消し 払い戻し	出発前 大人20,000円、小児15,000円を取り消し手数料として収受し、残額を払い戻す 出発後 出発地からすでに旅行した区間を適用可能普通運賃で再計算し、支払い額との差額がある場合は大人20,000円、小児15,000円を取り消し手数料として収受し、残額を払い戻す		出発前 大人30,000円、小児22,500円を取り消し手数料として収受し、残額を払い戻す 出発後 払い戻し不可

資料提供：（株）オーエフシー

「Flex B」・「Basic M」運賃表（抜粋）　往復運賃（単位：千円）

出発地		東京・名古屋・大阪							
目的地		LAX　ロサンゼルス SEA　シアトル				CHI　シカゴ DEN　デンバー			
運賃名称		Flex B		Basic M		Flex B		Basic M	
W・X		W	X	W	X	W	X	W	X
適用期間	4/1～9/30	425	365	385	325	445	385	405	345

「Basic U」運賃表（抜粋）

【往路】　往復運賃（単位：千円）

出発地		東京・名古屋・大阪			
目的地		LAX　ロサンゼルス SEA　シアトル		CHI　シカゴ DEN　デンバー	
運賃名称		Basic U			
W・X		W	X	W	X
適用期間	4/29～7/12	238	218	259	239
	7/13～8/21	298	278	319	299

【復路】　往復運賃（単位：千円）

出発地		東京・名古屋・大阪			
目的地		LAX　ロサンゼルス SEA　シアトル		CHI　シカゴ DEN　デンバー	
運賃名称		Basic U			
W・X		W	X	W	X
適用期間	5/5～5/6	298	278	319	299
	5/7～8/10	238	218	259	239

■資料6　特定便加算額（抜粋）

往路・復路が下記の特定便に該当する場合、追加運賃を加算する。

路線		便名	予約クラス	追加運賃
羽田	ロサンゼルス ニューヨーク シカゴ サンフランシスコ	NH105/106 NH109/110 NH111/112 NH7010/7011	V/W/S/L	5,000円
			U/H/Q	7,500円
			B/M	10,000円

■ 図表3　カレンダー

5月

日	月	火	水	木	金	土
4/29	4/30	1	2	3	4	5
6	7	8	9	10	11	12
13	14	15	16	17	18	19
20	21	22	23	24	25	26
27	28	29	30	31		

6月

日	月	火	水	木	金	土
					1	2
3	4	5	6	7	8	9
10	11	12	13	14	15	16
17	18	19	20	21	22	23
24	25	26	27	28	29	30

7月

日	月	火	水	木	金	土
1	2	3	4	5	6	7
8	9	10	11	12	13	14
15	16	17	18	19	20	21
22	23	24	25	26	27	28
29	30	31				

CASE 9　ANA 特別運賃の計算

〔適用条件〕

1．旅　程：

				発	着
TOKYO（HND）	－ LOS ANGELES（LAX）	NH106	06MAY（日）	0005	1700－1
LOS ANGELES（LAX）	－ TOKYO（HND）	NH105	12JUL（木）	0120	0500＋1

2．予約完了日・発券日：4月3日

3．運賃計算上の折り返し地点：LAX

1．適用する運賃の決定

「規則に合致する最も安価な運賃」を適用することが条件なので、3種類の運賃のうち、運賃額が安い順番で規則を確認します。したがって、「Basic U」→「Basic M」→「Flex B」の順番で規則を確認します。

ケース9の適用条件をもとに、資料5の「Basic U」の規則を確認します。

■ 図表4　「Basic U」の規則

規則	期限・満了日	ケース9	結果
予約期限	5/6の7日前 →4/29までに予約	4/3に予約	○
必要旅行日数	5/6の2日後 →LAX発は5/8以降	LAX発7/12	○
最長旅行期間	5/6の2ヵ月後の同一日 →LAX発は7/6まで	LAX発7/12	× 過ぎている

○：規則に合致する　×：規則に合致しない（以降も同じ）

最長旅行期間が「Basic U」の規則に合致していないので、往路・復路のいずれにもこの運賃を適用することはできません。続いて、「Basic U」の次に運賃額が安い「Basic M」の規則を確認します。

プラスアルファ
本文では、「運賃ごと」（運賃額が安いものから順番）に規則に合致しているかを調べる方法で解説しているが、「規則の項目ごと」（3つの運賃の予約期限から順番）に確認する方法でも構わない。

適用条件「3．運賃計算上の折り返し地点」より、このケースの折り返し地点はLAXなので、往路はTYO－LAX、復路はLAX－TYOとなります。往路・復路のいずれも2都市間の直行ルートであり、経由地がないので、「途中降機」や「乗り換え」の規則を確認する必要はありません。

プラスアルファ

「Flex B」の予約期限は、「Basic M」と同じ（旅行開始前まで）で、必要旅行日数は"制限なし"、最長旅行期間は"6ヵ月発・開始"である。つまり、「Basic M」よりも規則が緩いので、このケースでは、「Flex B」を適用することも可能だが、規則に合致する運賃のなかで**最も安い運賃**を適用して計算するので、「Flex B」よりも安い「Basic M」を適用する（「Flex B」の規則の確認なしで、「Basic M」を適用運賃と判断して構わない）。

■ 図表5　「Basic M」の規則

規則	期限・満了日	ケース9	結果
予約期限	旅行開始前まで →5/6当日まで予約可	4/3に予約	○
必要旅行日数	5/6の2日後 →LAX発は5/8以降	LAX発7/12	○
最長旅行期間	5/6の3ヵ月後の同一日 →LAX発は8/6まで	LAX発7/12	○

「Basic M」の規則に合致しているので、**往路・復路のいずれにも「Basic M」**を適用して運賃を計算します。

2. 運賃計算

まず、「旅程」と「W・X」を確認します。

【旅程】折り返し地点はLAX

往路：TYO－LAX　　復路：LAX－TYO

【W・X】

往路：往路の太平洋区間（TYO－LAX）を出発する曜日
→5月6日「日曜日」→W運賃

復路：復路の太平洋区間（LAX－TYO）を出発する曜日
→7月12日「木曜日」→X運賃

資料5では、W・Xの適用基準が3つの運賃で共通していますが、運賃によっては、この基準が違うこともありますので、その場合は、W・Xの基準となる曜日を見間違えないように注意しましょう。

往路の運賃　TYO－LAX　Basic M

資料5の「Basic M」の「運賃計算例外規定」欄に"なし"と記載されているので、この運賃を適用する場合、規則上は、マイレージ計算やHIPチェックを行わなければならないが、このケースでは、途中でどこも経由しないので、マイレージ計算およびHIPチェックは不要。

【手順1】往路の運賃

TYO－LAX（Basic M：W運賃）のHRTが往路の運賃となる。

385,000円×1/2＝192,500円

【手順2】特定便加算額

往路の日本発の国際線である東京（羽田）－ロサンゼルス間のNH106便は、資料6に記載される特定便に該当する。資料6は、運賃の「予約クラス」によって加算額が異なり、「Basic M」の予約クラスは「M」なので、往路では10,000円の加算が必要となる。

【手順3】最終的な往路の運賃

手順1と手順2で求めた額を合計する。

192,500円＋10,000円＝202,500円

復路の運賃 LAX − TYO Basic M

往路同様、復路も途中でどこも経由しないので、マイレージ計算およびHIPチェックは不要。

【手順1】復路の運賃

TYO − LAX（Basic M：X運賃）のHRTが復路の運賃となる。

325,000円× 1/2 = 162,500円

【手順2】特定便加算額

復路の日本着の国際線であるロサンゼルス−東京（羽田）間のNH105便は、資料6に記載される特定便に該当するため、復路も往路と同様に10,000円の加算が必要となる。

【手順3】最終的な復路の運賃

手順1と手順2で求めた額を合計する。

162,500円+ 10,000円= 172,500円

全旅程の運賃・料金

最終的な「往路の運賃」と「復路の運賃」を合計したものが、全旅程の運賃・料金となる。

202,500円+ 172,500円= 375,000円

引き続き、P568 〜 P570の条件および資料に基づき、次のケースの運賃を計算します。

P568 〜 P570

CASE 10 ANA特別運賃の計算

〔適用条件〕

1．旅　程：

				発	着
TOKYO（HND）	− HONOLULU（HNL）	NH186	01JUN（金）	2155	1025
HONOLULU（HNL）	− CHICAGO（CHI）	UA218	06JUN（水）	1555	0500+1
CHICAGO（CHI）	− DENVER（DEN）	UA605	10JUN（日）	1000	1135
DENVER（DEN）	− LOS ANGELES（LAX）	UA781	19JUN（火）	1015	1139
LOS ANGELES（LAX）	− TOKYO（HND）	NH105	24JUN（日）	0120	0500+1

2．予約完了日・発券日：5月11日

3．運賃計算上の折り返し地点：CHI

4．TPMの合計と各区間のMPM：・TPMの合計　CHI − DEN − LAX − TYO　7209
・MPM　TYO − CHI（PA）7539

3. 適用する運賃の決定

ケース10は、始発地と目的地の間を直行するケース9と異な

り、**往路・復路ともに経由地がある**旅程です。資料5の「予約期限」、「必要旅行日数」、「最長旅行期間」は、次表のとおり、3種類すべての運賃の規則に合致しています。

■ 図表6 「予約期限」・「必要旅行日数」・「最長旅行期間」の規則

規則	Flex B	Basic M	Basic U
予約期限	旅行開始前まで→6/1まで 予約は5/11なので○		6/1の7日前→5/25まで 予約は5/11なので○
必要旅行日数	制限なしなので○	6/1の2日後→LAX発は6/3以降 LAX発6/24なので○	
最長旅行期間	6/1の6ヵ月後の同一日 →LAX発は12/1まで LAX発6/24なので○	6/1の3ヵ月後の同一日 →LAX発は9/1まで LAX発6/24なので○	6/1の2ヵ月後の同一日 →LAX発は8/1まで LAX発6/24なので○

ここでは、はじめに予約期限などの規則を確認しましたが、試験対策上は、設問の論点となりやすい経由に関わる「途中降機」や「乗り換え」の規則を先に確認することで適用可能な運賃を絞りやすい場合もあります。いずれの順番であっても結果は同じですので、やりやすい方法で学習を進めましょう。

次に、前述のとおり、このケースには、往路・復路ともに経由地があるので、資料5の「途中降機」と「乗り換え」の規則を確認します。

【旅程】折り返し地点はCHI

往路：TYO－HNL－CHI　復路：CHI－DEN－LAX－TYO

往路で1回（HNL）、復路で2回（DENとLAX）、航空機を乗り換えています（いずれも第1地区内の乗り換え）。旅程から各都市の滞在時間を確認すると、乗り換えを行うHNL、DEN、LAXでの滞在時間はすべて**24時間を超えている**ので、**いずれの都市も途中降機**に該当します。資料5の3種類の運賃の「途中降機」と「乗り換え」の規則をまとめると次のとおりです（第1地区内に関する規則のみ）。

■ 図表7 「途中降機」・「乗り換え」

運賃の種類	途中降機	乗り換え
Flex B	往路・復路各4回可（このうち往路・復路各1回は無料で、残りは1回につき10,000円）	往路・復路各4回可
Basic M	往路・復路各1回無料で可	
Basic U		往路・復路各3回可

プラスアルファ
資料5「結合運賃」欄より、「途中降機」と「乗り換え」の規則は、往路・復路のフェアコンポーネントごとに規則を適用する。

「乗り換え」の回数は、往路・復路ともにすべての運賃の規則にも合致していますが、「途中降機」については、「Basic M」と「Basic U」は往路と復路で各1回しか認められていません。このケースは復路で２回（DEN と LAX）の途中降機があるので、途中降機の規則に合致しません。したがって、**復路には「Basic M」と「Basic U」を適用することはできません（復路には「Flex B」のみが適用可能）**。

往路はいずれの規則にも合致しているので、往路には、一番安い「Basic U」を適用します。以上により、このケースでは、**往路に「Basic U」**を、**復路に「Flex B」**を適用して運賃を計算します。

4. 運賃計算

往路の運賃　TYO − HNL − CHI　Basic U

【シーズナリティ】往路の最初の国際線搭乗日→ 6 月 1 日

→資料５「Basic U」の【往路】4/29 ～ 7/12 の運賃

【W・X】往路の太平洋区間（TYO − HNL）を出発する曜日

→ 6 月 1 日「金曜日」→ X 運賃

「Basic U」は、資料５の「運賃計算例外規定」欄より、マイレージ計算および HIP チェックは不要。

【手順 1】往路の運賃

TYO − CHI（Basic U：【往路】4/29 ～ 7/12：X 運賃）の HRT が往路の運賃となる。

239,000 円× 1/2 ＝ 119,500 円

【手順 2】特定便加算額

往路の日本発の国際線は東京（羽田）−ホノルルの NH186 便であり、資料６の特定便には該当しないので、特定便加算は不要。

【手順 3】ハワイサーチャージ

「Basic U」は、資料５「乗り換え」欄②に、"旅程にホノルルが含まれる場合は、片道につき 30,000 円の「ハワイサーチャージ」が（途中降機する、しないに関わらず）加算される" とある（この規則があるのは、3 種類の運賃のなかで「Basic U」のみ）。往路ではホノルルを経由しているので、30,000 円の加算が必要となる。

【手順 4】最終的な往路の運賃

手順１と手順３で求めた額を合計する。

119,500 円＋ 30,000 円＝ 149,500 円

復路の運賃　CHI − DEN − LAX − TYO　Flex B

【W・X】復路の太平洋区間（LAX − TYO）を出発する曜日

→ 6 月 24 日「日曜日」→ X 運賃

「シーズナリティ」や「W・X」は、運賃によって設定の有無や基準が異なります。ケース 10 では、「Basic U」のみにシーズナリティが設定されています。また、この運賃は運賃表が「往路用」と「復路用」に分かれていますので、往路の運賃計算では、【往路】の運賃表を使います。

プラスアルファ

ANA では「ハワイサーチャージ」という名称だが、JAL では「Q サーチャージ」という名称で同様の加算額が設定されている。

復路に適用する「Flex B」は、4/1 ～ 9/30 は同額なので、復路ではシーズナリティの確認が不要なのですね。

海外旅行実務　総

復路に適用する「Flex B」の「運賃計算例外規定」欄には“なし”と記載されているので、マイレージ計算および HIP チェックが必要である。

【手順 1】マイレージ計算

適用条件 4 より、復路の STPM は 7209。TYO − CHI の MPM は 7539。

STPM7209　＜　MPM7539　→割増し不要

【手順 2】HIP チェック

復路で経由する DEN と LAX はいずれも途中降機地点なので HIP チェックの対象である。HIP チェックは、Flex B の X 運賃で行う。

TYO − CHI　385,000 円（X）…両端
TYO − DEN　385,000 円（X）
TYO − LAX　365,000 円（X）

両端である TYO − CHI の運賃より高い運賃はないので、復路にはこの運賃を適用する（HIP なし）。

【手順 3】復路の運賃

TYO − CHI（Flex B：X 運賃）の HRT が復路の運賃となる。

385,000 円× 1/2 ＝ 192,500 円

【手順 4】特定便加算額

復路の日本着の国際線であるロサンゼルス－東京（羽田）間の NH105 便は、資料 6 に記載される特定便に該当する。「Flex B」の予約クラスは「B」なので、復路では 10,000 円の加算が必要となる。

【手順 5】最終的な復路の運賃

手順 3 と手順 4 で求めた額を合計する。

192,500 円＋ 10,000 円＝ 202,500 円

資料 5「結合運賃」欄より、「途中降機料金」は、往路・復路の各フェアコンポーネントに適用した運賃の規則に従って求める。

運賃を計算する際には、次のような運賃や料金の加算が必要となることがあります。
① 国内線、国際線区間の加算
② 特定便加算
③ 特定日加算
④ ハワイ（Q）サーチャージ
⑤ 途中降機料金
旅程や規則、加算に関する資料など試験で与えられる情報をよく読み取り、加算もれのないよう注意しましょう。

途中降機料金

往路　TYO − HNL − CHI　Basic U

- 両端（TYO と CHI）は回数に含めない。
- HNL…滞在時間が 24 時間を超えている。→ 1 回

資料 5 の Basic U の「途中降機」欄より、往路での 1 回（HNL）の途中降機は無料である。

復路　CHI − DEN − LAX − TYO　Flex B

- 両端（CHI と TYO）は回数に含めない。
- DEN…滞在時間が 24 時間を超えている。→ 1 回
- LAX…滞在時間が 24 時間を超えている。→ 1 回

復路では、DEN と LAX で計 2 回の途中降機をしている。資料 5 の Flex B の「途中降機」欄より、復路での 1 回の途中降機は無料であるが、

もう1回については、10,000円の途中降機料金が必要となる。

全旅程の運賃・料金

最終的な「往路の運賃」と「復路の運賃」および復路の途中降機料金を合計したものが、全旅程の運賃・料金となる。

149,500円＋202,500円＋10,000円＝362,000円

5.「予約変更・経路変更」と「取り消し・払い戻し」の規則

ケース10の旅程を使って、「予約変更・経路変更」と「取り消し・払い戻し」の規則を確認しましょう。

① 予約変更・経路変更

「予約変更・経路変更」は、往路・復路のフェアコンポーネントごとに、それぞれに適用する運賃の規則に従います。したがって、往路と復路で異なる種類の運賃を適用する場合は、次のように規則を適用します（資料はP570参照）。

CASE 11 往路に「Basic U」・復路に「Flex B」を適用する場合

資料5（抜粋）

規則	Flex B	Basic U
予約変更 経路変更	無料で可	1回につき30,000円で可

往路：往路にはBasic Uの規則を適用するため、往路の区間内では30,000円を支払うことで予約変更・経路変更が可能。

復路：復路にはFlex Bの規則を適用するため、復路の区間内では無料で予約変更・経路変更が可能。

次に「取り消し・払い戻し」の規則を確認します。

② 取り消し・払い戻し

「取り消し・払い戻し」は、より厳しい規則を旅程全体に適用します。したがって、往路と復路で異なる種類の運賃を適用する場合は、次のように規則を適用します。

プラスアルファ

ケース11は、手数料の有無は異なるものの往路、復路ともに予約変更・経路変更が可能な運賃である。仮に、往路に適用する運賃の規則だけが「変更不可」である場合には、往路の区間内で搭乗日や都市などを変更することは一切できない。

往路と復路で異なる種類の運賃を適用する場合、①の「予約変更・経路変更」は、往路と復路の**フェアコンポーネントごと**に規則を適用しますが、②の「取り消し・払い戻し」は、**より厳しい規則を旅程全体**に適用します。①と②はこの違いにも注意して覚えておきましょう。

出発前・出発後
▶▶P559

ケース12の【出発前】では、6月5日に払い戻しの手続きを行っています。ケース10の最初の航空便（NH186便）の出発日は6月1日なので、一見すると出発後の話では？とも思えますが、旅行が中止されており、旅客は旅行を開始していないので（航空券は未使用なので）、**「出発前」**の規則が適用されます。

CASE 12 往路に「Basic U」・復路に「Flex B」を適用する場合

資料5（抜粋）

規則	Flex B	Basic U
取り消し 払い戻し	出発前 大人20,000円 出発後 出発地から～大人20,000円を取り消し手数料として収受し、残額を払い戻す	出発前 大人30,000円 出発後 払い戻し不可

【出発前】

ケース10の航空券（大人1名利用）を発券後、旅客の都合により旅行を中止し、往路の最初の区間の予約便出発時刻（TYOを出発するNH186便の出発時刻）までに取り消しの連絡を行い、6月5日に払い戻しの手続きをする場合。

出発前の場合、Flex Bは20,000円、Basic Uは30,000円の取り消し手数料がかかるので、手数料がより高額なBasic U（30,000円）の規則が適用される。なお、取り消しの連絡を行わずに6月5日に払い戻す場合であっても、旅行を開始していない（航空券は未使用）のであれば「出発前」の規則が旅程全体に適用される。

【出発後】

ケース10の航空券（大人1名利用）で旅行を開始した後、旅客の都合で旅行を中断し、CHI滞在中に以降の区間の予約を取り消し、6月15日に払い戻しの手続きをする場合。

出発後の場合、Flex Bは搭乗済みの区間を普通運賃で再計算して、支払い額との差額がある場合には残額を払い戻す（残額があれば払い戻しが可能）が、Basic Uは払い戻し不可である。払い戻し不可のほうが厳しいので、Basic U（払い戻し不可）の規則が旅程全体に適用される。

「途中降機」と「乗り換え」の規則

規則には「途中降機」と「乗り換え」に関する項目があり、これらの項目は試験で取り上げられることがあるため、見方を確認しておきましょう。まず、これらの項目に関連する「途中降機」、「乗り継ぎ」、「乗り換え」の各用語の意味は次のとおりです。

- 「途中降機」…都市での滞在時間が24時間を超える航空機の乗り換え。
- 「乗り継ぎ」…都市での滞在時間が24時間以内（24時間ちょうども含む）である航空機の乗り換え。
- 「乗り換え」…都市での滞在時間にかかわらず、**航空機を乗り換えること全般**。つまり、『途中降機』と『乗り継ぎ』の両方がこれに含まれる。

規則の項目としては、「途中降機」と「乗り換え」の2つですが、このうちの「乗り換え」の欄には、『途中降機』と『乗り継ぎ』の両方に関する規則が記載されています。

では、JALのStandard BとSaver Lという2つの運賃をもとに、「途中降機」と「乗り換え」の規則に関するポイントを見ていきましょう。

〔資料〕オセアニア行　JAL　Standard B / Saver L（抜粋）

	Standard B	Saver L
途中降機	シドニー行：不可 その他：オーストラリア国内で往路・復路各1回可（1回につき10,000円）	
乗り換え	日本国内で往路・復路各1回可 BNE行はオーストラリア国内、SIN、KUL または HKG で往路・復路各1回可	日本国内で往路・復路各1回可 BNE行はオーストラリア国内、SINまたはKULで往路・復路各1回可

ポイント①　BNE行での乗り換えが可能な都市

「乗り換え」欄より、Standard Bでは、「オーストラリア国内」と「SIN」、「KUL」、「HKG」での乗り換えが可能ですが、Saver Lで乗り換えが認められているのは、「オーストラリア国内」と「SIN」、「KUL」です。つまり、「HKG」での乗り換えがあるフェアコンポーネントには、Saver Lを適用することはできません。

ポイント②　BNE行での途中降機

BNE行は、「途中降機」欄の“その他”に該当します。途中降機は、オーストラリア国内の都市だけに限られており、オーストラリア国外の都市での途中降機は認められていません。つまり、「乗り換え」欄に記載があるSIN、KUL、HKGといった都市は、滞在時間が24時間以内となる「乗り継ぎ」による航空機の乗り換えのみが認められています（「乗り換え」欄の1行目に記載されている日本国内の都市も同じ考え方で、乗り継ぎに限られます）。

例 TYO − SIN − BNE − HKG − TYO　＊BNEが折り返し地点 / SINとHKGは乗り継ぎ

往路（TYO − SIN − BNE）はStandard B、Saver Lの「途中降機」、「乗り換え」のいずれの規則にも合致していますが、復路（BNE − HKG − TYO）はHKGでの乗り換え（乗り継ぎ）なので、Saver Lの規則に合致しません。したがって、復路にはSaver Lを適用することはできません。

●下記の適用条件および次ページの資料をもとに、次の問いに答えなさい。

□ 1	全旅程に適用すべき運賃額を求めなさい。予想
□ 2	この旅程における航空券の発券期限を答えなさい。予想
□ 3	この旅程の必要旅行日数満了日を答えなさい。予想
□ 4	この旅程の最長旅行期間満了日を答えなさい。予想
□ 5	航空券を購入後、旅客の都合により旅行を中止し、２月２日に取り消し、払い戻し手続きをする場合の大人１人当たりの取り消し手数料を答えなさい。予想

〔適用条件〕

1. 旅　程：

				発	着
TOKYO（NRT）	− DALIAN（DLC）	NH903	03FEB（金）	1010	1230
DALIAN（DLC）	− BEIJING（BJS）	地上運送機関利用			
BEIJING（BJS）	− TOKYO（HND）	NH964	19MAR（日）	0830	1245
TOKYO（HND）	− SAPPORO（SPK）	NH069	19MAR（日）	1500	1630

2. クラス・人員　：エコノミークラス・大人１名
3. 適用運賃　　　：中国行　ANA　Value L 運賃
4. 運賃計算上の折り返し地点と旅行形態：
　往路の終点を DLC、復路の始点を BJS とするオープンジョー
5. 予約完了日：１月 31 日
6. 航空券の発券と販売：日本

１月　January

日	月	火	水	木	金	土
1	2	3	4	5	6	7
8	9	10	11	12	13	14
15	16	17	18	19	20	21
22	23	24	25	26	27	28
29	30	31				

２月　February

日	月	火	水	木	金	土
			1	2	3	4
5	6	7	8	9	10	11
12	13	14	15	16	17	18
19	20	21	22	23	24	25
26	27	28				

〔資料〕

(1) 中国行　ANA Value L　規則表　OFC タリフ（抜粋）

名称・運賃種別	Value L 運賃
目的地	中国
適用旅客・人数	個人
クラス・旅行形態	エコノミークラス往復、オープンジョー
適用期間 運賃	詳細は運賃表参照 シーズナリティの適用： 往路：往路の最初の国際線搭乗日を基準として往路の旅程に適用する 復路：復路の最後の国際線搭乗日を基準として復路の旅程に適用する
予約・発券	①予約クラス“L” ②予約は旅行開始の 3 日前までに行う ③発券は予約完了後 24 時間以内かつ旅行開始の 3 日前までに行う
必要旅行日数	9 日発・開始
最長旅行期間	3 ヵ月発・開始
途中降機	不可
乗り換え	東京・名古屋・大阪で往路・復路各 1 回可
経路規定	全旅程全日空（NH）に限る
運賃計算例外規定	距離計算、HIP チェックは適用しない
予約変更 経路変更	不可
取り消し 払い戻し	出発前 大人 20,000 円、小児 15,000 円を取り消し手数料として収受し、残額を払い戻す 出発後 払い戻し不可

資料提供：（株）オーエフシー

(2)「Value L」運賃表（抜粋）

【往路】　往復運賃（単位：円）

出発地	東京	
目的地 ＼ 適用期間	BJS　北京	DLC　大連
2/1 ～ 2/4	49,500	47,500
2/5 ～ 3/31	37,500	36,500

【復路】　往復運賃（単位：円）

出発地	東京	
目的地 ＼ 適用期間	BJS　北京	DLC　大連
1/24 ～ 1/29	49,500	47,500
1/30 ～ 3/31	37,500	36,500

(3) 国内加算表（抜粋）

下記の日本国内の都市から目的地への運賃は東京発運賃に次の加算額を追加する。

（単位：円）

目的地	加算地点	日本国内都市	加算額（往復）
北京・大連	東京	札幌	12,000

解答

1．48,500円

【往路の運賃】TYO － DLC

・シーズナリティ：往路の最初の国際線搭乗日　2/3
→資料（2）【往路】の運賃表の「2/1 ～ 2/4」の運賃を適用する。

・資料（1）「運賃計算例外規定」欄より、マイレージ計算、HIPチェックは不要（往路では途中でどこも経由していないので、そもそも不要）。

・TYO － DLC（2/1 ～ 2/4）のHRTが往路の運賃となる。
47,500円× 1/2 ＝ 23,750円

【復路の運賃】BJS － TYO － SPK

・シーズナリティ：復路の最後の国際線搭乗日　3/19
→資料（2）【復路】の運賃表の「1/30 ～ 3/31」の運賃を適用する。

・復路もマイレージ計算、HIPチェックは不要。

・復路はSPK着なのでBJS － TYO（1/30 ～ 3/31）の運賃に、（3）TYO － SPKの運賃を加算した額のHRTが復路の運賃となる。BJS － TYO、TYO － SPKの運賃は、いずれも往復運賃で表示されているので、運賃表の金額をそのまま合計して× 1/2の計算を行う。
（37,500円＋ 12,000円）× 1/2 ＝ 24,750円

【往路＋復路】23,750円＋ 24,750円＝ 48,500円

なお、本問の運賃計算情報欄の表示は次のとおり。

03FEB ＊＊	TYO	NH	DLC237.50	／－BJS	NH	×／TYO	NH	SPK247.50
			往路の運賃	オープンジョー		乗継地点		復路の運賃
NUC485.00END	ROE100.000000							
全旅程の運賃								

2．1月31日

資料（1）「予約・発券」欄の③参照。「予約完了後24時間以内」と「旅行開始の3日前」のいずれか早い日が発券期限となる。本問の予約完了日は、適用条件5より1月31日である。予約完了後24時間以内の期限は2月1日。旅行開始日の3日前（2月3日の前日2月2日を1日目として数えて3日目）は1月31日。したがって、より早い1月31日が発券期限となる（予約完了日と同じ日に発券しなければならない）。

3．2月12日

必要旅行日数は「9日発・開始」なので、2月3日（往路の最初の国際線搭乗日）の翌日である2月4日を1日目として数えて、9日目に当たる2月12日が必要旅行日数満了日となる。

4．5月3日

最長旅行期間は「3ヵ月発・開始」なので、2月3日（旅行開始日）の3ヵ月後の同一日である5月3日が最長旅行期間満了日となる。

5．20,000円

資料（1）「取り消し　払い戻し」欄参照。「出発前」に当たるので、この場合の取り消し手数料は、大人1人当たり20,000円である。

第3章　出入国関係法令・実務

この章では、旅券（パスポート）の各種手続き、日本出国・帰国時の手続き、外国人の再入国など出入国に関する法令および実務について学習します。学習範囲は広いのですが、試験で出題されやすい項目は限られていますので、本書でポイントを押さえましょう。みなさんが旅券を申請するとき、海外に行くときなどを想像しながら学習するとよいでしょう。

重要度 A

旅券法① ―新規発給申請等―

学習項目
◎旅券の有効期間
◎新規発給申請
◎代理申請
◎記載事項変更旅券の発給申請
◎各種申請

学習ポイント
●新たに旅券の発給を申請する際に**必要となる書類**を覚える。
●**戸籍謄本・抄本を省略できるケース**を理解する。
●申請書類にある**署名欄**を理解する。
●**代理人による申請**を理解する。
●氏名や本籍の都道府県名などが**変わった場合**の申請を理解する。

用語

旅券
海外旅行に必要な「パスポート」のこと。日本国政府が、それを所持する者の国籍や身分が確かであることを他国に証明するもの。本書では、試験で出題される「数次往復用一般旅券」を取り上げる。

18歳未満の者が、仕事をしている場合"10年の旅券を申請することができる"といった引っ掛け問題が出されることがありますが、**発給の基準は「申請時の年齢」**ですので、18歳未満の者であれば、仕事の有無などにかかわらず、**「5年」**の旅券に限られていることに例外はありません。

1 旅券の有効期間等

1. 旅券の有効期間

旅券(りょけん)には有効期間が「5年」と「10年」のものの2種類があります。このうち、どちらを申請するのかの基準は、申請者の申請時の年齢によって、次のとおり定められています。

Key Point ●「5年」または「10年」の申請基準

申請時に**18歳未満**の者…「5年」に限られる
申請時に**18歳以上**の者…「5年」か「10年」を選択できる

ここでいう申請時の年齢は、「年齢計算に関する法律」の規定により、誕生日の前日に1歳を加えた年齢を指します。

CASE 1 申請時の年齢の数え方

6/12に18回目の誕生日を迎える者は、法律上、誕生日の前日である6/11に18歳に達する。したがって、誕生日の前々日(6/10)までに申請する場合は「5年」の旅券に限られるが、誕生日の前日以降に申請する場合は、18歳に達しているので「5年」または「10年」の旅券を選択することができる。

6/10(17歳)	6/11(18歳)	6/12(18歳)
前々日	前日	18回目の誕生日

2. 旅券の記載事項

旅券には、それを所持する者（名義人）の身分を証明するための以下の項目が記載されます。

① 旅券の種類、番号、発行年月日、有効期間満了の日
② 旅券の名義人の氏名、氏名以外の呼称、生年月日
③ 渡航先
④ 旅券の名義人の性別、国籍、本籍の都道府県名
⑤ 旅券の発行国のコード、発行官庁

②の「氏名以外の呼称」とは、**旧姓や外国名**など戸籍に記載されている氏名以外の**呼称（別名）**を意味します。申請者から、旅券に氏名以外の呼称の併記を希望する旨の申出があった場合は、公的機関が発行した書類等により、その呼称が**社会生活上通用しているものであること**が確認され、かつ、外務大臣または領事官が、**渡航の便宜のため特に必要であると認めるときは**、旅券に氏名以外の呼称を記載（併記）することができます（氏名の横に（　）書きで併記されます）。

また、②の「名義人の氏名」および「氏名以外の呼称」は、原則として、**ヘボン式ローマ字**によって旅券面に表記されます。ただし、**申請者がヘボン式によらないローマ字表記を希望し、外務大臣または領事官が、出生証明書等によりその表記が適当であり、渡航の便宜のため特に必要があると認めるときは**、ヘボン式によらないローマ字でもよいとされています。なお、旅券に記載されるローマ字表記は、外務大臣または領事官が特に必要と認める場合を除き、変更することができません。

■ 図表1　旅券の記載事項の表示（例）

用語

ヘボン式ローマ字
例えば「ち」を「chi」と表すものをいう（ヘボン式によらない場合は「ち＝ti」）。

プラスアルファ
日本では、**IC旅券**が発行されている。旅券に内蔵されている**ICチップ**には、電磁的方法により、旅券番号、有効期間満了日、旅券の名義人の写真、氏名（氏名以外の呼称は除く）、生年月日、性別などが記録される。

プラスアルファ
国内で申請する場合であって、急を要し、都道府県知事または外務大臣がその必要を認めるときは、直接、外務省に出頭して、外務大臣に申請に必要な書類を提出することができる。

用語
戸籍謄本・抄本
同一戸籍内の全員分の戸籍証明を「戸籍謄本」（戸籍の全部事項証明書）といい、戸籍内の一部の者の戸籍証明を「戸籍抄本」（戸籍の個人事項証明書）という。

個人番号（マイナンバー）
行政手続きの利便性などを目的として、国民一人ひとりに割り当てられた12桁の番号のこと。この番号が記載された「個人番号カード」（マイナンバーカード）は、公的な身分証明書として使用することができる。

図表3の「1点でよいもの」を提示する場合は、そのうち1点だけで本人確認の書類として有効ですが、「2点必要なもの」を提示する場合は、**「ⓐを1点＋ⓑを1点」**または**「ⓐを2点」**のいずれかの組み合わせが有効となります。

2 新規発給申請

日本国内において新規で旅券の発給を申請（新規発給申請）する場合、原則として、**申請者本人**が、**住民登録をしている都道府県**の申請窓口に出向いて行います。

1. 申請に必要な書類

旅券の新規発給申請をする場合、申請者は、都道府県知事を経由して外務大臣に、次の書類を提示または提出しなければなりません。

■ 図表2　新規発給申請に必要な書類

書類	数量
① 一般旅券発給申請書【5年用または10年用】	1通
② 戸籍謄本（こせきとうほん）または抄本（しょうほん）（提出の日前6か月以内に作成されたもの）	1通
③ 写真（提出の日前6か月以内に撮影されたもの）	1枚（1葉）
④ 身元を確認するための書類 「住民票の写し」「本人確認のための書類」 （住民票の写しは、提出の日前6か月以内に作成されたもので**個人番号の記載がないもの**）	

④のうち、「本人確認のための書類」とは、主に次表に掲げるものをいいます。

■ 図表3　本人確認のための書類（主なもの）

1点でよいもの
日本国旅券（有効なもの・失効後6か月以内のもの）／運転免許証／船員手帳／海技免状／小型船舶操縦免許証／猟銃・空気銃所持許可証／宅地建物取引士証／電気工事士免状／無線従事者免許証／航空従事者技能証明書／運航管理者技能検定合格証明書／個人番号カード／写真付き身体障害者手帳（写真貼替え防止がなされているもの）／運転経歴証明書（平成24年4月1日以降交付のもの）
2点必要なもの
ⓐ　健康保険被保険者証／国民健康保険被保険者証／船員保険被保険者証／共済組合員証／後期高齢者医療被保険者証／国民年金手帳／基礎年金番号通知書／厚生年金保険・船員保険に係る年金証書／共済年金証書／一般旅券発給申請書に押印した印鑑の「印鑑登録証明書」（※）
ⓑ　学生証・会社の身分証明書（いずれも写真付きに限る）／失効後6か月を経過した日本国旅券で本人確認ができるもの

※ⓐの「印鑑登録証明書」を提出する場合、一般旅券発給申請書への押印が必要となるため、申請窓口で登録印（実印）の提示を求められることがある。

新規発給申請に必要な書類

① 申請書　② 戸籍謄（抄）本　③ 写真　④ 身元確認の書類

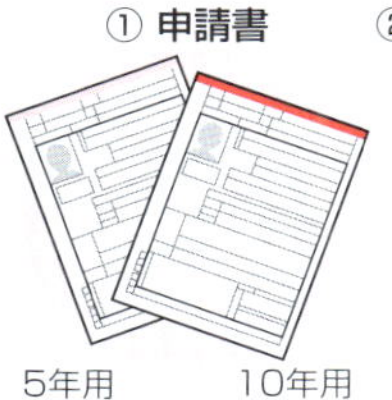
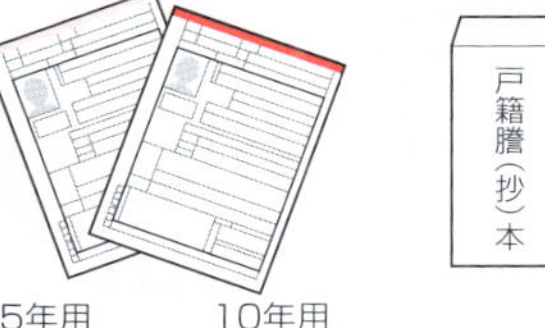

5年用　10年用

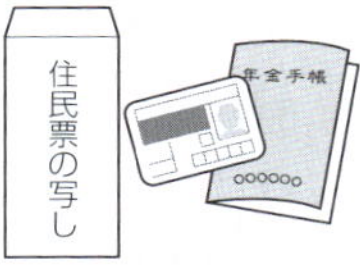

2. 書類の省略

図表2の新規発給申請に必要な書類のうち、②「戸籍謄本または抄本」と、④のうち「住民票の写し」は次に該当する場合、提出を省略することができます。

(1) 戸籍謄本または抄本の省略

次のいずれかに該当する場合、**「戸籍謄本または抄本」の提出を省略することができます**。

Key Point ●戸籍謄本・抄本の提出を省略できる場合

① **有効な旅券**を返納のうえ、新たに旅券の発給を申請するとき（＝**有効期間内の申請**）（※1）

② 同一の戸籍内にある2人以上の者が同時に旅券を申請する際に、いずれか1人の者が**戸籍謄本**を提出するとき

③ **国外で**有効期間が満了した旅券を返納のうえ、新たな旅券の発給を申請する場合において、その旅券の有効期間満了前に、上記①の申請（有効期間内の申請）ができないことについて、**真にやむを得ない理由がある**と認められるとき（※2）

※1 **旅券の記載事項に変更があったとき**など、都道府県知事または領事官が、その者の身分上の事実を確認するために特に必要があると判断したときは**省略できない**。

※2 海外で外出制限などの措置によって有効期間内の申請が間に合わない場合や国際郵便の休止などにより日本から戸籍謄本・抄本を取り寄せることができない場合などがこれに該当する。

(2) 住民票の写しの省略

住民登録をしている都道府県の窓口で申請する場合、原則として、**「住民票の写し」の提出を省略することができます**。

プラスアルファ
「戸籍謄本・抄本の省略」は、後述の6「有効期間内の申請」と絡めた問題もよく出題されている。
▶▶P591

プラスアルファ
Key Point の②は、住所が異なる（住民票記載の住所が異なる）場合であっても、同一戸籍内にある者が同じ都道府県の窓口で同時に旅券を申請する際には、戸籍謄本・抄本の省略が認められる。

プラスアルファ
個人の氏名や住所といった住民票上の情報は、住民基本台帳ネットワークシステム（住基ネット）に登録されている。都道府県知事は、このシステムを利用して**申請者の「本人確認情報」（個人番号は除く）**を知ることができるので、原則として、**住民票の提出が不要**となる（都道府県知事による本人確認情報の利用を希望しない場合は、住民票を提出する）。

3. 署名

新規旅券発給申請に必要な書類の一つである「一般旅券発給申請書」には、図表4のとおり、2か所の「署名」欄があります。

プラスアルファ
申請書は、旅券の申請窓口や市区町村で入手することができる。また、外務省のホームページからダウンロードをし、印刷して使用することもできる。

■ 図表4　一般旅券発給申請書の署名欄

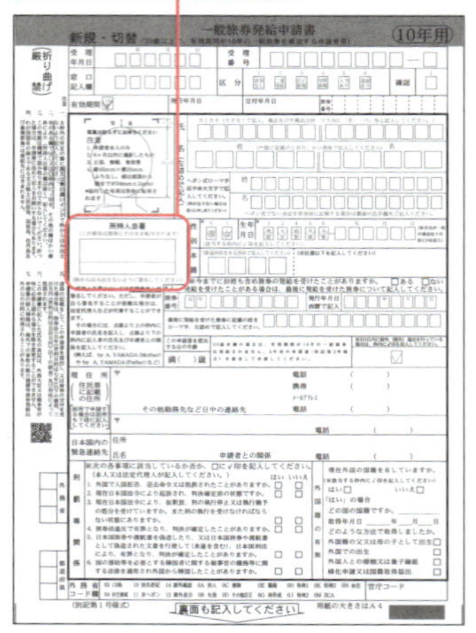

表面

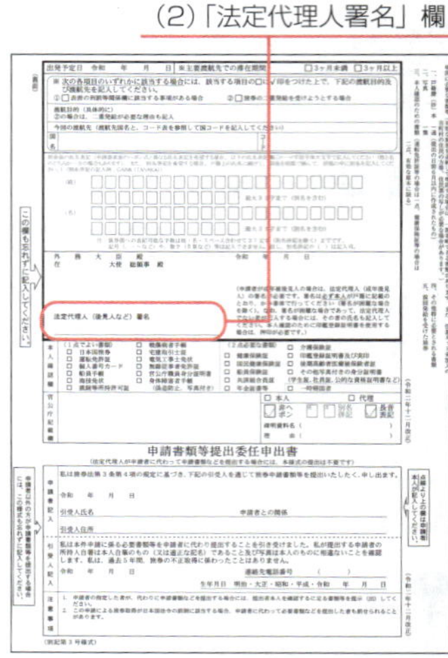

裏面

(1)「所持人自署」欄

「所持人自署（しょじにんじしょ）」欄には、これから申請する旅券に転写される署名を記入します。使用する文字は、**日本字**でも**ローマ字**でもかまいません。署名をする能力のある者は、必ず本人が行わなければなりませんが、申請者が次のいずれかに該当する場合、**代理の者が、申請者の氏名を記名（代筆）することができます**。

プラスアルファ
申請書の「所持人自署」欄に記入した署名がそのまま旅券に転写される。

Key Point ●代理人による記名が認められる者

① **疾病**または**身体の故障**により署名が困難な者
② **乳児**または**幼児**等であって署名する能力のない者
③ 都道府県知事または領事官が署名が困難であると認める者

プラスアルファ
代理人が記名を行う場合、**代理人自らが行ったものであることを明らかにする**ため、「代理人の氏名」と「代理人が記名したことがわかる内容（代理人と申請者の関係）」も記入する。

日本 花子
日本 太郎（父）代筆

申請者本人が署名をすることができないときは、次のいずれかに該当する者が、**①から④の順位**によって、申請者の代わりに記名することが認められています。

Key Point ●代理して記名できる者とその順位

順位

① 申請者の法定代理人（ほうていだいりにん）
② 申請者の配偶者
③ ①と②以外の者で、申請者の海外渡航に同行を予定しているもの
④ ①～③以外の者で、都道府県知事または領事官が申請者に代わり記名することが適当であると認めるもの

法定代理人
▶▶P35

「所持人自署」欄に代理して記名ができる者は、「法定代理人」や「配偶者」に限られているわけではありません。

(2)「法定代理人署名」欄

申請者が、申請時において未成年者または成年被後見人（せいねんひこうけんにん）である場合、申請者の「法定代理人」の署名が必要となります。なお、この欄の署名は、戸籍どおりの日本字（かい書）で行います。

用語

成年被後見人
精神上の障害などにより判断能力を欠く者であって、法律上の行為を後見人に援助してもらう必要があると判断された者。

3 代理申請・居所申請・旅券の交付

1. 代理申請

旅券の発給申請は、申請者本人が行うことが原則ですが、代理人による申請も認められています。申請者の代理人は、次の①または②のいずれかに該当する者で、**申請の内容を知り、なおかつ、都道府県知事または領事官の指示を申請者に確実に伝達する能力のある者**でなければなりません。

Key Point ●申請者の代理人として認められる者

① 申請者の配偶者または2親等内の親族
② 申請者が指定した者

①と②に順位の優劣はありません。

プラスアルファ

代理で申請する者は、「未成年者」であってもかまわない。

海外旅行実務　総

ただし、②に該当する者が、**申請前５年以内に旅券の発給を受けるに当たって不正な行為をした者**である場合は、代理人として認められません。

また、代理人が申請をする場合は、申請者本人が出頭する際に必要とされる書類に加えて、次の書類を提示・提出しなければなりません。

申請者本人が出頭する場合に必要な書類
▶▶P586

Key Point ●代理人による申請に必要な書類

- 申請書類等提出委任申出書 ……………………………1通
  ※代理人が「法定代理人」である場合は不要。
- 代理人自身の「本人確認のための書類」

「配偶者」や「2親等内の親族」といった申請者の身内が代理人になる場合でも、その人の身元を確認するための書類は必要なのですね。

2. 居所申請

旅券の発給申請は、原則として、住民登録をしている都道府県で行わなければなりませんが、その申請が事実上困難であると認められる場合、次の①～⑤に該当する者には、実際に居住している「居所（きょしょ）」での申請が認められます。

「居所申請」は、旅券法に定めはなく、実務上の取り扱いによるものです。ただし、試験では出題の対象となっていますので、理解しておきましょう。

Key Point ●居所申請の対象となる者

① 海外からの**一時帰国者**（日本に住所を有していない者）
② 寄港地に上陸中の船員
③ 学生、生徒
④ **単身赴任者**、長期出張者、季節労働者
⑤ 都道府県知事が適当と認める者

プラスアルファ
「居所申請」は、申請者本人が出頭のうえ行わなければならない（代理人による申請は不可）。

3. 旅券の交付（受領）

新規発給申請による旅券の交付は、原則として、**申請者本人**に出頭を求めて行うことになっていますが、**病気、身体の障害、交通至難の事情その他の真にやむを得ない理由**により申請者の出頭が困難であると認められ、なおかつ、その申請者が人違いでないことが明らかなときは、**申請者が指定する者**が、申請者の代わりに旅券の交付を受ける（旅券を受領する）ことができます。なお、この場合、申請者が指定する者は、「交付時**出頭免**

「交付」と「受領」
国が申請者に旅券を引き渡すことを「交付」、申請者が旅券を受け取ることを「受領」という。

除願書」に申請者が出頭できない具体的な理由を記入し、**疎明資料**（出頭できないことを証明するための資料。病気の場合は医師の診断書など）を添付して提出しなければなりません。

旅券の受領における「申請者が指定する者」は、自己の行為の責任をわきまえる能力がある者であればよく、申請者の配偶者や2親等内の親族などに限られていません。

4 査証欄の増補の申請

1冊の旅券につき**1回に限り**、旅券の査証（さしょう）欄のページを増やす**「査証欄の増補（ぞうほ）」を申請**することが認められます。この申請は、**新規発給申請の際に、あわせて行う**ことも可能です。例えば、海外旅行の添乗員など海外に行く機会が多い人は、査証欄が足りなくなることを見越して、新規発給申請の際に、あらかじめ「査証欄の増補」を申請することがあります。また、**査証欄に余白が残っていても**、増補の申請は可能です。

ただし、査証欄の増補の申請は1冊の旅券につき1回に限られていますので、一度増補を受けた旅券の査証欄に、再び、余白がなくなった場合には、**所持する有効な旅券を返納して、新規発給申請を行う**ことになります。

用語

査証欄
渡航先の査証（押印またはシール貼り付け）や出入国の際の確認印が押されるページのこと。

査証
▶▶ P616

5 旅券の二重受給の禁止

旅券の発給を受けた者は、外務大臣または領事官が旅券の所持人の保護または渡航の便宜のため特に必要があると認める場合を除き、その旅券が有効な限り、重ねて旅券の発給を受けることはできません。

6 有効期間内の申請

1. 有効期間内の申請が認められる場合

旅券の名義人は、次の①～⑤のいずれかに該当する場合には、所持する**有効な旅券を返納したうえで**、別の旅券の**新規発給申請**を行うことができます。この際、**旅券の記載事項に変更がない**ときは、**戸籍謄本または戸籍抄本の提出は不要です**。

戸籍謄本・抄本の省略
▶▶ P587

プラスアルファ
Key Pointの②〜⑤の各事由に該当する場合は、**旅券の残存有効期間にかかわらず申請可能**。

Key Point ●有効期間内の申請が認められる場合

① 旅券の**残存有効期間**が**1年未満となったとき**
② 旅券の**査証欄に余白がなくなったとき**
③ 旅券を**著しく損傷したとき**
④ 旅券の**記載事項に変更が生じたとき**
⑤ 外務大臣または領事官がその者の保護または渡航の便宜のため特に必要があると認めるとき

2. 記載事項変更旅券の発給申請

(1) 旅券の記載事項に変更が生じた場合の取扱い

旅券の記載事項
▶▶P585

旅券には、名義人の氏名や本籍の都道府県名など様々な事項が記載されています。婚姻などによりそれらの事項に変更が生じたとき（前述のKey Point④に該当する場合）は、**原則として、所持する有効な旅券を返納したうえで、新規発給申請**を行うことになります。ただし、旅券の名義人について、**次の①〜⑤のいずれかの事項に変更が生じた場合**であって、なおかつ、**所持する旅券の残存有効期間と同一の有効期間**（**有効期間満了の日が同じ**）となる旅券の発給を希望するときは、**所持する有効な旅券を返納したうえで、「記載事項変更旅券」の発給申請**を行うこともできます。

Key Point ●「記載事項変更旅券」の発給申請が可能な事項

① **氏名**　② **本籍の都道府県名**　③ **生年月日**　④ **性別**
⑤ **氏名以外の呼称**

プラスアルファ
①③④については、旅券のICチップ内のデータも変更後の内容に更新される（②と⑤は、元々ICチップに記録されない項目なので、データの更新はない）。

「記載事項変更旅券」の発給申請により新たに発行される旅券には、**変更後の内容**が記載され、**旅券番号**、発行日、所持人自署も新たなものに変わります。

ただし、**返納した元の旅券の残存有効期間がそのまま引き継がれる**ため、**有効期間満了日は返納した旅券と同一日**となります。

(2)「記載事項変更旅券」の発給申請に必要な書類など

「記載事項変更旅券」の発給申請をする場合、申請者は、都道府県知事を経由して外務大臣に、次の書類を提示または提出しなければなりません。

■ 図表5 「記載事項変更旅券」の発給申請に必要な書類

書類	数量
① 一般旅券発給申請書【記載事項変更用】	1通
② 戸籍謄本または抄本(提出の日前6か月以内に作成されたもの) ※変更が生じたことを確認できるもの。	1通
③ 写真(提出の日前6か月以内に撮影されたもの)	1枚(1葉)
④ 所持する有効な旅券 ※変更が生じた旅券(申請時に返納)。この旅券が「本人確認のための書類」にもなる。	
⑤ 住民票の写し ※提出を省略できる場合がある。詳細はP587参照。	

「記載事項変更旅券」の発給申請に必要な書類のうち、②の**戸籍謄本または抄本**は、記載事項に変更が生じたことを証明する必要があるため、原則として、**提出が義務付けられています**。ただし、新規発給申請の場合と同様に、「同一の戸籍内にある2人以上の者が同時に旅券を申請する際に、いずれか1人の者が戸籍謄本を提出する」場合には、提出を省略することができます(いずれか1人の者が提出する戸籍謄本により、変更が生じたことを確認できることが前提となります)。

また、「代理申請」や「旅券の交付(受領)」についても、新規発給申請の場合と同じ規定が適用されます。

「記載事項変更旅券」の発給申請をした場合、元の旅券の残存有効期間がそのまま引き継がれますので、例えば、残存有効期間が7年である旅券を返納するときは、新たに発行される旅券の有効期間も同じく7年となります。
特に、現在所持する旅券の有効期間が長く残っている場合に、氏名など所定の事項を変更しようとするときは、「記載事項変更旅券」の発給申請を選択することで、元の旅券を有効に活用することができますね。

代理申請
▶▶P589～590

旅券の交付(受領)
▶▶P590

Let's Try! 確認テスト

●次の各記述の正しいものには○を、誤っているものには×を記入しなさい。

チェックポイント	できたらチェック ✓
旅券の有効期間	□ 1 11歳の誕生日に交付を受けた旅券の名義人は、当該旅券の有効期間が1年未満となったとき、当該旅券を返納のうえ、有効期間が10年の旅券の発給を申請することができる。総 令2改
新規発給申請に必要な書類	□ 2 旅券の発給申請に当たり、国民年金手帳と後期高齢者医療被保険者証の2点を提示する場合、申請者が人違いでないことを確認するために都道府県知事が提示または提出を求める書類としての要件を満たしている。総 令3改
	□ 3 都道府県知事が住民基本台帳法の規定により旅券の発給を申請する者に係る都道府県知事保存本人確認情報のうち、個人番号以外のものを利用するときは、申請に必要な書類のうち、住民票の写しの提示または提出を要しないものとすることができる。総 令2
	□ 4 旅券の発給を申請するに当たり、申請者が提出する戸籍謄本または戸籍抄本は、提出の日前6か月以内に作成されたものでなければならない。総 令1
署名	□ 5 署名する能力のない乳児が発給申請者である場合、当該乳児に代わり「一般旅券発給申請書」の「所持人自署」欄に記名することができるのはその法定代理人に限られる。総 平24
代理申請	□ 6 旅券の発給申請をするに当たり、申請者に代わり出頭する者は、当該申請の内容を知り、かつ、都道府県知事または領事官の指示を当該申請者に確実に伝達する能力がある18歳以上の者でなければならない。総 平29改
有効期間内の申請	□ 7 名義人の氏名に変更を生じた旅券を返納のうえ、記載事項変更用の一般旅券発給申請書で旅券の発給申請をする場合には、新たに発給される旅券の旅券番号、有効期間満了の日は返納した旅券と同じである。総 平26

解答 1. ×　11歳の者が交付を受けた旅券の有効期間は5年である。その旅券の有効期間が1年未満になった時点で18歳に達していないので、10年の旅券の発給を申請することはできない／2. ○　この組み合わせは有効／3. ○／4. ○／5. ×　法定代理人に限られていない（申請者の海外渡航に同行を予定しているものなども可能）／6. ×　内容を知り、指示を確実に伝達する能力があれば、年齢は問われない（未成年者も可）／7. ×　記載事項変更旅券の「有効期間満了の日」は、返納した元の旅券と同じであるが、「旅券番号」は新たなものに変わる

重要度 A

旅券法② —紛失・焼失の届出等—

学習項目

◎紛失・焼失の届出
◎旅券の失効
◎帰国のための渡航書
◎外国滞在の届出
◎旅券の返納命令

学習ポイント

- 旅券を**紛失・焼失した場合**の届出に必要な書類および代理人による届出を理解する。
- 旅券の**失効事由**を把握する。
- **帰国のための渡航書・在留届**を理解する。
- 旅券の返納が命じられるケースを理解する。

1 紛失・焼失の届出

1. 届出に必要な書類

旅券を**紛失**または**焼失**（しょうしつ）した場合は、遅滞（ちたい）なく、都道府県に出頭のうえ、都道府県知事を経由して外務大臣に（海外では最寄りの領事館に出頭のうえ、領事官に）、次の書類を提示または提出のうえ、届け出なければなりません。

■ 図表1　紛失・焼失の届出に必要な書類

書類	数
① 紛失一般旅券等届出書	1通
② 紛失または焼失の事実を証明し、または疎明する書類	1通
③ 写真（提出の日前6か月以内に撮影されたもの）	1枚（1葉）
④ 身元を確認するための書類 「住民票の写し」「本人確認のための書類」	

④のうち「住民票の写し」は国内で届出を行う場合にのみ必要となる書類です（提出を省略できる場合がある）。また、「本人確認のための書類」として有効なものは、新規発給申請の規定と同じです。

住民票の写しの省略
▶▶P587

本人確認のための書類
▶▶P586

2. 代理人による届出

紛失または焼失の届出は、原則として、旅券の名義人本人が行わなければなりませんが、名義人が**病気**、**身体の障害**、**交通**

至難の事情その他の真にやむを得ない理由により出頭が困難と認められるときは、次の者が、名義人に代わって届出を行うことができます。

Key Point　●紛失・焼失の届出を行う代理の者

① 名義人の配偶者または2親等内の親族
② 名義人が指定した者

①と②に順位の優劣はありません。ただし、②の場合、自己の行為の責任をわきまえる能力がない者は代理人として認められません。

プラスアルファ
代理人が紛失・焼失の届出を行う場合、名義人本人が届出を行う際に必要な書類（前述図表1）に加えて、「紛失一般旅券等届出時**出頭免除願書**」1通を提出しなければならない。

2 旅券の失効

次のいずれかに該当する場合、旅券はその効力を失います（失効（しっこう））。

Key Point　●旅券の失効事由

① 旅券の名義人が死亡したとき、または日本の国籍を失ったとき
② 旅券の発給を申請した者が、旅券の発行の日から6か月以内にその旅券を受領しない場合、その6か月を経過したとき
③ 旅券の有効期間が満了したとき
④ 有効期間内の申請によって返納した旅券に代わる新たな旅券が発行されたとき
⑤ 紛失または焼失の届出があったとき
⑥ 返納を命じられた旅券が、所定の期間内に返納されなかったとき、または外務大臣もしくは領事官が、返納された旅券が効力を失うべきことを適当と認めたとき

プラスアルファ
名義人が旅券を「紛失」または「焼失」した場合は、先に学習したとおり、**届出が必要**である。その**届出があったとき**に、紛失または焼失した旅券は**失効する**。

返納を命じられた旅券
▶▶P598

失効事由のうち、③の「有効期間が満了したとき」とは、5年の旅券の場合は、発行日の5年後の同一日、10年の旅券の場合は、発行日の10年後の同一日をいいます。

CASE 1　5年旅券の有効期間

旅券の発行日：2022年4月10日
⇓　　5年後の同一日
有効期間満了日：2027年4月10日

旅券の名義人が**海外にいる場合**でも、**有効期間が満了した時点**で旅券は**失効**します。したがって、失効後に帰国するためには、原則として、海外で新たに旅券の発給申請をすることになります。

当然ながら、旅券の名義人は、海外に滞在している間に旅券の有効期間が満了することのないよう、あらかじめ気をつけておかなければなりません。

3 帰国のための渡航書

海外で旅券を紛失した場合などの措置として、**日本に帰国することを目的**に発給されるのが、**帰国のための渡航書**（以降、「渡航書」とする）です。渡航書は、「日本に帰国すること」が目的であるため、これを使用して日本以外の他の国に入国することはできません（航空機の接続の関係上、やむを得ず、他の国を経由して帰国する場合や外務大臣または領事官が経由地を指定した場合は除きます）。

1. 渡航書の発給を受けることができるケース

外務大臣または領事官は、次のいずれかに該当する者に対して、必要があると認める場合には、旅券の代わりに渡航書を発給します。

① **旅券を所持しない者が、緊急に帰国する必要があるにもかかわらず、旅券の発給を受ける時間がない場合。**
　例 旅券を紛失した。旅券を盗まれた。旅券が失効した。
② 旅券の発給を受けることができない場合。
③ 外務大臣または領事官の命令に基づいて旅券を返納した場合。

2. 渡航書の発給申請

原則として、渡航書の発給を受けようとする者が、最寄りの領事館に出頭のうえ、申請を行わなければなりません。ただし、

海外で新たに旅券の発給を申請すると、少なくとも1週間程度の時間を要します。その間の滞在費などを考えると、旅券よりも短期間で発給される「渡航書」で帰国するほうが経済的な負担も少なくてすみますね。
ただし、紛失や盗難に遭わないように旅券の管理はくれぐれも慎重に。

その者の現住する地方に領事館が設置されていないなど、申請者本人が申請をすることができないやむを得ない事情があるときは、**その者の親族その他外務省令で定める関係者**が、申請者に代わり、外務大臣または領事官に申請することができます。

4 外国滞在の届出・旅券の返納

1. 外国滞在の届出

旅券の名義人が、外国に住所または居所を定めて**3か月以上**滞在する場合は、遅滞なく、その**住所または居所を管轄する領事館の領事官**（住所または居所を管轄する領事官がない場合には、最寄りの領事官）に、**「在留届」1通**を提出して、届け出なければなりません。

プラスアルファ
「在留届」は世帯ごとに（世帯単位で）届け出ることができる。

また、この届出をした者は、住所、居所などの**届出事項に変更が生じたときは**、**遅滞なく**（**届出をした領事官の管轄区域を去るときは**、**事前に**）、その旨を領事官に届け出なければなりません。

2. 旅券の返納命令

外務大臣または領事官は、次のいずれかに該当する場合で、旅券を返納させる必要があると認めるときは、旅券の名義人に対して、期限を付けて、旅券の返納を命じることができます。

① 旅券の交付後に、名義人が「旅券の発給制限」に該当することが判明した場合。

② 旅券の交付後に、名義人が「旅券の発給制限」に該当することになった場合。

③ 錯誤や過失により、旅券の発給、渡航先の追加または査証欄の増補をした場合。

④ 名義人の**生命、身体または財産の保護のために**、渡航を中止させる必要があると認められる場合。

⑤ 名義人の渡航先での滞在が、日本国民の一般的な信用または利益を著しく害しているため、その渡航を中止させて帰国させる必要があると認められる場合。

プラスアルファ
「旅券の発給制限」に該当する者とは、例えば、渡航先の法律により、その国への入国が認められない者や、偽造旅券の使用によって刑に処せられた者などのこと。

用語
錯誤
勘違い。

Let's Try! 確認テスト

●次の各記述の正しいものには○を、誤っているものには×を記入しなさい。

チェックポイント	できたらチェック ✓
紛失・焼失の届出	□ 1 旅券を焼失した場合、当該旅券の名義人が病気により出頭が困難であると認められるとき、当該旅券の名義人に代わり焼失の届出を行うことができる者は、当該旅券の名義人の配偶者または2親等内の親族に限られる。 総 令2
旅券の失効	□ 2 旅券の有効期間が満了したとき、当該旅券は失効するが、旅券の名義人が海外にいる場合は、有効期間が満了しても日本に帰国するまで旅券は失効しない。 総 平13改
	□ 3 交付を受けた旅券の名義人が当該旅券の発行日から6か月以内に日本を出国しない場合、その6か月を経過したときに、当該旅券は失効する。 総 平12改
	□ 4 国内において著しく損傷した有効な旅券を返納のうえ、旅券の発給申請をする場合、都道府県知事が当該発給申請を受理したとき、当該返納した旅券は失効する。 総 平26
	□ 5 旅券の名義人が、有効な旅券を紛失したため、紛失に係る届出をしたうえで新たに旅券の発給を申請した場合、当該紛失した旅券に代わる旅券の発行があったときに当該紛失した旅券は失効する。 総 令3
旅券の返納命令	□ 6 外務大臣または領事官は、旅券の名義人の生命、身体または財産の保護のために渡航を中止させる必要があると認められる場合において、旅券を返納させる必要があると認めるときは、当該名義人に対して、期限を付けて、旅券の返納を命ずることができる。 総 平27
在留届	□ 7 旅券の名義人で外国に住所または居所を定めて3か月以上滞在しようとするものは、あらかじめ都道府県知事を通じて外務大臣に在留届1通を届け出なければならない。 総 令1

解答 1. ×　「名義人が指定した者」でもよい／2. ×　海外にいる場合であっても有効期間が満了した時点で旅券は失効する／3. ×　6か月以内に“日本を出国しない場合”ではなく、「旅券を受領しない場合」に失効する／4. ×　著しく損傷した有効な旅券を返納のうえ、旅券の発給申請をする場合（有効期間内の申請）、返納した旅券に代わる新たな旅券が発行されたときに、返納した旅券は失効する／5. ×　「紛失の届出をしたとき」に失効する／6. ○／7. ×　「在留届」は、滞在先において、その住所または居所を管轄する領事館の領事官に提出する

第3章

Lesson 10

日本人の出国手続き

重要度 A

学習項目

◎支払手段等の携帯輸出・輸入
◎外国製品の持ち出し
◎輸出・輸入規制品
◎検疫
◎税関申告

学習ポイント

- 100万円相当額を超える**支払手段等**を持ち出す・持ち込む場合の手続きを理解する。
- 外国製品を持ち出す場合の届出を理解する。
- 動物・植物検疫の対象となるもの、ならないものを区別して理解する。
- **免税範囲・簡易税率**を覚える。
- 税額の計算を理解する。

1 出国時の手続き

1. 日本出国時の流れ

日本の出国手続きは、次のような流れで行われます。

① 搭乗手続き

航空会社のカウンターなどで搭乗の手続きを行います。受託手荷物がある場合は、航空会社に預けます。

② 保安検査（セキュリティーチェック）

ハイジャック防止などのために、金属探知機による身体検査や、航空機内に持ち込む手荷物のX線検査が行われます。

③ 税　関

必要に応じて、「支払手段等の携帯輸出・輸入申告書」や「外国製品の持出し届」を提示・提出します。

④ 出国審査

旅券と搭乗券を提示して出国審査を受けます。出国が認められると、旅券に出国の証印が押されます。

⑤ 搭　乗

旅券と搭乗券を提示します。

プラスアルファ

2019年1月7日より、日本から船舶または航空機で出国する者に対して、1回の出国につき1,000円の**国際観光旅客税**が課せられている（船舶や航空機のチケット代金に上乗せして徴収される）。

支払手段等の携帯輸出・輸入申告書
▶▶P601
外国製品の持出し届
▶▶P602

プラスアルファ

近年では、「自動化ゲート」や「顔認証ゲート」による出国審査および入国審査の簡略化が進んでいる。

③の税関は英語で「Customs（カスタムズ）」、④の出国審査（入国審査も同様）を「Immigration（イミグレーション）」といいます。また、出国時には省略されることが多い検疫（けんえき）は「Quarantine（クアランティン）」といい、一般的に出国（または入国）手続き全般のことを、これらの頭文字から CIQ と呼びます。

検疫
▶▶ P603

2. 支払手段等の携帯輸出・輸入

居住者、非居住者にかかわらず、「**合計額が 100 万円相当額を超える支払手段等**」もしくは「合計重量が 1 kg を超える金の地金（純度 90％以上の金）」を海外に**持ち出すとき**（**輸出**）、または**日本に持ち込むとき**（**輸入**）は、「支払手段等の携帯輸出・輸入申告書」を提出のうえ、税関に申告しなければなりません。「支払手段等」として定められている主なものは次のとおりです。

Key Point ●支払手段等に該当する主なもの

- 現金（日本円・外国通貨）
- 小切手（**旅行小切手**を含む）
- 約束手形
- 証券（株式、国債などの有価証券）

プラスアルファ
支払手段の一つである「旅行小切手」とは、一般的に**トラベラーズチェック（TC）**と呼ばれる海外旅行者向けの小切手のことで、このトラベラーズチェックも支払手段に含まれる。
なお、現在、日本では新たなトラベラーズチェックは発行されていないが、すでに発行されているものについては使用が可能である。

では、次のケースについて、税関への申告が必要かどうかを考えてみましょう。

CASE 1　日本出国時に a ～ c を携帯する場合

a．日本円の現金 20 万円
b．30 万円相当額の外国通貨建てのトラベラーズチェック
c．利用限度額が 60 万円のクレジットカード

⇓

クレジットカードの利用限度額は支払手段に含まれない。 a と b の合計は 50 万円相当額なので、この場合、税関への申告は不要。

プラスアルファ
クレジットカードの利用限度額は、**支払手段に含まれない。**

なお、出国時および帰国時のいずれにおいても申告の対象となるときは、**出国時と帰国時のそれぞれで税関への申告が必要**です。

3. 外国製品の持出し届

現在使用している外国製の時計やバッグ、貴金属などを海外に持ち出す場合、「外国製品の持出し届」に、品名、数量、銘柄、特徴などを記入し、出国時に、現品を提示のうえ、税関で確認印を受けます。この届出を行っていないと、帰国時に、海外で購入した品物と区別できず、課税の対象となることがあります。

4. 輸出規制品

銃砲（じゅうほう）や超高性能パソコンなど、輸出が規制されている品物を海外に持ち出すときは、事前に経済産業省で手続き（経済産業大臣の許可または承認）を行い、出国の際に税関の確認を受ける必要があります。

プラスアルファ
家庭や職場などで使用されているパソコンのほとんどは、「超高性能パソコン」には該当しない。

2 帰国時の手続き

1. 日本帰国時の流れ

日本の入国手続きは、次のような流れで行われます。

プラスアルファ
入国の手続きは、一般的に、検疫（身体）→入国審査→税関の順に行われる。

① 検　疫

帰国者の身体に関する検疫で、必要に応じて、「質問票」等を提出します。

② 入国審査

旅券を提示して入国審査を受けます。入国が認められると、旅券に入国の証印が押されます。

③ 動物・植物の検疫

検疫の対象となる「動物」や「植物」を持ち込んだときに検査が行われます。

④ 税　関

「携帯品・別送品申告書」を提出し、課税の有無などを申告します。

⑤ 帰　国

携帯品・別送品申告書
▶▶P606

2. 身体に対する検疫

身体に対する検疫は、指定された地域から（またはその地域を経由して）帰国した者からの**「質問票」**等の提出によって行われます。また、検疫感染症に指定される次の感染症に感染したおそれのある者は、検疫官から、旅行日程の詳しい聞き取り調査や帰国後の健康状態の報告などを求められることがあります。

Key Point ●検疫感染症に指定される感染症

エボラ出血熱、クリミア・コンゴ出血熱、痘(とう)そう、南米出血熱、ペスト、マールブルグ病、ラッサ熱、新型インフルエンザ等感染症、ジカウイルス感染症、チクングニア熱、中東呼吸器症候群（MERS）、デング熱、鳥インフルエンザ（H5N1型またはH7N9型）、マラリア

3. 動物・植物に対する検疫

国内の家畜や農作物などの伝染病や病害を防ぐため、日本に持ち込まれる動物や植物の多くが、検疫の対象となっています。

（1）動物検疫

家畜伝染病予防法で**指定検疫物**に定められている次のものは動物検疫の対象です。検疫検査を受けて問題がなければ、日本への輸入が認められます。

■ 図表1　指定検疫物に定められているもの（主なもの）

① 犬、牛、豚、羊、やぎ、鹿、馬、うさぎ、みつばち
② 鶏、うずら、きじ、だちょう、ほろほろ鳥、七面鳥、あひる、がちょう
③ 上記①②の生乳、ふん、尿、骨粉、肉粉、死体
④ 上記①②の骨、肉、脂肪、血液、皮、毛、羽、角、臓器
⑤ 上記④を原料とする**ソーセージ、ハム、ベーコン**
⑥ 上記②の卵

また、犬、猫、あらいぐま、きつね、スカンクは、家畜伝染病予防法や狂犬病予防法などの法律により、**検疫の対象**に定められています。

焼肉用の加工肉や**ビーフジャーキー**などの乾燥肉も**検疫の対象**となります。

プラスアルファ

サル（動物園での展示用など一部の例外を除く）、プレーリードッグ、ハクビシン、イタチアナグマ、タヌキ、ヤワゲネズミ、コウモリは、人に感染する感染症の予防を目的として、日本への輸入が全面的に禁止されている。

海外旅行実務　総

プラスアルファ
養殖用など一部の例外を除き、食用の魚介類は検疫の対象とならない。

魚介類であっても、例えば、**上海ガニ**などのように、次項で学習する輸入**禁止品**や**規制品**に該当するものがあるので、この点は注意が必要です。

一方、旅行者が海外から次に掲げるものを携帯して（または別送して）輸入する場合は、原則として、**動物検疫を受けずに**、日本に持ち込むことが可能です。

Key Point ●動物検疫の対象とならない主なもの

- 魚介類　例 ロブスター、スモークサーモン、からすみ
- 乳製品　例 バター、チーズ
- はちみつ
- 皮製品・羽製品　例 羊毛のセーター、シープスキン（羊の毛皮）の敷物

(2) 植物検疫

植物は、そのほとんどが検疫の対象となります。検疫検査を受けて問題がなければ、日本への輸入が認められます。

プラスアルファ
図表２は、輸出国の政府機関が発行した「検査証明書」が添付されていても検疫の対象となる。

■ 図表２　植物検疫の対象となるもの（主なもの）

種子、球根、苗、切花（枝）、生果実、野菜、穀類、豆類、ドライフラワー

一方、旅行者が海外から次に掲げるものを携帯して（または別送して）輸入する場合は、原則として、**植物検疫を受けずに**、日本に持ち込むことが可能です。

プラスアルファ
食用のきのこ類（マツタケ、きくらげ、しいたけ、マッシュルーム、トリュフなど）は、土が付着していないことが明らかなものは、原則として、植物検疫の対象とならない。

Key Point ●植物検疫の対象とならない主なもの

- 製茶　例 紅茶、ウーロン茶、高麗人参茶（顆粒）
- アルコール、酢酸、砂糖、塩などに漬けられた植物　例 キムチ
- 乾果（あんず、いちじく、かき、キウイフルーツ、すもも、なし、なつめ、なつめやし、パイナップル、バナナ、パパイヤ、ぶどう、マンゴー、もも、りゅうがん）
- 乾燥した香辛料であって小売用の容器に密閉されているもの

プラスアルファ
植物検疫の対象とならないもののうち「乾果」とは、いわゆる**ドライフルーツ**のことであり、Key Point に記載のある種類の乾果については、**植物検疫の対象とならない**。

4. 輸入禁止品・規制品

(1) 輸入禁止品

次に掲げるものは、日本への輸入が**禁止**されています。

■ 図表３　輸入禁止品（主なもの）

① 麻薬類（覚醒剤、大麻、向精神薬、麻薬、あへん、MDMA、指定薬物（医療用は除く）など）
② 銃砲類（拳銃などの銃砲、これらの銃砲弾、拳銃部品）
③ 爆発物、火薬類、化学兵器原材料、炭疽菌（たんそ）などの病原体など
④ 通貨または証券の偽造品、変造品、模造品（偽造通貨、偽造クレジットカードなど）
⑤ わいせつ物品（雑誌、DVD、児童ポルノなど）
⑥ 知的財産権を侵害する物品および不正競争防止法に違反する物品（**偽ブランド商品**＝コピー商品、海賊版など）
⑦ 家畜伝染病予防法などの法律で定める動物とその動物を原料とする製品、植物防疫法で定める植物とその包装物、外来生物法で定める**特定外来生物**など

（2）輸入規制品

次の①～③は、日本への輸入が**規制**されています。

① ワシントン条約による規制品

ワシントン条約により、多くの動植物の輸出入が規制されています。この条約に定められる動植物は、輸出許可書や経済産業省が発行する輸入承認証などがないと日本に輸入できません。

■ 図表４　ワシントン条約で輸入が規制されているもの（例）

加工品・製品
●毛皮・敷物（トラ、ヒョウ、クマなど） ●ベルト・財布・ハンドバッグなど（ワニ、ヘビなど） ●象牙・同製品（インドゾウ、アフリカゾウ） ●はく製（ワシ、タカ、ワニ、センザンコウなど） ●漢方薬（ジャコウジカ、トラ、クマなどの成分を含むもの） ●ヘビの皮革を利用した楽器（胡弓（こきゅう））　●シャコガイの製品 ●オウムの羽飾り　●クジャクの羽（一部）　●サンゴの製品（一部） ●チョウザメの卵（キャビア）（※）　●ヨーロッパウナギの製品 ●石斛（せっこく）、木香（もっこう）、天麻（てんま）、沈香（じんこう）、西洋人参などが含まれる食品や薬

※食料品である**チョウザメの卵（キャビア）**は、１人当たり125ｇまで（容器にワシントン条約により規定されたラベルが貼られているものに限る）であれば、例外的に、日本での規制を受けずに持ち込むことができる。

用語

特定外来生物
もともと日本に生息していなかった外来生物のうち、生態系などに影響を及ぼす（もしくは及ぼすおそれがある）として外来生物法で輸入、飼育、栽培などが禁止されている生物（動植物）のこと。
代表的な例は次のとおり（いずれも**生きているものに限る**）。
- ヌートリア
- タイワンリス
- フイリマングース
- カミツキガメ
- ブルーギル
- チュウゴクモクズガニ（**上海ガニ**）

用語

ワシントン条約
正式には、「絶滅のおそれのある野生動植物の種の国際取引に関する条約」という。

プラスアルファ

個人で使用するために携帯または別送して輸入する場合には、図表４の「キャビア」のように、例外的に日本での規制が適用されないことがある。

生きている動植物
●サル全種、オウム全種、インコ類（コザクラインコ、セキセイインコ、オカメインコ、ホンセイインコを除く） ●ワシ、タカ、リクガメ、インドヘビ、アジアアロワナなど ●植物（ラン全種、サボテン全種など）

② 医薬品・化粧品など

医薬品や化粧品などは、輸入者個人が使用するものであっても、**輸入できる数量に制限があります**。この数量を超える場合は、厚生労働省の手続きが必要となります。

Key Point　●医薬品・化粧品などの数量制限

- 医薬品および医薬部外品……………………2か月分以内（処方せん医薬品は1か月分以内）
- **外用剤**（処方せん医薬品を除く）……………………標準サイズで**1品目24個以内**
- **化粧品**……………………標準サイズで**1品目24個以内**
- 医療機器（家庭用）……………………1セット

③ その他の規制品

- 猟銃、空気銃、刀（刃渡15cm以上）、剣（刃渡5.5cm以上）など

  輸入には、都道府県公安委員会の所持許可を受けるなど所定の手続きが必要となります。

- 海苔（のり）などの水産加工品

  輸入には、経済産業大臣の承認などが必要となります。

5. 税関申告

日本に輸入される貨物は、本来であれば、その貨物の数量や価格、原産地などの詳細を税関に申告して輸入の許可を受けなければなりません。しかし、旅行者が輸入する品物（別送品（べっそうひん）も同様）については、「旅具通関（りょぐつうかん）」という、一般の貨物より簡単な手続きが認められています。この手続きは、税関に「**携帯品・別送品申告書」1通**（**別送品がある場合**は**2通**）を提出することによって行います。

用語

医薬部外品
人体への影響が緩やかなもの。
例 養毛剤、浴用剤

処方せん医薬品
医師の処方せんが必要な医薬品。
例 睡眠薬

外用剤
人体に直接用いる薬で飲用しないもの。
例 軟膏（なんこう）などの外（がい）皮（ひ）用薬、点眼薬、湿布

医療機器
例 家庭用の電気マッサージ器

プラスアルファ
前述の「3. 動物・植物に対する検疫」による規制もある。

6. 別送品の手続き

海外で買った品物やもらった品物を、旅行者が帰国時に携帯しないで、郵便や宅配便などを利用して日本に送付したものを「別送品」といいます。この別送品についても、次の①～③などの条件を満たし、さらに、**入国（帰国）時**に、税関に申告することで、免税範囲や簡易税率の適用を受けることができます。

Key Point ●別送品申告の対象となる条件

① 発送する荷物の外装や送り状などに、「別送品」（Unaccompanied Baggage）と明確に書くこと。
② 荷物の受取人を**旅行者本人**とすること。
③ 旅行者が入国（帰国）して**6か月以内**に別送品の輸入が行われること。

別送品について免税などの適用を受けようとする場合は、税関に**「携帯品・別送品申告書」2通**（**数か所から別送した場合や別送した荷物が複数ある場合も同様**）を提出し、申告します。

なお、航空会社などの手違いで運送が漏れてしまい**（ロストバゲージ）**、後日送られてくる荷物についても、**別送品申告の対象**となります。

3 帰国時の税関手続き

1. 免税範囲

旅行者が帰国時に**携帯および別送する品物**のうち、個人的に使用すると認められるものに限って、1人当たり、次の範囲内で**免税**となります。

免税範囲
▶▶P608

簡易税率
▶▶P610

プラスアルファ

別送品の申告は、入国（帰国）時に行わなければならない（**入国後の手続きは不可**）。入国時に別送品の申告を行わなかった場合は、免税範囲や簡易税率の適用を受けることはできず、一般の貨物と同様の輸入貿易手続きの対象となる。

プラスアルファ

航空会社に預けた手荷物がなくなったり、壊れたりした場合、空港内にある「手荷物苦情処理窓口（**LOST AND FOUND**）」に、「紛失届書類（**P. I. R.**：Property Irregularity Report）」を提出してその旨を届け出ることにより、手荷物の調査や修理を依頼する。

海外旅行実務
総

■ 図表5　免税範囲（1人当たり）

品　名		数量・価格	備　考
①酒　類		3本	● 1本当たり **760 mℓ** 程度のもの
②たばこ	紙巻たばこのみの場合	200本	●「加熱式たばこ」の場合、1箱（個）当たりの数量は、紙巻たばこ20本に相当する量（例えば、1箱20本入りの加熱式たばこの場合は、10箱＝紙巻たばこの200本に相当する量）までが免税となる。 ●日本製、外国製および居住者、非居住者の区別はない。
	「加熱式たばこ」のみの場合	個装等10個	
	葉巻たばこのみの場合	50本	
	その他のたばこのみの場合	250g	
③香水		2オンス	● 1オンスは約28 mℓ
④その他の品物		20万円（**海外市価**の合計額）	●合計額が20万円を超える場合、20万円以内におさまる品物が免税となり、その残りの品物（**全額**）に課税される。 ● 1個で20万円を超える品物は、その全額に対して**課税**される。

免税範囲については、次の事項もあわせて覚えておきましょう。

(1) 1品目ごとの海外市価（かいがいしか）の合計額が1万円以下のもの

図表5の①～③以外のもので、**1品目ごとの海外市価の合計額が1万円以下のもの**は、原則として、無条件で**免税**となります。したがって、これに該当するものは、**20万円の免税範囲**（図表5④）におさまるかどうかの計算に**含める必要はありません**。

CASE 2　1品目ごとの海外市価の合計額が1万円以下のもの

20歳以上の日本人旅行者が、「海外市価1本5,000円のネクタイ2本」と「海外市価1枚3,000円のTシャツ3枚」のみを持ち込む場合

⇓

ネクタイの合計額は10,000円、Tシャツの合計額は9,000円であり、いずれも1品目ごとの海外市価の合計額が1万円以下なので、免税となる（20万円の免税範囲に含めない）。

プラスアルファ

③香水は、いわゆる「パフューム」と呼ばれる香りの強いものをさしており、オード・トワレ、オーデ・コロンなどはこれに含まれない（オード・トワレなどは④に該当する）。ただし、試験でこの詳細が問われる可能性は低く、「香水」と出たら③の免税範囲で判断すればよい。

用語

海外市価
海外における通常の小売価格のこと。原則として、旅行者が海外で品物を購入する際に支払った価格を意味する。

(2) 20 歳未満の者の場合

20 歳未満の者の場合は、**「酒類」と「たばこ」は免税になりません**（酒類とたばこ以外は、図表５の免税範囲が適用されます）。ただし、持ち込むこと自体が禁止されているわけではありませんので、家族への土産など贈与品、託送品と認められるものについては、**税金を支払えば、持ち込むことは可能です**。

なお、**6 歳未満の子供**の場合は、おもちゃなど明らかに**子供本人が使用すると認められるもの以外は、免税になりません**。

託送品
誰かに頼まれて持ち帰る品物のこと。

2.「海外市価」と「課税価格」

旅行者の携帯品または別送品は、「1. 免税範囲」で述べた範囲内であれば免税となりますが、これを超えた場合は、税金が課せられます（課税）。税額を計算するうえで、まずは、次の「海外市価」と「課税価格」を理解しておきましょう。

Key Point ●海外市価と課税価格

- **海外市価**
  海外における通常の小売価格（購入価格）のこと。ただし、価格がわからない場合や実際に支払った価格が通常の価格と比べて極端に低いと認められる場合には、税関が算出した通常の小売価格が適用されることがある。
- **課税価格**
  一般の輸入取引の場合の輸入港での価格のこと。実際に**税額を計算するうえで基準とされる価格**である。携帯品や別送品の税額を計算する際には、通常、海外での小売価格（つまり**海外市価**）の**6 割**程度の額とされる。

20 万円の免税範囲におさまるかどうかは「海外市価」で判断しますが、課税される場合の税額の計算は「課税価格」をもとに行うことに注意が必要です。

CASE 3　海外市価 10 万円で購入したジャケットに課税される場合

100,000 円（海外市価）× 0.6 ＝ **60,000 円**　←課税価格
税額は、課税価格である 60,000 円に税率を乗じて求める。

3. 税率の種類

税率は、次の（1）～（3）の３つがあります。

■ 図表6　課税の流れ（まとめ）

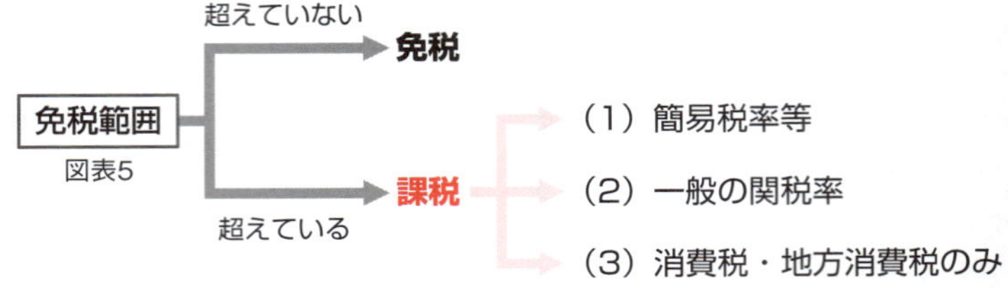

(1) 簡易税率が適用されるもの

原則として、海外からの輸入品には、輸入品に課せられる関税に加えて、内国消費税（ないこく）が課せられます。ただし、旅行者の携帯品や別送品の一部には、関税と内国消費税の率をあわせたものを基礎として定められた「簡易税率（かんいぜいりつ）」が適用されるものがあります。

用語

内国消費税
輸入品に課せられる関税以外の税金で、消費税、たばこ税、酒税などの総称。

■ 図表7　簡易税率等

品名	税率
1. 酒類 ・ウイスキー、ブランデー ・ラム、ジン、ウォッカ ・リキュール ・蒸留酒（焼酎など） ・ワイン、ビール、発泡酒	1ℓ当たり 800円 500円 400円 300円 200円
2. その他の物品	15%
3. 紙巻たばこ	1本につき 15円

プラスアルファ
以降で学習する（2）一般の関税率が適用されるもの、（3）消費税および地方消費税のみが課税されるものは、図表7の「その他の物品」には含まれない。

(2) 一般の関税率が適用されるもの

次に該当する品物には、簡易税率は適用されず、一般の貨物と同様に、**関税のほかに消費税および地方消費税**が課税されます。

- **1個（1組）の課税価格が10万円を超えるもの**
- 米（別途納付金が必要）
- 食用の海苔、パイナップル製品、こんにゃく芋、紙巻たばこ以外のたばこ、猟銃
- 旅行者が簡易税率の適用を希望しないことを税関に申し出たときは、携帯または別送して輸入する品物すべて（一部に簡易税率を、残りの品物に一般の関税率を適用させることはできない）

プラスアルファ
関税率は、品物やその素材などによって細かく定められているため、試験で、「一般の関税率」を適用した税額を計算させる問題が出題される可能性は低い。

（3）消費税および地方消費税のみが課税されるもの（＝関税が無税のもの）

次に該当する品物は、関税がかからず、消費税および地方消費税のみが課税されます。

Key Point ●関税が無税のもの

腕時計・貴金属製の万年筆・貴石（裸石）・ゴルフクラブ・書画・CD・DVD・パソコンなど

なお、**WTO（世界貿易機関）に加盟している国**から「香水」、「口紅」、「マニキュア用品」など一部の対象品を輸入する場合も関税はかからず、**消費税および地方消費税のみ**が課税されます。

4．税額の計算例

では、前述の「1．免税範囲」～「3．税率の種類」を参考にして、実際に税額を計算してみましょう。なお、いずれのケースも20歳以上の日本人旅行者が、帰国時に、各ケースに掲げられる品物のみを携帯または別送して輸入する場合とします。

CASE 4 税額計算（1）

① 1本750mℓのウイスキー……………………4本
② 紙巻たばこ ……………………………… 400本
③ 海外市価1個8,000円の香水（1個1/2オンス）…………4個

① ウイスキー

酒類は、760mℓ程度のもの3本までが免税なので、4本を持ち込む場合は、1本が課税の対象となる。ウイスキーには、1ℓ当たり800円が課税される。このケースでは、**750mℓに対する税率**を求めたうえで、税額を計算する。

750mℓ÷1,000mℓ（1ℓ）＝0.75ℓ
0.75ℓ×800円＝600円　←750mℓ当たりのウイスキーの税額
600円×1本＝<u>600円</u>

プラスアルファ

消費税および地方消費税とは、「国に納める消費税（7.8%）」と「都道府県に納める地方消費税（2.2%）」の合計10%で構成されている。
（2）や（3）に該当する品物に消費税および地方消費税が課せられる場合、10%（酒類以外の飲食料品は軽減税率8%）が適用される。

用語

WTO
世界貿易機関（World Trade Organization）の略。
貿易に関する国際ルールを定めた協定の実施および運用などを担う国際機関。現在、160か国以上の国が加盟している（日本人旅行者が一般的な観光で訪れる国のほとんどがWTOに加盟していると理解してよい）。

免税範囲が「数量」で定められている酒類、たばこ、香水は、原則として、1本（1オンス）当たりの値段にかかわらず、所定の数量までは免税となります。

海外旅行実務
総

税額は、酒税、たばこ税、関税、消費税などの税目ごとに計算します。その際、100円未満は切り捨てとなります。

② 紙巻たばこ

紙巻たばこは、200本までが免税なので、400本を持ち込む場合は、200本が課税の対象となる。紙巻たばこには、1本につき15円が課税される。

200本×15円＝3,000円

③ 香水

香水は、2オンスまでは免税である。1個1/2（0.5）オンスの香水を4個は、この範囲におさまるので、免税となる（0.5オンス×4個＝2オンス）。

ケース4の結果

ケース4：600円（ウイスキー）＋3,000円（紙巻たばこ）＝3,600円

続いて、次のケースの税額を計算しましょう。

CASE 5 税額計算（2）

① 1枚6,000円のスカーフ ……………………………1枚
② 1組5,000円のティーカップ ………………………3組
③ 1個180,000円のハンドバッグ ……………………1個
＊価格はすべて海外市価とする。

① スカーフ

1品目ごとの海外市価の合計が1万円以下なので無条件で免税となる。したがって、スカーフは20万円の免税範囲におさまるかどうかの計算に含める必要はない。

② ティーカップ

海外市価の合計が15,000円（1万円を超えている）なので、免税範囲におさまるかどうかの計算に含める。

③ ハンドバッグ

免税範囲におさまるかどうかの計算に含める。

②と③を足すと195,000円となり、20万円におさまっているので、いずれも免税となる。

ケース5の結果

ケース5：すべて免税

最後に、次のケースの税額を計算しましょう。

CASE 6 税額計算（3）

① 1 個 120,000 円の指輪 ……………………………………1 個
② 1 着 70,000 円のジャケット……………………………1 着
③ 1 個 80,000 円の腕時計…………………………………1 個
　＊価格はすべて海外市価とする。

①②③の海外市価を合計すると 270,000 円であり、免税範囲の 20 万円を超えているので、これらの品物のうち、**海外市価**の合計で 20 万円以内におさまる品物が免税となり、残りの品物（全額）に課税される。税関では、旅行者に有利となるように、税額が高いものに対して優先的に 20 万円の免税範囲を適用する（免税）ので、比較のために各品物の税額を計算すると、次のとおりとなる。

なお、税額は、海外市価の 6 割程度とされる課税価格に、税率を乗じて求めるため、各品物とも課税価格を算出したうえで、税額の計算を行う。

価格が「海外市価」で提示された場合は、そのまま税額を求めないよう注意が必要ですね。

① 指輪

120,000 円× 0.6 ＝ 72,000 円（課税価格）

課税価格が 72,000 円なので、「一般の関税率が適用されるもの」には、該当しない（課税価格が 10 万円を超えていない）。また、指輪は、「消費税および地方消費税のみが課税されるもの」にも該当しないので、酒類や紙巻たばこ以外の物（その他の物品）として、15%の簡易税率を適用する。

72,000 円× 0.15 ＝ 10,800 円

② ジャケット

①と同様で、課税価格に簡易税率 15%を乗じる。

70,000 円× 0.6 ＝ 42,000 円（課税価格）

42,000 円× 0.15 ＝ 6,300 円

③ 腕時計 

腕時計は「消費税および地方消費税のみが課税されるもの」に該当するため、課税価格に 10%を乗じる。

80,000 円× 0.6 ＝ 48,000 円（課税価格）

48,000 円× 0.1 ＝ 4,800 円

ケース 6 の結果

税額が最も低いのは「③腕時計」である。これ以外の「①指輪」と「②ジャケット」の海外市価の合計は 190,000 円で、20 万円の免税範囲におさまるので、この 2 品を免税とし、**「腕時計」に対して課税する。**

ケース 6：**4,800 円**（腕時計）

ケース 6 の「②７万円のジャケット」と「③８万円の腕時計」の場合、税額としては、「腕時計」のほうが低くなります。つまり、税率が異なる品物を比較する場合、海外市価が高いからといって必ずしも税額がそれに比例するとは限らないのです。品物ごとの税率を正しく覚えておきましょう。

液体物の機内持込みの制限（国際線）

日本の空港を出発する国際線に搭乗する場合において、液体物を手荷物として航空機内に持ち込もうとするときは、次のような制限が設けられています。

(1) 対象となる液体物

水、茶、ジュースなどの各種飲料、ゼリー、ヨーグルト、**味噌、チューブ容器入りの歯磨き粉**、シャンプー、ヘアクリーム、化粧水などが対象となります。

(2) 持込みが可能な容器の大きさなど

液体物の容量や梱包などが次の条件を満たしていなければなりません。

① 液体物を 100 mℓ（g）以下の容器に入れる（液体物を個別に入れる）。

※密度の違いはあるが、mℓ＝ g とする。

② ①を再封が可能な容量 1 ℓ（1,000 mℓ）以下のジッパー付き透明プラスチック製の袋に余裕をもって入れる。旅客 1 人当たり 1 袋まで持込みが可能。

①は、容器の大きさそのものが 100 mℓ以下でなければならないことを意味しています。したがって、例えば、200 mℓ入りのペットボトルに水が 100 mℓ入っている場合、容器の大きさが制限を超えているため、持込みは不可となります。

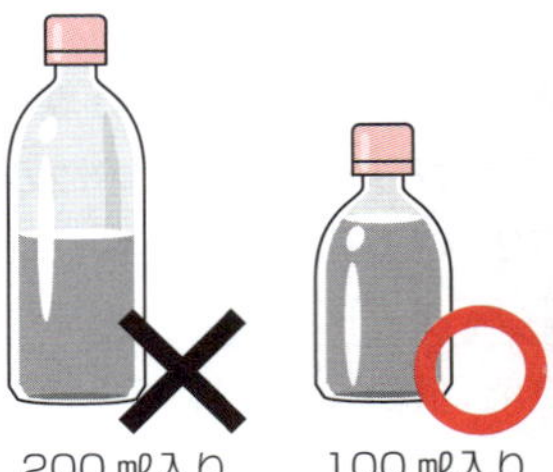

Let's Try! 確認テスト

●次の各記述の正しいものには○を、誤っているものには×を記入しなさい。
すべて、日本人旅行者の日本出入国時に関する設問とする。

チェックポイント	できたらチェック ✓
支払手段等の携帯輸出・輸入	□ 1 日本出国時に 300 万円相当額の現金を携帯して輸出し、入国時に 110 万円相当額の現金を携帯して輸入する場合、出国時、入国時それぞれに「支払手段等の携帯輸出・輸入申告書」に必要事項を記入し、税関に提出しなければならない。 総 平 24
外国製品の持出し届	□ 2 現在使用している外国製の腕時計を持ち出す場合、「外国製品の持出し届」に必要事項を記入し、現品を提示のうえ、税関の確認を受けておかなければ、帰国時に課税される場合がある。 予想
動物検疫	□ 3 台湾で購入したからすみ（ボラの卵巣を塩漬けし、乾燥させたもの）を携帯して日本に輸入する場合、検疫を受けることなく持ち込むことができる。 総 令 2 改
輸入規制品	□ 4 旅行者が個人で使用する外皮用薬の軟膏（処方せん医薬品を除く。）については、標準サイズで 1 品目につき 24 個以内を持ち込むことができる。 総 令 3
別送品の手続き	□ 5 外国で購入した物品を日本にいる友人を受取人として旅行先から発送して帰国した場合、別送品申告の対象とならない。 総 平 30 改
税関手続き	□ 6 1 本（760mℓ）10 万円のワイン 4 本のみを輸入する場合、免税の範囲を超える 1 本に対し簡易税率が適用され、9,000 円が課税される。 総 平 27
	□ 7 海外市価 10 万円で購入したハンドバッグが課税対象となった場合、海外市価に簡易税率を乗じた額が課税される。 総 平 21
	□ 8 海外市価 10 万円のハンドバッグ 2 個、8 万円の腕時計 1 個、1 本 5,000 円のネクタイ 2 本のみを輸入する場合、申告価格は 28 万円となり、ハンドバッグ 1 個が課税される。 総 令 3

解答 1. ○　出国時、入国時のそれぞれで税関への申告が必要／ 2. ○／ 3. ○／ 4. ○／ 5. ○　受取人は「旅行者本人」でなければならない／ 6. ×　酒類は 3 本までが免税。0.76 ℓ × 200 円 ＝ 152 円（100 円未満切り捨て）→ 100 円（課税額）／ 7. ×　「海外市価」ではなく、「課税価格」に簡易税率を乗じた額が課税される／ 8. ×　1 本 5,000 円のネクタイ 2 本（1 品目の海外市価の合計額が 1 万円）は免税。ハンドバッグ 1 個当たりの税額は 9,000 円（10 万円× 0.6 ＝ 60,000 円　60,000 円× 0.15（15%）＝ 9,000 円）、腕時計 1 個当たりの税額は 4,800 円（8 万円× 0.6 ＝ 48,000 円　48,000 円× 0.1（10%）＝ 4,800 円）なので、税額がより安い腕時計 1 個が課税対象となる（ハンドバッグ 2 個の海外市価の合計額は 20 万円であり免税範囲内となる）

海外旅行実務 総

● 第3章 ●

Lesson 11

重要度 A

海外での出入国と外国人の出入国

学習項目

◎査証
◎ ETA・ESTA
◎ワーキング・ホリデー査証
◎ヨーロッパ内の出入国
◎外国人の再入国

学習ポイント

● 査証が必要な国を覚える。
● 「ETA」・「ESTA」の概要を理解する。
● ワーキング・ホリデー査証の概要を理解する。
● EU・ユーロ（通貨）・シェンゲン協定。
● 外国人が日本に再入国するときに必要となる許可（再入国の許可・みなし再入国許可）。

1 査　証

1．査証とは

入国の条件として、「査証」の取得を義務付けている国があります。**査証**（英語でVisa（ビザ））とは、入国を希望する国の大使館や領事館が、入国希望者の身元や旅券を審査し、自国への入国を認めて差し支えないと判断したうえで与える「推薦状」のようなものです。ただし、査証は、入国に際しての条件の一つにすぎず、必ずしも入国を保証するものではありません。最終的に入国を認めるかどうかの判断は、渡航先の入国審査官が行います。

査証には「観光査証」「留学査証」「就労査証」など、いくつかの種類があります。試験対策としては、観光を目的とする旅行者に発行される**「観光査証」**を中心に理解しておきましょう。

α プラスアルファ
査証は、旅券にスタンプ（証印）が押される、またはシールや別紙（証紙）が貼られるなどの形態で発行される。

2．観光査証が必要な国

日本国籍を有する者が観光目的で他国に入国する場合、多くの国が査証を免除しています。例えば、アメリカ、カナダ、イギリス、イタリア、ドイツなどのように日本とのあいだで、互いに査証を免除とする「査証相互免除国」や、これ以外にも、観光目的の短期間の滞在であれば査証を不要とする国も多くあります。したがって、試験対策としては、数がより少ない、査証が**必要な国**を覚えるほうが得策です。

■ 図表1　査証が必要な国（主なもの）　2022年2月現在

インド・カンボジア・スリランカ・ネパール・ブータン・オーストラリア・パプアニューギニア・ロシア・ケニア・タンザニア・エジプト・ザンビア・ジンバブエ

3. オーストラリアの査証「ETA」（イーティーエー）

オーストラリアに入国しようとする場合は、観光目的であっても査証が必要です。オーストラリアの査証は、パソコンなどの電子システムを利用して発行されるETA（Electronic Travel Authority＝「電子入国認可」）が採用されています。

4. ワーキング・ホリデー査証

ワーキング・ホリデー（Working Holiday）とは、一般の旅行者同様に観光を楽しみながら、その間の滞在費などを補うために、訪問国での短期就労が認められる制度です。この制度を利用するに当たっては、**ワーキング・ホリデー査証**を取得する必要があります。日本は、オーストラリア、ニュージーランド、カナダ、韓国、台湾、香港、フランス、ドイツ、イギリスといった国（地域）との間でワーキング・ホリデーの協定を結んでいます（査証を取得するための諸条件は国や地域によって異なります）。

2 電子渡航認証システム

日本と**アメリカ**は、互いの国籍をもつ者の入国について、一定の条件のもと**査証を免除**とする「**査証免除プログラム**」（VWP: Visa Waiver Program）の取決めを結んでいます。日本国籍を有する者が、このプログラムを利用し、アメリカを経由して他国に向かう際の航空機の**乗り換え（トランジット）**のほか、**観光や商用**で90日以内の滞在を目的としてアメリカに入国しようとする場合は、渡航前に、ESTA（エスタ）（Electronic System for Travel Authorization＝「電子渡航認証システム」）による渡航の認証を受けなければなりません。

ESTAの認証の有効期限は、認証の許可を受けた日から2年（旅券の有効期間が2年以内に満了となるときは、旅券の有効期間満了の日まで）です。家族やグループなどでESTAを申請す

プラスアルファ
試験では、例えば、インドの場合、“デリー、ジャイプール、アグラへの旅行は査証が必要か”のように、「都市名」を用いて出題されることがある。

プラスアルファ
オーストラリアの査証は**ETAS（イータス）**と呼ばれることもある。

プラスアルファ
スリランカなど、オーストラリアと同様に電子的な方法による査証の発行を採用している国がある。

プラスアルファ
日本とワーキング・ホリデーの協定を結ぶ国（地域）の最新情報は、外務省のホームページなどで確認することができる。

プラスアルファ
ESTAの認証は、アメリカ入国時に有効であればよく、同国滞在中に認証の有効期限を迎えたとしても、アメリカを出国するに当たり、新たに認証を申請する必要はない。

る場合は、代表者が一括で最大50人分まで、同時に申請することが可能です。

また、諸条件は異なりますが、アメリカのESTAと同様の電子渡航認証システムとして、カナダではeTA（イータ）（Electronic Travel Authorization）、ニュージーランドではNZeTA（ニュージーイーティーエー）（New Zealand Electronic Travel Authority）が採用されています。

3 ヨーロッパ内の出入国手続き

1. EU・ユーロ・シェンゲン協定

用語

ユーロ
欧州内の一部の国が共通で採用している単一通貨。

ヨーロッパ諸国では、通貨の統一や、互いの国をスムーズに行き来できるように、出入国審査や税関・検疫手続きを廃止するなどの協定を結んでいます。主な組織および協定は次の2つです。

(1) EU（ヨーロッパ（欧州）連合）

EU（European Union）とは、ヨーロッパ諸国の集合体としての経済的な発展を目的に設立された組織です。これに加盟する諸国間では、税関および検疫手続きが廃止されています。また、近年では、EUに加盟する国の多くが、自国の通貨を共通の「ユーロ」に切り替える動きが活発化しています。

(2) シェンゲン協定

出入国手続きの簡素化を目的として締結された協定で、これに加盟している諸国間では、出入国審査および税関手続きが廃止されています。

主要なヨーロッパ諸国のEU加盟、ユーロ採用、シェンゲン協定加盟の有無は次のとおりです。

■ 図表２　ヨーロッパの協定加盟国一覧（主なもの）　2022 年 2 月現在

国　名	EU	シェンゲン	ユーロ採用 （ ）内は×の国の通貨
アイスランド	×	○	×（アイスランド・クローナ）
アイルランド	○	×	○
イギリス	×	×	×（英ポンド）
イタリア	○	○	○
エストニア	○	○	○
オーストリア	○	○	○
オランダ	○	○	○
キプロス	○	★（※）	○
ギリシャ	○	○	○
クロアチア	○	★（※）	×（クーナ）
スイス	×	○	×（スイス・フラン）
スウェーデン	○	○	×（スウェーデン・クローナ）
スペイン	○	○	○
スロバキア	○	○	○
スロベニア	○	○	○
チェコ	○	○	×（チェコ・コルナ）
デンマーク	○	○	×（デンマーク・クローネ）
ドイツ	○	○	○
ノルウェー	×	○	×（ノルウェー・クローネ）
ハンガリー	○	○	×（フォリント）
フィンランド	○	○	○
フランス	○	○	○
ブルガリア	○	★（※）	×（レフ）
ベルギー	○	○	○
ポーランド	○	○	×（ズロチ）
ポルトガル	○	○	○
マルタ	○	○	○
ラトビア	○	○	○
リトアニア	○	○	○
ルーマニア	○	★（※）	×（レイ）
ルクセンブルク	○	○	○

※★印が付いている国は、シェンゲン協定に加盟しているものの、実際にはこの協定を実施していない。

例えば、アイスランド、スイス、ノルウェーはEU非加盟でユーロも不採用（シェンゲン協定は加盟）、アイルランドはEUに加盟しており、自国の通貨にユーロを採用していますが、シェンゲン協定は非加盟です。試験ではこのような国々が狙われやすいので、図表の赤字の国を中心に押さえておきましょう。

プラスアルファ

ヨーロッパ以外でも特殊な出入国手続きを実施している国がある。例えば、航空機で、カナダの主要空港からアメリカに移動する場合には、**カナダ側で**、「カナダの出国手続き」と「アメリカの入国手続き」が行われる。この場合、航空機はアメリカの国内線扱いとなる（バハマからアメリカへ移動する場合も同様の取扱い）。

2. 付加価値税（VAT）などの払戻し

ヨーロッパでは、一つの店で一定の金額以上の買い物をした旅行者に、付加価値税（VAT：Value Added Tax）などを払い戻す制度を実施しています。払戻しを受ける場合は、出国の際に、品物とそれを購入した店が発行した書類を税関の係員に提示して書類に確認印を受け、その書類を購入した店に返送します。

プラスアルファ
EUに加盟する複数の国で買い物をした場合、EU加盟国の最後の国を出発する際に、付加価値税などの払戻し手続きをまとめて行うことができる。

4 外国人の再入国

永住・外交・芸術・留学などの在留（ざいりゅう）資格をもって日本（本邦）に在留する外国人が、在留期間内に、日本に再び入国する意図をもって一時的に出国しようとするときは、あらかじめ日本で**再入国の許可**を受けておくと、あらためて査証などを取得しないですみます。

用語
在留資格
外国人が日本で一定の活動を行うための法律上の資格のこと。在留資格ごとに在留期間が定められている。

1.「再入国の許可」

再入国の許可は、外国人が**旅券を所持するかどうか**によって、次のとおり取扱いが異なります。

Key Point ●再入国の許可

- 旅券を所持する場合　→　**旅券に再入国許可を証印**
- 旅券を所持しない場合　→　**「再入国許可書」を交付**

プラスアルファ
“旅券を所持しない場合”とは、難民や亡命者など国籍を有しないなどの理由で旅券を取得することができない場合がこれに該当する。この場合の「再入国許可書」は、再入国の許可に基づき日本に入国する場合に限り、**旅券とみなされる。**

なお、再入国の許可を受けた者が日本を出国する際には、**「再入国出国記録」**を入国審査官に提出し、出国の確認を受けなければなりません。

2.「再入国の許可」の種類

再入国の許可には、1回限り有効な**「一次再入国の許可」**と、有効期間内であれば何度でも再入国が可能な**「数次再入国の許可」（出入国在留管理庁長官が認めた者に限られます）**の**2種類**があります。

いずれの場合も、在留期間内および「再入国の許可」の有効期間内に、再び日本に入国しなければ、**現に有している在留資格を失います。**

プラスアルファ
「再入国出国記録」は、「再入国入国記録」と一体型の様式（切り離して使う様式）であるため、これらをまとめて「再入国出入国記録」と称されることもある。

3.「再入国の許可」の申請

「再入国の許可」の申請は、原則として、**申請者本人**が、**日本を出国する前**に、**地方出入国在留管理局**に出頭して行います。

ただし、申請者が16歳未満である場合や病気で出頭が困難な場合には、申請者の親族や同居者などが**代理で申請**することができます。また、申請者本人が出頭できない理由にかかわらず、**地方出入国在留管理局長が相当と認める場合**には、旅行業者や申請者が経営している機関の職員などが**代理で申請**することも可能です（ただし、いずれも申請者から依頼を受けた者であること）。

4.「再入国の許可」の有効期間

「再入国の許可」の有効期間は、特別永住者とそれ以外の者で、それぞれ次に掲げる年数を**超えない範囲内**で決定されます。

Key Point ●「再入国の許可」の有効期間

- 特別永住者以外の者：許可が効力を生ずるものとされた日から**5年**
- 特別永住者：許可が効力を生ずるものとされた日から**6年**

ただし、「再入国の許可」を受けた者が、上記の有効期間内に再入国できないと認められる相当な理由があるときは、在外公館で**有効期間の延長**の申請をすることができます。この延長は、**1年を超えず**、なおかつ、**許可が効力を生じた日から6年**（**特別永住者**の場合は**7年**）を超えない範囲内で決定されます。

5. みなし再入国許可

在留資格をもって日本に滞在する外国人で、**有効な旅券**を所持するものが、入国審査官に対して、**所定の期間内に再び日本に入国する意図を表明して出国する**場合、原則として、**「再入国の許可」を受けたものとみなします**。この制度を利用することで、「再入国の許可」の申請をしなくても出国前の在留資格を継続したまま日本に再入国することができます。この場合の許可を**「みなし再入国許可」**といいます。

用語

地方出入国在留管理局
外国人や日本人の出入国審査、日本に在留する外国人の管理などの事務を行う組織で、支局や出張所などを含め全国に設置されている。

「再入国の許可」は、**日本国内**でしか申請できません。

用語

特別永住者
在留資格の一つで、1952年発効の「サンフランシスコ平和条約」に基づく入管法の特例により、日本国籍を離脱した者およびその子孫のこと（在日の朝鮮半島や台湾の出身者）。

プラスアルファ

在留資格取消手続中の者など**「再入国の許可を要する者」**として法務省令で定められているものに該当する場合は、**みなし再入国許可を利用することはできない**。

「みなし再入国許可」の対象となる中長期在留者と特別永住者の条件および許可の有効期間は次のとおりです。

Key Point ●中長期在留者・特別永住者の「みなし再入国許可」の条件と有効期間

① **中長期在留者**

条　　件：出国時に、**「有効な旅券」**と**「在留カード」**を所持していること

有効期間：**出国の日**から**1年**（※）

※在留期間の満了の日が出国の日から1年を経過する日前に到来する（1年未満である）場合は、**在留期間の満了までの期間**

② **特別永住者**

条　　件：出国時に、**「有効な旅券」**と**「特別永住者証明書」**を所持していること

有効期間：**出国の日**から**2年**

また、前述の中長期在留者、特別永住者以外にも**短期滞在の在留資格**をもって日本に滞在する外国人で、**有効な旅券**を所持し、入国審査官に対して、**所定の期間内に指定旅客船**（日本と海外との間を就航する旅客船で、**出入国在留管理庁長官が指定する船**）**で再び日本に入国する意図を表明して、その指定旅客船で日本を出国する**場合も「みなし再入国許可」の対象となります。

Key Point ●短期滞在の在留資格を有する者の「みなし再入国許可」の条件と有効期間

条　　件：出国時に、**「有効な旅券」**と**「指定旅客船で再び入国することを証する書類」**（乗船券など）を所持していること

有効期間：出国の日から**15日**（※）

※在留期間の満了の日が出国の日から15日を経過する日前に到来する（15日未満である）場合は、**在留期間の満了までの期間**

用語

中長期在留者
主に次の者**以外**の者をいう。
・3か月以下の在留期間が決定された者
・短期滞在の在留資格が決定された者
・特別永住者
例えば、日本人と婚姻している者、定住者、留学生、企業等に勤務する者は、中長期在留者に該当する。

在留カード
中長期在留者に対して交付される顔写真付きのカード。常時携帯が義務付けられている（16歳未満の中長期在留者には常時携帯の義務なし）。氏名や国籍のほか、居住地、在留資格、在留期間などが記載されている。

特別永住者証明書
特別永住者に対して交付される顔写真付きの証明書（カード様式）。在留カードとは異なり、年齢にかかわらず常時携帯する義務はない。

「みなし再入国許可」の制度を利用して出国（および再入国）する場合は、**再入国出国記録**の“出国予定期間”の欄と“再入国する予定があるかどうか”の該当箇所にチェックをして、それを入国審査官に提出することにより、みなし再入国許可を利用する旨を表明しなければなりません。

なお、前述４．の「再入国の許可」の有効期間とは異なり、みなし再入国許可で出国した場合、理由のいかんにかかわらず、**出国後に有効期間の延長をすることはできません**。

短期滞在の在留資格を有する者を対象とする「みなし再入国許可」は、航空機で日本に入国して、クルーズ船（指定旅客船）で、一旦、日本を出国したのち、所定の期間内に**同じ船で再び日本に入国する**ケース（いわゆる**「フライ＆クルーズ」**と呼ばれる旅行形態）などを想定した制度です。

「再入国の許可」と「みなし再入国許可」の有効期間と有効期間の延長

試験では、「再入国の許可」と「みなし再入国許可」の有効期間に関するものがよく出題されるので、有効期間などを正確に覚えておこう。

許可の名称		有効期間	有効期間の延長
再入国の許可	特別永住者以外の者	許可が効力を生ずるものとされた日から5年を超えない範囲内	1年を超えず、かつ、許可が効力を生じた日から6年を超えない範囲内
	特別永住者	許可が効力を生ずるものとされた日から6年を超えない範囲内	1年を超えず、かつ、許可が効力を生じた日から7年を超えない範囲内
みなし再入国許可	中長期在留者	出国の日から1年 ※在留期間の満了の日が1年未満の場合は、在留期間の満了までの期間	延長は不可
	特別永住者	出国の日から2年	
	短期滞在の在留資格を有する者（指定旅客船を利用する場合）	出国の日から15日 ※在留期間の満了の日が15日未満の場合は、在留期間の満了までの期間	

Let's Try! 確認テスト

●次の各記述の正しいものには○を、誤っているものには×を記記入しなさい。

チェックポイント	できたらチェック
査　証	□ 1 日本人が観光を目的として、ジンバブエ、ザンビア、ボツワナ、南アフリカ周遊10日間の旅行をする場合、すべての訪問国で査証が必要となる。総 平26改
電子渡航認証	□ 2 ESTA認証の有効期限は、渡航認証の許可を受けた日から2年間となるが、アメリカ滞在中にESTA認証の有効期限を迎える場合は、有効期限内に新たにESTA申請をしなければならない。総 令3
ヨーロッパ内の出入国手続き	□ 3 スイスは、シェンゲン協定に加盟しておらず、通貨はスイス・フランを採用している。総 平30改
	□ 4 デンマークは、シェンゲン協定に加盟しており、通貨はユーロを採用している。総 平29改
海外での出入国手続き	□ 5 日本人旅行者がカルガリーから航空機でロサンゼルスへ行く場合、アメリカの入国審査はロサンゼルスで行われる。総 平24改
外国人の再入国	□ 6 出入国在留管理庁長官が、本邦に在留する外国人の申請に基づき再入国の許可を与える場合、当該許可はすべて数次再入国の許可が与えられる。総 平27改
	□ 7 特別永住者がみなし再入国の許可を受けて出国した場合において、当該許可の有効期間内に再入国することができない相当の理由があると領事官が認めるときは、その者の申請に基づき、当該許可の有効期間の延長をすることができる。総 平29
	□ 8 短期滞在の在留資格をもって在留する外国人が指定旅客船を利用して受けたものとみなされる再入国の許可の有効期間は、出国の日から15日（在留期間の満了の日が出国の日から15日を経過する日前に到来する場合には、在留期間の満了までの期間）である。総 令3

解答 1. ×　ジンバブエとザンビアへの旅行には査証が必要だが、ボツワナと南アフリカへの旅行は、いずれの国も90日以内の滞在であれば査証は不要／2. ×　アメリカ滞在中にESTAの認証の有効期限を迎えても、新たにESTAの申請をする必要はない／3. ×　スイスはシェンゲン協定に加盟している（通貨はスイス・フラン）／4. ×　デンマークの通貨はデンマーク・クローネ（シェンゲン協定は加盟）／5. ×　この場合、アメリカの入国審査はカナダのカルガリーで行われる／6. ×　再入国の許可には「一次再入国の許可」と「数次再入国の許可」の2種類ある／7. ×　みなし再入国許可を受けて出国した場合、有効期間の延長は一切できない／8. ○

第4章　海外の観光資源

この章では、海外の観光資源について学習します。本書では、日本人旅行者が訪れる観光地や過去に試験で出題されたものを厳選して記載しています。本書と並行して、旅行パンフレット、ガイドブック、地図帳などを活用し、写真や位置を確認するとさらに効果的です。また、その年にニュースとして取り上げられる最新の情報をキャッチすることも大切です。

凡　例

 首都　 通貨　美術館・博物館

 料理　 民工芸品・特産品など

＊掲載している地図は国(地域)、都市名等のおおよその位置を示した略図です。

第4章

Lesson 12

重要度 A

アジア

学習項目

◎通貨・料理・民工芸品
◎中国の公園・庭園・名所
◎仏教にまつわる地や寺
◎アジアの島

学習ポイント

- 各国の「通貨」、「料理」、「民工芸品」を知る。
- 観光資源とその観光の拠点（起点）となる都市を知る。
- 中国の万里の長城は、関門の特徴を確認する。
- 仏教および釈迦に関連のある都市や寺院を知る。
- アジアの島を国別に覚える。

■ 図表1　アジア

韓国（大韓民国）　ソウル　ウォン

サムゲタン
チマ・チョゴリ（女性用の民族衣装）／高麗人参

各都市の観光資源

ソウルとその近郊

- **明洞**（ミョンドン）：ソウル最大の繁華街。
- **景福宮**（キョンボックン）：朝鮮王朝時代の**王宮**。ここで**ハングル文字**が考案された。
- **昌徳宮**（チャンドックン）：景福宮の離宮として建造。後苑（ウォン）（**秘苑**（ピウォン））と呼ばれる庭園がある。
- **北村韓屋村**（プッチョンハノクマウル）：朝鮮王朝時代の伝統的な瓦葺きの家が立ち並ぶ地域。
- **南山公園**（ナムサン）：Ｎソウルタワーから市内が一望できる。
- **東大門市場**（トンデムン）／**南大門市場**（ナムデムン）：食料品や日用品を扱う市場。
- **仁寺洞**（インサドン）：骨董品、民芸品など**韓国の古美術品**が集まるショッピングストリート。
- **水原華城**（スウォンファソン）：ソウル郊外の水原（**“骨付きカルビ”発祥の地**）にある。

安東（アンドン）：韓国精神文化の都市。儒学者李滉（イファン）の弟子らによって建てられた**陶山書院**、同国最古の木造建築の一つとされる極楽殿がある**鳳停寺**（ボンジョンサ）、洛東河に囲まれている伝統的な民族村**河回村**（ハフェマウル）では、**仮面劇**の鑑賞も人気。

慶州（キョンジュ）：**新羅王朝の首都**として栄えた都市。**仏国寺**（ブルグクサ）や**石窟庵**（ソックラム）、東洋最古の天文台**瞻星台**（チョムソンデ）、**天馬塚**（チョンマチョン）や**皇南大塚**（ファンナムデチョン）などの古墳群がある。また、近郊の**大邱**（テグ）には、仏教経典「八万大蔵経」の版木で有名な**海印寺**（ヘインサ）がある。

釜山（プサン）：南部にある韓国最大の港湾都市。**通度寺**（トンドサ）、**禅宗の総本山梵魚寺**（ボモサ）、釜山タワーがある龍頭山公園（ヨンドゥサン）、ビーチリゾート海雲台（ヘウンデ）がある。また、釜山と麗水（ヨス）の間には、**リアス海岸**が特徴の**閑麗海上国立公園**（ハルリョ）がある。

済州島（チェジュド）：韓国最大の**火山島**で、**“東洋のハワイ”**と称されるリゾート。**漢拏山**（ハルラサン）、**城山日出峰**（ソンサンイルチュルボン）、**万丈窟**（マンジャングル）、天帝淵瀑布（チョンジェヨンポクポ）がある。また、島のシンボルである“石のおじさん像”**トルハルバン**が至るところで見られる。

台湾　台北　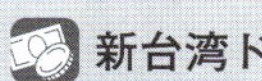新台湾ドル

各都市の観光資源

台北（タイペイ）

- **中山北路**：市内を南北に走る大通り。
- **台北 101**：地下５階、地上 101 階建ての超高層ビル。
- **忠烈祠**（ちゅうれつし）：兵士の霊が祭られている。**衛兵の交代式**が見られる。
- **中正紀念堂**：**蒋介石**（しょうかいせき）を記念して建てられた。
- **士林夜市**（シーリン）：屋台などが並ぶ夜のマーケット。
- **国立故宮博物院**
- **龍山寺**：台北最古の寺。

九份（きゅうふん）：台北近郊。金鉱として栄えた街で、映画『非情城市』のロケ地としても知られている。**山の斜面に続く石段や石畳の小道**の両側に**茶屋**や土産物屋が軒を連ねる。

十分（じゅうふん）：線路の間近に商店などが立ち並ぶ十分老街があり、天燈（ランタン）上げの体験ができる。

烏来（ウーライ）：台北近郊。**タイヤル族**が住む村で、**温泉地**として知られている（地名のウーライ

は、タイヤル族の言葉で「温泉」を意味する)。

台南：台湾南西部の都市。民族の英雄とされる鄭成功を祀る**延平郡王祠**、プロビンティア城とも言われていた**赤崁楼**、セーランディア城とも言われていた**安平古堡**、製塩所跡地の**七股塩山**がある。

高雄：台湾南部の都市。**台湾高速鉄道**（台湾新幹線）は台北市－高雄市間を運行する。

- **澄清湖**：**高雄最大の湖**。澄清八景の一つ「曲橋釣月」の**九曲橋**は、9か所のカーブがある橋で、人気の観光スポットである。
- **蓮池譚**：**龍虎塔**や**春秋閣**などの建造物が有名。
- **寿山公園**：高雄市内が一望できる高台にある公園。

その他の観光資源

- **野柳岬**：台湾北東部。**女王頭**などの奇岩が立ち並ぶ岬。
- **太魯閣峡谷**：浸食された**大理石の断崖絶壁**。台北から南に約90km、**花蓮**近郊にある。
- **阿里山**：台湾中部にある連山の総称。近郊には景勝地**日月潭**がある。

中国（中華人民共和国）

北京　人民元（香港：香港ドル／澳門：マカオ・パタカ）

各都市の観光資源

北京とその近郊

- **王府井大街**：北京最大の繁華街。
- **天安門**：**毛沢東**が中華人民共和国の建国宣言を行った門。**長安街**（通り）を挟んで南に**天安門広場**がある。
- **景山公園**：故宮博物院の北にある公園。
- **北海公園**：景山公園の西に隣接する公園。歴代皇帝の御苑。
- **天壇公園**：明・清時代の皇帝が**五穀豊穣**を祈願した円形の木造建築**祈年殿**がある。
- **故宮博物院**：清の時代まで宮殿として使用されていた**紫禁城**が公開されている。正殿である**太和殿**は、皇帝の即位式など重要な儀式が行われた場所。
- **頤和園**：**西太后**の夏の離宮。**昆明湖**を中心に**仁寿殿**などの歴史的な建築物が点在する。園内を一望できる**万寿山**には**仏香閣**や**排雲殿**などがある。
- **明の十三陵**：明時代の皇帝・皇后の墓陵。
- **万里の長城**：北方からの騎馬民族の侵入を防ぐために建てられた建造物。主な名所は、観光名所として最も有名な**八達嶺**、北京市内から最も近い**居庸関**、西の端の関門である**嘉峪関**、東の端にある**虎山長城**、秦皇島市にある**山海関**（海側に渤海に突き出た**老龍頭**がある)。

■ 図表2　北京市内

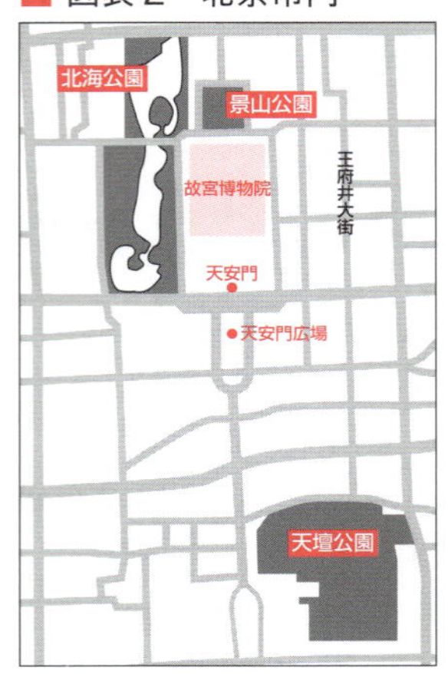

上海：長江（揚子江）の河口にある中国最大の貿易港湾都市。最大の繁華街は**南京路**。上海環球金融中心（上海ワールドフィナンシャルセンター）やテレビ塔で球体部分が

特徴的な東方明珠電視塔がある**浦東新区**や、黄浦江（こうほこう）を挟んだ対岸の**外灘**（ワイタン）は、ライトアップされた建築物群の夜景で有名。魯迅（ろじん）公園、**豫園**（よえん）がある。

西安とその近郊

- **大慈恩寺**（だいじおんじ）：**玄奘**（げんじょう）（**三蔵法師**（さんぞう））がインドから持ち帰った仏典が収蔵されている**大雁塔**（だいがんとう）で知られる仏教寺院。
- **兵馬俑坑**（へいばようこう）：**秦の始皇帝陵**の周辺で発掘された埋蔵物群。**陶器製の兵士、馬の像**が東を向いて数千も並ぶ。

兵馬俑坑（西安近郊）

- **華清池**（かせいち）：唐代の玄宗皇帝と**楊貴妃**が過ごしたとされる温泉地。
- **乾陵**（けんりょう）：唐代の高宗皇帝と中国歴史上唯一の女帝**武則天（則天武后）**の合葬墓。西安の北西約 80km の場所に位置する。

香港：1997 年に**イギリス**から返還された特別行政区。

- **香港島**：デパートなどが立ち並ぶ**コーズウェイベイ**、電飾の**水上レストラン**がある**アバディーン**、**夜景の名所ビクトリアピーク**、映画『慕情』のロケ地となったリゾート地**レパルスベイ**、学問の神と武術の神を祀る**道教寺院文武廟**（マンモウミュウ）がある。
- **九龍**（クーロン）：大通り**ネイザン・ロード**、繁華街**チムサーチョイ**、道教・仏教・儒教の 3 宗教の寺院**黄大仙祠**（ウォンタイシンチ）がある。
- **ランタオ島**：アジアでは東京に次いで 2 番目にできた**ディズニーランド**がある。港珠澳大橋（こうじゅおう）は、ランタオ島と広東省珠海市およびマカオを結ぶ海上橋。

深圳（しんせん）：香港に隣接する**経済特区**。中国民俗文化村がある。

廈門（あもい）：**経済特区**。欧米人などが建てた高級住宅などが立ち並ぶ。

マカオ（澳門（まかお）**）**：1999 年に**ポルトガル**から返還された特別行政区。**カジノ**で有名。セナド広場、媽閣廟（マコウミュウ）、聖ポール天主堂跡、モンテの砦、聖ドミニコ教会がある。

大連：**遼東半島**（リャオトン）南端の港町。

洛陽（らくよう）：かつて 9 つの王朝が置かれたことから**“九朝の都”**と呼ばれる。**中国最古**の仏教寺院**白馬寺**（はくばじ）がある。近郊には、**龍門石窟**がある。

成都：三国時代に蜀の都として栄えた都市。『三国志』で知られる諸葛亮（孔明）や劉備を祀る**武侯祠**（ぶこうし）、詩人杜甫（とほ）の住居**杜甫草堂**、パンダ繁育研究基地がある。近郊には、青銅器時代の**三星堆遺跡**（さんせいたい）がある。

麗江（れいこう）：市街地**麗江古城**には、象形文字**トンパ文字**をもつ**納西族**（ナシ）が多く居住している。

蘇州：**“東洋のベニス”**と称される。漢詩『楓橋夜泊（ふうきょうやはく）』に詠まれた**寒山寺**や明代の高官が造営した庭で、蓮池で有名な**拙政園**（せっせいえん）がある。

紹興（しょうこう）：紹興酒の産地。**魯迅**（ろじん）**の故郷**であり、その生家や学んだ塾**三味書屋**がある。また、王羲之（おうぎし）が書の作品『蘭亭序』を書いた**蘭亭**なども見どころ。

曲阜（きょくふ）：思想家**孔子**の生誕地。孔子を祭った**孔廟**、孔子一族の邸宅であった**孔府**、孔子とその末裔の墓所である**孔林**（3 つを称して「三孔」と呼ばれる）などがある。

ラサ（チベット自治区）：**チベット仏教**の聖地。歴代のダライ・ラマが暮らした**ポタラ宮**がある。年間通じて強い日差しを受けるため“日光城”と呼ばれる。標高 5,000m 以上の高所を走る**青蔵鉄道**（せいぞう）の西の終点。

その他の観光資源

- **漓江下り**：水墨画のような絶景で知られる桂林近郊からの川下り。
- **三峡クルーズ**：長江の中流にある**瞿塘峡**、**巫峡**、**西陵峡**の三峡を巡るクルーズで、『三国志』の舞台として知られる**白帝城**などの名所も楽しめる。**重慶**が観光拠点の一つになっている。
- **九寨溝**：エメラルドグリーンの神秘的な湖沼群が広がる景勝地。ジャイアントパンダの保護区。
- **莫高窟**：シルクロードの観光拠点である敦煌近郊。鳴沙山の東の断崖にある石窟群で、「千仏洞」とも呼ばれる。
- **武夷山**：福建省にある連山の総称。高級烏龍茶の産地。
- **黄山**：安徽省南東部の名山。奇松、怪石、雲海、温泉が複合する景勝地。
- **峨眉山**：**万年寺**や**報国寺**などがある。日の出、雲海、仏光（雲海などに映る人の影などに光の輪ができるブロッケン現象）などの奇観も見どころ。近くに楽山大仏がある。
- **平遥古城**：山西省の**太原**の南。かつて金融業の中心地として栄え、明、清時代の城壁や街並みが残る。
- **承徳避暑山荘**：承徳にある山荘で、清時代の皇帝が**夏の離宮**として建てたもの。山荘の周辺には、チベット仏教の寺院群**外八廟**がある。

モンゴル　ウランバートル　トグログ

ゲル（パオ）：円形の木枠にフェルトをかぶせた移動式住居。

各都市の観光資源

カラコルム：チンギス・ハンの子、第2代皇帝オゴタイ・ハンがつくった都。

シンガポール　シンガポール　シンガポール・ドル

各都市の観光資源

シンガポール

- **オーチャード・ロード**：シンガポール最大の繁華街。
- **ラッフルズ・ホテル**：同国最古の歴史を持つ格式高いホテル。代表作『月と六ペンス』で知られる作家サマセット・モームが滞在したことでも有名。
- **マーライオン像**：頭はライオン、体は魚の形をした高さ8.6mの像で、口から水を吐き出している。
- **マリーナ・ベイ・サンズ**：ホテル、カジノ、会議室、ショッピングモールなどを持つ総合リゾート施設。屋上部分をテラス（庭園）でつないだ**3つの高層タワー**からな

マーライオン像（シンガポール）

る。対岸にマーライオン像、右岸に大観覧車**シンガポール・フライヤー**がある。

- **ガーデンズ・バイ・ザ・ベイ**：マリーナ・ベイ・サンズのすぐ裏にあり、多くの希少植物を誇る壮大な植物園。

セントーサ島：シンガポールの南に位置するビーチリゾート。テーマパークや水族館などがある総合リゾート施設**リゾート・ワールド・セントーサ**は人気の観光スポット。

マレーシア

 クアラルンプール 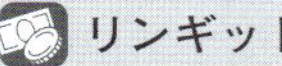 リンギット

各都市の観光資源

クアラルンプール

- **ペトロナス・ツインタワー**：88 階建ての超高層**ツインビル**。
- **KL タワー**：ブキッ・ナナス公園にある通信塔。
- **セントラル・マーケット**：絵画や木工品などを扱う市場。
- **マスジット・ネガラ（国立回教寺院）**：青い星型のドームや光塔がある現代イスラム建築の寺院。
- **マスジット・ジャメ**：**マレーシア発祥の地**にある**白亜のモスク**。

マラッカ：**マラッカ海峡**に面する古都。マレーシア最古の中国寺院**チェン・フー・テン**（青雲亭）**寺院**やポルトガル軍が築いた**サンチャゴ砦**がある。

ジョホール・バル：**マレー半島南端**。ジョホール**水道**を挟み、全長約 1 km のコーズウェイ橋でシンガポールとつながっている。

ペナン島：**マラッカ海峡**に位置する島で、**"東洋の真珠"**と称されるビーチリゾート。中心地は**ジョージ・タウン**。**バトゥ・フェリンギ**は島の代表的なビーチエリア。マレーシア最大の仏教寺院である**極楽寺**のほか、寝釈迦仏寺院、蛇（へび）寺、セント・ジョージ教会などの見どころがある。

ランカウイ島：ペナン島の北にあるビーチリゾート。

コタキナバル：ボルネオ島北部の都市。**キナバル山**への観光拠点。

＊ボルネオ島（インドネシア語で**カリマンタン島**）は、マレーシア、インドネシア、ブルネイ 3 か国の領土。

タイ

バンコク　バーツ

 トムヤムクン

各都市の観光資源

バンコク

- **シーロム・ロード**：バンコクのメインストリート。
- **ワット・プラケオ（エメラルド寺院）**：国内最高の地位と格式を誇る**王室の菩提寺**。
- **ワット・アルン（暁（あかつき）の寺）**：高さ 79 m の大仏塔。三島由紀夫の小説『暁の寺』で知られる。
- **ワット・ポー（涅槃寺（ねはんじ））**：長さ 49 m の**寝釈迦仏**。タイ古式マッサージの総本山。
- **ワット・トライミット（黄金仏寺院）**：チャイナタウンにある黄金仏の座像がある寺院。

アユタヤ：アユタヤ王朝の都。**日本人町**が形

成され、山田長政などが活躍した地。

- ワット・プラ・シー・サンペット：歴代の３人の王が眠る寺。
- ワット・プラ・マハタート：木の根に取り込まれている仏頭が有名。

ホアヒン：バンコクの南西、タイランド湾を挟んでパタヤの対岸に位置するリゾート。ラーマ７世が建てた離宮があり、王室の保養地として発展した。

チェンマイ："北方のバラ" と称される、かつてのランナー王朝の都。**ワット・プラシン**など由緒ある寺院が多い。

チェンライ：**ミャンマー、ラオスと国境を接する**都市。バンコクにある寺院と同名のワット・プラケオや、郊外には彫刻のような外観が美しい白亜の寺院**ワット・ロンクン**がある。

スコータイ：180 以上の仏塔をもつ**ワット・マハタート**や建物正面の隙間からアチャナ仏と呼ばれる巨大な仏像が見える**ワット・シーチュム**がある。

プーケット島：**"アンダマン海の真珠"** と称されるリゾート島。島内でもっとも賑わう**パトンビーチ**のほか、**カロンビーチ、バンタオビーチ**などのビーチがある。

サムイ島：タイランド湾の西部に浮かぶ島。島がヤシの木に覆われていることから、**"ココナッツ・アイランド"** とも呼ばれる。

ワット・プラ・マハタート（アユタヤ）

こんな問題が出た！ 過 令1

次の下線部ａ～ｄのうち、誤っているものはどれか。
バンコクには、王室の守護寺院ａ．ワット プラ ケオ、巨大な涅槃仏で有名なｂ．ワット ポー、三島由紀夫の小説「暁の寺」に描かれたｃ．ワット アルン、黄金仏の座像があるｄ．ワット プラ ラームなど数多くの仏教寺院がある。

答 ｄ（正：ワット・トライミット）

カンボジア　プノンペン　リエル

各都市の観光資源

プノンペン

- **王宮**
- **シルバー・パゴダ**
- **独立記念塔**：フランスからの独立を記念して建てられた。
- ワット・プノン：首都名「プノンペン」は、この寺の名前に由来する。

シェムリアップ：**クメール王朝**時代の寺院遺跡**アンコール・ワット**や、**バイヨン寺院**を中心とする寺院遺跡**アンコール・トム**、東洋のモナ・リザと呼ばれるデバター像がある遺跡**バンテアイ・スレイ**、巨大な樹木が絡みつく寺院遺跡**タ・プローム**、水上集落で知られる**トンレサップ湖**への観光拠点。

アンコール・ワット（シェムリアップ）

ベトナム　ハノイ　ドン

フォー
アオザイ（民族衣装）

各都市の観光資源

ハノイ：ホーチミン廟、文廟、**水上人形劇場**、**ホアンキエム湖**、**“海の桂林”**とも呼ばれる**ハロン湾**、近郊には、陶器の村バッチャンがある。また、古都**ホアルー**や“陸のハロン湾”と称される**チャンアン**への日帰り観光も人気。

ホーチミン・シティ：経済の中心地。旧名は、かつて“東洋のパリ”と称された**サイゴン**。**ベンタイン市場**やベトナム最大の繁華街**ドンコイ通り**がある。近郊のミトは、**メコン川クルーズ**の拠点である。

フエ：ベトナム最後の王朝、**グエン（阮）朝の都**。北京の紫禁城をモデルとして建てられたといわれている**王宮**、ドンバ市場、**カイディン帝廟**、八角の七重塔を持つ**ティエンムー寺**がある。

ホイアン：15～17 世紀頃にかけて外国貿易の拠点として発展。日本とも交易があったことから多くの日本人がこの地に渡ったとされ、当時の街並みを見ることができる旧市街には、**日本人墓地**、華僑の集会所**福建会館**、屋根付きの橋**来遠橋**（らいえんばし）**（日本橋）**が残されている。

ニャチャン：同国屈指のビーチリゾート。

その他の観光資源

- **チャム彫刻博物館**：ベトナム中部のビーチリゾート**ダナン**にある、チャンパ王朝時代の遺物を展示する博物館。

インドネシア　ジャカルタ〈ジャワ島〉　ルピア

ナシゴレン／ミーゴレン

各都市の観光資源

ジョグジャカルタ〈ジャワ島〉：仏教の寺院遺跡**ボロブドゥール遺跡**やヒンズー教の寺院遺跡**プランバナン遺跡**への観光拠点。

バリ島：**“神々の島”**と称される島で、**ヒンズー教**の寺院が点在する。州都**デンパサール**。**サヌール**、**ヌサドゥア**、**クタ**などのビーチリゾートが有名。夕日が絶景の**タナロット寺院**、芸術の村**ウブド**のほか、島の最高峰**アグン山**の中腹にあるバリのヒンズー教総本山**ブサキ寺院**が見どころ。

ビンタン島：リアウ諸島の主島。マレー半島南東沖に位置するリゾートアイランド。

海外旅行実務 総

フィリピン

メトロ・マニラ（マニラ首都圏）〈ルソン島〉　フィリピン・ペソ

各都市の観光資源

ルソン島

- **メトロ・マニラ**：同国の首都。ホテルや土産物店が並ぶエルミタ地区、広大な敷地を誇る公園リサール・パーク、サン・アグスチン教会がある。
- **バナウエ**：島北部。"天国への階段"と称される、**階段状の棚田ライステラス**が有名。

セブ島：ビーチリゾート。1521年に世界一周の航海途中に**マゼランが上陸**した島。**木製の十字架「マゼラン・クロス」**を納める八角堂、フィリピン最古の**サン・ペドロ要塞**や**サント・ニーニョ教会**がある。セブ島と橋でつながっているビーチリゾート**マクタン島**（マゼラン終焉の地）にあるマクタン・セブ国際空港が空の玄関口。

ミンダナオ島：同国ではルソン島の次に大きな島。

ミャンマー

ネーピードー　チャット

各都市の観光資源

ヤンゴン：ミャンマー最大の仏塔である**シュエダゴン・パゴダ**や釈迦の髪が安置されているといわれる**スーレー・パゴダ**がある。

パゴー（バゴー）：『ビルマの竪琴（たてごと）』の舞台。寝釈迦仏で知られるシュエッターリャウン寺院がある。

マンダレー：**ビルマ王朝最後の都**があった都市。**クトード・パゴダ**は、マンダレーヒル（丘）のふもとにある約730の**白い小パゴダ**（仏塔）群。**マハムニ・パゴダ**は、マンダレー最大規模の寺院。

バガン（パガン）：**アーナンダ寺院**は、正方形の本堂と尖塔のバランスが美しい寺院。4体の仏像が東西南北に面して置かれている。このほか、**ティーローミンロー寺院**、**ダビニュ寺院**、**ダマヤンジー寺院**など多くの寺院がある。

その他の観光資源

- **ゴールデンロック**：チャイティーヨーにある崖からせり出している黄金色の巨大な岩（女性は岩に触れることはできない）。岩の上に約7mのパゴダ（仏塔）がある。ヤンゴンからの日帰りも可能。

ネパール

カトマンズ　ネパール・ルピー

各都市の観光資源

カトマンズ：標高約1,300mにある都市。**ヒマラヤ山脈**（最高峰はエベレスト）の登山口の一つ。仏塔の四方に**目**が描かれている**スワヤンブナート寺院（目玉寺院）**がある。

ポカラ：ペワ湖畔の都市。ヒマラヤ山脈を見渡せる。**サランコットの丘**から眺める朝日や夕日も絶景。

ルンビニ：仏教の開祖・釈迦（仏陀（ブッダ））**生誕の地**。

インド

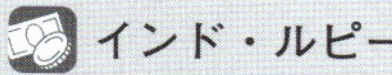

ニューデリー　インド・ルピー

サリー（民族衣装）

各都市の観光資源

デリー連邦直轄領：首都機能があるニューデリーや旧市街オールドデリーなどの地区がある。ムガール帝国第2代皇帝の霊廟**フマユーン廟**や、第一次世界大戦で戦死した兵士の慰霊碑**インド門**がある。また、近郊には同国最古の**石塔**クトゥブ・ミナールがある。

アーグラ

- **タージ・マハル**：ムガール帝国第5代皇帝**シャー・ジャハーン**が、最愛の妃**ムムターズ・マハル**の亡骸（なきがら）を安置するために造った**白亜**の霊廟。

タージ・マハル（アーグラ）

ジャイプル：**"ピンク・シティ"** と称される都市。**ハワ・マハル**（**風の宮殿**）、**シティ・パレス**、**アンベール城**、天文観測所ジャンタル・マンタルがある。

ムンバイ：旧名はボンベイ。**タージ・マハルホテル**やイギリス国王夫妻の訪問（1911年）を記念して建てられた**インド門**がある。また、東の海上にあるエレファンタ島への観光拠点であり、島にあるヒンズー教の石窟寺院**エレファンタ石窟群**には、シヴァ神の三面上半身像などの見どころがある。

カジュラホ（カジュラーホ）：チャンデーラ王朝の首都として栄えた時期に建てられたとされる寺院群がある。特に、カンダーリヤ・マハーデーバ寺院の「ミトゥナ像」と呼ばれる男女の官能的な彫刻が有名。

バラナシ（ベナレス）：ガンジス川で**沐浴**（もくよく）をする巡礼者が集まる都市。**ヴィシュヴァナート寺院（黄金寺院）**がある。

アウランガーバード

- **エローラ石窟寺院**：34の石窟寺院群。仏教、ヒンズー教、ジャイナ教の彫刻がある。第16窟の**カイラーサナータ寺院**はエローラ石窟群を代表する寺院。
- **アジャンター石窟寺院**：**ワゴーラ渓谷**の断崖を削って造られた石窟寺院群。なかでも第1窟の壁画**『蓮華手菩薩』**が有名。

釈迦にまつわる地

① **ルンビニ【ネパール】**：**生誕**の地。

② **ブッダガヤー**：菩提樹の下で**悟り**を開いた地。

③ **サールナート**：初めて**説教**（説法）をした地。

④ **クシナガラ（クシナガル）**：生涯を閉じた**入滅**（にゅうめつ）の地。

■ 図表3　釈迦にまつわる地

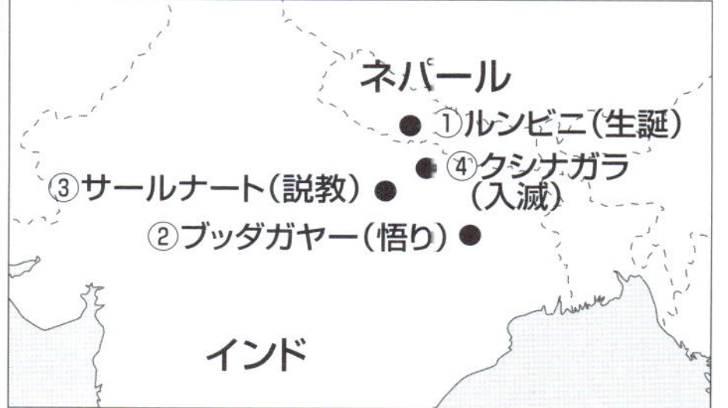

海外旅行実務
総

こんな問題が出た！ 過 令2

仏教の四大聖地に関する次の記述のうち、誤っているものはどれか。
a．釈迦生誕の地は、ネパール南部のルンビニにある。
b．釈迦が悟りを開いた成道の地は、インド東部のブッダガヤーにある。
c．釈迦が悟りを開いた後、初めて説教した地は、バラナシの北のカジュラーホにある。
d．釈迦が入滅した地は、バラナシの北のクシナガラにある。

答　c

ブータン

ティンプー　ニュルタム

各都市の観光資源

ティンプー：標高約2,300mの高地にある同国の首都で、政治、宗教、商業の中心都市。国王の執務室などがある**タシチョ・ゾン**は、釘を1本も使わずに建てられたブータンの伝統的な建造物である。

プナカ：かつての冬の首都（標高が低く温暖なため、かつて冬の間だけ首都機能を移転）。**プナカ・ゾン**は、2つの川が合流する場所にある歴史的な建造物である。

その他の観光資源

- **タクツァン修道院**：国際空港がある都市パロにある僧院。切り立った岩の上にあり、聖地として崇められている。

スリランカ

スリ・ジャヤワルダナプラ・コッテ　スリランカ・ルピー

紅茶（セイロンティー）

各都市の観光資源

コロンボ：かつての首都。

キャンディ：シンハラ王朝の都が置かれていた都市。仏陀の歯が安置されているといわれる**ダラダ・マリガワ（仏歯寺）**がある。

アジアの島

島	国名
済州島	韓国
プーケット島・サムイ島	タイ
ペナン島・ランカウイ島	マレーシア
セントーサ島	シンガポール
ジャワ島・バリ島・ビンタン島	インドネシア
ルソン島・セブ島・ミンダナオ島	フィリピン
マレ島	モルディブ（首都：マレ）

第4章

Lesson 13

重要度 B

中東

国 総

学習項目

◎宗教に関連する都市
◎遺跡
◎周辺の海・湖

学習ポイント

●キリスト教やイスラム教にかかわりのある都市を区別して覚える。
●周辺の海や湖を知る。
●「カッパドキア」や「パムッカレ」などの自然景観の特徴を知る。

■ 図表1　中東

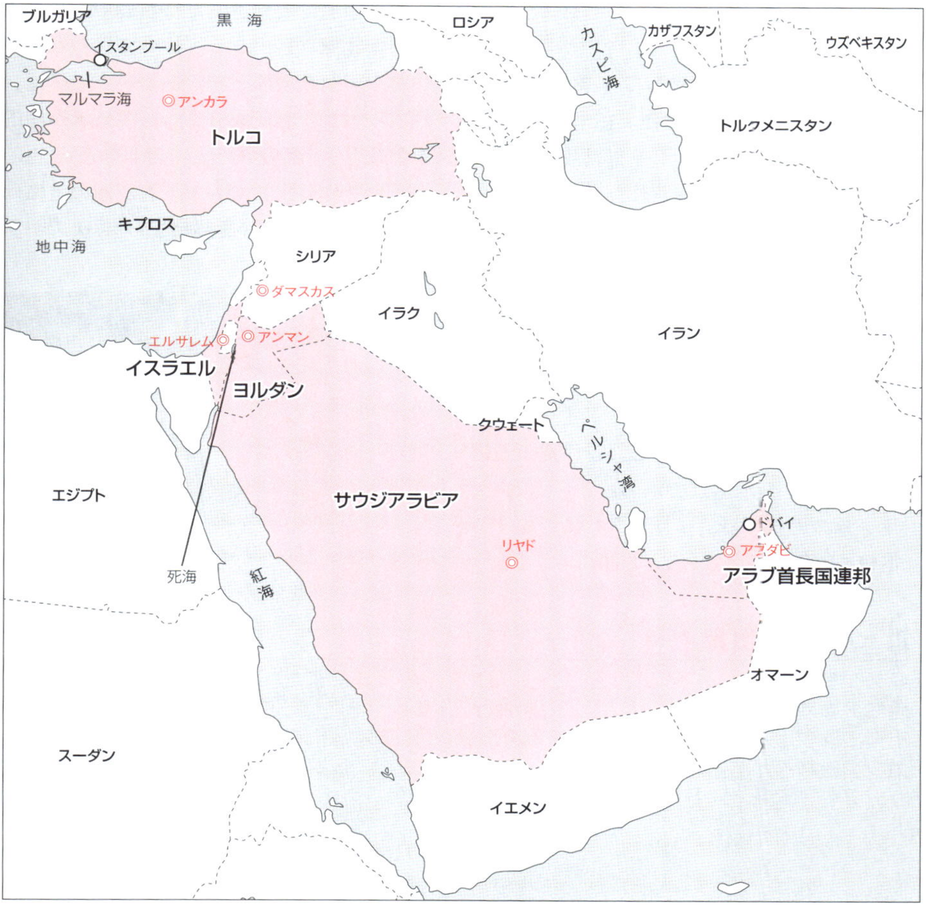

トルコ　アンカラ　トルコ・リラ

シシカバブ

各都市の観光資源

アンカラ：アタチュルク廟やアナトリア文明博物館がある。

イスタンブール：**ボスポラス海峡**（北は**黒海**、南は**マルマラ海**）を挟んで**アジア大陸とヨーロッパ大陸にまたがる**都市。オスマン帝国時代の首都。

- **スルタン・アフメット・ジャーミィ**：6本の尖塔（ミナレット）を持つ寺院。内部の青いタイルから**ブルー・モスク**と呼ばれる。
- **アヤ・ソフィア（聖ソフィア大聖堂）**：ビザンチン建築の傑作。15世紀のオスマン帝国時代にギリシャ正教会からイスラム教の寺院に改修された。
- **トプカプ宮殿**：メフメット2世が建てた宮殿。現在は博物館。
- **グランド・バザール**：金細工、絨毯（じゅうたん）店などが5,000店ほどある屋根付きの市場。

チャナッカレ：アナトリア半島北西部、**ダーダネルス海峡**に面した港町。ドイツの考古学者**シュリーマン**が発見した古代都市遺跡**トロイ**への観光拠点である。この遺跡は、ホメロスの叙事詩『**イリアス**』に登場する**トロイ戦争**の舞台であり、物語のトロイ戦争を記念して建てられた**トロイの木馬**がある。

イズミール（イズミル）：トルコ第3の都市で、エーゲ海沿岸のリゾート地。国際アート・フェスティバルなどが開催される。

エフェス（エフェソス）：エーゲ海沿岸にある古代都市遺跡。

アンタルヤ：地中海沿岸のリゾート地。旧市街**カレイチ地区**などが見どころ。

その他の観光資源

- **カッパドキア**：**アナトリア高原**にある。凝灰岩が雨風で浸食された**奇石群**や**ギョレメ野外博物館**（岩山をくり抜いて造られた居住跡や洞窟教会など）がある。
- **パムッカレ**：**石灰成分**を含む温泉水が**棚田**を形成し、**"綿の城"**とも呼ばれる幻想的な景色を作り出している。石灰棚の上にはローマ時代の都市遺跡**ヒエラポリス**がある。

パムッカレ

こんな問題が出た！ 過 平26

イスタンブールは、アジアとヨーロッパの2つの大陸にまたがり、都市を東西に分断するボスポラス海峡は北の黒海から南の［　　　］に通じ、西側の旧市街にはブルーモスクとして知られるスルタン アフメット ジャーミィやトプカプ宮殿などがある。

a．アドリア海　　b．エーゲ海　　c．カスピ海　　d．マルマラ海

答 d

こんな問題が出た！ 過 平27

トルコのアナトリア半島北西部にあり、ダーダネルス海峡に面した港町［　　　］は、ホメロスの英雄叙事詩イリアスを史実として信じたドイツの考古学者シュリーマンが発見したトロイ遺跡への観光拠点となっている。

a．アンタルヤ　b．イズミル　c．エフェソス　d．チャナッカレ

答 d

イスラエル

エルサレム ＊日本を含め国際的には首都として認められていない。 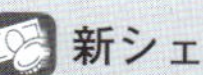 新シェケル

各都市の観光資源

エルサレム：キリスト教、イスラム教、ユダヤ教の聖地。

- **聖墳墓教会**：**キリストの墓**とされる場所に立つ教会。キリストが処刑された**ゴルゴタの丘**はこの地にあったといわれている。
- **嘆きの壁**：ローマ軍によって破壊された神殿の外壁の一部（西の壁）。長年エルサレムへの立ち入りが認められなかったユダヤ教徒が祈りを捧げる聖地。
- **オマール・モスク（岩のドーム）**：金色のドームと青と白のタイルが特徴。

テルアビブ：ユダヤ人の居住地として造られた都市。

ナザレ：キリストが幼少時代を過ごしたとされる都市。

その他の観光資源

- **死海**：イスラエルとヨルダンにまたがる湖。**塩分**濃度が高いため、体が沈まない湖として有名。

ヨルダン

アンマン　ヨルダン・ディナール

各都市の観光資源

- **ペトラ遺跡**：岩山を削って造られた都市遺跡で、**映画『インディ・ジョーンズ／最後の聖戦』**のロケ地としても有名。観光のハイライトは、岩山の表面に造られた神殿風の入り口**エル・ハズネ**。

ペトラ遺跡／エル・ハズネ

サウジアラビア

リヤド　サウジアラビア・リヤル

各都市の観光資源

メッカ：**イスラム教発祥の地**。イスラム教の開祖、**ムハンマド**（マホメット）**の生誕地**といわれている。

メディナ：ムハンマドがイスラム教の布教を行った地。**ムハンマドの墓**があるといわれている。

アラブ首長国連邦

アブダビ　ディルハム

各都市の観光資源

ドバイ：アラブ首長国連邦を形成する首長国の一つで、**高級リゾート地**として発展。ジュメイラ・モスク、超高層ビル**ブルジュ・ハリファ**、**ヤシの木**のような形に造られた人工島**パーム・ジュメイラ**がある。ペルシャ湾に面した**ジュメイラ・ビーチ**沿いに高級ホテルが建ち並ぶ。四輪駆動車で急勾配（きゅうこうばい）の砂漠を走る“デザート・サファリ”も人気が高い。

ブルジュ・ハリファ（ドバイ）

こんな問題が出た！　過 平28

アラブ首長国連邦の［　　　　］にあるパーム ジュメイラは、ペルシア湾の海上にヤシの木のような形に造られた人工島で、ウォーターパークのある一大リゾート地として知られている。

a．アブダビ　　b．ドーハ　　c．ドバイ　　d．バーレーン

答 c

第4章

Lesson 14

ヨーロッパ

重要度 A

学習項目

◎通り
◎料理・民工芸品
◎城・宮殿
◎教会・寺院・聖堂
◎美術館・所蔵作品

学習ポイント

- 城・宮殿、教会・寺院・聖堂など王家や貴族、宗教にまつわる建造物を学習する。
- 絵画や彫刻などは、**作者**もあわせて覚える。
- 「アルプスの山」、「ドイツの街道」、「ギリシャの島」など過去に何度か出題されている分野を押さえる。
- 陶磁器の産地を知る。

■ 図表1　ヨーロッパ

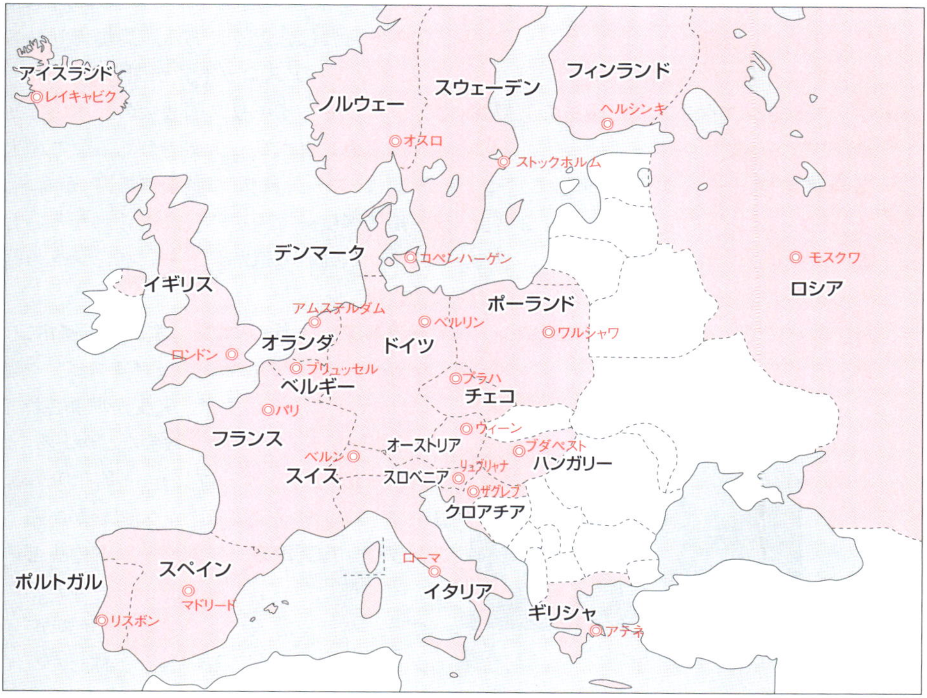

アイスランド
◎レイキャビク
ノルウェー
◎オスロ
スウェーデン
◎ストックホルム
フィンランド
◎ヘルシンキ
デンマーク
◎コペンハーゲン
◎モスクワ
ロシア
イギリス
◎ロンドン
アムステルダム
オランダ
◎ベルリン
ポーランド
◎ワルシャワ
ドイツ
◎ブリュッセル
ベルギー
◎プラハ
チェコ
◎パリ
フランス
◎ウィーン
オーストリア
◎ブダペスト
ハンガリー
ベルン◎
スイス
スロベニア
リュブリャナ
◎ザグレブ
クロアチア
ポルトガル
スペイン
◎マドリード
◎リスボン
ローマ
イタリア
ギリシャ
◎アテネ

海外旅行実務 総

イギリス　ロンドン　スターリング・ポンド（英ポンド）

フィッシュ&チップス／チェダーチーズ

各都市の観光資源

ロンドン

- **トラファルガー広場**：4頭のライオン像とネルソン提督の記念像がある。
- **ピカデリー・サーカス**：ロンドンで最もにぎわう広場。リージェント通りなどの大通りがこの広場を起点に延びている。
- **ハイド・パーク**：王立公園の一つ。故ダイアナ元妃の記念噴水などがある。
- **キュー・ガーデン**：王立植物園。
- **バッキンガム宮殿**：イギリス王室の居城。衛兵の交代式が見られる。
- **ケンジントン宮殿**：ケンジントン・ガーデンズの西端に位置する宮殿。
- **ウェストミンスター寺院**：国王の戴冠式が行われる寺院。
- **国会議事堂**：テムズ川に面して建つ。"ビッグ・ベン"の愛称で知られる時計塔（エリザベス塔）も有名。また、橋を挟んだ対岸には、2000年のミレニアム記念事業に伴い造られた大観覧車**ロンドン・アイ**がある。

国会議事堂（ロンドン）

- **ロンドン塔**：**要塞**として建設され、現在は博物館になっており、"（偉大な）アフリカの星"と呼ばれる世界最大級のダイヤモンドが展示されている。目の前をテムズ川が流れ、ロンドン名物**タワーブリッジ**がかかっている。
- **セントポール大聖堂**：イギリス・バロック建築の代表作といわれるイギリス国教会の大聖堂。17世紀のロンドン大火で焼失したが、18世紀初頭に再建された。地下の納骨堂には、ネルソン提督などの墓がある。
- **シティ（シティ・オブ・ロンドン）**：国際的な**金融街**。ロンドン塔や**セントポール大聖堂**はこの地区にある。
- **大英博物館**

ウィンザー：**王室の居城**ウィンザー城がある。毎年6月には、近くにある競馬場でレース「**ロイヤル・アスコット**」が開催される。

カンタベリー：**イギリス国教会の総本山**で知られるカンタベリー大聖堂がある。この大聖堂は、ステンドグラス「聖書の窓」が有名。

ソールズベリー：先史時代に造られたといわれる環状列石の遺跡ストーンヘンジへの観光拠点。

ストラトフォード・アポン（オン）・エイボン：シェイクスピアの故郷。シェイクスピアや妻アン・ハサウェイの生家、夫妻が埋葬されている**ホーリー・トリニティ教会**などがある。

リバプール：歌手グループビートルズの故郷。

ヨーク：ゴシック建築ヨーク大聖堂がある。

コッツウォルズ地方：イングランド中央部の丘陵地帯。ボートン（バートン）・オン・ザ・ウォーターや詩人ウィリアム・モリスが"イングランドで最も美しい村"と称したバイブリーなどの村が点在する。

湖水地方：イングランド北西部**湖沼地帯**。ウィンダミア湖をはじめとする大自然の景色が広がっている。詩人**ワーズワース**や絵本

『ピーターラビットのおはなし』の作者**ビアトリクス・ポター**が暮らした家がある。

エディンバラ：かつての**スコットランド王国の首都**。エディンバラ城から**ホリールードハウス宮殿**まで**ロイヤル・マイル**という石畳の道が続く。

グラスゴー：**スコットランド地方**最大の商工都市。**グラスゴー大聖堂**や『国富論』の著者アダム・スミスの出身校であるグラスゴー大学などがある。

フランス　パリ　ユーロ

ブイヤベース／カマンベールチーズ／ワイン（アキテーヌ地方・ボルドーほか）

セーブル（磁器）

各都市の観光資源

パリとその近郊

- **シャンゼリゼ大通り**：**コンコルド広場**と**凱旋門**(がいせんもん)（ナポレオン１世の命により着工）を結ぶ大通り。
- **ノートルダム大聖堂**：**セーヌ川**の中島**シテ島**にある寺院。**“バラ窓”**と呼ばれるステンドグラスが有名。ナポレオン１世の戴冠式が行われた（火災により再建中）。
- **エッフェル塔**：1889 年の**パリ万博**のために建てられた塔。**シャイヨー宮**のテラスからの眺めが美しい。
- **アンヴァリッド（廃兵院）**：ルイ 14 世によって建てられた旧軍病院。付属する金色のドーム教会の地下墓所には**ナポレオンの棺**が安置されている。
- **アレクサンドル３世橋**：セーヌ川にかかる装飾の美しいアーチ橋。“パリで一番美しい橋”とされる。
- **サクレクール寺院**：**モンマルトルの丘**にあるロマネスク・ビザンチン様式の寺院で、白亜のドームが特徴。
- **ムーラン・ルージュ**：モンマルトル地区にある**高級キャバレー**。
- **新凱旋門（グランダルシュ）**：副都心**ラ・デファンス**にある。
- **ベルサイユ宮殿**：太陽王**ルイ 14 世**（ブルボン朝）が完成させた広大な敷地を持つ宮殿。鏡の間や離宮プチ・トリアノンなどが見どころ。
- **フォンテンブローの森**：王室や貴族の狩猟地。この森やベルサイユ宮殿は、パリを中心に半径約 100km に広がる行政区**イル・ド・フランス**（**“フランスの島”**の意味）に含まれる。
- **ルーブル美術館**：ピラミッド型の入り口が特徴。
- **オルセー美術館**：元々は**鉄道の駅兼ホテル**として使用されていた建物。
- **オランジュリー美術館**：チュイルリー公園内。温室を改築した美術館。
- **国立近代美術館**：**ポンピドゥー・センター**内にある美術館。マティスやピカソなどの作品が展示されている。

ノルマンディー地方：画家クロード・モネの邸宅と庭園がある**ジヴェルニー**、モネの連作のモデルとなった大聖堂がある古都で、ジャンヌ・ダルク最期の地としても知られる**ルーアン**、第二次世界大戦後に再建された港湾都市ル・アーブル、木組みの家が並ぶセーヌ川河口の港町オンフールなどがある。

- **ジヴェルニー**：パリの北西、印象派の画家**クロード・モネが晩年を過ごした村**。**モネの邸宅と庭園**が見どころで、モネ作の『睡蓮』のモデルになった蓮池がある。

海外旅行実務　総

- **モン・サン・ミッシェル修道院**：**ノルマンディー地方**と**ブルターニュ地方**の境、サン・マロ湾に浮かぶ小島に築かれた修道院。参道のグランド・リューには**オムレツ**で有名なレストランがある。

モン・サン・ミッシェル修道院

ロワール地方：シャルトル、トゥール、オルレアンなどの都市がある。

- **ロワール渓谷**：**シャンボール城**、**シュノンソー城**、**アンボワーズ城**、**ブロワ城**などの見どころが点在する。

ストラスブール：EU（欧州連合）の欧州議会の本会議場がある。

カルカソンヌ：オード川沿いの要塞都市。サン・ナゼール大聖堂やコンタル城などがある。

プロヴァンス地方

- **アルル**：ゴッホ作『アルルの跳ね橋』に描かれている橋が復元されている。
- **アヴィニョン**：教皇宮殿や**サン・ベネゼ橋**がある。郊外にローマ時代の**ガール水道橋**（ポン・デュ・ガール）がある。
- **エクス・アン・プロヴァンス**：画家**セザンヌ**の**生誕地**。噴水の多さから**“水の都”**として知られる。
- **マルセイユ**：天然の良港に恵まれ湾岸都市として発展。ハーブとともに魚介類を煮込んだ**ブイヤベース**（スープ）の本場としても知られる。

コート・ダジュール：**“紺碧（こんぺき）の海岸”**を意味する地中海沿岸。

- **カンヌ**：**国際映画祭**が開催される都市としても有名。
- **ニース**：“リビエラの女王”と称されるリゾートで、海岸沿いの遊歩道**プロムナード・デ・ザングレ**を中心に賑わっている。**マティス美術館**、**シャガール美術館**も見どころ。近隣には、**F1 グランプリ**や**カジノ**で有名な**モンテカルロ**（**モナコ公国**）がある。

その他の観光資源

- **モンブラン（山）**：**フランスとイタリアの国境**に位置するヨーロッパアルプスの最高峰（標高 4,810 m）。**シャモニー**が観光拠点となる。モンブラン山系の一つである**エギーユ・デュ・ミディ**の展望台（標高3,842m）からの眺めは絶景。

ポルトガル　リスボン　ユーロ

各都市の観光資源

リスボン：ロッシオ広場（ペドロ４世広場）や**テージョ川**河畔に建つ**エンリケ航海王子**を記念した「**発見のモニュメント**」のほか、エンリケ航海王子と**バスコ・ダ・ガマ**の偉業をたたえて建てられた**ジェロニモス修道院**、ベレンの塔（サン・ヴィセンテの砦）がある。

その他の観光資源

- **ロカ岬**：**ユーラシア大陸最西端の岬**。詩人カモンイスの言葉“ここに陸尽き、海始まる”が刻まれた石碑がある。

スペイン　マドリード 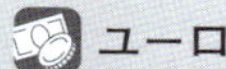 ユーロ

パエリヤ／ガスパチョ

各都市の観光資源

マドリード

- **スペイン広場**：セルバンテスと『ドン・キホーテ・デ・ラ・マンチャ』の主人公ドン・キホーテの像などがある。
  ＊イタリアのローマにも同名の広場がある。
- **マヨール広場**：中央にフェリペ３世の騎馬像がある。
- **プエルタ・デル・ソル**：中心部にある広場。“太陽の門”という意味。
- **プラド美術館**
- **国立ソフィア王妃芸術センター**

バルセロナ：建築家アントニオ・ガウディ作のグエル公園や**グエル邸**、未完の聖家族教会（サグラダ・ファミリア）、住居として建てられたカサ・ミラや改築を手がけた**カサ・バトリョ**などがある。

グラナダ：アンダルシア地方。イスラム教徒支配下のイベリア半島を取り戻すための**国土回復運動（レコンキスタ）**は、1492年、イスラム文化の集大成といわれるアルハンブラ宮殿（“赤い城”と称される）の陥落によって終結した。

アルハンブラ宮殿（グラナダ）

コルドバ：イスラム教とキリスト教が融合したメスキータ（聖マリア大聖堂）は、赤と白のタイルが並ぶ２重のアーチと円柱（円柱の森）が特徴。

セビリア（セビーリャ）：歌劇『カルメン』の舞台。ヒラルダの塔は、大聖堂（カテドラル）に隣接する高さ98mの鐘楼（しょうろう）。

セゴビア：ディズニー映画『白雪姫』に登場する城のモデルとなったアルカサールやローマ時代の水道橋などがある。

＊アルカサールはスペイン語で“城”を意味し、スペイン各地に存在する。

バレンシア：地中海沿岸の都市。ゴシック様式の絹取引所（ラ・ロンハ・デ・ラ・セダ）がある。また、例年３月にはファヤと呼ばれる張子人形を焼くことで知られる「サン・ホセの火祭り」が開催される。この祭りは、セビリアの「春祭り」（主に４月）、牛追いで知られるパンプローナの「サン・フェルミン祭」（７月）とともにスペイン三大祭りの一つとされている。

トレド：三方をタホ川に囲まれた丘の上にある**古都**で、**ラマンチャ地方**の中心都市。スペインカトリックの総本山である**大聖堂**、画家**エル・グレコの家**、エル・グレコ作『オルガス伯爵の埋葬』が展示されている**サント・トメ教会**がある。

サンティアゴ・デ・コンポステーラ：キリスト教の聖地。大聖堂には、聖ヤコブの遺骨が納められている。フランスから**ピレネー山脈**を越えてこの地へ向かう巡礼路が**世界文化遺産**に登録されている。

サン・セバスティアン：スペイン北部、ビスケー湾に面する港町。旧市街にはバルや有名レストランがあり、**美食の町**として知られている。

その他の観光資源

- **コスタ・デル・ソル**："太陽の海岸"という意味。中心都市**マラガ**、白壁の家並みで知られる村**ミハス**など、スペイン南部、アンダルシア地方の地中海沿岸のことをいう。
- **マヨルカ島**：ショパンが病気療養のため、恋人で作家のジョルジュ・サンドと共に滞在し、『雨だれのプレリュード』を作曲した。

こんな問題が出た！ 過 平29

フランスからピレネー山脈を越えてスペイン北部を通る巡礼路の終着地［　　　］は、スペイン北西部ガリシア地方にあるキリスト教の聖地であり、十二使徒の一人聖ヤコブの棺が納められている大聖堂がある。

a．グラナダ　　b．コルドバ
c．サンティアゴ デ コンポステーラ　　d．セビーリャ

答 c

スイス　ベルン　スイス・フラン

チーズフォンデュ

各都市の観光資源

ジュネーブ：**レマン湖**の南西、**フランスとの国境**にある都市。「国際連合欧州本部」がある。

チューリヒ：パイプオルガンや**シャガール作のステンドグラス**で有名な**フラウミュンスター（聖母寺院）**や**カール大帝**ゆかりの**グロスミュンスター**がある。

サン・モリッツ：過去に２回の冬季オリンピックが開催された国際的な冬のリゾート地。**氷河特急**（スイスのツェルマット間）や**ベルニナ・エクスプレス**（イタリアのティラーノ間）の発着地である。

マイエンフェルト：ヨハンナ・シュピーリの**小説『ハイジ』の舞台**。ハイジハウス（博物館）では、小説に描かれているアルプスの生活が再現されている。

その他の観光資源

- **カペル橋**：**ルツェルン**にある14世紀初頭に造られた**屋根付きの木造橋**。1993年に焼失したが、翌年に復元された。
- **シヨン城**：**モントルー**にあるバイロンの詩『シヨンの囚人』で知られる城。**レマン湖**の東側にある。

アルプスの山【　】内は主な観光拠点

① **ピラトゥス**：アルプナッハシュタットとピラトゥスを結ぶ登山鉄道は、**世界一の急勾配**（最大傾斜度48％）が特徴。【**ルツェルン**】

② **ユングフラウ**：アルプス山脈最大の**アレッチ氷河**の一部はここに端を発している。ユングフラウヨッホ駅に隣接する**スフィンクス展望台**からは、ユングフラウ、メンヒの山々、アレッチ氷河が一望できる。【**インターラーケン／グリンデルワルト**】

③ **マッターホルン**：スイスとイタリアの国境に位置する。**ツェルマット**から登山鉄道で**ゴルナーグラート**まで登るとマッターホルンやモンテ・ローザなどの山々が眺望できる。【**ツェルマット**】

④ **モンブラン**：フランスとイタリアの国境に位置する。【**シャモニー（フランス）**】

＊④モンブランの詳細は「フランス」の**その他の観光資源**を参照。

■ 図表２　アルプスの山

オーストリア　ウィーン　ユーロ

ウィンナー・シュニッツェル

各都市の観光資源

ウィーン：**ドナウ川**流域に栄える都市。**"音楽の都"**と称される。

- **ケルントナー通り**：有名ブランド店などが並ぶ通り。
- **リング通り**：市街地を囲む幹線道路。かつての城壁と堀が取り除かれ、街路樹が植えられた美しい道路。
- **聖シュテファン寺院**：137mの尖塔を持つオーストリア最大の寺院。
- **ベルヴェデーレ宮殿**：オイゲン公の夏の離宮。
- **シェーンブルン宮殿**：**ハプスブルク家**の女帝**マリア・テレジア**が改修した宮殿で、"マリア・テレジアンイエロー"と称される**黄色の外観**が目を引く。
- **ヨハン・シュトラウス像**：**市立公園**にあり、バイオリンを演奏する姿の**金色の像**。
- **ハイリゲンシュタットの遺書の家**：ウィーン近郊のハイリゲンシュタットにある。作曲家**ベートーヴェン**が遺書を書いたとされる家が公開されており、近くには楽曲の構想を練った小路も残っている。
- **ウィーン美術史博物館**

ザルツブルク：**"塩の城"**という意味を持つとおり、塩の交易で繁栄してきた都市。**ゲトライデガッセ（通り）**、**モーツァルトの生家**、**ミラベル庭園**、ホーエンザルツブルク城などが見どころ。毎年7月から8月にかけて開催される**ザルツブルク音楽祭**は世界的に有名。近郊の**ザルツカンマーグート**とともに、**映画『サウンド・オブ・ミュージック』**のロケ地として知られている。

インスブルック：アルプスの山々に囲まれたウィンタースポーツが盛んな都市。スイスのサン・モリッツと同じく、過去に２回冬季オリンピックが開催された地。

ドイツ　ベルリン　ユーロ

アイスバイン／ザワークラウト
マイセン（磁器）

各都市の観光資源

ベルリン

- **カイザー・ヴィルヘルム記念教会**：ドイツの初代皇帝ヴィルヘルム１世を称えて建てられた教会。第二次世界大戦による傷跡が今も残る。
- **ブランデンブルク門**：1791年にプロイセン国王の凱旋門として建てられた。1989年、この場所で多くの国民がベルリンの壁の崩壊を祝った。
- **シャルロッテンブルク宮殿**：王妃ゾフィー・シャルロッテの夏の離宮。
- **ウンター・デン・リンデン**：**菩提樹**の並木道に歴史的な建造物が並ぶ。

ポツダム：ベルリン近郊の都市。**フリードリヒ２世（フリードリヒ大王）**の夏の離宮**サンスーシー宮殿**や第二次世界大戦の戦後処理に関する**「ポツダム宣言」**が発せられた**ツェツィリエンホフ宮殿**がある。

ドレスデン：**エルベ川**沿いの古都。**ツヴィンガー宮殿**や第二次世界大戦で破壊され瓦礫をもとに復元された**フラウエン教会**、戦火を免れたマイセン磁器の壁画『君主の行列』がある。

ミュンヘン：鐘楼の仕掛け時計がある**マリエン広場**がある。９月～10月にかけて開催される**ビールの祭典オクトーバーフェスト**も有名。

フランクフルト：詩人ゲーテの**生家**を復元したゲーテハウスや、旧市庁舎**レーマー**、ドイツ民主化の第一歩「第１回ドイツ国民議会」が開かれたパウルス教会がある。

ハイデルベルク：**ネッカー川**沿い、ドイツ最古の学園都市。**学生牢跡**や**ハイデルベルク城**がある。

ローテンブルク：城壁に囲まれ中世の面影が残る都市。**マルクト広場**にある**仕掛け時計**（人形が**マイスタートゥルンク**という逸話にちなんだ動きをする仕掛け）が有名。また、一年中クリスマス用品が売られている店、**ケーテ・ウォルファルト**の本店もある。

ニュルンベルク：**“おもちゃの街”**として知られる都市で、毎年、**玩具の国際見本市**が開催されている。また、クリスマス・マーケットも人気がある。

ワイマール：ドイツ**古典主義文化**が花開いた街で、ゲーテ、シラー、リストの家などがある。総合芸術学校の礎を築いた国立バウハウスが博物館として公開されている。

バーデン・バーデン：古代ローマ時代からの**温泉保養地**。温泉浴場のほか、カジノや祝祭歌劇場などもある。この南には**“黒い森”**といわれる森林地帯**シュバルツバルト**がある。

その他の観光資源

- **ケルン大聖堂**：ドイツ西部の都市ケルンにあり、**ゴシック様式の最高峰**とも称される大聖堂。東方三博士の聖遺物を収めた**黄金の棺**などがある。
- **ライン川クルーズ**：**ローレライ**の伝説で知られる岩山が有名。

ドイツの街道

① **エリカ街道**：ドイツ北部。街道名は、**夏に咲く赤紫色の花**“エリカ”にちなんでいる。ハンブルクなどを通る街道。

② **メルヘン街道**：**グリム兄弟**の童話にまつわる都市を結ぶ街道。南端のハーナウは兄弟の故郷。

③ **古城街道**:マンハイムからプラハ（チェコ）に至る街道。

④ **ロマンチック街道**：ビュルツブルクからローテンブルク、アウクスブルクを通りフュッセンに至る街道。バイエルン王**ルートヴィッヒ２世**が建てた**“白鳥城”**と称される**ノイシュヴァンシュタイン城**（ディズニーランドのシンデレラ城のモデルになったとされる城）などが見どころ。ローテンブルクで古城街道と、フュッセンでアルペン街道と交わる。

⑤ **アルペン街道**：スイスやオーストリアの国境近くの山岳地帯。ロマンチック街道終点のフュッセンなどを通る。

⑥ **ファンタスティック街道**：ドイツ南西部、温泉保養地バーデン・バーデンなどを通る街道。

■ 図表３　ドイツの街道１

■ 図表４　ドイツの街道２

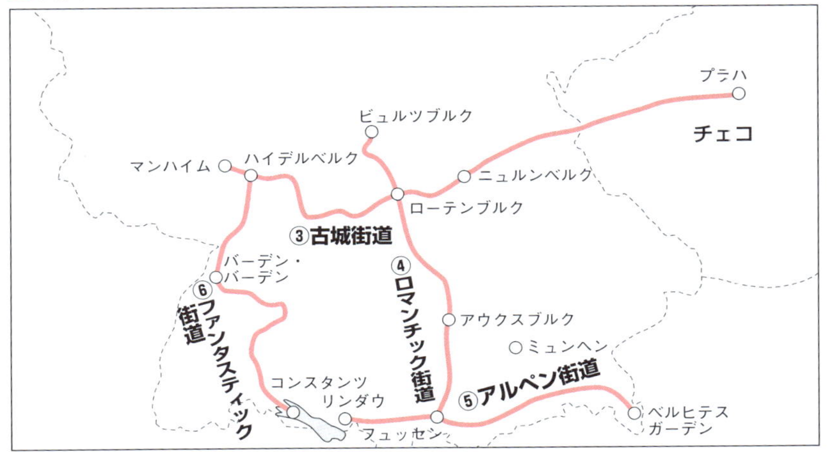

イタリア　ローマ　ユーロ

ミネストローネ／ゴルゴンゾーラチーズ
リチャード・ジノリ（磁器）／ベネチアン・グラス（ガラス製品）

各都市の観光資源

ローマ

- **スペイン広場**：ローマ最大のショッピング街**コンドッティ通り**につながる広場。スペイン階段は、**映画『ローマの休日』**のロケ地として有名。
- **トレビの泉**：海の神ネプチューン（ポセイドン）像がある噴水。噴水を背にコインを1枚投げると再びローマに来ることができるという言い伝えがある。
- **フォロ・ロマーノ**：古代ローマ時代の政治・経済の中心地跡。
- **サンタ・マリア・イン・コスメディン教会**：入り口にある円盤型の大理石**「真実の口」**は、映画『ローマの休日』のロケ地として有名。
- **コロッセオ**：円形の古代ローマの闘技場。近くに**コンスタンティヌス帝の凱旋門**がある。

コロッセオ（ローマ）

ベローナ：シェイクスピアの**『ロミオとジュリエット』**の舞台となった都市。夏には、古代ローマ時代の円形競技場跡（アレーナ）で**野外オペラ**が開催される。

ミラノ：イタリアの経済・ファッションの中心地。

- **ビットリオ・エマヌエーレ2世・ガレリア**：ショッピングアーケード。
- **ドゥオモ**：ゴシック建築の大聖堂。135本の尖塔と彫刻は圧巻。
- **スカラ座**：1778年に建てられたオペラ劇場。
- **サンタ・マリア・デレ・グラツィエ教会**：教会付属の食堂に**レオナルド・ダ・ヴィンチ**作の壁画**『最後の晩餐（ばんさん）』**がある。

フィレンツェ：**メディチ家**の繁栄とともに発展したイタリア・ルネサンス発祥の地。

- **ミケランジェロ広場**：フィレンツェの街並みが一望できる広場。
- **サンタ・マリア・デル・フィオーレ教会（花の聖母教会）**：**ドゥオモ**とも呼ばれる。隣には**ジョットの鐘楼**がある。
- **ベッキオ橋**：**アルノ川**にかかる橋。2層構造の珍しい橋で、金銀細工店などが軒を連ねる。
- **ウフィツィ美術館**
- **アカデミア美術館**

ベネチア（ベニス）：**"水の都"**と称される運河の街。

- **サン・マルコ寺院**：**サン・マルコ広場**に建つビザンチン様式の傑作。**ドゥカーレ宮殿**が隣接している。
- **リアルト橋**：大運河にかかる橋のうち最も有名な橋。
- **ムラーノ島**：ベネチアン・グラスで知られる島。
- **ブラーノ島**：ベネチアン・レースで知られる島。

その他の観光資源

- **ピサの斜塔**：ガリレオ・ガリレイの故郷**ピサ**にある斜塔。
- **サン・ヴィターレ教会**：**ラベンナ**にある初期キリスト教の建築物の一つで、内部に旧約聖書を題材としたビザンチン様式のモザイク画がある。
- **カンポ広場**：**シエナ**にある扇状に広がるレンガ敷きの美しい広場。この広場で開催される地区対抗の競走馬の大会**「パリオ」**も有名。
- **聖フランチェスコ聖堂**：**アッシジ**にある聖フランチェスコを祭る聖堂。聖フランチェスコの生涯を描いた**ジョット**作の 28 枚の壁画がある。
- **サンタ・ルチア港**：**ナポリ**にある港。ナポリ民謡『サンタ・ルチア』でも知られている。
- **ポンペイ**：**ナポリ**近郊。**ベスビオ山**の噴火によって消滅した都市の遺跡。
- **カプリ島**：洞窟に差し込む光が神秘的な青色を生み出す**青の洞窟**がある。
- **アマルフィ海岸**：ソレント半島南部、サレルノ湾に面する海岸。海岸沿いにアマルフィ、プライアーノ、**ポジターノ**などの町が点在し、地中海を見渡す山の急斜面に市街が形成されている。**エメラルドの洞窟**などが見どころ。
- **シチリア島**：**地中海最大の島**。活火山**エトナ山**がある。

バチカン市国

ローマ市内に位置する**世界最小の独立国家**。**カトリックの総本山サン・ピエトロ大聖堂**には、**ミケランジェロ**作の彫刻**『ピエタ』**があり、隣接する**システィーナ礼拝堂**では、**ミケランジェロ**作の壁画**『最後の審判』**などを見ることができる。

＊バチカン市国はローマとあわせて観光することが多いため、イタリアの項に入れている。

こんな問題が出た！ 過 平 30

イタリア中部ウンブリア州にある＿＿＿＿は聖フランチェスコ生誕の地で、彼の死後、功績を称えるために建てられた大聖堂内部では、ジョットによる 28 枚の壁画「聖フランチェスコの生涯」などの名画を鑑賞できる。
a．アッシジ　b．サン ジミニャーノ　c．シエナ　d．ボローニャ

答 a

オランダ

アムステルダム 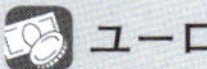 ユーロ

 ゴーダチーズ

 デルフト（陶器）

各都市の観光資源

アムステルダム：近郊には**チューリップ**で有名な**キューケンホフ公園**がある。

- **ダム広場**：かつてアムステル川をせき止めるダムがあった場所。
- **アンネ・フランクの家**：ナチスの迫害を逃れてユダヤ人一家が隠れ住んだ家。
- **アムステルダム国立美術館**
- **ファン・ゴッホ美術館**：ゴッホの絵画や素描画、手紙などを展示する美術館。

ロッテルダム：ヨーロッパ最大規模の貿易港として知られる都市。港を見渡せるタワー、ユーロマストなどがある。

キンデルダイク：ロッテルダム郊外にある**風**

車の村。19基の風車が並ぶ姿は圧巻。

ハーグ：国際的な政治都市。**国際司法裁判所**や マウリッツハイス美術館がある。近郊には画家フェルメールの生誕地で、陶器の産地デルフトがある。この陶器は、白地に青の絵付けが特徴で、伊万里焼の影響を受けたともいわれている。

その他の観光資源

- **クレラー・ミュラー美術館**：デ・ホーヘ・フェルウェ国立公園内のオッテルロー村にあり、ゴッホなどの作品を所蔵している。

ベルギー　ブリュッセル　ユーロ

＊ベルギー、オランダ、ルクセンブルクは、ベネルクス３国と呼ばれる。

各都市の観光資源

ブリュッセル：**EU（欧州連合）**や**NATO（北大西洋条約機構）の本部**がある。

- **グラン・プラス**：市庁舎やギルドハウス（同業者組合の家）などの豪華な建物に囲まれ、**"世界一美しい広場"**と称される広場。
- **小便小僧の像**：ジェローム・デュケノワ作のブロンズ像。

アントワープ：**ダイヤモンド**の加工技術が有名な貿易都市。ルーベンス作の絵画『キリストの昇架』や『キリストの降架』があり、ウィーダの小説『**フランダースの犬**』で知られる**聖母大聖堂**（ノートルダム大聖堂）や、ルーベンスが晩年を過ごした家がある。

ゲント：レイエ川とスヘルデ川の合流地点にある都市。レイエ川の両岸にはギルドハウスが立ち並ぶ。中世の城塞**フランドル伯の城**やファン・アイク兄弟合作の祭壇画（『神秘の子羊』など）で知られる**聖バーフ大聖堂**がある。

ブルージュ（ブリュージュ）：運河の街。**マルクト広場**や**ベギン会修道院**がある。

グラン・プラス（ブリュッセル）

デンマーク　コペンハーゲン　デンマーク・クローネ

ロイヤル・コペンハーゲン（磁器）

各都市の観光資源

コペンハーゲン：ショッピング街**ストロイエ**や**アンデルセン**の物語で知られる**人魚姫の像**、歴史ある遊園地**チボリ公園**がある。

オーデンセ：フュン島最大の都市で、童話作家**アンデルセン**の生誕地。

その他の観光資源

- **クロンボー城**：シェイクスピアの『**ハムレット**』の舞台となった城。北海とバルト海をつなぐ海峡に面した**ヘルシンゲル**にある。

 こんな問題が**出た！** 過 令2

デンマークのユトランド半島とシェラン島の間にあるフュン島北部の＿＿＿は、「マッチ売りの少女」などで有名な童話作家アンデルセンの生地で、生家や博物館がある。
a．オーデンセ　b．オーフス　c．コペンハーゲン　d．ヘルシンゲル

答 a

ノルウェー　オスロ　ノルウェー・クローネ

各都市の観光資源

オスロ：カール・ヨハンス・ガーテ通りやオスロ国立美術館がある。

ベルゲン：**ハンザ同盟**で栄えた都市。**ソグネフィヨルド**などへのフィヨルド観光拠点。

リレハンメル：1994年の冬季オリンピックの開催地。

トロムソ：ノルウェーにおける**北極圏**最大の都市。夏の白夜、冬の**オーロラ**観賞が有名。

スウェーデン 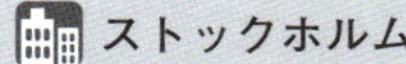  スウェーデン・クローナ

各都市の観光資源

ストックホルム：**"北欧のベネチア"**と称される水の都市。市庁舎にある**黄金の間**は、ノーベル賞（平和賞以外）の祝賀パーティーの会場である。

フィンランド 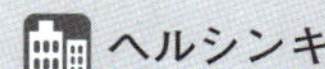 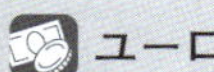

各都市の観光資源

ヘルシンキ："バルト海の乙女"と称される都市。生鮮食品などの店が並ぶ**マーケット広場**、赤レンガ造りの**ウスペンスキー大聖堂**、岩をくり抜いて造られた**テンペリアウキオ教会**、沖合には6つの島で構成され"水辺の要塞"と称される**スオメンリンナ島**がある。

ロヴァニエミ：ラップランドの中心地。郊外に**サンタクロース村**がある。

サーリセルカ：ロヴァニエミとともに**オーロラ**の観賞地として知られている。

アイスランド　レイキャビク 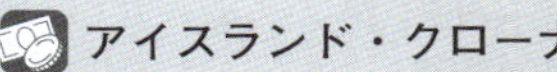

各都市の観光資源

レイキャビク：ロケットのような形をしたハットルグリムス教会が街のシンボル。

その他の観光資源

- **ブルーラグーン**：広大な露天温泉。
- **ゴールデンサークル**：ストロック間欠泉、グトルフォスの滝、大陸プレート割れ目「ギャウ」が見られるシンクヴェトリル国立公園などを巡る観光ルート。

チェコ　プラハ　チェコ・コルナ

ボヘミアン・ガラス（ガラス製品）

各都市の観光資源

プラハ：教会などの尖塔がいたるところにそびえていることから、**"百塔の街"** と称される都市。

- **プラハ城**：**聖ヴィート教会**などがある。
- **カレル橋**：**ブルタバ川**（チェコ語。ドイツ語：**モルダウ川**）にかかる**同国最古の石橋**。聖人ヤン・ネポムツキーなど30体の彫刻が並んでいる。
- **旧市庁舎**：**天文時計**とキリスト12使徒の仕掛け人形が有名。

チェスキー・クルムロフ：S字状に流れるブルタバ川と中世の街並みが世界文化遺産に登録されている。

チェスキー・クルムロフ

ポーランド　ワルシャワ　ズロチ

各都市の観光資源

ワルシャワ：第二次世界大戦で大破された建造物が再建され、中世の街並みを見ることができる。また、作曲家**ショパン**ゆかりの地としても知られており、ショパンの心臓が納められている**聖十字架教会**や、**ショパンの像**がある**ワジェンキ公園**がある。

クラクフ：同国南部の古都。歴代国王の居城**ヴァヴェル城**、**織物会館**や**聖マリア教会**などがある**中央広場**が見どころ。

ヴロツワフ：同国西部の都市。**旧市庁舎**の半地下にあり、ショパンなどの著名人も訪れたとされるビアセラー「ピヴニツァ・シフィドニツカ」や建設当時には珍しく鉄筋コンクリートが使われた**百年記念会館**などの名所がある。

ハンガリー　ブダペスト　フォリント

グヤーシュ

ヘレンド（磁器）

各都市の観光資源

ブダペスト：**"ドナウの真珠"** と称される都市。

- **くさり橋（セーチェニ橋）**：**ドナウ川**にかかるブダ地区とペスト地区を結ぶ橋で最も豪華な橋。
- **マーチャーシュ教会**：ブダ地区。歴代国王の戴冠式が行われた教会。オレンジ色など鮮やかな陶器の屋根が特徴。
- **漁夫の砦（とりで）**：ブダ地区。ドナウ川沿いにある大理石の建造物。かつて漁師たちがこの場所で街を自衛していた。
- **聖イシュトバーン大聖堂**：ペスト地区。初代国王の名がついている大聖堂。

クロアチア　ザグレブ　クーナ

各都市の観光資源

ザグレブ：聖母被昇天大聖堂、聖マルコ教会、**イェラチッチ広場**がある。

スプリット：アドリア海沿岸の半島に位置する、同国第２の都市。ディオクレティアヌス宮殿などが見どころ。また、近郊には中世の街並みが残る古都**トロギール**がある。

ドゥブロブニク：**“アドリア海の真珠”**と称される都市。全長約 2km の防壁に囲まれている旧市街は、アドリア海の紺碧とオレンジ色の屋根の景観が有名。ロープウェイで上がった**スルジ山**の頂上から見る景色は絶景。

スロベニア　リュブリャナ　ユーロ

各都市の観光資源

リュブリャナ：“アルプスの瞳”と称される**ブレッド湖**や、その小島にある聖マリア教会などが見どころ。近郊には**ボストイナ鍾乳洞**がある。

ロシア　モスクワ　ルーブル

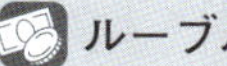

ボルシチ／ピロシキ

各都市の観光資源

モスクワ

- **赤の広場**：旧ソ連時代に革命記念式典などが開催されていた広場。周りには、カラフルな９つのドーム屋根を持つ**聖ワシリー寺院**などがある。
- **クレムリン**：クレムリンはロシア語で“城塞（じょうさい）”を意味する。城壁の内側には、ソボールナヤ広場やウスペンスキー大聖堂などがある。

サンクト・ペテルブルク：**ネバ川**沿いの古都。旧名**レニングラード**。

- **イサク聖堂**：金色に輝くドームが特徴のロシア正教会。内部には**イコン**（キリスト教で神や聖人などを描いたものをいう）などが飾られている。
- **マリインスキー劇場**：オペラやバレエの公演で世界的に有名。
- **エルミタージュ美術館**：ロマノフ朝の女帝**エカテリーナ２世**のコレクション品がもとになった美術館。300 万点以上の所蔵品がある。

ウラジーミル：公国の首都として栄えた都市。**ウスペンスキー大聖堂**（モスクワにある同名の大聖堂のモデルとされる大聖堂）や**ドミトリエフスキー聖堂**、黄金の門などの白亜の建造物がある。

セルギエフ・ポサード：モスクワの北東に位置する古都。かつてのロシア正教会の総本山**トロイツェ・セルギエフ大修道院**がある。

ソチ：ロシアの西、黒海に面する保養地。スポーツ施設が充実しており、2014 年の冬季オリンピックの開催地。

ギリシャ　アテネ　ユーロ

ムサカ

各都市の観光資源

アテネ

- **シンタグマ広場**：中心広場。
- **パルテノン神殿**：アクロポリスの丘にある。勝利の女神アテナを祭るドーリア式の神殿。この神殿の北側には、6体の乙女の像が屋根の一部を支えるイオニア式のエレクティオン神殿がある。

パルテノン神殿（アテネ）

その他の観光資源

- **メテオラの修道院群**：テッサリア地方のメテオラにある修道院群。大きいもので高さ400mもある奇岩の上に修道院が建っている。
- **ミケーネ遺跡**：ギリシャ本土の南、**ペロポネソス半島**ミケーネにある遺跡。ドイツの考古学者シュリーマンがこの遺跡などを発掘したことにより、**エーゲ文明**の存在が明らかとなった。

エーゲ海の島

- **クレタ島**：ギリシャ**最大の島**。ヨーロッパ最古の文明（ミノア文明）の発祥地。クノッソス宮殿跡やフェストス宮殿跡などが見どころ。
- **ミコノス島**：海の青さと白壁の家並みのコントラストが美しく、エーゲ海の島の代表的ともいえる景観を堪能できる。
- **ロードス島**：十字軍の聖ヨハネ騎士団が築いた旧市街などがある。
- **サントリーニ島**：島が三日月のような形をしていることから、**“エーゲ海の三日月”**と称される。島の中心街はフィラ。教会のドーム型の青い屋根と白壁の家並みが島の代表的な景観。**イア**の岬はエーゲ海に沈む夕日の美しさで有名。
- **ミロス島**：パリのルーブル美術館に収蔵されている大理石製の像『**ミロのヴィーナス**』が出土した島。

こんな問題が出た！　過 平28

エーゲ海の南端にあり、三日月のような形をした［　　　　］には、急峻な斜面に真っ白な建物が建ち並ぶフィラや白壁に青い屋根の教会と夕日の絶景でも知られるイアなどの見どころがあり、島の観光には名物のロバタクシーも利用できる。

a．クレタ島　　b．サントリーニ島　　c．ミコノス島　　d．ロードス島

答 b

■ 図表５　ギリシャの島

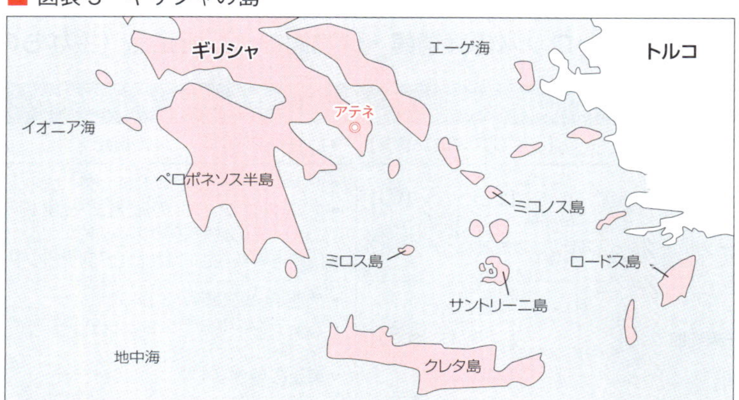

世界の祭り・音楽・民俗芸能

国名	名称	特徴
インドネシア	ケチャ	叙事詩『ラーマーヤナ』を題材とする伝統舞踊。腰布を巻いた男性の集団による大合唱が圧巻。
	ワヤン・クリ	操り人形の**影絵芝居**。
	ガムラン	鍵盤打楽器、銅鑼（どら）、太鼓などで奏でる音楽。
フランス	シャンソン	詞にセリフが入っている歌が多く、人生や愛などを歌い上げる。
スペイン	フラメンコ	アンダルシア地方。踊り手、歌手、ギタリストによって繰り広げられる情熱的な音楽舞踊。
	春祭り	セビリア。小屋（カセータ）が立ち並ぶ華やかな祭り。
	サン・ホセの火祭り	バレンシア。「ファヤ」と呼ばれる張子人形を焼く祭り。
	サン・フェルミン祭	パンプローナ。牛追い祭り。
ポルトガル	ファド	ギターを伴奏に哀愁をおびた曲が多く歌われている。
スイス	ヨーデル	アルプスの山岳地方。裏声を織り交ぜた歌声が特徴。
ドイツ	オクトーバーフェスト	ミュンヘン。秋に開催される世界最大規模のビール祭り。
イタリア	カンツォーネ	『サンタ・ルチア』などの歌で知られるイタリア民謡。
ハワイ（アメリカ）	メリー・モナーク・フェスティバル	ハワイ島。復活祭（イースター）から１週間開催されるフラダンスの祭典。
ブラジル	リオのカーニバル	リオ・デ・ジャネイロ。情熱的なサンバの祭典。

海外旅行実務　総

ヨーロッパの美術館・博物館および所蔵品（主なもの）

美術館・博物館など　【　】内は所在地	主な所蔵品　〔　〕内は作者
大英博物館　【イギリス／ロンドン】	●ロゼッタ・ストーン〔不明〕
ルーブル美術館（本館）　【フランス／パリ】 別館 ルーブル・ランス【フランス／ランス】 ルーブル・アブダビ【アラブ首長国連邦／アブダビ】	●モナ・リザ〔レオナルド・ダ・ヴィンチ〕 ●ナポレオン一世の戴冠式と皇妃ジョゼフィーヌの戴冠〔ダヴィッド〕 ●民衆を導く自由の女神〔ドラクロワ〕
オルセー美術館　【フランス／パリ】	●落穂拾い／晩鐘〔ミレー〕 ●ムーラン・ド・ラ・ギャレットの舞踏会〔ルノワール〕 ●草上の昼食〔マネ〕
オランジュリー美術館　【フランス／パリ】	●睡蓮〔モネ〕
プラド美術館　【スペイン／マドリード】	●裸のマハ／着衣のマハ〔ゴヤ〕 ●ラス・メニーナス〔ベラスケス〕
国立ソフィア王妃芸術センター　【スペイン／マドリード】	●ゲルニカ〔ピカソ〕
サント・トメ教会　【スペイン／トレド】	●オルガス伯爵の埋葬〔エル・グレコ〕
ウィーン美術史博物館　【オーストリア／ウィーン】	●バベルの塔〔ブリューゲル〕
サンタ・マリア・デレ・グラツィエ教会　【イタリア／ミラノ】	●最後の晩餐〔レオナルド・ダ・ヴィンチ〕
ウフィツィ美術館　【イタリア／フィレンツェ】	●ヴィーナスの誕生／春〔ボッティチェリ〕 ●受胎告知〔レオナルド・ダ・ヴィンチ〕
アカデミア美術館　【イタリア／フィレンツェ】	●ダビデ像〔ミケランジェロ〕
サン・ピエトロ大聖堂　【バチカン市国】	●ピエタ〔ミケランジェロ〕
システィーナ礼拝堂　【バチカン市国】	●最後の審判〔ミケランジェロ〕
アムステルダム国立美術館　【オランダ／アムステルダム】	●夜警〔レンブラント〕
マウリッツハイス美術館　【オランダ／ハーグ】	●真珠の耳飾りの少女（青いターバンの女）〔フェルメール〕
クレラー・ミュラー美術館　【オランダ／オッテルロー】	●アルルの跳ね橋〔ゴッホ〕 ●夜のカフェテラス〔ゴッホ〕
聖母大聖堂　【ベルギー／アントワープ】	●キリストの昇架〔ルーベンス〕 ●キリストの降架〔ルーベンス〕
オスロ国立美術館　【ノルウェー／オスロ】	●叫び〔ムンク〕
エルミタージュ美術館　【ロシア／サンクト・ペテルブルク】	●果実を持つ女〔ゴーギャン〕 ●リッタの聖母／ブノワの聖母〔レオナルド・ダ・ヴィンチ〕

第4章

Lesson 15

重要度 A

北米・ハワイ

学習項目

◎都市の特徴
◎国立公園
◎ハワイの島

学習ポイント

- アメリカとカナダは、**各都市の特徴**を知ることが重要。また、**州名**がキーワードとして出題されることが多いので、あわせて覚える。
- アメリカとカナダの**「国立公園」**は頻出分野。
- ハワイの島はその位置および島の特徴と名所を知る。

アメリカ

ワシントン D.C.

アメリカ・ドル（米ドル）

各都市の観光資源

ワシントン D.C.【コロンビア特別区】：ホワイトハウス（大統領官邸）や国会議事堂がある政治の中心地。

- **リンカーン記念堂**：第16代大統領リンカーンを記念して建てられた白亜の建物。壁にゲティスバーグでの演説**“人民の人民による人民のための政治”**が刻まれている。
- **ジェファーソン記念館**：**独立宣言の起草者**、第3代大統領ジェファーソンの記念館。
- **スミソニアン博物館群**：世界最大の総合博物館。自然史博物館などがある。

ニューヨーク【ニューヨーク州】

- **ロックフェラー・センター**：中央の広場は、冬はスケートリンクとして使用され、クリスマスツリーが飾られることで有名。
- **エンパイアステートビル**：1931年に完成。高さ381m（アンテナを除く）の超高層ビル。映画『キングコング』に登場する。
- **1（ワン）ワールドトレードセンター**：ワールドトレードセンター跡地に再建された超高層ビル。
- **タイムズスクエア**：ブロードウェイと7番街の交差地点を中心に劇場などがある。
- **クライスラービル**：自動車部品をモチーフとした超高層ビル。
- **カーネギー・ホール**：**“鉄鋼王”**カーネギーが建てたコンサートホール。
- **ウォール街**：世界的な金融街。
- **国連本部**
- **自由の女神像**：**リバティ島**にある。1886年にアメリカの独立100周年を記念してフランスから贈られた。

自由の女神像（ニューヨーク）

■ 図表1　北米

- **ハイライン**：ハドソン川沿い。高架鉄道の廃線跡を再利用した**空中公園型の遊歩道**。🏛**ホイットニー美術館**などがある**ミッドタウン西34丁目**と、**ミートパッキング・ディストリクト（地区）**を結ぶ。
- **ブルックリン橋**：マンハッタン島とロングアイランド島を結ぶ**最南**の橋。
- 🏛**メトロポリタン美術館**：**セントラルパーク**内にある美術館。300万点もの作品を所蔵する。
- 🏛**グッゲンハイム美術館**：メトロポリタン美術館のすぐ近く、5番街沿いにある近現代美術館で、かたつむりの殻に似た外観や内部のらせん階段が特徴的。ピカソの『黄色の髪の女』などを所蔵する。
- 🏛**ニューヨーク近代美術館（MoMA）**：モダンアートの宝庫。ダリ**『記憶の固執』**、ピカソ**『アヴィニョンの娘たち』**、ゴッホ**『星月夜』**などを所蔵する。

ボストン（州都）【マサチューセッツ州】

- **フリーダムトレイル**：全長約4kmにわたる市内の**観光コース**。**旧州会議事堂**、**キングス・チャペル**、**クインシー・マーケット**などが見どころ。
- 🏛**ボストン美術館**：アメリカ建国100年を記念して公開された美術館。歌麿、北斎、広重などの浮世絵を多く所蔵する。

フィラデルフィア【ペンシルベニア州】

- **インディペンデンス・ホール（独立記念館）**：1776年に独立宣言が採択された場所。この北側には、独立宣言の際に鳴らされた**自由の鐘**がある。
- **カーペンターズ・ホール**：第1回大陸会議が開催された場所。

ウィリアムズバーグ【バージニア州】：イギリス植民地時代の**総督公邸**、裁判所など、歴史的建造物を再現した地域（**コロニアル・ウィリアムズバーグ**）で知られる。

オーランド【フロリダ州】：ウォルト・ディズニー・ワールドやユニバーサル・スタジオ・フロリダなどがある。ケネディ宇宙センターへの観光拠点。

マイアミ【フロリダ州】：リゾート地。

- **セブンマイルブリッジ**：**フロリダ半島**南端の**キー・ラーゴ**から、**キー・ウェスト**までの島を結ぶ42の橋の一つ。映画やCMで度々使用されている。
- **キーウェスト**：アメリカ本土最南端の地。作家**ヘミングウェイ**が晩年を過ごした家が博物館として公開されている。

シカゴ【イリノイ州】：**ミシガン湖**の南端。

- **グラント公園**：周辺に[博物館]フィールド自然史博物館などがある。
- **ウィリスタワー**：110階建ての超高層タワー。旧称シアーズタワー。
- **ルート66**：1926年に国道として開通したシカゴからロサンゼルス近郊の**サンタモニカ**に至る道路（現在は国の景観街道となっている）。**"マザーロード"**とも呼ばれている。

メンフィス【テネシー州】：ブルース、ロックンロールなどの聖地として知られる都市。ライブハウスが立ち並ぶ**ビールストリート**のほか、エルビス・プレスリーの邸宅**グレースランド・マンション**がある。

アトランタ（州都）【ジョージア州】：マーガレット・ミッチェルの小説**『風と共に去りぬ』**の舞台。近郊には、巨大な花崗岩（かこうがん）に、南北戦争の英雄3人の浮き彫りが刻まれている**ストーン・マウンテン**がある。

ニューオリンズ【ルイジアナ州】：ディキシーランド・**ジャズ**の発祥地。外輪船での**ミシシッピ川遊覧**も人気。**フレンチ・クォーター**は18～19世紀の建物が残る旧市街で、ブルボン家の名にちなんで命名された**バーボン・ストリート**にはバーが軒を連ね、ジャズの生演奏が楽しめる。

シアトル【ワシントン州】：スペース・ニードル（タワー）やメジャーリーグ「シアトル・マリナーズ」の球場セーフコ・フィールドなどがある。

サンフランシスコ【カリフォルニア州】：坂と**ケーブルカー**の街。

- **ゴールデン・ゲート・ブリッジ（金門橋）**：1937年に完成した全長約2.7kmの**赤い吊り橋**。
- **サウサリート**：サンフランシスコ市街地の北、ゴールデン・ゲート・ブリッジを渡った海岸沿いにあるリゾート地。
- **ツイン・ピークス**：2つの峰からなる丘で、サンフランシスコ市内が一望できる。
- **フィッシャーマンズ・ワーフ**：大きなカニの看板が目印。魚介類を扱う露店やレストランなどがある。ここから約2.4kmの沖合いに、連邦刑務所跡で知られる**アルカトラズ島**がある。

ロサンゼルスとその近郊【カリフォルニア州】

- **ハリウッド**：アメリカ映画産業の中心地。前庭に映画スターの手形足形が印されているTCL・チャイニーズ・シアター、アカデミー賞の授賞式が行われるドルビー（旧コダック）・シアター、ユニバーサル・スタジオ・ハリウッドなどがある。
- **ロデオドライブ**：ビバリーヒルズにある高級ブランド店が並ぶ通り。
- **ディズニーランド・リゾート**：ロサンゼルス近郊のアナハイムにあるテーマパーク。

サンディエゴ【カリフォルニア州】：ロサンゼルスの南、メキシコとの国境付近の都市（国境を越えると、**メキシコ**の都市ティファナがある）。サンディエゴ発祥の地オールドタウン、繁華街ガスランプ・クォーターのほか、シーワールドなどが見どころ。

ラスベガス【ネバダ州】：豪華なホテルとカジノで有名。
- **フリーモント・ストリート**：ダウンタウンの中心通り。アーケードの天井を彩る音と光のアトラクションが有名。

ソルト・レイク・シティ（州都）【ユタ州】：2002年の冬季オリンピックの開催地。

アンカレジ【アラスカ州】：アラスカ州最大の都市。

フェアバンクス【アラスカ州】：アラスカ州第2の都市で、**オーロラ**の観測地。**チナ温泉**リゾートや北米最高峰の**デナリ（マッキンリー）山**を有するデナリ国立公園などへの観光拠点の一つ。

その他の観光資源

- **五大湖【ニューヨーク州ほか】**：アメリカ北部、カナダとの国境にあるスペリオル湖、ミシガン湖、ヒューロン湖、エリー湖、オンタリオ湖の5つの湖の総称。
- **ナイアガラ滝【ニューヨーク州／カナダオンタリオ州】**：エリー湖から流れるナイアガラ川がオンタリオ湖に注ぐ途中にある滝。アメリカ側の観光拠点はバッファロー。五大湖の最も東側にあるオンタリオ湖からセントローレンス川に注ぎ大西洋に流れる。また、徒歩で滝の裏側を進み、間近で滝を眺めるジャーニー・ビハインド・ザ・フォールズや、遊覧船で滝の近くまで行く**ホーンブロワー・ナイアガラ・クルーズ**などのアトラクションが人気。
- **ケネディ宇宙センター【フロリダ州】**：NASA（アメリカ航空宇宙局）の宇宙船の発射場などがある。
- **セドナ【アリゾナ州】**：神秘的なエネルギーが宿る場所として知られる都市。**カセドラル・ロック**、**ベル・ロック**などの赤茶色の砂岩が点在する。
- **アンテロープ・キャニオン【アリゾナ州】**：風水などで浸食された細い幅の渓谷。**アッパー**と**ロウアー**の2つの岩層に分かれている。先住民ナバホ族が管理している。
- **モニュメント・バレー【ユタ州／アリゾナ州】**：砂漠にそびえたつ赤茶色の砂岩は、西部劇映画やCMにも使用されている。先住民ナバホ族が管理している。
- **マウントラッシュモア国立メモリアル【サウスダコタ州】**：写真左から、ワシントン（初代）、ジェファーソン（3代）、ルーズベルト（26代）、リンカーン（16代）の**歴代4人の大統領**の顔が彫られた岩山。

マウントラッシュモア国立メモリアル（サウスダコタ州）

アメリカの国立公園

- **ブライス・キャニオン国立公園【ユタ州】**：赤茶色の土柱の尖塔群が特徴。
- **ザイオン国立公園【ユタ州】**：一枚岩「グレート・ホワイト・スローン」などがある。
- **アーチーズ国立公園【ユタ州】**：穴の開いた**アーチ型の岩**が点在する。**デリケート・アーチ**、ダブル・アーチなどが見どころ。
- **イエローストーン国立公園【ワイオミング州／モンタナ州／アイダホ州】**：**世界初**の国立公園。巨大な**間欠泉オールド・フェイスフル・ガイザー**や**温泉**の石灰棚**マンモス・ホット・スプリングス**などが見どころ。
- **メサ・ヴェルデ国立公園【コロラド州】**：断崖をくり抜いて造られた集落の遺跡群。巨岩住居の遺跡**クリフ・パレス**などが見どころ。
- **グレイシャー（グレイシア）国立公園【モンタナ州】**：隣接するカナダのウォータートン・レイク国立公園とともに、世界初の国際平和自然公園に指定されている。
- **ヨセミテ国立公園【カリフォルニア州】**：サンフランシスコの東、**シエラネバダ山脈**の中央に位置する。氷河の浸食によって刻まれた渓谷。ヨセミテ滝や**ブライダルベール滝**、絶壁の一枚岩（花崗岩）**エル・キャピタン**、大絶壁の**ハーフ・ドーム**などが見どころ。
- **デス・バレー国立公園【カリフォルニア州／ネバダ州】**：シエラネバダ山脈東部の砂漠地帯。公園内には、北米大陸で最も海抜が低い地点バッド・ウォーターがある。
- **グランド・キャニオン国立公園【アリゾナ州】**：**コロラド川**の浸食によってできた大渓谷。**ラスベガス**からの日帰りツアーが人気。
- **エバーグレーズ国立公園【フロリダ州】**：フロリダ半島南部にあるアメリカ最大の**湿地帯**。淡水や塩水などの水域が入り混じっている。

ハワイ（アメリカ ハワイ州）

※首都・通貨はアメリカと同じ

各島の観光資源

カウアイ島：**“ガーデン・アイランド”**と呼ばれる緑豊かな島。映画『ジュラシック・パーク』のロケ地。政治・経済の中心地、空の玄関口は**リフエ**。

- **シダの洞窟**：ボストン・シダで覆われた洞窟。**王族の結婚式**などが行われていた。
- **ワイメア渓谷**：“リトル・グランド・キャニオン”と呼ばれる渓谷。
- **ナパリ・コースト**：断崖絶壁の海岸線。車で行くことはできないため、船やヘリコプターなどを利用して景観を眺めるツアーが人気。

オアフ島：ハワイ州の州都**ホノルル**がある。ハワイ観光で最も人気がある島。

- **ワイキキ**：ビーチ沿いの豪華なホテルや**カラカウア大通り**などがあるホノルル観光の中心地。
- **ダイヤモンドヘッド**：ホノルルのシンボル的な山。
- **ヌウアヌ・パリ**：一年中**強風**が吹くことで知られる峠。
- **サンセット・ビーチ**：ノースショアにあるビーチ。サーフィンのメッカ。
- **イオラニ宮殿**：第７代国王のカラカウア王によって建てられた宮殿。

- モアナルア・ガーデンパーク：CMで知られる「日立の樹」がある公園。

ラナイ島：輸出用パイナップルの産地であったことから、かつては**“パイナップル・アイランド”**と呼ばれた。手つかずの自然が多く残る。

マウイ島：**“渓谷の島”**と呼ばれる島。空の玄関口は**カフルイ**。

- **ハレアカラ山**：壮大な**クレーター**がある。
- **カアナパリ**：高級リゾート地。ビーチ沿いに豪華なホテルが並ぶ。
- **ラハイナ**：旧ハワイ王朝の首都。
- **ホエール・ウォッチング**：ザトウクジラを見る人気のツアー（12月～4月）。

ハワイ島：**“ビッグ・アイランド”**と呼ばれるハワイ州**最大の島**。**火山**の島として知られている。政治・経済の中心地は**ヒロ**、空の玄関口は**カイルア・コナ**。

- **キラウエア山**：火の女神「ペレ」が住むという言い伝えがある山（標高約1,250m）。一帯は**ハワイボルケーノ（火山）国立公園**に指定されており、溶岩流などの火山活動を見ることができる。
- **マウナ・ケア山**：ハワイ諸島最高峰（標高4,205m）。マウナ・ケアは、“白い山”の意味。頂上には、**日本の国立天文台「すばる望遠鏡」**が設置されている。
- **マウナ・ロア山**：マウナ・ロアは“長い山”の意味。
- **プナルウ黒砂海岸**：海に流れ出た溶岩が冷えてできた黒砂の海岸。**ウミガメ**が現れることでも有名。
- **メリー・モナーク・フェスティバル**：4月上旬に開催されるカラカウア王をたたえる祭り。フラダンスのコンテストなどが催される。

■ 図表2　ハワイ

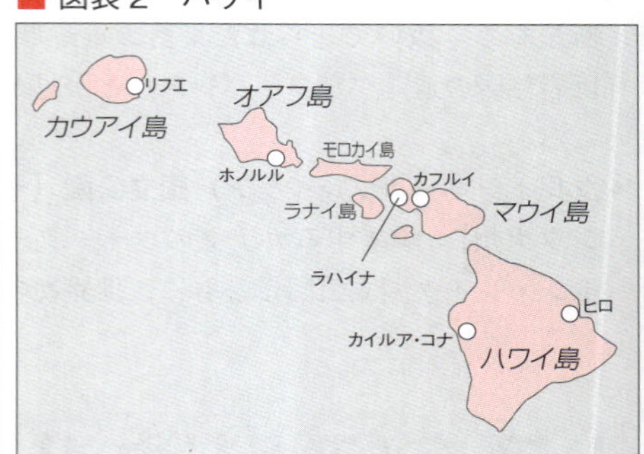

こんな問題が出た！ 過 平29

ハワイ諸島のカウアイ島北西部にあり、陸路で訪れるのは困難な［　　　］は、起伏に富んだ断崖絶壁の海岸線が長く連なり、船上ツアーや遊覧飛行などで壮大な景観を楽しむことができる。

a．カアナパリ ビーチ　　b．ナパリ コースト
c．プナルウ黒砂海岸　　d．ワイメア ビーチ

答 b

カナダ　オタワ　カナダ・ドル

各都市の観光資源

ビクトリア（州都）【ブリティッシュ・コロンビア州】：バンクーバー島の南端。温暖な気候で、州議事堂など**イギリス風**の美しい街並みが特徴。季節の花が咲き誇る**ブッチャート・ガーデン**などが見どころ。

バンクーバー【ブリティッシュ・コロンビア州】：カナダ西部の観光拠点。2010年の冬

季オリンピックの開催地。海に面するスタンレー・パークは、園内に水族館などがある広大な公園。バンクーバーの北には、スキーリゾート地として知られるウィスラーがある。

エドモントン（州都）【アルバータ州】：近代的な都市。世界最大級のショッピングセンターであるウエスト・エドモントン・モールがある。

カルガリー【アルバータ州】：1988 年の冬季オリンピック開催地。

イエローナイフ（州都）【ノースウエスト準州】：グレート・スレーブ湖の北岸に位置する。オーロラ観賞地として有名。

ケベック・シティ（州都）【ケベック州】：セントローレンス川北岸に位置する。古城のようなホテルフェアモント・ル・シャトー・フロントナックが街のシンボル。フランス色の濃い街で、ダルム広場を中心とする旧市街は、1985 年、北米唯一の城塞都市として世界文化遺産に登録された。メープル街道の北の拠点。

モントリオール【ケベック州】：ケベック州最大の都市で、1976 年の夏季オリンピックの開催地。カナダ最大のフランス語圏の都市でもある。

トロント（州都）【オンタリオ州】：オンタリオ湖の西側。ナイアガラ滝へのカナダ側の玄関口である。CN タワーなどがある。

オタワ【オンタリオ州】：国会議事堂などがある。

ハリファックス（州都）【ノバ・スコシア州】：大西洋に面する港町。大西洋海洋博物館には、豪華客船タイタニック号の遺品などが展示されている。

プリンス・エドワード島【プリンス・エドワード・アイランド州】：州都シャーロットタウン。モンゴメリの小説『赤毛のアン』の舞台。モンゴメリの生家や、アンの家を再現したグリーン・ゲイブルズなどがある。

その他の観光資源

- **メープル街道**：ケベック・シティ～モントリオール～トロント～ナイアガラ滝を結ぶ街道。カナダの象徴である楓（かえで）（メープル）の紅葉が美しい。モントリオール北部のローレンシャン高原が見どころの一つ。

カナダの国立公園

- **ジャスパー国立公園【アルバータ州】**：カナディアン・ロッキー北部観光の中心。コロンビア大氷原やアサバスカ氷河、マリーン・レイクがある。
- **バンフ国立公園【アルバータ州】**：ジャスパー国立公園の南に隣接する国内最初の国立公園。“カナディアン・ロッキーの宝石”と称されるレイク・ルイーズがある。
- **ヨーホー国立公園【ブリティッシュ・コロンビア州】**：カナディアン・ロッキーの一部に属する国立公園で、エメラルド・レイク、石の橋ナチュラル・ブリッジ、タカカウ滝などがある。

こんな問題が出た！ 過 平 24

カナダのノースウェスト準州、グレート スレーブ湖北岸にある＿＿＿は、北極圏から約 500km 南方に位置し、オーロラ観賞に適した場所のひとつとして知られる。

a．イエローナイフ　　b．ウィスラー
c．カルガリー　　d．ハリファックス

答 a

第4章 Lesson 16

重要度 B

中南米

国 総

学習項目

◎遺跡
◎滝・湖
◎カリブ海の国の位置

学習ポイント

- 首都は混同しやすいので、区別して覚える。
- 「テオティワカン遺跡」、「ウシュマル遺跡」、「チチェン・イッツァ遺跡」、「ナスカの地上絵」、「マチュピチュ遺跡」、「チチカカ湖」、「イグアス滝」などの頻出資源と**その属する国**を覚える。

■ 図表1 中南米

メキシコ

メキシコ・シティ　メキシコ・ペソ

各都市の観光資源

メキシコ・シティ：ソカロ（憲法広場）や伊達政宗の使節の**支倉常長**（はせくらつねなが）らが宿泊したといわれている青いタイルの家がある。また、**死者の道**を中心に**太陽のピラミッド**や**月のピラミッド**、ケツァルコアトルの神殿などがある**テオティワカン遺跡**への観光拠点。

グアダラハラ：同国第2の都市。例年、**マリアッチ**（ギターやバイオリンなどを演奏する楽団の総称）の国際大会が開催されている。オロスコ作の壁画がある建物**オスピシオ・カバーニャス**などがある。近郊には同国を代表する酒**テキーラ**の産地がある。

アカプルコ：ビーチリゾート。支倉常長一行がローマへ向かう途中に上陸した都市。**ラ・ケブラダ岬**は、断崖絶壁で行われる“死のダイビングショー”で有名。

メリダ：**ユカタン半島**最大の都市。**マヤ文明**の遺跡で、**魔法使いのピラミッド**、**総督の館**、**尼僧院**などがある**ウシュマル遺跡**や、ピラミッド型の城塞**エル・カスティージョ**や**戦士の神殿**などがある**チチェン・イッツァ遺跡**への観光拠点。

カンクン：**ユカタン半島**の北東端にあるビーチリゾート。メリダ同様、チチェン・イッツァ遺跡などへの観光拠点。

ロス・カボス：**カリフォルニア半島**南端のビーチリゾートの総称。

その他の観光資源

- **パレンケ遺跡**：同国南東部、チアパス州にあるマヤ文明の古代都市遺跡。**碑文の神殿**などが見どころ。

こんな問題が出た！　過 平28

メキシコ南東部のカリブ海沿岸、ユカタン半島の北東突端に位置する［　　　］は、1970年代に政府主導により開発された一大リゾート地で、世界文化遺産のチチェン イッツァなどマヤ文明遺跡への観光拠点のひとつにもなっている。

a．アカプルコ　　b．カンクン　　c．グアダラハラ　　d．ロス カボス

答　b

■ 図表2　カリブ海の国

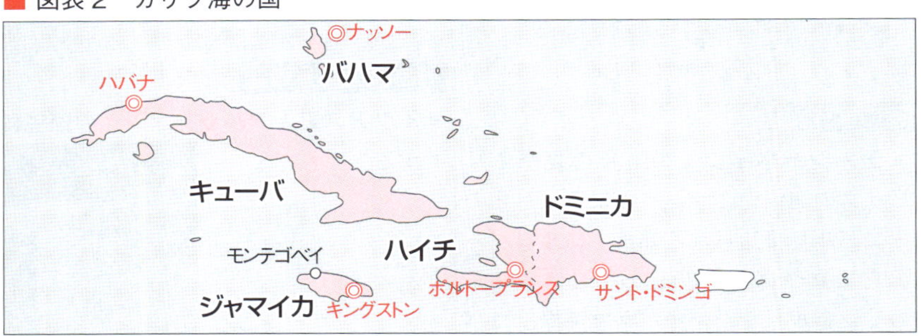

海外旅行実務　総

キューバ

ハバナ　兌換（だかん）ペソおよびキューバ・ペソ

各都市の観光資源

ハバナ：2015年に**アメリカとの国交を回復**した同国の首都。

- **カテドラル広場**：左右に大きさが異なる塔をもつサン・クリストバル大聖堂に面する広場。
- **旧国会議事堂（カピトリオ）**：アメリカの国会議事堂を模して造られたといわれている。
- **モロ要塞・カバーニャ要塞**：海賊などからの攻撃を防ぐために造られた要塞。対岸に**プンタ要塞**と**フエルサ要塞**がある。
- **ホテル・アンボスムンドス**：作家**ヘミングウェイ**が滞在したホテル。

コヒマル：ヘミングウェイの小説**『老人と海』の舞台**とされるハバナ近郊の港町。

ジャマイカ

キングストン　ジャマイカ・ドル

各都市の観光資源

キングストン：**レゲエ音楽**の発祥地。近郊に位置する国内最高峰の**ブルー・マウンテン**は、コーヒーの産地として有名。

モンテゴベイ：高級リゾート。

こんな問題が出た！　過 平27 改

フロリダ半島の南、カリブ海に位置し、1961年に社会主義宣言をした共和国は、2015年にアメリカとの国交を回復し、その首都［　　　］の旧市街とその要塞群は世界文化遺産に登録されている。

a．キングストン　　b．ポルトープランス
c．サント・ドミンゴ　　d．ハバナ

答 d

ブラジル

ブラジリア　レアル

フェイジョアーダ

各都市の観光資源

リオ・デ・ジャネイロ：2016年の夏季オリンピックの開催地。サンバの祭典**「リオのカーニバル」**で知られる都市。**コルコバードの丘**に立つ高さ約30mの**キリスト像**が街のシンボル。また、**イパネマ海岸**、**コパカバーナ海岸**、奇岩**ポン・デ・アスーカル**がある。

その他の観光資源

- **イグアス滝**：**アルゼンチン**との国境に位置する。

コルコバードの丘のキリスト像
(リオ・デ・ジャネイロ)

ペルー　リマ　ソル

セビッチェ

各都市の観光資源

リマ：インカ帝国を征服したピサロによって築かれた都市。旧市街には、サント・ドミンゴ教会や聖女メルセーを祀る**ラ・メルセー教会**などの歴史的建造物が点在する。

ナスカ：**リマ**の南方に位置する。人間や鳥、幾何学模様などが描かれている**ナスカの地上絵**があり、遊覧飛行が人気。

クスコ：**インカ帝国の首都**として栄えた都市。**アンデス山中**にある**インカ文明**の遺跡で、"空中都市"と称される**マチュピチュ遺跡**の日帰り観光ができる。

その他の観光資源

- **チチカカ湖**：**ボリビア**との国境、海抜約3,800mに位置する南米最大の湖。トトラと呼ばれる葦（あし）を重ねて作られた浮き島**ウロス島**間の行き来は伝統的な葦船で行われている。湖の西側に位置する**プーノ**が観光拠点。

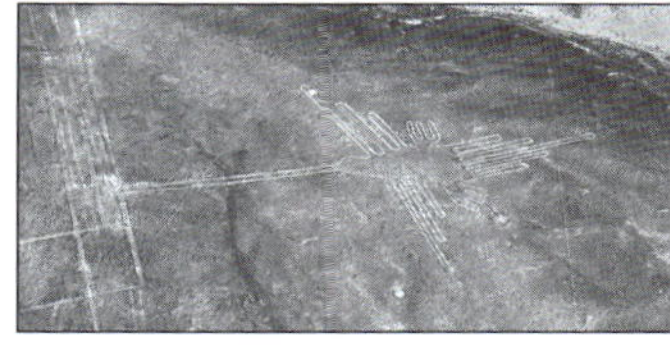

ナスカの地上絵（ナスカ）

アルゼンチン　ブエノスアイレス　アルゼンチン・ペソ

アサード

各都市の観光資源

ブエノスアイレス：ラプラタ川に面する同国の首都。大統領府（カサ・ロサーダ）や5月広場など行政機関や歴史的な建造物が点在する**モンセラート地区**、**アルゼンチンタンゴの発祥地**として知られる**ボカ地区**などがある。

その他の観光資源

- **イグアス滝**：**アルゼンチン**と**ブラジル**の国境に位置する大瀑布。アルゼンチン側には"悪魔の喉笛（のどぶえ）"と呼ばれる滝の名所がある。
- **ロス・グラシアレス国立公園**：南部の都市**カラファテ**から約80kmに位置する国立公園。展望台から氷河が崩れる様を見学することができる。**ペリト・モレノ氷河**、スペガッツィーニ氷河、ウプサラ氷河などが見どころ。

こんな問題が出た！　過 平30

広大な氷河群が世界遺産に登録されているロス グラシアレス国立公園は、南米大陸南端パタゴニア地方のアルゼンチン、サンタクルス州に位置し、なかでも［　　　］氷河は、轟音と共に崩れ落ちる巨大な氷塊や青白い流氷を見られることで知られている。

a．アレッチ　　b．タスマン
c．ペリト モレノ　　d．ヨステダール

答　c

その他南米の国

国名	首都	主な観光資源
チリ	サンティアゴ	**イースター島**：モアイ像。
ボリビア	ラパス （憲法上はスクレ）	**チチカカ湖**：ペルーとの国境にある。 **ウユニ塩湖**：塩の結晶が大地を覆い、“天空の鏡”と称される。
エクアドル	キト	**ガラパゴス諸島**：この島を訪れたダーウィンが『種の起源』を書き進化論を発表した。
ベネズエラ	カラカス	**エンジェル（アンヘル）滝**：カナイマ国立公園内、ギアナ高地にあるテーブル状の山**アウヤンテプイ**から流れ落ちる落差世界一の滝。

世界の料理

国	料理	特徴
韓国	サムゲタン	もち米などを鶏肉につめて煮込んだスープ
ベトナム	フォー	肉や野菜のスープに米粉の麺を入れたもの
タイ	トムヤムクン	唐辛子入りのエビ入りスープ
インドネシア	ナシゴレン／ミーゴレン	炒飯／焼きそば
トルコ	シシカバブ	羊肉などの串焼き
イギリス	フィッシュ＆チップス	白身魚とポテトのフライ
フランス	ブイヤベース	マルセイユ名物、魚介類のスープ
スペイン	パエリヤ	米に魚介類などをのせ平鍋で炊き込んだもの
	ガスパチョ	野菜の冷たいスープ
ドイツ	アイスバイン	塩漬けの豚のすね肉をゆでたもの
	ザワークラウト	キャベツを乳酸発酵させたもの
スイス	チーズ・フォンデュ	鍋の中のチーズにパンや肉、野菜などをつける
オーストリア	ウィンナー・シュニッツェル	ウィーン風仔牛のカツレツ
イタリア	ミネストローネ	トマトベースのスープ
ハンガリー	グヤーシュ	パプリカや牛肉などを煮込んだもの
ギリシャ	ムサカ	ホワイトソースと炒めたひき肉、ナスなどをオーブンで焼いたもの
ロシア	ボルシチ	真っ赤な野菜ビーツをベースとするスープ
	ピロシキ	肉や野菜を入れた揚げパン
ブラジル	フェイジョアーダ	黒豆や牛肉、豚肉などを煮込んだもの
ペルー	セビッチェ	魚介類、タマネギなどの野菜、香辛料、レモン汁などを混ぜ合わせたもの
アルゼンチン	アサード	炭火で焼いた牛肉を塩で味付けしたもの
モロッコ	クスクス	細かい粒状のパスタに肉や魚、野菜の煮込みをかけたもの

アフリカ

重要度 B

学習項目

◎遺跡
◎国立公園など

学習ポイント

- エジプトのピラミッド、神殿、宮殿は、その位置する都市を正確に覚える。
- **国立公園**や**保護区**などの**属する国**を覚える。

■ 図表1　アフリカ

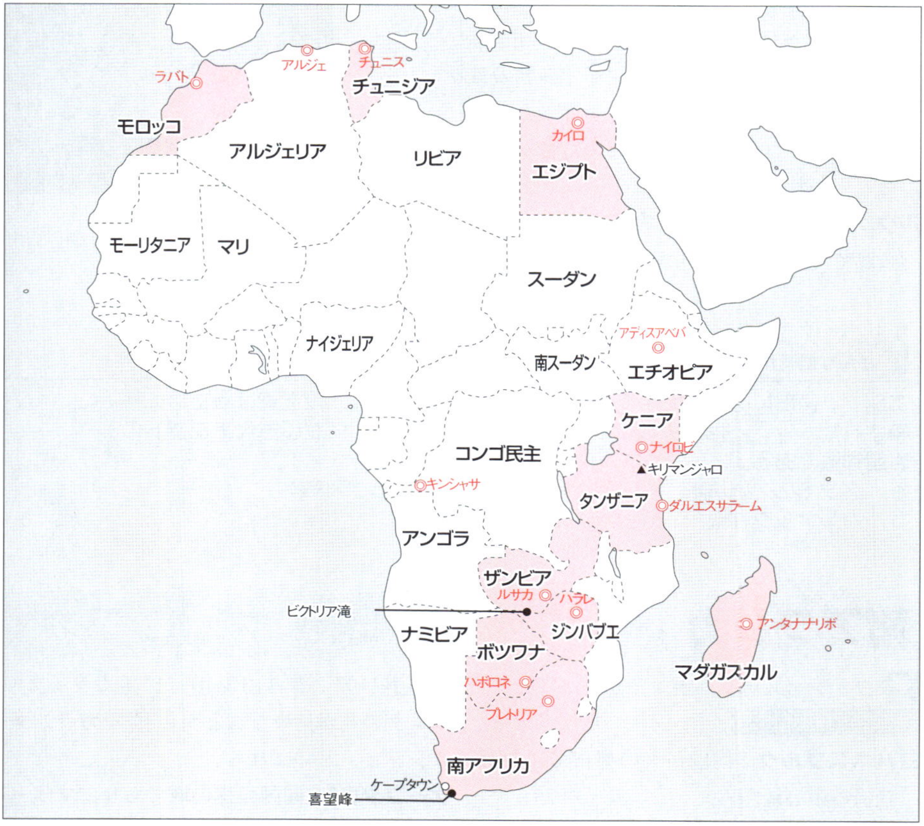

ラバト
アルジェ
チュニス
チュニジア
モロッコ
アルジェリア
リビア
カイロ
エジプト
モーリタニア
マリ
スーダン
アディスアベバ
ナイジェリア
南スーダン
エチオピア
ケニア
ナイロビ
コンゴ民主
▲キリマンジャロ
キンシャサ
タンザニア
ダルエスサラーム
アンゴラ
ザンビア
ルサカ
ハラレ
ビクトリア滝
アンタナナリボ
ナミビア
ジンバブエ
ボツワナ
マダガスカル
ハボローネ
プレトリア
南アフリカ
ケープタウン
喜望峰

エジプト

カイロ　エジプト・ポンド

各都市の観光資源

ギザ（ギーザ）：カイロ近郊の古代都市。クフ王、カフラー王、メンカウラー王の墓といわれる3つの**ピラミッド**や顔は人間、体はライオンの像**スフィンクス**がある。

メンフィス：カイロ近郊の古代都市。ラムセス2世の巨像やトトメス王のアラバスター（大理石の一種）製のスフィンクスなどがある。

サッカラ（サッカーラ）：カイロ近郊、古代墳墓が多く残る都市。**ジョセル王の階段のピラミッド**や聖牛アピスのために作られた地下式の墳墓セラペウムなどがある。

アレクサンドリア：エジプト第2の都市で、同国最大の貿易港。**プトレマイオス朝の首都**として栄えた。港口には、世界の七不思議の一つとされる**ファロス島の灯台**があったといわれている。

ルクソール（ルクソル）：古代都市**テーベ**の遺跡で有名。ナイル川を挟んで**東側**に**ルクソール神殿**、**アモン大神殿**がある**カルナック神殿**（ルクソール神殿とカルナック神殿は、**スフィンクス参道**で結ばれている）、**西側**にツタンカーメン王の墓がある**王家の谷**、**王妃の谷**、**ハトシェプスト女王葬祭殿**がある。

アスワン：**ラムセス2世**が建てた**アブ・シンベル神殿**への観光拠点。この宮殿は、アスワン・ハイ・ダムの建設時に造られた**ナセル湖**に沈む運命にあったが、西に移築され水没を免れた。

アブ・シンベル神殿

こんな問題が出た！　過 平28

エジプト南部にあり、アスワン ハイ ダムの建設による水没を避けるために移築された＿＿＿＿は、入口にラムセス2世の巨像が4体並ぶ古代エジプトの岩窟神殿である。

a．アブ シンベル神殿　　b．イシス神殿（フィラエ神殿）
c．カルナック神殿　　d．ルクソール神殿

答　a

南アフリカ

プレトリア（行政府）※立法府はケープタウン　司法府はブルームフォンテーン

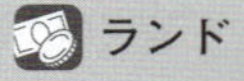

ランド

ワイン（ステレンボスほか）

各都市の観光資源

ヨハネスブルク：同国最大の都市で、金融、経済の中心地。

プレトリア：春（10月頃）に咲くジャカランダの花が見事なことから**“ジャカランダ・シティ”**と呼ばれる。

ケープタウン：**同国発祥の地**であり、**“マザー・**

シティ”と呼ばれる都市。頂上が平らな岩山テーブルマウンテン、アフリカ（ケープ）ペンギンが見られるボルダーズ・ビーチ、半島の南端には喜望峰がある。

モロッコ　ラバト　モロッコ・ディルハム

＊モロッコ、チュニジア、アルジェリアは、マグレブ3国と呼ばれる。

クスクス

各都市の観光資源

ラバト：ムハンマド5世廟と同じ敷地内にあるハッサンの塔は、建設が中断され、未完のまま残されている。

カサブランカ：“白い家”の意味を持つモロッコ最大の都市。香辛料などの店が並ぶ旧市街や**ムハンマド5世広場**、ハッサン2世が“北アフリカの象徴”として建てた高さ約200mのミナレット（尖塔）を持つハッサン2世モスクがある。

フェズ：モロッコ最古の都市。カラウィーン・モスクがある旧市街は、**世界文化遺産**に登録されている。

マラケシュ：ムラビト朝の都があった都市。ジャマ・エル・フナ広場や高さ77mのミナレットを持つクトゥビア・モスクがある旧市街は、**世界文化遺産**に登録されている。

こんな問題が出た！ 過 令2

モロッコ中部にあり大アトラス山脈北側に位置するオアシス都市＿＿＿＿には、迷路のような細い路地に沢山の店がひしめくスークや高くそびえるクトゥビア モスクがある旧市街、大道芸人や屋台で活気があふれるジャマ エル フナ広場などの見どころがある。

a．カサブランカ　b．フェズ　c．マラケシュ　d．メクネス

答 c

その他アフリカの国

国名	首都	主な観光資源
チュニジア	チュニス	**カルタゴ遺跡**：カルタゴにある古代都市遺跡。名将ハンニバルがローマ軍と戦ったポエニ戦争の舞台。
タンザニア	ダルエスサラーム（法律上はドドマ）	**キリマンジャロ**：アフリカ大陸最高峰。ケニアとの国境近くに位置する。ヘミングウェイの小説『キリマンジャロの雪』の舞台（この小説が執筆された場所として知られているのは、**ケニア**のアンボセリ国立公園）。
ザンビア	ルサカ	**ビクトリア滝**：ザンベジ川の中流、ジンバブエ（首都：ハラレ）との国境に位置する。**ナイアガラ滝**（アメリカ・カナダ）、**イグアス滝**（ブラジル・アルゼンチン）と並ぶ世界三大瀑布の一つ。

アフリカの国立公園・保護区

国	公園・保護区
ケニア（首都：ナイロビ）	アンボセリ国立公園／ツアボ国立公園／ナクル湖国立公園／マサイ・マラ国立保護区
タンザニア（首都：ダルエスサラーム（法律上はドドマ））	キリマンジャロ国立公園／セレンゲティ国立公園／ンゴロンゴロ保全地域
ジンバブエ（首都：ハラレ）	ビクトリアフォールズ（瀑布）国立公園
ボツワナ（首都：ハボロネ）	チョベ国立公園
南アフリカ（首都：プレトリア）	クルーガー国立公園
マダガスカル（首都：アンタナナリボ）	ベレンティ保護区

世界の鉄道・列車の運行区間

鉄道・列車名	主な運行区間　【　】は国名
KTX（Korean Train Express）	ソウル⇔釜山【韓国】
台湾高速鉄道	南港（台北市）⇔左營（高雄市）【台湾】
青蔵鉄道	西寧【中国】⇔ラサ【中国・チベット自治区】
イースタン＆オリエンタル・エクスプレス	バンコク【タイ】⇔シンガポール
ユーロスター	ロンドン【イギリス】⇔パリ【フランス】 ロンドン【イギリス】⇔アムステルダム【オランダ】
グレッシャー・エクスプレス（氷河特急）	ツェルマット⇔サン・モリッツ【スイス】
ベルニナ・エクスプレス（ベルニナ線）	サン・モリッツ【スイス】⇔ティラーノ【イタリア】
フロム鉄道（フロム線）	フロム⇔ミュールダール【ノルウェー】
シベリア鉄道（ロシア号）	ウラジオストク⇔モスクワ【ロシア】
アムトラック（アセラ・エクスプレス）	ボストン⇔ワシントンD.C.【アメリカ】
アムトラック（カリフォルニア・ゼファー）	シカゴ⇔エメリビル【アメリカ】
VIA鉄道（カナディアン号）	バンクーバー⇔トロント【カナダ】
ブルートレイン	プレトリア⇔ケープタウン【南アフリカ】
ロボスレイル	プレトリア⇔ケープタウン【南アフリカ】 プレトリア【南アフリカ】⇔ダルエスサラーム【タンザニア】
インディアン・パシフィック	シドニー⇔パース【オーストラリア】
ザ・ガン	ダーウィン⇔アデレード【オーストラリア】

Lesson 18 オセアニア

重要度 A

国 総

学習項目

◎自然景観
◎国立公園
◎ミクロネシア
◎メラネシア
◎ポリネシア

学習ポイント

- オーストラリアは「州」も覚える。
- ニュージーランドの都市は「北島」と「南島」のどちらに属するかをあわせて覚える。
- ミクロネシア・メラネシア・ポリネシアに属する国・島を学習する。

■ 図表1　オーストラリア・ニュージーランド

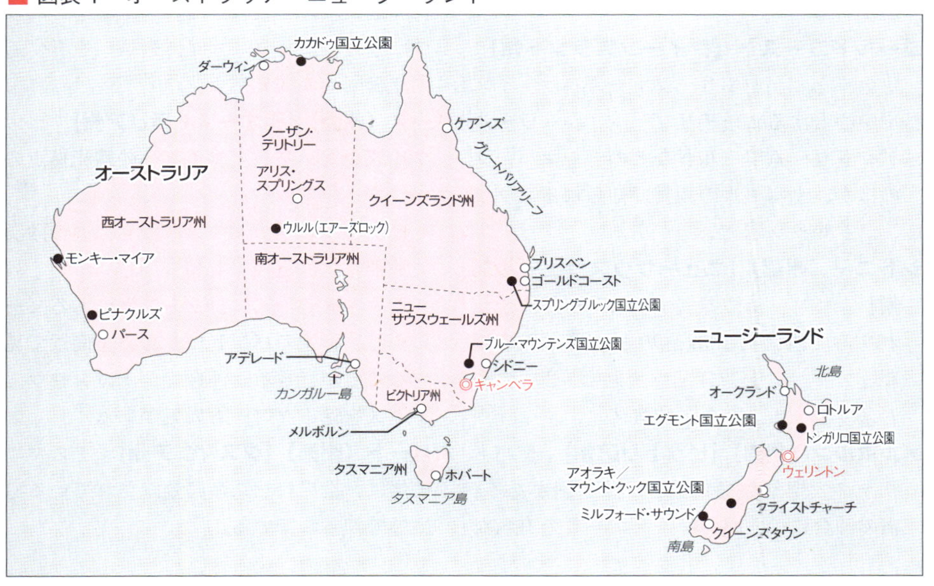

オーストラリア

キャンベラ　オーストラリア・ドル

各都市の観光資源

ケアンズ【クイーンズランド州】：オーストラリア北東部の都市。

- **キュランダ**：ケアンズ近郊、**熱帯雨林**の町。ケアンズ－キュランダ間は、**高原列車**や**スカイレール**で移動することができる。
- **グレートバリアリーフ**：世界最大のサンゴ礁群。**ヘイマン島**、**ハミルトン島**、**グリーン島**などがある。

ブリスベン（州都）【クイーンズランド州】：**コアラ**の保護区**ローンパイン・コアラ保護区**がある。

ゴールドコースト【クイーンズランド州】：ホテルなどが並ぶ**サーファーズパラダイス**を中心とするビーチリゾート。**シーワールド**や**ドリームワールド**などのテーマパークのほか、土ボタルの観賞で知られる**スプリングブルック国立公園**がある。

シドニー（州都）【ニューサウスウェールズ州】：**オペラハウス**や**ハーバーブリッジ**がある。西に約100kmのところにある**ブルー・マウンテンズ国立公園**は、3つの奇岩**スリー・シスターズ**で有名。

メルボルン（州都）【ビクトリア州】：聖パトリック大聖堂やフィッツロイ公園がある。南の沖合には、**ペンギンパレード**で有名な**フィリップ島**がある。

アデレード（州都）【南オーストラリア州】：ワインと芸術の都市。南西の沖合に、野生の**アシカ**をすぐ近くで見ることができる**カンガルー島**がある。

ダーウィン（州都）【ノーザン・テリトリー】：『種の起源』で知られる生物学者**ダーウィン**にちなんで名が付けられた都市。野生動植物の宝庫である広大な湿原**カカドゥ国立公園**への観光拠点。

アリス・スプリングス【ノーザン・テリトリー】：先住民アボリジニの聖地でもある世界最大級の一枚岩**ウルル（エアーズロック）**や**カタジュタ（オルガ岩群）**を有する国立公園への観光拠点。

パース（州都）【西オーストラリア州】：**ピナクルズ**や**モンキー・マイア**への観光拠点の一つ。

- **ピナクルズ**：ナンブング国立公園の砂漠地帯に立つ**石柱**で有名。
- **モンキー・マイア**：**シャーク湾**にあるビーチで、野生の**バンドウイルカ**を間近で見ることができる。沖合でジュゴンやウミガメを見るツアーも人気がある。

ホバート（州都）【タスマニア州】：タスマニア州は、世界自然遺産に登録されている原生林で知られている。

こんな問題が出た！　過 平29

次のオーストラリアの世界遺産とその観光拠点との組み合わせのうち、正しいものをすべて選びなさい。

a．ウルル（エアーズ ロック）　－　アリス スプリングス
b．カカドゥ国立公園　－　ダーウィン
c．シャーク湾とモンキー マイア　－　ケアンズ

答　a、b

ニュージーランド

ウェリントン　ニュージーランド・ドル

各都市の観光資源

ウェリントン：クック海峡に面する北島の南端に位置する都市。坂が多い街中を走る赤い「ケーブルカー」が特徴。

オークランド：北島にある。**"帆の街"**と称される同国最大の都市。

ロトルア：北島の温泉保養地で、温水を噴き上げる間欠泉が見られる。ツチボタルの生息地として知られる**ワイトモ鍾乳洞**への観光拠点。南に約 84km のところには、**同国最大の**タウポ湖がある。

クライストチャーチ：**"ガーデン・シティ"**と称される南島最大の都市。市内を流れる**エイボン川**では舟での遊覧が楽しめる。近郊には**テカポ湖**とその湖畔に立つ**善き羊飼いの教会**がある。

クイーンズタウン：南島。**ワカティプ湖畔**の都市。近郊の**テ・アナウ**（ツチボタルが観賞できる洞窟が有名）とともに、壮大なフィヨルドで知られる**ミルフォード・サウンド**への観光拠点となっている。

ニュージーランドの国立公園

- **トンガリロ国立公園**：北島。タウポ湖の南に位置し、同国で**最初に指定**された国立公園。**ルアペフ山**など3つの火山を有する。
- **エグモント国立公園**：北島。円錐形の**タラナキ山**を中心とした国立公園。
- **アオラキ／マウント・クック国立公園**：南島。**サザン・アルプス山脈**の中央に位置するニュージーランド**最高峰**の**アオラキ（マウント・クック）**を中心とした国立公園。**タスマン氷河**の遊覧飛行が人気。
- **フィヨルドランド国立公園**：南島。ニュージーランド最大の国立公園。**ミルフォード・サウンド**では壮大なフィヨルドの景観を遊覧船から楽しめる。

テカポ湖と善き羊飼いの教会
（クライストチャーチ近郊）

こんな問題が出た！ 過 令1

次の下線部a～dのうち、誤っているものはどれか。
ニュージーランドの国立公園には、北島に同国最初の国立公園であるa. ロトルア、円錐形のタラナキ山のあるb. エグモントなどがあり、南島にミルフォード サウンドで知られるc. フィヨルドランド、同国最高峰の山のあるd. アオラキ／マウント クックなどがある。

答 a（正：トンガリロ）

ミクロネシア・メラネシア・ポリネシアの国・島

■ 図表2　ミクロネシア・メラネシア・ポリネシア

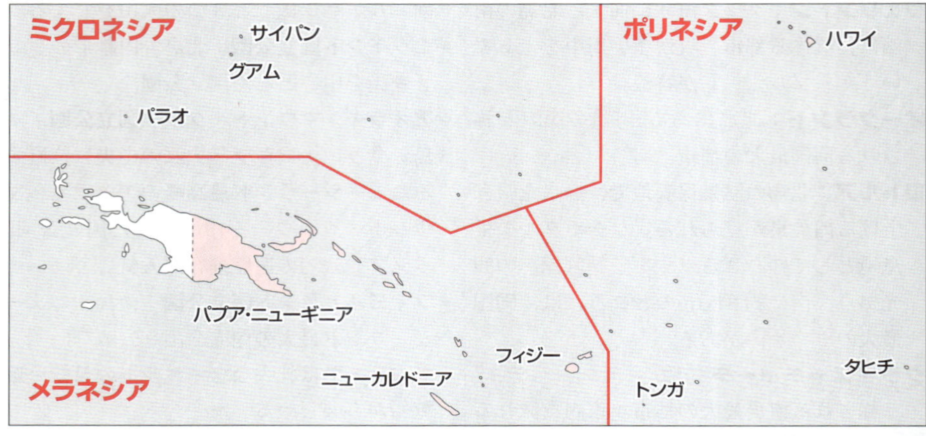

	国・島名 （　）内は首都・主要都市	特徴
ミクロネシア	グアム（ハガニア）	アメリカ・グアム準州。ミクロネシア最大の島。マリアナ諸島に属する。
	サイパン（ススペ）	北マリアナ諸島（アメリカ自治領）の中心。バンザイ・クリフ（岬）などがある。
	パラオ（マルキョク）	コロール島、バベルダオブ島、第2次世界大戦の激戦地**ペリリュー島**など約200の島で構成される共和国。「南ラグーンのロックアイランド群」が世界複合遺産に登録されている。
メラネシア	パプア・ニューギニア（ポートモレスビー）	約1万の島で構成される独立国。
	ニューカレドニア（ヌーメア）	フランス領。本島である**グランドテール島**、珊瑚の海に囲まれている**イル・デ・パン島**、森村桂の小説『天国にいちばん近い島』の舞台となった**ウベア島**などがある。
	フィジー（スバ）	"南太平洋の十字路"と称される共和国。国際空港はナンディにある。
ポリネシア	タヒチ（パペーテ）	フランス領。タヒチ島、**ボラボラ島**（最高峰**オテマヌ山**）、**モーレア島**などで構成されるソシエテ諸島の主島。画家ゴーギャンが過ごし、この島を題材とした作品を残している。
	トンガ（ヌクアロファ）	南太平洋で唯一の王国。
	ハワイ（ホノルル）	アメリカ・ハワイ州。Lesson15参照。

海外の国立公園・保護区など

国	国立公園	キーワード（主な観光資源など）
アメリカ	アーチーズ	デリケート・アーチ、ダブル・アーチ
	イエローストーン	世界初（アメリカ最古）の国立公園、間欠泉オールド・フェイスフル・ガイザー、石灰棚マンモス・ホット・スプリングス
	ザイオン	一枚岩グレート・ホワイト・スローン
	ヨセミテ	シエラネバダ山脈の中央に位置する、ブライダルベール滝、エル・キャピタン、ハーフ・ドーム
	グランド・キャニオン	コロラド川の浸食によってできた大渓谷
	ブライス・キャニオン	赤茶色の土柱の尖塔群
	メサ・ヴェルデ	巨岩住居の遺跡クリフ・パレス
	デス・バレー	北米大陸でもっとも海抜が低い地点バッド・ウォーター
	グレイシャー（グレイシア）	カナダのウォータートン・レイク国立公園とともに世界初の国際平和自然公園に指定されている
	エバーグレーズ	フロリダ半島南部、同国最大の湿地帯
	ハワイボルケーノ（火山）	ハワイ島、キラウエア山などの活火山が属する
カナダ	ジャスパー	マリーン・レイク、コロンビア大氷原、アサバスカ氷河
	バンフ	レイク・ルイーズ、モレーン・レイク
	ヨーホー	エメラルド・レイク、ナチュラル・ブリッジ、タカカウ滝
	ウォータートン・レイク	アッパー・ウォータートン湖、ミドル・ウォータートン湖
オーストラリア	カカドゥ	観光拠点ダーウィン、野生動物の宝庫
	ウルル・カタジュタ	観光拠点アリス・スプリングス、巨大な一枚岩ウルル（エアーズ・ロック）、カタジュタ（オルガ岩群）
	ナンブング	観光拠点パース、ピナクルズ（「荒野の墓標」と呼ばれる砂漠地帯に立つ石柱群）
	ブルー・マウンテンズ	観光拠点シドニー、奇岩スリー・シスターズ
	スプリングブルック	観光拠点ゴールドコースト、ナチュラル・ブリッジでの土ボタルの観賞が人気
ニュージーランド	トンガリロ	北島、同国最初の国立公園、ルアペフ山
	エグモント	北島、円錐形のタラナキ山
	フィヨルドランド	南島、氷河の浸食による地形ミルフォード・サウンド
	アオラキ/マウント・クック	南島、同国最高峰のアオラキ（マウント・クック）、タスマン氷河

ケニア
- アンボセリ国立公園
- ツアボ国立公園
- ナクル湖国立公園
- マサイ・マラ国立保護区

タンザニア
- キリマンジャロ国立公園
- セレンゲティ国立公園
- ンゴロンゴロ保全地域

ジンバブエ
- ビクトリアフォールズ（瀑布）国立公園

ボツワナ
- チョベ国立公園

南アフリカ
- クルーガー国立公園

マダガスカル
- ベレンティ保護区

海外旅行実務　総

さくいん

A

あ

か

さ

な

は

MEMO

著者紹介

ユーキャン旅行業務取扱管理者試験研究会

本会は、ユーキャン旅行業務取扱管理者通信講座で、教材の制作や添削・質問指導、講義を行っている講師を中心に結成されました。徹底した過去問題の分析と、通信講座で蓄積したノウハウを活かし、わかりやすい書籍作りのために日々研究を重ねています。

西川 美保（監修）

国内および総合旅行業務取扱管理者の両資格を保有。海外の地上手配や、国内および海外の個人・法人旅行の企画、営業、添乗業務など、旅行業界における豊富な経験と知識を活かし、受験指導の講師に転身。全科目にわたる緻密な出題傾向の分析と、受験生の立場に立ったわかりやすい講義に定評がある。現在は通信講座教材の執筆を手がけるほか、ユーキャンの指導部門において資格講座の運営や講師の指導・育成に携わっている。

山本 綾

学生時代に一般旅行業務取扱主任者（現 総合旅行業務取扱管理者）の資格を取得。大学卒業後、大手旅行会社に入社し、主に募集型企画旅行の販売を担当。旅行業界での実務経験を活かし、現在はユーキャン旅行業務取扱管理者通信講座の講師として受験指導に携わっている。試験に関する情報収集能力・出題傾向の分析に極めて優れ、わかりやすい教材制作と的確な受験指導で多くの学習者からの支持を受けている。

八木澤 幸枝

募集型企画旅行の企画・販売など旅行会社での実務経験のほか、旅行パンフレットの制作や、その語学力を活かした通訳・翻訳業など幅広い知識と経験を持つ異色派。現在はユーキャン旅行業務取扱管理者講座の講師として、教材の改訂や出題傾向の分析、講義などで広く活躍している。学習者一人ひとりに対する丁寧かつ熱心な個別指導にはファンが多く、本書でも“わかりやすさ”をモットーとした教材作りに力を注いでいる。

●**法改正・正誤等の情報につきましては、下記「ユーキャンの本」ウェブサイト内「追補（法改正・正誤）」をご覧ください。**
https://www.u-can.co.jp/book/information

●**本書の内容についてお気づきの点は**
・「ユーキャンの本」ウェブサイト内「よくあるご質問」をご参照ください。
https://www.u-can.co.jp/book/faq
・郵送・FAX でのお問い合わせをご希望の方は、書名・発行年月日・お客様のお名前・ご住所・FAX 番号をお書き添えの上、下記までご連絡ください。
【郵送】〒169-8682 東京都新宿北郵便局 郵便私書箱第 2005 号
ユーキャン学び出版 旅行業務取扱管理者資格書籍編集部
【FAX】03-3378-2232
◎より詳しい解説や解答方法についてのお問い合わせ、他社の書籍の記載内容等に関しては回答いたしかねます。

●**お電話でのお問い合わせ・質問指導は行っておりません。**

2022 年版 ユーキャンの国内・総合旅行業務取扱管理者 速習レッスン

2009年 5 月 10 日 初　版 第 1 刷発行
2022年 4 月 8 日 第14版 第 1 刷発行

著　者　西川美保、山本綾、八木澤幸枝
編　者　ユーキャン旅行業務取扱管理者試験研究会
発行者　品川泰一
発行所　株式会社 ユーキャン 学び出版
〒151-0053
東京都渋谷区代々木 1-11-1
Tel 03-3378-1400
DTP　有限会社 中央制作社
発売元　株式会社 自由国民社
〒171-0033
東京都豊島区高田 3-10-11
Tel 03-6233-0781（営業部）

印刷・製本　大日本印刷株式会社

※落丁・乱丁その他不良の品がありましたらお取り替えいたします。お買い求めの書店か自由国民社営業部（Tel 03-6233-0781）へお申し出ください。

 ISBN978-4-426-61380-8